高等学校投资学专业主要课程系列教材

投资银行学

（第二版）

栾　华 编著

高等教育出版社·北京

内容简介

本书以投资银行在现代经济与金融体系中所处的核心地位为出发点，以投资银行充当金融市场上投资者和筹资者之间的金融中介为主线，以理论研究与实证分析相结合为研究方法，以现行的法规与政策为准绳，在详细考察和借鉴国外发达国家投资银行成功经验的基础上，结合我国证券公司运作的实际做法，全面阐述投资银行的基本理论与业务操作。全书共12章，依次为投资银行概论、投资银行组织结构与经营模式、股票承销与保荐、债券发行与承销、证券经纪与交易、企业兼并与收购、投资咨询与资产管理、财务顾问与项目融资、基金与基金管理、金融创新与资产证券化、私募股权投资与风险投资、投资银行的监管与风险防范。全书内容丰富、资料翔实，阐述深入浅出，具有可读性、启发性和可操作性。

本书是高等学校金融学、投资学专业适用的教材，对涉及投资银行业务活动的政府管理部门、咨询机构和已经上市及拟上市企业的工作人员，以及证券公司、基金管理公司和投资公司等的从业人员，本书也可作为参考用书。

图书在版编目(CIP)数据

投资银行学/栾华著.--2版.--北京:高等教育出版社,2019.3(2020.9重印)
ISBN 978-7-04-051153-6

Ⅰ.①投… Ⅱ.①栾… Ⅲ.①投资银行-银行理论-高等学校-教材 Ⅳ.①F830.33

中国版本图书馆CIP数据核字(2019)第010267号

策划编辑 郭金录　责任编辑 郭金录　特约编辑 谢 丽　封面设计 张 志
版式设计 于 婕　插图绘制 于 博　责任校对 李大鹏　责任印制 尤 静

出版发行 高等教育出版社
社 址 北京市西城区德外大街4号
邮政编码 100120
印 刷 北京市大天乐投资管理有限公司
开 本 787mm×1092mm 1/16
印 张 28.25
字 数 640千字
购书热线 010-58581118
咨询电话 400-810-0598
网 址 http://www.hep.edu.cn
http://www.hep.com.cn
网上订购 http://www.hepmall.com.cn
http://www.hepmall.com
http://www.hepmall.cn
版 次 2011年3月第1版
2019年3月第2版
印 次 2020年9月第2次印刷
定 价 59.00元

物 料 号 51153-00

第二版前言

投资银行是在商业银行的基础上发展起来的，是证券和股份公司制度以及现代金融市场发展到特定阶段的产物，是金融产品的设计师和工程师，是现代金融体系中从事资本市场业务的金融机构。投资银行作为资本市场的主体和核心，在现代社会经济发展中发挥着沟通资金供求、构造证券市场、推动企业并购与重组、促进产业集中和规模经济形成，以及优化资源配置等重要功能。投资银行是金融市场的润滑剂，其主要作用在于将资金需求者和资金供给者直接联系起来，为供求双方寻求最优的风险和收益关系，其实质是为投资者和筹资者提供金融中介服务，对资产进行有效分配和成功交换。

资本市场不仅是一个长期资金融通场所和一个重要的资源配置中心，而且也是现代人类社会经济生活中不可或缺的重要组成部分。特别是在现代市场经济发展过程中，资本市场对人类社会的影响已经达到了无以复加的程度，它不仅改变了一些国家的经济模式和法律制度，改变了人们的生活习惯，甚至影响或改变了一些国家的经济体制和政治体制。在经济全球化的历史进程中，资本市场所产生的作用和影响不断加强，其带来的灾难性影响也越来越大。

一个国家投资银行业的发展与资本市场的兴衰紧密相连，完善的金融体制和资本市场制度建设会促进投资银行业的快速发展，而投资银行业发展和金融创新又会推动金融体制的变革和资本市场的繁荣。推进我国资本市场和投资银行业的发展，不仅需要加强制度建设和体制创新，更需要努力造就熟悉资本市场和掌握投资银行理论与实务的复合型人才。

本书以投资银行在现代经济与金融体系中所处的核心地位为出发点，以投资银行充当金融市场上投资者和筹资者之间的金融中介为主线，以理论研究与实证分析相结合为研究方法，以现行的政策与法律法规为准绳，在详细考察和借鉴国外发达国家投资银行成功经验的基础上，系统地阐述投资银行的经济功能、组织结构、经营模式和风险的监管及防范，全面介绍投资银行的各项业务，包括证券承销、保荐、经纪、交易和自营业务，企业上市、兼并与收购业务，投资咨询与资产管理业务，财务顾问与项目融资业务，基金与基金管理业务，金融创新与资产证券化业务，以及私募股权投资与风险投资业务。在本书修订过程中，力求结合近年来投资银行学研究的最新成果，从多角度全面展现投资银行学的学科特点、业务性质和实务操作方法；力求实现理论知识的系统性、思想观点的先进性、业务技能的实用性、政策法规的准确性、监管手段的科学性和信息资料的及时性；既吸纳和借鉴国内外投资银行理论的新观点和学术思想，又密切联系我国资本市场和经济改革与发展的实际，注重反映投资银行业的最新发展动态和研究成果。

本书此次修订，主要涉及股票保荐、企业上市、融资融券、资产管理、企业并购、投资顾问、金融创新、资产证券化及私募股权投资与风险投资等业务,金融风险防控方面重点强调“分业经营、协调监管”及“穿透监管”的新思路。

中央财经大学博士后、大连外国语大学商学院时秀梅教授,中国华融资产管理股份有限公司资产经营事业部高级经理吕航先生参与修订了本书的企业兼并与收购、资产管理和项目融资等章节;在本书的修订过程中,中央财经大学校长王瑶琪教授,投资学系刘志东教授、李国平教授、邹欣教授、宋斌教授、贺小海副教授、孙晋琴副教授,项目管理系郭健副教授、宋砚秋副教授,管理科学系李爱华教授,以及长盛基金管理有限公司投资经理田间女士,国泰君安证券股份有限公司王磊先生、王阼臣先生,中信建投证券股份有限公司周昊先生、刘昊先生,中信证券股份有限公司曹慧女士,中国路桥工程有限责任公司投资部高杨先生,中审亚太会计师事务所张云鸿先生和上海银枫股权投资管理有限公司熊爱军、王雷先生等都提出了很多宝贵的建议和意见。在此,本人深表谢意。正因为有他们的无私帮助和鞭策鼓励,才使本书得以顺利完成修订。当然,随着投资银行业的日益壮大和资本市场的逐步完善,书中可能会有这样或那样的不足,恳请读者指正。同时,我也希望读者能够就本书的内容和投资银行业务方面的问题与我进行探讨交流,我的电子信箱是:Luanh@ cufe.edu.cn。

最后,我还要衷心感谢高等教育出版社的郭金录先生及有关编辑,如果没有他们的辛勤工作,本书不会这样迅速地得以出版。

栾　华

2018 年 8 月 15 日

目 录

第一章
投资银行概论

第一节　投资银行的定义及其经济功能

一、投资银行的定义

投资银行(Investment Bank)是在商业银行的基础上发展起来的,是证券和股份公司制度以及现代金融市场发展到特定阶段的产物,是金融产品的设计师和工程师,是资本市场的灵魂。作为金融市场的重要主体,投资银行产生于经济发展中对资本性投资需求的初始阶段,成长于股份公司制度的发展阶段,成熟于证券市场的发达阶段。投资银行的本质是金融市场的中介机构,在现代社会经济发展中发挥着沟通资金供求、构造证券市场、推动企业并购、促进产业集中、优化资源配置等重要作用。投资银行是金融市场的润滑剂,其主要功能是把资金使用者和资金供给者直接联系起来,为双方寻求最优的风险和收益关系,充当两者之间资源有效分配和交换的中介。由于资源的有效分配和交换确保了自由市场制度的高效运作,因此投资银行也被人们称为市场经济的核心。“投资银行”的名称源自美国,在英国、澳大利亚等英联邦国家称之为商人银行(Merchant Bank),德国称之为私人承兑公司、全能银行(Universal Bank),法国称之为实业银行(Industrial Bank),日本和我国则称之为证券公司(Security Firm)。投资银行既服务于金融市场的传统业务(如证券承销、交易、企业并购重组,以及收费的银行业务),又积极参与一些新兴业务(如资产证券化、资产管理等)。特别是随着资本市场的发展和企业组织结构的变迁,投资银行所涉及的领域更是不断拓宽。

什么是投资银行?投资银行究竟是什么样的金融机构?学者们和实际工作者有种种不同的解释。

美国学者托马斯·梅耶(Thomas Mayer)等人认为:“投资银行是建议企业厂商发行何种股票和债券,从而帮助它们增加资本的机构。有时他们也充当企业厂商和社会公众的中间人,即成批购买企业厂商新发行的证券,然后零售给社会公众;另外,他们分配证券从而取得佣金。”①

赫伯特·E.杜格尔(Herbert E.Dougall)和弗朗西斯·J.科里根(Francis J.Corrigan)的观点是:“投资银行是政府和商业证券发行人与投资公众之间的中间人。”“作为推销证券的商人,投资银行不同于商业银行,后者首先是其存款资金的保管人。”“应把投资银行和经纪人区别开来,经纪人大多是为他人代理未清偿证券的交易的。同时还应该把投资银行与证券交易商区别开来,证券交易商是为自己买卖证券的。经纪人和证券交易商在新证券的最初发行上都不起任何作用。”②

美国经济学家弗雷德里克·S.米什金(Frederic S.Mishkin)在1984年出版的《货币金融学》中,把投资银行、证券经纪商和证券交易商统称为证券市场机构。按照他的表述,投资银行是在一级市场帮助证券首次出售的企业,而证券经纪商和证券交易商则是在二级市场上协助证券的交易。但他又说,许多称作“经纪公司”的公司从事所有三种证券市场活动,他们既充当经纪人,又充当证券交易商,还充当投资银行家。

那么投资银行到底是个什么样的金融机构呢?简单地说,投资银行就是指那些以投资银行业务为主营业务的金融机构。那么,投资银行又开展哪些主营业务呢?

在当今全球金融体系中,除了一些实行全能银行业的国家外,投资银行的结构与职能通常都是与商业银行(Commercial Bank)相分离的。美国著名金融投资专家罗伯特·劳伦斯·库恩(Robert Lawrence Kuhn)根据投资银行业务的发展和趋势,曾对投资银行业务按范围大小次序提出了从最广义到最狭义的四种描述③:第一,从传统的承销角色到广泛的各种金融咨询服务皆在投资银行业务范围之内。因此,投资银行业务包括所有的金融市场业务。这是针对投资银行定义最广泛的说法,它不仅包括从事证券业务的金融机构,甚至还包括保险公司和不动产经营公司。第二,投资银行业务只包括所有资本市场的业务,即只有经营一部分或全部资本市场业务的金融机构才是投资银行。这是一个关于投资银行定义次一级的说法。这里所说的资本市场是与货币市场相对应的,是指期限在一年或一年以上的中长期资金的市场。因此,公司理财、咨询服务、证券承销、企业并购、资信评估、资产管理、风险投资、基金管理,以及属于批发性质的金融机构巨额交易等都属于投资银行业务,而不动产经纪、保险、抵押等则不应属于投资银行业务。第三,投资银行业务仅包括某些资本市场业务,诸如证券承销、交易业务和企业并购业务等,而另外的资本市场业务如基金管理、风险投资、风险管理和风险控制工具的创新等则排除在外。第四,投资银行业务仅指证券承销、自营和经纪业务,即最传统最狭窄的投资银行定义,仅把在一级市场上承销证券、筹集资金和在二级市场上交易证券的金融机构当作投资银行。罗伯特·劳伦斯·库恩认为,上述第二种观点最符合美国投资银行的现实情况,因而是目前被普遍接受的最能体现投资银行功能的定义,即投资银行业务包括所有资本市场的业务。

---

① (美)托马斯·梅耶,詹姆斯·S.杜森贝里,罗伯特·Z.阿利伯.货币、银行与经济[M].上海:上海三联书店,1988,220-221。

② (美)赫伯特·E.杜格尔,弗朗西斯·J.科里根.投资学[M].任维秀,等,译.北京:中国人民大学出版社,1990,316-317。

③ Robert Lawrence Kuhn.Investment Banking:The Act and Science of High-Stakes Dealmaking[M].New York:Hacpec & Row Publisher,1990。

同时,他根据“以为公司服务为准则”的原则,认为那些业务范围仅限于帮助客户在二级市场上出售或买进证券的金融机构不能称为投资银行,而只能叫作“证券公司”或者“证券经纪公司”(Brokerage Firm)。由此,投资银行的确切定义为:投资银行是指主营业务为资本市场业务的金融中介机构。

许多经济学家也普遍采用第二种定义。美国学者弗兰克·J.法博齐(Frank J.Fabozzi)和弗朗哥·莫迪利亚尼(Franco Modigliani)在《资本市场:机构与工具》一书中持这种观点。他们认为,在金融服务业中,有一些公司只为客户(个人或机构)买卖证券而没有融资功能,这些公司称为证券公司或经纪公司。他们认为:“投资银行有两项功能:对于需要资金的公司、美国政府机构、州和当地政府以及外国实体(主权机构和公司),投资银行帮助他们获得资金;对于希望投资的投资者,投资银行充当证券买卖的经纪人和交易商。”

从投资银行这个定义可知,并不是所有经营资本市场业务的金融机构都是投资银行,只有那些主营业务为资本市场业务的金融机构才是投资银行。另外,也不是经营全部资本市场业务的金融机构才是投资银行,只要主营业务是资本市场业务——无论是一项还是二项——的金融机构都是投资银行。也就是说,投资银行是指在资本市场上从事证券承销、经纪、自营等交易及相关的金融创新和开发等活动,为长期资金盈余者和短缺者双方提供资金融通服务的中介性金融机构。

当然,投资银行的定义是动态的。随着资本市场业务的不断发展,投资银行的内涵也在不断发展。正如查里斯·R.吉斯特(Charles R.Geisst)所言:“投资银行仍然是一个极其神秘的金融中介机构。尽管谈论的人很多,但却很少有人能说清楚这种机构的业务范围、功能以及它在经济活动中扮演的角色。”①

二、投资银行与商业银行的比较

投资银行和商业银行是现代金融市场中两类最重要的中介机构,从本质上来讲,它们的基本功能是一致的,即担当资金供给者与资金需求者之间的中介:一方面使资金供给者能够充分利用多余资金来获取收益,另一方面又帮助资金需求者获得所需资金以求发展。从这个意义上来讲,二者的功能是相同的。然而,在发挥金融中介作用的过程中,投资银行与商业银行作为两类不同的融资中介机构,在业务主体、融资体系、利润构成及经营方针等多个方面存在显著差异。

(一)业务主体不同

投资银行以证券承销业务为核心,商业银行则以存贷款业务为核心。

投资银行的业务极为广泛,既包括证券承销、经纪和交易,还包括项目融资、公司理财、资产管理、企业并购、资产证券化、风险投资、咨询服务和金融工具创新等方面。不过,证券承销和交易业务则是投资银行业务中最核心、最传统的一项本源业务,它连接着筹资者和投资者,是证券顺利发行的前提,也是证券得以流通的保证。投资银行是证券市场的主角和关键环节,而证券承销是投资银行业务的轴心,它不仅体现在投资银行的起源上,

① 查里斯·R.吉斯特.金融体系中的投资银行[M].郭浩,译.北京:经济科学出版社,1998。

而且也包含于现代投资银行业务多元化的发展中。

商业银行的业务基本上可以分为三类,即负债业务、资产业务和中间业务。负债业务是商业银行以自有资本为基础来吸收外来资金的业务,包括存款业务和借款业务(金融债券),其中最主要的业务是存款业务。资产业务是商业银行运用自有资金和负债以获取收益为目的而开展的业务,主要由贷款和投资两部分组成,其中又以贷款业务为核心。中间业务是商业银行不运用自己的资金,代替客户办理款项收付和其他委托事项而收取手续费的业务。由于资产业务和负债业务能够在资产负债表上反映出来,所以合称表内业务,而中间业务则称为表外业务,即商业银行在表内业务的基础上,利用其在资金、信息、人才、技术等方面的优势发展起来的金融服务项目。可见,在这三大类业务中,资金的存取贷放是商业银行的本源和实质,其他各种业务则是在此基础上的延伸和发展。

(二)融资体系不同

投资银行是资本市场上的金融中介,而商业银行则是货币市场上或借贷市场上的金融中介。

投资银行作为资本市场上的金融中介,仅充当中介人的角色,它为筹资者寻找合适的直接融资机会,为投资者寻找合适的投资机会。在一般情况下,投资银行并不介入投资者和筹资者之间的权利和义务之中,而只是收取佣金,投资者与筹资者直接拥有相应的权利和承担相应的义务。例如,投资者通过认购企业股票而成为企业的股东,这时投资者就直接与企业发生了财产权利与义务关系,但是投资银行并不介入其中。因此这种融资方式被称作"直接融资方式"。投资银行的金融中介作用如图 1.1 所示。

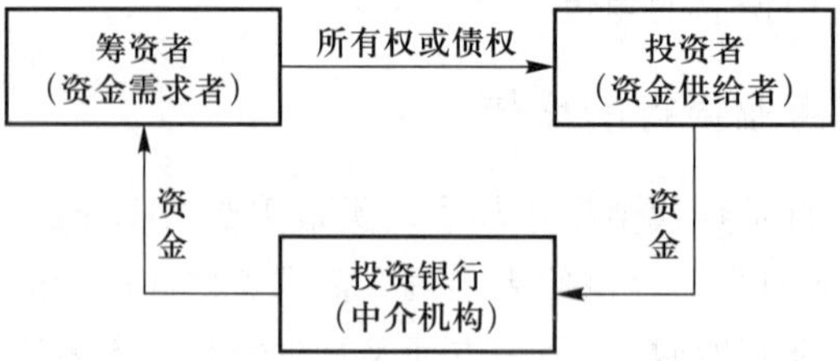

图 1.1　投资银行的金融中介作用

商业银行则不同,商业银行在融资活动中同时具有资金需求者和资金供给者的双重身份。对于存款人来说,商业银行是资金的需求者,存款人是资金的供给者;对于贷款人来说,商业银行是资金供给者,贷款人是资金的需求者。在这种情况下,资金存款人与贷款人之间并不直接发生权利与义务关系,而是通过商业银行间接发生关系,双方不存在直接的合同约束,因此这种融资方式被称作"间接融资方式"。商业银行的金融中介作用如图 1.2 所示。

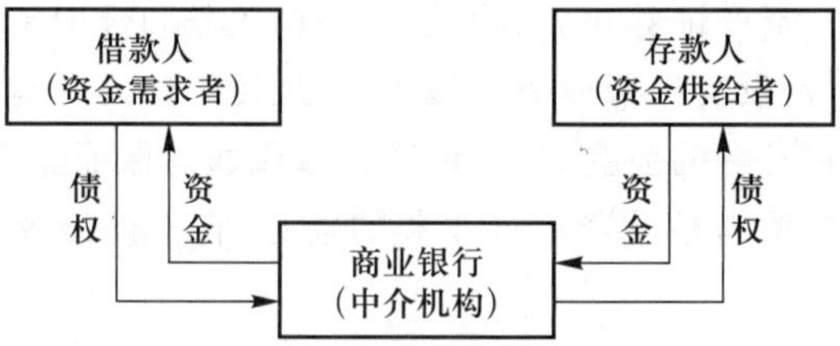

图 1.2　商业银行的金融中介作用

（三）利润构成不同

投资银行的利润来源分为三个部分：一是佣金，包括在证券一级市场上承销证券获取的佣金，以及在证券二级市场上从事证券交易经纪收取的佣金。佣金是投资银行业务中的主要利润来源。二是资金营运收益，包括投资收益和其他收入，它们是投资银行参与债券、股票、外汇、掉期以及衍生金融工具投资和对外融通资金而获取的收入。三是利息收入，既包括证券抵押贷款的利息收入，又包括保证金存差的利息收入。

商业银行的利润来源包括存贷款利差、资金运营收入、中间业务佣金收入。从其利润来源的排序来看，商业银行的基础收入是存贷款利差，其他收入所占比重往往较低。

从利润来源的各项具体内容来看，虽然投资银行和商业银行都有佣金收入，但两者的差别比较大。投资银行佣金侧重点在证券承销和证券经纪业务方面[①]，而商业银行佣金主要来源于中间业务。就资金运营而言，商业银行的资金运营收入主要来自贷款和投资两部分，而其中的投资通常是用于购买风险较小、收益较稳定的国债和各种基金，具有长期性的特点。经营存贷款业务一直是商业银行区别于其他金融机构（保险公司、信托投资公司、证券公司等）的行业特征之一，商业银行作为“借入者的集中”和“贷出者的集中”，其地位、功能和作用没有改变。投资银行的资金运营则不然，通常是用于参与企业并购、包装、上市、重组等方面，这种“投资”不是实质性的股权投资，而是契约型的股权投资，其资金运营较少且具有长期性质。从借贷利息差收入来看，商业银行存款业务按期限可分为活期、定期、储蓄三种类型，贷款也分为短期、中期、长期等多种形式，利差收入灵活多样；而投资银行利差来源的保证金存款不可能有多种类型，对保证金的运用也不能随心所欲，因而投资银行的利差来源及收入只能靠存款差，从而显得单一、量少。

（四）经营方针不同

投资银行强调稳健与开拓并重，而商业银行则强调稳健与安全为先。

投资银行的经营方针是稳健与开拓并重。之所以要稳健，是由于投资银行在证券一级市场上的证券承销或企业间的并购均属高风险业务，其在证券二级市场上的证券自营业务，则要随时防范证券市场的波动以及由此带来的证券价格波动的状况。之所以要开拓，是由于投资银行的利润主要来源于佣金，而欲获取大量的手续费，没有进取精神不行，没有创新精神也不行，没有优质的服务水平和过硬的技术本领更不行。证券承销、证券经纪和企业并购是这样，项目融资、资产管理、资产证券化以及金融工具创新等业务要求也是这样，这是投资银行经营和管理上的特色。

商业银行的经营方针则以稳健与安全为先。在资金来源方面，商业银行负债中有大量存款和借入款，其中活期存款和储蓄存款作为短期资金很难长期运作，借入款的多少与期限长短则受金融市场所左右，因而需慎重。在资金运用方面，资产结构中以贷款为主，存在不少风险因素。在业务领域方面，短期融资在商业银行资产负债结构中占有较大的比重，这是由商业银行所经营的对象（货币资金）和融资方式（间接融资）所决定的，是由

---

① 在投资银行损益表中的收入项目中，“投资银行”即指承销证券所获得的收入和为客户产权交易提供咨询服务所获得的收入。

资产负债的内在联系和协调“三性”(流动性、安全性、营利性)的内在要求决定的。因而,商业银行无论是从负债管理还是从资产管理上,都应严格按照有关管理规则,以稳健为主。商业银行的经营管理方针就是“三性”原则,安全对于商业银行来说至关重要。

除了功能上的差别外,投资银行和商业银行在业务概貌、保险制度和监管部门等方面也有区别。投资银行的业务概貌无法用资产负债表来反映,而商业银行的业务概貌则通过表内业务与表外业务来体现;投资银行执行投资银行的保险制度,商业银行执行存款保险制度;投资银行的监管部门主要是证券监督管理委员会,而商业银行的监管部门则主要是中央银行和银行保险监督管理委员会。

三、投资银行在金融市场中的地位

投资银行是现代金融市场体系中重要的组成部分,它是资本市场的纽带与灵魂。在西方发达的市场经济国家,投资银行是资本市场的核心,是金融市场中一支举足轻重的力量。首先,投资银行是资本市场的中介机构。投资银行凭借自身的资金实力、广泛的业务网络、规模化的经营机构、专业化的员工队伍,帮助投资者投资于某个企业或行业,使其资产得以保值和增值,同时又为急需资金的筹资者尤其是新兴企业筹集大量资金。投资银行成为投资者与筹资者直接融资的媒介和桥梁,它以最快捷的速度、最合适的资金成本把投资者手中的闲置资金转移到筹资者手中,实现资金和资源的最优配置。其次,投资银行是中长期资本运营的枢纽。投资银行为企业发行股票和中长期债券,充当企业并购活动的财务顾问并提供中介服务。在美国,随着企业发展和资本结构的变动,企业在更大程度上依赖投资银行解决长期资金问题,华尔街的投资银行在金融市场上扮演重要角色,被誉为“华尔街的发条”。而在我国,国有企业的改制和民营股份制公司尤其需要投资银行帮助其进行中长期融资。最后,投资银行的发展有力地促进了金融工具的创新。现代市场经济条件下,投资者的风险观念增强,投资决策日趋理性化,他们要求市场提供新的金融工具以最大限度地规避投资风险、获取收益。因此,投资银行在开展业务时需要考虑到投资者和筹资者的要求,体现资金营利性、流动性、风险性的最佳组合。而随着投资银行业务的拓展和深入,必然会创造出期限不同、功能多样的新型金融工具。

投资银行是世界经济中最活跃的力量之一,不仅涉足资本市场,更是在整个金融市场占据着不可或缺的、举足轻重的重要地位。

四、投资银行与其他金融机构的关系

(一)投资银行与商业银行和其他储蓄机构的关系

(1)有些商业银行和储蓄机构通过信托业务提供经纪服务,这与投资银行存在着激烈的竞争。

(2)许多商业银行为商业票据和国债进行承销,与投资银行的承销业务存在竞争。

(3)商业银行的许多咨询业务,尤其是针对企业并购的财务顾问服务,是投资银行强劲的竞争对手。

(4)在许多金融市场上,尤其在国际金融市场上,商业银行与投资银行业务活动已看不出差别。

(5) 在实行全能银行制的国家中,商业银行和投资银行合为一体。

(6) 许多商业银行设立了从事投资银行业务的子公司,而投资银行也收购了一些陷入财务困难的储蓄机构。

(二) 投资银行与投资基金的关系

(1) 投资银行帮助或代理投资基金进行买卖(即证券经纪)。

(2) 投资银行可以组建和管理自己的投资基金。

(3) 投资银行代客户管理投资基金。

(三) 投资银行与保险公司的关系

(1) 投资银行作为保险公司的投资或财务顾问,向其建议购买何种证券,构建怎样的资产组合。

(2) 投资银行帮助或代理保险公司进行证券买卖。

(3) 投资银行作为保险基金管理人的顾问,向其建议如何在金融市场上利用风险控制工具规避利率、汇率等风险。

(4) 投资银行承销的证券中,尤其是私募发行的证券有很大的一部分由保险公司购买。

(5) 投资银行在自己发起组建投资基金时,与保险公司存在着激烈的竞争。

(6) 投资银行在企业并购融资中,经常依靠保险公司提供的资金。

(7) 投资银行帮助保险公司进行股份制改造使其成为上市公司,在证券市场筹集资金。

有些投资银行已经与保险公司合并,借以提供更广泛的服务,例如,美国培基投资银行(Prudential)就已和巴奇保险公司(Bathe)联合,建立了 Prudential Bathe 公司。

(四) 投资银行与养老基金的关系

(1) 投资银行作为养老基金的顾问,向其建议买卖何种证券,构建什么样的证券组合。

(2) 投资银行代为养老基金在证券市场上买卖证券,以获取证券投资收益。

(3) 投资银行作为养老基金的顾问,向其建议如何利用风险控制工具规避市场风险。

(4) 养老基金通常是投资银行所承销证券的购买人之一。

五、投资银行的经济功能

投资银行素有"资本市场的心脏"之称,在资本市场上扮演着一个最活跃、最富有创造力的角色。投资银行是联系筹资者和投资者极为重要的金融中介,在现代金融体系中执行着其他金融机构所无法替代的职能,是当之无愧的现代金融体系的核心。在国民经济中,投资银行的经济功能可以概括为:资金供需的媒介者、证券市场的构造者、资源配置的优化者、产业集中及整合的促进者。

(一) 资金供需的媒介者

作为资金供应者和需求者之间的媒介,投资银行通过帮助资金需求者发行股票或债券等进行融资，或者为资金供应者寻找合适的投资机会。在资本市场上，投资银行是沟通互不相识的资金供求双方的纽带和桥梁，它一方面为资金盈余者指明投资方向，降低投资风险，增强投资信心，促进资金获取收益；另一方面又帮助资金短缺者开辟筹资渠道，扩大资金来源，降低筹资成本，提高证券信用和保持金融稳定。投资银行是通过以下四个中介作用来发挥其资金供需媒介功能的：

1. 期限中介

投资银行通过对其接触的各种不同期限的资金进行期限转换，使得资金运用灵活机动，同时化解了资金被锁定的风险。例如，当受托管理基金时，投资银行利用聚集来的长期和短期资金进行股权投资，当某些短期资金需要收回时，投资者可以要求投资银行赎回其持有的基金。而作为基金的管理者，投资银行可能收到新的短期或长期资金投资，用来弥补其付出的资金。以这种方式，投资银行起到了长期和短期资金的期限中介作用。

2. 风险中介

投资银行不仅为投资者和融资者提供了资金融通的渠道，而且通过风险中介为他们降低了投资和融资的风险。投资银行在投资理财业务中，把多个客户的资金聚集起来，再用这些聚集起来的资金购买多种债券和股票的组合，这种组合是单个客户的资金难以达到的。通过这种投资组合，投资银行有效地降低了每一个客户的投资风险。同时，投资银行通过提供风险中介的功能，也为融资者降低了风险。因为投资银行利用其对金融市场的深刻了解，为融资者提供了关于资金的需求、融资的成本等多方面的信息，并通过各种有价证券的承销大大降低了融资者的风险。

3. 信息中介

投资银行作为金融市场的核心机构之一，是各种金融信息交汇的场所。因此，它有能力为资金供需双方提供信息中介服务，从而减少了信息加工及合约成本。任何人想要投资于某种金融资产，首先要收集和分析有关信息。收集、加工、分析信息需要花费的时间和金钱就是信息加工成本；谈判、撰写、签订合约所花费的时间、金钱，称为合约成本；同时还有监督和管制合约履行的成本。为提供信息中介服务，投资银行需要收集大量的信息，签订许多合约，因而会产生规模效应。此外，投资银行还可以通过雇佣经济、金融、会计、审计、法律等各方面的专家来完成上述工作。因此，投资银行通过规模效应、专业化和分工协作有效降低了信息加工及合约成本。

4. 流动性中介

投资银行为客户提供各种票据、证券以及现金之间互换机制。当一个持有股票的客户临时需要现金时，充当做市商的投资银行可以购进客户持有的股票，从而满足客户的流动性需求。而在保证金交易中，投资银行可以客户的证券作为抵押，贷款给客户购买股票。通过这些方式，投资银行为金融市场的交易者提供了流动性中介。

（二）证券市场的构造者

证券市场是一国金融市场的基本组成部分之一，是证券发行、流通、交易的场所，也是资金供求的中心。概括起来，证券市场由证券发行者、证券投资者、自律性组织、证券监管机构和证券中介机构五个主体构成。证券发行者是资金的需求者和证券的供应者。证券投资者是资金的供应者和证券的需求者。自律性组织一般包括证券交易所和证券业协会等。证券监管机构是对证券市场进行集中、统一监督管理的机构，负责有关法律法规的监督执行，以维护证券市场的公平和有序。证券中介机构则是联系证券发行者和投资者的专业性中介服务组织，包括投资银行、会计师事务所、律师事务所、资产评估公司、证券信用评级机构等，其中，投资银行是最重要的，它联系着证券发行者和证券投资者，协调着会计、律师、评估等事务所，起着穿针引线、联系不同主体、构建证券市场的重要作用。

在证券一级（发行）市场上，投资银行是证券发行者和证券投资者之间的桥梁。投资银行一方面为证券投资者寻找合适的投资机会；另一方面又服务于证券发行者，为其提供有关微观及宏观经济形势的分析资料，并向其建议以何种方式、何种价格、在何时何地发行何种证券筹集资金。在现代经济条件下，资金需求者独立发行证券通常需要承担较高的成本，因而企业大规模的股票和债券的发行一般都委托投资银行来承销。同时，投资银行在证券的私募发行中也扮演着非常重要的角色。如果没有投资银行为证券发行者策划证券发行，联系私募证券的投资者，私募发行几乎很难成功，因此，投资银行在私募发行市场上的作用也是难以替代的。可以这样说，投资银行策划、组织证券承销和私募发行的过程实际上就是在构建一个证券一级（发行）市场。

在证券二级（交易）市场上，投资银行分别以自营商、经纪商和做市商的多重身份参与市场交易，维持证券价格的稳定性和连续性，提高交易效率，维持市场秩序，搜集市场信息，进行市场预测，吞吐大量证券，发挥价格发现的职能，从而起到了活跃并稳定市场的作用。

投资银行作为金融领域最活跃、最积极的力量，从事着证券市场中金融工具与投资工具的创新，开拓了新的业务领域，通过期货、期权、互换等金融衍生工具，不仅有效地控制了自身风险，客观上还使金融市场更为活跃，效率也大为提高。投资银行所从事的多种业务的创新，为市场创造了多样化的金融衍生工具，极大地便利了交易的进行。现代的投资活动对投资品的期限、变现性、报酬率、风险及其组合有了更多的要求，对投资的安全性也日益重视，这使得投资银行有强大的动力显示其创新精神和开拓能力。本着分散风险、保持最佳流动性和追求最大收益的原则，投资银行面对客户的需求，不断推出创新的金融工具，使得证券市场大大拓宽了交易领域，不断焕发出新的活力。可以说，没有投资银行的金融业务创新，就没有现代高效率的证券市场。

投资银行不仅是一个证券中介机构，而且还是一个重要的信息传播机构。通过其各项信息服务，使信息更快捷、更客观地反映在交易过程中，保障了证券市场在信息享有上的效率与公平。

总之，在构造一个高效率、低成本、规范化的证券市场的过程中，投资银行所起的作用是极其重要的，也是极为关键的。

（三）资源配置的优化者

实现社会资源的有效配置是一国经济发展的关键。投资银行主要是通过证券承销业务、企业并购业务、基金管理业务和风险投资业务在优化资源配置方面发挥着重要作用。

1. 投资银行的证券承销业务与优化资源配置

在现代经济活动中，生产要素都跟随着资金流动，只有实现了货币资金的优化配置，才有可能实现社会资源的优化配置。投资银行从自身的利益出发,更愿意帮助那些产业前景好、经营业绩优良和具有发展潜力的企业通过发行股票和债券从资本市场上筹集到所需要的资金,从而使资金流入经济效益好的行业和企业,实现促进资源优化配置的目的。因此,投资银行的证券承销业务对于优化资源配置具有十分重要的作用。首先,投资银行便利了政府债券的发行,使政府可以获得足够的资金用于提供公共产品,加强基础设施建设,从而为经济的长远发展奠定基础。同时,政府可以通过买卖政府债券等方式,调节货币供应量,借以保障经济的稳定发展。其次,投资银行通过其资金媒介作用,使能获得较高经济效益的企业通过发行股票来获得资金,同时为资金盈余者提供了获得更高收益的渠道,从而使国家整体的经济效益和福利得到提高,促进了社会资源的合理配置。最后,投资银行在企业债券发行方面起了主要作用。企业债券市场的发展,有利于企业融资,有利于投资者盈利,对社会资源的优化配置有着极其重要的意义。投资银行帮助企业发行股票和债券,不仅使企业获得了发展和壮大所需的资金,而且将企业的经营管理置于广大股东和债权人的监督之下,有益于建立科学的激励机制与约束机制,以及产权明晰的企业制度,从而促进了经济效益的提高,推动了企业的发展。

2. 投资银行的企业并购业务与优化资源配置

投资银行的企业并购业务促进了经营管理不善的企业被兼并或被收购,经营状况良好的企业得以迅速发展壮大,实现规模经济,从而促进了产业结构的调整和生产的社会化。企业并购在资源有效配置中的功能或作用可以从宏观和微观两个层面考察:一是宏观功能。通过企业并购,将那些不适应当地环境而处于劣势的企业兼并或者将这些企业资产重新组合,有助于当地经济和投资环境的改善,或者将这些资产重新投入适应当地环境的生产领域,这无疑将原来无效益的资产通过流动和组合发挥新的作用,有助于宏观资源配置状况的改善。由于并购方在处置被并购方资产时考虑的是支出最小收益最大,因此,在市场机制引导下,往往将新增资产投向资源配置效益最好的生产或流通领域,这样就保证了资源宏观配置的有效性。也就是说,企业并购的宏观功能就是使资产存量合理流动,从而提高资源的整体配置效益。二是微观功能。企业并购的微观功能可表现在两个方面:① 可以使被并购企业的原有资产或资源配置的有效性提高。优势企业并购劣势企业,将其资产重新组合,即按照优势企业的配置标准与方式重组,使这部分资源的利用率大大提高,客观上优化了这部分资产或资源的微观配置。② 可以优化与促进优势企业内部所有资源或资产配置的合理性及有效性。并购使优势企业资产存量增加,以致达到最佳规模经济,从而降低生产成本,提高资源有效利用率,使企业效益大大提高,企业的竞争力也随之提高。即并购可以进一步提升优势企业内部的资源配置的合理性和有效性。

此外,企业并购的宏观功能与微观功能的综合发挥,可以使整个社会产业结构合理化、产业组织合理化和新兴产业发展合理化。这已经被实践充分证明,如美国经济发展史上形成的几次企业并购浪潮,每次浪潮多伴随着产业结构和企业结构中心调整,带动了整个社会资源的进一步优化配置。

3. 投资银行的基金管理业务与优化资源配置

现代投资银行的一项重要业务是基金管理业务。普通家庭和个人缺少专门的知识和经验进行证券投资,投资银行以自己的名义发起设立基金,将这些闲散的资金集中起来,成为一笔数目极为可观的资金，然后以投资代理人的身份寻找投资回报较高的企业进行投资，或者在证券市场上购买它认为有较高投资回报的股票及债券。这样的投资基金在英、美等发达国家和我国香港地区，以及近几年的内地其规模十分巨大、数目众多，已成为证券市场的主要机构投资者之一。投资基金与商业银行存款业务最大的区别在于后者是以债务的方式吸引资金，再以债务的方式将资金贷给企业，存款人只能获得固定的利息；投资基金则以股权的方式吸收资金，以基金投资的收益回报投资人，因而业绩优良的投资基金，其回报要远远高于银行存款。正因为如此，投资基金对广大投资者极具吸引力，因而能够更加有效地聚集社会资源。从另一方面看，投资银行将手中管理的大笔基金通过自己的仔细选择，投入到那些增长潜力大、发展前景看好的企业，以期望有较高的投资回报，这从客观上促进了资本向更有效率、更有前途的产业和企业流动，而且也使资金从所有者手中到需求者手中的过程缩短，变得更为直接和有效。

4. 投资银行的风险投资业务与优化资源配置

许多尚处于新生阶段、经营风险很大的高新技术企业难以从商业银行获取贷款，往往只能通过投资银行筹集到风险投资（或创业投资）求得发展。因此，从这个意义上说，投资银行促进了产业的升级换代和经济结构的进步，从而也优化了资源配置。

发展高新技术产业是一项艰巨的社会经济系统工程，需要国家财政和间接融资以外的投入。高新技术产业与传统产业相比有其显著的特点：一是高投入。高新技术企业发展中的投入既体现在发展初期，也体现在经过一定时期发展而具有一定规模后的进一步资金投入。二是高风险。高新技术企业发展中包含有大量的创新式劳动和新技术应用，因此，在很多方面具有不确定性。三是高收益。高新技术企业在承担高风险的同时也会给投资人带来高额回报。

高新技术企业发展具有的高风险和高收益的特点，使得这类企业对资金具有与其他企业所不同的要求。在以间接融资为主的银行体系下，资金的安全性具有非常重要的意义。高新技术因具有较高的风险，常常是这种资金不愿投入的，这时就要发挥资本市场的作用。在资本市场中，投资者对风险有不同的偏好。将资本市场中风险投资者的资金转移到发展高新技术产业上，则可以使投资者和企业双方的目标都得到满足。风险投资的出现解决了这一问题。高新技术企业在获得风险投资时，必将需要投资银行运用其高度专业化的知识、技术及经验提供融资、策划、咨询等服务。投资银行的直投部门往往自己也投资于一些高新技术企业。

总之，投资银行作为连接宏观经济决策与微观企业行为的枢纽或载体，它有效地动员社会资源投入经济建设，高效地使用所筹集的资本，推动市场机制在资源配置中充分发挥作用，从而优化了社会资源配置。

（四）产业集中及整合的促进者

美国著名的经济学家、诺贝尔经济学奖获得者乔治·J.斯蒂格勒（George J.Stigler）在题为《通向垄断和寡占之路——兼并》的论文中写道：“一个企业通过兼并其竞争对手的途径发展成巨型企业，是现代经济史上一个突出的现象……没有一个美国大公司不是通过某种程度、某种方式的兼并而成长起来的，几乎没有一家大公司主要是靠内部扩张成长起来的。"[①]这句话非常精辟地说明了资本市场在企业发展和产业集中过程中所起的重要作用,而投资银行作为资本市场的枢纽和灵魂,其所起的作用更是难以替代的。因为企业并购是一个技术性很强的工作,选择合适的并购对象、合适的并购伙伴、合适的收购时机、合适的并购价格及进行针对并购活动策划合理的财务安排、对价方式等,都需要借助大量的资料、专业的人才和先进的技术,这是一般企业所难以胜任的。尤其在第二次世界大战之后,大量的兼并与收购活动是通过证券二级市场进行的,其手续更加烦琐,技术更加复杂,要求更加严格,操作更为先进,没有投资银行作为顾问和代理人,企业并购几乎不可能进行。因而,从这一意义上来说,投资银行促进了企业实力的增加、社会资本的集中和生产的社会化,成为企业并购和产业集中过程中不可替代的重要力量。

在经济发展过程中,生产的高度社会化必然会导致产业的集中和垄断,而产业的集中和垄断又反过来促进生产社会化向更高层次发展,进一步推动经济的前进。产业集中的进程,在资本市场出现之前,是通过企业自身成长的内在动力以及企业之间的优胜劣汰缓慢进行的。在资本市场出现之后,其对企业价值独特的"注重未来"的评价机制为资金流向提供了一种信号,来引导资金更多地流向效率更高的企业,从而大大加快了产业集中进程。投资银行适应资本市场中投资者的评价标准,通过募集资本的投向和并购方案的设计,引导资金流向效率更高的企业,从而促进了产业集中的过程。具体的模式是:当一种具有广泛市场的新技术进入商业领域时,最先采用这种新技术的企业会得到迅速的发展,投资者也会慷慨地给予支持,导致更多的企业进入这个领域。这种发展最终将使本领域的生产能力过剩,进入集中和精简的阶段,一些企业在激烈的竞争中继续壮大,另一些企业在竞争的压力下趋于崩溃。最后,在投资银行的帮助下,前者并购了后者,导致产业的集中和总体经济效率的提高。在整个行业的重组过程中,企业的破产当然是不可避免的。但是,大多数经营不善、缺乏竞争力的企业还是通过并购集中到有竞争力的企业中去了,只有那些无人问津的企业才会最终倒闭、破产,从而使经济效率的损失降到最低限度。

第二节　投资银行的产生及其发展

一、投资银行产生的基础及经济因素

追本溯源,投资银行的原始形态产生于3 000多年前的美索不达米亚平原上(两河流域)的金匠中间。由于当时各国的货币主要以贵金属为主,所以,一方面,金匠能够利用职务之便向商人们提供货币兑换,并进行一些存贷款业务,具备商业银行的一些职能;另一方面,这些金匠们又为商人们提供票据的兑现、各种证券的抵押放款、财务顾问和咨询服务,具备投资银行主要业务的基本形态。可以说,这些金匠是商业银行的鼻祖,又是投资银行的原始形态。随后,这种原始形态的投资银行业务在古希腊和古罗马时代得以继续发展,当时一些富有的商人为皇室提供的服务与现代投资银行的资产管理、基金管理、咨询服务等职能非常类似。

---

① 乔治·J.斯蒂格勒.产业组织和政府管制[M].潘振民,译.上海:上海人民出版社,上海三联书店,1996:3。

现代意义上的投资银行起源于欧洲，于19世纪传入美国，并在美国得到迅速发展。

投资银行是在商品经济发展的基础上自然形成的。在商品经济条件下，商品生产者是各自独立的，是有着不同经济利益的个体所有者。激烈的竞争迫使商品生产者不断扩大生产规模或不断采用先进技术以增强自身的竞争能力。然而，随着商品生产规模的迅速扩大，仅仅依靠商品生产者个人资本已无法适应商品生产和流通扩大的需要，客观上需要采用新的信用方式在全社会范围内筹集资金，其结果便是促进了股份公司的发展，股票、债券等信用工具便应运而生了。当这些信用工具广泛发行和流通后，便形成了证券市场。证券市场的运作，客观上产生了形成投资银行的需要。投资银行是商品经济发展到一定阶段的必然产物。随着经济的发展，生产规模的扩大，货币资本的需求量及供给量日趋扩大，资金融通成为企业生产正常进行的必要条件，这就促进了金融业的发展。金融业的发展又为投资银行提供了良好的环境。

投资银行的早期发展主要得益于以下四个方面因素：

首先，贸易活动的日趋活跃。伴随着贸易范围和金额的扩大，客观上要求融资以信用作为基础，于是一些信誉卓著的大商人便利用其积累的大量财富成为商人银行家，专门从事融资和票据承兑贴现业务，这是投资银行产生的根本原因。

其次，股份公司制度的确立。股份公司是商品经济发展的必然产物，在16、17世纪，随着西欧各国对外贸易和殖民扩张而逐渐兴起，进入18、19世纪逐步发展壮大。股份制度的出现和发展，不仅带来了西方经济运行体制中一场深刻的革命，也使投资银行作为企业和社会公众之间资金中介的作用得以确立。

再次，基础设施建设的高潮。资本主义经济的飞速发展给交通、运输等基础设施造成了巨大的压力，为了缓解这一矛盾，18、19世纪欧美掀起了基础设施建设的投资高潮。这一过程中，巨大的资金需求使得投资银行在筹资和融资过程中得到了迅猛的发展。

最后，证券业的兴起与发展。证券发行与证券交易的迅速发展是投资银行业迅速发展的催化剂，并为其提供了广阔的发展天地。投资银行则作为证券承销商、经纪商、自营商以及做市商逐步奠定了其在证券市场中的核心地位。

二、美国投资银行的产生和发展

美国投资银行的发端可以追溯到19世纪初期。与欧洲投资银行业相比，美国投资银行的历史短、起步比较晚，但其发展速度最快，堪称现代投资银行发展的典范。美国投资银行的发展历史大致可以分为以下几个阶段。

(一) 投资银行的早期发展——由自然分业到混业经营

美国最早的投资银行是T.A.汤毕尔在费城建立的，而公认的美国投资银行则是1826年由撒尼尔·普莱姆创立的专营证券包销的普莱姆-伍德-金公司。在政府信用扩张和工业大规模筹资的历史背景下，撒尼尔·普莱姆从股票经纪业务迅速拓展到证券批发业务。此时法人组织的商业银行掌握当时投资银行业务中心，但1837年美国发生金融恐慌，使得法人组织的商业银行割舍了投资银行业务。1864年的美国《国民银行法》(*The National Banking Act of* 1864)禁止国民银行进入证券市场，而有权从事证券业务的银行是那些被称为私人银行(Private Bank)的机构。这些私人银行接受客户的存款,然后在证券市场中从事承销、投资业务,或者兼营二者。

进入20世纪20年代,美国经济的持续繁荣带来证券市场的迅速发展。在投资银行初期的发展中,其业务从汇票承兑、贸易融资发展到政府债券、铁路债券的发行和销售,以及企业并购、创立与改组,乃至商业银行的业务领域。由此产生了一些具有影响的著名的投资银行,如摩根·塞利格曼·斯培叶(Morgan Stanley,即摩根·士丹利)、梅里尔·林奇(Merrill Lynch,即美林公司)、摩顿·罗斯、歌德曼·萨克斯公司(Goldman Sachs,即高盛公司)和雷曼兄弟公司(Lehman Brothers Holdings Inc.)等。到1929年经济大危机前,投资银行的控制范围已经扩大到整个经济领域,如成立于1880年的J.P.摩根公司财团在1912年就控制了美国钢铁公司、美国电报电话公司、纽约中央铁路公司以及几家全国最大的保险公司等,控制着240亿美元的资产,在120家大公司中占据了341个董事席位。据美国国会1913年发表的《货币托拉斯调查报告书》统计,摩根公司财团控制着美国钢铁公司、通用电气公司等53家大公司,其中包括金融机构13家,资产30.4亿美元,工矿企业14家,资产24.6亿美元,铁路公司19家,资产57.6亿美元,公用事业公司7家,资产14.4亿美元,直接控制资产总额高达127亿美元。

在这一时期,商业银行并不能直接从事证券特别是公司债券的承销与销售,这种业务只能通过通常为银行控股公司所有的附属证券机构进行。商业银行在股票市场中的主要活动仅限于通过附属证券机构开展经纪人业务和向客户提供保证金贷款(即用于客户进行股票交易应交纳的保证金需要的贷款)。但是从1927年《麦克法顿法》(*The McFadden Act*)通过以后,商业银行也进入了股票市场。与此不同的是,在此之前的投资银行除从事证券承销业务外,还从事商业银行的业务,例如吸收存款、放款、外汇业务等。客户既可以在投资银行存款,又可以在投资银行买到自己想要的证券,投资银行通过出手证券而赚到数目可观的佣金。但是问题也随之产生了,投资银行在承销证券之前,须把钱付给证券的发行者,即先把证券认购下来,而这笔钱投资银行往往用客户的存款进行垫付。20世纪20年代持续的经济繁荣使华尔街成了狂热投机的集中地,从而也成为经济危机的始作俑者。

(二)金融管制下的投资银行——现代分业经营

对投资银行的法律管制是从1929年经济大危机后开始的。从美国开始的金融危机波及了全球主要资本主义国家,为了防止危机的再度爆发,美国对金融业进行了严格管制。

1929年10月28日"黑色星期一",美国股票市场狂跌浪潮如决堤洪水冲击着金融业与世界经济。"泡沫"破碎了,繁荣消失了,取而代之的是破产、挤兑、倒闭、失业、自杀,经济进入大萧条时期,进而导致了1929—1933年世界性经济大危机。在经济大危机期间,纽约证券交易所上市股票价值从897亿美元跌到156亿美元,其中美国钢铁公司的股价由每股292美元降到21美元,美国电报电话公司的股价由每股310美元降到70美元,而一些声誉较差的公司股票则只好摘牌。到1932年股市市值仅剩下危机前的10%。到1933年美国有5 700多家银行倒闭,客户损失大约35亿美元,出现了世界金融历史上空前绝后的惨状。这场由证券市场大崩溃引起的西方经济大衰退,严重地打击了整个世界经济。沉重的代价促使人们进行反思。在对证券市场和银行业务活动进行精密的调查之后,美国政府认识到银行信用的盲目扩张和商业银行直接或间接地卷入风险很大的股票市场,是 1929 年股市大崩溃的罪魁祸首。一旦处于全国经济核心的银行倒闭,整个经济便不可避免地陷入崩溃。为了防止危机的再度出现,多项重要法律相继出台。1933 年美国国会通过了《证券法》(*The Securities Act of* 1933)和《银行法》(*The Banking Act of* 1933),其中《银行法》中有 4 条即第 16、20、21、32 条禁止商业银行从事投资银行业务,这一法案通常被称作《格拉斯—斯蒂格尔法》(*Glass-Steagall Act*);1934 年制定了《证券交易法》(*The Securities Exchange Act of 1934*);1938 年出台了《玛隆尼法》(*Maloney Act of 1938*);1939 年颁布了《信托契约法》(*Trust Indenture Act of 1939*);1940 年制定了《投资公司法》(*Investment Company Act of 1940*)和《投资顾问法》(*Investment Adviser Act of 1940*)。这些法律将证券业务置于联邦政府的严格监管之下,使原来法律法规一片空白的证券领域突然之间成为立法最为严厉的领域。

在这一系列立法中,对投资银行业务影响最大的是《格拉斯—斯蒂格尔法》。这一法律将商业银行业务与投资银行业务截然分开,其中包括:《联邦银行法》(*National Bank Act of June*3.*1984*)管辖下的银行与其证券子公司完全分离;商业银行除国债和地方债券外,不得从事证券发行承销业务;禁止私人银行兼营存款业务和证券业务,商业银行和投资银行的业务严格分离开来。《格拉斯—斯蒂格尔法》明确规定投资银行不得从事商业银行的存放款业务,只能用自己的资本而不是客户的钱去认购证券;禁止商业银行从事股票和债券包销业务,不准商业银行持有公司股票。这样,投资银行业务就从商业银行中分离出来了,它的主要业务包括承销企业、公司和政府所发行的证券以及有关这一业务的顾问、咨询等工作,从根本上确立了投资银行的地位。

虽然商业银行与投资银行分开了,但它们彼此间的业务仍有着密切联系,竞争也很激烈。其中有些投资银行就是从原来的商业银行中分离出来的。比如摩根·士丹利公司就是由原来的大商业银行 J.P.摩根公司的一部分高级合伙人和内部高级管理人员离开后成立的专门从事投资银行业务的机构。还有些银行在两者之间,根据自身情况进行选择,成为专门的投资银行或商业银行。例如,大通银行、花旗银行、美洲银行等成为专门的商业银行,而所罗门兄弟公司、雷曼兄弟公司、美林公司和高盛公司等则选择投资银行业务,成为专门的投资银行类金融机构。

这段时间,受美元强势、稳定的利率和低通货膨胀影响,投资银行业务的开展非常顺利,且多数的商业银行和投资银行皆遵守规定而少有逾越。

(三)放宽限制下的投资银行——分业到混业经营

进入 20 世纪 70 年代,美国有感于国内和国外其他金融机构竞争的压力,开始推动金融自由化,提出《证券法修正案》(*Securities Acts Amendments of 1975*)和允许投资银行成立控股公司,且准许投资成立子公司,经营保险、过渡性融资、期货和风险投资等。此外,全国性银行可通过其子公司对其客户提供共同基金及单位信托基金的经纪及投资顾问业务服务,包括全权委托账户的经营,个人退休基金账户及职工福利基金的投资经营,封闭型投资公司组织及经营等。在此背景下,1975 年,证券和交易委员会(SEC)放弃了对股票交易手续费的限制,实行手续费的完全自由化。此项改革成为美国证券市场自由化的象征,对后来美国证券市场的发展产生了实质性的影响。交易手续费的自由化使美国投资银行的收入结构发生了根本的变化:自由化以前,股票交易手续费收入占美国投资银行总收入的一半以上;而到了十年后的 1985 年,手续费收入则不及总收入的 20%。佣金收入的减少促使美国投资银行不得不为了寻求新的利润来源而重新调整发展战略,由此便产生了投资银行经营模式分化现象。主要有三大类型:第一类,注重固定收入的资产管理业务,围绕投资理财、投资咨询展开业务,美林就属于这一类;第二类,以二级市场自营业务和兼并收购中介业务为主,偏向高风险与高收益业务,雷曼兄弟属于这一类;第三类,专业于经纪业务,利用信息手段降低交易成本,以提供廉价交易成本、廉价交易服务为主,查尔斯·韦伯属于这一类“折价经纪商”的典型代表。折价经纪商通过电话、传真、计算机等通信工具为顾客提供廉价的交易服务,其主要特点是交易方法简便、交易成本低。进入 20 世纪 90 年代后,围绕价格的竞争愈演愈烈,产生了新的“网上经纪商”。

(四) 全能金融机构——现代混业经营

投资银行与商业银行的分业与混业一直是美国在政策与立法中争论的主要问题之一。20 世纪 80 年代以来,随着世界金融市场一体化进程的加快,投资银行的业务逐渐拓展,延伸至外汇、金融期货、过渡性融资、不动产和抵押担保证券(Mortgage-backed Securities)等。分业型的金融体制无法适应国际市场竞争的需要,投资银行和商业银行分业管理限制了美国投资银行的发展。因此,要求混业经营的呼声越来越高。从 20 世纪 80 年代以来,为了击败竞争者而获得更大的利润,各投资银行均致力于为客户提供全面的服务(Full Service)。然而历经 20 世纪 80 年代末期的经济不景气和 1987 年、1989 年的股市大跌,投资银行开始觉醒,不再认为应该对所有的客户提供全面的服务,而应该致力于其专精且擅长的业务以获得高利润。

美国联邦储备理事会于 1989 年准许商业银行承销公司债,1990 年 9 月准许商业银行的子公司承销股票。时至 1995 年,由于商业银行在华尔街的证券商、共同基金和其他金融业者的激烈竞争中很难长期存活,因此时任美联储主席格林斯潘及财政部长鲁宾,均赞成撤销《格拉斯—斯蒂格尔法》中限制商业银行涉足证券和保险业务的规定。1999 年 11 月美国国会终于和行政部门就新的《金融服务业现代化法案》(*Financial Service Modernization Act of 1999*)达成协议,允许银行、证券及保险之业务互相跨业经营,并完全撤销《格拉斯—斯蒂格尔法》。此外,在实务推动方面,投资银行与商业银行的重新融合(如花旗银行与旅行家集团之间的合并),产生了国际金融市场上的所谓的“超级银行”,推出了全方位的金融一条龙服务,在愈演愈烈的市场竞争中一举夺得领先地位。

进入 2008 年,美国由于“次贷危机”而引发的连锁反应导致了罕见的金融危机,致使美国著名的投资银行贝尔斯登破产后被摩根大通收购;涉及 5 万亿美元贷款规模的美国联邦国民抵押贷款协会(简称房利美)和联邦住房贷款抵押公司(简称房地美)被美国政府接管;雷曼兄弟公司破产后其相关资产被巴克莱银行低价购买;为免遭破产,美林被美国银行以 440 亿美元收购;摩根·士丹利和高盛公司被美联储批准从投资银行转型为联邦银行控股公司，并接受其监管。至此，传统意义上的投资银行已不多见。可以预计，在不久的将来，美国将诞生集多项金融业务于一身的"金融超级市场"或百货式综合银行，向全能银行的模式发展。这种趋势是经济全球化和金融全球化的必然结果。在未来的国际金融业发展中，全能型银行无疑将占主导地位。

同时，由于近年来资讯科技的快速发展，跨国交易无须通过外国的分支机构即可完成，而资讯普及化的结果，使得客户可以像投资银行一样利用相同的渠道获得市场信息，许多大企业不再经由投资银行来进行传统的投资银行业务，而在公司内部设立投资银行业务部门办理本身的业务（如 IBM、杜邦等），但一些专业性的交易则仍须依靠投资银行。资讯的变革使得美国投资银行的业务逐渐转向风险管理、金融产品和交易技术的创新领域。

三、英国商人银行的产生和发展

在英国，投资银行叫商人银行。与美国投资银行相比，英国的商人银行历史更为悠久。

16 世纪中期，英国向海外殖民地扩张势力，发展对外贸易，客观上需要有与外贸业务相适应的融资服务机构。同时，商人们已经无力负担贸易中拓展市场的财务风险，由此产生了许多金融商号。这些商号由一些出色的商人主持，专门承担出口业务中的财务风险，这就是商人银行的雏形。英国商人银行（专指接受存款、承销和交易证券、发放贷款并提供其他辅助金融服务的金融机构）的前身是承兑所，且主要是商人家族的家庭式企业。这些承兑所为满足国际贸易活动中交易的需要，承兑外贸商人间相互开出的商业汇票，进行国际贸易的资金融通，故商人银行又有承兑银行（Accepting House）之称。由于起初从事承兑业务的机构是从事经营贸易的商人，因此，这类机构就被称作商人银行。当时它的主要业务范围包括信用证开立、票据贴现和其他贸易融资，以及帮助英国的各种贸易公司通过创建股份公司和发行股票的方式筹集大量资金，以分担海外贸易中的高风险。此后，随着大量股票、债券的发行和证券交易的日益活跃，以及伦敦在国际金融市场中的地位不断上升，英国的商人银行逐步壮大起来并获得了很大发展。当时著名的商人银行有巴林（Baring）、罗斯柴尔德（Rothschild）、施罗德（Schroeder）、汉布罗（Hambros）等。起初，这些商人银行把主要业务局限在汇票承兑和贸易贷款上，后来，它们率先为外国政府和从事国际业务的大公司筹措长期资金，投资银行业务逐渐成为其主要业务。

19 世纪欧洲的工业革命使英国的生产力发生了质的飞跃，一些有能力影响和控制各大公司财务状况及经营状况的大投资银行，如巴林家族、海姆布鲁斯家族和罗斯柴尔德家族，已在欧洲资本市场乃至整个经济生活中发挥着举足轻重的作用。然而第一次世界大战以后，特别是第二次世界大战在欧洲爆发，英国经济受到重创，国际金融中心由伦敦转移至纽约。直到 20 世纪 70 年代，英国商人银行才重新崛起。这一改观主要得益于 20 世纪 70 年代以后英国国民经济中发生的一系列重大变化，这些变化主要有以下三个：民营化、企业并购浪潮和证券市场变革。

20 世纪 70 年代末 80 年代初英国政府掀起了"民营化"的浪潮，为商人银行扩展业务奠定了基础。20 世纪 70 年代的两次石油危机使英国经济陷入了经济萧条，国家财政部门为了充分利用市场机制来促进竞争和提高效率，开始进行国有企业的民营化改革。民营化采用公开上市、私募、出售国有资产、重组或分割、注入新的私有资本等形式进行。在民营化过程中，商人银行可以提供广泛的服务，包括帮助制定国有企业出售方案、为股票上市提供咨询服务或代理发行等。在英国铁路公司、国家货运公司、电信公司等诸多行业的民营化过程中，许多商人银行，如巴林、华宝、施罗德等都有过出色表现。民营化使商人银行和企业建立了密切的关系，为后来进一步扩展商人银行业务奠定了基础。

20 世纪 80 年代的并购风潮推动商人银行业务进一步发展。20 世纪 80 年代许多商人银行利用自有资本或代为管理的共同基金积极参与企业的并购。1987 年，英国公司并购美国公司资产总值达 317 亿美元的业务，基本上是依靠英国商人银行的协助与筹划才得以完成的。1994 年年底对全球跨境并购业务的统计表明，全球前十大跨境并购业务中有 6 桩都有英国商人银行的参与。英国商人银行在从并购风潮中获得丰厚利润的同时，在全球投资银行业中也占据了举足轻重的地位。

1986 年英国证券市场的重大改革为商人银行的发展创造了新的契机。英国伦敦证券交易所在第一次世界大战之前是世界上最大的证券交易所。第二次世界大战以后，随着英国经济实力的下降，伦敦证券交易所先后落到纽约证券交易所和东京证券交易所之后。为此，英国政府及监管部门迫使其加强自身管理，拓展业务广度和深度，以恢复其在世界证券市场中的领先地位。利益驱动的本能和来自世界证券市场的竞争压力，使英国感到自身以中小投资银行为主的证券交易所难以与美、日以大投资银行为支柱的证券交易所和西欧大陆以商业银行为主体的证券交易所相匹敌，因而它进行了大刀阔斧的改革，并于 1986 年 10 月通过了《金融服务法案》（*Financial Service Act of 1986*），冲破了英国商人银行和商业银行严格的业务界限，允许英国商业银行直接进入商人银行领域。此举标志着英国商人银行和商业银行混业经营的开始。一方面，这为商业银行开辟了新的投资途径；另一方面，在实力雄厚的商业银行取得了同等的竞争地位之后，商人银行因为面临生存威胁，进行了大规模的合并，合并后的商人银行规模增大，业务重心也从“全能战略”转向“主攻优势战略”，主要致力于专业化的服务，如公司财务咨询和投资管理业务，以便发挥各自的专长。

在经历了民营化、企业并购浪潮以及证券市场的变革以后，英国的商人银行逐步发展壮大起来，形成了与商业银行共同经营商人银行业务的格局。

四、日本证券公司的产生和发展

日本的证券公司历史悠久，早在明治维新时期就出现了证券公司的雏形。然而由于历史的原因，间接融资在日本的金融体系中始终占有极其重要的地位，大财阀雄厚的资金实力也为经济的发展提供了充足的物质基础。因此，长期以来日本的证券市场处在发展非常缓慢的状态之中。直到第二次世界大战以后，日本的证券市场才活跃起来，证券公司也随之发展壮大起来。

第二次世界大战以后，由于财阀解散，间接融资在日本金融体系中的中心地位逐渐动摇，再加上战争期间国民经济遭受重创，仅仅通过银行融资根本不能满足经济从废墟中迅速崛起并发展的需要。1948 年 5 月，日本政府颁布了第一部《证券交易法》，采用美国的银证分业经营的模式，确立了证券公司存在和发展的基础，从而标志着日本证券公司和商业银行分业经营模式的确立及现代证券业的诞生。1949 年恢复和成立了东京、大阪等证券交易所又刺激了日本证券市场的发展。20 世纪 60 年代，随着日本经济的腾飞，日本的证券公司也迅速发展起来，并在为国民经济发展筹集资金方面发挥了巨大的作用。与此同时，日本政府开始逐步开放资本市场，日本的证券公司也跨出国门，在国际资本市场中占据重要地位。

从上面的分析我们不难看出，日本证券公司的产生较之英美的商人银行和投资银行又有其自身特色。英国主要是基于商人、商业的需要，美国是适应大企业、大公司的需要，而日本则纯粹依赖证券市场的发展。它不像其他西方国家由于当年海外扩张积累了巨额资本，市场资本充裕，相反，由于当时大量资本集中于财阀之手，融资要求不迫切，证券规模很小，交易量也十分有限，证券市场上的交易方式大部分是以投机色彩极浓的清算交易为主。

由于历史的原因，日本的证券公司始终缺乏充分竞争的市场机制，垄断相当严重。进入 20 世纪 80 年代以后，日本证券公司进入业务创新和规模扩大阶段。证券公司经过分化改组，形成了以野村、大和、日兴、山一证券等四大券商为主，新日本、三洋证券公司次之，同时有其他小券商并存的格局。四大券商在很大程度上操纵和控制着日本证券市场，它们包揽了一级市场上 80%的承销业务，二级市场上的大宗买卖也多由四大券商承担，再加上它们间接控制的一些中小证券公司，四大券商的垄断地位难以动摇。在 20 世纪 80 年代末期的泡沫经济中，随着日本证券市场市价总值雄居世界第一，野村等日本证券公司也在规模上傲视全球同行。但是好景不长，由于日本证券市场泡沫经济破灭，日本经济陷入长期低迷，以四大证券公司为首的日本证券业也陷入困境，特别是在亚洲金融危机爆发之后，1997 年和 1998 年日本证券业出现了行业性亏损，甚至出现多家证券公司破产的事例，引发日本战后最大的金融机构倒闭风潮。先是 1997 年 11 月 3 日，名列日本证券业第七的三洋证券公司因其债主拒绝把 200 亿日元债务的还款期限推迟而被迫向法院申请保票令，成为日本金融史上第一家宣布破产清盘的证券公司；后是当年的 11 月 24 日，日本证券业第四大证券公司——山一证券公司在成立一百周年之际突然宣布破产，负债高达 3.2 万亿日元，成为日本战后规模最大、负债金额最多、影响最大的倒闭事件。

日本证券公司缺乏充分的竞争机制还表现在固定费率上，以手续费为主要收入。日本证券公司的证券零售代理和交易业务占全部业务的比重较大，这一点有别于美国超一流的投资银行，后者不像日本那样在全国各地开设众多的证券营业部，因此其盈利中只有极少部分来源于这些业务。日本证券公司一直实行固定费率制，即按照代理买卖交易量的一定比率收取手续费，缺乏灵活性。而美国等西方国家的投资银行早就在代理业务收费上引入了竞争机制，实行协议佣金制，手续费收入在其总收入中的份额呈递减趋势，一般不超过 30%。日本的固定费率制度给日本的证券公司带来了可观的手续费收入。基于互惠互利的原则，证券公司秉承“追随顾客”的原则，倾其所能为大客户服务，从而使得证券公司不惜违反证券法规为其提供内幕消息，甚至动用自有资金来弥补企业经营上的损失。近年来，日本暴露的数起涉及四大证券公司的金融丑闻，与日本证券公司和大企业财团的这种微妙关系不无关系。

为了改革迟暮的日本金融业特别是证券业,提高其效率和国际竞争力,从 1996 年 11 月开始,日本公布金融体制改革方案。这场被称为金融大震荡的改革以"国际化、公平化、自由化"为原则,允许各金融机构业务相互渗透,允许股票交易手续费自由化。这场改革,在日本金融界引起商业银行、证券公司和国际投资银行的激烈竞争,使日本证券业以大量证券公司倒闭为代价带来效率的提高,同时也极大地增强了现有证券公司的国际竞争力和生存能力。

五、发展中国家及我国投资银行的产生和发展

(一) 发展中国家投资银行的产生和发展

1969 年以前,在一些新兴国家和地区中,几乎没有任何投资银行或商人银行机构。进入 20 世纪 70 年代以后,在国内金融市场日趋饱和的前提下,发达国家投资银行积极向新兴证券市场如墨西哥、新加坡、韩国、印度、印度尼西亚等国乃至我国的香港、台湾地区及大陆的证券市场进军,并取得了可观的利润。同时促使韩国、泰国、新加坡、科威特、阿布扎比和中国香港等国家和地区逐渐发展成为新的国际商业银行业中心。

整个 20 世纪 80 年代和 90 年代的上半期,投资银行都在一个不断变化的环境中发展壮大,新的金融工具、新的业务领域、新的金融市场、新的金融体制使得投资银行经历着日新月异的变革。与发达国家的成熟资本市场相对应,新兴资本市场(Emerging Capital Market)是对发展中国家和地区创立时间短、发展速度快的资本市场的称谓。第二次世界大战之后国际投资银行界的一个重要特点,就是在发展中国家和地区涌现出了一批新兴市场和活跃于这些新兴市场上的投资银行。在 20 世纪 70 年代前后,处于东南亚的东盟各国纷纷引入投资银行。新加坡的第一家投资银行是创立于 1970 年 3 月的渣打投资银行(The Chartered Merchant Bankers Limited);泰国的第一家投资银行是于 1969 年 3 月成立的泰国投资证券有限公司(Thai Investment and Securities Co.,Ltd)。由于国际货币市场的充分流动性,东盟国家旺盛的贷款需求以及新加坡、中国香港证券市场的繁荣,吸引了大量的国外金融机构涌入东盟各国。不过,其中绝大多数机构由于受到东道国对外国资本控制权方面的限制,采用了购买持有东道国其他投资银行类的非银行金融机构的股份方式进入东盟各国的金融市场。东盟各国的投资银行业在 1973—1974 年发展至阶段性高峰,以后各国都开始限制新进入者的数量(新加坡例外)。在其他一些发展中国家的新兴资本市场,以国内业务为主的投资银行也得到了迅速发展。在亚洲,这类投资银行最为成功的例子是韩国、马来西亚、菲律宾和泰国。其中韩国最大的本土证券公司大宇证券,其前身是成立于 1970 年的东洋证券公司,1973 年被大宇公司收购,1983 年与三宝证券合并,实缴资本从 1970 年的 5 000 万韩元增至 160 亿韩元,成为韩国大宇集团的核心成员机构。1996 年大宇证券公司资产达到 26.88 亿美元,按资产计,列全球各大投资银行的第 22 名。但是,在亚洲金融危机中,大宇证券与其他韩国本土证券公司一道受到沉重打击。在拉丁美洲,本土投资银行最为发达的是巴西、墨西哥;在中东是约旦;在非洲是尼日利亚。

一般来说,商业银行、开发银行、储蓄银行和保险公司都先于投资银行而成立。在发展中国家,只有在证券市场问世后,由于商业银行的保守性,有效的证券市场没有投资银

行就不能生存时,才产生建立投资银行的必要。

在大多数发展中国家中,证券市场的规模仍然很小,还不可能建立起像美国曾经经历过的那种纯粹的投资银行。发展中国家的投资银行要有其他的收入来源才能生存。如从事证券包销、经纪人、公司理财和买卖证券等,而不能完全依赖于传统的投资银行业务。在国内的证券市场更为成熟之前,单靠收费业务通常不能保证得到足够的利润。

由于上述原因,发展中国家的投资银行业务已趋于多样化。为了得到稳定的收入,它们力求做一些以资产经营为基础的附加业务,这类业务类似典型的商业银行业务,并与商业银行竞争。在从事这类业务的过程中,投资银行的优势是它们的灵活性、创新性和决策的速度,以及敢于承担风险和较低的费用开支。

(二)我国证券公司的产生和发展

我国的证券公司是以证券业为主发展起来的。我国最早的证券公司业务起源于国债服务部。20世纪80年代中期,由于国债发行和兑付的需要,全国各地区都相继建立了国债服务部。20世纪80年代末期国债二级市场开放后,国债服务部的业务范围开始扩大到发行、流通转让和兑付三方面。同时,银行系统也开始建立直接从事国债认购的证券公司,这是我国最早的国债中介机构。我国证券公司的发展在规模上可以说是跳跃式的,三十几年,经历了一个从无到有、从空白到初具规模、从盲目扩张到规范化运作的高速发展过程。

1. 我国证券公司产生的背景

我国证券公司的主体脱胎于旧的计划经济体制,其产生大致有以下五种不同的背景:

(1)由国有商业银行系统(如工商银行、建设银行、农业银行、中国银行等)或保险公司等金融机构发起设立的股份公司或全资子公司。这类证券公司多属于全国性的大证券公司,如银河证券、中信建投证券和海通证券等。

(2)由地方金融机构入股或出资组建的股份公司或全资子公司,如申万宏源证券等。

(3)由地方财政系统的国债服务部发展起来的证券经营机构,如东方证券和湘财证券等。

(4)由全国性的信托投资公司和地方金融机构所属的信托投资公司的证券营业部入股或出资组建的股份公司或全资子公司,如中信证券、光大证券、广发证券等。

(5)由国有商业银行与国际知名的投资银行合资组建的股份有限公司。这类证券公司属于中外合资企业,如中国国际金融公司就是中国建银投资有限公司与摩根·士丹利国际公司、中国经济技术投资担保有限公司等五家公司合资组建的;中银国际证券有限责任公司则是由中银国际控股有限公司联合中国石油天然气集团公司、中国通用技术(集团)控股有限责任公司等五家大型企业共同投资设立。华欧国际证券有限责任公司是我国加入世界贸易组织后首家获得中国证监会批准设立的中外合资证券公司。其注册资本金为人民币5亿元,其中湘财证券公司占67%的股份,法国里昂证券公司占33%的股份。该合资证券公司成立后,进行了股票(包括人民币普通股、外资股)和债券(包括政府债券、公司债券)的承销、外资股的经纪、债券(包括政府债券、公司债券)的经纪和自营以及获得中国证监会批准的其他业务。

上述产生背景,使我国的证券公司在发展过程中形成了全国性证券公司与地方性证券公司并存的格局。全国性大证券公司因制度安排上的特权而获得更多“优待”,在资金规模、业务领域、技术装备和人才资源等方面拥有先天优势,位于市场的制高点,地方性证券公司与之相比明显处于劣势。

但是,随着修订后的《中华人民共和国证券法》[①](简称《证券法》)于 2006 年 1 月 1 日施行和证券市场外部环境的变化,证券市场上的竞争格局已经发生演变,决定证券公司成败的因素也开始从粗放转为内涵。一批资产优良、管理先进、注重企业战略管理的地方性证券公司,由于经营机制灵活,历史包袱又轻,它们扬长避短,脱颖而出,其发展速度令人刮目相看。如华泰证券原来是一个并不太有影响的地方性证券公司,但华泰证券锐意开拓,积极进取,其经营业绩和资产规模迅速扩展,在 2010 年公开发行股票成为上市证券公司。

可见,国内证券公司生存环境方面所发生的深刻变化已经使得全国性证券公司和地方性证券公司的内涵发生了质的变化。证券公司之间的竞争正从资金实力、员工人数、营业网点等存量资源拥有量的“硬竞争”,向运用这些资源能力的“软竞争”这一更深层次的方向转化。这其中,证券公司的制度建设是增强其核心竞争力极为重要的方面。

2. 我国证券公司发展的历史过程

从 1987 年 9 月我国第一家证券公司——深圳经济特区证券公司(由深圳 12 家金融机构合资组建)——经中国人民银行批准成立开始,截至 2017 年 12 月 31 日,我国已拥有 131 家证券公司、116 家公募基金管理公司(其中中外合资公司 45 家)、380 家公开募集基金销售机构(其中 141 家商业银行、99 家证券公司、18 家期货公司、4 家保险公司、5 家保险代理和经纪公司、6 家证券投资咨询机构和 107 家独立基金销售机构)、5 062 只公募证券投资基金、149 家期货公司、309 家合格的境外机构投资者(Qualified Foreign Institutional Investors,简称 QFII)、223 家人民币合格境外机构投资者(RMB Qualified Foreign Institutional Investors,简称 RQFII),43 家证券投资基金托管人和 84 家证券投资咨询机构。初步形成了一支运作比较规范、业务比较熟练、经验比较丰富的资本市场中介服务队伍。这些机构已涉猎证券承销、证券交易、证券自营、基金管理、企业并购、资产管理和财务顾问等投资银行业务领域。

在这三十多年中,我国证券公司呈现出持续高速的发展格局。回顾我国证券公司这三十多年的发展历程,大致可以将其分为四个阶段:

(1) 初期起步阶段(1987—1990 年)。随着我国由计划经济逐步向市场经济过渡,各种要素市场都在建立和发展。其中货币市场、资本市场的建立和发展尤为引人注目。这一阶段是证券公司发展的起步期,其整体结构呈多元化特征,既有专营证券业务的证券公

---

① 《中华人民共和国证券法》(1998 年 12 月 29 日第九届全国人民代表大会常务委员会第六次会议通过,根据 2004 年 8 月 28 日第十届全国人民代表大会常务委员会第十一次会议《关于修改〈中华人民共和国证券法〉的决定》第一次修正,2005 年 10 月 27 日第十届全国人民代表大会常务委员会第十八次会议修订,根据 2013 年 6 月 29 日第十二届全国人民代表大会常务委员会第三次会议《关于修改〈中华人民共和国证券法〉等十二部法律的决定》第二次修正,2014 年 8 月 31 日第十二届全国人民代表大会常务委员会第十次会议《关于修改〈中华人民共和国证券法〉等五部法律的决定》修正。)

司，又有兼营证券业务的信托投资公司。从专业性证券公司来看，当时既有商业银行全资创办的证券公司，也有财政部门创办的证券公司，还有股份制性质的证券公司。从兼营证券业务的信托投资公司来看，既有政府拨款筹建的，也有银行出资创办的，还有多方合资组建的。这些机构在证券业务方面都共同接受中国人民银行的领导、管理、稽核和协调。1990 年，中国人民银行颁布《证券公司管理暂行办法》《证券交易营业部管理暂行办法》和《关于设立证券交易代办点有关问题的通知》，启动了投资银行业的行业监管工作。

这一阶段，证券公司处于萌芽状态，资产规模相对较小，证券经营机构大多是银行或信托投资公司下设的证券业务部门。其经营对象以各类债券为主，经营方式以柜台交易为主。这一时期，证券公司作为证券市场不可或缺的重要组成部分实现了零的突破，证券公司数目增加较快，但各公司的资产规模都比较小，注册资本金大多为 1 000 万~5 000 万元，资产约 1 亿元。到 1990 年年底，全国共有专业性证券公司 44 家，兼营证券业务的信托投资公司 300 多家，总资产仅 50 多亿元。

（2）迅速扩张与分业经营确立阶段（1991—1997 年）。在这一阶段中，沪、深两个证券交易所正式成立，证券市场规模迅速扩大，证券公司得到快速发展。

1990 年 12 月 19 日和 1991 年 7 月 3 日上海证券交易所和深圳证券交易所相继开业。沪、深两个证券交易所的诞生，标志着我国证券市场从此开始了有组织的场内交易。1992 年 10 月，经中国人民银行总行批准分别在北京、上海和深圳成立了以国有商业银行为背景的华夏、国泰和南方三大全国性证券公司，注册资本均为 10 亿元。同时，国务院成立了国务院证券委员会（简称证券委）和中国证券监督管理委员会（简称证监会），形成了全国性证券市场的专门监管机构。1995 年《商业银行法》确立了我国金融业分业经营的格局，大量的证券经营机构从商业银行和信托投资公司剥离出来，成为独立的证券公司。截止到 1996 年年底，我国共有专业证券公司 96 家，兼营证券业务的信托投资公司 321 家，其下设的证券营业部达 2 420 家，总资产达 832 亿元。

这一时期，证券公司主营业务领域得到了拓展，不再局限于一级市场承销和二级市场经纪，其业务覆盖面包括：企业上市推荐、辅导、策划；二级市场经纪、证券投资和自营买卖业务；代客理财业务；基金管理业务；资本运营服务和国际业务。此外，这一阶段行业发展数量扩张特征明显，通过新设和增资扩股，证券公司的资本实力和资产规模都迅速扩张，竞争加剧，利润空间缩小。一大批证券公司如广发证券、国泰君安证券等，通过大规模的增资扩股，注册资本分别达到原来的 2.5 倍至 50 倍，出现了我国证券公司发展史上的第一次增资扩股高潮。

（3）调整规范阶段（1998—2006 年）。在这一时期中，证券公司在调整规范中发展。1998 年《证券法》的颁布，最终确立了证券行业的产业属性、产业范围、经营主体等产业要素，明确了银行、证券、信托之间的分业经营体制，推动了证券公司的兼并、重组与调整，并将证券公司分类为综合类券商和经纪类券商。与此同时一批实力雄厚、运作规范的大型证券公司迅速崛起。国泰证券、君安证券合并后以 37.3 亿元的资本金一度成为当时中国最大的券商，之后多家信托投资公司的证券部通过合并重组设立的中国银河证券公司以注册资本 45 亿元居各券商之首。尤其是在 1999—2000 年，出现了我国证券公司发展历史上增资扩股的第二次高潮。

2001年后，根据新出台的《中华人民共和国信托法》（简称《信托法》），我国对信托投资公司进行了全面的治理整顿，部分以证券业务为主体的信托投资公司改为证券公司，其他信托投资公司兼营的证券业务则归并到有关证券公司。

2004年1月，国务院发布《关于推进资本市场改革开放和稳定发展的若干意见》，中国证监会按照防治结合、以防为主，标本兼治、重在治本的原则，对证券公司实施综合治理。2005年7月，国务院办公厅转发中国证监会《证券公司综合治理工作方案》，要求各地区、各部门积极支持配合，共同做好综合治理工作。2005年10月，经全国人大常委会修订的《证券法》，对证券公司监管的基本制度做了规定，对综合治理阶段的改革成果和经验积累进行了充分肯定。2006年1月1日新修订的《证券法》实施，进一步完善了证券公司设立制度，对股东特别是大股东的资格作出规定；对证券公司实行按业务分类监管，不再将证券公司分为综合类和经纪类；建立以净资本为核心的监管指标体系；确立证券公司高级管理人员任职资格管理制度；增加了对证券公司及其股东、董事、监事、高级管理人员的监管措施，明确了法律责任。

与此同时，开始于2005年5月的股权分置改革，到2006年年底，改革任务基本完成，使我国资本市场才逐渐规范发展起来，也使证券公司的发展环境得到改善。

到2006年年底，我国共有证券公司104家，其中，注册资本50亿（含）以上3家，注册资本20亿（含）~50亿之间的有16家，注册资本10亿（含）~20亿的32家，注册资本10亿以下的53家。2006年我国104家证券公司实现营业收入约600亿元，净利润255亿元，并且，2006年中国证券公司扭转了全行业连续四年亏损的局面，迎来了历史上最好表现。

（4）股权分置制改革后阶段（2007年至今）。2008年，受国际金融危机及国内经济形势的影响，证券行业盈利能力受到较大影响。2009年，伴随着我国各项经济刺激政策的出台和宏观经济向好，加上创业板推出、新股发行体制的进一步改革和完善，证券行业净利润大幅增长。2010—2012年，受欧债危机、美国财政问题等因素影响，全球经济复苏放缓，我国证券市场持续低迷，证券行业盈利连年下滑。2013—2014年，随着证券市场交易回暖，证券行业加速创新发展，证券行业开始走出低谷，盈利水平大幅提升。2015年上半年证券市场延续上涨行情，下半年进入调整阶段，全年的盈利水平延续了上涨的态势。

2016年以来，受国内外经济形势整体疲软的影响，证券公司整体业绩较上年同期有所下降。截止到2017年12月31日，我国现有的131家证券公司中，中外合资券商13家，公开上市证券股份有限公司37家。

（三）我国证券公司未来发展趋势

当前证券行业存在的金融脱媒、市场规模继续扩大和结构深化发展、金融需求持续增长且多样化、市场化监管改革等有利因素，亦为未来证券行业和证券公司继续保持快速发展提供了现实驱动力。未来，我国证券行业和证券公司将呈现下列发展趋势：

1. 业务和产品将日趋多样化

目前，证券公司业绩仍主要来自经纪、自营和承销保荐等传统业务，受监管和创新能力的制约，现有创新业务对证券业利润贡献十分有限。但随着各项业务管制逐渐放松、各项创新业务逐步推出以及互联网金融迅速发展，证券公司传统业务的转型和创新业务都将快速演进，将逐步向以理财为中心的综合收入模式转型，实现证券公司业务趋于多元化。经纪业务通过营业部设立开放、非现场开户、业务牌照开放以及新增代销金融产品等措施为营业部转型奠定了业务基础，还可以通过提供商品期货和金融期货等期货产品和融资融券、转融通、约定购回式证券交易、债券质押式报价回购交易、股票质押式回购交易、现金管理和新三板主办券商等新型产品和服务，以及扩展互联网金融渠道，提高咨询费、产品代销佣金和虚拟渠道等收入比重；投资银行业务通过新增或鼓励公司债、企业债、私募债、中期票据及资产证券化、新三板等品种扩大了其为企业融资的渠道，通过鼓励产业整合和并购重组将增强投资银行资产配置的能力；资产管理方面，随着监管方式由事前审批逐步转为事后备案，以及投资范围、投资比例、资金运用方式、成立条件和客户准入门槛的逐步放开，我国证券公司资产管理业务必将迎来产品类型丰富和业务规模增长的快速发展时期，同时，随着证券公司逐步涉足私募股权投资和产业投资基金等新领域，为投资管理业务带来了新的利润增长点；融资融券通过标的扩容、转为常规业务等政策拓展了其整体盈利空间；直接投资、股票约定购回、股票质押式回购和质押式报价回购、股票期权等创新业务和未来将陆续推出的创新业务将不断扩大证券业的业务种类和业务范围。随着证券公司业务和产品日趋多样化，证券公司的收入结构将逐步由以往的单一模式转型为多元模式。

2. 资本需求规模化

在业务多元化的同时，随着各传统业务的转型和创新业务的发展，对资本的需求将更加强烈。在目前以净资本和流动性为核心的监管体系下，自营、并购基金、资本介入型资产管理以及直接投资、另类投资等业务的持续发展都需要巨大的资本支持。随着融资融券、股票约定购回、股票质押式回购、做市商等资本中介型业务的深入发展，资本规模大小将直接决定证券公司的发展空间。部分证券公司已通过在资本市场中发行债券、股票等手段，不断壮大自身资本规模，以应对各业务对资本的需求。总之，随着各资本消耗型业务发展深度和广度的不断提升，证券业对资本的需求将呈现规模化的特征。

长期以来，我国证券行业财务杠杆率一直处于较低水平，与发达国家相比，亦差距较大，较低的财务杠杆率制约了我国证券行业的发展。随着证券公司全面创新转型发展，中国证监会开始调整风险控制指标体系，证券公司风险控制指标将由净资本率向核心净资本与资产总额比例转型，各项业务风险资本准备比例亦逐步降低。而同时，证券公司已经一改以往融资渠道单一的局面，可以通过发行公司债券、次级债券、短期融资券、证券回购交易和收益凭证等工具拓展资本和营运资金的来源，为提高财务杠杆率提供了现实可能。综上所述，随着证券公司风险控制指标体系的调整，以及证券公司融资渠道的多元化，我国证券行业财务杠杆率将逐步提高，并有力地促进证券公司各项业务的快速发展。

3. 行业集中度将逐步提升、大型综合性证券公司竞争优势日趋明显

长期以来，我国证券行业集中度普遍较低，随着我国证券行业专业化程度逐步提高和对用以支持业务发展的综合能力要求的增强，我国证券行业集中度将逐步提升，而大型综合性证券公司因为拥有完整的金融服务体系、全国性网络和跨境平台、充足的资本实力、良好的风险管理和内部控制、广泛的客户基础、多样化的融资渠道和良好的品牌等优势，其竞争优势将日趋明显。

4. 跨境业务将稳步扩大

近年来,我国证券行业跨境业务发展速度明显加快,业务种类和业务规模均取得显著发展。随着我国经济对外开放程度的提高,境内居民和企业对外投资以及境外企业对内投资这两个需求亦将大幅提高。以沪港通试点为契机,我国证券行业的跨境业务必将延续快速发展的势头,以现有的QFII、RQFII和QDII为载体,嫁接期货品种和证券公司资产管理计划以及离岸人民币债券等产品,将进一步丰富投资范围,扩大业务规模。跨境并购重组、境外发行上市和境外发行人民币债券等跨境投资银行业务亦将稳步扩大,同时除现有跨境业务和产品以外,境内企业赴境外发行上市时实现发行前股东持有股份境外上市、境外企业在境内发行上市等新业务和产品亦会稳步推进和全面开展。

5. 行业分化逐步加剧

在中国证券业创新转型的过程中,随着监管层对证券业管制的逐步放松和各项创新政策的出台,传统业务和创新业务的竞争将更加白热化,证券业的分化将逐步加剧,行业集中度将加快上升。

随着创新和转型的不断深入,各证券公司由于其资本规模、管理水平、创新能力与业务基础等方面的差异,自主创新能力较强的大中型证券公司已取得并不断扩大自身的领先优势。

6. 经营更加规范化

在我国证券业发展的30多年间,为防止证券行业风险的集中爆发,在2004—2007年间曾进行过综合治理,部分证券公司在此过程中倒闭或被并购重组。随着证券市场基础性制度逐步完善,已经建立了以净资本为核心的风险监管机制,证券业的风险意识得到了很大的提高,并逐步进入规范发展阶段。

在证券业创新转型大背景下,证券行业监管机制、证券公司法人治理结构以及各业务规范运作等基础制度建设正积极推进,并将为行业持续、快速、健康发展奠定坚实的基础,行业经营将更加规范。

第三节　投资银行业务及其发展趋势

一、投资银行业务划分

从国际上看,投资银行业务活动几乎涉及资本市场的所有领域。国外投资银行经过几个阶段的长期发展,其业务可以说是令人眼花缭乱。对现代投资银行业务,可以做出繁简不同的划分,大而言之,可以有三分法:“投资银行业务现在分成了明显的三部分:承销业务(Underwriting),或证券的发行;收费的银行业务(Fee Banking),涉及并购顾问、债券与经济研究、其他形式的金融咨询等赚取费用的业务;交易(Transaction),包括二级市场交易、公司的自营交易和零售经济业务”(吉斯特,1995);或者是八分法:“我们比较倾向于将其业务分为八项特定的产生收益的活动:证券公开发行(承销)、证券交易、证券私募、收购与兼并、风险投资、衍生工具的交易和创造、资产管理、项目融资等”(弗兰克等,1996)。以下结合国内外投资银行业务开展的实际情况,进行分别介绍。

（一）证券承销与保荐业务

证券承销与保荐业务是投资银行最本源、最基础的业务活动，是投资银行为企业、政府机构等融资主体提供融资安排和服务的主要手段之一，也是投资银行业区别于其他金融行业的独特的标志性业务，至今仍然是许多提供全面服务的投资银行的主营业务和核心业务之一[①]。证券承销与保荐业务也称为证券一级市场业务，投资银行通过开展该业务，在证券一级市场中扮演着证券承销商或保荐机构的角色。按照国际投资银行的惯例，整个证券承销与保荐过程通常由公司融资部（投资银行部）牵头，研究开发、市场销售等部门协调合作完成。

投资银行承销的证券范围很广，包括本国中央政府、地方政府、政府机构发行的债券、企业发行的股票和债券、外国政府和公司在本国和世界发行的证券，国际金融机构发行的证券等。投资银行在证券承销过程中一般要按照承销金额及风险大小来权衡选择合适的承销方式，以及是否需要组成承销辛迪加。通常可以选择的证券承销方式主要有全额包销、余额包销、代销等几种。

投资银行为客户（证券发行人）承销证券、成功完成发行募集工作后，还要协助其联系证券交易所安排上市，并履行信息披露义务。经过这一系列程序，所发行的证券获得批准在证券交易所挂牌上市之后，发行公司正式转变为上市公司，投资银行在首次公开发行环节提供的服务也就圆满完成。此后，投资银行还可以为该上市公司在挂牌期间的再融资（如配股、增发）活动提供新的承销服务。

（二）证券经纪与自营业务

证券经纪与自营业务同样是投资银行传统的基础性业务之一，也是投资银行重要的利润来源。证券经纪业务是指投资银行受客户委托代理其买卖证券，实现证券的交易，同时对客户的投资决策提供指导和咨询服务。投资银行的证券经纪业务除了是证券承销业务的延续与需要之外，还是投资者在二级市场上买卖证券的需要。因此，证券经纪业务也称证券二级市场业务。作为证券经纪商，在证券承销结束之后，投资银行代表着买卖双方，按照客户提出的交易指令或其他要求，代理进行交易。整个证券经纪业务流程一般由经纪业务部（投资银行部）牵头，市场零售部门、财务清算部门、网络技术部门等协调合作完成。证券自营业务是指投资银行用自有资金或依法筹集的资金在证券市场以盈利为目的并独立承担风险的证券交易活动。

在证券经纪与自营业务或证券二级市场中，投资银行主要扮演证券经纪商（Broker）、证券交易商（Dealer）和证券做市商（Market Maker）三种角色。

（三）收购与兼并业务

收购与兼并业务已经成为现代投资银行除证券承销与证券交易业务外最重要的核心业务。企业并购与资产重组是资本市场永恒的主题，也是资本市场不断发展的根本动力所在。企业之间的收购与兼并是资本重新组合或再配置的一种方式。作为资本市场上一

---

① 在美国，一家投资银行在行业年度排行榜上的位置，通常是由它完成的承销额所占比例（承销全部发行证券的金额比例）决定的。这显示了一家投资银行的专业能力和自身实力。

项专业性很强且十分复杂的交易活动,收购与兼并交易双方由于自身条件限制而难以胜任,往往要借助于投资银行来完成。投资银行的收购与兼并业务,是指投资银行为企业收购与兼并交易提供价值评价、咨询、策划并购方案和协助融资,以及协助企业组织反并购等服务的活动。

收购兼并活动与资产重组密不可分。收购兼并的绩效主要取决于整合,而整合的过程实际上就包括资产重组。资产重组是指企业为实现长期发展战略而进行的资产与负债重组、机构与人员重组、产品与市场业务重组等。资产重组既可能是为了扩张和发展的需要,也可能是为了调整和优化资源结构的需要。

在企业收购兼并活动中,投资银行可以参与交易的任何一方,既可以为收购方设计收购与兼并方案并协助实施,也可以为被收购方设计反并购方案和措施。在收购与兼并业务中,投资银行基本上从企业并购提议、融资安排、桥式贷款[①]安排和其他咨询等几个方面获得收入。

(四)投资咨询与资产管理业务

投资咨询业务是指投资银行凭借投资经验、专业技术、信息和人才等方面的优势,接受客户的委托,以单独业务或附属于其他业务的形式,为客户提供有关证券投资咨询等方面的直接或间接的研究决策活动。在资本市场上,投资银行凭借自身的优势,为客户主要提供私募顾问、证券投资及专项投资咨询服务,收取咨询费用。

资产管理业务通常是指投资银行作为受托人,根据与委托人(投资者)签订的资产委托管理协议,为委托人交给的资产提供理财服务,以期为委托人控制风险,获得较高投资收益或提高理财效用的经济活动或经济行为。资产管理业务分为三类:第一类是根据公司、个人或政府的要求,对某个行业、某个市场、某种产品或证券进行深入的研究与分析,提供较为全面的、长期的决策分析资料;第二类是在企业经营遇到困难时,帮助企业出谋划策,提出应变措施,诸如制定发展战略、重建财务制度、出售转让子公司等;第三类是代客理财,为客户提供理财服务,并收取酬金。

投资咨询与资产管理业务的产生源于企业、居民个人和各级政府的财富积累和谋求资产增值的市场需求。在成熟的证券市场中,投资者大都愿意将自己的资产委托给专业机构进行管理,以避免因缺乏专业知识或投资经验而招致损失。适应这种市场需求,投资银行开办了资产管理业务,一般通过建立附属的专业投资机构管理投资者委托的资产。随着社会财富积累的增加,金融工具多样化和资本市场发展高度复杂化,资产管理业务已成为投资银行一个极具发展潜力和成长空间的领域。

(五)财务顾问与项目融资业务

投资银行的财务顾问业务是指投资银行凭借投资经验、专业技术、信息和人才等方面的优势,接受客户的委托,以单独业务或附属于其他业务的形式,为政府、企业等客户提供各类投融资、财务安排、兼并收购、资产重组等方面的分析、咨询、策划等有偿收费性顾问服务的业务。其中政府财务顾问业务是为各级政府及其所属部门的投资环境分析、投融

---

① Bridge Financing,也译为过桥贷款、桥梁融资,即在永久性债务融资完成前的暂时资金借贷。

资政策设计、税收政策设计以及为政府主导的招商引资等各种经济活动提供的顾问业务。而企业财务顾问业务的范围主要包括投融资顾问、改制上市顾问、并购顾问、债券及票据发行顾问、资产重组顾问、资产管理顾问、企业诊断等。

项目融资是指资金贷放者认可特定经济个体未来的预期盈余和现金流量，并且视其现金流量为本息偿还的来源，愿意在以该经济个体的资产作为担保品的条件下发放贷款。由于项目发起者的信用水平和资产负债表几乎不会受到项目融资的影响，因此项目融资又称为资产负债表外融资。投资银行在项目融资中发挥着非常关键的作用，它与项目有关的政府机关、金融机构、投资者与项目发起人等相关方紧密联系在一起，协调律师、会计师、工程师等一起进行项目可行性研究，进而通过发行债券、基金、股票或拆借、拍卖、抵押贷款等形式组织项目投资所需的融资活动。投资银行在项目融资中的主要工作是项目评估、融资方案设计、有关法律文件的起草、有关的信用评级、证券价格确定和承销等。

（六）基金与基金管理业务

基金是一种重要的投资工具，它由基金发起人组织，吸收大量投资者的零散资金，聘请有专门知识和投资经验的专家进行投资并取得收益。投资银行业与基金业有着十分密切的关系。首先，投资银行可以作为基金的发起人，发起和建立基金；其次，投资银行可作为基金管理者管理自己发行的基金；再次，投资银行还可以作为基金的承销人，帮助其他基金发行人向投资者发售受益凭证，募集投资者的资金（这一过程和证券的承销过程很相似）；最后，投资银行还常常接受基金发起人的委托，作为基金的管理人，帮助其管理基金，并据此获得一定的佣金。例如，第一波士顿公司（Credit Suisse First Boston）所设立的“第一波士顿资产管理公司”，黑石集团设立的“黑石财务管理公司”，野村证券公司设立的“野村投资管理公司”，都是投资银行从事基金管理的专门附属机构。

投资银行拥有高水平的金融投资专家、迅捷的信息渠道、先进的金融技术、广泛的金融业务网络，因而在基金管理上有得天独厚的优势。基金管理的关键是在分散和降低风险的基础上获得较高的收益，因此，证券组合投资就显得极为重要。

（七）金融创新与资产证券化业务

金融创新业务是投资银行从事金融衍生工具创造和交易的重要业务，其中风险控制工具就是投资银行金融衍生工具中最重要的一种。常见的风险控制工具有金融期货、期权、利率掉期、货币掉期、互换和远期合约等。这些金融衍生工具被用作套期保值、规避金融资产价格风险的技术手段和投机手段。投资银行参与设计、创造为客户和他们自己所需要的金融衍生工具，并在这些衍生工具的交易市场上扮演经纪商和交易商的角色，既帮助客户也为自己进行风险防范和风险控制。同时，投资银行进一步拓展了其业务空间和资本收益。因此，投资银行的这项业务又被称为“风险管理”。

资产证券化业务是20世纪60年代末以来世界金融领域最重大和发展最迅速的金融创新之一。资产证券化是指把流动性较小的资产，按信贷类型、期限、利率风险等分为不同的组合，然后再将这些组合变为资本市场工具，而这些金融工具所产生的利息，以及本金的偿付，则取决于标的物——资产所产生的现金流量的一种过程。由于是将大量的不能立即变现的资产作为担保而创立和发行证券，因此这些证券被称为资产担保证券，资产证券化也可解释为创立由资产担保的证券的过程。

(八) 私募股权投资与风险投资业务

私募股权投资是指通过私募形式,对非上市企业进行的权益性投资,投资者按照其出资份额分享投资收益,承担投资风险。私募股权投资在交易实施过程中附带考虑了将来的退出机制(即通过上市、并购或管理层回购等方式,转让所持股份获得投资回报)并主要采取公司制、契约制和有限合伙制三种组织形式。私募股权投资基金作为私募股权投资运作的主要载体,其投资对象主要是已经形成一定规模并产生稳定现金流的成熟企业,包括发展资本、并购基金、夹层资本、重振资本、Pre-IPO 资本等基金,其中并购基金和夹层资本的投资资金规模最大。

风险投资亦称为创业投资,根据美国风险投资协会(NVCA)的定义,是指投资具备相当发展潜力的创业企业,并为之提供专业化经营服务的一种权益性资本。可见,其内涵包括两个方面:一是其投资对象是具备相当发展潜力的创业企业。这里的创业企业一般是指运用新技术或新发明、生产新产品、具有很大的市场潜力、可以获得远远高于平均利润的利润却风险也极高的企业。二是不仅为其投资对象提供资本,而且还提供专业化经营服务。

二、投资银行业务与商业银行业务的趋同化

与投资银行业务范围一样,商业银行的业务范围在过去 30 多年中也发生了非常大的变化。以美国为例,20 世纪 30 年代,美国的投资银行与商业银行是截然不同的两个行业,但此后两者业务交叉愈演愈烈,以至于现在很难对两者作严格区分。造成这种状况的原因主要有以下几个方面:

第一,20 世纪 70 年代末,风险管理理论和实践的发展,日益证实美国 20 世纪 30 年代颁布的证券法规(如《格拉斯—斯蒂格尔法》)已不再适用,特别是一些大的商业银行机构都能熟练应用风险管理理论并付诸实践,从而使政府被迫部分取消对商业银行在证券承销方面的限制。起初,商业银行作为有限制的证券分支机构只允许承销市政普通债券,后来逐步放宽到工业发展债券和部分公司债券的发行。

第二,由于新兴市场和金融工具的出现,同时这些新兴市场及金融工具又无原有法规的制约,因而迅速成为商业银行与投资银行的竞争领域。例如:场外衍生工具市场,是经营互换交易和其他合约交易的新兴市场,而今已成为商业银行和投资银行共同竞争的市场领域。与此同时,金融服务行业同样成为投资银行与商业银行竞争的新领域,包括资产负债管理的咨询、风险管理和流动性管理等。在这个竞争领域里,投资银行和商业银行各自利用自身的优势,为机构和个人投资者提供一些包括建议、方法和工具等方面的咨询服务。

第三,投资银行和商业银行各自已经探索到削弱对方金融服务部分优势的方法。例如,美国商业银行在过去几十年中独享联邦基金市场提供的隔夜融资,即联邦基金市场允许联邦储备系统内的一家银行利用其多余储备向另一家银行提供隔夜融资,以极低的利息成本满足其短期流动资金的需要。这个优越的资金途径和市场,投资银行却无法享受,

于是投资银行便创立了回购协议市场(Repurchase Agreements Market)。通过此市场,投资银行可以以很低的利率成本从流动性很强的回购协议市场得到短期融资,同时,这个市场还经营着证券的短期买卖。

投资银行不动产及抵押贷款业务的开展和商业银行及其证券分支机构可从事商品和股票互换业务等,均表明投资银行与商业银行的分野日渐消失。

银行业的证券化也使投资银行和商业银行的传统区别不复存在,二者在存款、证券交易、承销、放款和其他金融服务等方面的竞争也日益激烈;而且,许多国家的政府对其金融机构的业务不再加以干涉。这样,为更有效地展开竞争,投资银行和商业银行的业务都全方位地拓展开来。

三、投资银行业务的发展趋势

20 世纪 70 年代末特别是 80 年代以来,由于信息技术的进步、金融产品和金融技术的创新,全球金融市场的联系日益密切,在金融自由化、国际化浪潮的推动下,西方国家逐步放松金融管制,金融机构竞争十分激烈。英、美、日等国家的投资银行从分业经营逐渐走向混业经营,相继开发了许多传统上属于商业银行的业务。同时,随着智能资产越来越受到人们的重视,以及网络化经营手段得到越来越广泛的运用,投资银行业务出现了一些新的变化和趋势。这些新变化、新趋势只要其形成的基础依然存在,就会对投资银行的未来发展产生重要影响和作用。总的来说,投资银行业务正朝着全能化、国际化、网络化、智能化、专业化和集中化的方向发展。

(一)投资银行业务全能化趋势

全能化趋势又称为混业化趋势或多样化趋势,是指投资银行经营金融业务全面化,即投资银行通过整合商业银行、保险公司、信托公司等各类金融机构,开展多元化的业务,向大型和超大型金融集团发展的趋势。20 世纪 80 年代以来,以美、日、英等国为代表,投资银行逐步从分业经营模式走向混业经营,向全能化方向迈进。近年来,这种自由化趋势正在进一步加强。

1997 年以前,英国一直采取分业管理,名义上由财政部负责对整个金融机构的监督管理,而实际上由英格兰银行负责对银行部门进行监督管理,由证券和投资理事会负责对从事证券和投资业务的金融机构进行管理。1997 年 4 月,英国劳工党政府上台后对金融监管体制进行了全面改革:1997 年 10 月,建立了金融监管局(Financial Service Agency, FSA);1998 年 6 月,新《英格兰银行法》实施,完成了英格兰银行将监督管理银行的权力逐步移交给金融监管局的立法程序;2000 年,《金融服务与市场法》公布,赋予金融监管局对金融业实行全面、单一监管的权力,所有金融机构和市场的审慎监管和日常监管由金融监管局负责。至此,英国完全实行了混业经营。

1998 年 4 月 1 日,日本颁布"金融体系改革一揽子法案",其最大特点是放宽对银行、证券、保险等行业的限制,允许金融机构跨业经营多种金融业务,废除了银行不能直接经营证券、保险业务的禁令,扩大了银行的经营范围。

1999 年 11 月 4 日,美国参众两院分别以压倒多数通过了《金融服务业现代化法案》,

在法律上宣告长达60多年的金融业分业经营模式彻底终结,并允许银行持股公司升格为金融控股公司,允许其从事具有金融性质的任何业务,包括银行、证券和保险业务。

全能化趋势体现了金融市场内部互相沟通的内在要求,有利于包括投资银行在内的金融机构更好地发挥作用,提高整个金融市场配置资源的效率。

(二)投资银行业务国际化趋势

国际化趋势又称为市场全球化,是指投资银行业务经营空间的全球化,即投资银行通过遍布全球的网络机构,开拓国际市场,在全球范围内拓展业务经营的趋势。投资银行业务的国际化(或全球化)趋势主要表现在机构国际化和业务全球化两方面。

1. 机构国际化

20世纪80年代以来,世界各大投资银行除在伦敦、纽约、东京、巴黎、苏黎世等国际金融中心扩展其原有的分支机构外,还进一步把业务扩展到亚太地区和拉美地区的发展中国家,竞相开发新兴市场国家和地区的业务,如在新加坡、韩国、中国香港、中国台湾等地都设有分支机构。进入21世纪后,随着我国资本市场的逐步开放,全球各大投资银行都把目光集中在潜力巨大的中国市场上。与此同时,我国投资银行也加快了国际化的步伐。1998年,中国银行全资附属子公司——中银国际在香港注册成立,迈出了我国投资银行由内向外进行机构国际化的第一步。随后,工商东亚在香港注册成立,申银万国、国泰君安和中金公司分别在香港设立分公司、分支机构及子公司。同时,中国金融机构也开始了境外并购活动。2007年10月,中国工商银行以54.6亿美元收购了非洲第一大银行——南非标准银行20%的股权,成为该行第一大股东,这是迄今为止中国企业跨国并购史上金额最高的并购案。2008年6月,招商银行以现金193亿港元(156.55港元/股)收购香港永隆银行53.12%的股份,核心价值是其全球的网络布局。2008年9月18日,中国银行出资约23亿元人民币收购法国洛希尔银行20%的股权(成为继洛希尔家族之后的第二大股东),成为华尔街金融风暴后首家出手购并欧美金融企业的中资机构。

2. 业务全球化

投资银行业务的全球化,一方面是原有国内业务的全球化(如国际投资与咨询服务、国际资产组合和风险控制、国际承销、跨国并购等),另一方面还出现了一些新的国际业务,如国际存托凭证、全球债券等。业务全球化已经成为投资银行能否在激烈的市场竞争中占领制高点的关键。与此相适应,投资银行已经彻底地跨越了地域和市场的限制,经营着越来越广泛的国际业务,成为全球投资银行。这主要表现在:① 全球业务网络已经建立和逐步完善,许多投资银行已经基本上在世界所有的国际区域或区域金融中心设立了分支机构;② 国际业务规模迅速膨胀,在纽约、伦敦、东京、中国香港、新加坡等证券市场上位居交易量前列的已不再是清一色的本土金融机构,许多海外投资银行已成为这些证券市场中的重要力量;③ 国际业务的管理机制已经比较完善,全球投资银行都有了负责协调管理全球业务的专门机构;④ 国际业务多样化、一体化已成为现实,投资银行不仅经营着证券承销、分销、代理买卖和自营买卖等传统业务,而且还在国际范围内从事兼并收购、资产管理、财务咨询、证券清算、风险控制、资金借贷等活动,成了国际金融市场尤其是资本市场上的“百货公司”;⑤ 投资银行拥有着大量的国外资产,在国际范围内从事资产组合管理和风险控制等活动。

我国投资银行业务走出国门始于1992年,以B股、H股、N股等融资为突破口。随着我国经济实力的增强,越来越多的企业走出国门,利用国际资本市场进行融资,除中银国际、中金公司、工商东亚等最早开辟海外市场的中外合资证券公司外,很多证券公司都开展了承销和推荐企业在海外资本市场发行股票并上市的业务。

(三)投资银行业务网络化趋势

网络经济时代的来临为投资银行的发展带来了全方位的深刻变革。投资银行家们认识到,适应互联网时代的投资银行作业方式,将是他们职业生涯中至关重要的改变,这一改变也将在未来对投资银行业产生最为深远的影响。

从目前的情况来看,投资银行业务网络化趋势最主要表现在业务经营方式上。

第一,网上发行。互联网正在成为一个发展迅速的新兴融资渠道,这种渠道与在交易所上市的首次公开发行(IPO)相对应,称为互联网直接公开发行(Direct Public Offerings, DPO)。互联网可以大大提高投资银行证券承销业务的效率,同时节约发行成本。发行价格制定、路演、制作招股说明书、发售股票等各个承销的环节,借助网络进行了简化,提高了操作效率。

第二,网上交易。投资银行通过互联网把投资者的订单输入到证券交易所的计算机撮合主机进行匹配成交。目前网上交易正在美国迅速发展,其他国家的投资银行也已开始提供网上交易的服务。我国很多证券公司都开设了网上交易业务。

第三,网上理财。互联网使投资银行的经营方式和管理模式发生了重大变革,以网络为核心的业务创新使投资银行的理财业务跨越时空,客户走到哪里,理财服务就延伸到哪里,几乎可以做到全球24小时全天候、全方位服务。

互联网使投资银行业重新洗牌成为可能。一些中小投资银行利用网络带来的发展机遇,在网上发行、交易等方面领先一步,业务规模迅速扩张,对大型投资银行构成越来越大的威胁。如美国的电子交易公司(E-Trade)和美国交易公司(Ameliorate)的市场份额正在逐步上升。网上交易由于成本低、效率高而受到投资者的青睐,导致网上交易的比重不断增加,同时也要求投资银行提供新的适合在线交易的咨询业务,改变传统的作业方式,以便给投资银行的发展注入新的动力和活力。

(四)投资银行业务智能化趋势

投资银行业是典型的智能型行业。作为资本市场上一种高级形态的中介机构,投资银行在资本运营中扮演着非常重要的角色,这就要求投资银行的从业人员具有较高的知识水平和业务能力。

投资银行的智能化趋势主要体现在两个方面:第一,投融资主体尽管涉及各行各业,自身情况千差万别,但其资本运营的目标均需要通过对象单一、过程单一的资本市场来解决。整个资本市场的运作过程实际上也就是多学科知识的综合运用过程,一个资本运作项目的知识密集程度和关联程度是其他行业所无法比拟的。也正是由于投资银行业的高智能资产特性造就了这一行业的高额利润水平和善于吸收最新科技成果所形成的业务多变性。另外,高智能壁垒也提高了行业门槛,相对缓解了因高额利润而吸引的盲目介入者可能带来的过度竞争风险。第二,投资银行的智能化趋势还体现在对复合型人才、前沿性人才较高的依赖程度上。无论国内、国外,投资银行都汇聚了一大批社会上的知识精英,这些知识精英的存在保证了投资银行业的先进性和活跃性。因此,投资银行的智能化趋势既是这一行业高速发展的原动力,又是该行业抵御较高市场风险的保护伞。

(五)投资银行业务专业化趋势

专业化分工协作是社会化大生产的必然要求。在整个金融体系多元化发展过程中,投资银行业务的专业化也成为必然,各大投资银行在业务拓展多元化的同时也各有所长。例如,美林在基础设施融资和证券管理方面享有盛誉,高盛以研究能力及承销而闻名,所罗门兄弟以商业票据发行和公司购并见长,而第一波士顿在组织辛迪加和安排私募方面领先。

(六)投资银行业务集中化趋势

20世纪五六十年代,随着战后经济和金融的复苏与成长,各大财团的竞争与合作使金融资本越来越集中,投资银行也不例外。近年来,由于受商业银行、保险公司及其他金融机构业务竞争的影响,如收益债券的承销、欧洲美元辛迪加等,更加剧了投资银行业的集中。

在这种状况下,各大投资银行纷纷通过并购、重组、上市等手段扩大规模,例如美林公司与怀特威尔德公司的合并、瑞士银行公司收购英国的华宝等。大规模的并购带来了投资银行的业务高度集中。

第二章

投资银行组织结构与经营模式

第一节　投资银行组织结构

一、投资银行组织形态的选择

投资银行组织结构是其各种构成要素得以相互依存、相互作用，从而发挥其功能的有机系统载体，是其证券承销、证券交易、企业并购、财务顾问、基金管理、风险投资、金融创新和资产证券化业务拓展的内在保障。一个灵活的组织结构常常因业务、规模及战略目标的不同而灵活调整，并随着技术进步和市场环境的变化而不断改进，以提高自身的效率，增强其市场竞争力。

一般说来，投资银行组织结构由投资银行经营理念和价值取向所决定，而且受客观环境影响。投资银行组织结构包括投资银行组织形态（即企业制度形式）和内部架构设置两个方面。投资银行组织形态是其经营管理的载体，是从制度层面反映其组织行为特征的重要方面，它主要是从整体上考察投资银行组织架构和特点，其主要的考虑因素是投资银行的产权结构、治理模式以及其内部权力的制约制衡关系。投资银行作为金融机构，在其组织架构上既有与一般企业类似的一面，但也具有独特的构架和特点。同时，在投资银行漫长的历史发展过程中，其组织形态也在不断地演化、发展。投资银行组织形态与其产权制度、管理体制、法律环境等密切相关，并构成了统一的不可分割的整体。按产权制度划分，投资银行组织形态主要有合伙制、混合公司制、现代股份公司制和金融控股公司制。

（一）合伙制

合伙制是指两个或两个以上的合伙人（自然人或法人）共同拥有企业并分享企业利润的形式。它在20世纪70年代以前被认为是投资银行最理想的组织体制。合伙制的所有权与管理权合二为一，能充分调动管理者的积极性，同时还可保持投资银行的稳定性和延续性。

合伙制投资银行的特点在于：合伙制是建立在合伙人能力基础上的，普通合伙人都在投资银行业务或管理的某个方面具有特别的才能;合伙人共享投资银行经营所得;普通合伙人对经营亏损共同负无限责任,有限合伙人以出资额为限负有限责任;合伙制可以由所有合伙人共同参与经营,也可以由部分合伙人经营,其他合伙人仅出资且其最大损失为其出资额;合伙人数量不定,根据投资银行业务需要确定其规模大小;由于普通合伙人承担的无限责任,使得投资银行的经营更加注意风险防范。

由于合伙制实际上是以信用为基础的联合企业,企业中虽然也有共同的出资,但人的因素影响很大。在合伙制投资银行中,每个普通合伙人都要对债务负无限连带责任,债权人可以向任何一个普通合伙人要求偿还全部债务,如果投资银行资不抵债,普通合伙人有责任以自己的私有财产来抵偿。这样,合伙人之间的人身关系因经济关系而变得十分密切,彼此之间有相当的了解和信任。一般来说,合伙制投资银行中的合伙人要么是那些在投资银行业务方面具有较高声望和地位的专业人士,要么是那些有较强经济实力的企业家。

投资银行最初发展是以家庭商号的形式出现的,在组织形态上明显表现为建立在血缘关系基础上的家族式结构和管理模式。其典型的发展过程是:一个创业者创建了一家具有相当信誉的商号,随着贸易的发展,商号逐步向中介服务方面发展,成为一家独立的中介服务商行,其主要业务是发行商业票据,从事贸易融资,久而久之,商行逐步渗透到多种中介服务中,于是出现了具有金融服务性质的商行。开始,这种商行多集中在某个地区,一般是单独开展业务,但随着业务发展的需要,商行要在不同地区甚至不同国家建立分支机构,于是以某个地区为核心、以分布于各地的分支机构为支撑的银行体系逐步形成。在这一演化过程中,组织形态变化由家族式管理逐步向家族合伙制方向演化,从而出现投资银行发展过程中的一种重要组织形式——家族合伙制。

家族合伙制投资银行是由从事贸易融资的个体商人和金匠家族的商人业务中分离出来的专门从事金融业务的家族企业。其中合伙人是由以血缘关系为纽带联结起来的家族成员,他们共同经营、共享利益、共担风险。家族合伙制在相当程度上改变了投资银行的决策机制,逐步成为投资银行民主化管理的基础。但是家庭合伙制是建立在血缘关系上的,不同成员在投资银行业务和管理能力上的差异并不能得到区分,因此,在投资银行发展中自然出现有些成员能力强,而有些成员能力弱的现象,而这一现象并不能体现在投资银行的利益分配和风险分担上,其结果就出现投资银行进一步由家庭合伙制向有外部人参与的合伙制投资银行转化。

有外部人参与的合伙制投资银行的产生是建立在合伙人的能力基础上的。随着家族成员能力的分化,能力差的成员慢慢不再受到欢迎,而投资银行为了发展又必须引进新的成员,这些新成员大多是在投资银行业务和管理的某个方面具有特殊才能的。因此,有外部人参与的合伙制投资银行一般就比家族合伙制投资银行更具有生命力。

第二次世界大战以后,证券市场得到快速发展,有外部人参与的合伙制投资银行的发展也受到了严峻的挑战,主要存在以下制约因素:第一,资金来源狭窄,规模扩张速度缓慢。有外部人参与的合伙制投资银行的资本金来源主要是合伙人投入的资本且参与人数较少,规模不易扩大。尽管一些合伙人很富有,但他们的资本实力难以和社会资本存量相比,致使资本金扩张的速度很难赶上公司制投资银行。同时,有外部人参与的合伙制投资银行的一个致命的缺点是一旦合伙人因为某种原因退出投资银行，常常使其综合实力受到重大的削弱。总之，有外部人参与的合伙制投资银行存在着一个束缚资本金迅速扩张的制度“瓶颈”，也难以与公司制的投资银行相抗衡。第二，缺乏决策的科学性和内部制衡机制。家族合伙制投资银行和有外部人参与的合伙制投资银行一般都采取集权式的直线组织结构管理，缺乏组织上有效的监督制约机制和民主决策机制，缺乏合理的授权机制和内部制衡机制，是其决策效率低下和决策失误的一个重要组织因素。随着投资银行业务发展和规模的扩大，职能和业务部门日益增多，内部员工不断增加，已渐渐超出了有外部人参与的合伙制投资银行的控制能力。另外，有外部人参与的合伙制投资银行往往把利润按比例进行分配，合伙人甚至为维持奢侈的生活而从投资银行抽走资金。资金积累问题成为家族合伙制投资银行和有外部人参与的合伙制投资银行发展的瓶颈。第三，缺乏持续的补充管理精英的机制，容易导致领导人员能力平庸化。家族合伙制投资银行以及有外部人参与的合伙制投资银行由于均采取集权式的直线管理，所以对高层管理人员素质尤其是企业领导人的要求非常高，他们的个人能力和经验都应该能够应付巨大的压力和挑战。于是持续的补充管理精英便成为投资银行经营成功的关键。但是合伙制投资银行为了保持家族或合伙人的绝对控制地位，关键岗位通常是由合伙人担任，非合伙人即使有很强的管理能力，也很难有机会参与投资银行的经营管理，因此缺乏持续的补充管理精英的机制，容易使高级管理人员能力平庸化，从而导致投资银行陷入困境。同时，家族的后代不一定善于经营，有可能十分平庸，固守传统并缺乏创新能力，往往阻碍合伙制投资银行的进一步发展。第四，风险的加大也对合伙制投资银行的生存产生威胁。随着各种金融产品的创新，特别是各种金融衍生工具的交易，有效地规避和控制风险便成为投资银行开展业务顺利经营的前提。家族合伙制投资银行以及有外部人参与的合伙制投资银行由于缺乏有效的风险管理手段，并且普通合伙人承担的是无限责任，使普通合伙人和投资银行都面临着较大的风险。

正是基于上述原因，第二次世界大战以后，许多家庭合伙制的投资银行以及有外部人参与的合伙制投资银行开始进行投资银行组织形态的革命，转向现代公司制形态，并先后从资本市场获得融资，成为上市公司。目前，大型投资银行基本上都是上市公司，甚至成为金融控股公司。

（二）混合公司制

混合公司是指由在职能上没有什么联系的资本或公司合并而成的规模很大的公司，其在本质上是现代公司，但又具备自己的特点：规模庞大，同时涉足多个没有直接联系的业务领域。比较普遍的混合公司制投资银行基本上是通过收购兼并或联合而形成的。

投资银行是一个动态竞争性和适应性合二为一的行业，同时也是一个周期性很强的行业。在经济增长时期，市场对投资银行的服务和产品需求增加，使该行业过度膨胀；当经济衰退时，市场对投资银行的服务和产品需求下降，行业则迅速紧缩合并。大公司为实行多样化经营进行企业并购，在此过程中掀起了混合并购。大公司可能并购包括投资银行在内的许多公司，从而成为混合公司。最近几十年来，这种现象较为普遍，许多投资银行或金融机构被出售或收购，表明投资银行业开始出现分化。被收购的投资银行成为别的公司的全资附属子公司或者一个业务部门,或通过分解、整合而融合到收购企业中去。1987 年美国经济滑坡后,投资银行业合并之风盛行,1 300 多家(占总数的 20%)小型投资银行倒闭或被合并。2007 年美国次级债引起的金融危机,使得雷曼兄弟公司、贝尔斯登公司破产,摩根 · 士丹利、美林等大的投资银行被更大的金融集团并购,成为金融控股公司。总之,世界上几乎所有大的投资银行都经历了重组、合并,其结果是投资银行变得更集中、经营更专业化。

在并购过程中,许多投资银行被其他投资银行或金融机构收购或出售,其主要动机是为了扩大母公司的业务规模。普美公司(Priemerice)在 1987 年收购美邦公司(Smith Barney)和哈里斯 · 阿汗公司(Harris Uplam)后,又于 1993 年从美国捷运公司手中买入希尔逊经纪公司。在此基础上,普美公司组建美邦 · 希尔逊公司(Smith Barney Shearson),从而成为美国第二大经纪公司,拥有 11 000 个经纪人,495 家分支机构,仅次于当时最大的经纪公司——美林公司。1995 年,欧洲最大的商人银行巴林银行倒闭,随之被荷兰国际集团收购。美林公司出资 8.4 亿美元收购英国最大的独立经纪公司——兆富公司,从而成为世界上最大的股票经纪公司。而 1997 年 2 月 5 日公布的摩根 · 士丹利、迪恩 · 怀特两大公司合并的事件,更是当年度国际金融服务领域最具有冲击力的事件之一。

然而,也有一些非金融机构收购了投资银行和经纪公司,如通用电气公司(GE)接管了基德 · 皮博耶公司。这些收购活动的目的是为了增强母公司的获利能力及业务多样性,而不是辅助或补充其原有业务的开展。金融或非金融机构兼并、收购或出售投资银行的行为表明了投资银行业的重大变化,即由过去紧密的合伙体变为被收购接管的目标。结果是,投资银行业有了行业外的压力,利润变得更重要,因此一旦盈利不好,即有被其他企业收购的可能;同样,费用开支比以往控制得更严格,因此投资银行变得更现代化,许多私人合伙企业从此销声匿迹。

(三)现代股份公司制

投资银行转化为现代股份公司制是现代投资银行与传统投资银行的本质区别之一,是当前投资银行组织形态的主流。进入 19 世纪中叶,西方主要国家公司法立法逐步完善,使得社会经济单元由个人所有向社会化的公司制过渡。在这种大规模的经济制度变革中,公司法人制度是其变革的核心。而这种制度一方面既保证了公司在社会经济活动中的法律地位,另一方面也开辟了不同自然人参加进行社会经济活动的新模式,为公司的发展提供了制度保证。在这一期间,投资银行的组织制度也随之发生变化,出现了众多的公司制投资银行。经过长期发展的验证,公司制投资银行明显更具有生命力。因此,这一制度被广泛应用于投资银行领域。

现代股份公司制度赋予公司独立的人格,公司法人财产权的确定是其重要标志。法人财产权是公司法人对包括投资和投资增值在内的全部公司财产所享有的权利。法人财产权的存在显示了法人团体的权利,不再表现为个人的权利。在投资银行的组织形态上,各国的规定不一样。目前,世界上只有比利时、丹麦等少数国家的投资银行仍限于合伙制;德国和荷兰虽然在法律上允许有不同的组织形态,但事实上只有合伙制;中国香港、马来西亚、新西兰、南非等大多数国家和地区允许投资银行采取合伙制和公司制;新加坡、巴西等国则只允许采取股份公司制。但从投资银行比较发达的美、欧、日等国家和地区来看，股份公司制是具有典型意义的投资银行组织结构形式。与合伙制投资银行相比，现代股份公司制投资银行具有更强大的功能和优越性，这些功能和优越性主要表现在以下六个方面。

1. 强大的筹资功能

股份公司是筹集资本的有效平台，与资本市场紧密联系在一起，如果成功上市则短时间内可以大量募集资本，满足现代投资银行对资本的需要。股份公司比较容易吸引公众投资，因为它的风险有限，所持股权流动性高，财务状况也比较透明。20 世纪 70 年代初以后，美国一些老牌投资银行开始探索利用股份化和证券市场上市实现规模扩张。1971 年，美林证券成为第一家在纽约证券交易所挂牌上市的投资银行，之后所罗门兄弟、摩根 · 士丹利、高盛等也纷纷采取了上市策略。在我国，截至 2017 年年底，已经上市的证券公司则达 29 家。通过股份化和上市，投资银行完成了资本的超常扩张，增强了自身实力，并由此加速了投资银行间的购并和优化重组。

2. 科学的企业管理

现代股份公司制投资银行的管理更加科学化和规范化，与一般合伙制投资银行组织相比有着明显的优势：从决策方面来看，现代股份公司制投资银行组织的产权组织机构确立了分权与民主化的决策机制，即一方面决策本身往往体现着多数人（股东）的利益，另一方面决策者由于受各方面利益的制约必须对决策内容进行较为恰当的成本收益比较，这均有利于提高决策的科学化程度，从而降低成本、分散风险和提高效率。从信息方面来看，现代股份公司制投资银行组织与一般合伙制投资银行组织都存在着信息失灵或不对称以及信息收集、传递和处理的成本问题，但两者存在差别。现代股份公司制投资银行组织一般是区域性或跨国性投资银行组织，其系统层次相对较少，不按行政区域设置分支机构，因而具有较少的信息空间和较短的传递渠道，从而降低了人们在收集、处理有关信息方面的成本，提高了决策的时效性和准确性。从制度本身来看，现代股份公司制可以使投资银行实现管理活动的专业化和利益制衡的规范化。一方面，管理活动的专业化导致管理的职业化、知识化和经理人员地位的独立化；另一方面，利益制衡的规范化是指投资银行内部各利益主体的互相制约及内部激励机制的建立和规范化，从而促进投资银行效率的提高和效益的改善。从竞争方面来看，现代股份公司制投资银行组织由其产权结构和行为目标所决定，必然是有旺盛的竞争意识和创新精神，竞争有助于降低成本和提高效率，而创新过程本身则直接包含着降低成本和提高效益的含义。

3. 完善的公司治理

现代股份公司制投资银行要求有更完善的公司治理结构，包括组织管理制度、信息披露制度，要求有较好的盈利记录。投资银行上市后能避免合伙制中所有权与管理权不分所带来的各种弊端，使投资银行具有更大的稳定性。

同时，现代股份公司制组织形态可以建立一套更规范的治理结构，处理好委托—代理的信息不对称和激励不相容的困境。现代股份公司制投资银行可以通过年薪制和建立长期股权激励制度，使股东和经理层的目标一致，从而实现股东利益或投资银行利益最大化，物色投资银行界的精英加盟本公司参与经营管理，缓解合伙制投资银行管理精英缺乏的局面。同时,现代股份公司制投资银行在留住人才方面也有一套较为完善的方案,通过建立职工持股计划(Employee Stock Ownership Plan,ESOP)的制度安排,来稳定员工队伍,调动其积极性。

4. 合理的资源配置

由于现代股份公司制投资银行资本金实力的增强,金融创新工具的不断涌现,以及证券市场的发展促使股权流动性加强,这一切都加速了投资银行之间和其他公司之间的兼并与收购。投资银行往往用换股收购等股权支付手段来兼并和收购其他公司,或者以股权相互持有等方式与其他公司建立战略联盟。在投资银行的兼并与收购当中,一些有实力的投资银行脱颖而出,而另一些缺乏竞争力的投资银行则成为被并购的对象。因此,经过多轮的投资银行兼并和收购,借助市场竞争的优胜劣汰机制,实现了投资银行资源的优化配置。

5. 高效的运作效率

随着现代股份公司制投资银行资本规模的扩大和高级管理人才的加盟,其整体运作效率得到了进一步提高。具体表现在:① 组织决策效率。现代股份公司制投资银行确立了分权与民主化的决策机制以及信息披露制度,这些均有利于管理层与公司股东、客户之间的信息交流与反馈,降低了信息处理的成本,从而保证了决策的及时性、准确性和科学性,大大提高了组织的整体决策效率。欧美国家的投资银行通常都采取充分扁平化的组织结构,以拓宽管理幅度,减少信息不对称,实现快速高效的组织决策管理,从而提高整体的运作效率。② 监督约束效率。规范有效的公司治理结构的建立,为内部监督制衡机制的建立奠定了基础,提高了投资银行监督约束的效率。以美国投资银行为例,其监督制衡机制主要是通过完善内部控制制度和信息披露制度,从而实现内部监督与外部市场约束的共同结合。通过这种约束制度的安排,能在一定程度上有效地避免经理层滥用权力和内部人控制,进而提高投资银行的经营管理效率。③ 强化风险管理。现代股份公司制投资银行的一个突出特点就是加强对投资银行经营中风险的防范与控制管理。许多大型的投资银行在董事会下专设风险管理委员会,负责整个投资银行集团风险的管理,并及时将信息与执行委员会沟通,向董事会报告。此外,许多业务部门也设有风险经理,以及时有效地控制业务的风险。现代股份公司制投资银行为加强风险管理所采取的手段也有助于提高整个组织的运作效率。

6. 独立的法人地位

投资银行采用公司法人制度,在法律上明确了投资银行独立的法人地位,其确立是以法人财产权为核心和重要标志的。法人财产权不同于合伙公司的财产权,它是指投资银行法人对投资及其增值在内的全部投资银行财产所享有的权利,表明了法人全体的权利,而不再表现为个人的利益。投资银行法人对投资银行包括有形资产和无形资产在内的全部投资银行资产视为一个不可分割的整体来行使法人财产权,并且可以用法人财产权来对抗和排除或避免包括股东在内的其他个人和机构对投资银行业务经营进行干预。投资银行法人不仅拥有对这些财产的占有权、使用权、收益权,同时还有处置权,从而构成完整的权利体系。投资银行法人对财产权利的行使具有永续性。

（四）金融控股公司制

20 世纪 80 年代后，发达国家经济进入“滞胀”时期，使资金供需矛盾发生逆转，商业银行受到投资银行的挑战，出现了打破专业化的要求，金融业由分业开始走向混业。1986 年英国完成金融“大爆炸”改革，1998 年日本实施《金融体系改革一揽子法案》，1999 年美国推出《金融服务现代化法案》，其共同点就是取消分业经营禁令，实施混业经营策略。这些改革措施使得投资银行再次面临组织形态的创新。特别是开始于 2007 年美国因次级债引发的金融危机，进而波及全世界，形成全球金融危机，给投资银行业造成了巨大损失。

在这种背景下，金融控股公司制应运而生。金融控股公司制是在现代金融混业经营的趋势下，以控股公司形式组建的金融控股集团，它是金融业实现全能化的一种组织制度。根据 1999 年 2 月国际上三大金融监管部门——巴塞尔银行监管委员会、国际证监会组织、国际保险监管协会联合发布的《对金融控股公司的监管原则》，金融控股公司指“在同一控制权下，所属的受监管实体至少明显地在从事两种以上的银行、证券和保险业务，同时每类业务的资本要求不同”。金融控股公司制本质上属于现代公司制的范畴。作为多元化经营的金融企业集团，金融控股公司具有如下特点：

第一，集团控股，联合经营。集团控股是指存在一个控股公司作为集团的母体，控股公司既可能是一个单纯的投资机构，也可能是以一项金融业务为载体的经营机构，前者如纯粹的金融控股公司，后者如银行控股公司、保险控股公司等。

第二，法人分业，规避风险。法人分业是金融控股集团的第二个重要特性，指各子公司具有独立的法人地位，不同金融业务分别由不同法人经营。它的作用是防止不同金融业务风险的相互传递，并对内部交易起到遏制作用。

在投资银行的组织形态上，各国规定不一。就目前而言，股份公司制的投资银行还是最为常见的。因此围绕股份制投资银行的职能结构和治理运作，形成了当前投资银行组织结构理论和实践的核心内容。

二、投资银行决策管理机制

（一）投资银行的日常管理与决策管理

现代管理理论中将公司内部的管理问题分为日常管理与决策管理。所谓日常管理是指公司员工所处理的是经常性事务，诸如正常的工作计划制定、业务的经常性活动、内部管理制度的执行等。而决策管理一般涉及公司投资项目选择、重要业务发展战略、重要人事安排选择等，这部分管理属于战略管理的内容，决策的结果往往对公司发展具有重要影响。在普通公司中大量的管理事务是属于日常管理的范畴，决策管理仅仅在有重大问题或事件发生时才会涉及。

但是，在企业管理实践过程中，投资银行与普通企业有所区别。投资银行经营的重要特点是围绕资本市场提供各种中介服务，而资本市场的高风险性使得投资银行在提供服务和自我发展中必须将业务开展中的许多问题集中到投资银行相应的部门，而该部门对应的业务人员和管理人员经常需要做出适当的选择，也就是需要进行决策。特别重要的问题还需要投资银行最高管理层做出选择。投资银行涉及的决策内容的工作量比普通企业要多很多，也正是这个原因，投资银行的内部决策机制显得特别重要。

（二）投资银行内部决策机制的建立

通常，投资银行内部决策机制主要包括：对决策内容的明确定义、对决策执行的适当授权和对决策过程的有效监督。

1. 对决策内容的明确定义

明确定义决策内容的目的是将其与一般管理内容加以区分。例如，不能将对投资银行总经理的任命和对普通员工的部门调动都放在投资银行人力资源部门的管理范围之内，前者明显属于投资银行的重大决策，而后者则属于日常管理。类似问题在投资银行的所有部门中都存在。因此，在建立投资银行内部决策机制时，首先要从各个部门中将不同层面的问题筛选出来，分别加以处理，这一过程就是决策内容的定义过程。

2. 对决策执行的适度授权

在完成决策内容的定义后，投资银行需要对该类问题的处理权限加以明确，这也是投资银行组织上的授权过程。投资银行授权上的科学性和合理性是关系投资银行发展的重要内容，必须给予足够的重视。首先是将需要投资银行执行委员会决策的问题和仅需要投资经理决策的问题加以明确区分，然后给他们各自以特定的决策权限。当然，在投资银行的组织结构中，这种授权最终是由股东大会决定的，但每一级的决策权限由上一级决定，这本身也是一种授权。

3. 对决策过程的有效监督

与决策授权同等重要的是对决策过程的有效监督。投资银行的业务大多属于高风险、高收益的业务，因此，建立对决策过程的有效监督与提高决策效率具有同等重要意义。对决策过程的监督实际上是属于风险控制及防范过程，当然有些环节和内容要比纯粹的市场风险更广泛。

（三）投资银行的管理架构

由于投资银行业务发展的广泛性和复杂性，使得投资银行经常具有一些特殊的管理架构，而且随着投资银行跨国业务、跨市场业务的开展，也给组织管理上带来新的问题。合理的管理架构能够提高投资银行整体的运作效率，从而提高经济效益。相反，如果管理架构不合理则会在内部出现各种不合理的管理现象，并最终反映在投资银行的经营业绩和风险控制上。建立起一个高效的、协调的内部管理架构是投资银行重要的组织过程。

现代组织理论中将公司的组织形态进行了不同的分类：一类是典型的金字塔型，另一类是扁平化的网络型。前者是我们经常看到的公司管理架构，即呈现越靠近底部越大的形状；而后者是在不同业务类型、不同地区业务发展等基础上建立起来的平行管理架构，例如我国资本市场的证券承销业务部与美国资本市场的证券承销业务部之间是完全平行的，互相之间并没有从属关系。

从公司内部信息传递效率来看，网络型架构比金字塔型架构更有利。在现实中，目前很多现代公司往往采用网络型管理。由于投资银行对信息传递问题特别敏感，因此，越来越多的投资银行，特别是跨国投资银行已经普遍采取扁平化的网络型管理的架构。

三、投资银行的内部机构设置

根据投资银行业务的特点和对扁平化网络型管理架构性质的分析，在此我们着重探讨在网络型管理架构下的投资银行所应该设立的部门和机构。这种设置并不一定是最优的，但它基本上反映了投资银行的业务特点和管理要求。

（一）决策机构

投资银行的决策机构包括股东大会、董事会、专门委员会和总裁等几个层次。

股东大会是现代公司制投资银行的最高权力机构，由所持股票数量决定其可以行使的权力，是建立在多数原则基础上的。

董事会是股东大会的常设决策机构，负责投资银行的经营管理和战略决策，是投资银行的最高决策机构。其中董事由主要股东代表组成并经由股东大会选举产生。现代公司治理结构引进了独立董事制度，增加了董事的来源。董事会一般每月或每季度开会讨论和决定公司的一般战略、经营方针和策略，检查由公司管理部门提交的财务报告。现在很多大型投资银行董事会下都设有下列专门委员会。

提名委员会，主要职责包括：研究董事、经理人员选择的标准和程序，广泛搜寻合格的董事、经理人选，对候选董事与经理进行资格审查并提出建议；薪酬委员会，主要职责包括：研究董事、经理人员的考核标准并进行考核；审计委员会，主要职责包括：提议聘请或更换外部审计机构，监督公司内部审计的实施，审核公司的财务信息及披露情况，审查公司内部控制制度；执行委员会，一般由少数经验丰富、能力较强的董事和总裁组成，每月要召开几次会议，对投资银行经营过程中的问题进行研讨，向董事会提出必要的建议。

总裁由董事会提名并任命，是投资银行最主要的管理执行者。总裁主要负责日常业务管理和内部管理制度的制定，包括任免各个层次的工作人员；对日常经营活动进行决策、管理和控制；奖惩工作人员；定期向董事会及下设的执行委员会提交经营状况和财务状况的报告；制定年度预算和长期规划。

（二）职能部门

职能部门是投资银行必须具备的内部控制和核算中心，兼有服务和监督的职能。保证投资银行内部按照规定的经营目标和工作程序进行运作是职能部门的主要作用。职能部门通过对各个部门人员和业务活动进行组织、协调和制约，从而控制在经营过程中潜在的非系统风险。

内部控制包括内部管理控制和内部会计控制两个方面，其主要任务是确定各个职能部门的职责权限，实行分级管理、岗位责任考核和岗位制衡，完善内部管理制度和财务制度。

职能部门进行内部控制的主要内容包括：一是制定各项业务的控制程序，通过设计操作流程、作业手册，使各项业务程序标准化和规范化，协调各部门之间的配合；二是确定各部门、各类人员、各个岗位的责任和职权，通过授权控制和批准授权来确定投资银行内部的职责和权限；三是进行内部控制的审核，一般包括核实各种会计凭证、会计报表、实物资产与账面资产的一致性，不定期对投资银行的各个部门和分支机构进行审计检查，以确定投资银行的各项业务和会计事项的处理都已经符合法律和内部制度的规定。上述内部控制的主要工作是由以下具体部门分工协作完成的:

财务部——负责投资银行内部会计核算和财务管理。

人力资源部——负责投资银行员工的聘用和解聘,以及员工的培训等。

法律部——负责投资银行有关法律事务。

信息技术部门——负责投资银行内部正常业务运作等的技术支持。

综合事务办公室——负责投资银行综合事务和日常管理。

(三) 业务部门

由于现代投资银行战略定位和经营方针存在差异,监管环境和风险控制理念不同,投资银行内部部门设置存在诸多差异。但一般情况下,投资银行的主要业务部门包括资本市场部、消费者市场部和研究发展部等。

1. 资本市场部

资本市场业务包括传统的投资银行业务和公司金融业务。典型的大型投资银行资本市场部下设的独立部门主要有:

(1) 证券承销部。有些投资银行又将其称为融资部或公司融资部(Corporate Finance Department)。该部的主要功能是负责在证券一级市场上承销企业发行的股票、债券和票据等各种证券。

(2) 企业并购部。该部是投资银行中最活跃和最具有挑战性的部门,它主要负责进行信息收集、寻找目标企业、评估定价、接管、杠杆收购和管理层收购、反收购,以及调整企业的资本结构。企业并购部日益成为投资银行一个重要的组成部分,为投资银行带来重要的利益来源,并且在业务上与其他部门相互配合。

(3) 经纪业务部。该部专门负责二级市场上的证券交易,接受客户的委托,代理客户买卖证券,向客户收取一定的佣金。同时,在法律许可的情况下,向客户提供保证金贷款和融资融券服务,并对这种信用交易服务进行监控管理。同时也包括证券自营业务和证券做市商业务等。

(4) 资产管理部。该部又可以进一步分为内部资产管理(或自营)部和外部资产管理部,有些投资银行将基金管理划归这一部门。因此,该部门的重要性日益增加。

(5) 国际业务部。该部主要负责协调投资银行的所有国际业务,并为国外跨国公司在本国的子公司和本国跨国公司的海外子公司等提供管理服务。

(6) 风险管理部。该部的主要功能是负责对投资银行总体风险进行全面监控,将专门的风险防范技术和各种套期交易工具结合在一起,为企业和投资银行财务管理开发出一整套套期交易方法。有些投资银行将这一部门的工作分拆到其他业务部门,如一般期货和套期交易、金融期货、期权交易和指数期货期权等更为细化的部门来负责。

(7) 项目融资部。该部专门为某些特定项目和大型项目设计融资方案和安排融资。该部门主要是处理和协调项目发起方、项目公司和资金供给者等之间的合约和关系。

(8) 创业投资部。该部专门从事创业投资业务,不仅接受创业企业的融资委托,而且还主动寻找新兴的创业企业,进行股权投资。

（9）私募部。该部主要负责与机构投资者和富有的私人投资者建立良好的合作关系，并向这些投资者发行不公开上市的证券（即私募），为企业募集资金。

（10）证券化部。随着资产证券化的发展，证券化部业已成为一个十分重要的利润中心。该部主要负责将缺乏流动性，但具有某种可预测现金流属性的资产或资产组合，通过创立以其为担保的证券，在资本市场上出售变现。

2. 消费者市场部

消费者市场部主要进行各种证券的销售和分配，涉及从新金融产品的设计到分支系统的经营管理整个过程。同时还包括为消费散户、机构、各种有限公司提供金融产品和基金，进行新的金融产品和基金的开发和研究等。

3. 研究发展部

投资银行的研究发展部门十分重要，是投资银行开展业务的基础。研究发展部主要进行行业研究、企业研究、宏观经济研究，以及具体项目的可行性和项目评估等方面的研究。在形式上，投资银行研究发展部主要由三种可能的方式构成：① 不受资本市场部和消费者市场部的制约，但为双方的需要服务；② 在资本市场部之内或在消费者市场部之内；③ 放在资本市场部和消费者市场部之上，以保持独立公正的研究开发能力。

四、投资银行分支机构的设置

随着投资银行国际化的发展，许多国际性的投资银行纷纷设立分支机构，扩展业务网络。投资银行分支机构实际上是投资银行部门划分的延续，是投资银行业务扩展和网络建设的需要。

（一）投资银行分支机构的组织形式

1. 分行（Branch）

分行是投资银行总部在某一地区或国家组织机构的延伸，并由总部提供财力保障，它在财务上进行独立核算，但最终的资产和负债还是要合并到总行的资产负债表上。分行可以在所在国从事一切国内和国际投资银行业务。分行作为投资银行总部的一部分受到总部所在地的管制，同时又受到分行所在地区的管制。分行有自身的优越性：① 利用投资银行总部的品牌和部分资源从事各种投资银行业务，成本较低；② 分行的机构容易设立，人员容易配置；③ 由于其资金来源不限于当地的货币市场，可以在更广阔的范围内筹集数额较大的资金；④ 投资银行总部能够完全控制分行的经营和管理，决定分行的发展方向。

2. 代理行（Correspondent Bank）

大型的投资银行可以通过委托其他地区和国家的投资银行或商业银行代理本行业务，彼此之间保持互利的代理关系。在本质上，代理行不是投资银行的派出机构，而是某一地区或国家的银行为投资银行代办各种业务。代理行通常不向对方派驻人员，而是表现为双方人员的互访。代理行的经营成本较低，一般不易受所在地区管制的影响，但投资银行也不能将代理行纳入自己的控制之下。

3. 办事处（Representation Office）

为了在某一地区方便地开展业务活动，与当地搞好各方面的关系，投资银行通常采取设立办事处的方式。办事处一般规模较小,是最低层次的分支机构,通常由一名经理和两三名助理组成。投资银行办事处的主要业务是为投资银行总部提供信息、调研市场、管理客户等,同时监督投资银行总部和代理行的业务及协调关系。办事处的优点是容易开设和关闭,营运成本较低,比代理行更能了解客户的需求和特点,提供真实可靠的信息。

4. 附属行(Subsidiary)

从投资银行角度讲,附属行是指根据所在国或地区法律,在一个国家或地区设立具有独立实体资格的股份银行,其股份可全部或绝大部分由外国银行拥有,可以从事一般商业银行和投资银行业务。附属行通常被认为是所在国家或地区的当地银行,比分行更方便开展业务。但是由于股权问题,双方可能因利益目标的差异产生矛盾和纠纷。

5. 埃奇法公司和协定公司(Edge Act and Agreement Cooperation's)

这两种形式是美国投资银行分支机构特有的形式,是根据美国《联邦储备法》第25条规定成立的附属行。它们的业务不仅包括通常的国际银行业务,而且包括国际投资业务,如以长期贷款和购买股权两种形式对外国商业、工业以及金融项目提供融资,主要收入来源于利息、股息、资本收益等。上述两种形式的区别在于前者受联邦法律的限制,而后者则受制于各州地方法律。

(二)设置投资银行分支机构需要考虑的影响因素

投资银行分支机构的设立受到多方面因素的影响,一般要考虑以下因素:

1. 业务类型

投资银行设立分支机构主要考虑其在业务上是否需要,哪种分支机构形式更适合业务的特点。一般来说,投资银行在海外的业务主要是批发业务,即与大公司、大银行和其他金融机构以及政府之间的巨额贷款,而批发业务通常适合由附属行和分行来开展。对于一些服务性业务,如信息、咨询等,则需要由代理行来提供。

2. 所在国的环境

所在国的法律、政策和管制是决定投资银行海外分支机构最主要的外在因素。如有些国家不允许外国投资银行在本国设立分行,有些国家则禁止外国投资银行在本国拥有附属行,或只允许设立办事处。因此,投资银行在海外设立分支机构首先要考虑拟设立分支机构所在国的法律政策环境,然后才能决定采取何种形式。

3. 母国的环境

投资银行总部所在国的法律、政策等同样也影响着投资银行海外分支机构的设立,以及具体采取何种形式。母国的环境直接规定和限制了投资银行总部的活动,甚至某些国家不允许本国投资银行在海外设立分支机构。

尽管投资银行分支机构可以选择多种形式,但目前主要的分支机构形式是分行与附属行,并且附属行越来越占主导地位,已经成为一种明显的趋势。这种间接股权方式表明了一些大型投资银行的经营战略,即高度集中指挥和分散经营有机结合。

五、投资银行的业务模式

投资银行组织结构服从于其发展战略需要。当投资银行的战略为了适应环境的变化而进行调整时，投资银行的组织结构也要相应地进行调整，甚至重新设计。能否适时设计出符合未来环境变化要求的投行组织模式，直接关系到投行业务能否顺利开展，甚至关系到投资银行竞争能力的战略性定位和可持续提高。以下是可供投资银行选择的几种业务模式。

（一）总部集中模式

总部集中模式的特点是：投资银行人员较少，主要集中在总部，人员之间并不存在地区、行业、职能方面的分工。其优点在于便于总部领导集中调度人员，便于控制业务风险。缺点是分工不明，不利于收集地区信息，不利于与总部所在地以外的地方政府处好关系；需要面对所有行业客户提供各种服务，一般的投行人员难以胜任；环境适应能力较差。此模式因缺点相当明显，主要适用于小型投资银行或处在发展起步阶段的投资银行，目前只有少数投资银行在采用。

（二）地域分工模式

地域分工模式的特点表现在不同的地区设立投行业务部，各地的投行业务部在行政上隶属于投行总部或地区业务总部，在业务上接受投行总部的规划和指导，但各自在所分工的“辖区”内开展业务。这是目前国内投资银行最普遍采用的业务模式。该模式的优点是便于与当地政府搞好关系，便于收集各地业务信息；与目前的监管体制相适应；地域集中，差旅费用相对较低；人员集中，易于管理；区域内决策速度快。缺点是由于业务人员要为“辖区”内的所有行业的客户提供所有类型的投资银行业务，对人员的要求相当高，难免会出现不同地区的服务品质参差不齐的现象；各地配备的人员数量与各地的业务总量未必完全匹配，“僧多粥少”与“僧少粥多”可能会同时出现，增加了协调难度；不利于投资银行总部控制业务风险。

（三）行业分工模式

行业分工模式的特征是按不同的行业设置投资银行的二级部门或项目组，每个行业部（组）向所服务的行业内客户提供所有服务。行业分工模式的优点是能更好地满足各行业客户对专业技术含量较高服务的要求，有利于与客户建立长期稳定的合作关系；便于收集行业信息，了解企业的行业地位，发掘优质资源；容易在特定行业中形成竞争优势，进而创造品牌价值；有利于培养行业投资银行专家。其缺点在于因国民经济的行业种类较多，一般要配备较多的人员；要求投资银行人员精通所有的投资银行业务，对人员素质的要求相当高，培训费用较高；区域重叠，差旅费用较高；不利于与各地方政府形成良好的关系。

（四）业务分工模式

业务分工模式的特点在于按投行业务种类的不同，设置不同的业务部门。比如，有的部门专司新股发行，有的部门专司配股或增发，有的部门专司并购重组，有的部门专司财务顾问，有的部门专司金融创新品种的设计开发。该模式的优点是形成专业化分工，能够在各自的业务领域提供高水平的服务，有利于培养业务型投资银行专家。其缺点主要是区域重叠，差旅费用较高；当企业对不同的服务产生需求时，投资银行协调难度较大；不利于与企业形成长期的合作关系;不利于与地方政府形成良好的合作关系。

(五) 职能分工模式

一个完整的证券发行上市过程要经过争取客户、设计发行方案、制作各种材料、向投资者销售等工作环节,如果按这些工作环节进行分工,则可形成职能型分工模式。该模式的特点是按投资银行业务环节进行部门设置。比如,设立客户部,负责业务承揽,争取各种项目;设立业务运作部,专门负责筹资方案设计、金融工具设计及各种文件制作;设立销售部(市场部),专门负责金融工具的销售;等等。该模式的优点是有利于券商保持项目的稳定,有助于发挥不同特长的投行人员的优势。其缺点在于区域重叠,人工费用较大;按各业务环节进行分割,极易形成分工脱节的现象,各部门之间协调难度大;如果利益分配不合理,极易导致各部门相互扯皮、推诿责任的现象。

(六) 复合模式

以上各种模式也不是对立的,可以一种模式为主,在局部采用其他模式为补充,扬长避短,从而派生出多种复合模式。

没有最佳的模式,只有最能适应环境的模式。任何一种模式都有其优点和缺点,以及特定的适用阶段与环境。投资银行的组织模式不是一成不变的,而应随着环境的变化做出相应的调整。

六、投资银行的企业文化

早期的投资银行经营管理较多地着眼于单纯业务和技术等方面的因素,随着企业文化管理的迅速发展和深化,文化和理念因素显得越来越重要。

(一) 投资银行企业文化的功能

投资银行企业文化的功能主要表现在对内和对外两个方面。

1. 对内功能

对内功能是投资银行企业文化对投资银行内部产生的影响和作用,它主要包括凝聚功能、激励功能、约束功能和教育功能。

(1) 凝聚功能。投资银行企业文化以尊重个人感情为基础,使上下级之间和普通员工之间产生更多的共同语言,形成齐心协力、同舟共济的奋斗精神和团结一致的和谐气氛。

(2) 激励功能。投资银行企业文化强调员工是投资银行的主体,强调员工在决策和管理中的主人翁地位和作用。这样就为每个人争先创造一种良好环境,从而满足了员工实现个人抱负的愿望,激发员工的工作热情。

(3) 约束功能。企业文化通过心理约束实现对员工的内在控制。投资银行企业文化传统形成后就具有"文化定势",使员工自然地按既成的模式思维和行动。

(4) 教育功能。企业文化教育员工自尊、自爱,同时也促使员工自觉遵守劳动纪律,自觉维护投资银行整体利益、声誉与形象,促使每个员工发扬优点,克服缺点,不断提高思想、技术水平和道德素质,以适应投资银行迅速发展的需要。

2. 对外功能

对外功能是投资银行企业文化对其以外的社会环境所产生的影响和作用,主要包括:

(1) 展现功能。投资银行企业文化通过文化载体表现于外部社会环境,形成投资银行的外部形象。对投资银行外部形象的传播比一般广告宣传有更大的作用和更深刻、更持久的魅力。

(2) 竞争功能。声誉是投资银行的无形资产和宝贵财富。谁赢得了声誉,谁就赢得了顾客,就能在市场竞争中立于不败之地。投资银行企业文化通过价值观念、竞争意识、群体意识等影响员工的积极性、创造性,提高整体素质,增强竞争能力,这一方面为投行声誉奠定坚实的基础,另一方面又通过多种形式展现和提高投资银行形象,进一步扩大和提高投资银行声誉,最终增强其竞争力。

(二) 投资银行企业文化的体系

投资银行企业文化由精神文化和物质文化组成。

1. 投资银行的精神文化

投资银行的精神文化主要包括:

(1) 认真的敬业精神。具体表现为职业荣誉感和工作责任感,包括:① 强烈的事业心、精益求精和进取意识;② 服从上级指挥和命令;③ 安心工作,办事有条理;④ 善于学习,乐于团结协作,不计个人得失;⑤ 守信惜时,严格自律。

(2) 锐意进取的竞争意识。对投资银行而言,竞争是开拓业务的内在动力和外在压力。对外要了解竞争对手的长处等,做到知己知彼;另外要鼓励内部涌现的优秀人才。

(3) 员工至诚的服务态度。投资银行能否赢得声誉和利润,主要依靠提供的创新产品和服务的质量。

(4) 良好的投资银行声誉。投资银行的声誉是经过多年经营而逐步形成的,是无形资产的重要组成部分。

(5) 稳健睿智的领导形象。投资银行领导决策层是投资银行经营管理的核心,对整个投资银行的运营负有重要责任。决策管理者怎样赢得顾客和员工们的尊敬和信赖,是投资银行的无形资产,应作为投资银行企业文化建设的一项重要内容来对待。

(6) 严明的组织纪律。对于以风险和信用为根本特征的投资银行而言,必须具有严明的规章制度和纪律,以约束每个员工、每项业务的规范运作,防范差错事故和风险。

(7) 良好的成材机遇。投资银行对员工的吸引力,除了优厚的工资福利外,更主要的还要有弹性的人才机制和成材机遇,从而确保那些目光远大、有志向、才华出众的员工发挥才干,实现自我价值。

2. 投资银行的物质文化

精神文化的要素在很大程度上依赖于一定的物质条件。投资银行的物质文化主要由下列要素组成:

(1) 富有气度的营业场所。由于投资银行是特殊企业,它经营的是资金,讲求信誉,所以富有气度的营业场所不仅赋予员工以自豪感和责任感,同时也赋予客户以信赖感和安全感。

(2) 统一规范的标牌标识,以体现其独特的个性。

(3) 灵敏完善的电子设施装备。电子技术设施的运用不仅提高了工作质量和效率,降低了运营成本,而且也是衡量投资银行实力的一个重要物质标准。

(4) 充足雄厚的资金实力。资金是投资银行的资产,投资银行经营的资金规模大小直接表明它的实力,也是国际上评价投资银行的名次的一个重要指标。

(5) 较高的盈利水平。投资银行的盈利水平反映其管理水平的高低,也是投资银行物质文化建设中所不能忽略的。

综上所述,企业文化的培育与形成对有效发挥投资银行组织架构的基本功能,积极开拓业务和严格控制风险都是至关重要的。

第二节 投资银行经营模式

一、投资银行分离型经营模式

分离型或分业经营型模式是指法律规定投资银行与商业银行在组织体制、业务经营和监管制度等方面相互分离、不得混合的管理与发展模式。典型的国家是 20 世纪 90 年代以前的美国、英国、日本和现阶段的中国。

(一) 美国

美国的金融业分业经营模式是通过立法方式明确规定投资银行与商业银行业务必须严格分离而确立的。1929 年 10 月,美国股市发生暴跌,随之而来的是 1933 年至 1934 年的特大经济危机。1933 年美国经济滑入前所未有的低谷,原有从业人员的 1/4 失业。银行业濒临崩溃,11 000 多家银行破产、合并,使银行总数由 25 000 家减至 14 000 家,减少约 40%。在探究 1929 年纽约证券交易所股市暴跌原因过程中,美国的监管部门发现,该暴跌与银行进入股市、炒作股票有着直接关系。在经历 20 世纪 30 年代大危机之后,美国认识到了商业银行与投资银行混业经营的种种弊端与危害,商业银行从事证券业务对联邦储备体系造成损害,使银行有悖于良好经营的原则,而且这种行为对股票市场的投机、1929 年的股市暴跌、银行倒闭和大萧条都负有责任。痛定思痛,民主党参议员卡特·格拉斯提出了存款保险的构思,众议员亨利·斯蒂格尔则倡导商业银行与投资银行的分业经营,最后,两人共同起草了《1933 年银行法》并获得通过。这就是著名的《格拉斯—斯蒂格尔法》(1933),该法第 16、20、21 和 32 条严格限制商业银行直接或通过关联方式交易间接从事股票和债券的承销和买卖业务,而投资银行则不能吸收存款和发放贷款。据此,证券投资活动被分为两类:一类为投资银行型,必须由投资银行或投资公司经营,商业银行不能涉足;另一类为商业银行型,如买卖公债,商业银行可以参与。由此确立了银证分离的分业经营模式。与这种分业经营模式相对应的是分业管理模式,即投资银行业务由证券交易委员会(SEC)统一管理,而商业银行业务则由联邦储备银行管理。后来颁布的《证券交易法》(1934)、《信托契约法》(1939)、《投资公司法》(1940)和《投资顾问法》(1940)等法规对分业经营模式又做了进一步的补充和完善。

《格拉斯—斯蒂格尔法》规定，商业银行在美国国内仅限于承销和交易美国国债和市政债券（即州及其政府分支机构的普通债券），不能承销除此之外的债券和股票，也不能在证券二级市场上做债券和股票自营商；禁止商业银行持有证券子公司，不得附属于主要参与股票、债券、抵押债券、票据或其他证券发行、流通、承销、公募、批发零售或联合承销的组织；禁止银行将雇员或董事会成员置于与证券业相关的职位而获得间接但有效的控制；而经营证券业务的投资银行也不能经营吸收存款等商业银行的业务。同时，该法还规定，任何商业银行不能设立从事证券投资的子公司，任何投资银行也不能设立吸收公众存款的分公司。《格拉斯—斯蒂格尔法》第一次对投资银行和商业银行的业务界限做出了明确区分，美国开始进入“规范化的银行业”时代，由此产生了投资银行这一新的金融群体。

《格拉斯—斯蒂格尔法》对商业银行可以涉及的证券业务做了相当明确的规定：

第一，商业银行可以买卖和持有美国联邦政府和联邦政府机构发行的公债。经批准之后，也可以购买一些州和地方债券。

第二，商业银行最多可以用自有资本的10%进行股票和其他非债券证券的买卖，但是必须经过独立的证券评级机构评级，且级别最低应是BBB（或Bbb）级的。

第三，决不允许商业银行动用其存款去进行上述两项规定之外的证券投资活动。

第四，商业银行通过信托业务，可以代理客户进行证券投资和证券买卖。

规定上述第四点是因为通过信托业务代理客户进行证券买卖，并不是利用商业银行资金进行证券投资，因而不会带来风险；即使商业银行对客户提供证券贷款，由于这种贷款一般要求有抵押，并且在严格的信用审查后才发放，所以风险并不大，就算有风险，更主要的还是信用风险，不是证券价格波动的市场风险。

《格拉斯—斯蒂格尔法》产生于20世纪30年代的经济大萧条时期，有效地限制了商业银行的证券投资活动，从而控制了商业银行的风险。作为分割投资银行与商业银行业务的“防火墙”，它使商业银行业务与投资银行业务严格分开，维护了公众对银行体系的信心，阻止资金从商业银行放贷业务中流向投资领域的投资活动，在当时具有积极意义。《格拉斯—斯蒂格尔法》与其他美国金融法律一道，保证了美国金融与经济在相对稳定的条件下持续发展。

（二）英国

英国在进行金融管理时，历来注重市场参与者的自我管理和自我约束，较少依靠立法进行限制。在商人银行经营与管理模式这一问题上，也不例外，主要通过市场参与者的自我管理和自我约束来达到商人银行与商业银行分业经营的目的。英国专业化的存款银行和商人银行一开始就是分别发展起来的，业务交叉并不多。20世纪30年代大危机后，虽然英国实行了商人银行与商业银行分业经营和分业管理的体制，但是却没有像美国和日本那样对业务进行严格、明确的划分。具体来说，英国对商人银行业务的管理模式是：

（1）监管主体。英国证券交易所、收购与兼并问题专门研究小组和英国证券业协会，负责制定并实施有关证券活动的规则，作为代表经常向政府机构（英格兰银行）征询意见，维持着同政府部门的联系。

(2) 监管性质。在传统上较多地依靠市场参与者自我管理,较少依靠立法管制,因而属于典型的自我管制体系。

(3) 监管对象。1929—1933 年经济大危机之前,商业银行业务与商人银行业务混业经营和混业管理,因而当时的监管对象包括所有的金融机构;1933 年以后,证券业与银行业分业经营、分业管理,商人银行成了唯一的监管对象;1986 年开始,英国又重新允许商业银行进入商人银行领域,自此商业银行又重新被纳入证券市场的监管对象。

(4) 政府功能。英国贸易部代表政府对英国证券市场的自我管制进行必要的监督,英格兰银行主要是在涉及证券业务的外汇管制时才给予一定的干预。特别是在 1986 年以后,由于英国对商人银行和商业银行的业务领域取消界限,所以政府的干预进一步减少,而主要由证券交易所进行自我管制。

总之,英国的商人银行不仅承担了商人银行的全部业务,而且还具有美国投资银行所没有的吸收存款职能。英国的商人银行又可以归类为存款型机构,它提供金融咨询和服务、承销证券。它与美国的投资银行相对应,但又不完全与之相同。它比美国的投资银行的业务更广泛,比美国的商业银行更加专业化。与其说英国金融业的这种职能分离是法律和规范造成的,还不如说是历史和惯例作用的结果。

(三) 日本

日本也是实行分离型经营模式的典型国家,但是它并不是在 20 世纪 30 年代经济大危机之后,而是在第二次世界大战之后才将证券公司业务与商业银行业务明确分开的。二战后,美国占领了日本,并着手将美国经济与金融体制移植至这里。日本曾对各金融机构进行了严厉的管制,它将金融机构分为证券公司、普通银行、长期信用银行和信托银行四个主要层次。证券公司专门经营投资银行业务,普通银行只能经营期限为 2 年的固定利率定期存款,长期信用银行经营期限为 5 年的金融债券,信托银行经营期限为 5 年的信托贷款,禁止普通银行兼营信托银行的业务。因此,日本对其投资银行业务的管理模式具体表现为:

(1) 监管主体。日本大藏省及其下属的"证券局"对日本证券业务实施全面管理,负责制定证券市场管理的系列政策,对市场参与者进行监督和指导。

(2) 监管性质。由日本政府对证券市场实行全面立法管理。

(3) 监管对象。1968 年在美国的帮助下,日本建立了证券业与银行业分业管理体系,使日本证券市场的监管对象长时间来都限制在投资银行,即证券公司上。1975 年以后,利益的驱使与市场的竞争使一部分商业银行参与了一部分证券业务。1986 年开始,随着日本金融自由化趋势的发展,证券业与银行业出现了一些混业经营和混业管理的现象。

(4) 政府功能。日本大藏省对证券市场实施强有力的全面管理,证券交易所监管证券市场的最终决策权仍归大藏省所有。也就是说,从 1948 年日本颁布《证券交易法》开始,就明确规定银行和信托机构不准从事有价证券的买卖、中介、代理、代销、承购、承销等业务。这类业务的经营及相关利润的收取应由证券公司办理,从而确立了分离型的投资银行体制。

简而言之，分离型经营模式的最本质特点就是通过严格限制商业银行和投资银行的业务范围，从而有效地控制商业银行的风险，达到维护金融体系稳定的目的。分离型经营模式在上述三国实行了几十年之后，于20世纪80年代开始发生了重大变化，过去业务范围严格区分的分离型体制已经严重弱化，投资银行和商业银行的业务界限已日渐模糊。

二、投资银行综合型经营模式

综合型经营模式亦称混业经营模式，是指在法律上允许同一家金融机构通过资源整合，同时经营商业银行、投资银行、保险公司、信托投资公司等金融业务，以提高有效竞争能力，并充分利用金融资源，达到提高金融机构创新能力和高效经营的目的。狭义的混业经营模式主要指银行业务和证券业务之间的交叉经营。一家商业银行或投资银行想要经营何种业务，完全根据其自身能力和需要自己决定，政府监管部门不加以干涉。

欧洲大陆国家的投资银行大多数采用综合型经营模式，亚洲的泰国也采用这种模式。其中最典型的是德国。德国银行业的混业经营模式具有相当长的历史，尽管作为第二次世界大战的战败国在综合经营方面承受着美、英等各国要求其建立分离型投资银行体制的压力，然而德国银行的传统职能却没有因此而改变，反而在经历了风风雨雨之后，在各国银行体制中成为安全、效率、规模经济的楷模。这种在当时属于非主流的经营模式不仅促成了德国金融业的飞速发展，同时也催生了德国经济的迅速崛起和“莱茵河经济奇迹”的出现，其银行业也不断巩固和发展壮大。究其原因，是与德国严密的监控体系和政府管理调控手段分不开的。这一巨大的成功不但使实行分离型经营模式国家的银行业刮目相看，而且也成为日后美国等国家金融业要求取消分离型经营模式、实行综合型经营模式的一个成功例证。

实行综合型经营或混业经营模式的国家除了德国外，还有欧洲大陆的瑞士、奥地利、荷兰、比利时、卢森堡以及20世纪90年代以后的美、日、英等国家。综合型经营模式又称为全能银行制度，它的经营运作模式与分离型经营模式截然不同。在综合型经营模式下，证券业和银行业之间没有明确的界限划分，各种银行都可以全面经营存贷款、证券买卖、租赁、担保等商业银行与投资银行业务。至于每家银行具体选择经营何种业务，则由其根据自身在组织管理、人才及市场方面的优势，依据各种主客观条件及发展目标等自行确定，国家对其不作过多干预。

综合型经营模式下的银行被称作全能银行，实力雄厚的全能银行不仅在商业银行业务上居主导地位，而且在证券承销和证券经纪等投资银行业务上也占据优势。例如，德国实力最雄厚的三家全能银行：德意志银行、德累斯顿银行和商业银行不仅在存款总额、贷款总额、清算服务等商业银行业务方面领先于德国的其他银行，而且还掌握着全国大多数的证券发行和证券交易量。它们集投资银行与商业银行于一身，便利地进出各种金融市场。德国投资银行业务的经营管理模式是：

（1）监管主体。德国联邦银行对投资银行业务和商业银行业务实行全面指导和调节管理，挂靠于德国财政部的银行监督局对投资银行业务实施立法、审计、调查、立案等监督，证券交易所自身也强调自我监管。

（2）监管性质。德国的投资银行业务监管，介于英国与美国之间，既强调政府的立法监督作用,又相当注重证券交易所等法律团体的自我监管功能。

(3) 监管对象。包括德意志银行、德累斯顿银行和商业银行等著名的全能银行都是德国联邦银行监管的对象。

(4) 政府功能。德国联邦银行对综合性的商业银行进行业务管理,银行监督局对商业银行中的投资银行业务实施监督,同时也注重证券交易所等的自律作用。

简而言之,银证混业经营、混业管理是综合型经营模式的最本质特点。

三、两种经营模式的分析比较

投资银行分离型经营模式和综合型经营模式各有利弊,不能单纯地认为某一经营模式一定优于另一经营模式,而要视环境、时间和条件而定。

(一) 分离型经营模式的利弊分析

1. 分离型经营模式的优点

分离型经营模式的优点主要表现在以下四个方面:

(1) 能有效地降低整个金融体系运行中的风险。分离型经营模式通过限制商业银行经营证券业务,划清证券业与银行业的资金来源,从而有效地控制商业银行的信用扩张风险和投资风险。一旦居于金融体系核心地位的商业银行的风险受到控制,那么整个金融体系运行的风险也就随之而降低。具体来说,第一,商业银行是一个资金存入与贷出机构,储户前来存款的目的是要获得安全和稳定的利息回报,或者仅是为了交易或价值转移上的方便。因此,如果商业银行将储户的存款用于风险很大的证券投资,那就有可能会损害储户的利益。第二,商业银行在进行高风险、高收益的证券投资时,一旦得手,高额的收益便可被银行所有者或经理阶层占为己有;倘若投资失败,面临破产,那么损失则由存款保险公司或储户承担。另外,有些位居金融体系核心地位的大商业银行,清楚地知道如果证券投资失败,金融监管机构为了维持金融体系的稳定,必然会提供大量的资金资助,以防止其倒闭,这就是所谓的“大则不倒”效应。因此,商业银行进行证券投资的收益与风险是不对称的,这种不对称性必然会促使商业银行大胆冒险、铤而走险,从而影响金融业的稳定。第三,商业银行拥有庞大的资金存量。但与投资银行不同,商业银行为了满足客户提现和本身业务经营对现金的需要,特别重视资产的流动性,因此它一般不会在证券市场中大量进行中、长期投资,而更注重短期收益和证券的流动性。这种投资上的短期性和因此产生的商业银行在证券市场中的频繁进出,很可能会引起证券价格的大起大落,从而影响金融市场的稳定及损害小额投资者的利益。第四,商业银行如果进行证券投资,会对经济危机起推波助澜作用。这是因为,一旦经济形势不好,可能会产生下面的连锁反应:经济形势不佳或经济状况恶化—投资者失去信心,抛售股票和债券—证券市场危机—商业银行损失重大—银行信用危机、存款挤兑—全社会信用危机—经济危机。限制商业银行经营证券业务,就切断了股市下跌对商业银行的影响,从而防止了其对经济危机推波助澜的作用。

(2) 有利于维护证券市场的“三公”(公正、公开、公平)原则。商业银行与工商企业有经常性业务往来,它不仅可以作为开户行,能够了解企业的资金收付状况,而且还可以通过贷款信用评估,掌握企业内部财务、经营、管理等多方面的情况,因此,可以比较方便地获得外界难以知道的企业内幕信息。如果该企业是上市公司,商业银行可以凭借手中掌握的信息在影响证券市场之前抢先做出反应,从而造成内幕交易(Inside Trading),这对广大投资者显然是不公平的。因此,分离型经营模式可以减少商业银行利用“内幕信息”的情况发生,有利于维护证券市场上的公平与合理。

(3) 在一定程度上说,投资银行与商业银行分业促进了金融行业内的专业化分工,凸显了投资银行与商业银行本源业务的实质性区别,使其能各司其职,充分利用各自的有限资源,来拓展自己的业务领域。

(4) 分离型经营模式严格的业务分离弱化了金融机构之间的竞争,客观上降低了金融机构因竞争被淘汰的概率,从而有助于金融体系的稳定。同时,金融机构的分门别类在一定程度上也便利了政府的监管。

2. 分离型经营模式的弊端

分离型经营模式虽然有诸多优点,但在长期的运行过程中,其欠缺之处也暴露无遗。分离型经营模式最致命的缺陷就是它限制了银行的业务活动,从而制约了本国银行的发展壮大,严重影响和削弱了本国金融机构的国际竞争力。例如,第二次世界大战结束后,美国作为世界经济头号强国,迫切需要向外进行经济扩张,以扩大市场份额及获取更多的利润,但是面临欧洲一些国家特别是德国商业银行的竞争,被束缚住手脚的美国商业银行往往显得力不从心,同时,美国的投资银行在与德国或瑞士的全能银行交锋中经常处于下风。这一问题在 20 世纪 70—80 年代日趋严重。1989 年,外资银行贷款占美国商业贷款的 28.5%,而美国银行占其他国家的贷款比例却仅为 20.4%;1992 年,美国最大的银行——花旗银行在世界百家大银行排行榜上仅居 27 名,远低于日本、德国和英国许多的商业银行。目前,德国和瑞士的全能银行已在美国硅谷高科技公司的风险投资、证券承销和上市业务中占领一席之地。正因为如此,美国商业银行的艰难处境引起了美国朝野的关注,要求放松管制,废除《格拉斯—斯蒂格尔法》。由此可见,严格的分离型经营及管理模式对商业银行和投资银行的实力扩大都有较大的制约作用。

(二) 综合型经营模式的利弊分析

综合型经营模式相对分离型经营模式而言,其最大的优势就是不在业务上束缚银行的发展,弥补了分离型经营模式约束银行实力发展的不足。具体来说,综合型经营模式具有以下优点:一是有利于银行业实现规模经营。集投资银行业务与商业银行业务于一身的全能银行可以充分利用其有限的金融资源,实现金融业的规模效益,降低成本,提高盈利。二是有利于降低银行的自身风险。这一点体现在两个方面:其一是业务的多元化可以保障银行利润的稳定性。银行存款业务的收益下降,可以用证券投资业务的收益来弥补,使银行的利润能稳定在一定水平上;其二是全能银行相对于单纯的商业银行或投资银行而言,能更全面、充分地掌握企业的经营状况,从而可以降低贷款的呆账率和投资银行承销业务的风险。三是有利于银行间的竞争。加强银行之间的竞争有利于优胜劣汰。这一方面增强了金融业微观经营实体的实力和竞争力,另一方面,也有利于提高整个社会的效益。

综合型经营模式的缺点就是其可能会给整个金融体系带来很大的风险,一家银行的倒闭可以引起多家银行的连锁反应,进而导致信用危机。如果信用危机严重,接踵而至的就是金融危机。因此,实行这一经营模式需要建立严格的监管和风险控制制度。正是由于综合型经营模式存在这个缺陷,世界上大多数国家在1929—1933年经济大危机后,纷纷在银行体制上选择了分离型经营模式。

鉴于上述分析,可以看出,分离型经营模式有利于银行体制乃至金融体系的安全和稳定,综合型经营模式则更注重效率。选择采用何种经营模式,实际上是在安全与效率之间作取舍。

第三节　投资银行经营模式的新变化及其趋势

一、投资银行发展环境的新变化

第二次世界大战之后,美国乃至世界的银行业、证券业发生了巨大变化,已远非制定《银行法》(1933)时的金融环境可比。20世纪70—80年代,随着主要工业国的经济从第二次世界大战之后的高速发展时期进入"滞胀"时期,经济出现了许多新的问题,在金融市场上表现为以下几个方面:首先是通胀率居高不下,市场名义利率不断上升,超出管制水平;其次,各国的经济增长停滞,使企业对资金的需求相对减少,企业与银行的关系发生了逆转,银行之间竞争加剧。这种情况要求银行必须进行新的优化配置,以追求更高的经济效益;与此同时,企业更乐意以债券或股票的直接融资方式筹资,商业银行受到证券公司、商人银行、投资银行等的挑战,出现了打破专业限制的要求。

这种情况下,金融自由化的概念应运而生,不仅包括资本流动的自由化、金融机构的自由化,更包括业务范围自由化,即不同金融机构之间的业务可以相互渗透,如银行可以从事保险业务,保险业也可以从事银行业务,银行可以经营股票和有价证券,证券机构也可以从事银行业务。

20世纪90年代以后,经济全球化的进程加快,1989年在世界关贸总协定(GATT)进行的乌拉圭回合谈判中,提出了有关一般服务业的游戏规则问题。世界贸易组织(WTO)成立之后,金融服务业问题便被提上日程。现代社会对金融业的要求是提供便捷的全方位的综合性服务,而金融控股公司是最能满足这一要求的金融组织形式。

各国之间、各金融机构之间、商业银行与投资银行之间为了利益的争夺和市场的竞争,又从金融品种创新和金融品种多样化(如各种新型的证券资产,包括各种可转让存单、回购协议、电子资金记账账户等)以及各种名目繁多的金融机构多样化(如商业银行或投资银行机构派生出银行持股公司、货币市场互助基金、跨国银行等金融机构)的发展中,使商业银行业务与投资银行业务在一定程度上完全地交叉和融合在一起。

(一)国际货币体系的建立与调整

第二次世界大战之前,国际货币体系以黄金为基础,即黄金是各国国际收支的最终清算货币。1944年7月,布雷顿森林会议协议提出了建立以美元和黄金共同作为储备货币的国际货币体系，各成员国实行一种可调整的钉住美元汇率制度，从此，美元事实上成为主要的国际储备货币和国际清算货币。20世纪50—60年代，随着美国国际收支的恶化，美国黄金储备数量大幅度减少和国际美元过剩，美元作为与黄金并列的国际储备货币的地位发生严重动摇。1971年8月15日，美国总统被迫宣布停止美元兑换黄金，这标志着历时25年的布雷顿森林货币体系的瓦解。

1976年1月，国际货币基金组织的“国际货币制度临时委员会”达成了“牙买加协议”，正式确认浮动汇率制的合法性，承认固定汇率制与浮动汇率制并存，并决定逐步使黄金退出国际货币体系，储备货币多元化。从此，国际货币关系进入一个新格局。牙买加协议后，各国自由安排浮动汇率制度，美国、日本、瑞士、加拿大等实行的是单独浮动汇率制度，大多数国家实行的则是联合浮动汇率制度。

如果说牙买加体系仍是一个世界性体系的话，那么，欧洲货币体系就是一个最重要的地区性货币体系。该体系强调，以欧洲货币单位作为欧共体内部的计价单位和支付手段，建立汇率稳定机制，设立欧洲货币基金等。1995年12月，欧盟首脑会议决定，将欧洲单一货币定名为“欧元”；1999年1月1日，欧元在除英国的欧共体11国中正式推出流通，这标志着国际区域性单一货币体系的正式形成。

（二）金融全球化与国际金融监管合作的加强

20世纪，随着国际贸易的快速发展、国际资本供求关系的变化和国际证券投资的活跃，金融的全球化趋势逐步显现。在这个过程中，对众多国家来说，金融不再是简单的本国内部经济问题，而在更大程度上受制于国际金融市场的变化和国际资本流动的走势，同时，也影响着国际贸易和国际金融的态势。国际业务的拓展，极大地推进了投资银行和商业银行的混合发展。这是因为：一方面，在海外金融市场上，金融监管难免鞭长莫及，客观上为投资银行和商业银行的混合发展提供了条件；另一方面，投资银行和商业银行在国际市场中面临全能银行的严峻挑战，难免捉襟见肘，主观上有混合发展的倾向。

第一，国际资本流动。国际资本流动起源于国际贸易和国际投资，但在20世纪60年代以后，国际资本流动在规模、流速、冲击力等方面都远远超过以往任何时期，其成因主要有三个方面：一是各国经济的对外开放和国际金融市场的形成及快速发展，促进了各国资本的国际流动。二是国际游资的形成。在20世纪60年代国际收支恶化期间，美国政府为了限制资本输出入而采取了一系列措施，导致国际上大量美元资金为逃避美国政府限制而转存欧洲金融市场，形成了“欧洲美元”；1973年石油提价后，石油输出国组织成员国国际收支巨额顺差，其中大部分投入国际金融市场，形成了“石油美元”；此外，为了规避本国政府的限制，一些企业和投资商将一部分资金转存到国外，由此形成了“欧洲德国马克”“欧洲英镑”“欧洲日元”等欧洲货币。到20世纪90年代，国际游资数额高达数万亿元，成为影响国际金融市场走势的重要力量。三是随着金融创新，国际各种金融衍生产品的交易要求有大量资金介入并进行快速清算，由此，促进了国际资本流动。

第二，国际金融市场的发展。20世纪60年代以后，随着离岸金融的迅速发展，国际金融市场的形成和发展不再局限于传统方式，也打破了由传统方式所造成的地区局限，由此，不仅伦敦等国际金融中心从“欧洲美元市场”发展为“欧洲货币市场”，而且国际金融市场向亚太地区、中东、拉美及其他地区扩展，形成了香港、新加坡、巴林、科威特、开曼群岛、巴拿马等各具特色的国际金融中心，在纽约等地也出现了离岸型金融中心。在金融创新和新经济的迅猛推动下，各个国际金融市场信息互相联通、时间彼此继起，不仅交易品种大大增加，包括金融衍生产品在内的金融交易品种高达几千种之多，而且金融交易规模迅速扩大，日成交金额高达数亿美元乃至数十亿美元之巨，成为影响各国和各地区金融走势的举足轻重的力量，同时，积极促进着金融全球化进程。

第三，20 世纪 90 年代的金融危机。进入 20 世纪 90 年代以后，墨西哥金融危机、日本泡沫经济破灭、东南亚金融危机、韩国金融危机、巴西金融风波等事件接踵发生。这些金融事件，不仅影响着当事国的金融和经济稳定，而且严重冲击了国际金融市场及国际贸易市场，给其他国家的经济和金融发展带来不同程度的影响。在金融危机期间，国际社会给当事国予以多方帮助，促使其早日走出危机困境，这说明，在金融全球化的背景下，每个国家的金融均已成为国际金融的一个有机组成部分，各国金融经济之间“一荣俱荣、一损俱损”的格局正在形成。另外，如果说墨西哥、日本、巴西等国的经济危机是由本国金融经济引发的话，那么，东南亚金融危机就其直接导因来说，则与国际游资利用国际金融市场进行的操作密切相关；而此后几个月发生在中国香港的金融市场“保卫战”，直接面对的也是国际游资的“猎袭”。由此，提出了一个如何在国际防范由国际游资或其他非正常金融活动所引致的金融风险问题，以维护国际金融运行秩序和各国利益。与此对应，提出了加强各国金融监管的国际合作、防范国际金融犯罪和建立国际金融监管体系等一系列问题。

第四，2007 年美国次级债引起的金融危机。进入 21 世纪以来，世界局部地区冲突不断，石油、矿产等资源性价格不断飙升，加之金融管理当局监管措施的不利，美国终于爆发了次级债危机，进而酿成了全球的金融海啸。随着美国雷曼兄弟公司的破产、美林公司成为金融控股公司，华尔街上单纯从事投资银行业务的银行越来越少。

（三）金融工具的广泛应用

第二次世界大战之后，随着世界经济的迅速发展，许多新的金融市场被开拓出来，过去的金融法律对商业银行和投资银行在这些市场中的业务活动并没有做出限制，因此新金融市场就成了投资银行和商业银行竞争角逐的场所。在这方面，最明显的例子莫过于金融衍生工具市场了，在这一市场中，最大的参与者既有投资银行又有商业银行。此外，在咨询业务方面，投资银行和商业银行均能对客户提供完全相同的服务，它们之间的业务差别几乎不存在。随着信息技术的发展、金融领域的创新，传统的投资银行与商业银行的区别日渐模糊，在许多金融市场上，投资银行和商业银行已经站到同一竞争起跑线上，任何一方都已没有特权，没有限制可言。

20 世纪 70 年代和 80 年代是世界证券业获得巨大发展的时期。证券工具创新、证券业务创新层出不穷，投资银行业迅速膨胀，一方面开拓新的金融市场，另一方面又蚕食着本属于其他金融机构的业务领域，尤其对商业银行的资金存贷市场展开了猛烈的攻势。相反，商业银行在 20 世纪 30 年代后获得的各种特权却正在逐步失去，其作为贷款人的重要性也日渐下降，各种融资方式，尤其是投资银行开拓的直接融资方式正在取代商业银行的间接融资方式。越来越多的资信高的公司、企业纷纷转向证券市场，通过发行股票、债券和商业票据获取资金，导致商业银行的贷款质量大幅下降，呆账、坏账比例明显上升，贷款收益率严重下挫。同时，在国际金融市场上，实行分离型模式的国家的商业银行面临着来自全能银行的强有力竞争，往往显得力不从心，实力不济。因此，在这样的形势之下，商业银行不得不大量地介入投资银行业务，利用其广泛的业务网络、高水平的金融人才、丰富的业务经验和熟练的金融技能，在商业银行和投资银行两大业务领域与投资银行展开竞争，拉拢客户，甚至在投资银行的两大关键业务——证券承销与兼并收购业务中已经取得了较大进展。规范和划分两者的"防火墙"已经变得极为矮小，在一些国家"防火墙"甚至已遭到完全取消。

（四）相关理念的不断更新

现实金融活动的冲击，促使固有理论的根基发生松动。越来越多的国家金融监管机构和有关人士认为，首先，造成20世纪30年代大危机的社会条件已经不复存在。20世纪30年代大危机的重要原因是因为当时的政府（主要指财政部和中央银行）没有采取有效的经济措施控制危机，而在现代社会中，财政政策和货币政策已经成了两个重要而有效的反危机政策工具，大危机发生的可能性已经很小。即便是1987年10月那样的股灾，也由于各国中央银行及时的货币政策，变得有惊无险。其次，现代社会已经建立了严密有效的金融法规体系和金融监管系统，并且采纳了商业银行的存款保险制度和投资银行保险制度等风险控制手段，再发生银行连锁倒闭的风险已经相对较小。最后，20世纪70年代末发展起来的风险控制理论和风险控制工具可以使金融机构的风险大大下降，只要管理得当，商业银行业务和投资银行业务结合不会带来更大的风险。因此，各国普遍放松了对两者的金融管制。

二、美、英、日等国投资银行经营模式的新变化

自20世纪70年代后期以来，美、日、英等国的金融业分离型经营模式已逐渐有所松动，商业银行业务与投资银行业务重新开始交叉。

（一）美国投资银行经营模式的新变化

美国是金融业实行分离型经营模式最典型的国家，其投资银行实力最雄厚，投资银行业也最发达，但是面对日本同行的崛起和欧洲大陆全能银行的冲击，美国从20世纪70年代开始逐渐放宽了金融业的业务限制。1971年6月尼克松总统执政期间成立了"有关金融结构和金融管制的总统委员会"，该委员会被称作"哈特委员会"，以改造美国金融结构和撤销以金融分业管制为目标。1971年12月该委员会提出了旨在实现美国金融机构自由竞争和资金最优配置的"哈特报告"。1977年，美国放宽对《证券法》的解释，商业银行和银行控股公司开始从事证券经纪业务。1978年放宽了银行承销商业汇票和公司债券的限制，商业银行可以通过子公司和控股公司承购不超过营业收入10%的商业票据和公司债券。1980年，美国通过《存款机构放松管制和货币控制法》（The Depository Institutions Deregulation and Monetary Act），分阶段取消美联储Q条例对银行和储蓄机构的利率上限的管制，允许股票经纪公司提供支票账户。这一法案极大地冲击了20世纪30年代以来

严格而僵化的银行体制。1982年又颁布了《存款机构法》(The Depository Institutions Act)(又称《加恩·圣杰曼法》),允许银行开办货币市场账户与货币市场上的共同基金进行竞争,允许银行投资于商业票据、公司债券、垃圾债券等。而早在1978年,则根据《格拉斯—斯蒂格尔法》第20条的解释(即本不具备资格的银行所附属"从事公司证券业务的公司在任何连续的两年期间从承销和交易业务中所获收入不得超过其总收入的10%"),允许商业银行通过它能作为一级交易商的附属机构——不是主要从事公司证券的承销和推销组织——进入证券市场,这些银行可以在10%比例规定的限制下承销公司证券,并且可以作为商业票据的交易商。为了削弱欧洲债券对美国本土资本的竞争力,美国于1983年实施了"证券交易委员会415条款"(SEC Rule 415),改变了公司注册发行新证券意向的程序,在发行证券之前到证券交易委员会办理被称作暂搁注册①(Shelf Registration)的手续,从而对投资银行及其业务产生了重大的影响。暂搁注册改变了承销辛迪加的组成方式,牵头经理人必须单独或同其他经理人一道尽快承诺全部交易,然后再进行分销。这种包销(Bought Deal)方式的产生标志着投资银行竞争性质的变化。20世纪80年代初的经济衰退结束后,美国的利率开始从历史最高水平回落,大量的新发行股票与债券充斥市场,出现了不够投资级的垃圾债券(Junk Bond)。大量垃圾债券的发行给投资银行提供了巨大的商机,并在此后十年影响了投资银行的历程。

20世纪80年代以来,金融创新和金融工程(Financial Engineering)逐渐兴起。为了获得竞争优势,投资银行不断通过金融创新来吸引客户,从而创造了杠杆收购(Leveraged Buyout,LBO)、期货、期权、互换等金融工具,投资银行也因此变成富有挑战性和创新性的行业之一。随着金融创新的深化,投资银行、商业银行、储贷机构、保险公司、信托公司等绕过传统严格企业管理体制,彼此相互侵犯经营领域,金融竞争日趋激烈。套期保值技术作为一种规避承销风险的方式流行起来,投资银行已经跟过去那种更闲散地组成承销辛迪加的时代有了本质上的不同。20世纪80年代中期欧洲股票市场开始出现,它在许多方面与欧洲债券市场相似,实际上是主要的一流承销商将国内的股票在国际上分销的场所,国际承销辛迪加开始出现。

从20世纪80年代中期开始,美国银行界中出现了呼吁废除或修改《格拉斯—斯蒂格尔法》的浪潮,以J.P.摩根公司为代表的经营日渐惨淡的商业银行为了摆脱自身的困境向美国金融监管机构和美国国会作了大量的游说工作,要求政府重审《格拉斯—斯蒂格尔法》。虽然这一活动由于美国证券交易委员会的坚决反对而未获成功,但放松管制的思想已经为社会所接受。1987年6月,美联储同意三家银行控股公司——花旗集团、银行家信托公司和J.P.摩根证券公司承销《1933年银行法》禁止的证券:商业票据、某些市政收益债券、抵押证券和按揭证券。

1987年10月美国股市暴跌,沉重打击了美国投资者对证券市场的热情,同时也降低了投资银行的利润,在市场指数平均下降了20%之后,很多证券发行表现不佳,还有很多发行被迫取消。如大规模的英国石油公司(British Petroleum)股票的分销活动卷入了

① 暂搁注册是指公司将其在近期内发行证券的意向登记注册,向证券交易委员会提供相关的并可以在需要筹资时迅速更新的财务数据。

1987年的股灾之中,使承销商蒙受了严重的损失。在此次股市崩溃之后,华尔街开始了普遍的费用缩减行动,除了经纪人的佣金损失之外,承销新股的收入也降低了,直到一年半之后才开始回升。企业并购的收入也有惊人的下降,特别是涉及垃圾债券融资的业务。1989年1月,美联储准许银行持股公司包销公司债券,同时颁布了《金融机构重组、复兴和强化法》(The Financial Institutions Reconstruction, Recovery and Enforcement Act),同年,美联储批准J.P.摩根公司重返证券业,接着,另外一些重量级的商业银行也纷纷设立了各自的证券机构。到1990年9月,美联储又准许J.P.摩根商业银行包销股票,这一特权以后又扩大到其他银行。联邦存款保险公司也准许银行进行房地产投资和一些保险业务。证券市场活动的萎缩直到1991年中期最严重的衰退阶段过去之后才有所改善。

20世纪90年代,信息技术的迅速发展极大地推动了美国证券市场的繁荣和投资银行的发展,美国成为全球经济发展最稳定、最健康的国家,美国投资银行也因此变得更加引人注目,并成为美国经济发展中十分活跃的金融中介机构。投资银行承销了许多高科技公司的股票,取得了很好的效果。

1991年,当时的美国总统布什在其国情咨文中声称要全面改革美国的银行系统。紧接着,1991年2月5日,美国财政部向国会提出《金融制度现代化——促进银行的安全和竞争的建议》,要求修正《格拉斯——斯蒂格尔法》,取消商业银行业务和投资银行业务的限制。但在当时,这一建议却遭到了顾虑重重的国会的反对。这一切努力虽未推倒"金融防火墙",但显然墙的高度已越来越矮。

在美国金融业逐渐放松管制的同时,美国的商业银行在进入20世纪90年代后,兴起了行业内并购的浪潮,特别是1998年4月,美国商业银行并购浪潮达到了历史顶峰。1998年4月6日,花旗集团和旅行者集团宣布合并,成为仅次于大通曼哈顿银行的全美第二大金融集团。随后在4月13日,美国第三大银行国民银行和第四大银行美洲银行宣布合并,合并金额达648亿美元,其资产总值超过5 700亿美元,抢走了美国第一大银行的桂冠。在同日,仅隔数小时,美国第一银行与第一芝加哥银行也宣布两家银行联姻,合并金额达298亿美元,总资产达2 300亿美元,一跃成为美国第五大银行。这期间,美国商业银行也展开了通过收购投资银行快速进入投资银行领域的战略行动,如国家银行收购蒙哥马利证券公司、信孚银行收购艾利克斯·布朗公司、美洲银行收购罗伯逊·斯蒂芬基金管理公司;等等。这些并购案对美国严格的银行业分业管理制度造成了极大的冲击,银证再次融合的趋势已变得越来越明显。

1999年11月4日美国参众两院以压倒多数通过了《金融服务业现代化法案》的最后文本,废除了1933年制定的《格拉斯—斯蒂格尔法》,彻底结束了银行、证券、保险三业之间分业经营与监管的局面,从此商业银行、投资银行、保险公司、信托机构的业务界限已不复存在,标志着美国金融业由分业走向混业的开始。《格拉斯—斯蒂格尔法》在美国统治了60多年,并且成为世界金融分业制度的鼻祖。事实证明,半个世纪以来该法对防范金融领域风险起到了良好的作用,但是随着经济的发展,银证分业的经营管理模式已越来越多地受到来自各方的挑战。

(二)日本证券公司经营模式的新变化

从二战后到20世纪的七八十年代期间,日本政府金融监管当局一直采用金融体系内不同业务之间严格的分界,即长期信贷与短期信贷业务之间、信托银行与普通银行之间、银行与证券和保险公司之间必须泾渭分明,严格禁止业务交叉。应当说,这种严格的金融监管体系既是日本经济高速发展的产物,同时也有效地促进了该国经济的发展。但随着日本经济在20世纪70年代中期以后由高增长进入低增长,日本金融市场也进入了一个新的时期。表现为企业经过20多年的发展与积累,经济实力大大增强,对资金的需求减弱,而国内储蓄也超过需求增长,剩余资金急于寻找出路。而且,随着企业向海外进一步扩张,与其他国家在经济、技术与资金方面的联系不断增强,企业也强烈要求改变金融市场的封闭状况。更重要的是,同一时期一股金融自由化的浪潮席卷了欧美各发达国家,提供一体化综合性服务的"金融超级市场"纷纷涌现,日本金融业的落后状况愈加明显,进行金融改革是大势所趋。

从20世纪70年代末,日本开始了金融自由化的进程,金融机构不断进行业务的渗透,通过国债化和国际化两条途径成功地实现了利润市场化。1985年,日本通过开设市场浮动利率定期存款业务和大额定期存单业务,令利率自由化取得了重大进展。从1985年6月开始,日本政府允许证券公司办理可转让存款的流通。1992年6月,日本颁布了《金融制度改正法》,允许商业银行通过设立证券子公司(最低资本金为100亿日元)的形式开展证券业务。1993年又批准普通银行新设中长期存款和变动利率存款,其结果是普通银行、长期信用银行和信托银行之间的业务界限已被打破,银行系统的竞争、效率和安全性都提高了。接下来金融自由化的关键当然就是将证券业和银行业也纳入自由化的轨道。1994年10月,日本大藏省又允许第一劝业银行、富士银行、三和银行、樱花银行和三菱银行五家大型城市银行分别设立专门从事投资银行业务的分支机构,各分支机构的资本额均在400亿日元左右,雇员120人。当然,日本对商业银行经营投资银行业务的解禁仍然十分有限:其分支机构仅能从事证券发行和承销业务,严禁从事证券交易;分支机构必须与母公司相对独立,并要接受严格的监督,甚至连子母公司员工的制服也不能采取相同的颜色。尤为引人瞩目的是,1996年11月11日,出台了被称为日本"金融大爆炸"的《我国金融制度的改革——2001年东京市场的复兴》的金融改革方案。这项改革方案明确提出,对银行、证券业的不同金融机构,允许它们通过控股子公司间接参与的方式,让各金融机构的业务领域相互渗透,达到加强竞争、提高效益的目标。虽然在当时条件下,日本对商业银行与证券公司通过直接扩大业务范围的方式相互渗透业务还没有解禁,但随着"大爆炸"改革的实施,日本金融业的分业管理制度已受到很大削弱,银行业与证券业走向融合的趋势已十分明显。

随着20世纪90年代投资银行的合并浪潮再起,日本的证券公司也兴起大型合作之风。继野村证券与日本兴业银行、日兴证券与美国旅行者相继宣布合作以后,1998年7月28日,日本大和证券与住友银行又宣布将在法人交易、衍生商品和资产运用领域展开合作,并在年内共同出资成立面向法人的证券公司(以法人客户为主体,主要从事证券承销和企业并购等业务)、资产运营公司(主要从事投资顾问业务和投资信托商品的开发)和金融衍生商品公司。

1998年4月1日,日本出台"金融体系改革一揽子法案",即所谓的金融"大地震"。以这一揽子法的付诸实施为标志,日本金融业进入了一个新的阶段。该法案由《证券交易法》《投资信托法》《银行法》和《保险法》等24个与金融改革相关的法律组成，这些法规与1998年4月1日开始实施的《外汇法》《日本银行法》共同构成了日本金融法规的新体系。

“金融体系改革一揽子法案”的最大特点是放宽对银行、证券、保险等行业的限制，允许各金融机构可以跨行业经营各种金融业务，废除了银行不能直接经营证券、保险业务的禁令，扩大了银行的经营范围。该法案实施后，银行可开设窗口，买卖股票和各种投资信托商品，这又加强了金融机构之间的竞争，促进金融自由化的进程；在证券交易方面，将证券行业的执照制改为注册制，取消上市公司股票必须在交易所集中交易的义务，允许上市公司股票在场外交易；在证券监管方面，提高金融机构经营的透明度，证券公司必须公开发布自有资本占总资产中的比率，严格实施客户资产和自有资产的分别管理等。

（三）英国商人银行经营模式的新变化

英国实行的金融监管体制是一个典型的多元化体制，金融的立法体系也相当复杂，有《银行法》《金融服务法》《保险公司法》《住房贷款法》《失业、疾病保险法》等。在不同的法律规定下设置不同的监管机构，分别对不同的业务种类进行监管。不仅如此，对于证券与投资业务还实行双重监管，证券投资委员会（SIB）下设三个自律性管理组织，分别对“证券业务”“投资咨询与信托业务”和“个人投资业务”进行管理。这样，英国实际上有9个金融监管机构。实际上，英国法律并没有特别严格地划分商人银行和商业银行的业务界限，只是由于过去英国在证券交易方面的严格规定才使金融业发生一定的分工。

从20世纪80年代开始，英国开始了金融自由化进程。金融界向原有的传统和惯例发起了挑战。其中最具有代表性的是1986年10月27日伦敦证券交易所实施的重大改革，即所谓“金融大爆炸”。这一改革对商人银行业务经营最具有深远意义的一点是：改变传统的限制非交易所会员参股会员行号的做法，允许非会员可以取得会员行号的100%所有权，从而使许多商业银行或保险公司，甚至外国公司（即非会员）顺利取得了伦敦证券交易所某些会员的全部股权，直接参与了证券业务。“金融大爆炸”的金融自由化改革的结果是传统的商业银行与商人银行的业务界限几乎不复存在，商人银行开始经营存贷业务，商业银行也开始从事证券业务。当然，各自的业务侧重点依然存在。

随着1986年英国完成“金融大爆炸”改革后，允许银行兼并证券公司，形成经营多种金融业务的企业集团，各种金融业务日益相互渗透，业务之间的界线变得越来越模糊，原来由不同机构分别监管不同业务的监管体制也就变得越来越不合理，不但监管效率低下，而且给金融机构带来了许多不必要的负担。同时，当问题发生时还可能因职责不明确而产生彼此推诿责任的现象。为此，如何对一个业务交叉、规模庞大的金融企业进行监管，成为各国政府和金融监管机构头疼的问题。

1998年7月，英国财政部公布原有的9个金融监管机构合并为一体，设立新的监管机构英国金融服务监管局（FSA），并于2001年8月完成了改制。这样，英国传统上以自律性管理为主的金融监管体制已逐步消失，取而代之的是单一的巨大金融监管机构。目的是集中监管权限，加大监管力度，提高监管的灵活性，严厉打击金融犯罪，以及降低监管成本等。

除上述美、日、英投资银行经营模式由分离型向综合型转变外，1989年12月，欧共体发布《第二号银行业务指令》(Proposal Second Bank Directive),明确要求各成员国从1993年1月开始,原则上采用欧共体内部通用的综合银行制度(即全能银行制度),成员国银行之间可以相互自由设立分行和进行各类金融服务活动。目前,欧盟国家实行的基本上都是综合型的全能银行经营模式。

总之,从20世纪80年代初开始,全球金融市场的一体化趋势在增强,世界金融业竞争日趋激烈,金融创新层出不穷,已使传统金融服务领域的界限逐渐变得模糊起来。在金融自由化浪潮的强力冲击下,西方主要国家普遍放松了对金融业务的管制。以美国为代表的对商业银行与投资银行实行分业经营管理模式的西方国家先后在立法上或行动上打破或放松了银行业和证券业彼此分离的界限,商业银行逐渐渗透证券业务,投资银行的触角也伸向商业银行的业务领域范围,出现了商业银行与投资银行重新走向混业经营发展的新趋势。

三、我国投资银行经营模式的选择及其取向

(一)我国金融体制的变迁:混业—分业

1. 早期的混业经营阶段

1979年2月恢复中国农业银行,标志着中国金融改革的起步。此后,中国银行、中国建设银行和中国工商银行等相继设立;1984年1月,中国人民银行迈出了走向中央银行的步伐,这标志着一个以中央银行为金融宏观调控主体,以工、农、中、建四大国有专业银行为主体的银行体系初步形成。此后,为了打破国有专业银行的垄断局面,促进银行业的竞争和经营效率的提高,先后组建了一系列股份制商业银行和其他各类存贷款金融机构,其中包括各个股份制银行(如深圳发展银行、浦东发展银行、兴业银行、华夏银行、招商银行、民生银行、广东发展银行等)和各城市商业银行(如北京银行、吉林银行、青海银行等)以及信托投资公司、财务公司等;1994年又建立了三家政策性银行(国家开发银行、中国进出口银行和中国农业发展银行),以实现银行的商业性业务与政策性业务分离运作。

20世纪80年代初,工、农、中、建四大国有银行都相继开办了证券、信托等业务。商业银行是我国证券市场创立的初始参与者,从而开始了混业经营。1980年国务院下达的《关于推动经济联合的暂行规定》中指出,“银行要试办各种信托业务”,同年中国人民银行下达了《关于积极开办信托业务的通知》。各家银行陆续以全资或参股形式开办了大量金融信托机构。80年代末,国家开创了证券的发行市场与流通市场,上海市的几家银行先后设立了证券部,之后各家银行和信托投资公司都成立了证券兼营机构。1990年年底上海证券交易所成立和1991年年初深圳证券交易所成立后,出现了独立于银行的专营证券公司。在我国证券市场初步形成的过程中,银行在资金、技术、人员和组织管理上都发挥了巨大的作用。我国商业银行参与证券业务的主要形式是建立全资或参股的证券公司或信托投资公司证券部,从事的主要业务是证券的发行、代理买卖和自营。

2. 分业经营阶段

1992年下半年开始,社会上出现了房地产热和证券投资热,银行大量信贷资金通过同业拆借进入证券市场,导致了金融秩序的混乱。1993年中央政府在对1992年以来的银

证经营混乱、乱拆借、大量违规资金进入股市等状况进行治理整顿的过程中，为防范金融风险，加强金融监管，明确了分业经营的思路。分业经营、分业管理的规定最早见于1993年11月14日中国共产党的十四届三中全会通过的《中共中央关于建立社会主义市场经济体制若干问题的决定》该决定明确提出"银行业与证券业实行分业管理"。1993年12月25日《国务院关于金融体制改革的决定》对"分业经营"做出了进一步规定："国有商业银行不得对非金融企业投资。国有商业银行对保险业、信托业和证券业的投资额，不得超过其资本金的一定比例，并要在计算资本充足率时从其资本额中扣除；在人、财、物等方面与保险业、信托业和证券业脱钩，实行分业经营"，"要适当发展各类专业……非银行金融机构，对保险业、证券业、信托业和银行业实行分业经营"。从1993年下半年开始，国务院决定对金融业进行治理整顿，实施了分业经营的思路。

1995年及其以后的《中华人民共和国商业银行法》《中华人民共和国证券法》《中华人民共和国保险法》的颁布，构筑了我国分业经营的基本格局，尤其1995年7月1日开始施行的《中华人民共和国商业银行法》，第43条明确规定："商业银行在中华人民共和国境内不得从事信托投资和股票业务，不得投资于非自用不动产"，"商业银行在中华人民共和国境内不得向非银行金融机构和企业投资"。禁止非银行金融机构进入同业拆借市场，人为割断了货币市场和资本市场之间的资金联系。

与其他国家相比，我国的分业经营设计得更为严格，分得更为彻底，不仅分业经营，而且分业监管。在产权联系和经营业务上，把商业银行和保险机构、证券经营机构彻底实行分离，将各家商业银行和保险机构所属的证券业务部分离出来，于1999年组建了中国银河证券公司。在监管构架和监管机构设置上，先后成立了证监会、保监会、银监会，与人民银行一起组成金融监管机构，分别对银行业、证券业和保险业行使监管职能。到1999年年底，我国的分业经营制度，从法律到实践就基本上确立起来了。

我国现行金融业分业管理的实质是：商业银行只能从事存贷款业务，而不能从事投资银行的证券业务、保险公司的保险业务和信托公司的信托业务，而证券公司只能经营证券承销、证券经纪和证券自营等业务，不能从事其他业务；保险公司和信托公司也只能严格限定在各自的领域里经营，不得跨行业经营。

（二）分业经营：我国现阶段金融发展的现实选择

金融的分业或混业，本身并没有什么优劣之分，这也是金融分业制度能够产生的原因。一个国家或一个地区在金融经营模式上究竟是采用分业经营制度还是混业经营制度，在很大程度上取决于该国或该地区的历史特点、经济环境、习惯偏好、实际情况、社会利益集团状况等方面的因素，其实质只是在一种特定经济情况下的利弊权衡，这种权衡会随着经济环境的变化而不断调整。我国现阶段金融发展所采用的分业经营模式及执行的分业管理制度，应该说是与当前我国经济运行中的一些现实条件分不开的。具体来说，主要有以下几个方面的原因：

1. 风险控制机制薄弱

风险控制是分业经营制度最主要的原因，也是分业经营模式的出发点和优势所在。我国商业银行风险控制机制薄弱，无论是国有商业银行还是其他各家股份制商业银行，都还没有建立起有效的风险控制机制,自身控制风险的意识薄弱,银行对风险的控制目前仍缺乏市场经济条件下的实践经验和内部管理制度。在商业银行自身缺乏风险控制意识的情况下,如果涉足风险较大、波动较剧烈的证券市场,有可能造成我国金融体系的瘫痪,导致金融和经济危机。同时,我国银行业的垄断状况已十分严重,四大国有商业银行占据了全国八成左右的信贷市场,倘若让其经营证券业务,商业银行可能凭借自己的网络优势形成对证券业的垄断,造成资源配置的低效率。另外,我国商业银行和企业之间的关系十分密切,很容易获取企业的"内幕消息",如果商业银行可以从事证券业务,可能会造成证券市场缺乏公正性和更多的"内幕交易"。可见,在我国金融体制不完善、金融法规不健全以及金融监管比较薄弱的情况下,实行分业经营模式仍是目前金融监管当局的现实和客观选择。

2. 证券市场发育不健全

我国证券市场经过30年曲折的发展历程,其市场规模已经位居全球新兴资本市场前列,特别是加入世界贸易组织后又给我国证券市场带来新的机遇和挑战。但是从我国证券市场的规模和质量来看,我国证券市场还处在幼稚阶段。一方面,我国证券市场的总体规模与发达国家相比还十分弱小,市场容量和承受能力有限,实力雄厚的商业银行进入证券市场,容易产生操纵现象和证券价格的大幅波动。另一方面,我国证券市场规范程度不够,金融工具有限,内幕交易频繁,做空机制不健全,证券二级市场动辄百分之几百的年换手率和年振幅,显示市场投机气氛浓厚,市场整体风险较大。证券市场公开、公平、公正的程度急待提高。另外,从金融业内部自身要素的发展看,我国的金融业仍处于一个较低级的发展阶段,对于防范金融风险,面向全球化、信息化的市场竞争还显得力不从心。如果允许商业银行兼营证券业务,在市场环境不完善的情况下,商业银行大量资金及可能过多地进入证券业,造成泡沫经济、增大证券市场的投机性并加剧其不稳定性,不利于证券市场和经济的健康发展,并很有可能导致银行的亏损和倒闭。因此,在我国证券市场的初步发展阶段,最好让商业银行远离证券市场和资本风险。历史经验表明,金融风险往往有在不同金融机构之间迅速传播的倾向,从切断金融风险传播链条的角度出发,分业经营所设置的金融防火墙迄今仍是最直接和最有效的办法。

3. 法律环境滞后

与金融业同时起步的我国金融法制建设同样处于不健全、不完善的阶段,尚未进入成熟期。虽然以《证券法》《银行法》《保险法》等为代表的金融法律体系框架初步建成,但它们共同具有的粗线条的特点要求一系列的配套法规加以落实,而目前的这些配套法规在完备性和立法质量上还亟待提高。在立法滞后的同时,我国的司法效率低下已是不争的事实,司法效率低下直接制约我国金融业所处的整体法律环境。

法制环境是风险控制最重要的制度保证,美国之所以能够在60多年后重新执行混业经营的政策,与其良好的法律环境和在金融立法领域几十年的努力是分不开的,中美两国在金融法律环境上的差距,正是两种金融业经营模式选择的重要原因。

4. 金融监管能力不足

我国的金融监管采用分业监管制度,银行业、保险业、证券业各有其监管机关,如果实现混业经营模式,我国现有的监管能力将受到考验。各监管机构间权力和职责的划分、监管任务的协调、监管信息的共享等问题都难有一个妥善的保证。因此,从监管效率的角度出发,也需要给监管机构一个适应混业经营模式的时间。而且,即便是在实行综合监管制度的英国、日本和韩国,其综合监管机构的运作效果也有待实践的检验。

除行政监管外,行业自律也是监管的重要组成部分。以美国证券业为例,除证券交易所和证券商协会(NASD)分别负责对场内和场外的证券商进行充分的监管外,还有证券交易所会员工会(ASEF)、美国投资银行家协会、投资公司协会、投资顾问协会等组织,它们从行业自律的角度对证券商进行不同角度的规范和引导,以促进会员业务的健康发展。

5. 金融机构内控制度脆弱

出于金融安全的考虑,混业经营同样要求各金融业务之间保持相对的独立性,这就要求金融机构不但有良好的业务素质,更要有一套保证不同业务独立运作的机构、人员、管理和监督制度。我国金融机构或刚刚完成从计划经济体制到市场经济体制的转变,或刚刚实现创业初期的规模扩张,在内控制度建设上还不完善,加之国有企业普遍存在的法人治理结构不完善问题,我国金融企业的内控机制整体上处于弱势状态,这直接制约了混业经营模式的实施。

6. 专业化分工的客观要求

虽然混业经营最终也能通过市场选择完成金融业的分工,但分业经营在专业化方面的功效无疑更直接,这一点对需要从无到有发展证券市场的我国尤为重要。如果由商业银行兼营证券业务,商业银行出于资金安全、成本等的考虑,有坚持既有业务的倾向,同时业务多元化必然导致资源分散,使得商业银行在证券业务上的投入可能不如专业证券公司那样多,这对发展后起的证券市场无疑具有消极影响。分业经营使得国内的金融机构可以集中有限的资源专注于某一项业务的发展,对促进国内金融机构服务质量的专业化提升大有裨益。

当然,分业经营模式的上述理由并不表明混业经营对我国金融业没有积极意义,分业经营模式的最终采取,是对分业和混业经营利弊权衡的结果,是依据我国金融运行的现实条件做出的选择。

(三)混业经营:我国金融发展的未来趋向

从国内来看,近年来我国经济、金融各项改革取得了重大进展,经济结构发生了重大变化。国家对宏观经济调控能力和金融监管能力不断提高,商业银行加强了内控制度的建设,经营行为进一步规范,证券市场也逐步进入规范发展阶段。在这种情况下,商业银行光靠传统业务已无法扩大利润增长来源,也不利于防范和化解金融风险,因而迫切需要加快功能创新和业务创新,扩大具有证券投资、保险等服务功能的中间业务,以适应国内经济变化发展的需要。

从国际来看,混业经营已经成为国际金融市场的主流。近年来,经济金融化、金融全球化导致全球金融市场激烈竞争,世界各国银行业为适应形势变化,不断加强调整、兼并、重组和金融创新,已使分业经营和分业管理名存实亡。银行与证券、保险之间的业务界线逐渐模糊,银行业已经从传统的存放款业务向证券投资、保险等非传统银行业务领域拓展,而证券、保险等金融公司也已开始向特定的客户发放贷款。我国加入世界贸易组织以后,与国际通行的金融游戏规则接轨,综合化、全能型的外资金融机构逐步进入我国金融市场,我国的金融机构在竞争上无疑将处于劣势。因此,我国最终将顺应国际潮流而实行混业经营。

第一,混业经营体现了金融市场内部相互沟通的基本要求,有利于提高金融市场配置资源的效率,提高金融市场一体化的进程。金融市场是由货币市场和资本市场组成的,二者之间及其内部各子市场之间必须通过合理渠道相互沟通,协调发展。从这个意义上讲,并不存在严格意义上的分业经营。分业经营是对完整金融市场的割裂,虽然一定程度地降低了金融市场风险,但也同时限制了企业的利润空间和资金的使用效率。目前我国利用科技和金融工具创新,实现市场对接。在金融市场领域推行了一些改革措施,如商业银行开办的基金托管、资产管理、银证通、代理基金发行、代理债券发行、代理保险等,形成了商业银行、投资银行、保险公司等金融机构依托各自优势,在风险控制的前提下,实现功能互补,进入对方传统市场;开辟证券公司和基金管理公司的合法融资渠道,允许其进入同业拆借市场进行信用拆借、债券回购和现券交易,以股票质押取得融资;允许保险公司进入银行间债券市场进行回购交易,以及允许保险资金通过证券投资基金进入股市等,这些改革措施促使金融业的经营模式向混业经营迈出了一大步。

第二,混业经营有利于促进金融资本更好地服务于产业资本,适应跨国公司和大型企业集团实施多元化经营和大规模资产重组的要求。混业经营模式表现为国家对商业银行的经营范围如间接融资与直接融资业务、短期信贷与长期信贷业务、银行业务与非银行业务之间不做或很少做法律方面的限制,使得金融资本可以多渠道地融合服务于产业资本,有利于缓解目前我国产业升级过程中所出现的资金供需间的真空缺口;同时产业资本所创造的盈余也能多渠道进入资本市场,为金融市场的发展注入新的活力,有利于降低金融风险,促进我国金融市场的稳定。目前,为规避国内法律障碍,商业银行采取境内分业、境外混业的模式,即商业银行在境外组建投资银行,再返回境内开展业务,与国内商业银行一起分别提供商业银行和投资银行服务,如中国建设银行参股的中国国际金融公司、中国银行参股的中银国际证券有限公司和中国工商银行参股的工商银行东亚证券有限公司等。

第三,许多国家具备了较完善的金融风险防范体系。20 世纪 30 年代“大危机”产生的一个重要原因是当时的政府和中央银行缺乏有效的经济手段来控制危机,而现在财政政策和货币政策已经成为重要的和有效的反危机工具,大危机的可能性很小。现代各国建立了严密的金融监管体系,并采纳了商业银行和投资银行的保险制度,发生银行连锁风险的可能性不会太大。同时,20 世纪 70 年代末风险控制理论和风险控制工具得到充分的发展,使金融机构的风险大大降低,商业银行和投资银行的结合和渗透带来风险的可能性很小,各国纷纷放松了金融管制。特别是在海外市场上,金融监管鞭长莫及,客观上为投资银行和商业银行的混合发展创造了条件,同时投资银行和商业银行在国际市场上面临全能银行的挑战,主观上也有混合发展的倾向。传统的投资银行和商业银行的区别日渐模糊,在许多金融市场上,投资银行与商业银行已经站在同一起跑线上。

第四,金融创新和金融自由化推动了混业经营的发展。20 世纪 50 年代以后,金融创新工具和创新组织得到极大发展。这种发展使得许多原有的分业监管措施部分失去意义,商业银行与投资银行业务范围的划分越来越模糊。这些新的创新工具既可以由商业银行来经营,也可以由投资银行所采纳。经济状况的繁荣与稳定,市场越来越结成为一个整体,当初制定的分离型经营模式已不利于金融市场的发展。无论商业银行还是投资银行,都不断通过金融创新侵入对方的业务领域,双方都进行不断的金融创新来绕过法律的约束,形成"你中有我,我中有你"的现实局面。因此,各国不断放松金融管制,实行金融自由化政策,以适应市场环境的变化和要求。在金融自由化的政策下,投资银行和商业银行走向混业经营,它们之间的界限逐渐模糊。目前我国商业银行也通过制度创新,构建金融控股公司实现混业经营,如中国中信集团公司出资设立了投资和管理境内外金融企业的控股公司。中信控股公司投资控股中信银行、中信证券、中信信托、中信基金、信诚人寿保险、中信期货经纪、中信资产管理和中信国际金融控股等公司,从而实现银行、证券、保险、信托、资产管理、期货、基金等的混业经营,统一配置和有效利用金融资源,发挥品牌和协同效应,为客户提供国内外、全方位服务。这种金融控股公司模式已经基本上与国际混业经营模式接轨,实现了银行、证券、保险等业务的优化整合。

第五,金融业的激烈竞争促进了混业经营。分离型经营模式的实施是为了稳定市场,降低金融风险,以利于金融企业的健康发展。但同时也使得商业银行小而分散,业务单调,不利于其进行业务拓展与实现规模效应。通过近几十年的发展,非银行的金融业务如证券、保险、信托和期货、期权等衍生金融产品得到巨大发展。例如,美国非银行金融业所控制的金融资产在全美金融体系中的比重由 20 世纪 30 年代的不足 40%上升到目前的 78%以上。非银行金融机构通过拓展业务向银行业渗透,使银行业面临的压力越来越大,它们之间不得不进行兼并收购,以扩大自身规模和提高竞争力。商业银行与投资银行之间的相互控股与兼并收购,促使了混业经营局面的出现。

第六,混业经营可以降低金融业的成本。混业经营使金融企业可以充分利用现有商业银行机构网点为客户提供全方位的金融服务,从而分散金融风险,降低信息搜集成本与金融交易成本。商业银行业的发展已进入了微利时代,它们必须努力降低成本以获取利润。而混业经营提供了这样一条途径,使得它们的利润增加,同时降低经营风险,有利于商业银行制度的运行以及商业银行内部不良资产的盘活。

第七,趋向混业经营是我国加入世界贸易组织和当今信息革命冲击的必然结果。国际上主要国家的投资银行都转向混合经营模式,在全球广泛的金融市场上进行着激烈的竞争。在加入世界贸易组织之后,我国金融、保险、证券市场的开放应服从于《服务贸易总协定》的六项基本原则和金融服务协议,我国金融将进一步融入国际金融体系,必须按照世界贸易组织制定的游戏规则进行经济和金融活动。同时,越来越多的外资银行、保险公司、证券公司将以合资或独资的面孔出现在我们面前,而且这些公司的业务领域可以涉及银行、保险、证券及信托投资等多个方面,它们依托强大的资本实力和高素质的金融人才,一定会抓住进军中国金融市场的机会,努力拓展业务领域,抢占市场份额。为此,在加强专业经营和风险控制能力的基础上,大力强化国内金融机构的综合经营能力,塑造和培育中国的"全能型"金融集团,以便使国内金融机构能够与国际金融机构站在同一条起跑线上开展竞争,允许混业经营是第一步。此外,当今信息技术的发展更是为我国商业银行充分利用原有的硬件网络,集成综合性的金融业务提供了条件。

金融业混业经营模式运作的前提条件是,商业银行和投资银行以及保险公司、信托机构等本身具备较强的风险意识和有效的内控约束机制,当局的金融监管体系完善高效,法律框架健全。我们注意到,就连金融高度发达的美国从分离型经营模式过渡到混业经营模式,也历经了 60 多年,其间银行、证券、保险监管当局对各自领域的监管已相当成熟、有效。而我国目前金融领域问题还很多,商业银行普遍存在着资产质量较差、信贷风险较高和运作效率低下的诸多历史遗留问题,证券业发展历史不长,市场不成熟,法规不完善,风险控制能力薄弱。在这种现实条件下,目前实行综合性的全能银行制经营模式的时机尚不成熟。但必须同时清醒地看到,金融业的分业经营型模式仅仅是我国现阶段暂时的过渡性模式,最终目标仍然是混业经营型的全能银行模式。因此,我国金融业应该以加入世界贸易组织为契机,加快金融改革和整顿步伐,尽快解决金融领域多年来遗留的问题,治理风险和金融秩序中的一些混乱现象,加快有关法律法规的制定。只有在此基础上,才可能谈到混业经营。

概括地说,目前距我国全面推行金融混业经营还需一定的时间。但从管理者提出支持银行、保险和证券业加强合作和交叉试点中间业务,同时决定不定期进行三方监管联席会议随时沟通监管信息等举措来看,我国正在经历一个特定的由分业经营转向混业经营的过渡时期。在这一时期内,我国既不会立即推行混业经营,也不会背弃潮流,一味坚持分业经营,而是辩证地积极对待国际金融混业经营趋势,强调立法在先,试点在后,逐步鼓励交叉试点,积极谨慎,稳步推进。显然,我国全面实行混业经营的步伐将取决于这一过渡阶段的长短,它又明显受限于我国国有商业银行银行产权制度改革、内控制度的建设和完善以及金融监管能力和水平的提高等多种因素。

(四)混业经营的经验探索:金融控股公司

金融控股公司不仅仅只是金融机构的重新组合和金融机构组织结构的重新调整,也不仅仅是金融机构规模的简单扩大,它是一种金融制度和金融结构的创新。依据自身功能的不同,金融控股公司可以分为纯粹控股公司(Pure Holding Company)、经营性控股公司(Operating Holding Company)或混合控股公司(Mixed Holding Company)。纯粹控股公司仅掌握子公司股份,从事股权投资收益活动,而并不从事金融业务,当前这一模式主要由金融机构之间跨行业的合并来实现。经营性控股公司既从事股权控制,又从事实际业务经营。目前,国际上实行金融控股公司形式的国家以美国为主。金融控股公司的组织结构如图 2.1 所示。

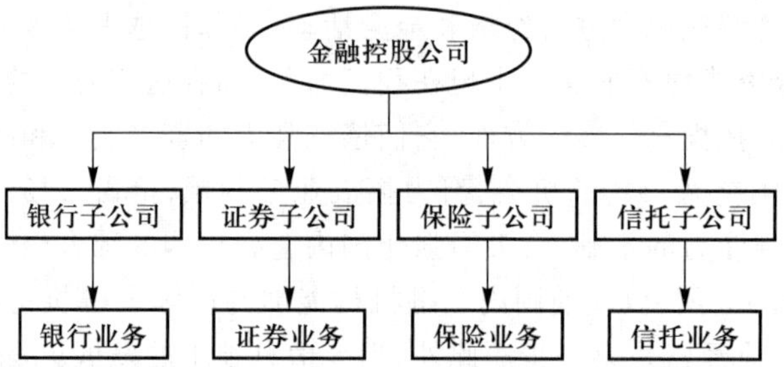

图 2.1　金融控股公司组织结构

一般来讲,金融控股公司具有下列特性:

首先,金融控股公司可以通过设立、并购不同种类的金融机构,使得金融控股公司本身具有巨大的协同效应,并且它可以通过提供多元化金融服务来分散风险,把众多子公司纳入集团控股公司的业务范围内,并且在各个子公司之间设立防火墙,这样一个子公司的经营失误,不会波及其他子公司和控股母公司。美国金融界曾对20世纪30年代的金融危机作了实证研究,分析得出:在金融危机中倒闭的银行80%是单一银行,而大量从事证券交易的银行却没有倒闭。

其次,金融控股公司具有很好的组织结构性。金融控股公司大多采取的是多层次的组织结构,控股公司负责战略决策和长期的发展规划,只重视总体绩效而不直接干涉各个子公司的经营决策。这种组织结构具有很好的协同效应,因而更加追求总体利润的最大化。并且金融控股公司具有杠杆效应,它不必持有子公司的全部股份,所以可以以较少的资本控制较多的资产,这是全能银行所做不到的。

最后,金融控股公司可以通过合并报表的方式,达到合理避税的目的。金融控股公司内各子公司盈利状况不一,在同一年份,可能有些子公司盈利,而一些子公司亏损。在这种情况下,在金融控股公司集团内合并报表,就可以用盈利部分的利润冲销一部分亏损,减少纳税额。

金融控股公司的最大优点为"集团混业,法人分业",各子公司为独立的法人,各自独立经营自己的业务,经营风险在子公司内部消化,不会扩散到其他分公司。既能发挥混业经营的成本与效率优势,又能有效隔离不同业务单元的风险,而集团公司可以充分利用资本控制权,形成同一集团在品牌、经营战略、营销网络以及信息共享等方面的协同优势,从而降低集团整体的经营成本并从多元化经营中获取更多收益,达到范围经济和规模经济的目的。

在金融控股公司的框架下,原来的分业监管仍然有效。由于各子公司所从事的金融业务是单一的,各子公司都是独立法人,有各自的财务报表。和全能银行相比,各监管部门可以更清楚、更明确地对各个子公司进行监管。这样,既克服了原来分业监管体制下由于多家监管部门各自为政而产生的信息不对称问题,又使原有的分业监管效用得以发挥,而不必对原来的分业经营和监管体制进行根本性变革。

尽管我国国内立法尚无对金融控股公司的明确定位,但事实上这种类型的企业由来已久。20世纪70年代初,我国金融体制改革开始之时,受世界金融创新思潮的影响,对金融体制改革的试点机构曾尝试综合经营的模式。1979年成立的中国国际信托投资公司和1986年重新组建的交通银行,以及后来成立的中信银行、平安保险等都曾获得广泛的业务范围,涉足银行、保险、证券、信托等业务。受此影响,我国国有银行在其改革过程中也曾涉足多种金融业务。

在以后的改革过程中,由于企业改革和金融机构改革没有形成有效的约束激励机制,金融法规的制定和对金融机构监管的滞后,特别是国民经济在转轨过程中不断出现失控的局面,导致了金融秩序混乱,致使我国政府在1993年的金融整顿中确立了我国金融业分业经营和分业管理的原则,并在以后的立法工作中加以确立。

20世纪90年代末,随着我国经济、金融对外开放程度的加深,随着我国经济发展和国民收入水平的提高,我国金融业面临的竞争压力和金融创新的压力不断增加,综合经营的要求和动力日益增强,这也是我国经济改革深化的必然结果。针对我国当前金融监管水平以及资本市场、金融机构经营机制不健全这一现实,在严格的分业经营法律框架下,金融控股公司是我国金融业综合经营的一种现实的选择。一个纯粹金融控股公司下的商业银行、证券公司、保险公司和信托公司分业经营,中国人民银行统筹协调,银监会、证监会、保监会进行分业监管;同时又实现了在金融控股公司同一利益主体下互相协作的混业经营的效率。可以说,金融控股公司模式在一定程度上解开了政府一直不敢实行混业经营的心结——由于监管当局不能有效地进行一元监管而引起的金融秩序混乱。在我国目前的金融大环境下,金融控股公司符合我国金融体系的现状,可以说是我国金融机构混业经营的较好模式。

自 2002 年 8 月,以中信集团公司成立中信控股公司为标志,金融控股公司终于浮出水面。金融控股公司已日益成为一个热门课题。在实践中,金融控股公司如雨后春笋般以各种形式和方式在我国迅速集结和诞生,并呈现逐步放大的态势。现阶段我国除了中信控股公司之外,试点金融控股公司还包括中国光大集团和中国平安保险(集团)股份有限公司。

中国中信集团公司拥有银行、证券、保险、信托、基金、期货、租赁等门类齐全的金融业务体系,授权中信控股公司对所属的中信银行、中信证券、中信信托投资、中信国际金融控股(香港)、信诚人寿保险、中信期货经纪、中信基金管理、中信资产管理等金融机构行使经营管理权。集团公司在实业投资和服务领域内涉及房地产、工程承包与建设、资源开发、基础设施和高新科技等行业,可以说中信集团实际上是一个集“金融、生产、贸易、服务”为一体的经营实体。

中国光大集团是以金融业为核心,主要经营银行、证券、保险和投资管理等业务的金融控股集团。中国光大集团通过中国光大(集团)总公司(北京总部)和中国光大集团有限公司(香港总部)管理境内外业务,在境内拥有光大银行、光大证券、光大信托和光大永明人寿保险四家金融机构,拥有光大控股、光大科技、光大国际三家在香港上市的子公司和光大证券国内主板上市公司,也是申银万国证券公司的第一大股东(拥有其 19%左右的股权),并通过光大控股参股港基银行。集团以全资、控股、参股等形式管理着 60 多家直属企业,充分利用境内外市场扩展业务。

中国平安保险(集团)股份有限公司 2004 年 6 月在香港上市。该公司是中国第一家引入外资的金融保险企业,第一大股东为全球第二大商业银行——英国汇丰银行,公司高层管理团队 1/3 来自海外。1988 年 5 月成立以来,经过 20 多年的发展,中国平安保险(集团)股份有限公司已发展成为融寿险、产险、银行、证券、信托和海外控股为一体的金融保险服务集团。

除了在香港地区有分支机构和业务开展外,国内的金融控股公司基本上还都只是地区型的金融控股公司(这里不考虑三大商业银行早期在海外的分支机构,因为主要是单一的商业银行业务,还不是真正意义上的金融控股公司海外分支机构),因此,在组织架构上都还比较简单。一般通过一个管理总部或境外控股子公司的模式,即可对海外机构及业务进行规划和管理。与上述组织架构相适应,国内的金融控股公司在管理路径的设置上,一般形成一个针对香港的垂直型机构，但在内地，仍然会以行业或产品为主线，进行水平式的管理。当然，随着金融控股公司业务的发展，经营地域的扩大，金融控股公司将开始尝试和运用适用于不同业务需要和管理文化的管理模式和管理路径。

除了在香港上市的中信国际金融控股有限公司、中国平安保险（集团）股份有限公司外，在国内主板市场，中信银行、中信证券、光大证券、平安保险等都成为上市公司。

随着中国建设银行、交通银行、中国银行等商业银行在中国香港、美国等地的上市，以及中国银行、中国建设银行、中国工商银行和中信银行等在国内证券市场成功上市后，我国以国有商业银行为主体的大型金融控股公司纷纷涌现，综合金融服务的竞争将加剧。

此外，就产业资本与金融资本的融合看，我国已形成了一批具有一定国际竞争力的大企业集团，它们在制造业产品市场上拥有较强的竞争力，并具备了庞大的客户群和营销网络，这些资源同时也为其发展金融业提供了适用平台。近几年来，一些大型产业集团已形成了对一些金融机构的控股，如上海宝钢、山东鲁能、青岛海尔等，都在积极打造金融控股公司的架构。产业资本与金融资本的融合，已从单一地获取投资回报，逐渐转向与其主业竞争力的提高相配合，努力为其客户提供多元化金融服务，从而对金融控股公司产生了需求。大的产业集团通过这一金融平台的投资运作，可以大大提高闲置资金的使用效益和收益率水平。

第三章

股票承销与保荐

第一节　股票承销与保荐概述

一、股票的性质及其种类

（一）股票的性质

股票是一种有价证券，它是股份有限公司按照《公司法》[①]的规定，为筹集公司资本而签发的证明股东所持股份的所有权凭证。股份有限公司的资本划分为股份，每一股份的金额相等。公司的股份采取股票的形式。股份的发行，实行公平、公正的原则，同种类的每一股份具有同等权利。股票一经发行，购买股票的投资者即成为公司的股东。股票实质上代表了股东对股份公司的所有权，股东凭借股票可以获得公司的股息和红利，参加股东大会并行使自己的权利，同时也承担相应的责任和风险。股票作为一种权益工具，具有如下性质：

1. 股票是有价证券

有价证券是财产价值和财产权利的统一表现形式。持有有价证券，一方面表示拥有一定价值量的财产，另一方面也表明有价证券持有人可以行使该证券所代表的权利。股票具有有价证券的特征：① 虽然股票本身没有价值，但股票是一种代表财产权的有价证券，它包含着股东可以依其持有的股票要求股份公司按规定分配股息和红利的请求权；② 股票与它代表的财产权有不可分离的关系，二者合为一体。换言之，行使股票所代表

---

① 《中华人民共和国公司法》（1993 年 12 月 29 日第八届全国人民代表大会常务委员会第五次会议通过，根据 1999 年 12 月 25 日第九届全国人民代表大会常务委员会第十三次会议《关于修改〈中华人民共和国公司法〉的决定》第一次修正，根据 2004 年 8 月 28 日第十届全国人民代表大会常务委员会第十一次会议《关于修改〈中华人民共和国公司法〉的决定》第二次修正，2005 年 10 月 27 日第十届全国人民代表大会常务委员会第十八次会议修订；自 2006 年 1 月 1 日起施行。2013 年 12 月 28 日第十二届全国人民代表大会常务委员会第六次会议通过《关于修改〈中华人民共和国海洋环境保护法〉等七部法律的决定》，以主席令第八号公布，自 2014 年 3 月 1 日起施行）

的财产权，必须以持有股票为条件，股东权利的转让应与股票占有的转移同时进行，股票的转让就是股东权利的转让。

2. 股票是要式证券

股票应具备《公司法》规定的有关内容，如果缺少规定的要件，股票就无法律效力。

3. 股票是证权证券

证券可以分为设权证券和证权证券。前者是指证券所代表的权利本来不存在，而是随着证券的制作而产生，即权利的发生是以证券的制作和存在为条件的；而后者是指证券是权利的一种物化的外在形式，是权利的载体，权利是已经存在的。股票代表的是股东权利，它的发行是以股份的存在为条件的，股票只是把已存在的股东权利表现为证券的形式，它的作用不是创造股东的权利，而是证明股东的权利。

4. 股票是资本证券

股份公司发行股票是一种吸引认购者投资以筹措公司自有资本的手段，对于认购股票的人来说，购买股票就是一种投资行为。因此，股票是投入股份公司资本份额的证券化，属于资本证券。但是，股票又不是一种现实的资本，股份公司通过发行股票筹措的资金，是公司用于营运的真实资本。股票独立于真实资本之外，在股票市场上进行着独立的价值运动，是一种虚拟资本。

5. 股票是综合权利证券

股票不属于物权证券，也不属于债权证券，而是一种综合权利证券。物权证券是指证券持有者对公司的财产有直接支配处理权的证券；债权证券是指证券持有者为公司债权人的证券。股票持有者作为股份公司的股东，享有独立的股东权利。换言之，当公司股东将出资交给公司后，股东对其出资财产的所有权就转化为股东权（股权）了。股东权是一种综合权利，股东依法享有资产收益、重大决策、选择管理者等权利。股东虽然是公司财产的所有人，享有种种权利，但对于公司的财产不能直接支配处理，而对财产的直接支配处理是物权证券的特征，所以股票不是物权证券。另外，一旦投资者购买了公司股票，即成为公司部分财产的所有人，但该所有人在性质上是公司内部的构成分子，而不是与公司对立的债权人，所以股票也不是债权证券。

（二）股票的特征

股票具有以下五个方面的特征：

1. 收益性

收益性是股票最基本的特征，它是指股票可以为持有人带来收益的特性。持有股票的目的在于获取收益。股票的收益来源可分成两类：一是来自股份公司。认购股票后，持有者即对发行公司享有经济权益，这种经济权益的实现形式是从公司领取股息和分享公司的红利。股息红利的多少取决于股份公司的经营状况和盈利水平。二是来自股票流通。股票持有者可以持股票到依法设立的证券交易场所进行交易，当股票的市场价格高于买入价格时，卖出股票就可以赚取差价收益。这种差价收益称为资本利得。

2. 风险性

股票风险的内涵是股票投资收益的不确定性，或者说实际收益与预期收益之间的偏离程度。投资者在买入股票时，对其未来收益会有一个估计，但事后看，真正实现的收益可能会高于或低于原先的估计，这就是股票的风险。很显然，风险不等于损失，高风险的股票可能给投资者带来较大损失，也可能带来较大的预期收益。风险本身是一个中性概念，但是，多数理性的投资者厌恶风险，如果要诱导投资者投资那些风险较高的股票，就必须提供更高的预期收益，这就是“高风险高收益”的含义。

3. 流动性

流动性是指股票可以通过依法转让而变现的特性。股票持有人不能从公司退股，但股票转让为其提供了流动性。通常，判断股票的流动性强弱主要分析三个方面：首先是市场深度，以每个价位上报单的数量来衡量，如果买卖盘在每个价位上均有较大报单，则投资者无论买进或是卖出股票都会较容易成交，不会对市场价格形成较大冲击。其次是报价紧密度，指买卖盘各价位之间的价差。若价差较小，则新的买卖发生时对市场价格的冲击也会比较小，股票流动性就比较强。在有做市商的情况下，做市商双边报价的买卖价差通常是衡量股票流动性的最重要指标。最后是股票的价格弹性或者恢复能力，指交易价格受大额交易冲击而变化后，迅速恢复原先水平的能力。价格恢复能力越强，股票的流动性越高。

4. 永久性

永久性是指股票所载有权利的有效性是始终不变的，因为它是一种无期限的法律凭证。股票的有效期与股份公司的存续期间相联系，两者是并存的关系。这种关系实质上反映了股东与股份公司之间比较稳定的经济关系。股票代表着股东的永久性投资，当然股票持有者可以出售股票而转让其股东身份，而对于股份公司来说，由于股东不能要求退股，所以通过发行股票募集到的资金，在公司存续期间是一笔稳定的自有资本。

5. 参与性

参与性是指股票持有人有权参与公司重大决策的特性。股票持有人作为股份公司的股东，有权出席股东大会，体现对公司经营决策的参与权。股东参与公司重大决策权利的大小取决于其持有股份数量的多少，如果某股东持有的股份数量达到决策所需要的有效多数时，就能实质性地影响公司的经营方针。

（三）股票的类型

按不同的标准或从不同的角度，股票可以分为不同的种类：

1. 有面额股票和无面额股票

按是否在股票票面上标明金额，股票可以分为有面额股票和无面额股票。

（1）有面额股票。有面额股票是指在股票票面上记载一定金额的股票。这一记载的金额也称为票面金额、票面价值或股票面值。我国《公司法》规定，股份有限公司的资本划分为股份，每一股的金额相等。有面额股票具有如下特点：① 可以明确表示每一股所代表的股权比例；② 为股票发行价格的确定提供依据。我国《公司法》规定，股票发行价格可以按票面金额，也可以超过票面金额，但不得低于票面金额。这样，有面额股票的票面金额就成为股票发行价格的最低界限。

（2）无面额股票。无面额股票是指在股票票面上不记载股票面额，只注明它在公司总股本中所占比例的股票。无面额股票也称为比例股票或份额股票。无面额股票的价值随股份公司净资产和预期未来收益的增减而相应增减。公司净资产和预期未来收益增加,每股价值上升;反之,公司净资产和预期未来收益减少,每股价值下降。无面额股票淡化了票面价值的概念,但仍然有内在价值,它与有面额股票的差别仅在表现形式上。也就是说,它们都代表着股东对公司资本总额的投资比例,股东享有同等的股东权利。无面额股票有如下特点:① 发行或转让价格较灵活;② 便于股票分割。

2. 记名股票和无记名股票

按是否记载股东姓名,股票可以分为记名股票和无记名股票。

(1) 记名股票。记名股票是指在股票票面和股份公司的股东名册上记载股东姓名的股票。一般来说,如果股票是归某人单独所有,则应记载持有人的姓名;如果股票是归国家授权投资的机构或者法人所有,则应记载国家授权投资的机构或者法人的名称;如果股票持有者因故改换姓名或者名称,就应到公司办理变更姓名或者名称的手续。记名股票有如下特点:① 股东权利归属于记名股东;② 可以一次或分次缴纳出资;③ 转让相对复杂或受限制;④ 便于挂失,相对安全。

(2) 无记名股票。无记名股票是指在股票票面和股份公司股东名册上均不记载股东姓名的股票。无记名股票也称不记名股票,与记名股票的差别不是在股东权利等方面,而是在股票的记载方式上。无记名股票有如下特点:① 股东权利归属股票的持有人;② 认购股票时要求一次缴纳出资;③ 转让相对简便;④ 安全性较差。

3. 普通股票和优先股票

按股东享有权利的不同,股票可以划分为普通股票和优先股票。

(1) 普通股票。普通股票是最基本、最常见的一种股票,其持有者享有股东的基本权利和义务。普通股票的股利完全随公司盈利的高低而变化。在公司盈利较多时,普通股票股东可获得较高的股利收益,但在公司盈利和剩余财产的分配顺序上列在债权人和优先股票股东之后,故其承担的风险也较高。普通股票股东享有公司重大经营决策参与权、公司盈余分配请求权、优先认购权和剩余财产分配请求权等项权利。与优先股票相比,普通股票是标准的股票,也是风险较大的股票。

(2) 优先股票。优先股票是一种特殊股票,在其股东权利、义务中附加了某些特别条件。优先股票具有如下特征:股息率固定,股息分派优先,剩余财产分配优先和一般无表决权。优先股票根据不同的附加条件,大致可以分成如下几类:① 参与优先股票与非参与优先股票。前者是指优先股票股东除了按规定的股息率分得固定股息外,还有权与普通股票股东一起参与本期剩余盈利分配的优先股票;后者是指除了按规定分得本期固定股息外,无权再参与本期剩余盈利分配的优先股票。② 累积优先股票与非累积优先股票。前者是指历年股息累积发放的优先股票;后者是指股息当年结清、不能累积发放的优先股票。③ 可转换优先股票与不可转换优先股票。前者是指发行后在一定条件下允许持有者将它转换成其他种类股票的优先股票;后者是指发行后不允许其持有者将它转换成其他种类股票的优先股票。④ 可赎回优先股票与不可赎回优先股票。前者是指在发行后一定时期,可按特定的赎买价格由发行公司收回的优先股票;后者是指发行后根据规定不能赎回的优先股票。⑤ 股息率可调整优先股票与股息率固定优先股票。前者是指股票发行后,股息率可以根据情况按规定进行调整的优先股票;后者是指股票发行后股息率不再变动的优先股票。大多数优先股票的股息率是固定的,一般意义上的优先股票是指股息率固定优先股票。

二、保荐机构与保荐制度

(一) 保荐机构

1. 保荐人的定义与职责

保荐机构,又称保荐人。是依照法律规定,为上市公司申请上市承担推荐职责并为上市公司上市后一段时间的信息披露行为向投资者承担担保责任的证券公司。其职责就是协助上市申请人进行上市申请,负责对申请人的有关文件做出仔细的审核和披露并承担相应的责任,保荐机构在公开、公平、公正、规范、自愿的原则下在核准的范围内从事业务,不得擅自超越业务范围、业务权限。

保荐机构是整个上市过程的统筹者和领导者,向拟上市公司提供上市的专业财务意见,助其处理上市各项事务;同时担当拟上市公司与证监会及各专业中介机构之间的主要沟通渠道,确保拟上市公司适合上市,其重要资料已在招股文件中全面及准确地披露,以及拟上市公司的所有董事明白作为上市公司董事的责任等。其功能还包括设计股票推销策略,组织承销团等。

2. 保荐机构的特点

保荐机构与其他证券公司相比有如下三个特点:

(1) 严格的资格条件。证券公司申请保荐机构资格,应当具备下列条件:注册资本不低于人民币 1 亿元,净资本不低于人民币 5 000 万元;具有完善的公司治理和内部控制制度,风险控制指标符合相关规定;保荐业务部门具有健全的业务规程、内部风险评估和控制系统,内部机构设置合理,具备相应的研究能力、销售能力等后台支持;具有良好的保荐业务团队且专业结构合理,从业人员不少于 35 人,其中最近 3 年从事保荐相关业务的人员不少于 20 人;符合保荐代表人资格条件的从业人员不少于 4 人;最近 3 年内未因重大违法违规行为受到行政处罚,以及中国证监会规定的其他条件。

(2) 法定的担保职责。保荐机构应当尽职推荐发行人证券发行上市。发行人证券上市后,保荐机构应当持续督导发行人履行规范运作、信守承诺、信息披露等义务。同时,保荐人要为所保荐的上市公司披露的信息的虚假性、误导性和遗漏性而给投资者造成的损失承担赔偿责任。

(3) 较长的持续督导期间。首次公开发行股票并在主板上市的,持续督导的期间为证券上市当年剩余时间及其后 2 个完整会计年度;主板上市公司再发行证券的,持续督导的期间为证券上市当年剩余时间及其后 1 个完整会计年度。首次公开发行股票并在创业板上市的,持续督导的期间为证券上市当年剩余时间及其后 3 个完整会计年度;创业板上市公司再发行证券的,持续督导的期间为证券上市当年剩余时间及其后 2 个完整会计年度。

3. 保荐机构与推荐机构的关系

推荐机构是指在主板或创业板市场上从事将申请上市的公司推荐给证监会以使其获

得批准上市的证券公司。即推荐人是公司申请上市的法定辅助人。

(1) 两者的共性:① 保荐机构与推荐机构都是证券公司,都是在一定条件下起联系上市公司与投资者和上市公司与证券市场管理者之间的中介环节的作用,都具有中介组织的共同特性;② 保荐机构与推荐机构都是公司申请上市的必要条件,都承担推荐职责,都在公司申请上市期间发挥推荐作用,都在推荐期间为拟申请上市公司编制、审核和申报申请文件。

(2) 两者的区别:① 职责作用性质不同。保荐机构所履行的推荐职责行为对于公司能否进入创业板市场起着决定性作用。创业板市场的上市申请不同于主板市场,实行的是宽松式的核准制。创业板市场的证券主管部门是通过严格管理保荐机构的方式,达到对上市公司管理的目的。而在主板市场上对于公司能否上市,推荐机构不起决定作用,需要获得证券主管部门发审委的核准。所以在主板市场上,推荐机构的地位不如保荐机构重要。② 职责范围和程度不同。推荐机构的职责仅限于推荐活动,没有担保等职责,而保荐机构的职责范围则十分全面,不仅包括推荐职责,还有辅导、监督、担保、报告等职责。③ 职责期限不同。主板市场的推荐机构职责仅限于公司上市之前,公司上市后则职责终止,而保荐机构的职责期限则较长,延续到公司上市后数年甚至包括整个上市公司的存续期间。

4. 保荐机构与承销商的关系

承销商是根据证券发行人的委托,为证券发行人从事证券承销业务的证券公司。

(1) 两者的共性:保荐机构与承销商都属于证券公司,都为公司上市提供中介性服务。

(2) 两者的区别:① 职责不同。保荐机构的核心职责是担保职责,即向投资者担保其权利不受违法性信息披露行为的损害,也即向投资者担保上市公司的初始性披露信息和持续性披露信息的合法性。承销商的核心职责则是为证券发行人承销证券,当所承担的承销任务完成后,承销商的职责也就终止,而不再为以后的上市公司的持续性披露信息中存在的问题承担责任。② 职责期限不同。保荐机构的职责期限要长于承销商,不仅包括公司上市之前,而且包括公司上市之后的相当长的一段时间。而承销商的职责期限从订立承销协议起到完成承销任务时止。③ 民事责任的归责形式不同。承销商只承担过错责任,即在承销协议期间,对于上市公司因违法披露信息的行为而给投资者造成的经济损失,只有主观上有故意或过失性的过错时,才承担民事赔偿责任。而保荐机构则应承担无过错责任,即在保荐期间内,对于上市公司的信息披露的违法性而给投资者造成的经济损失,即使保荐人主观上无过错,也应承担民事赔偿。

(二) 保荐制度

保荐制度是指由保荐机构及其保荐代表人对发行人发行证券进行推荐和辅导,并核实公司发行文件中所载资料是否真实、准确、完整,协助发行人建立严格的信息披露制度,承担风险防范责任,并在公司上市后的规定时间内继续协助发行人建立规范的法人治理结构,督促公司遵守上市规定,完成招股计划书中的承诺,对上市公司的信息披露负有连带责任等工作的总称。

保荐制度最引人注目的规定就是明确了保荐机构及其保荐代表人责任并建立责任追究机制,建立保荐机构及其保荐代表人的注册登记管理制度、明确保荐期限、确立保荐责任、引进持续信用监管和“冷淡对待”的监管措施。据此,保荐机构或保荐代表人与发行人的任何合谋行为,最终都逃脱不了市场的惩罚

香港首先在其创业板市场(Growth Enterprise Market,GEM)实行保荐制度,由于保荐是针对上市环节而言,又称“上市保荐人”(Sponsor)。香港联交所在审核企业上市申请时,首先强调信息披露,但同时也非常倚重保荐人,其原因是在香港上市的公司中相当大比例的公司的注册地及主要业务都在香港境外,核实有关资料(包括发起人的资历)必须依靠中介机构,尽量减少企业诈骗。2003 年,中国证监会先是在证券公司中征求意见,继而发布了“征求意见稿”,向社会公开征求意见。当年 12 月 28 日,中国证监会公布了《证券发行上市保荐制度暂行办法》,决定从 2004 年 2 月 1 日起在中国内地施行保荐人制度。2008 年 12 月 1 日施行的又经 2017 年 12 月 7 日中国证监会修改的《证券发行上市保荐业务管理办法》是目前指导保荐业务的规范性文件。

中国证监会对保荐代表人的要求相当苛刻。根据《证券发行上市保荐业务管理办法》第 11 条规定,个人申请保荐代表人资格,应当具备下列条件:① 具备 3 年以上保荐相关业务经历;② 最近 3 年内在首次公开发行股票并上市及上市公司发行新股、可转换公司债券项目中担任过项目协办人;③ 参加中国证监会认可的保荐代表人胜任能力考试且成绩合格有效;④ 诚实守信,品行良好,无不良诚信记录,最近 3 年未受到中国证监会的行政处罚;⑤ 未负有数额较大到期未清偿的债务以及中国证券业协会规定的其他条件。

三、股票发行种类及方式的选择

(一) 股票发行种类的选择

在股份制企业决定以发行股票方式利用资本市场筹措资金时,首先必须就发行普通股票还是优先股票做出抉择。对于投资银行来说,帮助发行人设计、策划筹资方案,选择合适的股票种类,提供相关的咨询服务,是其股票承销业务的重要内容。

1. 普通股票与优先股票的共同特征

(1) 两者都是一种所有权证书,代表着持有者对股份有限公司的所有权。同一类别的每一股份所代表的公司所有权是相等的,即同股同权。股权持有者是股份有限公司的所有者,他与公司的关系是产权关系,而不是债权债务关系。

(2) 两者都具有资本的不可返还性(可赎回优先股票除外)。股票是一种无届满日期的有价证券,投资者认购股票后,除依法进行转让外,不得以任何方式抽走资本或要求退股,即他对投入的资本没有赎回要求权。股票的转让由此引起的股东变更不导致公司股本的增减变动。股票的这一特征,使得股份有限公司获得永久性使用资本,有利于资本结构的长期稳定。

(3) 两者都具有收益要求权和剩余财产分配权。股东凭持有的普通股票或优先股票,有权从公司利润分配中得到股息,获得投资收益。当公司破产清算时,在清偿所有债务后,股东对剩余财产的分配具有请求权。

(4) 两者都是高风险与高收益并存的金融资产。股票的投资收益来源于两个部分：一是股息收入，主要取决于公司的盈利状况和收益分配政策；二是股票买卖的价差收入，即资本利得，它取决于未来股票价格的走向。受公司的盈利状况、股票市场供求关系、利率、政治经济形势和公众心理预期等多因素的影响，股票价格的波动具有很大的不确定性，使股票投资高风险与高收益并存。

(5) 两者都具有流通性，即可以在证券市场交易买卖。在证券二级市场较发达的条件下，投资者可以随时在市场上卖出所持有的股票，获得现金。股票的流通性和股票价格的波动性，能使投资者对具有不同发展前景和经营业绩的上市公司做出判断和选择。业绩优良、具有良好发展势头的上市公司将受到投资者的青睐，有利于提高公司的知名度，也有利于这些公司增发股票扩充资本。

2. 普通股票与优先股票的主要区别

(1) 普通股票股东拥有公司决策参与权，即有出席股东大会的会议权、表决权和选举权等，从而能间接地参与公司经营决策和管理；优先股票股东通常没有投票权[①]，不能参与公司的经营管理。有些优先股票附有投票权，这称为投票优先股票。但即使附有投票权，也未必会赋予投资者每股一票的权利。两者的这一区别表明：公司发行优先股票，能在增加资本的同时又不会削弱普通股票股东对公司的控制权；若增加发行普通股票，则意味着有更多的新股东分享对公司经营的控制权。

(2) 优先股票具有对公司股息分配和剩余财产的要求权优先于普通股票的显著特征，即优先股票的股息是按约定的股息率支付的，且优先股票股东可优先于普通股票股东领取股息；当公司破产清算时，清偿所有债务之后的资产剩余部分，必须按先优先股票股东、再普通股票股东的顺序进行分配。普通股票的股息支付是不固定的，这直接取决于公司盈利水平及其分配政策。上述区别，表明普通股票与优先股票的收益与风险有所不同。对投资者来说，优先股票的收益有限，但风险也较小；而普通股票的投资收益不确定性较大，风险较高。对股份公司来说，由于优先股票的股息是固定的，在公司盈利较少的情况下，股息的固定支付将增加公司的负担；但当公司盈利增加时，会使普通股票收益的增加幅度大于公司利润增长的幅度，因此能给普通股票股东带来有利的财务杠杆效应。如果公司增加发行普通股票，则意味着给更多的投资者以分享收益的权利。在公司业绩增长不能与股本的扩张相匹配的情况下，增股将减少原有普通股票的每股收益率，即引起每股收益率的稀释，从而可能使公司股票价格下跌。

(3) 普通股票股东享有优先认购权，即当公司增加发行普通股票时，现有普通股票股东有权按其原持股比例，以低于市场价格的某一特定价格认购一定数量的新股票。而优先股票股东则不享有这一权利。因此，在普通股票有优先认购权制度下，能够保持普通股票股东对公司所有权的现有比例不变。

(二) 股票发行方式的选择

股票发行是指股份制企业以筹集资金为目的向投资者出售股票的活动。从资金筹集

① 在某些特殊的情况下，优先股股东有权参加公司有关优先股问题的会议，具有有限的表决权。这依各国法律的规定不同而有所差异。

者的角度来看是股票发行,从投资银行的角度则是股票承销。无论在国外还是在国内,股票承销都是投资银行的本源业务、传统业务,也是投资银行最基本的核心业务。所谓股票承销,是指投资银行帮助股票发行人就发行股票进行策划,并将公开发行的股票通过自己的销售网络出售给投资者以筹集所需资金的业务行为。股票承销的收益在投资银行整个业务收入中占有很大的比例。

股票的发行方式按不同的标准划分,可以有多种分类。常见的有:从股票发行对象(即招募对象)选择的角度进行分类,有公开发行和私募发行;按照股票向投资者发售有无中介机构承办这一标准,分为直接发行和间接发行;根据股票发行价格与其票面金额的关系,分为溢价发行、平价发行和折价发行。股票发行的各种方式各有其特点和利弊,因此,发行股票时要对不同方式进行比较选择。

1. 公开发行和私募发行

公开发行(Public Offering)又称公募发行,是指发行人通过中介机构面向市场上广泛的不特定的投资公众发售股票的行为。在公开发行的情况下,社会上所有合法的投资者都可以参加认购。采用公开发行方式发行股票的好处在于:① 发行范围大、投资者众多,因此筹集资金的潜力大,适合于股票发行数量较多、筹集额较大的发行人;② 公开发行以众多的投资者为发行对象,可避免或减少因股票集中于少数人手中而对发行人经营管理的干预,即发行人可避免少数人囤积股票或被操纵;③ 只有公开发行的股票方可申请在证券交易所上市,因此这种发行方式可增强股票的流动性,有利于提高发行人的社会信誉。然而,公开发行也存在某些缺点,如发行的手续比较繁杂,登记或核准所需时间较长,筹资速度较慢,发行费用也较高。

由于股票的公开发行涉及广大投资者的利益,各国对公开发行都有严格的要求。我国《证券法》规定,公开发行证券,必须符合法律、行政法规规定的条件,并依法报经国务院证券监督管理机构或者国务院授权的部门核准;未经依法核准,任何单位和个人不得公开发行证券。

私募发行(Private Placement)又称非公开发行、内部发行或私下发行,是指通过非公众渠道,直接向特定的股票投资者发行的行为。私募发行的对象主要有两类:一类是个人投资者,例如股份有限公司现有股东或内部的员工;另一类是机构投资者,如各类投资基金、保险公司、养老基金、社保基金、投资公司等金融机构或与发行人有密切往来关系的企业。

在许多成熟的市场经济国家中,私募发行方式一般较多采用直接销售方式,也不必向证券管理机构办理发行注册手续,因此可以节省承销费用。一般来说,企业之所以通过私募发行股票,是由于发行者在规模或制度等方面达不到公开发行的标准,只能采用私募方式。因此,对投资者来说,投资于私募股票的风险也较高。1982 年美国 SEC 规定私募证券的投资者必须是"有经验的",而符合"有经验的"的投资者必须满足以下两方面条件:① 有能力评估特定证券的风险和收益(或有能力雇佣一位符合要求的顾问进行评估);② 有承担风险的足够财力,具体的标准是私募的投资者除住宅、汽车和家具外,至少有 100 万美元财产或投资者年收入 20 万美元或全家在最近两年每年收入 30 万美元。同时,不允许投资者在购买私募证券后的两年内把证券再卖出去。

由于私募发行不受公开发行的规章限制，除能节省发行费用、缩短发行时间外，还能比在公开市场上交易相同结构的股票给投资银行和投资者带来更高的收益率。但是，私募发行也有证券流动性差、发行面窄、难以公开上市和扩大发行人知名度等缺点。

公开发行和私募发行各有优劣。一般来说，公开发行是股票发行中最基本、最常用的方式，而私募发行则因各国法规和股票市场的发展情况不同而有所差别。例如，1990 年 4 月美国 SEC 通过一项被称为 144A 规则（Rule 144A）的决定，对私募活动和在美国出售未经注册的外国证券的信息披露或程序规则放松管制。其中取消了对私募证券两年持有期的限制，允许大机构之间交易所购的私募证券，而不必向 SEC 注册。144A 规则生效后，美国的私募分为两类：一类是 144A 规则发行，它由投资银行承销；另一类是非 144A 规则发行，即传统的私募。144A 规则为证券私募营造了一个较为宽松的市场环境，它吸引了更多的大机构投资者（如养老基金、共同基金、社保基金和保险公司等）进入私募市场，因此刺激了私募发行的迅速增长。

我国《证券法》规定，上市公司非公开发行新股，应当符合经国务院批准的国务院证券监督管理机构规定的条件，并报国务院证券监督管理机构核准。

2. 直接发行和间接发行

直接发行是指发行人直接向投资者出售股票，自己承办股票发行具体事务的行为。这种发行方式的优点是可以节省向股票发行中介机构（承销商）支付的承销费，降低发行成本。通常适用于数额较小的股票发行，以避免认购数额低于发行数额而导致的发行失败。直接发行的发行人必须具有很高的信誉和知名度，否则公开发行股票难以成功。因此，直接发行方式一般多用于股票的私募。

间接发行是指发行人委托股票发行中介机构（承销商）向投资者发售股票，由承销商承办股票发行具体事务的行为。根据承销商与发行人达成的承销协议所规定的承销方式的不同，间接发行又可具体分为全额包销、代销和余额包销三种方式。大多数的公开发行股票都采用间接发行的方式。根据我国《证券法》的规定，发行人申请公开发行股票、可转换为股票的公司债券，依法采取承销方式的，或者公开发行法律、行政法规规定实行保荐制度的其他证券的，应当聘请具有保荐资格的机构担任保荐人。保荐人应当遵守业务规则和行业规范，诚实守信，勤勉尽责，对发行人的申请文件和信息披露资料进行审慎核查，督导发行人规范运作。

3. 溢价发行、平价发行和折价发行

溢价发行是指发行人按高于股票面额的价格发行股票。这种方式又可分为时价发行和中间价发行两种方式。时价发行也称市价发行，是指以同类股票在流通市场上的价格为基准来确定股票发行价格；中间价发行是指以介于票面额和时价之间的价格来发行股票。溢价发行可使发行人以出让较少的股份筹集到较多的资金，获得溢价收入。根据我国《证券法》的规定，股票发行采取溢价发行的，其发行价格由发行人与承销的证券公司协商确定。

平价发行又称等额发行或面额发行，是指发行人以股票的票面金额作为发行价格发行股票。由于股票上市后的交易价格通常要高于其面额，因此这种发行方式能使投资者获得额外的收益，对投资者有较大的吸引力，但发行人筹集的资金相对较少。目前，平价发行在发达证券市场中很少使用,多在证券市场不发达的国家和地区采用。

折价发行是指发行人以低于股票票面金额的价格出售股票,即按票面金额打一定折扣后的价格发行股票。折扣的大小主要取决于发行人的业绩和承销商的能力,由发行人与承销商共同决定。目前,许多国家很少使用或法律禁止采取折价发行方式发行股票。在我国,《公司法》明确规定,股票发行价格可以按票面金额,也可以超过票面金额,但不得低于票面金额,即规定不能采用折价方式发行股票。但很多债券,尤其是零息债券多采用折价发行的方式。

(三)股票承销方式的选择

证券承销商在决定承销股票前会对发行公司进行深入调查,并与发行人就股票承销方式、承销费用等问题进行协商。一般而言,不同的股票承销方式会给证券承销商带来不同的风险,因此承销费用多少也有所差异。各种股票承销方式都有其特点,对发行人来说,不同的股票承销方式关系到其筹资速度和筹资计划的实现,也关系到筹资成本的高低等。对证券承销商而言,则关系到其收益的多少和风险的高低。因此,发行人和承销商都需要对股票承销方式做出恰当的选择。

根据投资银行在股票承销过程中承担的责任和风险不同,可以将股票承销分为代销、全额包销、余额包销三种方式。

1. 代销(Sale by Proxy)

代销是指投资银行代发行人发售股票,在承销期结束时,将未售出的股票全部退还给发行人的承销方式。采用代销方式,投资银行只作为发行人的股票销售代理人,按照规定的发行条件尽力推销股票,发行结束后未售出的股票退还给发行人,投资银行不承担发行失败的风险。因此,采用这种方式时,投资银行与发行人之间是纯粹的委托代理关系。这种承销方式,对投资银行的资本实力、分支机构、销售网络和业务能力的要求也相对较低,而发行人将承担股票发行过程中因价格变动或市场疲软不能如期足额筹集到所需资金的风险,但节省了发行费用,降低了筹资成本。该方式通常会在投资银行对发行人及所销售股票信心不足时,发行人因其信用度高、知名度大而减少发行费用时,以及无法达成包销协议时被采用。我国《证券法》明确规定,股票发行采用代销方式,代销期限届满(最长不得超过 90 日),向投资者出售的股票数量未达到拟公开发行股票数量 70% 的,为发行失败。发行人应当按照发行价并加算银行同期存款利息返还股票认购人。

2. 包销(Exclusive Sales)

包销是指投资银行将发行人的股票按照协议全部购入或者在承销期结束时将售后剩余股票全部自行购入的承销方式。采用包销方式时,发行人与投资银行之间即确定了买卖关系,而并非委托代理关系。对投资银行来说,包销意味着从发行人处"买断交易"。因为不管投资银行是否将发行的股票分销给投资者或分销给参与承销的其他成员,它已经购买了拟发行的全部股票,并做出了按承销协议规定的时间将价款一次付给发行人的承诺。这样,投资银行必须承担发行的全部风险。因此,它需要拥有较雄厚的资本,以及有较强的融资能力来买下拟发行的全部股票并将其售出。对发行人而言,包销则意味着"卖断"所发行的股票,无论市场发生什么变化,它都能保证股票发行成功并无须承担股票销售不出去的风险,而且可以迅速筹集资金以满足经营需求。当然,这种情况下,其代价就是对投资银行支付高于采用其他承销方式所付出的承销费,或者给予投资银行较大的承销折扣(即扩大股票包销差价),以使投资银行所承担的风险能得到补偿。所以,采用包销方式,发行人承担的筹资成本较高。因而该方式特别适合于那些资金需求量大、社会知名度低且缺乏股票发行经验的发行人。投资银行在签订股票包销协议之前,会经过严格的项目评估和尽职调查,正式发售之前,还要经过多次路演。可以说,在股票正式发售时,基本上能把握投资者对该股票的需求总量,因此可以避免一些不必要的承销风险。

按照《证券法》的规定,证券公司承销证券,应当对公开发行募集文件的真实性、准确性、完整性进行核查;发现有虚假记载、误导性陈述或者重大遗漏的,不得进行销售活动;已经销售的,必须立即停止销售活动,并采取纠正措施。

投资银行在代销、包销期内,对所代销、包销的股票应当保证先行出售给认购人,投资银行不得为本公司预留所代销的股票和预先购入并留存所包销的股票。

对于上述两种股票承销方式,发行人和作为股票承销商的投资银行需要综合考虑一些相关的因素以做出适宜的选择。这些因素主要有:① 发行人的信誉状况、经营业绩、筹资规模和市场知名度;② 发行人对发行股票所筹资金使用的急缓程度;③ 承销商本身的资信状况和承销能力,包括资本实力、融资能力、业务素质和经验、销售网络、投资者客户基础等;④ 发行风险和承销费用。

就发行人而言,通常情况下,如果发行人筹资规模较大、市场知名度不高,又急需将筹到的资金投入营运使用,适合于选择包销方式;如果发行人信誉优良、市场知名度高,在短期内能顺利出售所发行的股票,则可选择代销方式。从发行人的角度来说,其发行风险按代销、包销的顺序逐渐降低,而发行费用则相应逐渐增加。

对作为承销商的投资银行来讲,若发行人具有持续的良好经营业绩和发展潜力,在产品市场或行业领域中占有优势地位,而投资银行本身又拥有较强的承销能力,那么选择包销方式既能增加其收益又不至于担当太大的风险。而当发行人所要求的发行价格高于合理的价格水平,且通过协商谈判等方式仍不能解决时,投资银行可选择代销方式,将发行价格变动的风险留给发行人承担。事实上,对股票承销方式的选择往往是发行人与投资银行共同协商决定、讨价还价的结果。

3. 承销辛迪加(Underwriting Syndicate)

我国《证券法》规定,向不特定对象发行的股票票面总值超过人民币 5 000 万元的,应当由承销团承销。承销团应当由主承销和参与承销的证券公司组成。这就是说,单个投资银行以包销方式承销股票可能面临很大的发行风险,特别是对一宗发行量很大的股票发行,单个投资银行往往缺乏投入巨额资金的实力,其所拥有的投资者客户基础和分支机构、销售网络亦相当有限。当这家投资银行不能按发行价格将全部股票尽快出售给机构投资者或社会公众投资者时,可能会因股票市场价格下跌而遭受严重的资本损失。因此,单个投资银行往往无力承担或者不愿意独自承担全部发行风险,而是联合其他承销机构组成承销辛迪加,由承销辛迪加的成员共同包销股票,并以各自承销的部分为限分摊相应的发行风险。

承销辛迪加的规模和结构取决于股票发行的规模、类型和发行地区。承销辛迪加一般由实力雄厚的投资银行发起组织,由它作为牵头经理人(Lead Manager)或主承销商(Lead Underwriter)。主承销商的主要职责是:① 代表承销辛迪加与发行人就承销条款进行谈判,确定股票发行量、发行价格和承销差价等,签订承销合同和有关文件,并代表承销辛迪加向发行人最终付款;② 组织承销辛迪加的成员签订分销协议,落实各成员的承销份额,明确各自的权利和应承担的职责,并根据各承销商的承销份额向其分配承销费用(承销报酬);③ 负责稳定发行市场的股票价格。在有些情况下,同一笔交易特别是大额股票发行有若干个牵头经理人,它们被分为主承销商、副主承销商以及承销辛迪加成员,共同联合管理该笔交易。

以承销辛迪加方式包销股票,不仅能够突破单个承销商在承销能力方面的限制,扩大股票销售网络,满足巨额股票发行的需要,而且能尽快完成股票的发售,从而分散和降低承销商的发行风险。这种优越性能否得以充分发挥将取决于承销辛迪加的组成结构。为此,牵头经理人(主承销商)选择的承销辛迪加成员应是资信优良的、拥有广泛的投资者客户基础和销售网络,并有很强的售后市场研究力量和为日后上市交易创造市场能力的投资银行。承销辛迪加的成员应有互补性,即它们各有一定的市场优势,以确保股票承销任务的顺利完成。

四、股票承销与保荐中涉及的当事人

(一)股票发行人

股票发行人是指为筹集资金而发行股票的主体,是股票的供应者和资金的需求者。它主要是股份有限公司。根据《公司法》的相关规定,股份有限公司的设立可以采取发起设立或者募集设立两种方式。发起设立是指由发起人[①]认购公司发行的全部股份而设立公司。其注册资本为在公司登记机关登记的全体发起人认购的股本总额。在发起人认购的股份缴足前,不得向他人募集股份;募集设立是指由发起人认购公司应发行股份的一部分,其余股份向社会公开募集或者向特定对象募集而设立公司。其注册资本为在公司登记机关登记的实收股本总额。这里的股票发行人具体是指向社会公开募集资金的股份有限公司。

(二)股票投资人

股票投资人是指通过股票来进行投资的各类机构法人和自然人,他们是股票市场的资金供给者。股票投资者的类型甚多,投资的目的也各不相同。有的意在通过中长期投资以获取高于银行存款利息的长期相对稳定收益,或者意在参与受资公司的经营管理;有的则意图投机,通过买卖股票的价格和时机的选择来赚取市场差价,获得资本利得。股票投资人可分为机构投资者和个人投资者两大类。

1. 机构投资者

机构投资者是指在金融市场从事股票投资的法人机构,主要有以下几类:

① 发起人是指依照有关法律规定订立发起人协议,提出设立公司申请,认购公司股份,并对公司设立承担责任者。

（1）政府机构。国有资产管理部门或其授权部门持有国有股，主要履行国有资产的保值增值和通过国家控股、参股来支配更多社会资源的职责。

（2）金融机构。参与股票投资的金融机构主要有证券公司、保险公司、合格境外机构投资者（QFII）、主权财富基金、养老基金、投资基金和银行等其他金融机构。① 证券公司是证券市场上最活跃的投资者，以其自有资本、营运资金和受托投资资金进行股票投资。② 保险公司是全球最大的机构投资者，除大量投资于各类政府债券、高等级公司债券外，还广泛涉足基金和股票投资。目前我国的保险公司除利用自有资金和保险收入作为股票投资的资金来源外，还可运用受托管理的企业年金进行投资。作为投资主体，保险公司通常采用自设投资部门进行投资、委托专门机构投资或购买共同基金份额等方式运作。根据中国保监会《保险资产管理公司管理暂行规定》（2004 年 6 月 1 日起施行），目前国内主要保险公司均发起设立了保险资产管理公司，对保险资产的投资进行集中管理。③ 在我国，合格境外机构投资者（QFII）是指符合《合格境外机构投资者境内证券投资管理办法》规定，经中国证监会批准投资于中国证券市场，并取得国家外汇管理局额度批准的中国境外基金管理机构、保险公司、证券公司以及其他资产管理机构。QFII 机制是指外国专业投资机构到境内投资的资格认定制度，该制度是一国在货币没有实现完全可自由兑换、资本项目尚未开放的情况下，有限度地引进外资、开放资本市场的一项过渡性的制度。这种制度要求外国投资者若要进入一国证券市场，必须符合一定的条件，得到该国有关部门的审批通过后，汇入一定额度的外汇资金，并转换为当地货币，通过严格监管的专门账户投资当地证券市场。④ 基金性质的机构投资者包括证券投资基金、社保基金、企业年金和社会公益基金等。⑤ 银行等其他金融机构，包括商业银行、信托投资公司、企业集团财务公司、金融租赁公司等。

（3）企业和事业法人。企业可以用自己的积累资金或暂时不用的闲置资金进行股票投资。企业可以通过股票投资实现对其他企业的控股或参股，也可以将闲置的资金通过自营或委托专业机构进行股票投资以获取收益。我国现行的规定是，各类企业可参与股票配售，也可投资于股票二级市场；事业法人可用自有资金和有权支配的预算外资金进行证券投资。

2. 个人投资者

个人投资者是指从事股票投资业务的社会自然人，他们是股票市场上最广泛的投资者。个人投资者的主要投资目的是为了追求赢利，谋求资本的保值和增值，所以他们十分重视本金的安全和资产的流动性。但这类投资者一般资金量比较小，许多投资者缺乏专业投资经验，容易受到市场的影响，其抗风险能力也比较弱。为保护个人投资者的利益，对于部分高风险股票（如创业板股票）及其他证券产品（如衍生产品、信托产品）的投资，监管部门要求相关个人具备一定的产品知识并签书面的知情同意书。

（三）股票承销商或股票保荐人

当一家发行人通过证券市场发行股票筹集资金时，一般都会聘请一家投资银行充当保荐人，推荐并帮助其承销股票，此时投资银行所扮演的角色就是股票承销商或股票保荐人。投资银行凭借自己在证券市场上及行业中的声望和业务能力，在规定的发行有效期限内将股票销售出去，这一过程就叫作股票承销（Underwriting of Securities）。股票承销商是股票发行的核心和灵魂，其在股票承销中的作用是毋庸置疑的。一般来说，募集资金数额较大的发行人通常会选择一家投资银行作为主承销商或辛迪加经理行，再由主承销商组成一个承销辛迪加来进行股票承销。选定主承销商后，发行人将和主承销商就发行股票类型、发行及承销方式、发行价格范围、发行数量及时期等关键问题进行讨论。而后投资银行将发出意向书并正式签署承销协议（Underwriting Agreement）。

股票承销是投资银行的最本源、最核心的业务之一，是投资银行区别于商业银行的最本质特征。股票承销顾名思义，包含“承接”和“销售”两个过程，投资银行首先从发行人手中以一定的价格买进股票，然后再通过自己的销售网络把它销售给广大投资者。投资银行在股票承销中起着桥梁和纽带的作用，把发行人和投资者的目标很好地结合起来。通过投资银行，发行人实现了融资的目的，投资者也实现了获得投资的机会。同时，投资银行也通过在股票承销过程中收取佣金或获取利差来实现自己的经营目标。通过投资银行的股票承销，社会资金得到了很好的调剂，发行人筹集到了需要的资金，投资者购买到了作为投资工具的股票。

（四）股票监管机构

在我国，股票监管机构是指中国证监会及其派出机构。中国证监会是国务院直属的证券监督管理机构，按照国务院授权和依照相关法律法规对证券市场进行集中、统一监管。其主要职责是：依法制定有关证券市场监督管理的规章、规则，负责监督有关法律法规的执行，负责保护投资者的合法权益，对全国的证券发行、证券交易、中介机构的行为依法实行全面监管，维持公平而有序的证券市场。

（五）其他股票服务机构

股票承销中还包括如下当事人：投资咨询机构、财务顾问机构、资信评级机构、资产评估机构和会计师事务所，它们分别为股票发行人提供投资咨询、财务顾问、资信评级、资产评估、财务审计、法律审查、公共关系服务等业务。我们将在后面详细介绍它们的作用。

五、股票发行管理体制

在经济金融化和金融证券化的今天，世界各国都将证券的发行工作纳入到法制化管理的轨道。由于各国证券市场建立的时间、市场发育程度、法律法规健全程度不尽相同，以及各国在政治、文化、历史、经济等方面存在巨大差异，注定了现阶段各国的证券发行管理体制应采取不同的形式。股票发行管理体制大致有以下两种基本形式：

（一）注册制

股票发行注册制主要是指发行人申请发行股票时，必须依法将公开的各种资料完全准确地向证券监管机构申报。证券监管机构的职责是对申报文件的全面性、准确性、真实性和及时性作形式审查，不对发行人的资质进行实质性审核和价值判断而将发行公司股票的良莠留给市场来决定。

注册制的核心是股票发行人提供的材料不存在虚假、误导或者遗漏。这类发行制度的代表是美国和日本。因为这两个国家证券市场已经建立运作多年，法律法规体系较健全，市场中的投资者抑或投机者操作理念及经验也较为成熟，所以证券监管机构顺理成章地认为，投资者有充分的能力辨识、分析一家公司并做出相应的投资决策。在“阳光是最好的防腐剂”的思想引领下，这种体制仅要求股票发行人符合证券管理部门制定的基本条件，并在准备发行股票时将依法公开的各种资料完整、准确地向证券主管部门申报注册。当然，这些材料的真实性和准确性是最为重要的，只要发行人能做到这一点，证券主管机构就准予登记注册。从法律关系上说，如果发行人所公开的信息在内容上有虚假成分或重大遗漏，发行人及其保荐人、主承销商必须承担相应的刑事和民事责任。可见，注册制遵循的是公开管理原则。

以美国为例，股票发行前需注册登记的内容有：① 公司的经营状况，包括公司的开办时间、过去五年内的发展状况、主要客户群的状况、重要的国内外市场、同业竞争状况等；② 公司的财务资料，包括近三年的资产负债表、利润表、现金流量表及相关财务统计；③ 财产详细情况；④ 股票主要持有者名单，即 90 天以内公司 10%以上股票持有者的名单；⑤ 董事、监事和经理层人员持股及报酬情况。

（二）核准制

股票发行核准制又称为“准则制”或“实质审查制”，是指发行人发行股票，不仅要公开全部的可以供投资人判断的材料，还要符合股票发行的实质性条件，股票主管机关有权依照公司法、证券法的规定，对发行人提出的申请以及有关材料，进行实质性审查，发行人得到批准以后，才可以发行股票。核准制与注册制不同之处在于，在发行股票时，不仅要公开真实情况，而且要求股票发行者将每笔股票发行报请主管机构批准。新西兰、瑞典和瑞士的证券监管体制中，带有相当程度的核准制特点。此外，很多新兴的证券市场也采用这种体制。由于这些市场的法律法规尚在健全过程中，投资者的判断能力较差、决策水平不高，容易产生“盲动跟风”的情况，所以国家证券主管部门设置一道“筛子”，过滤掉一部分投资价值不高或者不符合国家产业政策的公司。在实行核准制的国家，一般都规定出若干股票发行的具体条件，经主管部门审查许可，股票方可发行。这些具体条件主要包括：公司所处的行业、经营性质、管理人员资格能力、资本金规模、资本结构、各种证券权利是否平等、公开资料是否充分真实等。只有符合这些“实质管理”原则的发行公司才可以在证券市场上发行股票，进行直接融资。

我国股票发行在实施核准制以前，股票发行管理体制是审批制，也就是我们常说的“两级审批，额度管理”。这种体制的计划经济思想特征明显，每年上市公司数量、发行总量有严格的额度限制，额度按地区分配给各个省（自治区、直辖市），省（自治区、直辖市）一级和有关行业主管部门选定企业，经过审核通过后，向国务院证券主管机关推荐。这就造成了为争指标、抢额度不惜过度“包装”甚至“伪装”上市的情形，导致相当一部分上市公司经营业绩并不如报表中那样辉煌。鉴于这种情况，我国于 2000 年 3 月 17 日颁布了《中国证监会股票发行核准程序》，正式确立了股票发行核准制原则①。我国《证券法》第 22 条规定：“国务院证券监督管理机构设发行审核委员会，依法审核股票发行申请。”“发

① 2006 年 5 月 18 日，经国务院批准《中国证监会股票发行核准程序》予以废止。

行审核委员会由国务院证券监督管理机构的专业人员和所聘请的该机构外的有关专家组成,以投票方式对股票发行申请进行表决,提出审核意见。"

(三)注册制和核准制的区别

1. 依据内容不同

注册制依靠健全的法律法规对发行人的股票发行行为加以约束;而核准制则更多地依靠证券主管机关的实质性管理以筛选出质量相对较高的公司。

2. 股票发行对象(投资人)素质不同

注册制之所以只做出披露信息充分真实的要求,是因为投资人素质较高,有独立的筛选和决策能力;而核准制下证券主管机关的一番苦心则源于投资者自身素质的相对低下。

3. 证券主管机构所担负的责任不同

注册制下,证券主管机构只负责审核发行人公开或申报材料的真实完整性;核准制下,证券主管机构还要审查发行人是否具备一系列实质性条件。从理论上讲,通过实质性审查的发行人如日后经营状况恶化或者申报材料中有虚假陈述,审核机构应承担一定的责任,但是在实际操作中这一做法却从来没有真正加以实施过。

4. 能获准发行的公司范围不同

注册制下,只要提供符合条件的文件即可发行,所以获准发行的公司面很广,几乎可以涵盖整个国民经济体系;而在核准制的实质管理条件下,由于对行业、经营历史、资本规模的严格限制,高风险、高技术行业的开发性股票的发行阻力较大,很多有潜力的企业被拒之门外。

5. 适用的国家(或地区)不同

注册制比较适合证券市场发展历史较长、各项法律法规健全、行业自律性较好、投资者素质较高的国家和地区;核准制则适合证券市场尚处于发展初期、法律法规仍待健全、投资者结构不够合理的国家和地区。

与股票发行核准制度相比,注册制是一种更为市场化的股票发行制度,其主要内容是以信息披露为中心,完善信息披露规则,由证券交易所负责企业股票发行申请的注册核准,报证监会注册生效;股票发行时机、规模、价格等由市场参与各方自行决定,投资者对发行人的资产质量、投资价值自主判断并承担投资风险;监管部门重点对发行人信息披露的齐备性、一致性和可理解性进行监督,强化事中事后监管,严格处罚欺诈发行、信息披露违法违规等行为,切实维护市场秩序和投资者合法权益。随着一国证券市场的发展成熟,核准制向注册制过渡是大势所趋。

六、股票发行与承销的一般程序

(一)发行准备阶段

1. 改制与设立股份有限公司

发行人拟定改制重组方案,聘请保荐机构(证券公司)和会计师事务所、资产评估机构、律师事务所等中介机构对改制重组方案进行可行性论证,对拟改制的资产进行审计、评估、签署发起人协议和起草公司章程等文件,设立规范的股份有限公司。

2. 保荐机构和其他中介机构对公司进行辅导

具体包括尽职调查、问题诊断、专业培训和业务指导等,完善企业组织结构和内部管理,规范企业行为,明确业务发展目标和募集资金投向,对照发行上市条件对存在的问题进行整改,准备首次公开发行申请文件。

3. 制定股票发行计划

发行人根据自身的经营情况提出首次公开发行股票并上市或者上市公司发行新股、可转换公司债券计划后,应该聘请具有保荐机构资格的投资银行履行保荐职责。作为保荐人的投资银行利用其经验、人才及信息上的优势,在对发行人的基本情况进行详细调查、研究、分析的基础上,就股票发行的种类、时间、条件等向发行人提出建议。如果双方能就此次股票承销达成初步意向,投资银行还要向发行人提供其所需的资料,包括宏观经济分析、行业分析、同行业公司股票状况等,以供参考。

(二) 签订承销协议阶段

当发行人确定股票的种类和发行条件,并且报经证券管理部门批准后,与投资银行签订承销协议,载明下列事项:当事人的名称、住所及法定代表人姓名;代销、包销证券的种类、数量、金额及发行价格;代销、包销的期限及起止日期;代销、包销的付款方式及日期;代销、包销的费用和结算办法;违约责任;国务院证券监督管理机构规定的其他事项。承销协议的签订是发行人与投资银行共同协商的结果,双方都应本着坦诚、信任的原则谈判。

(三) 股票销售阶段

投资银行与股票发行人签订承销协议后,便着手股票的销售,把要发行的股票销售给广大投资者(在私募发行方式中,投资银行只把股票销售给少数特定投资者)。投资银行强大的销售网络有助于股票顺利实现销售。

(四) 股票上市

投资银行为发行人承销股票、成功完成发行募集工作后,还将协助其联系证券交易所安排上市,并履行信息披露义务。经过一系列程序,所发行的股票获得批准在证券交易所挂牌上市,发行人正式转变成为上市公司,投资银行在股票承销环节提供的服务也就圆满完成,此后还可以继续为该上市公司在挂牌期间的再融资活动提供新的发行承销服务。

七、股票承销的收益与风险

(一) 股票承销收益

按照国际惯例,投资银行在股票承销业务中可以得到两种方式的报酬:一种是差价(毛利差额),即投资银行支付给股票发行人的价格和投资银行向社会公众出售股票的价格之间的差价;另一种是佣金,通常按发行金额的一定百分比计算。在我国,后者比较多见。

决定股票承销收益大小的因素主要有股票承销规模、股票种类、发行方式(公募方式一般高于私募方式)等。通常情况下,对于发行规模相同的不同股票,股票承销的收费标准也不同；首次公开发行的股票承销费用一般高于再次发行普通股票的费用，这是因为首次公开发行股票的风险高于再次发行普通股票的风险；对于同一个发行人，其债券的发行承销费用往往比股票要低，因为债券的风险通常低于股票；对于不同的发行人，信用等级高的证券的发行承销费用一般比信用等级低的证券要低，因为前者更受投资者欢迎。

股票承销收益不应简单地用货币来衡量，品牌和信誉同样是发行成功的回报。我们看到，股票承销业务的利润率虽然比不上兼并收购（M&A）业务（例如美林公司的兼并收购部门利润率高达50%，而证券承销业务利润率仅为20%），但正如前所述，股票承销业务是投资银行的标志性业务和招牌，在股票承销业务领域的强弱，是判断一家投资银行整体实力的重要内容。因此，各投资银行都十分重视股票承销业务的发展，在股票承销业务中投入大量的人力和物力，争夺国际知名企业的股票承销业务，以扩大自身的知名度，在同行中树立良好的形象，从而使自己在激烈的竞争中立于不败之地。

（二）股票承销风险

投资银行在承销股票过程中获得高额报酬的同时，也承担着很大风险。当投资银行采用代销方式时，它本身不参与投资，则其作为投资者的风险是不存在的，只承担作为中介机构的承销风险。但是投资银行在包销过程中则具有双重身份，一方面作为中介机构，另一方面作为投资者，所以风险也表现出双重性。一般说来，影响股票承销风险的因素主要有：① 市场状况。股票承销业务与经济状况及二级市场的表现关系密切，股市低迷状态往往会直接影响股票承销业务的发展。在交易市场处于不景气状况下，投资者信心和购买力不足，股票推销的任务就较难完成，投资银行最终将被迫持有部分股票。② 股票潜质。如果股票潜质优良，则投资银行能有效地规避风险，即使推销不出，当持有的股票在二级市场上得到升值时，也能顺利抛售并获得利差收入。③ 发行方式。采用公开发行还是私募发行，定价发行还是竞价发行，网上发行还是网下发行等，也影响着股票承销风险的大小。④ 股票承销团。一般来说，组建一个大型的承销团通常可以抵消一些风险因素。⑤ 其他风险。如股票承销商为了承揽承销业务而支出的费用，向发行人提供融资而承担的财务风险等。

如何有效地规避风险是投资银行在股票承销业务中面临的一个重要课题，投资银行通过优选发行项目、合理制定发行价格、采取合适的股票承销方式和发行方式，通常可以达到部分规避风险的目的。

第二节　首次公开发行股票的承销

一、首次公开发行股票的条件

股票首次公开发行（Initial Public Offerings，IPO）是指股份公司申请在证券交易所上市前第一次通过公开发行股票募集资金的行为。一般说来，当股票发行人已完成股份有限公司的设立登记或筹建手续，做出首次公开发行股票的决定之后，便需要聘请投资银行为股票发行的保荐人，协助和参与股票的发行准备工作。在股票发行准备阶段，投资银行的主要工作包括：为股票发行提供咨询，协助制订股票发行计划；为获取股票发行所应披露的信息，开展尽职调查；编写股票发行申报材料，制作招股说明书；协助股票发行人向证券监管部门提交股票发行申请；与股票发行人一道开展股票发行的巡回推介。

现阶段，我国股份有限公司 IPO 可以选择在国内主板、中小企业板及在创业板上市，也可以选择在国外主板及创业板上市，但需要达到的条件是不同的。

（一）首次公开发行股票在主板上市的条件

根据《证券法》《股票发行与交易管理暂行条例》和《首次公开发行股票并上市管理办法》[①]的有关规定，首次公开发行股票并在主板上市的有关条件与具体要求如下：

1. 主体资格

发行人应当是依法设立且合法存续的股份有限公司；经国务院批准，有限责任公司在依法变更为股份有限公司时，可以公开发行股票。

2. 公司治理

发行人已经依法建立健全股东大会、董事会、监事会、独立董事、董事会秘书制度，相关机构和人员能够依法履行职责；发行人董事、监事和高级管理人员符合法律、行政法规和规章规定的任职资格；发行人的董事、监事和高级管理人员已经了解与股票发行上市有关的法律法规，知悉上市公司及其董事、监事和高级管理人员的法定义务和责任；内部控制制度健全且被有效执行，能够合理保证财务报告的可靠性、生产经营的合法性、营运的效率与效果。

3. 独立性

发行人应具有完整的业务体系和直接面向市场独立经营的能力；发行人的资产应当完整；发行人的人员、财务、机构以及业务必须独立；发行人在独立性方面不得有其他严重缺陷。

4. 同业竞争

发行人与控股股东、实际控制人及其控制的其他企业间不得有同业竞争；募集资金投资项目实施后，也不会产生同业竞争。

5. 关联交易

发行人与控股股东、实际控制人及其控制的其他企业间不得有显失公平的关联交易；应完整披露关联方关系并按重要性原则恰当披露关联交易，关联交易价格公允，不存在通过关联交易操纵利润的情形。

6. 财务要求

发行前三年的累计净利润超过 3 000 万人民币；发行前三年累计净经营性现金流超过 5 000 万人民币或累计营业收入超过 3 亿元；无形资产与净资产比例不超过 20%；过去三年的财务报告中无虚假记载。

① 《首次公开发行股票并上市管理办法》已经 2006 年 5 月 17 日中国证券监督管理委员会第 180 次主席办公会议审议通过，现予公布，自 2006 年 5 月 18 日起施行。（根据 2015 年 12 月 30 日中国证券监督管理委员会《关于修改〈首次公开发行股票并上市管理办法〉的决定修正，根据 2018 年 6 月 6 日中国证券监督管理委员会《关于修改〈首次公开发行股票并上市管理办法〉》的决定修正）

7. 股本及公众持股

发行人发行前不少于 3 000 万股;上市股份公司股本总额不低于人民币 5 000 万元;公众持股至少为 25%;如果发行时股份总数超过 4 亿股,发行比例可以降低,但不得低于 10%;发行人的股权清晰,控股股东和受控股股东、实际控制人支配的股东持有的发行人股份不存在重大权属纠纷。

8. 募集资金运用

募集资金应当有明确的使用方向,原则上应当用于主营业务;募集资金数额和投资项目应当与发行人现有生产经营规模、财务状况、技术水平和管理能力等相适应;募集资金投资项目应当符合国家产业政策、投资管理、环境保护、土地管理以及其他法律、法规和规章的规定;发行人董事会应当对募集资金投资项目的可行性进行认真分析,确信投资项目具有较好的市场前景和盈利能力,有效防范投资风险,提高募集资金使用效益;募集资金投资项目实施后,不会产生同业竞争或者对发行人的独立性产生不利影响;发行人应当建立募集资金专项存储制度,募集资金应当存放于董事会决定的专项账户。

9. 其他要求

发行人最近三年内主营业务和董事、高级管理人员没有发生重大变化,实际控制人没有发生变更;发行人的注册资本已足额缴纳,发起人或者股东用作出资的资产的财产权转移手续已办理完毕,发行人的主要资产不存在重大权属纠纷;发行人的生产经营符合法律、行政法规和公司章程的规定,符合国家产业政策;最近三年内不得有重大违法行为。

(二) 首次公开发行股票在中小企业板上市的条件

根据《首次公开发行股票并上市管理办法》的有关规定,首次公开发行股票并在中小企业板上市的有关条件可归纳如下:

1. 主体资格

发行人应当是依法设立且合法存续的股份有限公司。经国务院批准,有限责任公司在依法变更为股份有限公司时,可以采取募集设立方式公开发行股票;发行人自股份有限公司成立后,持续经营时间应当在三年以上,但经国务院批准的除外;有限责任公司按原账面净资产值折股整体变更为股份有限公司的,持续经营时间可以从有限责任公司成立之日起计算;发行人的注册资本已足额缴纳,发起人或者股东用作出资的资产的财产权转移手续已办理完毕,发行人的主要资产不存在重大权属纠纷;发行人的生产经营符合法律、行政法规和公司章程的规定,符合国家产业政策;发行人最近三年内主营业务和董事、高级管理人员没有发生重大变化,实际控制人没有发生变更;发行人的股权清晰,控股股东和受控股股东、实际控制人支配的股东持有的发行人股份不存在重大权属纠纷。

2. 规范运行

发行人已经依法建立健全股东大会、董事会、监事会、独立董事、董事会秘书制度,相关机构和人员能够依法履行职责。发行人的董事、监事和高级管理人员已经了解与股票发行上市有关的法律法规,知悉上市公司及其董事、监事和高级管理人员的法定义务和责任。发行人的董事、监事和高级管理人员符合法律、行政法规和规章规定的任职资格,且不得有下列情形:① 被中国证监会采取证券市场禁入措施尚在禁入期的。② 最近 36 个月内受到中国证监会行政处罚，或者最近 12 个月内受到证券交易所公开谴责。③ 因涉嫌犯罪被司法机关立案侦查或者涉嫌违法违规被中国证监会立案调查，尚未有明确结论意见；发行人的内部控制制度健全且被有效执行，能够合理保证财务报告的可靠性、生产经营的合法性、营运的效率与效果。发行人不得有下列情形：① 最近 36 个月内未经法定机关核准，擅自公开或者变相公开发行过证券；或者有关违法行为虽然发生在 36 个月前，但目前仍处于持续状态。② 最近 36 个月内违反工商、税收、土地、环保、海关以及其他法律、行政法规，受到行政处罚，且情节严重。③ 最近 36 个月内曾向中国证监会提出发行申请，但报送的发行申请文件有虚假记载、误导性陈述或重大遗漏；或者不符合发行条件以欺骗手段骗取发行核准；或者以不正当手段干扰中国证监会及其发行审核委员会审核工作；或者伪造、变造发行人或其董事、监事、高级管理人员的签字、盖章。④ 本次报送的发行申请文件有虚假记载、误导性陈述或者重大遗漏。⑤ 涉嫌犯罪被司法机关立案侦查，尚未有明确结论意见。⑥ 严重损害投资者合法权益和社会公共利益的其他情形；发行人的公司章程中已明确对外担保的审批权限和审议程序，不存在为控股股东、实际控制人及其控制的其他企业进行违规担保的情形；发行人有严格的资金管理制度，不得有资金被控股股东、实际控制人及其控制的其他企业以借款、代偿债务、代垫款项或者其他方式占用的情形。

3. 财务与会计

发行人资产质量良好，资产负债结构合理，盈利能力较强，现金流量正常；发行人的内部控制在所有重大方面是有效的，并由注册会计师出具了无保留结论的内部控制鉴证报告；发行人会计基础工作规范，财务报表的编制符合企业会计准则和相关会计制度的规定，在所有重大方面公允地反映了发行人的财务状况、经营成果和现金流量，并由注册会计师出具了无保留意见的审计报告；发行人编制财务报表应以实际发生的交易或者事项为依据；在进行会计确认、计量和报告时应当保持应有的谨慎；对相同或者相似的经济业务，应选用一致的会计政策，不得随意变更；发行人应完整披露关联方关系并按重要性原则恰当披露关联交易；关联交易价格公允，不存在通过关联交易操纵利润的情形；发行人应当符合下列条件：① 最近三个会计年度净利润均为正数且累计超过人民币 3 000 万元，净利润以扣除非经常性损益前后较低者为计算依据；② 最近三个会计年度经营活动产生的现金流量净额累计超过人民币 5 000 万元；或者最近三个会计年度营业收入累计超过人民币 3 亿元；③ 发行前股本总额不少于人民币 3 000 万元；④ 最近一期末无形资产（扣除土地使用权、水面养殖权和采矿权等后）占净资产的比例不高于 20%；⑤ 最近一期末不存在未弥补亏损；发行人依法纳税，各项税收优惠符合相关法律法规的规定；发行人的经营成果对税收优惠不存在严重依赖；发行人不存在重大偿债风险，不存在影响持续经营的担保、诉讼以及仲裁等重大或有事项。发行人申报文件中不得有下列情形：① 故意遗漏或虚构交易、事项或者其他重要信息；② 滥用会计政策或者会计估计；③ 操纵、伪造或篡改编制财务报表所依据的会计记录或者相关凭证。发行人不得有下列影响持续盈利能力的情形：① 发行人的经营模式、产品或服务的品种结构已经或者将发生重大变化，并对发行人的持续盈利能力构成重大不利影响；② 发行人的行业地位或发行人所处行业的经营环境已经或者将发生重大变化，并对发行人的持续盈利能力构成重大不利影响；③ 发行人最近一个会计年度的营业收入或净利润对关联方或者存在重大不确定性的客户存在重大依赖;④ 发行人最近一个会计年度的净利润主要来自合并财务报表范围以外的投资收益;⑤ 发行人在用的商标、专利、专有技术以及特许经营权等重要资产或技术的取得或者使用存在重大不利变化的风险;⑥ 其他可能对发行人持续盈利能力构成重大不利影响的情形。

(三) 首次公开发行股票在创业板上市的条件

1. 基本条件

发行人是依法设立且持续经营三年以上的股份有限公司。有限责任公司按原账面净资产值折股整体变更为股份有限公司的,持续经营时间可以从有限责任公司成立之日起计算;最近两年连续盈利,最近两年净利润累计不少于 1 000 万元,或者最近一年盈利,最近一年营业收入不少于 5 000 万元。净利润以扣除非经常性损益前后孰低者为计算依据;最近一期末净资产不少于 2 000 万元,且不存在未弥补亏损;发行后股本总额不少于 3 000万元。

2. 规范运作

发行人应当主要经营一种业务,且最近两年内主营业务没有发生重大变化,其生产经营活动符合法律、行政法规和公司章程的规定,符合国家产业政策及环境保护政策;发行人的股权清晰,控股股东和受控股股东、实际控制人支配的股东所持发行人的股份不存在重大权属纠纷。

3. 独立性

发行人资产完整,业务及人员、财务、机构独立,具有完整的业务体系和直接面向市场独立经营的能力。与控股股东、实际控制人及其控制的其他企业间不存在同业竞争,以及严重影响公司独立性或者显失公允的关联交易。

4. 董事、监事和高级管理人员的要求

发行人最近两年内董事、高级管理人员没有发生重大变化。发行人的董事、监事和高级管理人员应当忠实、勤勉,具备法律、行政法规和规章规定的资格,且不存在下列情形:被中国证监会采取证券市场禁入措施尚在禁入期的;最近三年内受到中国证监会行政处罚,或者最近一年内受到证券交易所公开谴责的;因涉嫌犯罪被司法机关立案侦查或者涉嫌违法违规被中国证监会立案调查,尚未有明确结论意见的。

5. 公司治理

发行人具有完善的公司治理结构,依法建立健全股东大会、董事会、监事会以及独立董事、董事会秘书、审计委员会制度,相关机构和人员能够依法履行职责。发行人应当建立健全股东投票计票制度,建立发行人与股东之间的多元化纠纷解决机制,切实保障投资者依法行使收益权、知情权、参与权、监督权、求偿权等股东权利。

6. 内部控制

发行人的注册资本已足额缴纳,发起人或者股东用作出资的资产的财产权转移手续已办理完毕。发行人的主要资产不存在重大权属纠纷;发行人会计基础工作规范,财务报表的编制和披露符合企业会计准则和相关信息披露规则的规定,在所有重大方面公允地反映了发行人的财务状况、经营成果和现金流量，并由注册会计师出具无保留意见的审计报告；发行人内部控制制度健全且被有效执行，能够合理保证公司运行效率、合法合规和财务报告的可靠性，并由注册会计师出具无保留结论的内部控制鉴证报告。

7. 募集资金使用

发行人募集资金应当用于主营业务，并有明确的用途。募集资金数额和投资方向应当与发行人现有生产经营规模、财务状况、技术水平、管理能力及未来资本支出规划等相适应。

8. 其他要求

发行人及其控股股东、实际控制人最近三年内不存在损害投资者合法权益和社会公共利益的重大违法行为；发行人及其控股股东、实际控制人最近三年内不存在未经法定机关核准，擅自公开或者变相公开发行证券，或者有关违法行为虽然发生在三年前，但目前仍处于持续状态的情形。

二、首次公开发行股票的基本原则

为确保首次公开发行股票的顺利发行，发行人和作为主承销商的投资银行应遵循以下基本原则：

（一）“三公”原则

公开——发行人和作为主承销商的投资银行按中国证监会对股票发行的有关精神和规定，公开本次股票的认购办法、认购地点、认购时间等，利用公共传播媒介进行宣传；

公平——发行人和作为主承销商的投资银行给每一位投资者提供认购股票的机会；

公正——发行人和作为主承销商的投资银行采取各种措施坚决杜绝各种营私舞弊行为。

（二）高效原则

在整个发行过程中，发行人和作为主承销商的投资银行应周密计划发行方案和发行方式，灵活组织、严格管理、认真实施，保证社会秩序的稳定。

（三）经济原则

发行过程中，发行人和作为主承销商的投资银行应采取各种措施，最大限度地降低发行成本。

股票承销活动中违反以上原则出现重大问题时，作为主承销商的投资银行应立即向中国证监会报告。如果承销商在承销过程中违反有关法规、规章，中国证监会将依据情节轻重给予处罚，直至取消股票承销资格。

三、首次公开发行股票承销的基本步骤

通常，股票在主板市场、中小企业板和创业板市场上首次公开发行以及上市公司再次股票公开发行（Seasoned Equity Offerings，SEO）的基本过程是相似的。因此，接下来我们就通过投资银行在主板市场上股票承销业务的一般操作流程来介绍股票首次公开发行与承销的具体业务。

(一)选择发行人

发行人的素质如何将关系到投资银行股票承销所承担的风险,并可能直接决定股票承销的成败。因此,投资银行股票承销业务的第一步就是在众多的拟发行股票筹资的发行人当中选择那些适合公开发行股票的发行人。投资银行在选择发行人时一般要考虑如下几个方面:

第一,是否符合股票发行条件。股票的发行应该符合国家的相关法律规定以及证券监管部门的要求,这一点在那些对股票发行控制比较严的国家显得尤为重要。我国从 2001 年 3 月 17 日正式启动股票发行核准制,2004 年 2 月 1 日,中国证监会又实施了保荐制度,其目的就在于从源头上提高上市公司质量。为了进一步完善保荐制度,2008 年 8 月 14 日中国证监会审议通过《证券发行上市保荐业务管理办法》(2008 年 12 月 1 日起施行)。但要获得发行核准仍须符合相应条件。当然,符合条件并不是一个绝对的概念,关键是要判断,哪些是必须条件,哪些是可以通过改组和改制来满足要求的条件。

第二,是否受市场欢迎。是否受市场欢迎也可以理解为市场的认同程度。一般来说,那些公司治理结构清晰、有发展潜力、具备核心竞争力、有良好经营业绩和获利记录的公司会受市场的欢迎,但不同的时期和不同的市场会有比较大的差异。当企业准备在某一市场上市时,必须了解该市场的需求偏好,这个市场可能对特殊行业领域的公司情有独钟,而此行业在另外一个市场却可能无法得到投资者的垂青。另外,如果市场对某一特殊行业的兴趣非常强烈,那么即使行业中的某家公司目前还没有什么适销对路的产品,它进行公开发行股票也仍很可能获得成功。

第三,是否具备优秀的管理团队。人力资源是公司最宝贵的资源之一。一个优秀的公司核心管理团队往往在很大程度上决定了公司未来的发展,因此公司是否具备优秀的管理团队及综合管理能力的高低也就成为投资银行在选择发行人时必须考虑的重要内容。

第四,是否具备增长潜力。反映增长潜力的指标包括:持续的良好经营业绩、不断增加的企业资产、可获得大量收入的稳定合同,等等。在考察时,可着重分析公司产品是否有较大的成长空间,市场能否被有效拓展,具体要关注公司的销售收入和经营业绩的增长率等财务指标。

(二)在竞争中获选成为保荐人及主承销商

在股票发行承销过程中,投资银行要选择优质的客户,而发行人也希望能选择知名度高和业务经验丰富的投资银行作为其保荐人及主承销商。我国《证券法》规定,公开发行证券的发行人有权依法自主选择承销的证券公司;证券公司不得以不正当竞争手段招揽证券承销业务。因此,好的发行人往往会成为投资银行竞相角逐的对象,而声誉和能力俱佳的投资银行又常常是发行人的首选。投资银行在选定合适的发行人之后就开始了艰难的推介和公关活动,以努力使自己成为这家公司公开发行股票的保荐人及主承销商。

由于保荐人及主承销商是股票公开发行的灵魂,它的好坏将直接决定股票发行的成败,因此发行人在选择保荐人及主承销商时非常慎重。发行人选择保荐人及主承销商时所依据的几条常见标准包括:一是声誉和能力。发行人总倾向于选择资本实力及市场份额比较大的投资银行,这是因为它们信誉昭著,拥有优良的业绩和丰富的业务经验。另外,这些投资银行的规模本身就证明了它们在证券承销方面有强大的实力。二是承销经验和类似的发行能力。投资银行的市场份额具有非常重要的参考意义,但一些特殊行业的发行人,它们往往要求主承销商在证券承销方面具备丰富的经验,尤其是对发行人所在行业有足够的知识。像美国的 Alex Brown,论其实力绝对称不上超一流的投资银行,但因为它对美国高成长性行业有深入的了解,与众多高成长性公司有广泛的接触,并成功地承销了一些高成长性公司的证券,故其深受这类公司的赏识。三是股票分销能力。投资银行是否有能力将股票销售给市场上的公众投资者,是发行人选择主承销商的一个重要依据。特别对于一些大的股票发行项目,强大的分销能力就显得尤为重要。比如,发行人想在全国范围内发行股票,则一个地区性投资银行就无法胜任主承销商,充其量只能是一个分销商。四是造市能力。因为股票上市仅是发行人利用证券市场进行融资的第一步,而上市后该股票在证券二级市场的表现对其后继续融资能力具有重要影响。因此,发行人往往对主承销商的造市能力比较看重。五是承销费用。承销费用是股票发行时的主要成本,其高低将在很大程度上影响发行人对主承销商的选择。毫无疑问,在同等条件下,承销费用低的投资银行通常会被发行人优先聘用。

投资银行在充分认识到上述因素的基础上,应结合发行人的具体情况,找出发行人在选择保荐人及主承销商时的主要关注点是什么,并针对这个关注点不失时机地向发行人展现自己的优势,开展自我推介和公关工作。投资银行在具体公关时,应充分发挥自己的优势,并切实从发行人的角度考虑问题,争取得到发行人的理解和认可。

(三) 组建首次公开上市(IPO)小组

投资银行获选被聘为股票发行的保荐人及主承销商后,第一项工作就是组建 IPO 工作小组。IPO 工作小组除保荐人及主承销商自身以外,还应包括发行人的高管人员、律师、会计师、审计师、资产评估师、行业专家和印刷商等。保荐人及主承销商是 IPO 工作小组的核心,它在 IPO 中的作用我们前面已经做过介绍,这里主要介绍其他成员。

1. 发行公司高管人员

发行公司高管人员是 IPO 工作小组的重要成员,他们的素质高低在很大程度上影响到发行的成败。一般来说,主承销商希望 IPO 工作小组中的公司高管人员有过 IPO 的经验,这样既可以使发行人与所聘请的顾问公司更好地进行交流,而且还可以增加发行人在市场上的可信度。在 IPO 工作小组中拥有出色的公司高管人员,将对发行人的发行起到非常重要的作用,因为所有有关发行人的基础工作,如尽职调查、账目审查、资产清查等许多工作,都必须得到发行人的支持和协助。可以说,发行人高管人员的协调能力和重视程度将直接影响 IPO 工作的进程。

2. 律师

律师在 IPO 工作小组中扮演着一个至关重要的角色,发挥着重要的作用:对发行人在股份制改造及运营中的各项活动进行法律可行性审查,其中包括:发起人资格的审查,发起人投资行为的审查,重大合同、诉讼、仲裁等的审查;在股票发行申请过程中和股票上市之后向发行人提供如何使发行人的行为遵守《证券法》的建议;协助制作有关文本,为股票发行及上市申请做准备工作,例如检查董事会和股东会议的会议记录,设立股份公司的文件、合同和租赁条约,对主要资产的所有者地位进行确认以及起草公司章程等;律师还与其他成员相配合,解决由证券监管机构的询问导致的问题,同时对各种申请的报告和文件进行必要的修正。律师的能力和申请过程中的经验是股票发行成功与否的关键。

3. 注册会计师、审计师和资产评估师

发行人的资产状况、财务指标以及财务报表对股票发行相当重要,因此 IPO 工作小组中必须包括注册会计师、审计师和资产评估师,其主要作用包括:对发行人的资产进行评估;对发行人的财务状况进行分析;提出有法律效力的资产评估报告和财务报告;编制股票发行所需的财务报表;就财务报表的客观、公允性发表审计意见;帮助回答证券监管机构关于会计问题的询问并说明这些财务报表符合股票发行的要求。

4. 行业专家

投资银行聘请行业专家的目的是为了更好地了解发行人的行业状况、行业前景以及在行业中所处的地位,以便推出最适合发行人的股票发行计划。行业专家无论对发行人还是保荐人及主承销商来说都很重要。

5. 印刷商

印刷商虽然并不是专业中介人,但在股票承销业务中也十分关键。对于美国公开发行上市的股票,印刷商的收费高昂,往往高于其他一些专业中介人的收费,有时甚至比其他所有中介机构的费用之和还多。因为承销过程中的一系列活动需要在极短的时间内完成,所以需要印刷商在这个时限内完成注册文件、招股说明书及其他发行文件的大量印刷工作,这就要求发行人选择高质量、高效率的印刷商。

(四) 制定股票发行计划与承销方案

投资银行作为 IPO 工作小组的核心,要根据发行人的营运情况、未来的发展规划和筹资需要,对发行人筹集资金的使用计划、预期经营收益和风险进行分析评估,并结合考虑法律对发行股票必备条件的规定、发行人的股权结构和股利政策、投资者的预期需求、市场环境及股票的推销前景等因素,就拟订发行股票的种类、发行规模、发行价格区间、预计发行和上市的时间等提出建议,协助发行人制定股票发行计划。事实上,投资银行拥有强大的研发能力、产品设计能力和定价能力,为满足发行人筹资需要量身定做金融产品,是其争取客户资源、扩大市场份额、提高竞争力所必需的重要因素。

当投资银行取得发行人的股票承销权后,接下来还要制定股票发行承销方案,就承销方式、最大毛利差(Gross Spread)(或承销折扣,Underwriter's Discount,也称承销佣金)、市场推销计划、在某些情况下(如发生股市崩盘或自然灾害等不可抗力时)投资银行可以不执行的条款等主要内容做出详尽的规定和说明;同时,投资银行要与发行人协商谈判承销股票的交易条款,双方起草承销协议(该协议将在股票发行申请得到证券监管部门审核批准后正式签署),明确规定相关各方的权利和责任。

(五) 尽职调查

尽职调查(Due Diligence)是指中介机构(包括投资银行、律师事务所和会计师事务所等)在股票承销前,以本行业公认的业务标准和道德规范,对发行人及市场的有关状况以及有关文件的真实性、准确性、完整性进行的核查、验证等专业调查。它是投资银行在股票发行过程中一项最重要的工作。我国《证券法》规定，发行人向国务院证券监督管理机构或者国务院授权的部门报送的证券发行申请文件，必须真实、准确、完整。还规定，为证券发行出具有关文件的证券服务机构和人员，必须严格履行法定职责，保证其所出具文件的真实性、准确性和完整性。

从法律角度来讲，发行人在通过证券市场向社会公众发行股票时，如果出现虚假陈述或在信息披露过程中出现重大遗漏等欺诈公众、误导投资者的事件，除了发行人之外，包括保荐人及主承销商在内的所有中介机构都必须承担法律责任。当然，如果中介机构能够证明自己已经以其行业的业务标准和道德规范，以应有的勤勉和专注对发行人及有关文件进行了审查，仍无法发现欺诈行为，自己也是欺诈的受害者，则可以免除责任。因此，作为保荐人及主承销商的投资银行所进行的尽职调查，一方面直接关系到其股票承销风险和收益，另一方面也直接关系到保荐人及主承销商对招股说明书的保证责任。

由于尽职调查主要由保荐人及主承销商来担任，因此保荐人及主承销商应当准备一份详尽的调查提纲，对本次发行的招股说明书中将要披露的全部内容进行全面审查。其主要调查范围有：① 发行人。对发行人的审查内容至少应当包括：发行人的一般情况，本次发行情况，有关发行人的主要会计数据，本次募集股份的有关当事人，发行人经营的风险与对策，本次募股资金的运用，发行人股利分配的政策，发行人的财务结构，发行人的经营业务，发行人的主要固定资产状况，发行人安全与环保，发行人的主要产品与业务，发行人的主营收入构成，主要原材料供应，发行人的董事、监事和高层管理人员情况，发行人以往的经营业绩、股本及其变动，发行人的注册地及办公经营场所，发行人主要合同承诺、资产评估情况、财务会计资料、盈利预测、重要合同及重大诉讼事项，发行人公司发展规划和发展战略等。② 市场。为了维护自己的利益，保证发行成功，降低承销风险，同时也为了维护投资者利益，保荐人及主承销商应当对股票一级市场和二级市场的情况作必要的调查。③ 产业政策。为了保证股票发行的成功，保荐人及主承销商也应对国家关于发行人主营业务的产业政策做必要的了解。

（六）制定与实施重组方案

投资银行经过尽职调查之后，就开始对发行人实施资产或业务重组，以符合公开发行的条件或在公开发行时顺利获得监管部门和广大投资者的认可，进而取得更好的发行或承销效果。重组方案的制定与实施应尽量做到：① 发行人主体明确、主业突出、资本债务结构得到优化；② 财务结构与同类上市企业比较，具有一定的可比性；③ 每股税后利润较大，从而有利于发行人筹集到尽可能多的资金；④ 有利于发行人利用证券市场进行再次融资；⑤ 减少关联交易；⑥ 避免同业竞争；等等。

目前在我国，为上市而进行的企业重组，一般有如下要求：① 发行人的非经营性资产已经剥离，而且不能有离退休人员及富余人员；② 主营业务突出，禁止将无上下游关系或生产不同类别产品的资产捆绑上市；③ 发行人应有独立的生产、供应、销售系统，具有独立的生产经营环境；④ 关联企业与发行人不存在同业竞争；⑤ 关联交易应尽可能避免、减少，原则上辅助生产部门、商标等应随同生产性资产进入股份公司，如实在无法避免，应按公司章程规定的控股股东回避制度做出决议,以切实保障发行人和其他股东的合法权益不受侵犯;⑥ 发行人应设立独立的财务、会计部门,独立纳税;⑦ 发行人应严格执行《公司法》等有关法律、法规对董事、监事任职资格的规定。

(七) 拟定发行方案

股票公开发行是一个相当复杂的过程,需要许多中介机构及相关部门的参与和配合,要准备大量的材料。为了尽早统筹协调安排有关工作,作为主承销商的投资银行应尽早拟定发行方案,以使工作更有效率,避免重复劳动。一般来说,发行方案包括:本次发行的资产总额、负债总额、净资产总额、发行资产拟折合的股份、新发行的股数、每股收益预测、发行价格、发行方式、主要投资者等。在实际操作中,主承销商必须协调好各有关机构的工作,以保证所有材料在规定时间内完成。因此,拟定发行方案也就成为股票承销中的另一个重要步骤。

(八) 编制募股文件与申请股票发行

1. 募股文件的编制

股票发行阶段的实质性工作是编制招股说明书,以及准备作为其根据和附件的专业人员的结论性审查意见,这些文件被统称为募股文件。

(1) 招股说明书。招股说明书(Prospectus)是股份有限公司发行股票时就发行中的有关事项向公众做出披露,并向特定或非特定投资人提出购买或销售其股票的要约或邀请的法律文件。股份有限公司发售新股必须编制招股说明书,它是发行准备阶段的基本工作。

招股说明书是股票公开发行中最重要的必备的一份法律文件。这主要因为:第一,根据《公司法》和《证券法》等法律法规的要求,股份有限公司申请公开发行股票,必须将招股说明书等申报文件资料呈报国务院证券监督管理机构,以接受发行资格与条件的审查;第二,编制并按规定公布招股说明书能广泛而迅速地向所有潜在的投资者披露与股票发行相关的重要信息,表明发行人所具有的投资机会和存在的风险,便于投资者做出恰当的决策。此外,招股说明书也是投资银行推销股票的重要文件。

在招股说明书的编制过程中,IPO 工作小组中的各个成员都有较明确的专业分工。一般是发行人的高管人员在其律师的协助下负责招股说明书中的非财务部分,作为保荐人及主承销商的投资银行负责股票承销合约部分,发行公司内部的会计师准备所有的财务数据,独立的注册会计师对财务账目的适当性提供咨询和审计。招股说明书各部分完成后,经 IPO 工作小组成员集体讨论修改定稿,由发行人董事会表决通过后,向有关证券监管机构履行报批或备案手续。

在美国,招股说明书有初步招股说明书(Preliminary Prospectus)和最终招股说明书(Final Prospectus)之分。初步招股说明书一般是在登记备案后发放给经纪人和潜在的投资者,其主要目的是为了收集投资者的兴趣或意向。初步招股说明书又被称为红鲱鱼(Red Herring),因为在其封面上必须用红墨水写上“初步招股说明书”的字样和免责条款。在 SEC 的规定下,初步招股说明书可以不包括发行价格、承销折扣以及其他与发行价格有关的问题。在生效日期到来时,可以在初步招股说明书中加入价格和生效日期,就成为最终招股说明书。

招股说明书应当按照各国的有关法律、法规的规定，遵循特定的格式和必要的记载事项的要求来进行编制。根据中国证监会2016年1月1日起施行的《公开发行证券的公司信息披露内容与格式准则第1号——招股说明书》规定，招股说明书应披露的信息主要有：本次发行概况，风险因素，发行人基本情况，业务和技术，同业竞争与关联交易，董事、监事、高级管理人员与核心技术人员，公司治理，财务会计信息，管理层讨论与分析，业务发展目标，募集资金运用，股利分配政策，其他重要事项以及董事、监事、高级管理人员及有关中介机构声明。同时，招股说明书结尾应列明备查文件，并在指定网站上披露。

（2）其他文件。其他文件主要包括：① 审计报告。审计报告是注册会计师或审计人员向潜在投资者及其他利害关系人报告发行人财务状况和经营成果的书面文件，也是注册会计师对发行人财务报告审计结论的书面文件，还是注册会计师或审计人员在股票发行准备阶段中尽职调查的结论性文件。注册会计师或审计人员出具的审计报告应当作为招股说明书的附录文件，由注册会计师或审计人员对其内容的真实性、准确性和完整性负责任。② 法律意见书。法律意见书是律师对发行人股票发行准备阶段的审查工作依法做出的结论性意见。发行人聘请的律师（发行人律师）参与企业的重组及改制工作，并对发行人各种法律行为及各项法律文件的合法性进行审核，在完成发行准备工作后，律师应当就其审核工作做出结论性意见，出具法律意见书。③ 律师工作报告。律师工作报告是对发行人股票发行准备阶段的工作过程、法律意见书所涉及的事实及其发展过程、每一法律意见所依据的事实和有关法律规定做出的详尽、完整的阐述，并就疑难问题展开讨论和说明。

2. 申请股票发行

在准备完募股文件后，发行人将包括这些文件在内的发行申请资料由主承销商（保荐人）保荐并向中国证监会申报。中国证监会受理申请文件后，由相关职能部门对发行人的申请文件进行初审。同时，发行人应当将招股说明书（申报稿）在中国证监会网站预先披露。相关职能部门对发行人的申请文件初审完成后，由发行审核委员会组织发行审核会议审核。发行审核委员会由国务院证券监督管理机构的专业人员和所聘请的该机构外的有关专家组成，以投票方式对股票发行申请进行表决，提出审核意见。

（九）路演

路演（Road Show）也称巡回推介，是股票主承销商帮助发行人安排的股票发行前的营销调研与推介活动。一般来讲，主承销商会选择一些可能销出股票的地点，并选择一些可能的或潜在的投资者（主要是机构投资者），然后，带领发行人的代表逐个地点去召开会议，介绍发行人的情况及未来发展规划，包括以展示文字资料、播放精制的录像等方式，与潜在的投资者进行充分的沟通和交流，了解投资者的购买意向。

路演是决定IPO成功与否的重要步骤。成功的路演，可以达到下述三个目的：① 让投资者进一步了解发行人。在发行前大约两周的时间内，发行人高管理人员会同主承销商等前往各主要金融中心城市，拜访潜在的投资者，向大的机构宣传公司的经营状况和发展前景，回答投资者的疑问。通过路演，使投资者有机会了解发行人的生产、经营、管理以及研发等工作。② 增强投资者信心,创造对新股的市场需求。尽管多数国家的证券监督管理机构禁止发行人在路演时发送除招股说明书之外的任何书面材料及对公司的盈利做出保证和承诺,但是通过路演,还是给发行人提供了一个展示公司管理层风貌、公司素质和成熟公司长期商业计划的机会。由于路演是发行人积极推销的唯一机会,而很多机构投资者和个人投资者也就是在路演演说陈述中形成对发行公司管理层的看法,进而做出买或不买股票的决定。③ 为进一步确定发行方案获得有用的信息。在路演时,发行人可以从中了解到投资者对此次发行的反应,从而拟定更合适、更客观的发行数量、发行价格及发行时机,以及选择合适的发行地点等。

(十) 确定发行价格

股票发行价格是股份有限公司向投资者发售股票所采用的价格。股票发行价格的确定是股票发行计划中最重要的内容,既直接关系到发行人的利益及股票上市后的表现,也影响到投资银行承销股票的收益和风险。股票价格反映的是股票未来收益与风险之间的一种函数关系,是金融资源配置的"指示器"。股票定价直接关系到市场资源配置功能的发挥程度。公正合理的定价,才能有效引导增量资源的分配和存量资源的调整。

前已述及,股票发行多采用溢价发行的方式,即按照高于股票面额的价格发行。从发行人的角度讲,当股票以较高的价格发行时,发行人就能以出售较少的股份募集到更多的资金。这将使其权益资本的筹资成本相对较低,并能降低每股收益稀释的风险。基于这点考虑,发行人更愿意选择为其股票定价偏高的承销商。但是,股票发行价格过高将使投资者增大风险和受到损害,并对股票上市后的市场表现产生不利的影响。因为,当股票上市后,发行人的业绩可能无法支持发行时的高价格,结果高开低走,股票市场价格不断下跌,甚至可能跌破其发行价,投资者不能获得应有的收益或因股价下跌而损失惨重。这必将大大降低发行人在投资公众中的声誉,从而难以激起投资者对新股票的购买欲望,最终使发行人的利益也受到损害。同时,过高的股票发行价格将使承销商承担更大的发行风险,也给新股上市后维持股票价格的平稳增加了困难。相反,股票发行价格过低,将难以较好地满足发行人的筹资需求,并可能损害原有股东的利益。

因此,作为主承销商的投资银行必须综合考虑股票发行定价对各方利益的影响,协调好投资者与发行人之间存在的矛盾,客观分析评价影响股票发行价格的因素,据此与发行人协商谈判,以确定合理的发行价格或价格区间。

在实际工作中,为股票发行定价特别是 IPO 定价是最复杂的工作之一。要想成功地对 IPO 进行定价,就要求作为主承销商的投资银行具有丰富的定价经验,对发行人及其所属行业有相当的了解,对证券一级市场和证券二级市场上的各类投资者都有深刻的观察和把握。

1. 影响股票发行价格的主要因素

在首次公开发行股票时,影响其发行价格的因素主要有经营业绩、发展潜力、发行数量、行业特征、股市状态和上市运作六个方面。

(1) 经营业绩。发行人的经营业绩是决定公司投资价值的主要因素。用以衡量发行人经营业绩和股票投资价值的重要指标主要有每股净资产、每股税后利润和净资产收益率。用发行人的净资产、税后利润除以发行人发行总股数,即可得到每股净资产和每股税后利润。

净资产等于经评估确认的总资产扣除总负债的净额。它是公司经济实力强弱和信用度高低的基础,反映了公司资本积累和经营的成就,也表明了公司参与竞争的能力和抵御风险的能力。每股净资产反映了每一股份代表的公司净资产价值。该指标数值越大,说明每一股份代表的公司财富越多,其创造利润和抵御风险的能力越强。因此,它是确定股票发行价格和支撑股票市场价格的重要基础。

每股税后利润反映了每一股份所获得的税后净收益数额。该指标数值越大,表明公司经营业绩越好,盈利能力越强。在采用市盈率法确定新股发行价格时,每股税后利润是主要因素,即在总股本和发行市盈率已确定的情况下,每股税后利润越高,股票发行价格也越高。

净资产收益率反映了资本的单位获利能力,可衡量公司利用股东的投资所获得的收益水平。该指标的高低直接影响该公司的股票价格。

(2) 发展潜力。在确定股票发行价格时,不仅要考虑发行人近年来的实际业绩,还需要反映一定时期的盈利增长表现,即要考虑公司的发展潜力(即成长性)。如果公司未来盈利增长趋势良好,说明公司的发展潜力大,公司股票上市后的价值也相应高,股票发行价格适当定得高一些,也能为市场投资者所接受。

(3) 发行数量。发行数量是指发行人本次公开发行的股票数量,即发行人此次出让的股份数量。不考虑发行人的筹资总量,单从发行数量来讲的话,若本次股票发行的数量(或规模)较大,如中国联通、招商银行的股票发行,为了保证在销售期内能顺利地将股票全部出售,价格应适当定得低一些,这主要是考虑到市场的容量或投资者的收益预期;若发行量小,考虑到供求关系,价格可定得高一些。

(4) 行业特征。行业按不同的标准可划分为不同的类别,不同的行业有不同的特征和发展前景。例如,根据行业对经济周期的敏感程度,可以分为周期性行业、防御性行业和增长性行业;而按照行业生命周期划分,可以划分为成长型、发展型、成熟型和衰退型等行业。对经济周期的敏感程度不同,使得不同行业的收益稳定性存在差异。同样,在行业生命周期的各个阶段,公司的收益水平也不尽相同。因此,发行人所处行业的发展前景会影响该发行人的业绩及成长性,从而影响投资者对发行人的价值的评估和投资收益的预测。在决定股票发行价格时,需要考虑不同行业的特征及发展前景。同时,要着重分析发行人在本行业的地位和占有的市场份额,以及与同行业上市公司比较的优劣程度。可以将同行业上市公司的股票价格的市场表现作为发行定价的重要参照。

(5) 股市状态。股票发行定价与当前股票市场环境有关,即股票发行时二级市场的股票价格水平直接影响股票发行的定价。当股市不景气、大盘走势处于"熊市"状态时,投资者缺乏信心,市场人气不足,不利的市场心态和气氛甚至可能降低投资者对发行人的估价。这样,定价过高的股票可能使投资者望而却步,从而造成发行人难以实现筹资计划。在股市处于"牛市"状态时,良好的市场心态和气氛会激起投资者购买新股的热情,略高的股票发行价格亦不会挫伤投资者的积极性。所以,在决定股票发行价格时,要考虑到发行期内证券二级市场股票价格的变动情况,考虑市场的承受能力。

(6) 上市运作。前已述及,股票发行价格将影响股票上市后的市场表现,进而影响到发行人和主承销商的声誉以及在二级市场上的运作。对发行人来说,总是希望股票在上市后具有较高的流通性和良好的价位与走向。因为,这将使投资者乐于接受发行人的股票,发行人在市场上将赢得佳誉。这样,当发行人需要进一步筹措资金而增发新股时,将受到投资者的追捧,发行人便可以较高的价格发售新股以筹集更多的资金。此外,股票上市后良好的市场表现也进一步提高了发行人的价值,将为发行人日后开展兼并与收购业务提供坚实的基础和创造有利的条件。

就股票主承销商而言,并不是将所承销的股票推上市场后就“万事大吉”了。若新股票在进入二级市场交易时跌破其发行价,这不仅表明主承销商对市场接受新股票的判断失误,还会在未来一定时期内对这只股票的交易带来负面影响。由于市场往往根据股票上市后的表现对主承销商的工作质量和业务能力的优劣做出评判,这样可能会影响主承销商的声誉和业务发展前景。所以,对包销发行的股票,主承销商必须关注新股上市后的市场表现,继续为发行人提供售后服务。一般是在新股上市后的一段时期内,通过参与二级市场的交易,采取稳定市场的措施,为所承销的股票提供市场流通性并维持股票价格的稳定。显然,作为主承销商的投资银行能否顺利地通过二级市场的运作维持股票市场价格稳定和良好的走向,与股票发行定价是否合适有很大的关系。实践中,为了股票售后能更好地进行证券二级市场的运作,一般对 IPO 定价要略低于可获得的最高价格。

2. 首次公开发行股票的估值方法

对 IPO 的合理估值是定价的基础。通常的估值方法有两大类:一类是相对估值法,另一类是绝对估值法。

(1) 相对估值法。相对估值法亦称可比公司法,是指对股票进行估值时,对可比较的或者代表性的公司进行分析,尤其注意有着相似业务的公司的新近发行以及相似规模的其他公司新近的首次公开发行,以获得估值基础。主承销商审查可比较的发行公司的初次定价和它们的二级市场表现,然后根据发行公司的特质进行价格调整,为新股发行进行估价。在运用可比公司法时,可以采用比率指标进行比较。比率指标包括市盈率,市净率,企业价值与利息、所得税、折旧、摊销前收益的比率等。其中最常用的比率指标是市盈率和市净率。

第一,市盈率法。市盈率又称本益比(Price-to-Earnings Ratio, P/E),也称股份收益比率或市价盈利率,是指股票市场价格与每股收益的比率,计算公式为:

$$\text{市盈率}=\text{股票市场价格}/\text{每股收益}$$

每股收益通常指每股净利润或每股税后利润。确定该指标一般有两种方法:一是完全摊薄法,二是加权平均法。如果事先有注册会计师的盈利预测审核报告,那么,完全摊薄法下的每股净利润或每股税后利润就是用发行当年预测全部净利润(税后利润)除以总股本;而在加权平均法下,每股净利润或每股税后利润的计算公式为:

$$\text{每股净利润(每股税后利润)}=\frac{\text{发行当年预测净利润(税后利润)}}{\text{发行前总股数}+\text{本次公开发行股本数}\times(12-\text{发行月份})\div 12}$$

《公开发行证券的公司信息披露编报规则第 9 号——净资产收益率和每股收益的计算及披露》(2010 年修订)规定,公司招股说明书、年度财务报告、中期财务报告等公开披露信息中应披露净资产收益率、基本每股收益和稀释每股收益。其中加权平均净资产收益率可按如下公式计算：

$$加权平均净资产收益率=P_0/(E_0+NP\div 2+E_i\times M_i\div M_0-E_j\times M_j\div M_0\pm E_k\times M_k\div M_0)$$

其中：P_0分别对应于归属于公司普通股股东的净利润、扣除非经常性损益后归属于公司普通股股东的净利润；NP 为归属于公司普通股股东的净利润；E_0为归属于公司普通股股东的期初净资产；E_i为报告期发行新股或债转股等新增的、归属于公司普通股股东的净资产；E_j为报告期回购或现金分红等减少的、归属于公司普通股股东的净资产；M_0为报告期月份数；M_i为新增净资产次月起至报告期期末的累计月数；M_j为减少净资产次月起至报告期期末的累计月数；E_k为因其他交易或事项引起的、归属于公司普通股股东的净资产增减变动；M_k为发生其他净资产增减变动次月起至报告期期末的累计月数。

基本每股收益可参照如下公式计算：

$$基本每股收益=P_0\div S$$

$$S=S_0+S_1+S_i\times M_i\div M_0-S_j\times M_j\div M_0-S_k$$

其中：S 为发行在外的普通股加权平均数；S_0为期初股份总数；S_1为报告期因公积金转增股本或股票股利分配等增加的股份数；S_i为报告期因发行新股或债转股等增加的股份数；S_j为报告期因回购等减少的股份数；S_k为报告期缩股数。

其他字母的含义同上。

公司存在稀释性潜在普通股的，应当分别调整归属于普通股股东的报告期净利润和发行在外普通股加权平均数，并据以计算稀释每股收益。

在发行可转换债券、股份期权、认股权证等稀释性潜在普通股情况下，稀释每股收益可参照如下公式计算：

$$稀释每股收益=P_1/(S_0+S_1+S_i\times M_i\div M_0-S_j\times M_j\div M_0-S_k+\text{认股权证、股份期权、可转换债券等增加的普通股加权平均数})$$

其中，P_1为归属于公司普通股股东的净利润或扣除非经常性损益后归属于公司普通股股东的净利润，并考虑稀释性潜在普通股对其影响，按《企业会计准则》及有关规定进行调整。公司在计算稀释每股收益时，应考虑所有稀释性潜在普通股对归属于公司普通股股东的净利润或扣除非经常性损益后归属于公司普通股股东的净利润和加权平均股数的影响，按照其稀释程度从大到小的顺序计入稀释每股收益，直至稀释每股收益达到最小值。

对 IPO 的发行人来说，由于它并不存在任何已经上市流通的股票，自然就无股票市场价格。这样，通过市盈率定价法确定股票发行价格时，主承销商首先应根据审核后的盈利预测计算出发行人的每股收益（或每股税后利润）；然后根据二级市场同类上市公司的股票价格和每股收益，计算出可比公司的市盈率；接下来将发行人与可比上市公司的一些重要财务数据和经营参数进行比较，确定一个合理的发行市盈率（倍数）；再乘以发行公司的税后利润（通常以注册时或募集股票预测的税后利润计算），即可得出发行公司 IPO 的总市值估计数；最后，将这个总市值估计数除以一定的股份数，就可获得初步的每股发行价格，即将此价位作为最终确定发行价格的基础或依据。

市盈率既可以用于衡量分析发行公司的历史业绩，又可以以发行公司未来某一时期

(如一年)的预测利润为基础,进行发行公司未来每股收益的预测。它是确定和衡量股票价格的重要指标。

第二,市净率法。市净率(Price to Book Value Ratio,P/B),是指股票市场价格与每股净资产的比率,计算公式为:

市净率=股票市场价格/每股净资产

相对估值法简单易用,可以迅速获得被评估资产的价值,尤其是当金融市场上有大量"可比"资产在进行交易且市场对这些资产的定价相对稳定的时候。但用该方法估值时容易产生偏见,主要原因是:"可比公司"的选择是个主观概念,世界上没有在风险和成长性方面完全相同的两家公司;同时,该方法通常忽略了决定资产最终价值的内在因素和假设前提;另外,该方法容易将市场对"可比公司"偏离价值的定价(高估或低估)引入对目标股票的估值中。

(2)绝对估值法。绝对估值法亦称贴现法,主要包括公司贴现现金流量法(DCF)、现金分红折现法(DDM)。相对估值法反映的是市场供求决定的股票价格,绝对估值法体现的是内在价值决定价格,即通过对企业估值,而后计算每股价值,从而估算股票的价值。以下以贴现现金流量法为例介绍绝对估值法。

贴现现金流量法是通过预测公司未来的现金流量,按照一定的贴现率计算公司的整体价值,从而进行股票估值的一种方法。运用贴现现金流量法的计算步骤如下:

第一,预测公司未来的自由现金流量。预测的前提是本次发行成功地筹集到必要的现金并运用于相关项目投资。公司自由现金流量,指公司在持续经营的基础上除了在库存、厂房、设备、长期股权等类似资产上所需投入外,能够产生的额外现金流量。现金流量的预测期一般为5~10年,预测期越长,预测的准确性越差。

第二,预测公司的永续价值。永续价值是公司预测时期末的市场价值,可以参照公司的账面残值和当时的收益情况,选取适当的行业平均市盈率倍数或者市净率进行估算。

第三,计算加权平均资本成本:

$$WACC=\sum K_i \times b_i$$

式中,$WACC$为加权平均资本成本;K_i为各单项资本的成本;b_i为各单项资本所占的比重。

第四,计算公司的整体价值:

$$公司整体价值=\sum_{t=1}^{n}\frac{FCF_t}{(1+WACC)^t}+\frac{V_n}{(1+WACC)^n}$$

式中,FCF_t为企业自由现金流量;V_n为n时刻目标企业的终值。

第五,计算公司股权价值:

公司股权价值=公司整体价值-净债务值

第六,计算公司每股股票价值:

公司每股股票价值=公司股权价值/发行后总股本

贴现现金流量法需要比较可靠地估计未来现金流量(通常为正),同时根据现金流量的风险特性又能确定出恰当的贴现率。但实际操作中,情况往往与模型的假设条件相距甚远,影响了该方法的正确使用。在以下情况下,使用贴现现金流量法进行估值时将遇到较大困难。① 陷入财务危机的公司。通常这些公司没有正的现金流量,或难以准确地估计现金流量。② 收益呈周期性分布的公司。这类公司对未来现金流的估计容易产生较大偏差。③ 正在进行重组的公司。这类公司可能面临资产结构、资本结构以及红利政策等方面的较大变化,既影响未来现金流,又通过公司风险特性的变化影响贴现率,从而影响估值结果。④ 拥有某些特殊资产的公司。主要指拥有较大数量的未被利用的资产、专利或选择权资产的公司。这些资产的价值不能完全体现在公司的现金流中。

股票发行的估值和定价既有理性的计算,更有对市场供求的感性判断。如果仅仅依赖公式计算,认为所计算的结果才是公司的合理价值,就过于武断。事实上,股票的价格是随着股票市场景气程度不断变化的,定价的艺术体现在定价的过程之中。主承销商在定价之前,首先要确定恰当的市场时机,因为在不恰当的情况下发行,估值结论和定价结果难以体现真正的价值,既可能影响发行人的利益,也可能损害投资者的利益。我国的发行市场中,首次公开发行的承销风险相对较小,因此主承销商往往重在制作材料而轻视了定价过程。但是随着市场的规范化发展,定价将越来越重要。定价之前的路演推介,是首次公开发行股票的主承销商为了合理地确定股票价值而与专业机构投资者进行的直接沟通,是定价过程中非常重要的环节。通过这种沟通,主承销商可以探知专业投资者关注的问题、购买意向等,以便确定更为准确、贴近市场需求的定价。

3. 首次公开发行股票的询价与定价

《证券发行与承销管理办法》①规定首次公开发行股票,可以通过向网下投资者询价的方式确定股票发行价格,也可以通过发行人与主承销商自主协商直接定价等其他合法可行的方式确定发行价格;网下投资者须具备丰富的投资经验和良好的定价能力,应当接受中国证券业协会的自律管理,遵守中国证券业协会的自律规则;网下投资者参与报价时,应当持有一定金额的非限售股份;首次公开发行股票采用询价方式定价的,符合条件的网下机构和个人投资者可以自主决定是否报价,主承销商无正当理由不得拒绝;网下投资者应当遵循独立、客观、诚信的原则合理报价,不得协商报价或者故意压低、抬高价格;网下投资者报价应当包含每股价格和该价格对应的拟申购股数,且只能有一个报价。非个人投资者应当以机构为单位进行报价;首次公开发行股票采用询价方式的,网下投资者报价后,发行人和主承销商应当剔除拟申购总量中报价最高的部分,剔除部分不得低于所有网下投资者拟申购总量的10%,然后根据剩余报价及拟申购数量协商确定发行价格。剔除部分不得参与网下申购;公开发行股票数量在4亿股(含)以下的,有效报价投资者的数量不少于10家;公开发行股票数量在4亿股以上的,有效报价投资者的数量不少于20家。剔除最高报价部分后有效报价投资者数量不足的,应当中止发行。

根据规定,首次公开发行股票时,发行人和主承销商可以自主协商确定参与网下询价投资者的条件、有效报价条件、配售原则和配售方式,并按照事先确定的配售原则在有效申购的网下投资者中选择配售股票的对象。首次公开发行股票采用直接定价方式的,全部向网上投资者发行,不进行网下询价和配售;首次公开发行股票采用询价方式的,公开

① 2013年10月8日中国证券监督管理委员会第11次主席办公会议审议通过,根据2014年3月21日、2015年12月30日、2017年9月7日中国证券监督管理委员会《关于修改〈证券发行与承销管理办法〉的决定》修正

发行股票后总股本4亿股(含)以下的,网下初始发行比例不低于本次公开发行股票数量的60%;发行后总股本超过4亿股的,网下初始发行比例不低于本次公开发行股票数量的70%。其中,应当安排不低于本次网下发行股票数量的40%优先向通过公开募集方式设立的证券投资基金、全国社会保障基金和基本养老保险基金配售,安排一定比例的股票向根据《企业年金基金管理办法》设立的企业年金基金和符合《保险资金运用管理暂行办法》等相关规定的保险资金配售;对网下投资者进行分类配售的,同类投资者获得配售的比例应当相同;安排向战略投资者配售股票的,应当扣除向战略投资者配售部分后确定网下网上发行比例。网下投资者可与发行人和主承销商自主约定网下配售股票的持有期限并公开披露。

同时还规定,首次公开发行股票网下投资者申购数量低于网下初始发行量的,发行人和主承销商不得将网下发行部分向网上回拨,应当中止发行。网上投资者有效申购倍数超过50倍、低于100倍(含)的,应当从网下向网上回拨,回拨比例为本次公开发行股票数量的20%;网上投资者有效申购倍数超过100倍的,回拨比例为本次公开发行股票数量的40%;网上投资者有效申购倍数超过150倍的,回拨后网下发行比例不超过本次公开发行股票数量的10%。这里所说的公开发行股票数量应按照扣除设定12个月及以上限售期的股票数量计算。网上投资者申购数量不足网上初始发行量的,可回拨给网下投资者。

《证券发行与承销管理办法》还强调,持有一定数量非限售股份的投资者才能参与网上申购。网上投资者应当自主表达申购意向,不得全权委托证券公司进行新股申购。采用其他方式进行网上申购和配售的,应当符合中国证监会的有关规定;首次公开发行股票的网下发行应和网上发行同时进行,网下和网上投资者在申购时无须缴付申购资金。投资者应当自行选择参与网下或网上发行,不得同时参与。

(十一) 确定发行方式

首次公开发行股票可以根据实际情况,采取向战略投资者配售、向参与网下配售的询价对象以及向参与网上发行的投资者配售等方式。

1. 向战略投资者配售

首次公开发行股票数量在4亿股以上的,可以向战略投资者配售股票。发行人应当与战略投资者事先签署配售协议。发行人和主承销商应当在发行公告中披露战略投资者的选择标准、向战略投资者配售的股票总量、占本次发行股票的比例以及持有期限制等。战略投资者不参与网下询价,且应当承诺获得本次配售的股票持有期限不少于12个月,持有期自本次公开发行的股票上市之日起计算。

2. 向参与网下配售的询价对象配售

发行人及其主承销商应当向参与网下配售的询价对象配售股票,并应当与网上发行同时进行。首次公开发行股票网下配售时,发行人和主承销商不得向下列对象配售股票:① 发行人及其股东、实际控制人、董事、监事、高级管理人员和其他员工;发行人及其股东、实际控制人、董事、监事、高级管理人员能够直接或间接实施控制、共同控制或施加重大影响的公司,以及该公司控股股东、控股子公司和控股股东控制的其他子公司;② 主承销商及其持股比例5%以上的股东,主承销商的董事、监事、高级管理人员和其他员工;主承销商及其持股比例5%以上的股东、董事、监事、高级管理人员能够直接或间接实施控制、共同控制或施加重大影响的公司，以及该公司控股股东、控股子公司和控股股东控制的其他子公司；③ 承销商及其控股股东、董事、监事、高级管理人员和其他员工；④ 上述第①、②、③项所述人士的关系密切的家庭成员，包括配偶、子女及其配偶、父母及配偶的父母、兄弟姐妹及其配偶、配偶的兄弟姐妹、子女配偶的父母；⑤ 过去6个月内与主承销商存在保荐、承销业务关系的公司及其持股5%以上的股东、实际控制人、董事、监事、高级管理人员，或已与主承销商签署保荐、承销业务合同或达成相关意向的公司及其持股5%以上的股东、实际控制人、董事、监事、高级管理人员；⑥ 通过配售可能导致不当行为或不正当利益的其他自然人、法人和组织。

为规范首次公开发行股票，提高首次公开发行股票网下申购及资金结算效率，中国证监会要求网下部分通过证券交易所进行电子化发行。

3. 向参与网上发行的投资者配售

向参与网上发行的投资者配售方式是指通过交易所交易系统公开发行股票。网上发行时发行价格尚未确定的，参与网上发行的投资者应当按价格区间上限申购，如最终确定的发行价格低于价格区间上限，差价部分应当退还给投资者。

4. 股票发行中的其他发行方式

我国股票发行历史上还曾采取过全额预缴款方式、储蓄存款挂钩力式、上网竞价和市值配售等方式。前两种股票发行方式都属于网下发行的方式，其中全额预缴款方式又包括"全额预缴款、比例配售、余款即退"方式和"全额预缴款、比例配售、余款转存"两种方式。

（十二）组建承销团与确定承销报酬

1. 组建承销团

对于承销股票数额较大的承销商来说，应依照法律、行政法规的规定组成承销团来组织股票承销工作。股票发行由两家以上证券公司联合主承销的，所有担任主承销商的证券公司应当共同承担主承销责任，履行相关义务。承销团由三家以上承销商组成的，可以设副主承销商，协助主承销商组织承销活动。组成承销团的做法对主承销商来说既有优点，也有不利之处。优点之一是承销团中的每一成员都将承担一定的承销责任和风险。优点之二是承销团的成员有义务保证股票发行后市场的流动性。承销团的成员越多，对该股票进行做市和研究咨询的投资银行也会越多。优点之三是单个投资银行的客户基础和推销力量毕竟是有限的，或者可能不精于二级市场操作或分析研究，而承销团则可以很好地处理这个问题。同时，承销团还有利于扩大客户基础，发挥不同专业机构的特长。当然，主承销商在获得好处的同时也是要付出代价的：首先，主承销商在与别人分享承销费用时放弃了一些经济利益，即主承销商必须放弃一部分承销手续费收入；其次，投资银行间的竞争是相当激烈的，某个承销团成员出色的表现可能会超过主承销商，给发行人留下深刻印象，从而可能给主承销商在未来的发行业务带来威胁。

2. 签署承销合同

在确定了发行价格和承销报酬后，就应该签署承销合同。承销合同有三种：承销商间协议、交易商协议和承销协议。承销商间协议是主承销商与其他承销商就承销事项明确各自权利义务的合同文件;交易商协议是赋予不是承销团成员的股票交易商销售新发行股票的权利,这些交易商将帮助把股票推向市场,该协议允许交易商以低于发行价的折扣价格购买股票;承销协议是股票发行人就其所发行的股票的承销事宜与股票主承销商签订的具有法律效力的文件。承销协议通常包括介绍、陈述和保证、发行条款、契约保证、条件、补偿以及撤销。介绍(Introduction)包括承销团的成员名单、发行证券的种类以及发行规模;陈述和保证(Representation and Warranties)列明了发行人的保证,此外还应包括该发行人已设立为股份公司并被承认了资格的陈述和保证;发行条款(Terms of the Offering)包括主承销商同意购买股票并付款、发行时间以及所有的绿鞋条款;契约保证(Covenants)列明了双方的权利和义务;条件(Conditions)包括公司情况陈述的全面性及准确性,以及任何一方都不得在发行日前出售股票;补偿(Indemnification)免除了主承销商由于发行人在申请材料中的错误陈述和遗漏而导致的责任;撤销(Cancellation)条款部分包括允许主承销商在发行日至发行完毕期间撤销发行,只要主承销商能说明原因和提出正当理由。承销团成员应当按照承销商间协议及承销协议的规定进行承销活动,不得进行虚假承销。

3. 承销报酬

承销报酬(或承销费用)的支付形式因承销方式的不同而不同。在股票代销中,投资银行只是按照实际售出股票总金额的0.5%~1.5%收取代销佣金;包销商收取的包销佣金为包销股票总金额的1.5%~3%,这种费用一般在选定主承销商的时候就已经确定了。有时在股票包销中,承销报酬则是承销差价(Underwriting Spread)。所谓承销差价就是招股说明书上的发行价格与投资银行支付给发行人的价格之间的差额。在美国,承销差价是在第三次定价的时候,通过主承销商与发行人协商决定的。一般来说,承销差价的决定比发行价格的决定要简单得多,这是因为承销差价可以参考总发行金额的一定比例来确定。决定和影响股票承销差价的主要因素包括:① 股票发行总量。股票发行量的大小决定了承销机构业务量与承销差价的高低,发行总量越大,承销差价越多。② 股票发行总金额。一般来说,承销报酬与股票筹资额成正比,股票筹资额越大,收取的承销报酬越多。③ 发行公司的信誉。发行公司的信誉越好,收取的承销报酬就越少。④ 发行股票的种类。不同种类股票的特点、风险互不相同,从而收取的承销报酬也不一样。⑤ 发行方式。例如,网下发行的承销差价一般略高于上网定价发行的承销差价。

承销差价一般被分配成三部分报酬:第一部分是管理费(Management Fee),它是支付给负责发行准备工作的承销商,其中主承销商将得到较大的份额;第二部分是承销费(Underwriting Fee),旨在支付与承销有关的各类费用,如广告费、承销商律师费、印刷费等,在支付上述费用后,其剩余部分根据承销商在承销中所承担的风险程度进行分配;第三部分是销售费(Selling Charges),根据所有承销商与分销商之间股票分销的数量来进行分配。因此,负责发行准备工作的承销商(主要是主承销商)将得到三份收入:管理费、承销费和销售费,其他承销商将得到承销费和销售费,而不是承团成员的股票交易商则将得到销售费。

（十三）稳定价格

对首次公开发行的股票，主承销商的一个重要职责是稳定股票在市场上的价格。由于股票交易市场价格会给新股票发行价格带来正面或负面的影响，所以防止股票发行上市后价格下跌至发行价或发行价以下，对稳定投资者信心，支持和稳定证券二级市场交易十分重要。投资银行通常会使用“稳定价格技巧”来保持所承销股票价格稳定。其“稳定价格技巧”通常有如下三种：一是联合做空策略，二是“绿鞋期权”策略，三是提供稳定报价策略。

1. 联合做空策略

联合做空策略是指主承销商在分配股票给承销团成员时分配的额度比原先讲定的要少，从而人为造成一笔该股票的空头。例如原先打算承销500万股的承销商可能在分配那天实际只得到490万股，如果它已将预计的500万股卖出，则它必须进入市场买进另外10万股以弥补它的空头，如此这般，股票的价格就会稳定在发行价格之上。联合做空受到投资者的欢迎，因为他们可以很快地抛出股票而获利，但发行人则可能不高兴，因为当股票出现热销时他们可能会觉得其股份在一开始卖得太便宜。针对这种情况，投资银行可能会采取“绿鞋期权”策略。

2. “绿鞋期权”策略

绿鞋期权（Green Shoe Option）在我国又称为超额配售选择权（Over-allotment Option），是指发行人授予主承销商的一种选择权，获此授权的主承销商按同一发行价格超额发售不超过包销数额15%的股份，即主承销商按不超过包销数额115%的股份向投资者发售。在本次包销部分的股票上市之日起30日内，主承销商有权根据市场情况，从集中竞价交易市场购买发行人股票，或者要求发行人增发股票，分配给对此超额发售部分提出认购申请的投资者。主承销商在未动用自有资金的情况下，通过行使超额配售选择权，可以平衡市场对该只股票的供求，起到稳定市价的作用。超额配售选择权这种发行方式只是对其他发行方式的一种补充，既可用于上市公司增发新股，也可用于首次公开发行。

绿鞋期权是一种稳定价格的机制。一般情况下，主承销商很少行使绿鞋期权，只有当股票出现热销时，出于稳定价格的需要它才会行使这一权利来购买额外的股份。绿鞋期权的有效期通常为30天，但在不同的发行中其期限也可能有所不同。绿鞋期权的名称来源于最初采用这种期权的公司。1963年佩恩·韦伯公司为佛蒙特州的绿鞋股份有限公司发行股票时，第一次采用这种技巧而得名。中国证监会于2001年9月3日公布了《超额配售选择权试点意见》。规定了承销商运用超额配售选择权可发售的超额股份的最高数额（最高比例）和期权行使的有效期（通常为新股上市之日起30天内），此外，《证券发行与承销管理办法》明确规定：首次公开发行股票数量在4亿股以上的，发行人和主承销商可以在发行方案中采用超额配售选择权。超额配售选择权的实施应当遵守中国证监会、证券交易所、证券登记结算机构和中国证券业协会的规定。由此标志着绿鞋期权在我国的开始。

3. 提供稳定报价策略

提供稳定报价策略主要是指主承销商在承销期中报出一个不低于发行价的买入价，

市场中任何该股票的卖家都可以按这个报价出售股票,这个报价就是支持该股票的稳定价格。稳定价格策略能使投资者对新发行的股票充满信心,从而有利于股票在二级市场上的表现。

(十四)墓碑广告

在股票发行结束后,作为主承销商的投资银行会在报纸和杂志上刊登墓碑广告(Tomb-stone)。墓碑广告是指登在报纸和杂志上的加边框的广告,它说明了发行的特点,它更多地带有公告的性质而不仅仅是广告,墓碑广告也是股票承销过程中一个关键的组成部分。

虽然一般读者对墓碑广告并没有多大兴趣,但是对于从事证券承销业务的投资银行家们来说墓碑广告则具有很重要的意义。墓碑广告上各投资银行的排列位置明确地体现了其在投资银行界所处的地位。在墓碑广告中,主承销商的名称通常列在承销商名单的最上面,如果几家投资银行共同担任主承销商,则列在最左方的投资银行具有决定承销团成员及销售比率的权限。名字紧接着主承销商的是投资银行业中具有较高声望的投资银行。在华尔街,这些投资银行被称为特殊阶层——只要有特殊阶层的投资银行参加承销团,这就意味着可以保证这种证券的健全性——因此特殊阶层是权威的象征。名字排在特殊阶层后面的是主要阶层的投资银行,它们的权利仅次于特殊阶层,业务量也很大,其承销的分量虽然较特殊阶层少,但在投资银行中也有相当大的发言权。排在主要阶层后面的投资银行是次要业者,在次要业者之中有很多投资银行具有直接分销给一般投资者的推销能力。这一层次的投资银行也分成很多级别,在墓碑广告上只刊登此阶层中地位最高的一群投资银行名称。因此可以说,墓碑广告是投资银行地位的标志。

股票发行结束后,发行人向证券交易所申请其首次公开发行股票上市时,应当按照中国证监会有关规定编制上市公告书。

第三节 上市公司公开发行新股

一、上市公司公开发行新股的基本条件、一般规定及特别规定

上市公司公开发行新股是指上市公司向不特定对象发行新股,包括向原股东配售股份(以下简称“配股”)和向不特定对象公开募集股份(以下简称“增发”)。

(一)基本条件

根据我国《证券法》,公司公开发行新股,应当符合下列条件:具备健全且运行良好的组织机构;具有持续盈利能力,财务状况良好;最近三年内财务会计文件无虚假记载,无其他重大违法行为;经国务院批准的国务院证券监督管理机构规定的其他条件。根据《证券法》第15条的规定,上市公司发行新股还必须满足下列要求:“公司对公开发行股票所募集资金,必须按照招股说明书所列资金用途使用。改变招股说明书所列资金用途,必须经股东大会作出决议。擅自改变用途而未作纠正的,或者未经股东大会认可的,不得公开发行新股。”

（二）一般规定

上市公司的组织机构健全、运行良好。上市公司的盈利能力具有可持续性。上市公司的财务状况良好。上市公司最近 36 个月内财务会计文件无虚假记载，且不存在重大违法行为。上市公司募集资金的数额和使用应当符合规定。上市公司存在下列情形之一的，不得公开发行证券：本次发行申请文件有虚假记载、误导性陈述或重大遗漏；擅自改变前次公开发行证券募集资金的用途而未作纠正；上市公司最近 12 个月内受到过证券交易所的公开谴责；上市公司及其控股股东或实际控制人最近 12 个月内存在未履行向投资者做出的公开承诺的行为；上市公司或其现任董事、高级管理人员因涉嫌犯罪被司法机关立案侦查或涉嫌违法违规被中国证监会立案调查；严重损害投资者的合法权益和社会公共利益的其他情形。

（三）配股的特别规定

向原股东配股，除符合上述一般规定外，还应当符合下列规定：拟配股数量不超过本次配股前股本总额的 30%；控股股东应当在股东大会召开前公开承诺认配股份的数量；采用《证券法》规定的代销方式发行。控股股东不履行认配股份的承诺，或者代销期限届满，原股东认购股票的数量未达到拟配售数量 70%的，发行人应当按照发行价并加算银行同期存款利息返还已经认购的股东。

（四）公开增发的特别规定

向不特定对象公开募集股份，除符合上述一般规定外，还应当符合下列规定：最近三个会计年度加权平均净资产收益率平均不低于 6%（扣除非经常性损益后的净利润与扣除前的净利润相比，以低者作为加权平均净资产收益率的计算依据）；除金融类企业外，最近一期末不存在持有金额较大的交易性金融资产和可供出售的金融资产、借予他人款项、委托理财等财务性投资的情形；发行价格应不低于公告招股意向书前 20 个交易日公司股票均价或前 1 个交易日的均价。

二、上市公司公开发行新股的申请程序

（一）聘请保荐人（主承销商）

上市公司公开发行股票，应当由证券公司承销，由保荐人保荐，并向中国证监会申报。

（二）董事会作出决议

上市公司董事会依法就下列事项作出决议：新股发行的方案、本次募集资金使用的可行性报告、前次募集资金使用的报告、其他必须明确的事项，并提请股东大会批准。

（三）股东大会批准

股东大会应当就本次发行新股的种类和数量、发行方式、发行对象及向原股东配售的安排、定价方式或价格区间、募集资金用途、决议的有效期、对董事会办理本次发行具体事宜的授权、其他必须明确的事项进行逐项表决。股东大会就发行新股事项作出决议，必须经出席会议的股东所持表决权的 2/3 以上通过。向本公司特定的股东及其关联人发行新股的，股东大会就发行方案进行表决时，关联股东应当回避。上市公司就发行新股事项召

开股东大会,应当提供网络或者其他方式为股东参加股东大会提供便利。上市公司发行新股决议1年有效;决议失效后仍决定继续实施发行新股的,须重新提请股东大会表决。

(四)编制和提交申请文件

保荐人应当按照中国证监会的有关规定编制和报送发行申请文件。

(五)重大事项的持续关注

上市公司发行新股前发生重大事项的,应暂缓发行,并及时报告中国证监会。该事项对本次发行条件构成重大影响的,发行新股的申请应重新经过中国证监会核准。

三、保荐人(主承销商)的尽职调查

尽职调查是保荐人(主承销商)透彻了解发行人各方面情况、设计发行方案、成功销售股票以及明确保荐人(主承销商)责任范围的基础和前提,对保荐人(主承销商)和发行人均具有非常重要的意义。与首次公开发行股票一样,在上市公司新股发行过程中,保荐人(主承销商)对上市公司的尽职调查贯穿始终。

(一)提交发行申请文件前的尽职调查

尽职调查的绝大部分工作集中于这一阶段。通过这一阶段的尽职调查,保荐人(主承销商)必须至少达到以下三个目的:① 充分了解发行人的经营情况及面临的风险和问题;② 有充分理由确信发行人符合《证券法》等法律法规及中国证监会规定的发行条件;③ 确信发行人申请文件和公开募集文件真实、准确、完整。这一阶段的尽职调查完成后,保荐人(主承销商)应根据尽职调查的结果撰写尽职调查报告,并作为上市公司新股发行申请文件的组成部分提交监管部门。根据《保荐人尽职调查工作准则》的规定,保荐人应当在参照该准则的基础上,根据发行人的行业、业务、融资类型不同,在不影响尽职调查质量的前提下调整、补充、完善尽职调查工作的内容。

(二)持续尽职调查责任的履行

提交发行新股申请文件并经受理后,上市公司新股发行申请进入核准阶段,但此时保荐人(主承销商)的尽职调查责任并未终止,仍应遵循勤勉尽责、诚实信用的原则,继续认真履行尽职调查义务。

1. 发审会前重大事项的调查

在发行申请提交发审会前,如果发生对发行人发行新股法定条件产生重大影响,或对发行人股票价格可能产生重大影响,以及对投资者做出投资决策可能产生重大影响的重大事项,保荐人(主承销商)应当在两个工作日内向中国证监会书面说明,并对招股说明书或招股意向书做出修改或进行补充披露并发表专业意见,同时督促相关专业中介机构对该等重大事项发表专业意见。

2. 发审会后重大事项的调查

发审会后至封卷期间,以及封卷后至刊登募集说明书期间,如果发行人公布了新的定期报告、重大事项临时公告或调整盈利预测,发行人、保荐人(主承销商)、律师应在5个工作日内,向中国证监会报送会后重大事项说明或专业意见以及修改后的募集说明书;律师应出具会后重大事项说明或专业意见；公告内容涉及会计师新出具专业报告的，会计师也应出具会后重大事项的专业意见。中国证监会将根据发行人和中介机构的专项说明或专业意见，决定是否需要重新提交发审会审核。发行人取得核准批文后因发生重大事项或重大变化而不再符合发行条件的，保荐人（主承销商）应督促发行人主动交回已取得的核准批文。

发审会后发行人新公布定期报告、重大事项临时公告，如果定期报告（年度报告和半年度报告除外）和重大事项临时公告未涉及重大不利变化，募集说明书中可以索引的方式就发行人定期报告、重大事项临时公告的相关信息进行提示性披露；如果定期报告和重大事项临时公告涉及重大不利变化，应按照《公开发行证券的公司信息披露内容与格式准则第 11 号——上市公司公开发行证券募集说明书》的要求详细披露相关内容，并作重大事项提示。

发审会后发行人调整盈利预测，除上述文件外，还应补充提供董事会编制的调整后盈利预测或调整说明以及会计师的审核意见。保荐人（主承销商）在报送再融资公司会后事项材料时，应重点关注发行人会后是否符合不再提交发审会审核的条件，除此之外，还需关注发行人本次募集资金拟收购资产是否发生重大不利变化、拟收购资产的评估结果是否仍然有效等其他重要事项。

3. 招股说明书刊登前一个工作日的核查验证事项

拟发行公司在刊登招股说明书或招股意向书的前一个工作日，应向中国证监会说明拟刊登的招股说明书或招股意向书与招股说明书或招股意向书（封卷稿）之间是否存在差异，保荐人（主承销商）及相关专业中介机构应出具声明和承诺。保荐人（主承销商）应督促发行人律师出具补充法律意见书，说明已对所有与本次发行上市有关的事项进行了充分的核查验证，保证不存在虚假记载、误导性陈述及重大遗漏。中国证监会同时将上述文件归档。

4. 上市前重大事项的调查

招股说明书或招股意向书刊登后至获准上市前，拟发行公司发生重大事项的，应于该事项发生后第一个工作日向中国证监会提交书面说明，保荐人（主承销商）和相关专业中介机构应出具专业意见。如发生重大事项导致拟发行公司不符合发行上市条件的，中国证监会将依照有关法律、法规执行并依照审核程序决定是否需要重新提交发审会讨论。如发生重大事项后，拟发行公司仍符合发行上市条件的，拟发行公司应在报告中国证监会后第二日刊登补充公告。

5. 持续督导

保荐人应督导发行人有效执行并完善防止大股东、其他关联方违规占用发行人资源的制度；督导发行人有效执行并完善防止高管人员利用职务之便损害发行人利益的内控制度；督导发行人有效执行并完善保障关联交易公允性和合规性的制度，并对关联交易发表意见；督导发行人履行信息披露的义务，审阅信息披露文件及向中国证监会、证券交易所提交的其他文件；持续关注发行人募集资金的使用、投资项目的实施等承诺事项；持续关注发行人为他人提供担保等事项，并发表意见。

上市公司发行新股持续督导的期间为股票上市当年剩余时间及其后一个完整会计年

度。持续督导的期间自股票上市之日起计算。持续督导期届满,如有尚未完结的保荐工作,保荐人应当继续完成。保荐人应当自持续督导工作结束后10个工作日内向中国证监会、证券交易所报送“保荐总结报告书”。

四、上市公司发行新股的推荐核准程序

上市公司公开发行新股的推荐核准,包括由保荐人(主承销商)进行的内核、出具发行保荐书和发行保荐工作报告、对承销商备案材料的合规性审核,以及由中国证监会进行的受理申请文件、初审、发行审核委员会审核、核准发行等。

(一)保荐人(主承销商)的推荐

1. 内核

所谓内核是指保荐人(主承销商)的内核小组对拟向中国证监会报送的发行申请材料进行核查,确保股票发行不存在重大法律和政策障碍及发行申请材料具有较高质量的行为。内核小组通常由8~15名专业人士组成,这些人员要保持稳定性和独立性;公司主管投资银行业务的负责人及投资银行部门的负责人通常为内核小组的成员。此外,内核小组成员中应有熟悉法律、财务的专业人员。为了做好内核工作,保荐人(主承销商)必须建立和健全以尽职调查为基础的发行申请文件的质量控制体系;建立和健全尽职调查工作流程,明确调查要点;形成调查报告;建立科学的项目决策体系;建立和完善内核工作会议程序和规则。

2. 出具发行保荐书和发行保荐工作报告

保荐人(主承销商)应当在内核程序结束后做出是否推荐发行的决定。决定推荐发行的,应出具发行保荐书和发行保荐工作报告。对于发行人的不规范行为,保荐人(主承销商)应当要求其整改,并将整改情况在尽职调查报告或核查意见中予以说明。因发行人不配合,使尽职调查范围受到限制,导致保荐人(主承销商)无法作出判断的,保荐人(主承销商)不得为发行人的发行申请出具推荐函。

3. 对承销商备案材料的合规性审核

中国证券业协会对承销商备案材料的要求与首次公开发行股票的要求大致相同。

(二)中国证监会的核准

1. 受理申请文件

发行申请人按照中国证监会颁布的《公开发行证券的公司信息披露内容与格式准则》制作申请文件,由保荐人(主承销商)推荐,并向中国证监会申报。中国证监会收到申请文件后,在5个工作日内做出是否受理的决定。未按规定的要求制作申请文件的,中国证监会不予受理。

2. 初审

中国证监会受理申请文件后,对发行人申请文件的合规性进行初审。在初审过程中,中国证监会将就发行人的投资项目是否符合国家产业政策征求国家发改委的意见。国家发改委自收到文件后,在15个工作日内,将有关意见函告中国证监会。

3. 发行审核委员会审核

发审委对上市公司发行新股的审核程序与首次公开发行股票大致相同。

有关利用外资的规定；发起人认购的股本总额不少于公司拟发行股本总额的35%；发起人的出资总额不少于1.5亿元人民币；拟向社会发行的股份达公司股份总数的25%以上，拟发行的股本总额超过4亿元人民币的，其拟向社会发行股份的比例达15%以上；改组设立公司的原有企业或者作为公司主要发起人的国有企业，在最近3年内没有重大违法行为，并在最近3年内连续盈利。

2. 申请增资发行境内上市外资股的条件

已设立的股份有限公司增加资本，申请发行境内上市外资股时，除应具备募集设立公司申请发行境内上市外资股前3项条件外，还应当符合下列条件：公司前一次发行的股份已经募足，所得资金的用途与募股时确定的用途相符，并且资金使用效益良好；公司净资产总值不低于1.5亿元人民币；公司从前一次发行股票到本次申请期间没有重大违法行为；公司在最近3年内连续盈利，原有企业改组或者国有企业作为主要发起人设立的公司，可以连续计算；中国证监会规定的其他条件。

以发起方式设立的股份有限公司首次增加资本，申请发行境内上市外资股时，还必须符合募集设立公司申请发行B股时关于向社会公开发行股份比例的要求，即上述1中的第6项。

（三）境内上市外资股的发行方式

我国股份有限公司发行境内上市外资股一般采取配售方式。按照国际金融市场的通常做法，采取配售方式，承销商可以将所承销的股份以议购方式向特定的投资者配售。主承销商在承销前的较早阶段即已通过向其网络内客户的推介或路演，初步确定了认购量和投资者可以接受的发行价格，正式承销前的市场预测和承销协议签署仅具备有限的商业和法律意义。

（四）境内上市外资股的发行程序

1. 实施企业改组方案

为了实现募集外资与上市目标，企业改组方案一般应当遵循以下原则：① 突出主营业务；② 避免同业竞争，减少关联交易；③ 保持较高的利润总额与资产利润率；④ 避免出现可能影响境外募股与上市的法律障碍；⑤ 明确股份有限公司与各关联企业的经济关系。

2. 选聘中介机构

（1）承销商。公司发行境内上市外资股，应当委托经中国证监会认可的境内证券经营机构作为主承销商或者主承销商之一。公司也可以聘请国外证券公司担任国际协调人。主承销商和国际协调人共同负责向拟上市的证券交易所推荐、提供咨询、协调联络、制作文件、向投资者推介、承销股票以及上市后持续服务等。

（2）法律顾问。一般发行新股至少需聘请两类法律顾问：一类是企业的法律顾问，另一类是承销商的法律顾问。这两类法律顾问根据发行要求的不同，又分别包括两位法律顾问：一位是中国境内的法律顾问，另一位是中国境外的法律顾问。

（3）审计机构。包括中国境内具有证券相关业务资格的会计师事务所和国际会计师事务所。

(4) 评估机构。主要由境内的评估机构担任。但是,在某些情况下,企业也可以聘请境外估值师对公司的物业和机器设备等固定资产进行评估。此外,还需要有一家国内的土地评估机构评估土地。

3. 尽职调查

尽职调查的主要内容有:拟募股企业的发展历史与背景;公司发展战略;拟募股企业与关联企业的关系和结构;产品类别及市场占有率分析;产品的技术特点及发展方向;同业竞争与关联交易;生产程序、企业管理与质量控制;原材料的购进渠道、采购政策、订货程序;与供应商的合作情况;国家补贴情况;技术产品的开发、销售、市场推广及售后服务;财务资料及业绩;董事、管理阶层及员工;外汇风险;企业知识产权、物业和各类财产权利的详细情况;企业未来的发展和募集资金的用途;等等。主承销商(或国际协调人)根据企业所提供的资料,与有关中介机构将就调查结果形成工作报告,并作为招股说明书的依据。

4. 提供法律意见

法律顾问的主要职责是:向公司提供有关企业重组、外资股发行等方面的法律咨询,协助企业完成股份制改组,起草与发行有关的重大合同;调查、收集企业的各方面资料。主承销商的法律顾问须协助其编制招股说明书(或信息备忘录),并准备有关的附录文件;出具外资股发行法律意见书,并根据承销和发行的需要出具单项法律意见书;准备招股说明书的验证备忘录,要求发行人、主承销商和有关中介机构确认和保证招股说明书中资料的准确性、真实性和完整性。

5. 资产评估

资产评估的目的在于提供企业真实的资产价值,向境外投资者反映企业的实际资产价值,同时也是为了防止国有资产的流失。根据要求,在设立股份有限公司时,境内评估机构应当对投入股份有限公司的全部资产进行资产评估。对股份有限公司占用的土地进行评估时,要向国家土地管理部门申请办理土地评估立项与确认。评估机构在完成评估以后,应当出具评估报告。

6. 财务审计

会计师事务所的任务主要有三项:一是对公司的资产重组提出意见;二是对公司的财务状况进行审计,并出具会计师报告(审计报告);三是对公司的盈利预测进行审核。按照国际通行的做法,中国企业发行股票,首先应当按照中国的企业会计准则和会计制度编制财务报表。但是,由于中国的企业会计准则和会计制度与国际会计准则存在差别,为了便于境外投资者了解企业的财务状况及其发展前景,充分保障投资者的利益,以及适应不同募集地的要求,需要国际会计师事务所参照国际会计准则,对企业的会计报表进行调整,并公开披露。

7. 设立公司

向境外投资者募集股份的股份有限公司通常以发起方式设立。在资产评估、财务审计、重组方案等工作完成的基础上,地方企业通过省、自治区、市政府,中央企业通过行业主管部门申请发起设立股份有限公司。这时设立的股份有限公司,可以是仅代表国家发起人股本的股份有限公司。这主要是解决发行人的法律主体资格问题,避免因中外法律的差异造成发行障碍。

8. 提交发行股票的申请材料

在完成上述发行准备事项之后，发行人应当按照《申请发行境内上市外资股（B股）公司报送材料标准格式》的要求，向中国证监会提交发行股票的申请材料。

（1）B股发行申请材料主要包括下列文件：省级人民政府或国务院有关部门出具的推荐文件；批准设立股份有限公司的文件；发行授权文件；公司章程；招股说明书；资金运用的可行性分析；发行方案；公司改制方案及原企业的有关财务资料；定向募集公司申请发行B股还须提交的文件；发行申请材料的附件。

（2）如果是已经发行了境内上市外资股的公司申请再次募集境内上市外资股的（公司向现有股东配股除外），也应当按照《境内上市外资股（B股）公司增资发行B股申报材料的标准格式》，将有关文件报中国证监会审核。主要有：地方政府或中央企业主管部门关于公司增资发行B股申请出具的文件；本次增资发行B股的授权文件及附件，如股东大会决议等；关于前一次股票发行（包括配股或增资）的有关情况及其他材料；资金运用的可行性说明材料；简要招股说明材料；其他附件，如国有股权持有单位关于本次增资发行B股出具的意见（如有）、公司章程、承销协议等。

9. 核准

中介机构按照《国务院关于股份有限公司境内上市外资股的规定》等国家有关法规、政策制作发行申报材料后，提交中国证监会。经中国证监会发行监管部审核合格的，提交发行审核委员会审议。发行审核委员会审议通过后，中国证监会将按程序核准发行B股；不予核准的，做出说明。

B股公司增资发行B股，比照B股首次发行审批阶段的程序办理，由中国证监会批准发行。

（五）境内上市外资股的超额配售选择权

根据《股份有限公司境内上市外资股规定的实施细则》等法规，经批准，我国股份有限公司在发行B股时，可以与承销商在包销协议中约定超额配售选择权。

二、H股的发行与上市

（一）H股的发行方式

H股也称国企股，指注册地在内地、上市地在香港的外资股。

H股的发行方式是公开发行加国际配售。发行人须按上市地法律的要求，将招股文件和相关文件作公开披露。招股说明书一般在上市委员会的听证会批准后公布，公司根据招股说明书披露的信息，向社会公众发行新股。初次发行H股时须进行国际路演，这对于新股认购和H股上市后在二级市场的表现都有积极的意义。

（二）中国证监会关于企业申请境外上市的要求

符合我国有关境外上市的法律法规和规则；筹资用途符合国家产业政策、利用外资政策及国家有关固定资产投资立项的规定；净资产不少于4亿元人民币，过去一年税后利润不少于6 000万元人民币，并有增长潜力，按合理预期市盈率计算，筹资额不少于5 000万美元;具有规范的法人治理结构及较完善的内部管理制度,有较稳定的高级管理层及较高的管理水平;上市后分红派息有可靠的外汇来源,符合国家外汇管理的有关规定;中国证监会规定的其他条件。

(三)H股的发行与上市条件

根据香港联合证券交易所(下文简称“香港联交所”)有关规定,内地企业在中国香港发行股票并上市的股份有限公司应满足以下条件:

1. 盈利和市值要求

香港联交所最新修订的《上市规则》对股份公司盈利和市值符合以下条件之一:① 公司必须在相同的管理层人员的管理下有连续三年的营业记录,以往三年盈利合计5 000万港元(最近一年的利润不低于2 000万港元,再之前两年的利润之和不少于3 000万港元),并且市值(包括该公司所有上市和非上市证券)不低于2亿港元;② 公司有连续三年的营业记录,于上市时市值不低于20亿港元,最近一个经审计财政年度收入至少5亿港元,并且前三个财政年度来自营运业务的现金流入合计至少1亿港元;③ 公司于上市时市值不低于40亿港元,且最近一个经审计财政年度收入至少5亿港元。

在该项条件下,如果新申请人能证明公司管理层至少有三年所属业务和行业的经验,并且管理层及拥有权最近一年持续不变,则可以豁免连续三年营业记录的规定。

2. 最低市值要求

新申请人预期上市时的市值须至少为2亿港元。

3. 公众持股市值和持股量要求

(1) 新申请人预期证券上市时,由公众人士持有的股份的市值须至少为5 000万港元。无论任何时候,公众人士持有的股份须占发行人已发行股本至少25%。

(2) 若发行人拥有超过一种类别的证券,其上市时由公众人士持有的证券总数必须占发行人已发行股本总额至少25%;但正在申请上市的证券类别占发行人已发行股本总额的百分比不得少于15%,上市时的预期市值也不得少于5 000万港元。

(3) 如发行人预期上市时市值超过100亿港元,则香港联交所可酌情接纳一个介乎15%与25%之间的较低百分比。

4. 股东人数要求

(1) 按“盈利和市值要求”第①、②条申请上市的发行人公司至少有300名股东;按“盈利和市值要求”第③条申请上市的发行人至少有1 000名股东。

(2) 持股量最高的三名公众股东,合计持股量不得超过证券上市时公众持股量的50%。

5. 持续上市责任

控股股东必须承诺上市后6个月内不得出售公司的股份,并且在随后的6个月内控股股东可以减持,但必须维持控股股东地位,即30%的持股比例。

6. 公司治理要求

(1) 公司上市后须至少有两名执行董事常驻香港。

(2) 需指定至少三名独立非执行董事,其中1名独立非执行董事必须具备适当的专业资格,或具备适当的会计或相关财务管理专长。

(3) 发行人董事会下须设有审核委员会、薪酬委员会和提名委员会。

(4) 审核委员会成员须有至少三名成员,并必须全部是非执行董事,其中至少 1 名是独立非执行董事且具有适当的专业资格,或具备适当的会计或相关财务管理专长;审核委员会的成员必须以独立非执行董事占大多数,出任主席者也必须是独立非执行董事。

(四) H 股发行的工作步骤

第一步,实施企业重组。

第二步,尽职调查。

第三步,草拟发行所需的有关文本。

第四步,向地方政府及中央政府申请发行 H 股及审批。

第五步,向中国证监会申请在香港上市。

第六步,向香港联交所递交上市申请书及有关文件。

第七步,完成发行上市的有关文本(招股书、认购申请书、董事及监事声明、承销协议、物业评估报告、审计报告等)。

第八步,召开首次股东大会批准有关上市事宜,通过公司章程选举董事、监事、公司秘书。

第九步,经香港联交所批准,进行预路演。

第十步,确定发行价格范围。

第十一步,召开招股推介会,进行国际路演。

第十二步,完成其他文件注册登记事宜。

第十三步,簿记、公开招股和定价。

第十四步,正式挂牌上市。

(五) H 股发行的核准程序

第一,取得地方政府或国务院有关主管部门的同意和推荐,向中国证监会提出申请。

第二,由中国证监会就有关申请是否符合国家产业政策、利用外资政策以及有关固定资产投资立项规定会商国家发改委等有关部门。

第三,聘请中介机构,报送有关材料。

第四,中国证监会审批。

第五,向香港联交所提出申请,并履行相关核准或登记程序。

三、内地企业在香港创业板的发行与上市

(一) 香港创业板市场的上市条件

1. 适用于所有发行人的一般条件

根据《香港联合交易所有限公司创业板上市规则》(以下简称《创业板上市规则》)的规定,发行人必须依据中国内地及香港地区、百慕大或开曼群岛的法律正式注册成立,并须遵守该类地区的法律(包括有关配发及发行证券的法律)及其公司组织章程大纲及细则或同等文件的规定。发行人的公司组织章程大纲及细则须符合《创业板上市规则》(附

录三)的规定。此外,如系在特定司法管辖区注册成立的海外发行人,亦须符合《创业板上市规则》附录十一的规定;发行人及其业务必须属于香港联交所认为的适合上市公司;发行人须委任有关人士担任董事、公司秘书、资格会计师、监察主任、获授权代表和审核委员等职责,发行人必须确保这些人士于被聘任前符合《创业板上市规则》的有关规定条件;发行人须有经核准的股票过户登记处,或须聘有经核准的股票过户登记处,以便在中国香港特别行政区设置其股东名册;新申请人在任何上市申请之前,须根据合约在一段固定期间内委聘保荐人。该期间至少涵盖上市财政年度的余下时间及其以后两个财政年度。此后,上市发行人须按照《创业板上市规则》的有关规定委聘保荐人;新申请人及上市发行人必须拥有按《创业板上市规则》所编制的会计师报告。

2. 适用于新申请人的附加条件

(1) 会计师报告。如属新的申请人,其申报会计师最近期申报的财政期间不得早于上市文件刊发日期前6个月结束。

(2) 活跃业务记录。新申请人或其集团必须具备足够至少两个财政年度的适当编制的营业记录,以及日常及正常业务经营过程中产生净现金流入。申请上市的新申请人或其集团在刊发上市文件前两个财政年度从经营业务所得的净现金流入总额必须达到2 000万港元。

(3) 业务目标。新申请人必须符合《创业板上市规则》第14.19条至第14.21条规定的上市文件中的声明,清楚列明其业务目标,并解释拟达到该目标的方法。

(4) 与物业有关的事项。属于物业公司的新申请人必须就其绝大部分中国物业拥有长期所有权证明书,及(或)就绝大部分非位于中国的物业拥有其他适当的所有权证明,不论该等物业已竣工或仍在发展中。

3. 有关新申请人的其他条件

(1) 除《创业板上市规则》第11.21条另有规定外,新申请人不得出现以下情况:① 在紧接上市文件刊发前最后一个完整的财政年度期内更改其财政年度期间;② 在任何盈利预测期间或在现有财政年度(以较长期间为准)更改其财政年度期间。

(2) 根据《创业板上市规则》第11.20条的规定,只有满足以下条件,新申请人的附属公司通常才能获准更改其财政年度期间:① 该项更改旨在使附属公司的财政年度与新申请人的财政年度相配合;② 业绩已作适当调整,而有关调整必须在向交易所提供的报表中做出详细解释;③ 在上市文件及会计师报告中做出充分披露,说明更改的理由,以及有关更改对新申请人的集团业绩及盈利预测的影响。

(3) 上市时的管理层股东(管理层股东是指控制5%或以上的投票权,并能对管理层做出指令或发挥影响力的股东)及高持股量股东(高持股量股东是指配售及资本化发行后有权行使本公司股东大会5%或以上的投票权,而且不是上市时管理层股东的那些股东)于上市时必须最少共持有新申请人已发行股本的35%。

4. 分配基准

上市文件必须披露发行人拟分配证券的基准详情,包括公众人士及配售部分(如有)各自持有证券的详情。就所有供公众认购或出售给公众的证券(不论由新申请人或上市发行人发行)而言(为释疑起见,不包括根据配售安排而发行的证券),发行人、董事、保荐人及包销商(如适用)必须采纳公平准则,将上述证券分配给所有认购或申请证券的人士。

5. 公开招股发售期间的确定

(1) 涉及向公众人士招股的任何上市方法,发行人须于上市文件内载列有关发售期限的详情。

(2) 上市文件所订明的可更改或延长发售期间或公开接受认购期间的权利,必须遵循以下规定:① 限于香港联交所接纳因热带气旋警告讯号或类似的外来因素而可能引致的延误(不论所述的截止日期是否为银行工作日);② 载于上市文件的有关详情内。在香港联交所接纳的任何条件的规定下,上市文件所述发售期间及公开接受认购期间的截止日期不可更改或延长,而发行人、包销商或任何其他人士均不可单方面更改或延长该日期或期间。

6. 包销商

香港联交所就任何拟采用的包销商(如有)在财政上是否适合做咨询发行人保留权利,如果交易所不信任包销商有所承诺的包销能力,则可以拒绝其上市申请。

(二) 内地企业在香港创业板发行与上市的条件

1. 运作历史要求

新申请人必须证明在其呈交上市申请的日期之前,在相同的持股人及管理层管理下,具备至少 24 个月的活跃业务和须有活跃的主营业务记录。但须注意的是,在创业板不设立盈利要求。

2. 市值要求

新申请人预期上市时最低的市值无具体规定,但实际上市时不得少于 4 600 万港元;期权、权证或类似权利,上市时市值须达到 600 万港元。

3. 禁售规则与持股量要求

(1) 在上市时管理层股东,及高持股量股东必须合共持有不少于公司已发行股本的 35%;管理层股东和持股比例少于 1%的管理层股东的股票禁售期分别为 2 个月和 6 个月。

(2) 若新申请人上市时市值不超过 40 亿港元,则无论在任何时候公众人士持有的股份须占发行人已发行股本总额至少 25%(但最低限度要达 3 000 万港元)。若新申请人上市时市值相等于或超过 40 亿港元,则公众持股量必须为下述两个百分比中的较高者:由公众持有的证券达到市值 10 亿港元(在上市时决定)所需的百分比或发行人已发行股本的 20%。

4. 股东人数要求

如发行人具备 24 个月活跃业务记录,于上市时公众股东至少有 100 名。如发行人只能符合 12 个月活跃业务记录的要求,于上市时公众股东至少有 300 名。

5. 主要业务要求

申请人必须从事单一业务,但允许有围绕该单一业务的周边业务活动。

6. 公司治理要求

申请人必须委任独立非执行董事、合格会计师和监察主任,以及设立审核委员会。

四、境内上市公司所属企业境外上市

(一) 上市公司所属企业境外上市的条件

境内上市公司所属企业到境外上市,是指境内上市公司有控制权的所属企业(以下简称"所属企业")到境外证券市场公开发行股票并上市的行为。上市公司所属企业申请境外上市,应当符合以下条件:上市公司在最近三年连续盈利;上市公司最近三个会计年度内发行股份及募集资金投向的业务和资产不得作为对所属企业的出资申请境外上市;上市公司最近一个会计年度合并报表中按权益享有的所属企业的净利润不得超过上市公司合并报表净利润的50%;上市公司最近一个会计年度合并报表中按权益享有的所属企业净资产不得超过上市公司合并报表净资产的30%;上市公司与所属企业不存在同业竞争,且资产、财务独立,经理人员不存在交叉任职;上市公司及所属企业董事、高级管理人员及其关联人员持有所属企业的股份,不得超过所属企业到境外上市前总股本的10%;上市公司不存在资金、资产被具有实际控制权的个人、法人或其他组织及其关联人占用的情形或其他损害公司利益的重大关联交易;上市公司最近三年无重大违法违规行为。

(二) 上市公司所属企业申请境外上市需要表决的事项

1. 董事会表决事项

境内上市公司所属企业到境外上市,其董事会应当就以下事项作出决议并提请股东大会批准:境外上市是否符合中国证监会的规定;境外上市方案;上市公司维持独立上市地位承诺及持续盈利能力的说明与前景。

2. 股东大会表决事项

境内上市公司所属企业到境外上市,其股东大会应当就以下事项逐项进行表决:董事会提案中有关所属企业境外上市方案;董事会提案中上市公司维持独立上市地位及持续盈利能力的说明与前景。

(三) 财务顾问的职责

所属企业申请到境外上市,上市公司应当聘请经中国证监会注册登记并列入保荐人名单的证券经营机构担任其维持持续上市地位的财务顾问。

1. 尽职调查

财务顾问应当按照中国证监会的规定,对上市公司所属企业到境外上市申请文件进行尽职调查、审慎核查,出具财务顾问报告,承诺有充分理由确信上市公司申请文件不存在虚假记载、误导性陈述或者重大遗漏,确信上市公司在所属企业到境外上市后仍然具备独立的持续上市地位,保留的核心资产与业务具有持续经营能力。

2. 持续督导

财务顾问应当在上市公司所属企业到境外上市当年剩余时间及其后一个完整会计年度,持续督导上市公司维持独立上市地位,并承担下列工作:持续关注上市公司核心资产与业务的独立经营状况、持续经营能力等情况;督导上市公司依法披露所属企业发生的对上市公司权益有重要影响的资产、财务状况变化,以及其他影响上市公司股票价格的重要信息;财务顾问应当自持续督导工作结束后10个工作日内向中国证监会、证券交易所报送“持续上市总结报告书”。

（四）信息披露与监督管理

所属企业到境外上市，上市公司应当在下述事件发生后次日履行信息披露义务：所属企业到境外上市的董事会、股东大会决议；所属企业向中国证监会提交的境外上市申请获得受理；所属企业获准境外发行上市。

所属企业到境外上市后，上市公司应当及时向境内投资者披露所属企业向境外投资者披露的任何可能引起股价异常波动的重大事件。上市公司应当在年度报告的重大事项中就所属企业业务发展情况予以说明。

上市公司所属企业申请到境外上市，应当按照中国证监会的要求编制并报送申请文件及相关材料。中国证监会对上市公司所属企业到境外上市申请实施行政许可，并比照《证券发行上市保荐业务管理办法》（2009 年 6 月 14 日施行）对财务顾问执业情况实施监管。

五、国内企业赴美国融资及上市

（一）国内企业在美国主要证券交易所挂牌及上市的条件

美国证券市场由全国性的证券市场和区域性的证券市场所构成，前者主要包括：纽约证券交易所（NYSE）、全美证券交易所（AMEX）、纳斯达克股市（NASDAQ）和招示板市场（OTCBB）；后者包括：费城证券交易所（PHSE）、太平洋证券交易所（PASE）、辛辛那提证券交易所（CISE）、中西部证券交易所（MWSE）以及芝加哥期权交易所（CBOE）等。国内企业主要选择在美国全国性的证券市场上市融资。

1. 纽约证券交易所

纽约证券交易所具有组织结构健全，设备最完善，管理最严格和上市标准高等特点。其对美国国外公司上市的基本条件要求：

（1）社会公众持有的股票数目不少于 250 万股；

（2）有 100 股以上的股东人数不少于 5 000 名；

（3）公司财务标准（三选其一）：① 收益标准：公司前三年的税前利润必须达到 1 亿美元，且最近两年的利润分别不低于 2 500 万美元；② 流动资金标准：在全球拥有 5 亿美元资产，过去 12 个月营业收入至少 1 亿美元，最近 3 年流动资金至少 1 亿美元；③ 净资产标准：全球净资产至少 7 亿 5 000 万美元，最近财务年度的收入至少 7 亿 5 000 万美元；

（4）对公司的管理和操作方面的多项要求；

（5）其他有关因素，如公司所属行业的相对稳定性，公司在该行业中的地位，公司产品的市场情况，公司的前景，公众对公司股票的兴趣等。

2. 全美证券交易所

全美证券交易所具有运行成熟与规范，股票和衍生证券交易突出等特点。上市条件比纽约交易所低，但也有上百年的历史。其对美国国外公司上市的基本条件要求：

（1）最少要有 50 万股的股数在市面上为大众所拥有；

（2）市值最少要在 300 万美元；

(3) 最少要有 800 名的股东(每名股东需拥有 100 股以上);

(4) 上个会计年度需有最低 75 万美元的税前所得。

3. 纳斯达克股市

纳斯达克股市是完全的电子证券交易市场,是全球第二大证券市场。该股市采用证券公司代理交易制,按上市公司大小分为全国板和中小板,股票交易活跃。纳斯达克股市对非美国公司提供可选择的上市财务标准满足下列条件中的一条:

(1) 不少于 1 500 万美元的净资产额,最近三年中至少有一年税前营业收入不少于 100 万美元;

(2) 不少于 3 000 万美元的净资产额,不少于二年的营业记录;

(3) 股票总市值不低于 7 500 万美元,或者公司总资产、当年总收入不低于 7 500 万美元;

(4) 需有 300 名以上的股东;

(5) 上个会计年度最低为 75 万美元的税前所得;

(6) 每年的年度财务报表必需提交给证交会与公司股东们参考;

(7) 最少须有三位做市商的参与此案(每位登记有案的做市商须在正常的买价与卖价之下有能力买或卖 100 股以上的股票,并且必须在每笔成交后的 90 秒内将所有的成交价及交易量回报给美国证券商同业公会)。

4. 招示板市场

招示板市场是由纳斯达克直接监管的股票交易系统,是针对中小企业及创业企业设立的电子柜台市场。与纳斯达克股市具有相同的交易手段和方式,它对企业的上市要求比较宽松,并且上市的时间和费用相对较低,主要满足成长型的中小企业的上市融资需要。与纳斯达克相比,招示板市场以门槛低而取胜,它对企业基本没有规模或盈利上的要求,只要有三名以上的做市商愿为该证券做市,企业股票就可以到招示板市场上流通了。

(二) 国内企业在美国主要证券交易所挂牌及上市的流程

1. 选择中介机构

国内企业改制境外上市过程中涉及的中介机构及主要职责如下:

(1) 财务顾问。财务顾问是负责企业改制工作的总体协调机构,协助制订改制重组方案,负责与其他各中介机构和企业有关部门协调,是未来上市的辅导机构。

(2) 土地评估师。土地评估师负责协助办理土地权证,完成土地评估报告编制及核准,协助取得国土资源部关于土地使用权的处置批复。

(3) 资产评估师。就资产评估问题与国有资产管理部门沟通,完成资产评估报告,与审计师对账,负责资产评估报告的核准。

(4) 国际会计师事务所。负责出具财务审计报告、验资报告、公司筹备期间的财务审计报告,以及管理建议书,并就公司的内部控制情况进行评价。

(5) 境内外律师。负责法律尽职调查,出具国有股权管理法律意见书和股份公司设立法律意见书,协助企业就改制法律问题与监管机构沟通,并拟定公司章程,境外律师就是否符合境外上市地上市条件出具相关法律文书。

2. 向境外证交会或交易所提出申请(聆讯)

企业在拿到国内监管机构准许上市的有关批文和律师出具的有关法律意见书后,即可向境外美国证券交易委员会(SEC)登记及证券交易所提交第一次申请上市的材料。

(1) 向 SEC 登记。根据美国《1933 年证券法》企业发行证券必须向 SEC 注册登记,披露与此次发行相关的信息,也就是提交注册登记说明书。注册登记说明书由两部分组成:招股书及注册说明书,正式招股书会注明注册的生效时间、发行时间、发行价格和其他相关信息,但这时用于申报的是非正式招股书,用红墨印刷,俗称“红鲱鱼”(preliminary prospectus,初步招股书),提醒读者这是非正式皈本。其主要内容包括:封面、概要、公司、资金投向、分配政策、股权摊薄、资本化、财务数据摘要、管理层的讨论、管理层及主要股东、法律诉讼、证券介绍、总结。注册说明书主要包括:承销费用、董事及管理层的酬金、公司未登记的证券、其最近交易情况及附件和财务报表目录。

(2) 有关规则。美国在《1933 年证券法》和《1934 年证券交易法》中,明确的规定主要集中在 S-K、S-X 和 C 条例中。① S-K 条例:具体规定了注册登记书中除财务外的部分资料的内容;② S-X 条例:规定财务报告的内容;③ C 条例:规定程序化内容;④ 财务报告发布:强化了 S-X 条例中对财经信息披露的要求;⑤ SEC 联合会计报告:属补充性资料。

(3) 填写各种表格。注册登记说明书的具体规定主要体现在 S-1 至 S-18 表格里(其中有些序号并不存在)。其中 S-1 是最重要的注册登记表格。为了简便起见,SEC 又采纳了 SB-1(规模小于 1000 万美元的证券)和 SB-2(规模不限制) 两种格式。SEC 在审查上述注册登记文件及表格时,为证明其真实性和准确性,通常还会要求董事出具宣誓书。内容包括:工作经历,与拟上市公司的关系,在其他公司担任的职位,教育背景,曾参与过的业务组织,公司过去五年中聘请的律师、会计师,过去十年中参与的证券发行工作,过去与现在的受托管理关系,个人酬金,所持有的公司证券、过去或即将与公司进行的所有交易。

(4) 提交登记。提交登记包括预备会议、正式登记和意见信三个环节:① 预备会议。初次上市的公司,为了完善招股说明书的内容,可以选择与 SEC 有关人员开个见面会,以得到以下具体指导:帮助公司完善有关文件,咨询如何处理法律及会计问题,就已有的不十分明确的法规向 SEC 人员咨询,搞清某些可能会对注册登记产生影响的具体事项,以避免注册登记报告递交后不必要的等待,就有关特殊问题做出有限度的问答。② 正式登记。当公司按规定递交注册登记证明书后,SEC 有一个专门的小组来处理,其人员包括:律师、会计师、分析师及行业专家,他们会对注册登记说明书与 SEC 的要求是否相符进行确认,并对里面的所有信息作彻底的检查和证实。根据有关规定,注册登记自递交之日 20 天后自动生效,但也有 20 天生效期自动延长的条款。正常情况下,申请登记人一般会在首次递交报告后 4~6 个星期收到 SEC 的第一封意见信。③ 意见信。SEC 对公司提交的注册登记说明进行审查后,会发出一封意见信,其内容主要包括:公司目前情况、业务、产品及服务如何;关于新产品的所有信息都已披露,包括开发、生产、营销及配售满意程度;管理层人员的背景和经历是否有虚假成分或者没有全面披露;所有的关联交易是否全部披露;对财务报表披露进行解释并加入风险因素;管理层对业务的分析和论述是否充分等。其目的是SEC成员认为公司该如何修改招股书,使其更完善、更准确。

(5) 修改报告。公司应根据SEC的意见信,修改自己的注册登记书,主要有以下形式:① 延迟修改报告:要求延长20天的注册登记失效期,以避免注册登记失效;② 实质修正报告:弥补注册登记说明书中的一些缺陷;③ 价格修正报告:对发行价和最终的发行数进行确认。

(6) SEC复核。其目的是证明公司的信息披露是否恰当,一般以信件或电话的方式表述自己的观点,分为以下几种复核方式:① 延迟复核:如果SEC认为注册登记报告完全没有可看之处,会发一封 bedbug letter,建议注册登记人撤回注册登记,否则发出中止命令;② 粗略复核:若SEC认为注册登记书没有太大的问题,要求公司的中介机构承担相应的法律责任;③ 概要复核:SEC成员就有限的问题进行指点;④ 最终复核:由复核小组中的各方专家对注册登记证明书进行全面复核,再由主管出具一份详细的意见信。

(7) 通过或中止命令。如果SEC发出要求暂停注册登记说明书生效的命令,则表明公司不得发行上市,否则违法;如果SEC不对经修改后的注册登记说明书提出任何意见,则表明通过,注册登记说明书在20日内自动生效。

(8) NASQ复核。在美国,公司注册登记发行股票,还必须得到全国证券交易商协会(NASQ)的批准。其复核主要依据S-K条例对注册登记说明书的内容以及承销商的佣金进行审查,目的是了解承销商的佣金是否合理,以保证广大公众投资者的利益。

3. 路演及定价

路演(Road Show)是投资者与股票发行人在充分交流的条件下促进股票成功发行的重要推介手段。主要指股票发行人在发行前,在主要的路演地对可能的投资者进行巡回推介活动。借以昭示将发行股票的价值,加深投资者的认知程度,并从中了解投资人的投资意向,发现需求和价值定位,确保股票的成功发行。

定价需要在中介机构和分析师的帮助下完成。在信息充分披露的严格监管要求及国际资本市场高度竞争的前提下,买卖双方最终达成的价格是公平的价格。具体来说,企业境外上市定价过程主要分为三个阶段:① 基础分析,是指拟上市企业的保荐人或承销商通过尽职调查,研究了解企业现状,和企业一起解决历史存在问题,挖掘未来增长潜力,引进新的管理体制与机制,并制定未来业务发展战略与计划(包括引进战略投资者)。经过这一重组过程,企业价值得到充分体现提升,并达到上市的监管与披露标准。在此基础上,承销商分析企业的业务发展前景和未来财务表现等多种影响企业未来价值的基本要素,与市场可比公司做出对比,同时考虑国际资本市场环境,对拟上市企业的估值做出一个初步的预测。② 市场调查,即承销商向国际投资者介绍拟上市公司的投资故事及其估值分析,投资者根据承销商的推介以及自己的研究,对公司的估值做出初步判断,并反馈给承销商和发行人。如果国际投资者认可公司的发展前景,他们可能接受较高的估值;反之,接受的估值将较低,甚至拒绝参与认购拟上市公司的股票。③ 路演定价,管理层同投资者进行一对一路演和最后定价。对许多海外长线机构投资者而言,管理层的能力和表现是公司股票长期增值最根本的保证。如果管理层推介效果良好,投资者将能接受在发行价格区间里更高的价格,认购也会更踊跃。如果条件允许,在路演过程中甚至可以提高发行价格区间。

4. 股票承销

如果发行人的股票数量数额较大时，一家投资银行可能难以承受，则牵头经理人（Lead Manager，最早的那家投资银行）可以组成辛迪加（Syndicate）或承销团，由多家投资银行一起承销。牵头经理人与股票发行人签订协议后，便着手股票的销售，把发行的股票销售给广大投资者。投资银行组织一个庞大的销售集团，此集团中不仅包括经理人和承销商，还包括非辛迪加的成员，强大的销售网络使股票的顺利销售得到实现。

5. 挂牌

IPO 后，就可以根据与交易所的协议，挂牌上市了。挂牌上市后，股票就可以公开流通了。IPO 宣告完成。

第五节 股票私募

股票私募是相对公募而言，即以非公开方式，向特定的投资者募集资金，由此特定的投资者所拥有的投资对象股权的行为。在股票私募过程中，投资银行主要起如下作用：首先，作为私募股票的设计者，它周旋于发行者和潜在的投资者之间，商讨和设计股票发行的种类、定价、条件等多方面的事宜。由于私募股票具有相当大的灵活性，因此这一市场是许多金融创新的发源地和试验场。其次，为发行者寻找合适的投资者，尤其是机构投资者，并按顺序列出这些机构投资者名单，供发行者选择。最后，如果发行者自己已经找到投资者，那么投资银行便充当发行者顾问，提供财务咨询服务。

一、股票私募的特征和采取私募的原因

（一）股票私募的特征

股票私募一般具有如下特征：

（1）因为股票私募的对象是特定的数量有限的投资者，投资者对发行者的情况比较了解，所以私募股票时不需要办理发行注册手续，一般也不会出现发行失败。

（2）股票私募一般采用直接销售方式，并且私募的股票不允许转让。但也有一些国家规定，私募股票发行一段时间后可以自由转让，但有一定的限制条件。

（3）由于股票私募的转让受到限制，其发行条件由发行人与投资者直接商定，在此情况下投资者往往要提出一些特殊的要求，致使发行者要向投资者提供一些特殊优厚条件。

（4）因为股票私募采取的是私下募集的方式，所以其发行条件也会比公募股票宽松得多。

（二）采取股票私募进行筹资的原因

具体来说，企业通过私募市场来进行筹资的原因有以下几种：

1. 企业需要的资金规模没有达到公募发行的“规模经济”的要求

因为公募发行股票时，要履行许多手续，承担大量的信息披露义务，这无形中增加了发行的成本，而且，其中许多成本是相对固定的，如果发行量比较小的话，这些成本占融资额的比例就显得很高。而利用私募方式则可以免去向证券监管机构申请和注册所花费的

时间和精力,因而能显著缩短自开始准备至筹集资金为止的手续和时间,并能节省可观的发行费用。

2. 有些企业过去曾有过经营危机或异常的波动

因为市场和一般投资者对该企业有过不良的印象,企业经营环境转好后,又不为外界所广泛认同。所以难以通过公开发行来筹集资金。再者,因为企业有过不良的经营记录,信用评级机构的评级等级肯定不高,这样就会提高股票的公开发行成本。

3. 那些组织机构和契约关系复杂的企业适合私募发行

因为涉及非常复杂而又专业化的法律、金融等问题,一般投资者难以判断投资的价值及安全性。但拥有各类专家的机构投资者,尤其是大型专业投资公司等则具备充分的审核能力,对于这些公司来说,只要风险可以接受,收益又比较理想,它们是很愿意投资的。

4. 所需的资金规模太大而难以通过公开发行达到目的

不论发行公司的情况怎样优良,如果其一次发行量非常大,就很可能因对发行市场冲击较大而使发行条件不利于发行公司。而如果采取短期内分次在公开市场上发行的方式,则不但受到评级机构和投资者的抵触,而且手续费还会随着发行次数的增加而增加。这种情况下,如果利用私募方式,只要通过投资银行的出色安排联系到愿意投资的机构投资者,就能够在短期内完成募集资金的任务。

二、股票私募发行的条件和私募备忘录

(一) 股票私募发行的条件

各国都对私募条件做出了相应规定。以美国为例,根据美国《1933年证券法》第四条第二款的规定,采用私募发行证券,可以免向SEC登记注册。1974年SEC颁布的164号规则进一步规定,以私募形式发行的有价证券免向SEC注册,1982年SEC颁布的506号规则对非私募又进一步明确应具备以下条件:

(1) 投资者人数。私募的对象投资者总数应在35个以下。

(2) 投资者资格。必须是合格的投资者。所谓合格的投资者是指资产超过500万美元的银行、保险公司、基金及其他公司等投资机构和年收入超过30万美元的富裕家庭、年收入超过20万美元的富有个人,普通投资者虽然不具备上述条件,但其代理人应具备有关财务问题及一般事业的充分知识,并且有判断投资风险的能力。

(3) 发行方式。不通过传单、报纸、电视、广播进行广告传播;不通过集会、散发传单等形式到处征集投资者。

(4) 发行后转让、转卖的限制。购买后两年以内不得转卖;可转卖的额度,以最近6个月内该证券全部持有人合计卖出额不超过发行总额的1%为限;转卖时不得劝诱,对执行卖出指令的经纪人,除付给正规手续费之外,不得再付任何费用。

由于对私募证券的转让有严格的限制,降低了私募证券的流动性,私募证券的购买者为此必须得到补偿,从而增加了发行人的融资成本。正是针对这种情况,SEC于1990年4月通过了144A规则,这一规则取消了两年持有期的限制,允许大机构之间交易私募中所购的证券而不必向SEC注册。根据144A规则的定义,大机构是指持有1亿美元以上证

券的机构投资者。

在我国，根据《上市公司证券发行管理办法》对上市公司非公开发行股票的特定对象条件和上市公司条件都做了明确的规定：

（1）特定对象条件：① 特定对象符合股东大会决议规定的条件；② 发行对象不超过10名。发行对象为境外战略投资者的，应当经国务院相关部门事先批准。

（2）上市公司条件：① 发行价格不低于定价基准日前20个交易日公司股票均价的90%；② 本次发行的股份自发行结束之日起，12个月内不得转让；控股股东、实际控制人及其控制的企业认购的股份，36个月内不得转让；③ 募集资金使用符合法律规定；④ 本次发行将导致上市公司控制权发生变化的，还应当符合中国证监会的其他规定。

（二）私募备忘录

私募发行的注册豁免并不意味着发行人不必向潜在的投资者披露信息，私募发行者同样必须提供SEC认为是重要的信息。这些信息在私募备忘录中提供。与公开发行的招股说明书不同，私募备忘录不包括SEC认为是“实质”的信息，而且私募备忘录不需经SEC审查。

一般来说，私募备忘录由一些固定的标准条款组成，这些条款形成了私募的法律依据，并且在条款中特别提请注意，只有发行者提供的陈述才被认可具有法律效应。

私募备忘录通常包括以下三部分：

1. 对企业的描述

对企业的描述应包括：企业经营状况的详细描述以及可能对企业产生重大影响的重大事项。例如，主要的产品和服务；主要市场与销售方式；原材料来源与可获得的数量；有关全部专利权、注册商标、许可证、经销专卖权和特许权的主要情况，它们的有效期限以及它们对企业的影响；季节性因素和周期性因素；客户；已接受的订货总数；营运中可能受利润重审和合同终止影响的说明；行业中的竞争情况，其中包括竞争者的数量与性质、发行者的竞争名次排列和主要的竞争方式；市场份额资料；研究与开发活动；遵守联邦、州和地方法规的情况等。

2. 对证券的描述

对证券的描述包括：发行证券的概述；发行收入的使用；汇总财务报表；公司管理部门对报表的分析；资本总额的估计值；经营与行业情况的充分说明以及全部的财务报表。

3. 对企业管理层的描述

对企业管理层的描述包括：董事会成员和主要资深雇员的情况，他们的背景、资历、报酬（包括奖励与股票认股权）；有关的集体交易；管理人的持股情况。

在备忘录的正文之后，通常有附送的报表和介绍发行公司经营情况的公关小册子、认购合同、买方调查表和私募买方代理人调查表。

第四章

债券发行与承销

第一节 债券发行与承销概述

一、债券的性质、票面要素及其特征

（一）债券的性质

债券是一种有价证券，是社会各类经济主体为筹集资金而向债券投资者出具的、承诺按一定利率定期支付利息并到期偿还本金的债权债务凭证。它表明持有者（即债权人）投入资金（贷出资金），有权据以按约索要本金和收取利息。债券所规定的资金借贷双方的权责关系主要有：① 所借贷货币资金的数额；② 借贷的时间；③ 在借贷时间内的资金成本或应有的补偿（即债券的利息）。债券所规定的借贷双方的权利义务关系包含四个方面的含义：① 发行人是借入资金的经济主体；② 投资者是出借资金的经济主体；③ 发行人必须在约定的时间付息还本；④ 债券反映了发行人和投资者之间的债权债务关系，而且是这一关系的法律凭证。债券具有以下基本性质：

1. 债券属于有价证券

首先，债券反映和代表一定的价值。债券本身有一定的面值，通常它是债券投资者投入资金的量化表现；另外，持有债券可按期取得利息，利息也是债券投资者收益的价值表现。其次，债券与其代表的权利联系在一起，拥有债券就拥有了债券所代表的权利，转让债券也就将债券代表的权利一并转移。

2. 债券是一种虚拟资本

债券尽管有面值，代表了一定的财产价值，但它也只是一种虚拟资本，而非真实资本。因为债券的本质是证明债权债务关系的证书，在债权债务关系建立时所投入的资金已被债务人占用，债券是实际运用的真实资本的证书。债券的流动并不意味着它所代表的实际资本也同样流动，债券独立于实际资本。

3. 债券是债权的表现

债券代表债券投资者的权利，这种权利不是直接支配财产权，也不以资产所有权表现，而是一种债权。拥有债券的人是债权人，债权人不同于公司股东，是公司的外部利益相关者。

（二）债券的票面要素

1. 债券的票面价值

债券的票面价值是债券票面标明的货币价值，是债券发行人承诺在债券到期日偿还给债券持有人的金额。在债券的票面价值中，首先要规定票面价值的币种，即以何种货币作为债券价值的计量标准。确定币种主要考虑债券的发行对象。一般来说，在本国发行的债券通常以本国货币作为面值的计量单位；在国际金融市场筹资，则通常以债券发行地所在国家的货币或以国际通用货币为计量单位。此外，确定币种还应考虑债券发行者本身对币种的需要。币种确定后，则要规定债券的票面金额。票面金额大小不同，可以适应不同的投资对象，同时也会产生不同的发行成本。票面金额定得较小，有利于小额投资者购买，持有者分布面广，但债券本身的印刷及发行工作量大，费用可能较高；票面金额定得较大，有利于少数大额投资者认购，且印刷费用等也会相应减少，但使小额投资者无法参与。因此，债券票面金额的确定也要根据债券的发行对象、市场资金供给情况及债券发行费用等因素综合考虑。

2. 债券的到期期限

债券到期期限是指债券从发行之日起至偿清本息之日止的时间，也是债券发行人承诺履行合同义务的全部时间。各种债券有不同的偿还期限，短则几个月，长则几十年，因此债券有短期债券、中期债券和长期债券之分。发行人在确定债券期限时，要考虑多种因素的影响。主要有：① 资金使用方向。债务人借入资金可能是为了弥补临时性资金周转之短缺，也可能是为了满足对长期资金的需求。在前者情况下可以发行短期债券，在后者情况下可以发行中长期债券。这样安排的好处是既能保证发行人的资金需要，又不因占用资金时间过长而增加利息负担。② 市场利率变化。债券偿还期限的确定应根据对市场利率的预期，相应选择有助于减少发行者筹资成本的期限。一般来说，当未来市场利率趋于下降时，应选择期限较短的债券发行，可以避免市场利率下跌后仍须支付较高的利息，而当未来市场利率趋于上升时，应选择期限较长的债券发行，这样能在市场利率趋高的情况下保持较低的利息负担。③ 变现能力强弱。这一因素与债券流通市场发育程度有关，如果流通市场发达，债券容易变现，长期债券较能被投资者接受，如果流通市场不发达，投资者买了长期债券而又急需资金时不易变现，长期债券的销售就可能不如短期债券。

3. 债券的票面利率

债券票面利率也称名义利率，是债券年利息与债券票面价值的比率，通常年利率用百分数表示。利率是债券票面要素中不可缺少的内容。在实际经济生活中，债券利率有多种形式，如单利、复利和贴现利率等。债券利率亦受很多因素影响。主要有：① 借贷资金市场利率水平。市场利率较高时，债券的票面利率也相应较高，否则，投资者会选择其他金融资产投资而舍弃债券。反之,市场利率较低时,债券的票面利率也相应较低。② 筹资者的资信。如果债券发行人的资信状况好,债券信用等级高,投资者的风险小,债券票面利率可以定得比其他条件相同的债券低一些,如果债券发行人的资信状况差,债券信用等级低,投资者的风险大,债券票面利率就需要定得高一些。此时的利率差异反映了信用风险的大小,高利率是对高风险的补偿。③ 债券期限长短。一般来说,期限较长的债券流动性差,风险相对较大,票面利率应该定得高一些;而期限较短的债券流动性强,风险相对较小,票面利率就可以定得低一些。但是,债券票面利率与期限的关系较复杂,它们还受其他因素的影响,所以有时也会出现短期债券票面利率高而长期债券票面利率低的现象。

4. 债券发行者名称

这一要素指明了该债券的债务主体,既明确了债券发行人应履行对债权人偿还本息的义务,也为债权人到期追索本金和利息提供了依据。

需要说明的是,以上四个要素虽然是债券票面的基本要素,但它们并非一定在债券票面上印制出来。在许多情况下,债券发行者是以公布条例或公告形式向社会公开宣布某债券的期限与利率,只要发行人具备良好的信誉,投资者也会认可接受。

此外,债券票面上有时还包含一些其他要素,如有的债券具有分期偿还的特征,在债券的票面上或发行公告中附有分期偿还时间表;有的债券附有一定的选择权,即发行契约中赋予债券发行人或持有人具有某种选择的权利,包括附有赎回选择权条款的债券、附有出售选择权条款的债券、附有可转换条款的债券、附有交换条款的债券、附有新股认购权条款的债券等。

(三)债券的特征

一般说来,债券具有以下四个基本特征:

1. 偿还性

偿还性是指债券有规定的偿还期限,债务人必须按期向债权人支付利息和偿还本金。债券的偿还性使资金筹措者不能无限期地占用债券购买者的资金,换言之,他们之间的借贷经济关系将随偿还期结束、还本付息手续完毕而不复存在。这一特征与股票的永久性有很大的区别。在历史上,债券的偿还性也有例外,曾有国家发行过无期公债或永久性公债。这种公债无固定偿还期,持券者不能要求政府清偿,只能按期取息。当然,这只能视为特例,不能因此而否定债券具有偿还性的一般特性。

2. 流动性

流动性是指债券持有人可按需要和市场的实际状况,灵活地转让债券,以提前收回本金和实现投资收益。流动性首先取决于市场为转让所提供的便利程度;其次取决于债券在迅速转变为货币时,是否在以货币计算的价值上蒙受损失。

3. 安全性

安全性是指债券持有人的收益相对稳定,不随发行者经营业绩的变动而变动,并且可按期收回本金。一般来说,具有高度流动性的债券同时也是较安全的,因为它不仅可以迅速地转换为货币,而且还可以按一个较稳定的价格转换。债券不能收回投资的风险有两种情况:① 债务人不履行债务,即债务人不能按时足额按约定支付利息或者偿还本金。不同的债务人不履行债务的风险程度是不一样的,一般政府债券不履行债务的风险最低。② 流通市场风险,即债券在市场上转让时因价格下跌而承受损失。许多因素会影响债券的转让价格,其中较重要的是市场利率水平。

4. 收益性

收益性是指债券能为投资者带来一定的收入,即债权投资的报酬。在实际经济活动中,债券收益可以表现为三种形式:一是利息收入,即债权人在持有债券期间按约定的条件分期、分次取得利息或者到期一次取得利息。二是资本损益,即债权人到期收回的本金与买入债券或中途卖出债券与买入债券之间的价差收入。从理论上说,如果市场利率在持有债券期间一直不变,这一价差就是自买入债券或是自上次付息至卖出债券这段时间的利息收益表现形式。但是,由于市场利率会不断变化,债券在市场上的转让价格将随市场利率的升降而上下波动。债券持有者能否获得转让价差,以及转让价差的多少,要视市场情况而定。三是再投资收益,即投资债券所获现金流量再投资的利息收入,它也受市场收益率变化的影响。

二、债券的类别及债券与股票的比较

(一) 债券的类别

债券种类很多,在债券的历史发展过程中出现过许多不同品种的债券,各种债券共同构成了一个完整的债券体系。债券可以依据不同的标准进行分类。

1. 按发行主体分类

根据发行主体的不同,债券可以分为政府债券、金融债券和公司债券。

(1) 政府债券。政府债券的发行主体是政府。中央政府发行的债券称为国债,其主要用途是解决由政府投资的公共设施或重点建设项目的资金需要和弥补国家财政赤字。由地方政府发行的满足地方公共设施建设需要的债券,称为地方债券或地方政府公债(在美国则被称作市政债券)。根据不同的发行目的,政府债券有不同的期限,从几个月至几十年。政府债券的发行和收入的安排使用是从整个国民经济的范围和发展来考虑的。政府债券的发行规模、期限结构、未清偿余额,关系着一国政治、经济发展的全局。除了政府部门直接发行的债券外,有些国家把政府担保的债券也划归为政府债券体系,称为政府保证债券。这种债券由一些与政府有直接关系的公司或金融机构发行,并由政府提供担保。

(2) 金融债券。金融债券的发行主体是银行或非银行的金融机构。金融机构一般有雄厚的资金实力,信用度较高,因此,金融债券往往也有良好的信誉。银行和非银行金融机构是社会信用的中介,它们的资金来源主要靠吸收公众存款和金融业务收入。它们发行债券的主要目的是筹资用于某种特殊用途,改变本身的资产负债结构。对于金融机构来说,吸收存款和发行债券都是它的资金来源,构成了它的负债。存款的主动性在存款户,金融机构只能通过改善服务条件来吸引存款,而不能完全控制存款,是被动负债,而发行债券则是金融机构的主动负债,金融机构有更大的主动权和灵活性。金融债券的期限以中期较为多见。

(3) 公司债券。公司债券是公司依照法定程序发行、约定在一定期限还本付息的有价证券。公司债券的发行主体是股份有限公司,但有些国家也允许非股份制企业发行债券,所以,归类时,可将公司债券和企业发行的债券合在一起,称为公司(企业)债券。公司发行债券的目的主要是为了满足经营需要。由于公司的情况千差万别,有些经营有方、实力雄厚、信誉高,也有一些经营较差,可能处于倒闭的边缘。因此,公司债券的风险性相对于政府债券和金融债券要大一些。公司债券有中长期的,也有短期的,视公司的需要而定。

2. 按付息方式分类

根据债券发行条款中是否规定在约定期限向债券持有人支付利息,债券可分为零息债券、附息债券、息票累积债券三类。

(1) 零息债券。零息债券也称零息票债券,指债券合约未规定利息支付的债券。通常,这类债券以低于面值的价格发行和交易,债券持有人实际上是以买卖(到期赎回)价差的方式取得债券利息。

(2) 附息债券。附息债券的合约中明确规定,在债券存续期内,对持有人定期支付利息(通常每半年或每年支付一次)。按照计息方式的不同,这类债券还可细分为固定利率债券和浮动利率债券两大类。固定利率债券是在债券存续期内票面利率不变的债券。浮动利率债券是在票面利率的基础上参照预先确定的某一基准利率予以定期调整的债券。有些附息债券可以根据合约条款推迟支付定期利率,故称为缓息债券。

(3) 息票累积债券。与附息债券相似,这类债券也规定了票面利率,但是,债券持有人必须在债券到期时一次性获得本息,存续期间没有利息支付。

3. 按债券形态分类

根据券面形态,债券可以分为实物债券、凭证式债券和记账式债券。

(1) 实物债券。实物债券是一种具有标准格式实物券面的债券。在标准格式的债券券面上,一般印有债券面额、债券利率、债券期限、债券发行人全称、还本付息方式等各种债券票面要素。有时债券利率、债券期限等要素也可以通过公告向社会公布,而不在债券券面上注明。无记名国债就属于这种实物债券,它以实物券的形式记录债权、面值等,不记名,不挂失,可上市流通。实物债券是一般意义上的债券,很多国家通过法律或者法规对实物债券的格式予以明确规定。

(2) 凭证式债券。凭证式债券的形式是债权人认购债券的一种收款凭证,而不是债券发行人制定的标准格式的债券。我国从 1994 年开始通过各银行储蓄网点和财政部门国债服务部面向社会发行凭证式国债,券面上不印制票面金额,而是根据认购者的认购额填写实际的缴款金额,是一种国家储蓄债,可记名、挂失,以凭证式国债收款凭证记录债权,不能上市流通,从购买之日起计息。在持有期内,持券人如遇特殊情况需要提取现金,可以到原购买网点提前兑取。提前兑取时,除偿还本金外,利息按实际持有天数及相应的利率档次计算,经办机构按兑付本金的 2‰收取手续费。

(3) 记账式债券。记账式债券是没有实物形态的票券,利用证券账户通过计算机系统完成债券发行、交易及兑付的全过程。我国 1994 年开始发行记账式国债。目前,上海证券交易所和深圳证券交易所已为证券投资者建立了电子证券账户，发行人可以利用证券交易所的交易系统来发行债券。投资者进行记账式债券买卖，必须在证券交易所设立账户。记账式国债可以记名、挂失，安全性较高，同时由于记账式债券的发行和交易均无纸化，所以发行时间短，发行效率高，交易手续简便，成本低，交易安全。

4. 按债券担保分类

根据是否担保，债券可以分为信用债券和担保债券。

（1）信用债券。信用债券是指没有抵押品、质押或保证担保，完全靠公司良好的信誉而发行的债券。通常只有经济实力雄厚、信誉较高的企业才有能力发行这种债券。

（2）担保债券。担保债券依担保方式不同又分为抵押债券、质押债券和保证债券。抵押债券是指以不动产作为抵押担保的债券；质押债券则是指以有价证券等作为担保所发行的债券；保证债券即是指以第三人承担还本付息保证的债券，其安全性取决于发行人和担保人的财务能力。

5. 按债券发行地点与所用货币分类

根据债券发行地点与所用货币，债券可以分为本国债券和国际债券。

（1）本国债券。本国债券是指一国政府、金融机构和企业在本国国内发行的、以本国货币为面值的债券。

（2）国际债券。国际债券又分为外国债券和欧洲债券。外国债券是指一国政府、金融机构和企业或国际组织在另一国金融市场上发行的、以当地货币为计值货币的债券，如扬基债券（在美国国内市场发行、以美元为计值货币）、武士债券（在日本国内市场发行、以日元为计值货币）、龙债券（以非日元的亚洲国家或地区货币发行的外国债券）等。欧洲债券是指一国政府、企业或国际组织在欧洲金融市场上以发行国之外的可自由兑换的第三国货币为面值所发行的债券。欧洲债券的发行人、发行地区和计值货币分别属于三个不同的国家。例如，日本一家公司在英国伦敦市场上发行以美元为面值的债券，即为欧洲债券。欧洲债券根据其所采用币种的不同而再划分为若干种类，例如，以美元为货币单位的欧洲债券被称为欧洲美元债券，以日元为货币单位的欧洲债券则被称为欧洲日元债券。

（二）债券与股票的比较

1. 债券与股票的相同点

（1）债券与股票都属于有价证券。尽管债券和股票有各自的特点，但它们都属于有价证券。债券和股票作为有价证券体系中的一员，是虚拟资本，它们本身无价值，但又都是真实资本的代表。持有债券或股票，都有可能获取一定的收益，并能行使各自的权利和流通转让。债券和股票都在证券市场上交易，是各国证券市场的两大支柱类交易工具。

（2）债券与股票都是筹措资金的手段。债券和股票都是有关经济主体为筹资需要而发行的有价证券。经济主体在社会经济活动中必然会产生对资金的需求，从资金融通角度看，债券和股票都是筹资手段。与向银行贷款等间接融资手段相比，发行债券和股票筹资的数额大，时间长，成本低，且不受贷款银行的条件限制。

(3) 债券与股票收益率相互影响。从单个债券和股票看,它们的收益率经常会发生差异,而且有时差距还很大。但是,总体而言,如果市场是有效的,则债券的平均收益率和股票的平均收益率会大体保持相对稳定的关系,其差异反映了二者风险程度的差别。这是因为,在市场规律的作用下,证券市场上一种融资手段收益率的变动,会引起另一种融资手段收益率发生同向变动。

2. 债券与股票的区别

(1) 权利不同。债券是债权凭证,债券持有者与债券发行人之间的经济关系是债权债务关系,债券持有者只可按期获取利息及到期收回本金,无权参与公司的经营决策。股票则不同,股票是所有权凭证,股票所有者是发行股票公司的股东,股东一般拥有表决权,可以通过参加股东大会选举董事,参与公司重大事项的审议和表决,行使对公司的经营决策权和监督权。当公司破产清算时,债券投资者享有就债券利息和本金的清偿优先于股东的权利,因此债券投资的风险较小。这一区别对股份有限公司发行何种证券有不同的影响。主要表现在:一方面,以发行债券的方式筹措资金不会改变公司的产权结构,不会削弱普通股股东对公司的控制权;同时,只要公司对这一部分债务资金的运用所获得的收益超过对债券的利息支付,就能为普通股股东带来额外的利润,使股东从财务杠杆效应中获得好处。但另一方面,对债券的利息支付是强制性的,它构成公司的一项固定支出,即使公司盈利下降或亏损也必须按约定支付利息。这样,当公司盈利下降时,普通股股东的收益降低的幅度更大,并可能使公司的财务状况恶化。如果公司经营亏损,则可能使公司无力偿还债务本息而破产。

(2) 目的不同。发行债券是公司追加资金的需要,它属于公司的负债,不是资本金。发行股票则是股份公司创立和增加资本的需要,筹措的资金列入公司资本。同时,发行债券的经济主体很多,中央政府、地方政府、金融机构、公司企业等一般都可以发行债券,但能发行股票的经济主体只有股份有限公司。

(3) 期限不同。债券一般有规定的偿还期,期满时债务人必须按时归还本金,因此,债券是一种有期证券。股票通常是无须偿还的,一旦投资入股,股东便不能从股份公司抽回本金,因此,股票是一种无期证券,或称永久证券。但是,股票持有者可以通过市场转让收回投资资金。

(4) 收益不同。债券通常有规定的票面利率,可获得固定的利息。股票的股息红利不固定,一般视公司经营情况而定。

(5) 风险不同。股票风险较大,债券风险相对较小。这是因为:① 债券利息是公司的固定支出,属于费用范围;股票的股息红利是公司利润的一部分,公司有盈利才能支付,而且支付顺序列在债券利息支付和纳税之后;② 倘若公司破产,清理资产有余额偿还时,债券偿付在前,股票偿付在后;③ 在二级市场上,债券因其利率固定、期限固定,市场价格也较稳定;而股票无固定期限和利率,受各种宏观因素和微观因素的影响,市场价格波动频繁,涨跌幅度较大。

(6) 筹资成本不同。债券的筹资成本通常低于股票的筹资成本。这是因为:债券的利息是在税前利润中支付的,即支付利息作为费用支出是计入企业成本的,在征所得税前已被扣除;而普通股票和优先股票的股息是不免税的,要从税后收益中支付,即属于税后净收益的分配。这表明,公司用于支付债券利息的那部分税前利润实际上是免税的,这使得公司的税收负担减轻,降低了税后资金成本,而支付给投资者的股息则没有税收减免的优势。

(7) 会计处理不同。发行债券所筹措的资金列入公司负债项下,所付利息作为公司成本费用支出;而发行股票筹措的资金列入公司资本项下,股票股息红利的发放属于利润分配。

三、可转换债券及其特征

可转换债券是一种赋予持有人可将其债券在特定时期内按发行时约定的价格和条件转换为普通股票的债券。这种债券兼有股票和债券的特性。持有者可以行使转换权利,由债权人转换为公司的股东;也可以不行使转换权利,继续持有债券直到期满收回本金并按约收取利息。可转换债券的要素一般包括:可转换债券转换成每股普通股票所支付的转换价格,一定面额的可转换债券可转换成普通股票的转换比率,可转换债券转换成普通股票的转换期限。可转换债券具有如下特征:

(一) 可转换性

可转换性是可转换债券的重要特征。由于其持有人获得了可购买发行公司普通股票的买入期权,因此他可以行使这一权利,在特定时间、按发行时约定的价格和条件将债券转换为公司的普通股票。当其持有人行使转换的权利后,他由债权人转换为公司的股东,原来的债务关系即变为产权关系,他即可参与公司的重大经营决策,拥有股东的所有权利。对发行公司而言,这使得公司的资本得以充实,但由此会引起公司所有权结构发生变化,也导致原有股东对公司控制权的稀释。

(二) 高度的灵活性

可转换债券所附有的一些条款或规定使这种债券的持有人和发行人有较大的灵活性。对债券持有人来说,如果他不想行使转换的权利,则可以继续持有债券直至期满,照常收取利息和索要本金,或者将债券在证券二级市场上出售变现。可转换债券通常是在发行人需要增加资本,但又认为其股票的现行市场价格被过分低估,若发行新股票定价不高,会导致既不能筹措更多的资金,又将使股东权益稀释的情况下发行。发行人可根据它认为可接受的价格来确定可转换债券的转换价格或转换比率。转换价格即指可转换债券转换成每股普通股票的价格。通常转换价格按高于发行债券时的股票市场价格确定,其差额被称为转换溢价(Conversion Premium)①。转换比率(Conversion Ratio)即指每一张可转换债券所能转换得到的普通股票数量。这样,发行人可根据具体情况,设计不同的转换价格或转换比率等条件的可转换债券,以寻求最有利的筹资方案。发行人还可在条款中规定,在债券转换期间随着时间的推移而降低转换比率或提高转换价格。这将有利于促成债券的转换,使发行人顺利实现筹资计划。此外,一些可转换债券在发行时还附有提前

① 例如,某公司发行面值为 1 000 元的可转换债券,该公司股票的市场价格为 20 元,若将转换价格定位为 25 元,则面值 1 000 元的可转换债券会产生 200 元的转换溢价,即(25−20)×1 000/25。

赎回条款,即发行人拥有提前赎回债券的权利。例如,规定当公司股票的市场价格持续一段时间高于转换价格的一定幅度时,发行公司可按约定条件提前赎回债券。赎回条款有利于发行公司减少财务损失,债券持有人的利益则可能因债券价格受赎回条款的不利影响而受损。

(三) 筹资成本相对较低

由于可转换债券附有一般债券所没有的选择权,因此可转换债券的利率通常要低于一般公司债券的利率,这将使发行人减少利息费用,获得廉价的资本。从投资者的角度看,虽然可转换债券的收益较低,但通过将债券转换为股票,他们获得了增加投资收益的机会:如果在债券转换时股票价格的上升高于转换价格,则投资者就能以较低的成本投资股票,从而获得利润。这也是投资者乐意支付转换溢价的原因所在。

四、投资银行债券承销业务的一般程序

简单来说,投资银行从事债券承销业务通常要经过以下三个步骤:

(一) 获得债券承销业务

投资银行获得债券承销业务一般有两条途径:一是与发行人直接接触,了解并研究其要求和设想之后,向发行人提交关于债券发行方案的建议书。如果债券发行人认为投资银行的建议可以接受,便与投资银行签订债券发行合同,由该投资银行作为主承销商立即着手组建承销辛迪加。另一条途径是参与竞争性投标。许多债券发行人为了降低债券的发行成本,获得最优的发行方案,常常采用投标的方式来选择主承销商。投资银行可以单独参与投标,也可以先与其他若干家投资银行联合组成投标集团来投标,以壮大自身实力。中标的投标集团在与发行人签订债券发行合同之后,便立即开始着手组建承销辛迪加。

(二) 组建承销辛迪加

债券承销辛迪加与股票承销辛迪加相比有一个最大的不同是,辛迪加成员并不一定单纯是由投资银行或全能制银行中的投资银行部门构成,这是因为许多限制商业银行参与投资银行业务的国家对商业银行参与债券尤其是国债的承销和分销的限制比较宽松。

(三) 实施发行

组建承销辛迪加并确定承销辛迪加中各成员的责任后,便进入了债券的发行阶段。严格地说,债券的发行与股票的发行并没有太多的差别,读者可以参考前面关于股票承销与保荐的内容,这里不再赘述。

五、债券的信用评级

在债券的公开发行中,发行人要做的一项重要工作就是聘请专门的证券评级机构对其所发行的债券进行资信评级。这也是债券公开发行与股票公开发行的一个重要区别(尽管部分公司在公开发行股票时也会进行资信评级)。对于发行债券的机构进行资信

评级具有多重意义：对机构来说，进行资信评级是发行债券的必要前提，是取信投资者、降低发债成本的必要途径；对投资者来说，知道所买入债券的信用等级是进行投资风险管理的重要环节。

（一）债券信用评级的定义

所谓信用评级，是对市场经济中不同信用主体承担债务的能力和获得社会信誉的程度进行分析与评价，并用一定的形式来表示这种信用的质量水平的专门方法与制度。信用评级是市场经济发展到一定程度，金融交易日趋专业化的产物。随着市场经济的发展，信用也得到了广泛的发展，了解受信人的信用质量，尽量避免因违约而给社会各方面带来损失，是市场经济正常运行的关键，信用评级就是在这一背景下产生的。债券的信用评级是信用评级的重要组成部分，就是由专门的证券评级机构根据债券发行人提供的信息材料，并通过调查、分析与预测等手段，运用科学的分析方法，对拟发行的债券资金使用的合理性和按期偿还债券本息的能力及其风险程度做出客观、公正、准确的评价与定级的金融服务活动。

（二）债券信用评级的目的

许多国家都设有专门的债券评级机构，如美国的穆迪公司和标准·普尔公司、日本的公司债研究所和投资者服务公司、我国的大公国际资信评估有限公司和联合资信评估有限公司等。这些评级机构根据债券发行人的要求，评定其所发债券的信用等级。许多国家并不强迫发行者必须取得债券评级，但是由于没有经过评级的债券在市场上往往不被广大的投资者所接受，极难找到销路，因此在市场上公开发行债券，除了信誉很高的国家债券之外，其他债券的发行人都会自愿向债券评级公司申请评级。

债券信用评级的最重要目的在于，通过债券评级可以将发行人的信誉和债券的可靠程度公之于投资者，以保护投资者的利益，使之免遭由于信息不足而造成的损失。虽然债券公开发行要求发行人公布与债券发行有关的信息，但是由于所公布的信息内容较多、专业性较强，并不是所有的投资者都能够根据公布的信息准确判断发行人的偿债能力。为此，债券评级机构使用简略易懂的符号，向投资者提供有关债券风险性的实质信息，以供投资者做出债券投资的决策。

（三）债券信用评级机构的特点

债券信用评级机构是进行债券信用评级的主体，作为私营企业，它们独立于政府及有关的金融部门，也独立于债券的发行者与投资者。作为独立于政府及有关的金融部门的私营企业，它要为生存与发展努力，这需要它有信誉，有知名度；作为独立于债券的发行者与投资者的企业，它才有可能公正、客观地进行评价工作，才可能赢得信誉和知名度。需要指出的是，债券信用评级机构对其所做出的结论只负有道义上的义务，并不负有法律上的责任。一方面，市场情况瞬息万变，许多事态无法事先准确预测，债券的风险与信用评级的结论不一致的情况可能出现，评级机构难以确保不出现意外；另一方面，评级机构作为私营企业，有竞争的压力和盈利的冲动，一般地说，这已为评级机构认真、负责地评价提供了足够的动力。评级机构对某些债券评定了较高的信用等级，并不是为了向投资者推荐这些债券，同样，对某些债券评级较低也不是要阻止投资者去购买这些债券，评级机构只是在表达专家的意见，供投资者决策时参考。

（四）债券信用评级的作用

债券信用评级的主要作用有如下四个方面：

1. 债券信用评级有利于保护投资者的利益

通过评级可以将债券发行者的信用质量和偿还债务的可靠程度公之于众，使投资者在投资决策前可以了解准备投资的债券的风险程度。当然，债券发行者按规定也会向社会公布经营情况和财务状况，但是，由于缺乏专业知识和相关的信息，一般投资者往往难以据此直接做出投资的决定。而信用评级通过各方面的专家对多方面的材料进行分析、评价，得出一个简单的结果，使投资者易于做决策。

2. 债券信用评级有利于债券的发行者降低筹资成本

一般地说，投资者的收益就是筹资者的成本，投资者的收益越高，就意味着筹资者的筹资成本越高；而债券的风险越大，债券投资者要求的收益就越高。因此，债券的风险不确定，投资者就可能会要求较高的收益，而信用评级的功能恰好在于它可以比较准确地标出债券的风险程度，从而使投资者接受一个虽然较低，但是配合其风险程度的收益率。另外，有了债券的信用评级，发行者在与承销商谈判发行价格时亦能较快达成共识，投资者对债券亦有信心，这都有助于发行者迅速实现筹资目的。

以上两个方面满足了发行者和投资者的基本要求，是信用评级的最主要的作用。

3. 债券信用评级也是债券市场的一项基本建设

债券信用评级既是体现市场公正、公平、公开原则的一个重要手段，又可以提高市场的效率。有了信用评级，市场信息的透明度提高了，传播速度也加快了，促进了平等竞争，减少了市场操纵行为，规范了市场的交易与运作；有了信用评级，社会资源可以根据高质高价、低质低价的市场原则有效地确定流向，提高了资源配置的水平和效率。

4. 债券信用评级亦有助于金融监管当局对金融市场实施有效的监管

各种债券都有信用等级，监管部门就可以根据监管的目标与需求，方便地确定各种金融机构或非金融机构持有资产的风险结构，规定金融机构投资债券的标准。在此基础上，也可以进行相应的检查。

（五）债券信用评级的依据

债券信用评级机构对债券的评级并不是评价该种债券的市场价格、市场销路和债券投资收益，而是评价该种债券发行人的偿债能力、债券发行人的资信状况和投资者所承担的投资风险。实践中，主要依据下列标准对债券进行评级：

（1）债券发行人的偿债能力，即债务人根据负债条件按期还本付息的能力。这主要考察发行人的预期盈利、负债比例等财务指标和按期还本付息的能力。

（2）债券发行人的资信状况，包括债券发行人在金融市场上的信誉、历史偿债情况等。

（3）投资者承担的风险水平，主要评价债券发行人破产的可能性，以及债券发行人破产后债权人受到保护的程度和能得到的投资补偿程度。

表 4.1 归纳了债券评级机构在债券评级过程中所依据的三个主要因素。

表 4.1　债券信用评级的主要参考因素

债券发行人的偿债能力	预期盈利 负债比例 能否按期还本付息
债券发行人的资信状况	金融市场上的信誉 历次偿债情况 历史上是否如期偿还债务
投资者承担的风险水平	破产可能性的大小 破产后债权人所能受到的保护程度 破产后债权人所能得到的投资补偿程度

（六）债券信用评级的程序

债券信用评级的程序是债券信用评级业务所遵循的步骤，通常按以下步骤进行。

1. 提出评级申请并提供相关材料

债券评级的第一步是，由拟发行债券的发行人或其代理人向债券信用评级机构提出信用评级申请，并根据评级机构的要求提供详细的书面材料。一般来说，给债券信用评级机构的资料是非公开的，它通常比提交证券管理部门的发行注册申报书的内容更多。债券信用评级机构收到材料后，与发行单位的主要负责人见面，就书面材料中值得进一步调查的问题和其他有关情况提出询问。

一般来说，所提供的资料包括：代表公司法人的法律凭证；债券发行概要，包括债券发行额、期限、还本付息方法等；发行债券的用途；公司近几年的财务状况，包括财务报表、资本结构、偿还长期债务的计划、筹措资金计划等；公司概况，包括公司的资本、经营目标、组织结构、经营者、主营业务、销售状况、财务政策和管理状况；发行条件要点。

2. 债券信用评级机构对申请评级的单位进行分析

债券信用评级机构根据其所掌握的资料，对申请评级的单位进行分析。一般来说，分析的内容包括：产业分析、财务分析、信托证书的分析和国际风险的分析四个方面。

（1）产业分析。产业分析主要包括两个方面的内容：一是判断该申请评级单位所属的产业是朝阳产业还是夕阳产业，是在经济环境变化中稳定的产业还是对变化十分敏感的产业；二是评价该申请评级单位在同行业中的竞争能力，分析该申请评级单位生产经营各个方面在同行业中所处的地位及今后的趋势。

（2）财务分析。对财务状况的分析，是评级机构进行信用评级的重要一环。它主要有四个方面的指标：① 收益性指标，包括销售利润率、投资盈利率和利息支付能力；② 负债比率，包括长期负债比率和短期负债比率；③ 债务弹性指标，包括资金流动比率、速动比率、运营资金比率、应收账款周转率、存货周转率；④清算价值。

（3）信托证书的分析。信托证书是规定债券发行人与债权人权利和义务的文件，对它进行分析也是评级机构的评级内容之一，这一分析主要包括财务限制条款和债券的优先顺序两方面的内容。财务限制条款是防止公司的财务状况出现恶化的限制条款，在信托证书上通常将其视为保护债权人利益的特约条款,它由债券发行公司和承购公司共同制定。债券的优先顺序是指当债务人不履行或不能履行偿债义务时,法律上对债权人清偿权利的优先顺序。

(4) 国际风险的分析。当一国政府、金融机构、公司在其他国家或国际金融市场上发行债券时,还需要对其进行国际风险的分析。一个国家偿还债务的能力和愿望是由其政治、社会和经济结构状况所决定的。因此,国际风险分析包括下列两方面的内容:① 政治风险的分析,内容包括政治制度、社会状况、国际关系;② 经济风险的分析,内容包括债务国的外债情况、国际收支状况、汇率制度、经济结构与经济增长以及总的经济实力。

3. 信用级别的评定

在调查分析的基础上,证券评级机构会通过投票来决定发行人的信用级别,并与发行人进行联系征求其对评级的意见;经发行人同意后,即最后决定信用级别。如果发行人不服评级机构的评定,则可提交理由书,申请变更信用级别。并由发行人提交追加资料,评级机构根据追加资料,再次进行讨论,重新决定信用级别,但这种变更申请只能有一次。

一般来说,信用级别往往是通过一些简单的符号来表示的。例如标准·普尔(Standard & Poor's,简称 S&P)和穆迪(Moody's Investors Service)的债券等级就是用英文符号 ABC 的有规律的排列来进行表示的,如表 4.2 所示。

表 4.2 债券等级分类

级别	说明
	标准·普尔等级评定系统
AAA	最高级:债务人有非常强的本息偿还能力(信誉最高)
AA	高级:债务人有很强的本息偿还能力(信誉很高)
A	中上级:债务人偿还本息能力强,但可能会受到经济因素和环境变化的不良影响(信誉较高)
BBB	中级:债务人有充分的本息偿还能力,但受经济因素和环境变化的影响较大(有一定信誉)
BB	中低级:不断发生一些可能会导致不安全能力的事件(有投机因素)
B	投机级:具有可能损害其偿还本息能力或意愿的不利情况(投机的)
CCC	强投机级:现在就有可能违约(可能不还)
CC	超强投机级:次于 CCC 级(可能不还)
C	保留收入债券:已经停止付息,但还保留收入(不还)
D	残值债券:不可能偿付本息,只能按一定比例兑付残值(不履行债务)
	穆迪等级评定系统
Aaa	最佳:质量最高,风险最小,本息偿还有充分保证的债券,又被称为金边债券(信誉最高)
Aa	高级:债券保护措施不如 Aaa 级,且其中某些因素可能会使远期风险略大于 Aaa 级(信誉很高)
A	中高级:担保偿付本息的措施适当,但含有某些将起损害作用的因素(信誉较高)

续表

级别	说明
穆迪等级评定系统	
Baa	中低级：担保偿付本息的措施在短期内适当，但长远并不适当（有一定信誉）
Ba	投机级：担保本息偿付的措施似乎可以，但有投机因素和其他不确定因素（有投机因素）
B	不宜长期投资：不具备吸引投资的特点，从长远来看本息偿付的保护不可靠（投机的）
Caa	较差：属于低等级债券，本息偿付将被延迟，甚至危及支付（可能不还）
Ca	有较高投机性：经常发生本息推迟偿付，或者其他明显问题（可能不还）
C	最低等级债券（不还）：债券几乎不可能再获得投资级（即非投机级的）评级

4. 公布评级结果及随后的调整

债券信用评级机构评定债券信用级别后，一方面通知评级申请人，另一方面将评级结果汇编成册，公开发行。

债券信用评级机构根据各申请评级单位的财务、经营活动变化，定期调整债券信用级别。由于公司债券或地方政府债券的质量是随着其经营活动的发展而变化，债券的级别不能一成不变，因此证券评级机构也就必须定期发布最新的债券评级结果，及时调整过去评定过的等级。

第二节　国债的发行与承销

一、我国国债发行的概况

国债是由国家发行的债券，是中央政府为筹集财政资金而发行的一种政府债券，是中央政府向投资者出具的、承诺在一定时期支付利息和到期偿还本金的债权债务凭证。新中国成立后，我国国债发行可分为三个阶段：第一阶段是新中国刚刚建立后的第二年，当时为了保证仍在进行的革命战争的供给和恢复国民经济，发行了总价值约为 302 亿元的“人民胜利折实公债”。第二阶段是 1954—1958 年，为了进行社会主义经济建设分 5 次发行了总额为 35.46 亿元的“国家经济建设公债”。第三阶段开始于 1981 年恢复国库券发行。1998 年以来，因实施积极的财政政策，国债发行规模迅速增加。以 2017 年国债发行为例（不含特别国债）：国债发行 156 期，共计发行 3.95 万亿元。至 2017 年年底，国债存量为 13.08 万亿元。目前，我国国债包括凭证式国债（1994 年）、记账式国债（1995 年）和储蓄国债（2006 年）三类。

二、我国国债的发行方式

1988 年以前，我国国债发行采用行政分配方式；1988 年，财政部首次通过商业银行和邮政储蓄柜台销售了一定数量的国债；1991 年，开始以承购包销方式发行国债；1996 年起，公开招标方式被广泛采用。目前，储蓄国债通过商业银行面向个人投资者销售，记账式国债发行采用公开招标方式,而凭证式国债发行则采用承购包销方式。

(一)公开招标方式

公开招标方式是通过投标人的直接竞价来确定发行价格(或利率)水平,发行人将投标人的标价自高价向低价排列,或自低利率排到高利率,发行人从高价(或低利率)选起,直到达到需要发行的数额为止。因此,所确定的价格恰好是供求决定的市场价格。我国国债发行招标规则的制定借鉴了国际资本市场中的美国式、荷兰式规则,并发展出混合式招标方式。

1. 荷兰式招标

标的为利率或利差时,全场最高中标利率或利差为当期国债票面利率或基本利差,各中标机构均按面值承销;标的为价格时,全场最低中标价格为当期国债发行价格,各中标机构均按发行价格承销。

2. 美国式招标

标的为利率时,全场加权平均中标利率为当期国债票面利率,中标机构按各自中标标位利率与票面利率折算的价格承销;标的为价格时,全场加权平均中标价格为当期国债发行价格,中标机构按各自中标标位的价格承销。背离全场加权平均投标利率或价格一定数量的标位视为无效投标,全部落标,不参与全场加权平均中标利率或价格的计算。

3. 混合式招标

标的为利率时,全场加权平均中标利率为当期国债票面利率,低于或等于票面利率的标位,按面值承销;高于票面利率一定数量以内的标位,按各中标标位的利率与票面利率折算的价格承销;高于票面利率一定数量以上的标位,全部落标。标的为价格时,全场加权平均中标价格为当期国债发行价格,高于或等于发行价格的标位,按发行价格承销;低于发行价格一定数量以内的标位,按各中标标位的价格承销,低于发行价格一定数量以上的标位,全部落标。背离全场加权平均投标利率或价格一定数量的标位视为无效投标,全部落标,不参与全场加权平均中标利率或价格的计算。

(二)承购包销方式

承购包销方式是由发行人和承销商签订承购包销合同,合同中的有关条款是通过双方协商确定的。对于事先已确定发行条款的国债,我国仍采取承购包销方式,目前主要运用于不可上市流通的凭证式国债的发行。

三、我国国债承销程序

(一)记账式国债的承销程序

1. 招标发行

记账式国债是一种无纸化国债,是由财政部通过无纸化方式发行的、以电脑记账方式记录债权,并可以上市交易的债券。记账式国债一般分为交易所市场发行、银行间债券市场发行以及同时在银行间债券市场和交易所市场发行(又称为跨市场发行)三种情况。一般来说,交易所市场发行和跨市场发行的记账式国债个人投资者都可以购买,而银行间债券市场发行的多是针对机构投资者的,个人投资者并不是所有品种都可以购买。

2. 分销

分销可以按分销场所的不同分为交易所市场分销和银行间债券市场分销。

(1) 在交易所市场发行国债的分销。在交易所市场发行国债的分销运作中,承销商可以选择场内挂牌分销或场外分销两种方法。场内挂牌分销的程序如下:① 承销商在分得包销的国债后,向证券交易所提供一个自营账户作为托管账户,将在证券交易所注册的记账式国债全部托管于该账户中。② 证券交易所为每一承销商确定当期国债各自的承销代码,以便于场内挂牌。③ 在此后发行期中的任何交易时间内,承销商按自己的意愿确定挂牌卖出国债的数量和价格,进行分销。④ 投资者在买入国债时,可免缴佣金,证券交易所也不向代理机构收取买卖国债的经手费用。买卖成交后,客户认购的国债自动过户至客户的账户内,并完成国债的认购登记手续。客户的认购款通过证券交易所锁定,于当日划入承销商在证券交易所的清算账户中。⑤ 发行结束后,承销商在规定的缴款日前如期将发行款一次性划入财政部在中国人民银行的指定账户内,托管账户中分销的国债余额转为由承销商持有。⑥ 财政部在收到承销商缴纳的发行款后,将国债发行手续费拨付至各承销商的指定银行账户。场外分销的程序如下:① 在发行期内,承销商也可以在场外确定分销商或客户,并在当期国债的上市交易日前向证券交易所申请办理非交易过户。② 证券交易所根据承销商的要求,将原先注册在承销商托管账户中的国债依据承销商指定的数量过户至分销商或客户的账户内,完成债券的认购登记手续。③ 国债认购款的支付时间和方式由买卖双方在场外协商确定。

(2) 在银行间债券市场发行国债的分销。为规范银行间债券市场发行国债的分销工作,中央国债登记结算有限责任公司(以下简称"国债登记结算公司")于 2002 年 5 月发布了《关于银行间债券市场市场化发行债券分销过户有关事宜的通知》。具体规定如下:① 在债券分销期间,承销人应按照债券发行办法的规定办理债券分销手续,并与分销认购人签订分销认购协议。分销认购人应是全国银行间债券市场参与者,并已在国债登记结算公司开立债券托管账户。② 由承销人根据与分销认购人签订协议所确定的分销价格和数量,填制债券发行分销过户指令一览表,加盖预留印章、填写分销密押后传真至国债登记结算公司,同时将原件寄至国债登记结算公司。国债登记结算公司收到分销过户指令一览表传真件,审核密押和印章无误后,根据一览表中的过户指令办理分销过户。③ 国债登记结算公司利用中央债券簿记系统中的交易过户功能,办理承销商与分销认购人之间的分销债券过户。过户后,承销商和分销认购人可以从联网终端输出"非交易过户通知单",过户原因注明为"分销过户"。④ 在发行过程中,承销人的分销总额以其承销总额为限。如发生超卖,国债登记结算公司将不予办理过户,并书面报中国人民银行和发行人。

(二) 凭证式国债的承销程序

凭证式国债是指国家采取不印刷实物券,而用填制国库券收款凭证的方式发行的,是一种不可上市流通的储蓄型债券,由具备凭证式国债承销团资格的机构承销。财政部和中国人民银行一般每年确定一次凭证式国债承销团资格。各类商业银行、邮政储蓄银行均有资格申请加入凭证式国债承销团。财政部一般委托中国人民银行分配承销数额。承销商在分得所承销的国债后,通过各自的代理网点发售。发售采取向购买人开具凭证式国债收款凭证的方式,发售数量不能突破所承销的国债量。由于凭证式国债采用"随买随卖"利率按实际持有天数分档计付的交易方式,因此,在收款凭证中除了注明投资者身份外,还须注明购买日期、期限、发行利率等内容。从 2002 年第 2 期开始,凭证式国债的发行期限改为 1 个月,发行款的上划采取一次缴款办法,国债发行手续费也由财政部一次拨付。各经办单位对在发行期内已缴款但未售完及购买者提前兑取的凭证式国债,仍可在原额度内继续发售,继续发售的凭证式国债仍按面值售出。在持有期内,持券人如遇特殊情况需要取现金,可以到购买网点提前兑取。提前兑取时,除偿还本金外,利息按实际持有天数及相应的利率档次计算,经办机构按兑付本金的 2‰收取手续费。

四、国债销售价格及其影响因素

(一)国债销售的价格

在传统的行政分配和承购包销的发行方式下,国债按规定以面值出售,不存在承销商确定销售价格的问题。在现行多种价格的公开招标方式下,每个承销商的中标价格与财政部按市场情况和投标情况确定的发售价格是有差异的。如果按发售价格向投资者销售国债,承销商就可能发生亏损。因此,财政部允许承销商在发行期内自定销售价格,随行就市发行。

(二)影响国债销售价格的因素

1. 市场利率

市场利率的高低及其变化对国债销售价格起着显著的导向作用。市场利率趋于上升,就限制了承销商确定销售价格的空间;市场利率趋于下降,就为承销商确定销售价格拓宽了空间。

2. 承销商承销国债的中标成本

国债销售的价格一般不应低于承销商与发行人的结算价格;反之,就有可能发生亏损。所以,通过投标获得较低成本的国债,有利于分销工作的顺利开展。

3. 流通市场中可比国债的收益率水平

如果国债承销价格定价过高,则收益率过低,投资者就会倾向于在二级市场上购买已流通的国债,而不是直接购买新发行的国债,从而阻碍国债分销工作顺利进行。

4. 国债承销的手续费收入

在国债承销中,承销商可获得其承销金额一定比例的手续费收入。对于不同品种的国债,该比例可能不一样,一般为千分之几。由于该项手续费收入的存在,为了促进分销活动,承销商有可能压低销售价格。

5. 承销商所期望的资金回收速度

降低销售价格,承销商的分销过程会缩短,资金的回收速度会加快,承销商可以通过获取这部分资金占用期中的利息收入来降低总成本,提高经济收益。

此外,其他国债分销过程中的成本也是影响国债销售价格的因素之一。

第三节　可转换及可交换公司债券的发行与承销

一、可转换公司债券的发行与承销

（一）可转换公司债券的定义及主要特征

可转换公司债券（简称可转债）是指发行公司依法发行，在一定期间内依据约定的条件，转换为普通股票的公司债券。与发行股票一样，企业可以通过发行可转债融资，也可以公开发行认股权和债券分离交易的可转债（以下简称"分离交易的可转债"）。企业发行可转债必须报经核准，未经核准，不得发行。同时，发行的可转债在发行结束 6 个月后，方可转换为公司普通股票，转换期限由公司根据可转债的存续期限及公司财务状况确定。可转债在转换股份前，其持有人不具有股东的权利和义务。

与一般债券相比，可转债具有赎回和回售的主要特征。赎回是指上市公司可按事先约定的条件和价格赎回尚未转股的可转债，而回售则指可转债持有人可按事先约定的条件和价格，将所持债券卖给发行人。可转债募集说明书应当约定，上市公司改变公告的募集资金用途的，应赋予可转债持有人一次回售的权利。这一点对于分离交易的可转债同样适用。

（二）可转换公司债券的发行条件及发行条款的设计要求

1. 可转债的发行条件

可转债的发行条件包括基本条件和其他规定两部分内容。

（1）基本条件：应具备健全的法人治理结构；盈利能力应具有可持续性；财务状况良好；财务会计文件无虚假记载且无重大违法行为；募集资金运用的数额和使用应当符合规定。

（2）其他规定：股份有限公司的净资产不低于人民币 3 000 万元，有限责任公司的净资产不低于人民币 6 000 万元。发行分离交易的可转债的上市公司，其最近 1 期末经审计的净资产不低于人民币 15 亿元；最近 3 个会计年度加权平均净资产收益率平均不低于 6%；最近 3 个会计年度经营活动产生的现金流量净额平均应不少于公司债券 1 年的利息。

2. 可转债发行条款的设计要求

（1）发行规模：可转债的发行规模由发行人根据其投资计划和财务状况确定。可转债发行后，累计公司债券余额不得超过最近 1 期末净资产额的 40%；对于分离交易的可转债，发行后累计公司债券余额不得高于最近 1 期末公司净资产额的 40%。预计所附认股权全部行权后募集的资金总量不超过拟发行公司债券金额。

（2）期限：可转债的最短期限为 1 年，最长期限为 6 年；分离交易的可转债的期限最短为 1 年，无最长期限限制；认股权证的存续期间不超过公司债券的期限，自发行结束之日起不少于 6 个月。募集说明书公告的权证存续期限不得调整。

（3）转股期或行权期：转股期限由公司根据可转债的存续期限及公司财务状况确定。

发行人应明确约定可转债转股的具体方式及程序。对于分离交易的可转债，认股权证自发行结束至少已满6个月起方可行权，行权期间为存续期限届满前的一段时间，或者是存续期限内的特定交易日。

（4）转股价格或行权价格：转股价格或行权价格是指可转债转换为每股股份所支付的价格。转股价格应不低于募集说明书公告日前20个交易日公司股票交易均价和前一个交易日的均价。募集说明书应当约定转股价格调整的原则及方式。发行可转债后，因配股、增发、送股、派息、分立及其他原因引起上市公司股份变动的，应当同时调整转股价格：① 转股价格修正方案须提交公司股东大会表决，且须经出席会议的股东所持表决权的2/3以上同意；股东大会进行表决时，持有公司可转债的股东应当回避。② 修正后的转股价格不低于前项规定的股东大会召开日前20个交易日该公司股票交易均价和前一个交易日的均价。认股权证的行权价格应不低于公告募集说明书日前20个交易日公司股票均价和前一个交易日的均价。

（5）面值与利率：可转债每张面值100元，可转债的利率由发行公司与主承销商协商确定，但必须符合国家的有关规定。分离交易的可转债的面值和利率确定方式与此相同。

（6）债券本息偿还：上市公司应当在可转债期满后5个工作日内，办理完毕偿还债券余额本息的事项；分离交易的可转债的偿还事宜与此相同。

（7）赎回及回售：发行人设置赎回条款、回售条款、转股价格修正条款的，应明确约定实施这些条款的条件、方式和程序等。上述约定应体现权利与义务对等的原则，不得损害可转债持有人的利益。回售条款应当就可转债持有人可以行使回售权的年份做出约定。

（8）担保要求：公开发行可转债应当提供担保，但最近1期末经审计的净资产不低于人民币15亿元的公司除外。提供担保的，应当为全额担保，担保范围包括债券的本金及利息、违约金、损害赔偿金和实现债权的费用。以保证方式提供担保的，应当为连带责任担保，且保证人最近1期经审计的净资产额应不低于其累计对外担保的金额。证券公司或上市公司不得作为发行可转债的担保人，但上市商业银行除外。设定抵押或质押的，抵押或质押财产的估值应不低于担保金额。估值应经有资格的资产评估机构评估。发行分离交易的可转债，可以不提供担保；发行公司提供担保的，其要求与此相同。

（9）评级：公开发行可转债，应当委托具有资格的资信评级机构进行信用评级和跟踪评级；资信评级机构每年至少公告一次跟踪评级报告。对于发行分离交易的可转债的评级要求，与此相同。

（10）债权人权利保护：公开发行可转债或可分离交易的可转债，应当约定保护债券持有人权利的办法以及债券持有人会议的权利、程序和决议生效条件。存在下列事项之一的，应当召开债券持有人会议：① 拟变更募集说明书的约定；② 发行人不能按期支付本息；③ 发行人减资、合并、分立、解散或者申请破产；④ 保证人或者担保物发生重大变化；⑤ 其他影响债券持有人重大权益的事项。

（三）可转换公司债券的定价

1. 可转债的转换价值

转换价值是可转债实际转换时按转换成普通股的市场价格计算的理论价值。转换价

值等于每股普通股的市价乘以转换比例,用公式表示为:

$$CV=P\times R$$

式中,CV 代表转换价值;P 代表股票价格;R 代表转换比例。

由于可转债有一定的转换期限,在不同时点上,股票价格不同,转换价值也不相同。

2. 可转债的价值

可转债实质上是一种由普通债权和股票期权两个基本工具构成的复合融资工具,投资者购买可转债等价于同时购买了一个普通债券和一个对公司股票的看涨期权。所以,可转债的价值可以近似地看作是普通债券与股票期权价值的组合体。首先,由于可转债的持有者可以按照债券上约定的转股价格在转股期内行使转股权利,这实际上相当于以转股价格为期权执行价格的美式买权,一旦市场价格高于期权执行价格,债券持有者就可以行使美式买权,从而获利。其次,由于发行人在可转债的赎回条款中规定,如果股票价格连续若干个交易日收盘价高于某一赎回启动价格(该赎回启动价格要高于转股价格),发行人有权按一定金额予以赎回。所以,赎回条款相当于债券持有人在购买可转债时就无条件出售给发行人的 1 张美式买权。当然,发行人期权存在的前提是债券持有人的期权还未执行,如果债券持有人实施转股,发行人的赎回权对该投资者也归于无效。此外,由于可转债中的回售条款规定,如果股票价格连续若干个交易日收盘价低于某一回售启动价格(该回售启动价格要低于转股价格),债券持有人有权按一定金额回售给发行人,所以,回售条款相当于债券持有人同时拥有发行人出售的 1 张美式卖权。

综上所述,可转债相当于这样一种投资组合:投资者持有 1 张与可转债相同利率的普通债券,1 张数量为转换比例、期权行使价为初始转股价格的美式买权,1 张美式卖权,同时向发行人无条件出售了 1 张美式买权。所以,可转债的价值可以用以下公式近似表示:

可转债价值≈纯粹债券价值+投资人美式买权价值+
投资人美式卖权价值-发行人美式买权价值

(1) 对于普通债券部分。由于可转债的债息收入固定,可以采用现金流贴现法来确定纯债券的价值,即将未来一系列债息加上面值按一定的市场利率折成的现值,可由下式计算:

$$P_i=\sum_{t=1}^{n}\frac{C}{(1+r)^t}+\frac{F}{(1+r)^n}$$

式中,P_i 代表普通债券部分价值;C 代表债券年利息收入;F 代表债券面值;r 代表市场平均利率;n 代表距离到期的年限。

(2) 对于股票期权部分,目前有两种定价方法:① 布莱克—斯科尔斯(Black-Scholes)期权定价模型。1973 年,经济学家布莱克(Fischer Black)与斯科尔斯(Myron Scholes)发表了题为《期权定价和公司债务》的著名论文,在文中提出了动态对冲的概念,建立了欧式期权定价的解析表达式,即布莱克—斯科尔斯期权定价模型。② 二叉树期权定价模型。1979 年,经济学家考克斯(Cox)、罗斯(Ross)和鲁宾斯坦(Rubinstein)发表了题为《期权定价:一种简化的方法》的论文,提出了二叉树模型(Binomial Model)。这个模型建立了期权定价数值算法的基础,解决了美式期权的定价问题。模型以发行日为基点,模拟转股起始日基础股票的可能价格以及出现这些价格的概率,然后确定在各种可能价格下的期权价值,最后计算期权的期望值并进行贴现求得期权价值。根据我国可转债发行的特点,采用二叉树模型进行定价的方法较为可行。

3. 影响可转债价值的因素

影响可转债价值的因素主要有以下六个方面:

(1) 票面利率。票面利率越高,可转债的债权价值越高;反之,票面利率越低,可转债的债权价值越低。

(2) 转股价格。转股价格越高,期权价值越低,可转债的价值越低;反之,转股价格越低,期权价值越高,可转债的价值越高。

(3) 股票波动率。股票波动率是影响期权价值的一个重要因素,股票波动率越大,期权的价值越高,可转债的价值越高;反之,股票波动率越低,期权的价值越低,可转债的价值越低。

(4) 转股期限。由于可转债的期权是一种美式期权,因此,转股期限越长,转股权价值就越大,可转债的价值越高;反之,转股期限越短,转股权价值就越小,可转债的价值越低。

(5) 回售条款。通常情况下,回售期限越长、转换比率越高、回售价格越高,回售的期权价值就越大;相反,回售期限越短、转换比率越低、回售价格越低,回售的期权价值就越小。

(6) 赎回条款。通常情况下,赎回期限越长、转换比率越低、赎回价格越低,赎回的期权价值就越大,越有利于发行人;相反,赎回期限越短、转换比率越高、赎回价格越高,赎回的期权价值就越小,越有利于转债持有人。在股价走势向好时,赎回条款实际上起到强制转股的作用。也就是说,当公司股票增长到一定幅度,转债持有人若不进行转股,那么,他从转债赎回得到的收益将远低于从转股中获得的收益。

(四) 可转换公司债券发行的申报与核准

1. 可转债发行的申报

(1) 申报程序。可转债以及分离交易的可转债在申报发行前须履行以下程序:董事会决议,股东大会决议,保荐事项,编制申报文件。

(2) 申请文件。需申报的文件包括:本次可转债发行的募集文件,发行人关于本次可转债发行的申请与授权文件,保荐人关于本次可转债发行的文件,发行人律师关于本次可转债发行的文件,关于本次可转债发行募集资金运用的文件,其他相关文件。

2. 可转债发行的核准

中国证监会依照下列程序审核发行可转债的申请:受理申请文件,初审,发审委审核,核准,可转债发行,再次申请,可转债承销。

(五) 可转换公司债券的发行与上市

1. 可转债的发行

可转债的发行包括发行方式和配售安排两个方面内容。

(1) 发行方式。按照目前的做法,发行人申请发行可转债,股东大会应决定是否优先向原股东配售；如果优先配售，应明确进行配售的数量和方式以及有关原则。可转债的发行方式由发行人和主承销商协商确定。主要采取四种类型：① 全部网上定价发行；② 网上定价发行与网下向机构投资者配售相结合；③ 部分向原社会公众股股东优先配售，剩余部分网上定价发行；④ 部分向原社会公众股股东优先配售，剩余部分采用网上定价发行和网下向机构投资者配售相结合的方式。

（2）配售安排。上市公司发行可转债，主承销商可以对参与网下配售的机构投资者进行分类，对不同类别的机构投资者设定不同的配售比例，对同一类别的机构投资者应当按相同的比例进行配售。主承销商应当在发行公告中明确机构投资者的分类标准。

2. 可转债的上市

可转债的上市是指可转债经核准在证券交易所挂牌买卖。可转债发行人在发行结束后，可向证券交易所申请其可转债上市。可转债通常在发行人股票上市的证券交易所上市。分离交易的可转债中的公司债券和认股权分别符合证券交易所上市条件的，应当分别上市交易。证券交易所实行可转债上市保荐制度。发行人向证券交易所申请其可转债在交易所上市，应当由保荐人推荐。保荐人应当为中国证监会注册登记并列入保荐机构名单，同时具有交易所会员资格的证券经营机构。保荐人应当与发行人签订保荐协议，明确双方在公司申请上市期间、申请恢复上市期间和持续督导期间的权利和义务。保荐人推荐可转债上市，应当向交易所提交上市保荐书、保荐协议、保荐人和相关保荐代表人已经中国证监会注册登记并列入保荐人和保荐代表人名单的证明文件和授权委托书，以及与上市推荐工作有关的其他文件。上市公司申请可转债在证券交易所上市，应当符合下列条件：可转债的期限为一年以上；可转债实际发行额不少于人民币 5 000 万元；申请上市时仍符合法定的可转债发行条件。同时，上市公司向证券交易所应当提交下列文件：上市报告书（申请书），申请上市的董事会和股东大会决议，按照有关规定编制的上市公告书，保荐协议和保荐人出具的上市保荐书，发行结束后经具有执行证券、期货相关业务资格的会计师事务所出具的验资报告，登记公司对新增股份和可转债登记托管的书面确认文件，证券交易所要求的其他文件。

（六）可转换公司债券的信息披露

1. 发行的信息披露

上市公司发行可转债信息披露的有关要求，与上市公司发行新股的要求基本一致。

2. 上市的信息披露

可转债上市信息披露主要包括：上市公告、特别事项报告并披露、付息与兑付披露公告、转股与股份变动公告、赎回与回售公告、停止交易的提示公告。

二、可交换公司债券的发行与承销

（一）可交换公司债券的定义及其基本要求

可交换公司债券（简称可交换债）是指上市公司的股东依法发行、在一定期限内依据约定的条件可以交换成该股东所持有的上市公司股份的公司债券。

持有上市公司股份的股东，经保荐人保荐，可以向中国证监会申请发行可交换债，但

应当符合下列规定:

(1) 申请人应当是符合《公司法》《证券法》规定的有限责任公司或者股份有限公司。同时,公司组织机构健全,运行良好,内部控制制度不存在重大缺陷。

(2) 公司最近一期末的净资产额不少于人民币3亿元,公司最近三个会计年度实现的年均可分配利润不少于公司债券一年的利息。

(3) 本次发行后累计公司债券余额不超过最近一期末净资产额的40%;本次发行债券的金额不超过预备用于交换的股票按募集说明书公告日前20个交易日均价计算的市值的70%,且应当将预备用于交换的股票设定为本次发行的公司债券的担保物。

(4) 经资信评级机构评级,债券信用级别良好,不存在《公司债券发行试点办法》第8条规定的不得发行公司债券的情形。

预备用于交换的上市公司股票还应该具备以下条件:

(1) 该上市公司最近一期末的净资产不低于人民币15亿元,或者最近三个会计年度加权平均净资产收益率平均不低于6%。

(2) 用于交换的股票在提出发行申请时应当为无限售条件股份,且股东在约定的换股期间转让该部分股票不违反其对上市公司或者其他股东的承诺。

(3) 用于交换的股票在本次可交换公司债券发行前,不存在被查封、扣押、冻结等财产权利被限制的情形,也不存在权属争议或者依法不得转让或设定担保的其他情形。

(二) 可交换公司债券的主要条款的设计

(1) 期限:可交换债的期限最短为1年,最长为6年。

(2) 定价:面值为每张人民币100元,发行价格则由上市公司股东和保荐人通过市场询价确定。

(3) 赎回与回售:可交换债的募集说明书可以约定赎回条款,规定上市公司股东可以按事先约定的条件和价格赎回尚未换股的可交换债。同时,募集说明书也可以约定回售条款,规定可交换债持有人可以按事先约定的条件和价格将所持债券回售给上市公司股东。

(4) 股票的交换期:可交换债自发行结束之日起12个月后,方可交换为预备交换的股票,可交换债持有人对交换股票或者不交换股票有选择权。

(5) 股票交换的价格及其调整与修正:公司债券交换为每股股份的价格,应当不低于公告募集说明书日前20个交易日公司股票均价和前一个交易日的均价。募集说明书应当事先约定交换价格及其调整、修正原则。调整或修正交换价格,将造成预备用于交换的股票数量少于未偿还可交换债全部换股所需股票的,公司必须事先补充提供预备用于交换的股票,并就该等股票设定担保,办理相关登记手续。

(6) 担保安排:预备用于交换的股票及其孳息(包括资本公积转增股本、送股、分红、派息等),是本次发行可交换债的担保物,用于对可交换债持有人交换股份和本期债券本息偿付提供担保。

(7) 评级:可交换债的信用评级事项,按照《公司债券发行试点办法》第二章第10条的规定办理。

（三）可交换公司债券的操作程序与其他相关事项

1. 发行程序、申请文件目录及募集说明书的编制

可交换债的发行程序，按照《公司债券发行试点办法》第三章的规定办理。申请发行可交换债，应当按要求编制申请文件，按照《证券法》的规定持续公开信息。发行可交换债申请文件目录如下：相关责任人签署的募集说明书，保荐人出具的发行保荐书，发行人关于就预备用于交换的股票在证券登记结算机构设定担保并办理相关登记手续的承诺，评级机构出具的债券资信评级报告，公司债券受托管理协议和公司债券持有人会议规则，本期债券担保合同、抵押财产的资产评估文件，其他重要文件。

与可转债一样，可交换债网上发行配售的原则是摇号中签，其资金申购为信用申购，待确认获得配售后，再按实际获配金额缴款。

2. 其他相关事项

在可交换债发行前，公司债券受托管理人应当与上市公司股东就预备用于交换的股票签订担保合同，按照证券登记结算机构的业务规则设定担保，办理相关登记手续，将其专户存放，并取得担保权利证明文件。当可交换债持有人按照约定条件交换股份时，从作为担保物的股票中提取相应数额用于支付；可交换债持有人部分或者全部未选择换股且上市公司股东到期未能清偿债务时，作为担保物的股票及其孳息处分所得的价款优先用于清偿对可交换债持有人的负债。可交换债持有人申请换股的，应当通过其托管证券公司向证券交易所发出换股指令，指令视同为债券受托管理人与发行人认可的解除担保指令。

第四节　金融债券的发行与承销

一、金融债券的定义、发行条件及应报送的文件

金融债券（Financial bonds）是指银行及其他金融机构在全国银行间债券市场发行的、按约定还本付息的有价证券。金融债券因发行主体的不同，其发行条件和应报送的文件也有很大差异。

（一）政策性银行

这里所指的政策性银行包括国家开发银行、中国进出口银行和中国农业发展银行。这三家政策性银行作为发行主体，天然具备发行金融债券的条件，只要按年向中国人民银行报送金融债券发行申请，并经中国人民银行核准后便可发行。政策性银行发行金融债券应向中国人民银行报送下列文件：金融债券发行申请报告（应包括发行数量、期限安排、发行方式等内容）；发行人近三年经审计的财务报告及审计报告；金融债券发行办法；承销协议；中国人民银行要求的其他文件。

（二）商业银行

商业银行发行金融债券应具备以下条件：具有良好的公司治理机制；核心资本充足率不低于4%；最近三年连续盈利；贷款损失准备计提充足；风险监管指标符合监管机构的有

关规定;最近三年没有重大违法、违规行为;中国人民银行要求的其他条件。根据商业银行的申请,中国人民银行可以豁免前款所规定的个别条件。

商业银行(包括企业集团财务公司及其他金融机构)发行金融债券应向中国人民银行报送下列文件:金融债券发行申请报告;发行人公司章程或章程性文件规定的权力机构的书面同意文件;监管机构同意金融债券发行的文件;发行人近三年经审计的财务报告及审计报告;募集说明书;发行公告或发行章程;承销协议;发行人关于本期债券偿债计划及保障措施的专项报告;信用评级机构出具的金融债券信用评级报告及有关持续跟踪评级安排的说明;发行人律师出具的法律意见书;中国人民银行要求的其他文件。采用担保方式发行金融债券的,还应提供担保协议及担保人资信情况说明。如有必要,中国人民银行可商请其监管机构出具相关监管意见。

(三)企业集团财务公司

企业集团财务公司发行金融债券应具备以下条件:具有良好的公司治理结构、完善的投资决策机制、健全有效的内部管理和风险控制制度及相应的管理信息系统;具有从事金融债券发行的合格专业人员;依法合规经营,符合中国银监会有关审慎监管的要求,风险监管指标符合监管机构的有关规定;财务公司已发行、尚未兑付的金融债券总额不得超过其净资产总额的100%,发行金融债券后,资本充足率不低于10%;财务公司设立一年以上,经营状况良好,申请前一年利润率不低于行业平均水平,且有稳定的盈利预期;申请前一年,不良资产率低于行业平均水平,资产损失准备拨备充足;申请前一年,注册资本金不低于3亿元人民币,净资产不低于行业平均水平;近三年无重大违法违规记录;无到期不能支付债务;中国人民银行和中国银监会规定的其他条件。

(四)其他金融机构

其他金融机构发行金融债券应具备的条件由中国人民银行另行规定。

二、金融债券发行、登记、托管与兑付

(一)发行方式及发行的组织

金融债券可在全国银行间债券市场公开发行或定向发行,可以采取一次足额发行或限额内分期发行的方式。发行人分期发行金融债券的,应在募集说明书中说明每期发行安排。发行人应在每期金融债券发行前5个工作日将相关的发行申请文件报中国人民银行备案,并按中国人民银行的要求披露有关信息。发行金融债券时,发行人应组建承销团,可采用协议承销、招标承销等方式。

以招标承销方式发行金融债券的,发行人应与承销团成员签订承销协议;以协议承销方式发行金融债券的,发行人应聘请主承销商,并须具备下列条件:注册资本不低于2亿元人民币;具有较强的债券分销能力;具有合格的从事债券市场业务的专业人员和债券分销渠道;最近2年内没有重大违法、违规行为;中国人民银行要求的其他条件。以定向方式发行金融债券的,应优先选择协议承销方式。定向发行对象不超过两家,可不聘请主承销商,由发行人与认购机构签订协议安排发行。

（二）担保要求及信用评级

政策性银行与商业银行发行金融债券没有强制担保要求。但是企业集团财务公司发行金融债券，则需要由财务公司的母公司或其他有担保能力的成员单位提供相应担保，经中国银保监会批准免于担保的除外。

金融债券的发行应由具有债券评级能力的信用评级机构进行信用评级。金融债券发行后，信用评级机构应每年对该金融债券进行跟踪信用评级。如发生影响该金融债券信用评级的重大事项，信用评级机构应及时调整该金融债券的信用评级，并向投资者公布。

（三）登记、托管及兑付

国债登记结算公司为金融债券的登记、托管机构。金融债券发行结束后，发行人应及时向国债登记结算公司确认债权债务关系，由国债登记结算公司及时办理债券登记工作。金融债券付息或兑付日前（含当日），发行人应将相应资金划入债券持有人指定的资金账户。

三、金融债券的信息披露

发行人应在金融债券发行前和存续期间履行信息披露义务。信息披露应通过中国货币网、中国债券信息网进行。发行人应保证信息披露真实、准确、完整、及时，不得有虚假记载、误导性陈述或重大遗漏。发行人及相关知情人在信息披露前不得泄露其内容。对影响发行人履行债务的重大事件，发行人应在第一时间向中国人民银行报告，并按照中国人民银行指定的方式披露。

经中国人民银行核准发行金融债券的，发行人应于每期金融债券发行前 3 个工作日披露募集说明书和发行公告。金融债券存续期间，发行人应于每年 4 月 30 日前向投资者披露年度报告，年度报告应包括发行人上一年度的经营情况说明、经注册会计师审计的财务报告以及涉及的重大诉讼事项等内容。采用担保方式发行金融债券的，发行人还应在其年度报告中披露担保人上一年度的经营情况说明、经审计的财务报告以及涉及的重大诉讼事项等内容。发行人应于金融债券每次付息日前 2 个工作日公布付息公告，最后一次付息及兑付日前 5 个工作日公布兑付公告。金融债券存续期间，发行人应于每年 7 月 31 日前披露债券跟踪信用评级报告。信息披露涉及的财务报告，应经注册会计师审计，并出具审计报告；信息披露涉及的法律意见书和信用评级报告，应分别由执业律师和具有债券评级能力的信用评级机构出具。

四、商业银行次级债务与混合资本债券

（一）次级债务

商业银行次级债务是指由商业银行发行的，固定期限不低于 5 年（含 5 年），除非银行倒闭或清算不用于弥补银行日常经营损失，且该项债务的索偿权排在存款和其他负债之后的长期债务。商业银行发行次级债务，须向中国银保监会提出申请，提交可行性分析报告、招募说明书、协议文本等规定的资料。

商业银行次级债务可以私募方式发行，也可以在全国银行间债券市场公开发行并正常交易。商业银行发行次级债务应聘请证券信用评级机构进行信用评级。其发行可采取

一次足额发行或限额内分期发行的方式。发行人应组成承销团,承销团在发行期内向其他投资者分销次级债务,其承销可采用包销、代销和招标等方式。

经中国银保监会认可,商业银行发行的普通的、无担保的、不以银行资产为抵押或质押的长期次级债务工具可列入附属资本,在距到期日前最后5年,其可计入附属资本的数量每年累计折扣20%。

为了规范保险公司次级债务的定向募集、转让、还本付息和信息披露行为,保证保险公司的偿付能力,2004年9月29日,中国保监会发布了《保险公司次级定期债务管理暂行办法》。该办法所称保险公司次级债务是指保险公司经批准定向募集的,期限在5年以上(含5年),本金和利息的清偿顺序列于保单责任和其他负债之后、先于保险公司股权资本的保险公司债务。与商业银行次级债务不同的是,保险公司次级债务的偿还只有在确保偿还次级债务本息后偿付能力充足率不低于100%的前提下,募集人才能偿付本息;并且募集人在无法按时支付利息或偿还本金时,债权人无权向法院申请对募集人实施破产清偿。

(二)商业银行混合资本债券

混合资本债券是一种混合资本工具,它同时兼有一定的股本性质和债务性质,但比普通股票和债券更加复杂。我国的混合资本债券是指商业银行为补充附属资本发行的、清偿顺序位于股权资本之前但列在一般债务和次级债务之后、期限在15年以上、发行之日起10年内不可赎回的债券。按照现行规定,商业银行混合资本债券具有如下四个基本特征:

(1)期限在15年以上,发行之日起10年内不得赎回。发行之日起10年后发行人具有一次赎回权,若发行人未行使赎回权,可以适当提高混合资本债券的利率。

(2)到期前,如果发行人核心资本充足率低于4%,发行人可以延期支付利息;如果同时出现以下情况:最近一期经审计的资产负债表中盈余公积与未分配利润之和为负,且最近12个月内未向普通股股东支付现金红利,则发行人必须延期支付利息。在不满足延期支付利息的条件时,发行人应立即支付欠息及欠息产生的复利。

(3)清算时,混合资本债券本金和利息的清偿顺序列于一般债务和次级债务之后、先于股权资本。

(4)到期时,如果发行人无力支付清偿顺序在该债券之前的债务,或支付该债券将导致无力支付清偿顺序在混合资本债券之前的债务,发行人可以延期支付该债券的本金和利息。待上述情况好转后,发行人应继续履行其还本付息义务,延期支付的本金和利息将根据混合资本债券的票面利率计算利息。

商业银行发行混合资本债券应具备的条件与其发行金融债券完全相同。但商业银行发行混合资本债券应向中国人民银行报送的发行申请文件,除了应包括其发行金融债券的内容之外,还应同时报送近三年按监管部门要求计算的资本充足率信息和其他债务本息偿付情况。

混合资本债券可以公开发行,也可以定向发行。但无论公开发行还是定向发行,均应进行信用评级。在混合资本债券存续期内,信用评级机构应定期和不定期对混合资本债券进行跟踪评级,每年发布一次跟踪评级报告,每季度发布一次跟踪评级信息。对影响发行人履行债务的重大事件,信用评级机构应及时提供跟踪评级报告。

五、证券公司债券的发行与承销

（一）证券公司债券的发行条件、条款设计要求及其他安排

1. 发行条件

证券公司债券是指证券公司依法发行的、约定在一定期限内还本付息的有价证券。这里所指的证券公司债券不包括证券公司发行的可转换债券和次级债券。

（1）基本条件。证券公司公开发行债券，除应当符合《证券法》规定的条件外，还应当符合下列要求：发行人最近一期末经审计的净资产不低于10亿元；各项风险监控指标符合中国证监会的有关规定；最近两年内未发生重大违法违规行为；具有健全的股东会、董事会运作机制及有效的内部管理制度，具备适当的业务隔离和内部控制技术支持系统；资产未被具有实际控制权的自然人、法人或其他组织及其关联人占用；中国证监会规定的其他条件。证券公司定向发行债券，除应当符合公开发行条件的后五条外，第一条为最近一期末经审计的净资产不低于5亿元。定向发行的债券只能向合格投资者发行。合格投资者是指自行判断具备投资债券的独立分析能力和风险承受能力，且符合下列条件的投资者：依法设立的法人或投资组织；按照规定和章程可从事债券投资；注册资本在1 000万元以上或者经审计的净资产在2 000万元以上。

（2）募集资金的投向。发行债券募集的资金应当有确定的用途和相应的使用计划及管理制度。募集资金的使用应当符合法律法规和中国证监会的有关规定，不得用于禁止性的业务和行为。凡有下列情形之一的，不得再次发行证券公司债券：前一次发行的公司债券尚未募足的；对已发行的公司债券或者其他债务有违约或者延迟支付本息的事实，且仍处于继续状态的；违反《证券法》规定，改变公开发行公司债券所募资金用途的。

2. 条款设计要求及其他安排

（1）发行规模：证券公司如属于《公司法》界定的股份有限公司和有限责任公司，则根据《证券法》的规定，其累计发行的债券总额不得超过公司净资产额的40%。在此限定规模内，具体的发行规模由发行人根据其资金使用计划和财务状况自行确定。公开发行的债券每份面值为100元。定向发行的债券应当采用记账方式向合格投资者发行，每份面值为50万元，每一合格投资者认购的债券不得低于面值100万元。发行债券可按面值发行，也可采取其他方式发行，具体方式由发行人和主承销商协商确定。

（2）发行期限：证券公司债券的期限最短为1年。

（3）利率及付息规定：证券公司债券的利率由发行人与其主承销商根据信用等级、风险程度、市场供求状况等因素协商确定，但必须符合企业债券利率管理的有关规定。

（4）债券的评级：发行人应当聘请证券资信评级机构对其债券进行信用评级，并对跟踪评级做出安排。证券资信评级机构对评级结果的客观、公正和及时性承担责任。信用评级报告的内容和格式应当符合有关规定。

（5）债券的担保：发行人应当为债券的发行提供担保。为债券的发行提供保证的，保证人应当具有代为清偿债务的能力，保证应当是连带责任保证；为债券的发行提供抵押或质押的，抵押或质押的财产应当由具备资格的资产评估机构进行评估。公开发行债券的

担保金额应不少于债券本息的总额。定向发行债券的担保金额原则上应不少于债券本息总额的50%;担保金额不足50%或者未提供担保定向发行债券的,应当在发行和转让时向投资者作特别风险提示,并由投资者签字。

(6) 债权代理人:发行人应当为债券持有人聘请债权代理人。聘请债权代理人应当订立债权代理协议,明确发行人、债券持有人及债权代理人之间的权利、义务及违约责任。发行人应当在募集说明书中明确约定,投资者认购本期债券视作同意债权代理协议。发行人可聘请信托投资公司、基金管理公司、证券公司、律师事务所、证券投资咨询机构等机构担任债权代理人。

(7) 法律意见:发行人应当聘请律师事务所参照中国证监会证券发行的有关规定出具法律意见书和律师工作报告。律师应当针对债券的特点,重点对债券的发行条件、发行方案、发行条款、担保、信用评级、专项偿债账户、债权代理人、债券持有人会议等,发表明确法律意见。

(8) 豁免事项:定向发行债券,拟认购人书面承诺认购全部债券且不在转让市场进行转让,经拟认购人书面同意,发行人可免于信用评级、提供担保、聘请债权代理人。前款所述的债券只能通过协议转让的方式进行转让。转让双方应当在协议中就该债券的转让限制和风险分别做出明确的书面提示和认可。

(9) 承销组织:发行人应当聘请有主承销商资格的证券公司组织债券的承销。定向发行的债券,经中国证监会批准可以由发行人自行组织销售。债券的承销可采取包销和代销方式。承销或者自行组织的销售,销售期最长不得超过90日。债券发行结束之前,发行人不得动用所募集的资金,主承销商和债权代理人负有监督义务。

(10) 发行失败及其处理:公开发行的债券,在销售期内售出的债券面值总额占拟发行债券面值总额的比例不足50%的,或未能满足债券上市条件的,视为发行失败。若发行失败,发行人应当按发行价并加算银行同期存款利息返还认购人。

(二) 证券公司债券发行的申报与核准

1. 申报程序

(1) 董事会决议并经股东大会批准。证券公司发行债券应当由董事会制订方案,股东会对下列事项做出专项决议:发行规模、期限、利率;担保;募集资金的用途;发行方式;决议有效期;与本期债券相关的其他重要事项。

(2) 发行申报。发行申报是发行审批的法定程序,一经申报,未经中国证监会同意,不得随意增加、撤回或更换。证券公司申请发行债券,应当向中国证监会报送下列文件:发行人申请报告;董事会、股东会决议;主承销商推荐函(附尽职调查报告);募集说明书(附发行方案);法律意见书(附律师工作报告);经审计的最近3年及最近1期的财务会计报告;信用评级报告及跟踪评级安排的说明;偿债计划及保障措施的专项报告;关于支付本期债券本息的现金流分析报告;担保协议及相关文件;债权代理协议;发行人章程和营业执照复印件;与债券发行相关的其他重要合同;中国证监会要求报送的其他文件。

(3) 申报文件编制。发行人、主承销商及负责出具专业意见的律师事务所、会计师事务所、资信评级机构等,应审慎对待所申报的材料和所出具的意见。发行人全体董事及有关中介机构应按要求在所提供的有关文件上发表声明或签字,对申请文件的真实性、准确性和完整性做出承诺。主承销商应按有关规定履行对申请文件的核查及对申请文件进行质量控制的义务,并出具核查意见。发行人、主承销商及其他有关中介机构应结合中国证监会对发行申请文件的审核反馈意见提供补充材料,发行人全体董事应对补充内容出具书面回复函。有关中介机构应按中国证监会的规定履行尽职调查或补充出具专业意见的义务。

2. 申报核准

对于公开发行的证券公司债券,发行人报送的申请文件应包括公开披露的文件和一切相关的资料。整套申请文件应包括两个部分,即要求在指定报刊或网站披露的文件和不要求在指定报刊或网站披露的文件。公开发行申请经中国证监会批准并且在第一部分文件披露后,整套申请文件可供投资者查阅。申请文件应为原件,如不能提供原件的,应由发行人律师提供鉴证意见,或由出文单位盖章,以保证与原件一致。如原出文单位不再存续,可由承继其职权的单位或做出撤销决定的单位出文证明文件的真实性。

(三)证券公司债券的上市与交易

证券公司债券应当由证券登记结算公司负责登记、托管和结算。经批准,国债登记结算公司也可以负责证券公司债券的登记、托管和结算。公开发行的债券应当申请在证券交易所挂牌集中竞价交易;经中国证监会批准的,也可采取其他方式转让。申请债券上市的证券公司应当与证券交易所订立上市协议,遵守证券交易所债券上市规则,接受证券交易所的监管。债券申请上市应当符合下列条件:债券发行申请已获批准并发行完毕;实际发行债券的面值总额不少于5 000万元;申请上市时仍符合公开发行的条件;中国证监会规定的其他条件。上市债券到期前1个月终止上市交易,由发行人办理兑付事宜。定向发行债券的发行人、主承销商、提供转让服务的证券公司应当将经审查确认的合格投资者的相关资料向证券登记结算公司申报,并办理证券账户的开立、注册手续。合格投资者只能使用在证券登记结算公司注册的证券账户进行债券的申购、受让等投资活动,并填制债券的认购表或受让表。

(四)证券公司债券的信息披露

证券公司发行债券,应当按照中国证监会的有关规定制作募集说明书和其他信息披露文件,保证真实、准确、完整、及时地披露一切对投资者有实质性影响的信息。但定向发行债券的募集说明书及相关资料不得在媒体上公开刊登或变相公开刊登。证券公司债券的募集说明书、上市公告书应按中国证监会的有关规定编制和披露。

第五节 企业债券与公司债券的发行与承销

一、企业债券的发行与承销

(一)企业债券的发行条件、条款设计要求与其他安排

1. 企业债券发行条件

企业债券是指在中华人民共和国境内具有法人资格的企业在境内依照法定程序发

行、约定在一定期限内还本付息的有价证券,但是,金融债券和外币债券除外。截止到2017年底,企业债券存量4.9万亿元,其违约支数和规模均处于公司信用类债券最低水平。发行企业债券应满足以下基本条件和募集资金投向的要求。

(1)基本条件。公开发行企业债券必须符合下列条件:① 股份有限公司的净资产额不低于人民币3 000万元,有限责任公司和其他类型企业的净资产额不低于人民币6 000万元;② 累计债券余额不超过发行人净资产(不包括少数股东权益)的40%且最近三年平均可分配利润(净利润)足以支付债券1年的利息;③ 筹集的资金投向符合国家产业政策,所需相关手续齐全:用于固定资产投资项目的,应符合固定资产投资项目资本金制度的要求,原则上累计发行额不得超过该项目总投资的60%,用于收购产权(股权)的,比照该比例执行,用于调整债务结构的,不受该比例限制,但企业应提供银行同意以债还贷的证明,用于补充营运资金的,不超过发债总额的20%;④ 企业债券的利率由企业根据市场情况确定,但不得超过国务院限定的利率水平;⑤已发行的企业债券或者其他债务未处于违约或者延迟支付本息的状态。最近3年没有重大违法违规行为。

(2)募集资金的投向。企业债券所筹资金应当按照审批机关批准的用途用于本企业的生产经营,不得用于房地产买卖、股票买卖和期货交易等与本企业生产经营无关的风险性投资。根据《国家发展改革委关于推进企业债券市场发展、简化发行核准程序有关事项的通知》,企业债券筹集的资金可用于固定资产投资项目、收购产权(股权)、调整债务结构和补充营运资金。

凡有下列情形之一的,公司不得再次公开发行企业债券:前一次公开发行的企业债券尚未募足的;对已公开发行的企业债券或者其他债务有违约或者延迟支付本息的事实,且仍处于继续状态的;违反《证券法》规定,改变公开发行企业债券所募资金用途的。

2. 企业债券条款设计要求及其他安排

(1)发行规模:公开发行企业债券,发行人累计债券余额不超过企业净资产(不包括少数股东权益)的40%。在此限定规模内,具体的发行规模由发行人根据其资金使用计划和财务状况自行确定。企业债券每份面值为100元,以1 000元人民币为1个认购单位。

(2)发行期限:在现行的具体操作中,原则上不能低于1年。

(3)利率及付息规定:企业债券的利率由发行人与其主承销商根据信用等级、风险程度、市场供求状况等因素协商确定,但必须符合企业债券利率管理的有关规定。《企业债券管理条例》第18条规定,企业债券的利率不得高于银行相同期限居民储蓄定期存款利率的40%。

(4)债券的评级:发行人应当聘请具有企业债券评估从业资格的信用评级机构对其债券进行信用评级。债券资信评级机构对评级结果的客观、公正和及时性承担责任。信用评级报告的内容和格式应当符合有关规定。

(5)债券的担保:企业可发行无担保信用债券、资产抵押债券、第三方担保债券。为债券的发行提供保证的,保证人应当具有代为清偿债务的能力,保证应当是连带责任保证。

(6)法律意见书:发行人应当聘请具有从业资格的律师事务所,对发行人发行企业债券的条件和合规性进行法律鉴证,并出具法律意见书。

(7) 承销组织:企业债券的发行,应组织承销团以余额包销的方式承销。

(二) 企业债券发行的申报与核准

企业债券发行的申报,采取如下方式报送国家发改委:中央直接管理企业的申请材料直接申报;国务院行业管理部门所属企业的申请材料由行业管理部门转报;地方企业的申请材料由所在省、自治区、直辖市、计划单列市发展改革部门转报。国家发改委受理企业发债申请后,依据法律法规及有关文件规定,对申请材料进行审核。符合发债条件、申请材料齐全的,直接予以核准。申请材料存在不足或需要补充有关材料的,应及时向发行人和主承销商提出反馈意见。发行人及主承销商根据反馈意见对申请材料进行补充、修改和完善,重要问题应出具文件进行说明。国家发改委自受理申请之日起3个月内(发行人及主承销商根据反馈意见补充和修改申报材料的时间除外)做出核准或者不予核准的决定,不予核准的,应说明理由。企业债券得到国家发改委批准并经中国人民银行和中国证监会会签后,即可进行具体的发行工作。

(三) 中国证监会对企业债券主承销商的资格审查和风险评估

为防范证券公司因承销企业债券而出现的风险,影响证券公司的资产质量和客户交易结算资金的安全,根据国务院关于防范和化解金融风险的指示精神,中国证监会要对证券公司承销企业债券的业务进行监管。具体要求如下:证券公司从事企业债券的承销,注册地证监会派出机构应要求主承销商报送下列申请材料:申请书;具备承销条件的证明材料或陈述材料;承销协议;承销团协议;市场调查与可行性报告;主承销商对承销团成员的内核审查报告;风险处置预案。中国证监会派出机构依据有关规定和《关于加强证券公司承销企业债券业务监管工作的通知》的要求对主承销商的申请材料进行初审,并在15个工作日内出具意见。初审通过的,将初审意见和申请材料报中国证监会复审;如副主承销商、分销商及发行人在异地的,还应将初审意见抄送其所在地中国证监会派出机构。复审通过的,由中国证监会批复,并抄送有关派出机构。

(四) 企业债券的上市流通

1. 在证券交易所的上市流通

企业债券发行完成后,经核准可以在证券交易所上市,挂牌买卖。根据2007年9月18日颁布实施的《上海证券交易所公司债券上市规则》,企业债券申请上市,需要参照此规则的要求,向证券交易所上报上市申请材料。《证券法》对企业债券上市也提出了明确要求。

2. 在银行间市场的上市流通

除在交易所市场上市外,企业债券也可以进入银行间市场交易流通。

(1) 准入条件。符合以下条件的企业债券可以进入银行间债券市场交易流通,但企业债券募集办法或发行章程约定不交易流通的债券除外:① 依法公开发行;② 债权债务关系确立并登记完毕;③ 发行人具有较完善的治理结构和机制,近两年没有违法和重大违规行为;④ 实际发行额不少于人民币5亿元;⑤ 单个投资人持有量不超过该期公司债券发行量的30%。

(2) 审批程序。国债登记结算公司和同业拆借中心应按照上述条件对要求进入银行间债券市场交易流通的企业债券进行甄选,符合条件的,确定其交易流通要素,在其债权、债务登记日后的5个工作日内安排其交易流通。发行人要求安排其发行的企业债券进入银行间债券市场交易流通的,应在国债登记结算公司和同业拆借中心安排其发行的债券交易流通时,向国债登记结算公司提交以下材料:① 主管部门批准企业债券发行的文件;②企业债券募集办法或发行章程;③ 企业债券持有量排名前30位的持有人名册(持有人不足30人的,为实际持有人名册);④ 发行人近两年经审计的财务报告和涉及发行人的重大诉讼事项说明;⑤企业债券信用评级报告及其跟踪评级安排的说明、担保人资信情况说明及担保协议(如属担保发行);⑥ 近两年是否有违法和重大违规行为的说明。发行人应在其发行的企业债券进入银行间债券市场交易流通后的3个工作日内,向市场投资者披露上述材料的第2项和第4~6项内容。

(3) 信息披露。在债券交易流通期间,发行人应在每年6月30日前向市场投资者披露上一年度的年度报告和信用跟踪评级报告。发行人发生主体变更或经营、财务状况出现重大变化等重大事件时,应在第一时间向市场投资者公告,并向中国人民银行报告。发行人的信息披露应通过中国货币网、中国债券信息网或《金融时报》《中国证券报》进行,并保证其披露信息的真实、准确、完整,不得有虚假记载、误导性陈述或重大遗漏。国债登记结算公司应在安排企业债券交易流通后的5个工作日内,向中国人民银行书面报告公司债券交易流通审核情况。在每季度结束后的10个工作日内,向中国人民银行提交该季度企业债券托管结算情况的书面报告(书面报告应包括企业债券总体托管、跨市场转托管、结算、非交易过户以及交易流通核准情况等内容)。企业债券发行人未按要求履行信息披露等相关义务的,由同业拆借中心和国债登记结算公司通过中国货币网和中国债券信息网向市场投资者公告。

二、公司债券的发行与承销

(一) 公司债券发行条件、条款设计要求与其他安排

1. 发行条件

公司债券是指公司依照法定程序发行、约定在一年以上期限内还本付息的有价证券。在《关于实施〈公司债券发行试点办法〉有关事项的通知》中,对于试点期间符合条件的发行人类型,有如下说明,即"试点初期,试点公司限于沪、深证券交易所上市的公司及发行境外上市外资股的境内股份有限公司"。上市公司发行公司债券需要满足基本条件和募集资金投向的要求。

(1) 基本条件:公司的生产经营符合法律、行政法规和公司章程的规定,符合国家产业政策;公司内部控制制度健全,内部控制制度的完整性、合理性、有效性不存在重大缺陷;经资信评级机构评级,债券信用级别良好;公司最近一期末经审计的净资产额应符合法律、行政法规和中国证监会的有关规定;最近三个会计年度实现的年均可分配利润不少于公司债券1年的利息;本次发行后累计公司债券余额不超过最近一期末净资产额的40%(金融类公司的累计公司债券余额按金融企业的有关规定计算)。

(2) 募集资金投向:必须符合股东会或股东大会核准的用途,且符合国家产业政策。

存在下列情形之一的,不得发行公司债券:最近 36 个月内公司财务会计文件存在虚假记载,或公司存在其他重大违法行为;本次发行申请文件存在虚假记载、误导性陈述或者重大遗漏;对已发行的公司债券或者其他债务有违约或者迟延支付本息的事实,仍处于继续状态;严重损害投资者合法权益和社会公共利益的其他情形。

2. 公司债券条款设计要求及其他安排

(1) 定价:公司债券每张面值 100 元,发行价格由发行人与保荐人通过市场询价确定。

(2) 信用评级:公司债券的信用评级,应当委托经中国证监会认定、具有从事证券服务业务资格的资信评级机构进行。公司与资信评级机构应当约定,在债券有效存续期间,资信评级机构每年至少公告一次跟踪评级报告。

(3) 债券的担保:对公司债券发行没有强制性担保要求。若为公司债券提供担保,则应当符合下列规定:担保范围包括债券的本金及利息、违约金、损害赔偿金和实现债权的费用;以保证方式提供担保的,应当为连带责任保证,且保证人资产质量良好;设定担保的,担保财产权属应当清晰,尚未被设定担保或者采取保全措施,且担保财产的价值经有资格的资产评估机构评估不低于担保金额;符合《物权法》《担保法》和其他有关法律、法规的规定。

(二) 公司债券发行的申报、受理与核准

1. 发行申报

申请发行公司债券,应当由公司董事会制订方案,由股东会或股东大会对下列事项作出决议:发行债券的数量;向公司股东配售的安排;债券期限;募集资金的用途;决议的有效期;对董事会的授权事项;其他需要明确的事项。

发行公司债券应当由保荐人保荐,并向中国证监会申报。保荐人应当按照中国证监会的有关规定编制和报送募集说明书和发行申请文件。公司全体董事、监事、高级管理人员应当在债券募集说明书上签字,保证不存在虚假记载、误导性陈述或者重大遗漏,并声明承担个别和连带的法律责任。保荐人应当对债券募集说明书的内容进行尽职调查,并由相关责任人签字,确认不存在虚假记载、误导性陈述或者重大遗漏,并声明承担相应的法律责任。为债券发行出具专项文件的注册会计师、资产评估人员、资信评级人员、律师及其所在机构,应当按照依法制定的业务规则、行业公认的业务标准和道德规范出具文件,并声明对所出具文件的真实性、准确性和完整性承担责任。债券募集说明书所引用的审计报告、资产评估报告、资信评级报告,应当由有资格的证券服务机构出具,并由至少两名有从业资格的人员签署。债券募集说明书所引用的法律意见书应当由律师事务所出具,并由至少两名经办律师签署。债券募集说明书自最后签署之日起 6 个月内有效。

2. 受理与核准

中国证监会依照下列程序审核发行公司债券的申请:收到申请文件后,5 个工作日内决定是否受理;中国证监会受理后,对申请文件进行初审;发行审核委员会按照《中国证券监督管理委员会发行审核委员会办法》规定的特别程序审核申请文件;中国证监会做出核

准或者不予核准的决定。发行公司债券,可以申请一次核准,分期发行。自中国证监会核准发行之日起,公司应在6个月内首期发行,剩余数量应当在24个月内发行完毕。首期发行数量应当不少于总发行数量的50%,剩余各期发行的数量由公司自行确定,每期发行完毕后5个工作日内报中国证监会备案。发行人应当在发行公司债券前的2~5个工作日内,将经中国证监会核准的债券募集说明书摘要刊登在至少一种中国证监会指定的报刊,同时将其全文刊登在中国证监会指定的互联网网站。

(三) 保护债券持有人权益的措施与对公司债券发行的监管

1. 保护债券持有人权益的措施

(1) 受托管理人与受托协议。根据《公司债券发行试点办法》规定,发行人应当为债券持有人聘请债券受托管理人,并订立债券受托管理协议;在债券存续期限内,由债券受托管理人依照协议的约定维护债券持有人的利益。公司应当在债券募集说明书中约定,投资者认购本期债券视作同意债券受托管理协议。

(2) 债券受托管理人的资格及职责。债券受托管理人由本次发行的保荐人或者其他经中国证监会认可的机构担任。为本次发行提供担保的机构不得担任本次债券发行的受托管理人。债券受托管理人应当为债券持有人的最大利益行事,不得与债券持有人存在利益冲突。债券受托管理人应当履行下列职责:持续关注公司和保证人的资信状况,出现可能影响债券持有人重大权益的事项时,召集债券持有人会议;公司为债券设定担保的,债券受托管理协议应当约定担保财产为信托财产,债券受托管理人应在债券发行前取得担保的权利证明或其他有关文件,并在担保期间妥善保管;在债券持续期内勤勉处理债券持有人与公司之间的谈判或者诉讼事务;预计公司不能偿还债务时,要求公司追加担保,或者依法申请法定机关采取财产保全措施;公司不能偿还债务时,受托参与整顿、和解、重组或者破产的法律程序;债券受托管理协议约定的其他重要义务。

(3)债券持有人会议规则及召开债券持有人会议的条件。发行人应当与债券受托管理人制定债券持有人会议规则,约定债券持有人通过债券持有人会议行使权利的范围、程序和其他重要事项。公司应当在债券募集说明书中约定,投资者认购本期债券视作同意债券持有人会议规则。根据《公司债券发行试点办法》第27条规定,存在下列情况的,应当召开债券持有人会议:① 拟变更债券募集说明书的约定;② 拟变更债券受托管理人;③ 公司不能按期支付本息;④ 公司减资、合并、分立、解散或者申请破产;⑤ 保证人或者担保物发生重大变化;⑥ 发生对债券持有人权益有重大影响的事项。

2. 对公司债券发行的监管

(1) 发行人。根据《公司债券发行试点办法》,发行人违反该办法规定,存在不履行信息披露义务,或者不按照约定召集债券持有人会议,损害债券持有人权益等行为的,中国证监会可以责令整改;对其直接负责的主管人员和其他直接责任人员,可以采取监管谈话、认定为不适当人选等行政监管措施,记入诚信档案并公布。

(2) 保荐人。保荐人出具有虚假记载、误导性陈述或者重大遗漏的发行保荐书,保荐人或其相关人员伪造或变造签字、盖章,或者不履行其他法定职责的,依照《证券法》和保荐制度的有关规定处理。

（3）其他中介机构。为公司债券发行出具审计报告、法律意见、资产评估报告、资信评级报告及其他专项文件的证券服务机构和人员，在其出具的专项文件中存在虚假记载、误导性陈述或者重大遗漏的，依照《证券法》和中国证监会的有关规定处理。

（4）债券受托管理人。债券受托管理人违反《公司债券发行试点办法》规定，未能履行债券受托管理协议约定的职责，损害债券持有人权益的，中国证监会可以责令整改；对其直接负责的主管人员和其他直接责任人员，可以采取监管谈话、认定为不适当人选等行政监管措施，记入诚信档案并公布。

（四）公司债券上市流通与信息披露

1. 在交易所市场的上市流通及信息披露

（1）公司债券上市条件：经有权部门批准并发行；债券的期限为1年以上；债券的实际发行额不少于人民币5 000万元；债券须经资信评级机构评级，且债券的信用级别良好；申请债券上市时仍符合法定的公司债券发行条件；证券交易所认可的其他条件。

（2）公司债券上市申请：必须由1~2个证券交易所认可的机构推荐并出具上市推荐书，并且须向所在交易所提交相应文件。

（3）公司债券上市的核准：证券交易所设立的上市委员会对债券上市申请进行审核，做出独立的专业判断并形成审核意见，证券交易所根据上市委员会意见做出是否同意上市的决定。债券发行人在提出上市申请至其债券核准上市前，未经证券交易所同意不得擅自披露有关信息。

（4）债券的停牌与复牌及债券上市的暂停与终止：公司债券上市期间，凡发生可能导致债券信用评级有重大变化、对债券按期偿付产生任何影响等事件或者存在相关的市场传言，发行人应当在第一时间向证券交易所提交临时报告，并予以公告澄清。发行人于交易日公布上述信息时，证券交易所将视情况对相关债券进行停牌处理。发行人按规定要求披露后进行复牌。

公司债券上市交易后，发行人有下列情形之一的，证券交易所对该债券停牌，并在7个交易日内决定是否暂停其上市交易：① 公司出现重大违法行为；② 公司情况发生重大变化，不符合债券上市条件；③ 发行公司债券所募集的资金不按照核准的用途使用；④ 未按照债券募集办法履行义务；⑤ 公司最近两年连续亏损。上述情形消除后，发行人可向证券交易所提出恢复上市的申请，证券交易所收到申请后15个交易日内决定是否恢复该债券上市。公司债券出现下列情况之一时，可被终止上市交易：① 发行人有前条第①项、第④项所列情形之一，经查实后果严重的，或者有前条第②项、第③项、第⑤项所列情形之一，在限期内未能消除的，由证券交易所决定终止该债券上市；② 公司解散、依法被责令关闭或者被宣告破产的，由证券交易所终止其债券上市；③ 债券到期前1周终止上市交易。

（5）信息披露及持续性义务：公司债券上市后，发行人应遵守信息披露的基本原则并进行公告和信息披露。

2. 在银行间债券市场的发行与上市

（1）开立发行人账户：发行人首次在国债登记结算公司办理债券登记托管手续的，应与国债登记结算公司签订“债券发行、登记及代理兑付服务协议”,并向国债登记结算公司提交以下书面文件:① 发行人账户开立申请书;② 发行人盖章的营业执照副本复印件;③ 发行人组织机构代码证副本复印件;④ 债券发行与兑付业务印鉴卡一式四份。国债登记结算公司依据上述文件为发行人开立发行人账户。

(2) 公司债券的发行与登记托管:公司债券发行人可通过银行间债券市场债券发行招标系统招标发行公司债券,也可以不使用债券发行系统招标发行公司债券。但都必须在国债登记结算公司办理公司债券登记托管。

(3) 公司债券的交易流通:符合以下条件的公司债券,可在全国银行间债券市场交易流通:① 依法公开发行;② 债权、债务关系确立并登记完毕;③ 发行人具有较完善的治理结构和机制,近两年没有违法和重大违规行为;④ 实际发行额不少于人民币5亿元;⑤ 单个投资人持有量不超过该期公司债券发行量的30%。发行人要求安排其发行的公司债券进入银行间债券市场交易流通的,应及时向银行间同业拆借中心和国债登记结算公司提交相应材料。对不符合条件的公司债券,国债登记结算公司在收到材料的当日,书面通知提交人。同业拆借中心本币交易系统为公司债券在银行间市场的现券交易、质押式回购、买断式回购、债券借贷、远期交易等提供交易服务。同业拆借中心为银行间债券市场做市商对公司债券的做市行为提供报价、成交等服务。同业拆借中心通过中国货币网披露公司债券的相关报价、成交信息。

(4) 信息披露:公司债券进入银行间债券市场交易流通后3个工作日内,发行人应通过中国货币网和中国债券信息网进行信息披露。公司债券交易流通期间,发行人应于每年的6月30日之前向同业拆借中心和国债登记结算公司同时提交如下信息披露材料:① 发行人上一年度的财务报告;② 公司债券信用跟踪评级报告。上述材料于次一工作日分别通过中国货币网和中国债券信息网进行披露。

第五章

证券经纪与交易

第一节　证券交易市场及投资银行的作用

一、证券交易的一般原理

（一）证券交易的定义、原则及其特征

证券交易是指已发行的证券在证券市场上买卖的活动。证券交易与证券发行有着密切的联系，两者相互促进、相互制约。一方面，证券发行为证券交易提供了对象，决定了证券交易的规模，是证券交易的前提；另一方面，证券交易使证券的流动性特征显示出来，从而有利于证券发行的顺利进行。

证券交易的原则是反映证券交易宗旨的一般法则，应该贯穿于证券交易的全过程。为了保障证券交易功能的发挥，有利于证券交易的正常运行，证券交易必须遵循“公开、公平、公正”三个原则。

（1）公开原则。公开原则又称为信息公开原则，指证券交易是一种面向社会的、公开的交易活动，其核心要求是实现市场信息的公开化。根据这一原则的要求，证券交易参与各方应依法及时、真实、准确、完整地向社会发布有关信息。从国外来看，1934 年美国《证券交易法》确定公开原则后，它就一直为许多国家的证券交易活动所借鉴。在我国，强调公开原则有许多具体的内容。例如，上市公司的财务报表、经营状况等资料必须依法及时向社会公开，上市公司的一些重大事项也必须及时向社会公布，等等。按照这个原则，投资者对于所购买的证券，能够有更充分、真实、准确、完整的了解。

（2）公平原则。公平原则是指参与交易的各方应当获得平等的机会。它要求证券交易活动中的所有参与者都有平等的法律地位，各自的合法权益都能得到公平保护。在证券交易活动中，有各种各样的交易主体，这些交易主体的资金数量、交易能力等大多各不相同，但不能因此而给予不公平的待遇或者使其受到某些方面的歧视。

（3）公正原则。公正原则是指应当公正地对待证券交易的参与各方，以及公正地处理证券交易事务。在实践中,公正原则也体现在很多方面。例如,公正地办理证券交易中的各项手续,公正地处理证券交易中的违法违规行为,等等。

证券交易的特征主要表现为证券的流动性、收益性和风险性。同时,这些特征又互相联系在一起。证券需要有流动机制,因为只有通过流动,证券才具有较强的变现能力。而证券之所以能够流动,就是因为它可能为持有者带来一定收益。同时,经济发展过程中存在许多不确定因素,所以证券在流动中也存在因其价格的变化给持有者带来损失的风险。

(二)证券交易市场

证券交易市场也称证券二级市场、次级市场,是指对已经发行的证券进行买卖、转让和流通的市场。证券交易市场的作用在于:一是为各种类型的证券提供便利而充分的交易条件;二是为各种交易证券提供公开、公平、充分的价格竞争,以发现合理的交易价格;三是实施公开、公正和及时的信息披露;四是提供安全、便利、迅捷的交易与交易后服务。证券交易市场主要分为证券交易所市场和其他交易市场两大类。

1. 证券交易所市场

证券交易所市场,又称"场内交易市场",是指在一定的场所、一定的时间,按一定的规则集中买卖已发行证券而形成的市场。证券交易所作为进行证券交易的场所,其本身不持有证券,也不进行证券的买卖,更不能决定证券交易的价格。证券交易所是为证券集中交易提供场所和设施,组织和监督证券交易,实行自律管理的法人。其主要职责有:提供证券交易场所和设施;制定证券交易所的业务规则;接受上市申请、安排证券上市;组织、监督证券交易;设立证券登记结算机构;管理和公布市场信息;监管在该交易所上市的证券以及会员交易行为的合规性、合法性,确保市场公正、公开和公平。

从组织形式上来看,证券交易所可分为会员制和公司制两种类型。会员制证券交易所是以会员协会形式成立的不以营利为目的的组织,主要由证券商组成,实行会员自治、自律、自我管理。只有会员及享有特许权的经纪商,才有资格在交易所中进行交易。会员制证券交易所的最高权力机构是会员大会,理事会是执行机构,理事会聘请经理人员负责日常事务。目前大多数国家的证券交易所均实行会员制,我国规定证券交易所必须是会员制的事业法人,所以我国的深、沪证券交易所都实行会员制。

公司制证券交易所以营利为目的,它是由各类出资人共同投资入股建立起来的公司法人。公司制证券交易所对在本所内的证券交易负有担保责任,必须设有赔偿基金。公司制证券交易所的证券商及其股东,不得担任证券交易所的董事、监事或经理,以保证交易所经营者与交易所参与者的分离。美国的纽约证券交易所、瑞士的日内瓦证券交易所都实行公司制。

场内交易市场是证券交易所市场中最重要、最集中的交易市场,它不仅为投资者提供公开交易的场所,也为证券交易双方提供多种服务。交易所随时向投资者提供关于在交易所挂牌上市的证券的交易情况,如成交价格和数量等;提供证券发行企业的财务情况,供投资者参考。交易所制定各种规则,对参加交易的经纪人和自营商进行严格的管理,对证券交易活动进行监督,防止操纵市场、内幕交易、欺诈客户等违法犯罪行为的发生。交易所还要不断完善各种制度和设施,以保证正常交易活动持续、高效地进行。

2. 其他交易市场

其他交易市场是指证券交易所以外的证券交易市场,包括分散的柜台市场和一些集中性市场。

(1) 柜台市场。柜台市场(Over the Counter,简称 OTC)也称店头市场。在柜台市场交易的证券,主要是按照法律规定公开发行而未能在证券交易所上市的证券。在柜台市场采用议价交易的做法,由买卖双方协商决定,通常在柜台市场只进行即期交易。柜台市场一般有固定的场所,通常是证券经营商的营业处,但它不是严格意义上的固定的场所,因此仍属场外交易市场中的一种。目前,柜台市场最为典型、最为发达的是美国的纳斯达克(NASDAQ)。事实上,美国有三分之一的普通股、大部分的公司债券和所有的政府债券、市政债券,都是在场外交易市场进行买卖活动的。

(2) 集中性市场。从我国情况看,全国银行间债券市场已成为一个重要的债券集中性交易市场。1997 年 6 月,中国人民银行发出通知,决定在全国银行间同业拆借中心开办银行间债券交易业务。由此,我国银行间债券市场建立起来。在现阶段,银行间债券市场的参与者有境内商业银行、非银行金融机构、非金融机构、可经营人民币业务的外国银行分行等。主要的交易方式包括债券现货交易和债券回购。全国银行间同业拆借中心为参与者的债券报价、交易提供中介及信息服务。债券交易采用询价交易方式,包括自主报价、格式化询价、确认成交三个交易步骤。另外,2002 年 6 月,商业银行的债券柜台市场开始运作,这在一定程度上使得以机构投资者为主的银行间债券市场通过柜台交易面向全社会各类投资者扩展。

(三) 证券交易方式

证券交易方式就是证券交易的方法和形式。证券交易方式可以从不同的角度来认知:根据交易合约的签订与实际交割之间的关系,证券交易的方式有现货交易、远期交易和期货交易。在短期资金市场,结合现货交易和远期交易的特点,存在着债券的回购交易。如果投资者买卖证券时允许向经纪商融资融券,则发生信用交易。

1. 现货交易

现货交易是指证券买卖双方在成交后就办理交割手续,买入者付出资金并得到证券,卖出者交付证券并得到资金。所以,现货交易的特征是“一手交钱,一手交货”,即以现款买现货方式进行交易。

2. 远期交易和期货交易

远期交易是双方约定在未来某一时刻(或时间段内)按照现在确定的价格进行交易。期货交易是在交易所进行的标准化的远期交易,即交易双方在集中性的市场以公开竞价方式所进行的期货合约的交易。期货合约是由交易双方订立的、约定在未来某日期按成交时约定的价格交割一定数量的某种商品的标准化协议。

期货交易与远期交易的类似之处在于都是现在定约成交,将来交割。但远期交易是非标准化的,在场外市场进行;期货交易则是标准化的,有规定格式的合约,一般在场内市场进行。另外,远期交易以通过交易获取标的物为目的;而期货交易在多数情况下不进行实物交收,而是在合约到期前进行反向交易、平仓了结。

3. 回购交易

回购交易更多地具有短期融资的属性。从运作方式看,它结合了现货交易和远期交易的特点,通常在债券交易中运用。债券回购交易就是指债券买卖双方在成交的同时,约定于未来某一时间以某一价格双方再进行反向交易的行为。在债券回购交易中,当债券持有者有短期的资金需求时,就可以将持有的债券做质押或卖出而融进资金;反过来,资金供应者则因在相应的期间内让渡资金使用权而得到一定的利息回报。

4. 信用交易

信用交易是投资者通过交付保证金取得经纪商信用而进行的交易。因此,信用交易的主要特征在于经纪商向投资者提供了信用,即投资者买卖证券的资金或证券有一部分是借自经纪商的。

(四) 证券交易程序

证券交易程序是指投资者在二级市场上买进或卖出已上市证券所应遵循的规定过程。在现行的技术条件下,许多国家的证券交易已采用电子化形式。在电子化交易情况下,证券交易的基本过程包括开户、委托、成交、结算等阶段。

1. 开户

开户有两个方面:开立证券账户和开立资金账户。由于采用电子化交易方式,证券和资金都可以记录在相应的账户中。按照我国相关制度规定,投资者应当开立实名账户。同一投资者开立的资金账户和证券账户的姓名或者名称应当一致。

在我国,投资者买卖证券的第一步是要向中国证券登记结算有限责任公司(以下简称中国结算公司)申请开立证券账户,用来记载投资者所持有的证券种类、数量和相应的资金变动情况。中国结算公司可以委托证券公司代为开立证券账户。自然人和一般机构投资者开立证券账户,由开户代理机构受理;证券公司和基金公司等机构开立证券账户,由中国结算公司受理。证券账户有不同的类型,有的根据投资者种类(如个人投资者和机构投资者)区分,有的根据投资品种(如A股和B股)区分。当然,对于投资者来说,除买卖B股需单独开立账户外,在一个A股证券账户中允许买卖各种证券是比较方便的。

资金账户用来记载和反映投资者买卖证券的货币收付和结存数额。在我国现阶段,投资者交易结算资金已经实行"第三方存管制度"。根据这一制度的规定,投资者在商业银行有签约存款账户,同时在证券公司开立"客户交易结算资金第三方存管协议"中的资金账户。开立证券账户和资金账户后,投资者买卖证券所涉及的证券、资金变化就会从相应的账户中得到反映。

2. 委托

在证券交易所市场,投资者买卖证券是不能直接进入交易所办理的,而必须通过证券交易所的会员来进行。换言之,投资者需要通过经纪商才能在证券交易所买卖证券。在这种情况下,投资者向证券经纪商下达买进或卖出证券的指令,称为"委托"。

委托指令有多种形式,可以按照不同的依据来分类。从各国(地区)情况看,根据委托订单的数量,有整数委托和零数委托;根据买卖证券的方向,有买进委托和卖出委托;根据委托价格限制,有市价委托和限价委托;根据委托时效限制,有当日委托、当周委托、无期限委托、开市委托和收市委托等。

证券经纪商接到投资者的委托指令后，首先要对投资者身份的真实性和合法性进行审查。审查合格后，经纪商要将投资者委托指令的内容传送到证券交易所进行撮合。这一过程称为“委托的执行”，也称为“申报”或“报盘”。

证券交易所在证券交易中接受报价的方式主要有口头报价、书面报价和计算机报价三种。采用口头报价方式时，证券经纪商的场内交易员接到交易指令后，在证券交易所规定的交易台前或者指定的区域，用口头方式喊出自己的买价或者卖价，同时辅以手势，直至成交。而在书面报价情况下，交易员将证券买卖要求以书面形式向证券交易所申报，然后按规定的竞价交易原则撮合成交。计算机报价则是指证券经纪商通过计算机交易系统进行证券买卖申报，其做法是：证券经纪商将买卖指令输入计算机终端，并通过计算机系统传给证券交易所的交易系统，交易系统接收后即进行配对处理。若买卖双方有合适的价格和数量，交易系统便自动撮合成交。目前，我国通过证券交易所进行的证券交易均采用计算机报价方式。

3. 成交

证券交易所交易系统接受申报后，要根据订单的成交规则进行撮合配对。符合成交条件的予以成交，不符合成交条件的继续等待成交，超过了委托时效的订单失效。

在成交价格确定方面，一种情况是通过买卖双方直接竞价形成交易价格；另一种情况是交易价格由交易商报出，投资者接受交易商的报价后即可与交易商进行证券买卖。

在订单匹配原则方面，根据各国（地区）证券市场的实践，优先原则主要有：价格优先原则、时间优先原则、按比例分配原则、数量优先原则、客户优先原则、做市商优先原则和经纪商优先原则等。其中，各证券交易所普遍使用价格优先原则作为第一优先原则。我国采用价格优先和时间优先原则。

4. 结算

证券交易成交后，首先需要对买方在资金方面的应付额及在证券方面的应收种类和数量进行计算，同时也要对卖方在资金方面的应收额及在证券方面的应付种类和数量进行计算。这一过程属于清算，包括资金清算和证券清算。清算结束后，需要完成证券由卖方向买方转移和对应的资金由买方向卖方转移。这一过程属于交收。清算和交收是证券结算的两个方面。

对于记名证券而言，完成了清算和交收，还有一个登记过户的环节。完成了登记过户，证券交易过程才告结束。

（五）证券交易机制

证券交易机制涉及证券交易市场的微观结构，不同证券交易市场的微观结构可能会有不同的证券交易机制。

1. 证券交易机制目标

通常，证券交易机制的目标是多重的。其主要的目标有流动性、稳定性和有效性。

（1）流动性。证券的流动性是证券市场生存的条件。如果证券市场缺乏流动性，或者说不能提供充分的流动性，证券市场的功能就要受到影响。从积极的意义上看，证券市场流动性为证券市场有效配置资源奠定了基础。证券市场流动性包含两个方面的要求,即成交速度和成交价格。如果投资者能以合理的价格迅速成交,则市场流动性好。单纯的成交速度快,并不能完全表示市场流动性好。

(2) 稳定性。证券市场的稳定性是指证券价格的波动程度。一般来说,稳定性好的市场,其价格波动性比较小,或者说其调节平衡的能力比较强。从证券市场健康运行的角度看,保持证券价格的相对稳定、防止证券价格大幅波动是必要的。证券市场的稳定性可以用市场指数的风险度来衡量。由于各种信息是影响证券价格的主要因素,因此,提高市场透明度是加强证券市场稳定性的重要措施。

(3) 有效性。证券市场的有效性包含两个方面的要求:一是证券市场的高效率,二是证券市场的低成本。其中,高效率又包含两方面内容:① 信息效率,即要求证券价格能准确、迅速、充分地反映各种信息。根据证券价格对信息的反映程度,可以将证券市场分为强势有效市场、半强势有效市场和弱势有效市场。② 运行效率,即证券交易系统硬件的工作能力,如交易系统的处理速度、容量等。低成本也包含两方面:一是直接成本,二是间接成本。前者如投资者支付的佣金和缴纳的税款,后者如投资者收集证券信息所发生的费用等。

2. 证券交易机制种类

证券交易机制种类可以从不同角度划分。从交易时间的连续特点划分,有定期交易系统和连续交易系统;从交易价格的决定特点划分,有指令驱动系统和报价驱动系统。

(1) 定期交易系统和连续交易系统。在定期交易系统中,成交的时点是不连续的。在某一段时间到达的投资者的委托订单并不马上成交,而是要先存储起来,然后在某一约定的时刻加以匹配。在连续交易系统中,并非意味着交易一定是连续的,而是指在营业时间里订单匹配可以连续不断地进行。因此,两个投资者下达的买卖指令,只要符合成交条件就可以立即成交,而不必再等待一段时间定期成交。

这两种交易机制有着不同的特点。定期交易系统的特点是:批量指令可以提供价格的稳定性;指令执行和结算成本相对比较低。连续交易系统的特点是:市场为投资者提供了交易的即时性和交易过程中的更多的市场价格信息。

(2) 指令驱动系统和报价驱动系统。指令驱动系统是一种竞价市场,也称为订单驱动市场。在竞价市场中,证券交易价格是由市场上的买方订单和卖方订单共同驱动的。如果采用经纪商制度,投资者在竞价市场中将自己的买卖指令报给自己的经纪商,然后经纪商持买卖订单进入市场,市场交易中心以买卖双向价格为基准进行撮合。报价驱动系统是一种连续交易商市场,或称做市商市场。在这一市场中,证券交易的买价和卖价都由做市商给出,做市商将根据市场的买卖力量和自身情况进行证券的双向报价。投资者之间并不直接成交,而是从做市商手中买进证券或向做市商卖出证券。做市商在其所报的价位上接受投资者的买卖要求,以其自有资金或证券与投资者交易。做市商的收入来源是买卖证券的差价。

这两种交易机制也有着不同的特点。指令驱动系统的特点是:证券交易价格由买方和卖方的力量直接决定;投资者买卖证券的对手是其他投资者。报价驱动系统的特点是:证券成交价格的形成由做市商决定;投资者买卖证券都以做市商为对手,与其他投资者不发生直接关系。

二、投资银行在证券交易市场中的作用

在证券交易市场，投资银行主要以三种角色来进行证券经纪与交易业务，即证券经纪商、证券自营商和证券做市商。

（一）证券经纪商

证券经纪商就是接受客户委托、代客买卖证券并以此收取佣金的中间人。证券经纪商以代理人的身份从事证券交易，与客户是委托代理关系，它必须遵照客户发出的委托指令进行证券买卖，并尽可能地以最有利的价格使委托指令得以执行，但它并不承担交易中的价格风险。

证券交易方式的特殊性、交易规则的严密性和操作程序的复杂性，决定了广大证券投资者很难直接进入交易市场（尤其是证券交易所）进行证券交易活动，因此，需要通过具备一定条件的证券经纪商来进行交易。证券经纪商主要有如下两个作用：一是充当证券买卖的媒介，发挥着沟通买卖双方并按一定要求迅速、准确地执行指令和代办手续的媒介作用，从而提高了证券市场的流动性和效率。二是提供咨询服务，向客户提供及时、准确的信息和各种咨询。这些咨询包括上市公司的详细资料、公司和行业的研究报告、经济前景的预测分析和展望研究、有关股票市场的近期变动态势的商情报告、有关资产组合的评价和推荐等。

我国目前具有法人资格的证券经纪商是指在证券交易所中代理买卖证券，从事经纪业务的证券公司。

（二）证券自营商

证券自营商是指以营利为目的，运用自有资本进行证券买卖的投资银行。它可以分为三大类：从事投资业务的投机商，它们从证券价格的变化中来谋取利润；从事套利业务的套利商，主要从相关价值错位中套取利润；从事风险套利活动的风险套利商，主要从股票市场上的并购活动或公司破产重组等其他形式重组活动中套利。

投资银行担任证券自营商具有以下三个特点：投资银行必须拥有一定量的资金，以满足其资金周转需要；投资银行买卖证券主要不是为了获取股利、利息和红利，而是为了赚取买卖价差，即资本利得；投资银行自己承担证券自营交易的风险。

（三）证券做市商

证券做市商是指在证券市场上，由具备一定实力和信誉的证券经营法人作为特许交易商，运用自己的账户从事证券买卖，通过不断向公众投资者报出某些特定证券的买卖价格，并在该价位上接受公众投资者的买卖要求，以其自有资金和证券与投资者进行证券交易，借以维持着证券价格稳定性和市场流动性。

同证券经纪商相比，证券做市商不依靠佣金收入，而是通过买卖报价的适当差额来补偿其所提供服务的成本费用，并实现利润。另外，尽管证券做市商与自营商一样都是靠买卖价差来赚取收入，但这两者之间也有明显差别：第一，证券做市商从事交易的主要动机是创造市场并从中获利，而证券自营商持有证券头寸并非是做市的需要，它是期望从价格

水平变动中获利;第二,证券做市商通常是在买卖报价所限定的狭窄范围内从事交易,所以赚得的差价是有限的,因而证券做市商所冒的风险小,而证券自营商则是为了从差价中赚取盈利,对自营商来说差价越大越好,所以其冒的风险较大。

第二节　证券经纪业务

一、证券经纪业务的特征

证券经纪业务是指投资银行通过其设立的证券营业部,接受客户委托,按照客户的要求,代理客户买卖证券的业务。在证券经纪业务中,投资银行不赚取买卖差价,只收取一定比例的佣金作为业务收入。

证券经纪业务的产生与证券集中交易制度的实行密切相关。在场内交易市场,只有作为交易所会员的证券经营机构及享有特许权的经纪人才有资格进行交易;一般投资者不能直接进入交易所进行场内交易,而只能委托具备会员资格的证券经营机构代理买卖证券。此外,大多数投资者并不精通证券交易技巧,也不可能随时都处于市场中,他们需要得到专业帮助,需要经纪人来为投资者充当交易的代理人。经纪人接收投资者的委托单,并将其传递到市场执行委托,以及提供证券市场信息服务、证券交易咨询服务、保管证券、代收股息和利息等服务。经纪人最基本的职能是作为证券交易中介。因此,经纪人与客户之间是一种委托代理关系,经纪人负有遵照客户(委托者)的委托指令买卖证券的责任。在证券代理买卖业务中,投资银行作为证券经纪商主要发挥两个作用:一是充当证券买卖的媒介,二是提供信息服务。

通常,证券经纪业务可分为柜台代理买卖和证券交易所代理买卖两种。但是证券经纪业务又因各国证券交易制度的不同而有不同的分类,并由相应的经纪人来办理。例如,纽约证券交易所将证券经纪人分为五类:① 佣金经纪人,专门代理客户买卖证券并收取佣金;② 二元经纪人,接受佣金经纪人的委托买卖证券;③ 专业经纪人,又称特种经纪人,专门买卖交易所某一柜台的一种或几种证券;④ 零股经纪人,专门办理 1~99 股之间的股票交易;⑤ 债券经纪人,代理客户买卖债券,从中收取佣金。而伦敦证券交易所则划分为两类:① 证券经纪商,纯粹代理客户买卖证券,从中收取佣金,自己不买卖证券;② 证券买卖商,主要为自己买卖证券以获取利润,有时也代理客户买卖证券并收取佣金,但必须严格区分自营买卖与代理买卖,且须向客户说明。

从我国证券经纪业务的实际内容来看,通常有如下特征:

(一) 业务对象的广泛性

所有上市交易的股票、债券和基金券都是证券经纪业务的对象,因此,证券经纪业务的对象具有广泛性。同时,由于证券经纪业务的具体对象是特定价格的证券,而证券价格受宏观经济运行状况、上市公司经营业绩、市场供求情况、社会政治变化、投资者心理因素、主管部门的政策及调控措施等多种因素影响,经常涨跌变化,同一种证券在不同时点上会有不同的价格,因此,证券经纪业务的对象还具有价格变动性特点。

（二）业务性质的中介性

证券经纪业务是一种代理活动，证券经纪商不以自己的资金进行证券买卖，也不承担在交易中证券价格涨跌的风险，而是充当证券买方和卖方的代理人，发挥着沟通买卖双方及按一定的要求和规则迅速、准确地执行指令并代办手续，同时尽量使买卖双方按自己意愿成交的媒介作用，因此有中介性的特点。

（三）客户指令的权威性

在证券经纪业务中，客户是委托人，证券经纪商是受托人。证券经纪商必须严格按照委托人的要求办理委托事务，这是证券经纪商对委托人的首要义务。委托人的指令具有权威性，证券经纪商必须严格地按照委托人指定的证券、数量、价格和有效时间买卖证券，不能自作主张，擅自改变委托人的意愿。即便情况发生了变化，为了维护委托人的权益不得不变更委托指令，也必须事先征得委托人的同意。如果证券经纪商无故违反委托人的指示，在处理委托事务时使委托人遭受损失，证券经纪商应承担赔偿责任。

（四）客户资料的保密性

在证券经纪业务中，委托人的资料关系到其投资决策的实施和投资营利的实现，关系到委托人的切身利益，证券经纪商有义务为客户保密，但法律另有约定的除外。保密的资料包括：客户开户的基本情况，如股东账户和资金账户的账号和密码；客户委托的有关事项，如买卖哪种证券、买卖证券的数量和价格等；客户股东账户中的库存证券种类和数量、资金账户中的资金余额等。如因证券经纪商泄露客户资料而造成客户损失，证券经纪商应承担赔偿责任。

二、证券经纪关系的确立及各方当事人

（一）证券经纪关系的确立

证券经纪商是证券交易的中介，是独立于买卖双方的第三者，与客户之间不存在从属或依附的关系。但是，要开展证券经纪业务，证券经纪商首先必须与客户建立具体的委托代理关系。

按我国现行的做法，投资者有了证券账户以后，就可以与证券经纪商建立特定的经纪关系，成为该经纪商的客户。这一关系的建立过程包括：证券经纪商向客户讲解有关业务规则、协议内容和揭示风险，并请客户签署“风险揭示书”和“客户须知”；客户与证券经纪商签订“证券交易委托代理协议书”，与其指定存管银行、证券经纪商签订“客户交易结算资金第三方存管协议”；客户在证券营业部开立证券交易资金账户等。

客户交易结算资金第三方存管是指证券公司将客户的交易结算资金存放在指定的存管银行，以每个客户的名义单立账户管理。指定存管银行与证券公司及其客户签订客户交易结算资金存管合同，约定客户的交易结算资金存取、划转、查询等事项，并按照证券交易净额结算、货银对付的要求，为证券公司开立客户的交易结算资金汇总账户。客户交易结算资金的存取通过指定存管银行办理，存管银行为客户提供交易结算资金余额及变动情况的查询服务。

(二)证券经纪业务的各方当事人

证券经纪关系的建立只是确立了客户与证券经纪商之间的代理关系,而并没有形成实质上的委托关系。当客户办理了具体的委托手续,包括客户填写委托单(柜台委托)或自助委托(包括电话委托、磁卡委托、网上委托等)及证券经纪商受理委托,则客户和证券经纪商之间就建立了受法律约束和保护的委托关系。证券交易中的委托单,如经客户和证券经纪商双方签字和盖章,性质上就相当于委托合同。委托合同是指委托人委托受托人以自己的名义和资金在委托权限内办理委托事务而达成的协议。委托单不仅具备委托合同应具备的主要内容,而且明确了证券经纪商作为受托人以委托人(客户)的名义、在委托人授权范围内办理证券投资事务权限的义务,明确了证券经纪商是委托人进行证券交易代理人的法律身份。这种委托关系表现为:客户是授权人、委托人,证券经纪商是代理人、受托人。

1. 委托人

委托人是委托他人为自己办理事务的人。在证券经纪业务中,委托人是指根据国家法律、法规,允许进行证券买卖交易并委托他人代理的自然人或法人。我国现行法律规定,参与证券交易的自然人或法人不得成为证券交易的委托人——主要是指与证券发行、交易有关的内幕人员;证券主管机关工作人员;党政领导干部及国家公务员和一些部门的职工;未成年人、未经法定监护人的代理或允许者;因违反证券法规,受证券主管机关决定停业其证券交易而期限未满者;受破产宣告未经复权者;法人开户未能提供该法人授权开户证明者;等等。

在委托买卖证券的过程中,客户作为委托人,享有一定的权利与义务。其权利主要有:选择经纪商的权利;要求经纪商忠实地为自己办理受托业务的权利;对自己购买的证券享有持有权和处置权;对证券交易过程的知情权;寻求司法保护权;享受经纪商按规定提供其他服务的权利等。

客户作为委托合同的委托人,在享受权利时也必须承担下列相应的义务:认真阅读证券经纪商提供的"风险揭示书"和"证券交易委托代理协议",了解从事证券投资存在的风险,按要求签署有关协议和文件,并严格遵守协议约定;按要求如实提供有关证件,填写开户书,并接受证券经纪商的审核;了解交易风险,明确买卖方式;按规定缴存交易结算资金;采用正确的委托手段;接受交易结果;履行交割清算义务。

2. 证券经纪商

证券经纪商是指为促成他人交易而提供场地、设备、信息服务、委托代理等中介服务,并以此按交易情况依法获取佣金的中间商人。证券经纪商有时也称为证券经纪人。证券经纪商是以代理人的身份从事证券交易的,它与其委托人(客户)的关系是一种委托代理关系。证券经纪商只能遵照客户发出的委托指令进行证券买卖操作,并有责任以最快的速度、最有利的价格使指令得以执行;证券经纪商向客户提供服务后收取佣金。

(1) 证券经纪商的条件。在我国,证券经纪商必须满足以下条件:具有独立的法人地位和承担从事证券代理业务风险的能力;经过中国人民银行批准的从事金融业务的金融机构,取得金融业务许可证,同时必须是经国家证券主管机关批准的可以经营证券业务的金融机构;有熟悉证券业务的合格的从业人员和管理人员。办理证券经纪业务的证券经纪商必须是相应证券交易所的会员单位,其业务人员必须取得相应的证券从业人员资格、证券交易所注册登记的业务员资格以及场内注册交易员资格;有固定的交易场所和必要的交易设施;有健全的组织机构和完善的规章制度,尤其是证券代理业务的规章制度和风险管理与内部控制制度。

(2) 证券经纪商的作用。证券经纪商是证券市场的中坚力量,发挥着以下重要的作用:① 充当证券买卖的媒介。证券经纪商充当证券买方和卖方的代理人,发挥着沟通买卖双方并按一定要求迅速、准确地执行指令和代办手续的媒介作用,提高了证券市场的流动性和效率。② 提供咨询服务。证券经纪商一旦与客户建立了买卖委托关系,就有责任向客户提供能获得最佳收益的信息和咨询服务。这些咨询服务包括上市公司的详细资料、公司和行业的研究报告、经济前景的预测分析和展望研究、有关股票市场的近期变动态势的商情报告、有关资产组合的评价和推荐等。③ 稳定证券市场。证券经纪商一般是由受过正规训练、熟悉和掌握交易程序及交易规则、具有良好的业务素质和职业道德的人担当的。为赢得客户的信任,他们很注重自身的形象和声誉,加上证券业协会和证券交易所的自律管理以及证券主管部门的严格监督和有关法律、规章的严格约束。证券经纪人会自觉遵守交易规则,抵制各种违规行为,从而对稳定证券市场、维护证券市场的秩序发挥应有的作用。

(3) 证券经纪商的权利。在委托买卖证券的过程中,证券经纪商作为受托人,享有一定的权利。主要有:拒绝接受不符合规定的委托要求的权利,即客户的委托要求应符合有关法律和规章制度的规定;按规定收取服务费用的权利,如收取交易佣金等;对违约或损害经纪商自身权益的客户,经纪商有通过留置其资金、证券或司法途径要求其履约或赔偿的权利。

(4) 证券经纪商的法律义务。证券经纪商作为受托人,在证券交易中也必须承担相应的义务,坚持信誉为本,客户至上;客户优先,委托优先;为客户负责,但不代替客户进行决策;坚持公平交易原则,不以非正当手段谋取个人或小团体利益。具体地说,证券经纪商应承担下列法律义务:① 在客户办理开户手续时,证券经纪商应指定专人向客户讲解有关业务规则和合同内容,并以书面方式向其揭示投资风险,提醒客户了解并注意从事证券投资存在的风险。向客户提供中国证券业协会统一制定的“风险揭示书”,提醒客户认真、详细地阅读。② 按规定与客户签订载入中国证券业协会统一制定的必备条款的“证券交易委托代理协议”,并严格遵守协议约定。③ 坚持了解客户原则。证券经纪商应认真了解客户的身份、财产与收入状况、证券投资经验和风险偏好,向客户推荐的产品或者服务与所了解的客户情况应相适应,对不符合法律规定的客户,不接受其委托。④ 必须忠实办理受托业务。证券经纪商应当置备统一制定的“证券买卖委托书”供委托人使用;采取其他委托方式的,必须有委托记录。客户的证券买卖委托,不论是否成交,其委托记录应当按规定的期限予以保存。在接受委托人的买卖委托后,须按委托人的指令立即以一定的方式传至证券交易所的计算机主机,尽力以对客户最有利的价格成交。证券经纪商必须忠实地按照委托人所委托的交易种类、证券名称、买入或卖出、买卖数量、限价或市价等条件,在委托有效时间内买卖有价证券,不得以任何方式损害委托人的权益。委托人的委托如未成交或未能全部成交,在委托有效期内可继续执行,直至有效期结束。如委托人变更或撤销委托,证券经纪商也应立即将变更指令传至证券交易所的交易系统计算机主机。委托人撤销或未能成交的委托,证券经纪商应退还其交纳的资金或证券。买卖成交后,证券经纪商应当按规定制作买卖成交报告单交付客户,并代为办理清算、交收,将款项和证券及时交付给客户签收。⑤ 坚持为客户保密制度。证券经纪商对委托人的一切委托事项负有保密义务,未经委托人许可严禁泄露。但监管、司法机关与证券交易所等查询不在此限。⑥ 如实记录客户资金和证券的变化。证券经纪商对委托人的委托买卖内容及交易结算资金存取和证券库存的变化,必须有真实的凭证和翔实的记录。⑦ 不接受全权委托。我国现行的法规规定,证券经纪商不得接受代替客户决定买卖证券数量、种类、价格及买入或卖出的全权委托,也不得将营业场所延伸到规定场所以外。同一证券公司在同时接受两个以下委托人就相同种类、相同数量的证券按相同价格分别作委托买入和委托卖出时,不得自行对冲成交,必须分别进场申报竞价成交。

证券经纪商在证券代理买卖中,如不履行或不适当履行委托合同,应承担违约责任。因证券公司过失造成委托人损失的,必须负赔偿责任。委托人如遇证券经纪商违约造成损失而又不履行赔偿责任时,可依据证券买卖代理协议的约定申请仲裁,或者直接向法院提起诉讼。

三、证券经纪业务程序

(一) 申请会员资格和席位的程序

投资银行参加证券交易所组织的证券交易,无论从事证券经纪还是从事自营,首先要成为证券交易所的会员。证券交易所通常是从申请入会的证券经营机构的经营范围、证券营运资金、承担风险及责任的资格和能力、组织机构、人员素质等方面规定入会的条件。在我国,上海证券交易所和深圳证券交易所对此的规定基本相同,主要条件有:

(1) 经国家证券管理部门依法批准设立的并具有法人地位的证券经营机构;

(2) 注册资本、净资产和净资本等达到规定金额以上;

(3) 具有良好的信誉和经营业绩;

(4) 组织机构和业务人员符合证券主管机关和交易所规定的条件;

(5) 承认证券交易所章程和业务规则,按规定缴纳各项会员经费。

具备上述条件的证券经营机构向证券交易所提出申请,并提供必要文件,经证券交易所理事会批准后,即可成为交易所会员。成为会员后,证券经营机构还要申请交易席位。目前,沪深证券交易所有两种席位,一种是有形席位,另一种是无形席位。两者的差别在于报盘方式的不同。

(二) 开通业务准备阶段的程序

投资银行从事证券经纪业务,除了必须取得证券交易所会员资格和交易席位外,还必须置备开通业务的技术手段和相应的条件。主要包括以下五个步骤:

(1) 准备用于接收投资者委托指令的柜台委托系统;

(2) 准备传输买卖指令的手段和设备,如通信线路、计算机网络、通信设备等;

(3) 准备证券交易所发布的即时行情、成交回报和信息公告等的信息披露设施;

(4) 派员参加证券交易所的出市代表、清算员的培训;

(5) 向证券交易所划拨结算保证金和清算头寸,开立资金结算账户等。

(三) 受理投资者委托,代理证券买卖的基本程序

1. 开设账户

受理投资者委托,代理证券交易业务的第一步就是开设账户,即投资者在证券经纪商处开立证券账户和证券交易结算资金账户。所谓证券交易结算资金账户是指投资者用于记录买卖证券引起的资金变动情况和余额的专用账户。投资者在证券经纪商处办妥证券交易结算资金账户后,就具备了办理证券交易委托的条件,这也就意味着证券经纪商与投资者之间建立了经纪关系。因此,证券经纪商与投资者必须签订证券买卖代理协议,详细说明代理交易的权限范围、操作程序、使用各种交易方式所面临的风险等。证券交易结算资金账户主要分为现金账户和保证金账户两种。

(1) 现金账户(Cash Account)。在这种账户下,一切都用现金交易,因此只要能迅速地付款和缴付证券,客户就可以在这种账户下委托经纪商进行证券买卖。现金账户在我国证券市场主要有个人现金账户和法人现金账户,目前大部分个人和几乎所有大额投资者,如保险公司、企业或政府的退休基金、互助基金等,开设的都是这种账户。按照《中华人民共和国证券法》的有关规定,法人资金不得用个人证券账户进行开户。

(2) 保证金账户(Margin Account)。在这种账户下,客户可以用少量的资金买进大量的证券,其余资金由经纪商以贷款的形式垫付给投资者。所有的信用交易(如买空和卖空交易及大部分期权交易),一般都在这种保证金账户下进行。

在开立证券交易结算资金账户时,应采用实名制,根据客户的开户资料和资金来源验明客户的身份及其资金的性质,并妥善保管投资者的开户资料。

2. 委托买卖

客户在开设账户之后,即可在证券营业部办理委托买卖。委托买卖是指证券经纪商接受客户委托,代理客户买卖证券,从中收取佣金的交易行为。委托买卖是证券经纪商的主要业务。

(1) 委托指令或订单。委托指令是客户要求证券经纪商代理买卖证券的指示。在委托指令中,需要反映客户买卖证券的基本要求或具体内容,这些主要体现在委托指令的基本要素中。以委托单为例,委托指令的基本要素包括:① 证券账号。② 日期,即客户委托买卖的日期。③ 品种,即客户委托买卖证券的名称。它是填写委托单的第一要点,其方法有全称、简称和代码三种(有些证券品种没有全称和简称的区别,仅有一个名称)。通常的做法是填写代码及简称,这种方法比较方便快捷,且不容易出错。④ 买卖方向,即是买进证券还是卖出证券。⑤ 数量,即买卖证券的数量,可分为整数委托和零数委托。整数委托是指委托买卖证券的数量为 1 个交易单位或交易单位的整数倍。1 个交易单位俗称“1 手”。零数委托是指客户委托证券经纪商买卖证券时,买进或卖出的证券不足证券交易所规定的 1 个交易单位。目前,我国只在卖出证券时才有零数委托。⑥ 价格,即委托买卖证券的价格。⑦ 时间,即客户填写委托单的具体时点。⑧ 有效期,即委托指令的

有效期间。⑨ 签名。客户签名以示对所做的委托负责。⑩ 其他内容,如涉及委托人的身份证号码、资金账号等。

(2) 委托价格方式。客户下达给经纪商的委托指令有多种:按委托价格方式,一般分为市价委托、限价委托、定价即时交易委托、定价全额即时委托、止损委托、限价停止委托、开市和收市委托七种类型;按委托时效分为当日、当周、当月委托等。我国证券交易中目前采取的合法委托是当日限价委托。① 市价委托。市价委托是指客户向证券经纪商发出买卖某种证券的委托指令时,要求证券经纪商按证券交易所内当时的市场价格买进或卖出证券。市价委托的优点是:没有价格上的限制,证券经纪商执行委托指令比较容易,成交迅速且成交率高。市价委托的缺点是:只有在委托执行后才知道实际的执行价格。尽管场内交易员有义务以最有利的价格为客户买进或卖出证券,但成交价格有时会不尽如人意,尤其是当市场价格变动较快时。② 限价委托。限价委托是指客户要求证券经纪商在执行委托指令时,必须按限定的价格或比限定价格更有利的价格买卖证券,即必须以限价或低于限价买进证券,以限价或高于限价卖出证券。限价委托方式的优点是:证券可以客户预期的价格或更有利的价格成交,有利于客户实现预期投资计划,谋求最大利益。但是,采用限价委托时,由于限价与市价之间可能有一定的距离,故必须等市价与限价一致时才可能成交。此时,如果有市价委托出现,市价委托将优先成交。因此,限价委托成交速度慢,有时甚至无法成交。在证券价格变动较大时,客户采用限价委托容易坐失良机,遭受损失。③ 定价即时交易委托。客户根据市场上现行的价格水平,要求经纪商按照给定的委托价格立即到市场上进行交易。如委托进入市场时,市场上的价格正好是委托价格或比委托价格更好的价格,则可马上成交,否则其委托自动取消。这种委托报价方式与限价委托的主要区别是,它要求即时交易而不等待。④ 定价全额即时委托。客户根据市场上现行的价格水平,要求经纪商按照给定的委托价格和交易数量立即到市场上进行交易。若委托进入市场时,市场上的价格正好是委托价格或比委托价格更好的价格,同时又能全额满足,则可马上成交,否则其委托自动取消。与定价即时交易委托方式相比,定价全额即时委托要求必须是全额交易。⑤ 止损委托。这种委托要求经纪商在市场价格达到一定水平时,立即以市价或以限价按客户指定的数量买进或卖出,目的在于保护客户已获得的利润。它本质上是限价委托和市价委托的结合应用。止损委托也称停止损失委托,只有当证券市价达到某一指定价格时,委托才可以执行。一旦证券市价达到指定价格,此时止损委托就转变为市价委托。止损委托包括:买进止损委托,是指只有当市价上升至指定价格,委托才可以执行,亦即以指定价格或高于指定价格买进证券;卖出止损委托,是指只有当市价下跌至指定价格,委托才可以执行,亦即以指定价格或低于指定价格出售证券。止损委托与限价委托的区别在于:卖出止损委托的指定价格低于证券的当前市价,而卖出限价委托的指定价格要高于证券的当前市价;买进止损委托的指定价格高于证券的当前市价,而买进限价委托的指定价格却低于证券的当前市价。止损委托使得投资者能保存持有的证券头寸的利润或限制损失(将损失减少到最低限度)。但在证券价格发生突然变动,且变动方向只是暂时性的情况下,会导致证券的过早成交。此外,当证券市价达到指定价格时,止损委托就变成市价委托,这使得执行的价格带有不确定性。⑥ 限价停止委托。它又称为停止损失限价委托,是设定了限价的停止委托。当市场价格达到指定价格(停止价格)时,限价停止委托就成为限价委托。这种委托实际上是限价委托与止损委托的混合物。投资者可以对停止价格达到后的执行价格进行限制。⑦ 开市和收市委托。这种委托要求经纪商在开市或闭市时按市价或限价委托方式买卖股票。与前六种委托报价方式相比,开市和收市委托的主要区别在于限定成交时间,而对具体的报价方式则没有严格要求,所以通称为定时委托。

由于历史原因和交易制度的差异,各国股票市场在交易委托方式的选择上各有侧重。纽约证券交易所几乎涵盖了上述各种委托报价类型,而市价委托和限价委托则在世界上主要的证券市场上被普遍采用。

另外,我国证券交易所还规定,不同证券的交易采用不同的计价单位。股票为每股价格,基金为每份基金价格,权证为每份权证价格,债券为每百元面值债券的价格,债券质押式回购为每百元资金到期年收益,债券买断式回购为每百元面值债券的到期购回价格。

对于债券交易报价来说,客户还需要注意债券标价的内涵。从交易价格的组成看,债券交易有两种:全价交易和净价交易。全价交易是指买卖债券时,以含有应计利息的价格申报并成交的交易。净价交易是指买卖债券时,以不含有应计利息的价格申报并成交的交易。在净价交易的情况下,成交价格与债券的应计利息是分解的,价格随行就市,应计利息则根据票面利率按天计算。

(3) 委托指令形式。客户发出委托指令的形式有柜台委托和非柜台委托两大类。① 柜台委托。这是指委托人亲自或由其代理人到证券营业部交易柜台,根据委托程序和必需的证件采用书面方式表达委托意向,由本人填写委托单并签章的形式。采用柜台委托方式,客户和证券经纪商面对面办理委托手续,加强了委托买卖双方的了解和信任,比较稳妥可靠。根据我国现行相关制度规定,客户进行柜台委托时,必须提供委托人(指客户本人或其授权代理人)身份证和客户证券账户卡,并填写委托单;否则,证券公司有权拒绝受理客户的委托,由此造成的后果由客户承担。② 非柜台委托。非柜台委托主要有电话委托、自助终端委托、网上委托(即互联网委托)、传真委托和函电委托等形式。第一,电话委托是指委托人通过电话方式表明委托意向,提出委托要求。在实际操作中,电话委托又可分为电话转委托与电话自动委托两种。电话转委托是指客户将委托要求通过电话报给证券经纪商;证券经纪商根据电话委托内容代为填写委托书,并将委托内容输入交易系统申报进场;委托人应于成交后办理交割时补盖签章。电话自动委托属于自助委托方式,是指证券经纪商把计算机交易系统和普通电话网络连接起来,构成一个电话自动委托交易系统;客户通过普通的双音频电话,按照该系统发出的指示,借助电话机上的数字和符号键输入委托指令,以完成证券买卖的一种委托形式。第二,自助终端委托是指委托人通过证券营业部设置的专用委托计算机终端,凭证券交易磁卡和交易密码进入计算机交易系统委托状态,自行将委托内容输入计算机交易系统,以完成证券交易的一种委托形式。证券经纪商的委托系统应对自助终端委托过程有详细记录。第三,网上委托是指证券公司通过基于互联网或移动通信网络的网上证券交易系统,向客户提供用于下达证券交易指令、获取成交结果的一种服务方式,包括需下载软件的客户端委托和无须下载软件、直接利用乙方所属证券公司网站的页面客户端委托。网上委托的上网终端包括电子计算机、手机等设备。第四,传真委托和函电委托。它们是指委托人填写委托内容后,将委托书采用传真或函电方式表达委托意向,提出委托要求;证券经纪商接到传真委托书或函电委托书后,代为填写委托书,并经核对无误以后,及时将委托内容输入交易系统申报进场,同时将传真件或函电作为附件附于委托书后。

另外,如果客户的委托指令是直接输入证券经纪商计算机系统并申报进场,而不通过证券经纪商人工环节申报,就可以称为"客户自助委托"。客户在使用非柜台委托方式进行证券交易时,必须严格按照证券公司证券交易委托系统的提示进行操作,因客户操作失误造成的损失由客户自行承担。对证券公司计算机系统和证券交易所交易系统拒绝受理的委托,均视为无效委托。

3. 委托受理

证券营业部在收到客户委托后,应对委托人身份、委托内容、委托卖出的实际证券数量及委托买入的实际资金余额进行审查。经审查符合要求后,才能接受委托。

(1) 验证。验证主要对证券委托买卖的合法性和同一性进行审查。验证的合法性审查主要是指投资主体的合法性审查,包括由证券营业部业务员验对客户的相关证件,即验对客户本人居民身份证、证券账户卡等。非客户本人委托的,还要检查代理人的居民身份证及有效代理委托证件。同一性审查是指委托人、证件与委托单之间一致性的审查,包括委托人与所提供的证件一致及证件与委托单一致两个方面。

(2) 审单。审单主要是审查委托单的合法性及一致性。证券营业部业务员要根据证券交易所的交易规则,对委托单上填写的买卖证券的品种、数量、价格等内容是否符合规则进行审查。同时,要注意审查委托单上买卖证券代码与名称是否一致,有无涂改或字迹不清。这些审查都是为了提高成交准确率,避免造成不必要的纠纷。

(3) 验证资金及证券。客户在买入证券时,证券营业部应查验客户是否已按规定存入必需的资金;而在卖出证券时,必须查验客户是否有相应的证券。证券营业部审查完毕后,即可在委托单上注明受托时间,由经办人员签字盖章后,作为正式受托。

另外需要说明,如果客户采用自助委托方式,则当其输入相关的账号和正确的密码后,即视同确认了身份。证券经纪商的计算机系统自动检验客户的证券买卖申报数量和价格等是否符合证券交易所的交易规则。

4. 委托执行

证券营业部接受客户买卖证券的委托,应当根据委托书载明的证券名称、买卖数量、出价方式、价格幅度等,按照证券交易所交易规则代理买卖证券。买卖成交后,应当按规定制作买卖成交报告单交付客户。

(1) 申报原则。证券营业部将客户委托传送至证券交易所交易撮合主机,称为"申报"或"报盘"。证券营业部接受客户委托后应按"时间优先、客户优先"的原则进行申报竞价。时间优先是指证券营业部应按受托时间的先后次序为委托人申报。客户优先是指当证券公司自营买卖申报与客户委托买卖申报在时间上相冲突时,应让客户委托买卖优先申报。证券营业部在接受客户委托、进行申报时还应该做到:在交易市场买卖证券均必须公开申报竞价;在申报竞价时,须一次完整的报明买卖证券的数量、价格及其他规定的因素;在同时接受两个以上委托人买进委托与卖出委托且种类、数量、价格相同时,不得自行对冲完成交易,仍应向证券交易所申报竞价。

证券营业部收到客户的柜台递单委托时,柜台工作人员在确认委托者身份的真实性和合法性后,利用柜台计算机终端录入委托指令。电话委托、自助终端委托和网上委托的身份确认由密码控制。柜台计算机终端在收到工作人员录入的委托指令或其他委托方式下达的委托指令时,会自动检测委托密码是否正确、委托是否符合要求和相应账户中是否有足额数量的证券或资金等。如果检查无误,则冻结相应数量的证券或资金,并将此笔委托传送至证券交易所计算机主机。

(2) 申报方式。证券经纪商执行客户委托指令有两种申报方式,即有形席位报盘和无形席位报盘。有形席位申报是指在证券营业部采用有形席位申报进行交易的情况下,其业务员在受理客户委托后,要按受托先后顺序用电话将委托买卖的有关内容通知场内交易员,由场内交易员通过场内计算机终端将委托指令输入证券交易所计算机主机。而无形席位申报是指在证券营业部采用无形席位申报进行交易的情况下,证券营业部的计算机系统要与证券交易所交易系统计算机主机联网。客户的委托指令经证券营业部计算机审查确认后,由前置终端处理机和通信网络自动传送至证券交易所交易系统计算机主机;或是由证券营业部业务员在进行委托审查后,将委托指令直接通过终端机输入证券交易所交易系统计算机主机,无须场内交易员再行输入。采用场外无形席位报盘方式与场内有形席位报盘方式相比,具有交易速度快的特点。场外无形席位报盘省略了申报场内交易员的人工报盘环节,不但节省了申报时间,使证券交易从下单到收到成交回报的间隔时间缩短,而且使交易申报的差错率得到降低,有利于减少证券经纪商与客户之间的纠纷。

另外,B 股的境外客户在境外委托时,有一些不同于境内委托申报的特点。境外客户若要买卖 B 股,必须通过境外的证券代理商进行。境外证券代理商通过国际通信设备将客户的指令传给其派驻证券交易所的 B 股场内交易员,再由驻场 B 股交易员将委托指令通过终端输入证券交易所交易系统计算机主机,计算机在核查通过后撮合成交。

(3) 申报时间。上海证券交易所和深圳证券交易所都规定,交易日为每周一至周五。接受会员竞价交易申报的时间为每个交易日的 9:15—9:25、9:30—11:30、13:00—15:00。每个交易日的 9:20—9:25 为开盘集合竞价阶段。

5. 委托撤销

委托人发出委托指令后,在委托有效期内,只要买卖还未成交,就有权变更或撤销原来的委托指令。但是,如果在有效期内,受托人已经按委托指令的内容促使买卖成交了,委托人必须承认交易结果,必须如期履行交割手续,否则即为违约。在委托指令下达后但还没有成交时,委托人需要变更或撤销委托,应尽快将新的委托指令传达给证券经纪商。受托人接到通知后,变更委托的按变更后的委托内容代理买卖,撤销委托的,停止执行原委托指令。

(四) 竞价与成交

证券市场的市场属性集中体现在竞价成交环节上,特别是在高度组织化的证券交易所内,会员经纪商代表众多的买方和卖方按照一定规则和程序公开竞价,达成交易。这种竞价成交机制,符合证券市场公开、公平、公正的原则。

1. 竞价原则

证券交易所内的证券交易按照价格优先、时间优先原则竞价成交。价格优先原则表现为:较高价格的买入申报优先于较低价格的买入申报,较低价格的卖出申报优先于较高价格的卖出申报。时间优先原则表现为:买卖方向、价格相同的,先申报者优先于后申报者。先后顺序按交易主机接受申报的时间确定。

2. 竞价方式

目前,我国证券交易所内一般采用两种竞价方式:集合竞价方式和连续竞价方式。

(1) 集合竞价。集合竞价是指对在规定的一段时间内接受的买卖申报一次性集中撮合的竞价方式。集合竞价是这样确定的:首先,系统对所有买方有效委托按照委托限价由高到低的顺序排列,限价相同者按照进入系统的时间先后排列;所有卖方有效委托按照委托限价由低到高的顺序排列,限价相同者也按照进入系统的时间先后排列。其次,系统根据竞价原则自动确定集合竞价的成交价,所有交易均以此价成交。集合竞价确定成交价的原则为:① 可实现最大成交量的价格;② 高于该价格的买入申报与低于该价格的卖出申报全部成交的价格;③ 与该价格相同的买方或卖方至少有一方全部成交的价格。最后,系统依序逐步将排在前面的买方委托与卖方委托配对成交,即按照“价格优先,同等价格下时间优先”的成交顺序依次成交,直到不能成交为止,即所有买入委托的限价均低于卖出委托的限价。所有成交都采用同一成交价。集合竞价中未能成交的委托,自动进入连续竞价。

许多证券市场每日交易的开盘价都是由集合竞价决定的,此外,一些市场交易不活跃的股票(如巴黎证券交易所的 FA、FB 类股票)往往也会采用集合竞价交易方式。

(2) 连续竞价。连续竞价是指对买卖申报逐笔连续撮合的竞价方式。连续竞价方式的特点是,每一笔买卖委托输入计算机自动撮合系统后,当即判断并进行不同的处理:能成交者予以成交;不能成交者等待机会成交;部分成交者则让剩余部分继续等待。连续竞价时,成交价格的确定原则为:① 最高买入申报与最低卖出申报价位相同,以该价格为成交价;② 买入申报价格高于市场即时的最低卖出申报价格时,以即时揭示的最低卖出申报价格为成交价;③ 卖出申报价格低于即时揭示的最高买入申报价格时,以即时揭示的最高买入申报价格为成交价。

竞价申报时还涉及证券价格的有效申报范围。根据现行制度规定,无论买入或卖出,股票(含 A、B 股)、基金类证券在 1 个交易日内的交易价格相对上一交易日收市价格的涨跌幅度不得超过 10%,其中 ST 股票和 * ST 股票价格涨跌幅度不得超过 5%。

我国证券交易所规定,属于下列情形之一的,首个交易日不实行价格涨跌幅限制:首次公开发行上市的股票(上海证券交易所还包括封闭式基金);增发上市的股票;暂停上市后恢复上市的股票;证券交易所或中国证监会认定的其他情形。

3. 竞价结果

竞价的结果有三种可能:① 全部成交。委托买卖全部成交,证券经纪商应及时通知委托人按规定的时间办理交割手续。② 部分成交。委托人的委托如果未能全部成交,证券经纪商在委托有效期内可继续执行,等待机会成交,直到有效期结束。③ 不成交。委托人的委托如果未能成交,证券经纪商在委托有效期内可继续执行,等待机会成交,直到有效期结束。对委托人失效的委托,证券经纪商须及时将冻结的资金或证券解冻。

值得注意的是,证券经纪商对客户的买卖委托,不论是否成交,都必须如实做出委托记录。

4. 交易费用

投资者在委托买卖证券时,需支付多项费用和税收,如佣金、过户费、印花税等。

(1) 佣金。佣金是投资者在委托买卖证券成交后按成交金额一定比例支付的费用,是证券经纪商为客户提供证券代理买卖服务收取的费用。此项费用由证券经纪商经纪佣金、证券交易所手续费及证券交易监管费等组成。佣金的收费标准因交易品种、交易场所的不同而有所差异。

根据各国情况,经纪商佣金制度大体上分为固定佣金制和浮动佣金制。固定佣金制是指无论证券交易量大小和投资者的类型,均按交易额的一定比例收取佣金,佣金的收取标准一般由证券管理部门或证券交易所规定一个统一的佣金比率或上下浮动界限。而美国自 1975 年 5 月开始,法律规定实行佣金谈判制(协议佣金),即由证券经纪商与客户讨价还价商定一个佣金比例,佣金水平完全可以协商,称为浮动佣金制。

目前我国证券经纪商收取的佣金是由上海证券交易所和深圳证券交易所分别制定的,如表 5.1 所示。

表 5.1　上海、深圳证券交易所现行佣金率以及佣金起点标准

	上海证券交易所	深圳证券交易所
A 股	小于或等于成交金额的 3‰,起点:5 元	小于或等于成交金额的 3‰,起点:5 元
B 股	小于或等于成交金额的 3‰,起点:1 美元	小于或等于成交金额的 3‰,起点:5 港元
国债现货	不超过成交金额的 1‰,起点:5 元	不超过成交金额的 1‰,起点:5 元
企业债券	不超过成交金额的 1‰,起点:5 元	不超过成交金额的 1‰,起点:5 元
国债回购	0.025‰~0.75‰	NA

从投资银行角度来说,证券经纪佣金是其收入的一个重要来源。佣金的获得与证券市场交易的活跃程度密切相关,当证券市场处于牛市时,佣金收入就会增加;反之,当证券市场处于熊市时,佣金收入就会减少。

(2) 过户费。过户费是委托买卖的股票、基金成交后,买卖双方为变更证券登记所支付的费用。这笔收入属于中国结算公司的收入,由证券经纪商在同投资者清算交收时代为扣收。基金交易目前不收过户费。

(3) 印花税。印花税是根据国家税法规定,在 A 股和 B 股成交后对买卖双方投资者按照规定的税率分别征收的税金。现阶段,我国证券印花税由买卖双方分别按 1‰的税率交纳;基金和债券不征印花税。

(五) 清算与交收

每日交易结束后,证券经纪商要为客户办理证券和资金的清算与交收。目前我国证券市场采用的是法人结算模式。法人结算是指由证券经纪商以法人名义集中在证券登记结算机构开立资金清算交收账户，其接受客户委托代理的证券交易的清算交收，均通过此账户办理。证券经纪商与其客户之间的资金清算交收由证券经纪商自行负责完成。证券经纪商作为结算参与人与客户之间的清算交收，是整个结算过程不可缺少的环节。

1. 证券经纪商与客户之间的证券清算交收

实践中，对于证券经纪商与客户之间的证券清算交收，一般由中国结算公司根据成交记录按照业务规则自动办理。证券交收结果等数据由中国结算公司每日传送至证券经纪商，供其对账和向客户提供余额查询等服务。证券经纪商根据中国结算公司数据，记录客户清算交收结果。

2. 证券经纪商与客户之间的资金清算交收

在客户交易结算资金第三方存管模式下，证券经纪商与客户之间的资金存取、清算与交收过程可简要概括如下：

（1）客户从其银行结算账户向资金账户存入交易结算资金，可以通过存管银行提供的电话银行、网上银行、柜面服务、多媒体自助终端等方式发出转账指令，也可以通过证券经纪商提供的电话委托、网上交易、自助委托等方式发出转账指令；存管银行系统根据客户转账指令启动客户资金转账交易。该交易启动后，银行将减少客户银行结算账户余额，相应增加客户管理账户余额和证券经纪商客户交易结算资金汇总账户余额，证券经纪商同步更新客户管理账户对应的资金账户余额。

（2）客户证券交易由证券经纪商单方发起。客户通过证券经纪商的资金账户及密码，采用证券经纪商提供的委托手段进行交易。

（3）证券经纪商接到客户委托买卖指令后对客户账户内资金和证券进行校验。校验通过后，证券经纪商向证券交易所报送交易指令。

（4）中国结算公司根据交易所当日成交数据生成清算交收文件，并将清算交收文件发给证券经纪商。

（5）证券经纪商根据中国结算公司提供的清算交收数据及存管银行提供的客户交易结算资金存取数据，完成客户资金的清算，更新客户资金账户的余额，并向存管银行发送客户证券交易清算数据及资金账户余额。

（6）存管银行根据客户资金的存取数据和证券经纪商向其发送的证券交易清算数据完成客户管理账户余额的更新，并进行客户资金账户余额与客户管理账户余额的核对，将核对结果发送证券经纪商。

（7）证券经纪商根据核对无误的清算结果制作资金划付指令发送给存管银行。

（8）存管银行根据证券经纪商的资金划付指令办理交收资金划付。

（9）客户证券交易结算资金的取出，只能通过转账的方式转入其在存管银行开立的同名银行结算账户，再通过银行结算账户办理资金的提取或划转。存管银行系统根据客户转账指令启动客户资金转账交易，通过存管银行与证券经纪商联网系统获取证券经纪商对客户取出资金的校验结果。如双方校验通过，存管银行将减少客户管理账户余额和证券经纪商客户交易结算资金汇总账户余额，相应增加客户银行结算账户余额，证券经纪商同步更新客户管理账户对应的资金账户余额。

四、我国证券经纪业务发展的新动向

(一)网上证券交易业务的拓展

一般说来,一笔证券交易可分成两个环节:投资者和证券经纪商之间的指令传输和成交回报,以及证券经纪商和交易所之间的指令传输和成交回报。目前通常所指的网上交易就是利用互联网系统进行的网上证券经纪系统。网上证券经纪系统通过互联网将投资者和证券经纪商联系起来,完成两者之间买卖指令和交易结果的传输过程。具体做法是:投资者通过网上证券经纪系统,从互联网上直接通过证券经纪商的网站下单买卖股票、查询、交流投资信息,还可以接收实时行情、成交回报等信息;而证券经纪商则可以联系市场主体参与者,发布信息,进行证券交易,服务客户。

美国是最早开展网上经纪业务,也是网上经纪业务最为发达的国家。网络经纪最早出现于1994年的华尔街,不过当时并没有引起大多数投资银行的足够重视。但网上交易业务凭借其时间和速度优势,以及操作便捷、成本低廉的特点,在20多年后的今天取得了"爆炸性"的增长。蓬勃兴起的网上证券交易,彻底打破了传统证券经纪格局,重新分配了证券经纪市场的份额,网络经纪商正日复一日地吞噬着传统证券经纪商的业务范围。一个不得不让人承认的现实结果,是率先进入网上经纪业务领域的投资银行获得极大成功,而原本抵制网上交易最积极的一批美国特大型投资银行也终于向互联网低头。美国还向全球市场输出网上经纪业务,主要的网上证券经纪商已经在其他国家证券市场开设分支机构,大举渗透。

网上经纪不但在美国势不可当,在其他国家和地区的证券市场上也迅速崭露头角。在亚洲,网上经纪交易也得到了迅猛发展,日本、韩国、新加坡、我国台湾和香港等国家和地区的网上证券经纪业务的市场份额越来越大,向传统的证券经纪业务提出了严峻的挑战。我国大陆网上经纪业务的起步与国外相比并不太晚,1996年年底就已有证券公司营业部尝试推出网上交易,当时的闽发证券(现已关闭)、华夏证券(现为中信建投证券)、江苏证券(现为华泰证券)等券商相继推出了网上经纪系统,标志着网上经纪业务在国内的正式起步。随着证券市场竞争的不断加剧,许多券商努力开拓多样化的服务,互联网突破了地域限制、提供巨量信息服务的特点正好和证券经纪公司(尤其是中小规模的地区性证券公司)多样化服务、低成本运作的要求不谋而合。目前,越来越多的证券经纪商正在利用网上交易系统拓展自身的证券经纪业务。网上交易对传统证券经纪业务产生了巨大的深远影响,主要表现在如下方面:

第一,改变经纪业竞争环境。网上经纪交易量迅速增长的主要原因在于其价格优势。在这种情况下,传统经纪与网上经纪在市场占有率方面发生了激烈的争夺,从而导致价格竞争日趋激烈。由于竞争加剧,个人投资者将更加注意不同的服务供应商在收费上的差别,而不再比较他们的实力、经验和服务质量。另外,公司要在基本服务上争得优势,必须通过多种渠道来提供全面的综合服务以及创新的服务组合。从发展趋势来看,网上交易将会更广泛地普及,并有可能分裂成两大类:一类是极其廉价的全自助式经纪,另一类是根据个人化的市场信息以及投资专家的意见提供高质量顾问服务式经纪。

第二,促进证券经纪业务与银行业务相结合。网上经纪交易系统为提供证券经纪、商业银行结算、信用卡等综合服务打开了方便之门,从而有利于促进证券业与银行业的有机结合,最大限度地提高资金运营效率。

第三,缩小开展经纪业务的证券公司的差别。各家证券公司在进入网上交易时代后,它们所面临的将是对手更直接的、面对面的竞争。由于证券经纪受到时间和空间的限制越来越小,证券公司在市场竞争中的地位将更大程度地取决于其提供资讯的准确和全面的程度,也就是资讯的深度和广度将成为证券公司核心竞争力的一个关键内核。网上交易使证券公司在面临更加激烈竞争的同时,也带给证券公司前所未有的机遇,因为互联网使各地的客户缩短了时空距离,投资者无论身在何处,都有可能成为某个证券公司的潜在客户,这对于以收取交易手续费而盈利的经纪类证券公司无疑具有强大的吸引力。

第四,改变证券公司竞争异常激烈的格局。网上交易的出现及发展,一方面,在竞争中获得优势的证券公司会因此获得规模经济效应,使竞争的结果出现强者更强、弱者更弱的局面,并由此推动证券公司的合并;但另一方面,网上交易将是大型证券公司不能光依靠营业部众多、覆盖地域广阔而取得优势,一些在网上交易起步早、技术力量雄厚的中小证券公司也有可能异军突起。

目前我国大多证券公司都推出了网上经纪业务,这不仅顺应了国际和时代的潮流,更重要的是带来了降低经营成本和增加利润的益处,有助于扩展和提高市场占有份额。因此,应把开展网上经纪业务作为争取客户和加强在二级市场竞争能力的战略性措施。特别是面对网上经纪业务在我国尚处于起步阶段,发展网上交易投资者的空间十分之大的现状,我国证券公司要走进网上交易时代并取得成功,必须深刻认识到网上交易将彻底改变现有的交易模式和市场结构,在此基础上,培养超前经营意识,努力改变管理营销模式,在人才素质、技术、业务拓展和客户服务等多个层面上做出积极而充分的准备。

(二)规范化经纪人制度的推出

从国际上大多数国家的证券交易实践来看,证券经纪人可以分为两个层次:第一个层次是提供证券经纪服务的法人机构——证券经纪商,如证券公司及办理证券交易代理业务的商业银行等。第二个层次则是直接为投资者提供证券交易代理服务的自然人,即狭义的证券经纪人;《证券法》第122条规定:设立证券公司,必须经国务院证券监督管理机构审查批准。未经国务院证券监督管理机构批准,任何单位和个人不得经营证券业务。第128条规定:证券公司设立申请获得批准的,申请人应当在规定的期限内向公司登记机关申请设立登记,领取营业执照。证券公司应当自领取营业执照之日起15日内,向国务院证券监督管理机构申请经营证券业务许可证。未取得经营证券业务许可证,证券公司不得经营证券业务。但《证券法》对自然人层面的证券经纪人没有作出规定。2008年6月实施的《证券公司监督管理条例》第38条规定:证券公司从事证券经纪业务,可以委托证券公司以外的人员作为证券经纪人,代理其进行客户招揽、客户服务等活动。证券经纪人应当具有证券从业资格。证券公司应当与接受委托的证券经纪人签订委托合同,颁发证券经纪人证书,明确对证券经纪人的授权范围,并对证券经纪人的执业行为进行监督。证券经纪人应当在证券公司的授权范围内从事业务,并应当向客户出示证券经纪人证书。

第39条进一步规定:证券经纪人应当遵守证券公司从业人员的管理规定,其在证券公司授权范围内的行为由证券公司依法承担相应的法律责任;超出授权范围的行为,证券经纪人应当依法承担相应的法律责任。证券经纪人只能接受一家证券公司的委托进行客户招揽、客户服务等活动。

从实践来看,近年来,由于证券经纪业务竞争的日趋激烈,许多证券经纪商都纷纷推出了证券经纪人制度。这些证券经纪人主要从事客户开发和管理、提供咨询服务、接受客户委托办理有关手续,具有上述第二个层面即自然人性质证券经纪人的部分功能,但由于他们还不能直接进入证券交易所进行交易,不能以个人名义独立承担民事责任,其业务必须依托证券经营机构进行,现有法律、法规也没有对其法律地位做出规定,还只能称为"准经纪人",这种情况存在较大风险,使投资者的利益得不到根本保证。

作为证券市场发展到一定阶段的产物和经纪业务不断竞争的结果,证券经纪人制度有助于加强客户和证券公司之间的联系和交流,建立相当稳定的基本客户群;有助于提高证券业的整体发展水平和能力,在一定程度上抑制股市过度投机行为;有助于增强证券市场的投资功能,进一步活跃市场,培养正确的市场观念,提高投资者素质;有助于促进证券市场的平稳发展和规范化建设。因此,还有其长期存在和发展的合理性。随着人民币资本项目自由兑换的逐步推进,我国证券市场将走向开放,市场运作制度与国际接轨是必然的趋势。同时,从我国证券经营机构发展的现状和内在要求来看,规范地推行经纪人制度也十分紧迫。这主要表现在:

第一,通信技术与交易手段的不断创新发展,将使证券经纪业务不可避免地由目前的粗放经营转向追求效益与质量的集约经营。为减少营业部模式下大量的固定成本开支,证券公司根据市场发展和竞争态势来调整营业网点布局、减少经纪业务对营业网点的依赖程度的趋势将更加明朗,取而代之的将是在公司各项业务资源的统一支持下大力推行证券经纪人制度,通过经纪人而不是传统的营业部来开发与管理客户,并为客户提供更多、更好的服务。可以预见,证券经纪人在券商今后的经纪业务中将会逐步承担现有证券营业网点的职能,发挥日益重要的作用。

第二,随着证券市场竞争的日益加剧,证券公司的日子越来越难过。佣金的折扣和返还已经成为公开的秘密,网上交易的竞争更是白刃相搏,以往那种单纯靠宣传投资环境的宽敞舒适、跑道的畅通无阻、服务的微笑热情、甚至佣金的折让优惠等传统的营销组合,已经很难再为证券公司的市场份额提供新的增长点。于是,通过细分市场、打造品牌、开辟特色服务来寻求服务方式和手段的突破便成为各大证券公司强化和提高自身核心竞争力的必经之途。

第三,随着证券经纪人制度在越来越多的证券公司或证券营业部的广泛推行、深入实践,不同的实施内容、管理模式都将更多地接受来自市场的检验,并根据实施效果不断进行调整与完善,其中一些运行模式可望得到更多的证券公司或证券营业部的借鉴与推广,甚至逐渐发展成为行业标准。证券主管部门也会根据实践的情况对好的模式以一定的形式予以肯定并推广开来。最终,证券经纪人制度将由目前的混乱和无序转变为规范和统一。

第四,随着证券经纪人制度的规范化发展,越来越多的投资者将通过经纪人来代理进行证券的买卖活动,不断扩大的客户数量和越来越健全的制度,推动证券经纪人制度不断完善,向着高层次、规范化的方向发展。

(三) 理财顾问个性化服务的实施

证券经纪商面对的客户群是呈多样化的,他们的资金实力、人生阅历和社会地位、投资偏好、承受风险的能力等都存在很大的差异。因此,为了保持客户的稳定,就要求证券经纪商做好个性化服务和创新服务,不断地提升自身的专业服务水准和质量。

随着投资银行所联系的客户群体不断壮大,为客户提供投资咨询业务成为投资银行的必备功能之一。通常国际上大型投资银行均设立庞大的研究部门专门从事研究及咨询业务。例如,日本野村证券设有独立的野村证券综合研究所,该研究所在全球财经界颇负盛名。研究涉及的内容包括:宏观经济及其相关政策、重点行业及其上市公司、证券市场基本趋势及短期波动、金融工具创新等。另外,由于大型投资银行在全球范围内从事证券投资及资产管理,因此,这些投资银行非常重视世界经济及各主要国家经济增长、国际收支及其财政金融政策的研究,并且把这种宏观经济研究作为公司在全球范围内分配资金和制定资产组合投资战略的基础。

投资咨询工作的具体组织要视不同客户以及开展业务的需要而定。由于从事研究和开展咨询业务对一些投资银行而言已变为一项重要的收益活动,它们向经纪交易商或大型机构客户(如风险投资公司、共同基金、保险基金等)出售研究成果,或者根据某些机构客户的特定需要,提供专项研究咨询。因此,就一些散户和机构客户比较而言,研究人员对机构客户在市场销售方面所起的作用更大些。

作为投资银行的分析专家应该以倡导价值投资和理性投资理念为己任,在对上市公司深入调查研究的基础上,应该综合运用宏观分析、行业分析、公司分析和技术分析等方法,提供客观的投资研究报告,对上市公司的内在价值进行客观评估,帮助投资者准确把握投资时机和品种的选择。

从发达国家的经验来看,必须加强对证券投资咨询业务的监督管理。通常可以采取依法监管和行业自律相结合的方式。世界各国对财务顾问和投资咨询相关行业的监管并无统一法规,主要是通过行业自律组织予以协调和管理。如美国、法国等均成立了注册证券分析师协会,该会定期对申请证券注册分析师的人员进行考核,只有通过考核,才能获得证券注册分析师认证,取得独立职业资格。同时美国等国家还通过立法对投资顾问机构进行专门规范,如《1940 年投资顾问法》。中国证监会分别于 1997 年 12 月、1998 年 4 月颁布了《证券、期货投资咨询管理暂行办法》及其实施细则,并于 1999 年实施了首次证券投资咨询资格考试,只有通过这项考试才能向中国证监会申请从事证券投资咨询业务的资格认证,这标志着我国证券投资咨询业进入了一个规范化发展的全新阶段。

(四) 信用交易的全面放开

信用交易又称保证金交易,是指客户在买卖证券时只向证券经纪商交付一定数额的款项或证券作为保证金,其应支付价款或证券不足的差额部分由证券经纪商提供融资或者融券的交易。采用这种方式进行交易时,客户必须在证券经纪商处开立保证金账户,并存入一定数额的保证金。客户向证券经纪商借入的资金数量或证券的数量，是由规定的保证金比例决定的。2015 年 6 月 3 日，中国证监会通过《证券公司融资融券业务管理办法》，并于 2015 年 7 月 1 日起实施。其第 10、11 条规定：证券公司经营融资融券业务，应当以自己的名义，在证券登记结算机构分别开立融券专用证券账户、客户信用交易担保证券账户、信用交易证券交收账户和信用交易资金交收账户；在商业银行分别开立融资专用资金账户和客户信用交易担保资金账户。

信用交易分为融资买进（即买空）交易和融券卖出（即卖空）交易两种形式。买空，是指客户用借入的资金买入证券；卖空，是指客户自己没有证券而向他人借入证券后卖出。在发达国家的证券市场中，信用交易是一个普遍现象，但对信用交易都有严格的法律规定并进行严密的监管。

1. 买空交易

买空交易亦称为保证金购买（Buying on Margin），即客户借入购买额外证券的资金由证券经纪商提供。[①] 而证券经纪商垫付的资金又主要来自银行贷款，银行向证券经纪商提供这类贷款的利率叫作通知放款利率（Call Money Rate），也称为证券经纪商贷款利率（Broker Loan Rate）。[②] 证券经纪商向客户收取的利率等于通知放款利率加上手续费率。证券经纪商提供信用交易服务，可获得经纪佣金和利差的双重收入。

在买空交易中，如果客户预期某一证券价格将上升，想多买该证券但手头资金不足时，可以通过交纳部分保证金，向证券经纪商借入资金买进证券，等待价格涨到一定程度时再卖出以获取价差。对客户而言，这种交易可概括为“价格看涨，先买后卖，低进高出”。由于客户以借入资金买进证券，而且要把证券作为抵押物放在证券经纪商手中，客户手里既无足够的资金，也不能持有证券，所以称为买空交易。

买空交易通常包括三个主要步骤：① 客户在证券经纪商处开立信用交易账户，并按法定比例向证券经纪商交纳买入证券所需要的保证金。② 证券经纪商按客户委托买入证券，并为客户垫付买入证券所需要的资金，完成交割。融资期间证券经纪商对客户融资买入的证券有控制权，当融资买进的证券价格下跌时，客户要在规定时间内补充维持保证金[③]，否则证券经纪商可以代客户平仓了结。③ 融资期间，客户可以随时委托证券经纪商卖出融资买进的证券，以所得价款偿还融资本息，或者随时自备现金偿还融资。到期无法归还的，证券经纪商有权强制平仓了结。

2. 卖空交易

当客户预期某种证券价格将下跌时，可以通过交纳一部分保证金向证券经纪商借入证券并同时卖出，等价格跌到一定程度后再买回同样证券交还证券经纪商，以牟取价差。对客户而言，这种交易可概括为“价格看跌，先卖后买，高出低进”。由于这一交易方式客户手里没有真正的证券，交易过程是先卖出后买回，所以称为卖空（Short Sales）。

---

① 其实质是证券经纪商向保证金交易（买空）的客户提供信贷服务。

② 这类贷款通常称为保证金贷款，它的利率无须事先通知即可改变。

③ 为防止证券价格下跌使证券经纪商遭受损失，证券经纪商要求客户在账户中保留一定比例的实际保证金，这一比例的保证金被称为维持保证金。

卖空交易通常也包括三个主要步骤:① 客户在证券经纪商处开立信用交易账户。② 客户进行融券委托,并按法定比例向证券经纪商交纳保证金,证券经纪商为客户卖出证券,并以出借给客户的证券完成交割。卖出证券所得存在证券经纪商处作为客户借入证券的押金。委托卖出的证券价格上涨时,证券经纪商要向客户追收增加的保证金,否则将以抵押金购回证券平仓。③ 当证券价格跌至客户预期的价格时,客户买回证券,并归还证券经纪商,若客户不能按时偿还所借证券,证券经纪商可以强行以抵押金代其购回证券平仓。

卖空行为先借入初始交易所需要的证券,然后,用以后交易获得的证券偿还借入的证券。这里,借贷的是证券而不是货币,尽管证券在任何时点都有一定的货币价值。这意味着,借方日后将向贷方偿还证券而非货币(尽管这种偿还也可以以贷款偿还日的证券货币值替代),客户也无须支付利息。

任何卖空的交易指令必须经过确认。在美国,证券交易委员会规定市场价格正在下跌的证券不能做卖空,他们假定卖空者会使事态加剧,引起恐慌和暴利(这种假设对于交易者敏感的有效市场是不合适的)。确切的规定是:卖空必须在升标(Up Tick)或零加标(Zero-plus Tick)情况下进行。升标即价格报升,是指价格高于前一个交易的价格;零加标是指价格等于前一个交易价,但必须高于此前不同价格的最后交易价。例如,甲想卖出每股 20 元的某种股票,前两次的市场交易价是 20.15 元和 20 元,根据升标的条件,甲就不能从事卖空;如果以前的交易价是 19.88 元、19.90 元、20 元,这时他可以以每股 20 元的价格卖空;若假定最近三次的交易价为 19.88 元、20 元、20 元,那么根据零加标的条件,甲也可以以每股 20 元卖空。

在卖空后的五个交易日内,卖空者的证券经纪商必须为卖空者借入和交割适当的证券。借入的证券可来自:① 证券经纪商自己的存货;② 另一家证券经纪商的存货;③愿意出借证券的机构投资者如养老基金的财产。证券的贷放没有明确的期限,即没有时间限制。如果贷放人想出售证券,只要证券经纪商能从别的地方借到证券,卖空者就不必偿还,只是发生贷放人的转移而已。然而,如果证券经纪商不能从别处借到证券,卖空者就必须立即归还借入的证券。有趣的是,只有证券经纪商知道借贷双方的身份,贷方不知道借方是谁,借方也不知道贷方是谁。

信用交易涉及保证金问题。在允许信用交易的国家和地区,客户在以保证金交易方式买卖证券时支付的保证金比率,以及证券经纪商取得证券融资的条件和数量限制,是由中央银行或证券监管机关规定的。受货币信用松紧、通货膨胀率高低以及证券成交量多少的影响,不同国家和地区在不同时期对保证金比率的规定有所不同。[①] 客户交纳的保证金按交纳时间不同,分为初始保证金和维持保证金两种。前者是客户在交易前交纳的保证金,其实质是客户从证券经纪商融资或融券的抵押金;而后者是客户交易后交纳的,为弥补因证券价格发生变化造成亏损而追加的保证金。如果客户的保证金账户余额降至维持保证金以下,客户会收到证券经纪商发出的追加保证金通知(Margin Call)。客户必

① 例如在美国,具体的保证金比率由美联储制定,美联储对不同证券种类的保证金比率要求有所不同,这是美联储控制信用创造的途径之一。

须按追加的现金数额追加现金，否则其证券会被出售。

信用交易反映了双重信用关系，一方面是证券经纪商向客户提供融资融券得以形成的信用关系，另一方面是银行向证券经纪商提供贷款而形成的信用关系。这样，证券经纪商在信用交易中，提供的就不仅仅是一种接受委托、代理买卖的服务。

信用交易是目前许多国家证券市场中存在的一种证券交易方式。它使得客户能超过自身实际拥有的资金进行证券交易，为客户以较少的资本博取较大的利润提供了条件。这种交易方式对于满足客户、扩大投资需求、活跃市场和形成公正价格有积极的作用，但也有投机性过强、容易加剧证券市场的动荡、加大投资风险的负面效应。因此，允许进行信用交易的国家和地区都实施严格的法律并加强监管。

第三节　证券自营业务

一、证券自营业务的特征

证券自营业务就是指证券经营机构用自有资金或依法筹集的资金在证券市场进行的以营利为目的并独立承担风险的证券交易活动。也就是说，证券自营业务是投资银行为了从证券价格变动中或从相对价值差异中获利而持有证券工具或头寸的行为。

证券自营买卖的对象主要有两大类：一类是依法公开发行的证券，主要是股票、债券、权证、基金券等，这是投资银行自营买卖的主要对象；另一类是证券监管部门认可的其他证券。目前，这类证券主要是已发行在外，但没有在证券交易所挂牌交易的非上市证券。这类证券的自营买卖主要通过银行间市场、证券公司的营业柜台实现。

另外，投资银行作为主承销商在证券承销过程中也可能有证券自营买入行为。如在股票、债券承销中采用包销方式发行股票、债券时，由于种种原因未能全额售出，按照协议，余额部分由主承销商买入。同样，在配股过程中，投资者未配入部分，如协议中要求包销，也必须由主承销商购入。

证券自营业务与经纪业务相比较，根本区别是证券自营业务是投资银行为营利而自己买卖证券，证券经纪业务是投资银行代理客户买卖证券。具体表现在以下五点：

（一）决策的自主性

决策的自主性主要表现在：① 交易行为的自主性。投资银行自主决定是否买入或卖出某种证券。② 选择交易方式的自主性。投资银行在买卖证券时，是通过交易所买卖还是通过其他场所买卖，由投资银行在法规范围内依一定的时间、条件自主决定。③ 选择交易品种、价格的自主性。投资银行在进行证券自营买卖时，可根据市场情况，自主决定买卖品种、价格。

（二）交易的风险性

由于证券自营业务是投资银行以自己的名义和合法资金直接进行的证券买卖活动，证券交易的风险性决定了证券自营业务的风险性。在证券的自营业务中，投资银行作为投资者，买卖的收益与损失完全由投资银行自身承担。而在经纪业务中，投资银行仅充当代理人的角色,证券买卖的时机、价格、数量都由委托人决定,由此而产生的收益和损失也由委托人承担。

(三) 收益的不确定性

投资银行进行证券自营买卖,其收益主要来源于低买高卖的价差。但这种收益有很大的不确定性,有可能是收益,也有可能是损失,而且收益与损失的数量也无法事先准确预计。

(四) 操作的专业性

证券自营部门是一个专业部门,必须集中一大批经验丰富的专业操作人员和专业研究人员。通过这些专业人员的研究和规范操作,才能取得一定的稳定收益,才能有效防范政策和法律风险。

(五) 业务的保密性

由于证券自营资金投入的规模很大,大资金的运作对所买卖的证券价格具有很大的影响,一旦资金运作的方向、方式、规模等被其他人员知晓,将会给证券自营业务造成巨大的损失,因此,自营业务的保密性十分重要。

二、证券自营业务的原则

投资银行开展证券自营业务必须遵守以下五项原则:

(一) 客户委托优先原则

客户委托优先原则是指投资银行在同时经营自营业务和经纪业务时,应把经纪业务(即客户委托的买卖)置于优先地位。即对同一证券,当自营业务的报价与经纪业务的报价同时发生,且交易价格相同时,经纪业务的买卖应得到优先执行,投资银行不得以损害客户的利益来为自己牟利。

(二) 分账管理原则

许多投资银行不仅具有从事证券自营业务的资格,而且同时具有经营证券经纪业务的资格。为避免自营交易和代理交易混合操作而引致的利益冲突,投资银行在开展证券交易活动过程中,应将自有账户和客户账户严格分开,实行分账管理,不得挪用客户的资金和证券。我国《证券法》第136条明确规定:证券公司应当建立健全内部控制制度,采取有效隔离措施,防范公司与客户之间、不同客户之间的利益冲突。证券公司必须将其证券经纪业务、证券承销业务、证券自营业务和证券资产管理业务分开办理,不得混合操作。

(三) 公开交易原则

在证券自营业务中,相对其客户而言,证券自营商在信息、资金和技术上具有较大的优势,为保证交易的公平合理,防止证券自营商利用这些优势进行不公平的交易,必须对证券自营商提出公开原则。投资银行的自营业务必须以自己的名义进行,不得假借他人的名义或者以个人名义买卖证券。同时,证券自营商应向客户明确标明自营业务的内容,将交易程序公开、价格公开、数量公开,以防止欺诈客户和营私舞弊现象的发生,便于主管部门的监管。

（四）风险控制原则

投资银行的证券自营业务是一项充满风险的业务，所有交易由于不确定性形成的风险都将由投资银行自身承担。在经营中因交易不慎引起的破产倒闭事件近年来并不少见，因而要想不重蹈覆辙，投资银行必须适度控制自营业务的规模，保持良好的资产流动性，避免风险过于集中。同时，加强自身的内部管理，建立健全内部监督机制、风险预警系统和风险防范系统等。我国深圳证券交易所规定：证券公司用于证券自营的资金不得超过其资本金总额的60%；同一证券的持有量不得超过资本金的20%；持有同一公司的证券总额不得超过该发行公司资本金的5%。

（五）守法经营原则

投资银行从事证券自营业务，必须依法、守法经营，禁止内幕交易①、禁止操纵市场②以及其他禁止行为（如假借他人名义或者以个人名义进行自营业务、违反规定委托他人代为买卖证券、违反规定购买本证券公司控股股东或者与本证券公司有其他重大利害关系的发行人发行的证券、将自营账户借给他人使用和将自营业务与代理业务混合操作等）。

三、证券自营业务的条件

证券自营业务的资格审批往往严于证券经纪业务，我国《证券法》第125条明确规定：经国务院证券监督管理机构批准，证券公司可以经营下列部分或者全部业务：① 证券经纪；② 证券投资咨询；③ 与证券交易、证券投资活动有关的财务顾问；④ 证券承销与保荐；⑤ 证券自营；⑥ 证券资产管理；⑦ 其他证券业务。其中证券公司经营第①项至第③项业务的，注册资本最低限额为人民币5 000万元；经营第④项至第⑦项业务之一的，注册资本最低限额为人民币1亿元；经营第④项至第⑦项业务中两项以上的，注册资本最低限额为人民币5亿元。证券公司的注册资本应当是实缴资本。

根据《证券公司监督管理条例》和《证券公司风险控制指标管理办法》的规定，在我国从事证券业务的证券经营机构必须在取得证券主管机关——中国证监会认定证券自营业务资格并领取证券主管机关颁发的“经营证券自营业务资格证书”之后才可以从事证券自营业务。未取得证券自营业务资格的证券经营机构不得从事证券自营业务。

现阶段我国证券经营机构申请从事证券自营业务，应当同时具备如下条件：

（1）证券专营机构具有不低于人民币2 000万元的净资产，证券兼营机构具有不低于人民币2 000万元的证券营运资金。

（2）证券专营机构具有不低于人民币1 000万元的净资本，证券兼营机构具有不低于人民币1 000万元的净证券营运资金。净资本是指根据证券公司的业务范围和公司资

① 所谓内幕交易，是指证券交易内幕信息的知情人和非法获取内幕信息的人利用内幕信息从事证券交易活动。

② 所谓操纵市场，是指机构或个人利用其资金、信息等优势，影响证券交易价格或交易量，制造证券交易假象，诱导或者致使投资者在不了解事实真相的情况下做出证券投资决定，扰乱证券市场秩序，以达到获取利益或减少损失目的的行为。

产负债的流动性特点,在净资产的基础上对资产负债等项目和有关业务进行风险调整后得出的综合性风险控制指标。

净资本的计算公式为:

净资本=净资产-(固定资产净值+长期投资)×30%-无形及递延资产-提取的损失准备金-中国证监会认定的其他长期性或高风险资产

净证券营运资金是指证券兼营机构专门用于证券业务的具有高流动性的资金。

(3) 2/3 以上的高级管理人员和主要业务人员获得中国证监会颁发的"证券业从业人员资格证书",在取得"证券业从业人员资格证书"前,应当具备下列条件:高级管理人员具备必要的证券、金融、法律等有关知识,近两年内没有严重违法违规行为,其中 2/3 以上具有两年以上证券业务或三年以上金融业务工作经历;主要业务人员熟悉有关的业务规则及业务操作程序,近两年内没有严重违法违规行为,其中 2/3 以上具有两年以上证券业务或三年以上金融业务工作经历。

(4) 证券经营机构在近一年内没有严重违法违规行为或在近两年内没有受到根据有关规定取消证券自营业务资格的处罚。

(5) 证券经营机构成立并且正式开业已超过半年;证券经营机构的证券业务与其他业务分开经营、分账管理。

(6) 设有证券自营业务专用的计算机申报终端和其他必要的设施。

(7) 证监会要求的其他条件。

证券经营机构申请取得从事证券自营业务资格须向证监会报送下列文件:证监会统一印制的《经营证券自营业务资格申请表》;机构批设机关颁发的《经营金融业务许可证(副本一)》;工商行政管理部门颁发的《企业法人营业执照(副本)》;由机构批设机关核准的公司章程;证券自营业务内部管理制度情况说明;由具有从事证券业务资格的会计师事务所出具的上一年度末净资产或证券营运资金验资证明;由具备从事证券业务资格的会计师事务所审计的上一年度末资产负债表、损益表和财务状况变动表;法定代表人、主要负责人及主要业务人员的"证券业从业人员资格证书"或简历、专业证书等;上一年度经营证券业务情况说明。正式开业未超过一年的证券经营机构,应报送从开业时起到上一年度末的经营证券业务情况说明;证监会要求的其他文件。

投资银行的申请得到批准后即可开展证券自营业务,但在其经营过程中必须遵守有关的法律法规。如在证券监管部门定期检查中不合规定或在开展证券自营业务的过程中有操纵市场等重大违规行为,投资银行的营业资格将被暂停甚至取消。

四、证券自营业务的主要类型

(一) 证券自营商的投机交易

1. 投机的定义

一般地说,投机(Speculation)是指通过市场价格的短期变化来获利。证券自营商的投机是指证券自营商试图通过准确地预测证券价格的变动来获取价差收益并承担风险的证券买卖行为,即以较低价格买进某种证券,在短期内又以较高价格卖出该证券;或者以较高价格卖出或卖空某种证券,待价格回落后再买回来。投机通常仅指时间套利:投机者先在价格较低时买入证券,短期内,等到价格升高后,再将该证券卖出。还有一种观点,将地点套利也纳入投机的范畴:投机者先在价格较低的地点买入某商品,又立即在价格较高的地点卖出该商品。投机交易是建立在对相对信息分析和市场行情变化预测的基础上,投机者要承担预测失误而蒙受损失的风险。因此,投机交易是以获取资本利得为主要目的,承担市场价格风险的短期的证券交易行为。如果预期某只证券的价格将上升,则买进该证券,待价格上涨后再卖出;或者,如果预期某只证券的价格将下跌,则卖出该证券,待价格回落后再低位补进,从中获利。

投机的另一种定义是:在明知(或者根本不知道)一只证券的价值低于其价格的情况下,却抱着别人会以更高的价格从自己手中买走的心理,购进那只证券(俗称"博傻");或者,在明知(或者根本不知道)一只证券的价值高于其价格的情况下,却抱着别人会以更低的价格卖出这种证券的心理,卖出那只证券。

投机与赌博有着根本的区别。投资银行在进行投机交易时,要通过信息的收集和分析,以及各种技术分析来对证券价格的变动进行预测,尽量降低风险。因此投机是建立在理性分析科学决策基础上的交易行为。另外,投机也不同于市场操纵,投机本身是依靠正确的判断和预测来获利,并不具有操纵市场的能力。而市场操纵则是通过雄厚的资金实力和技术来控制股价变化,以损害他人利益来牟取利益的行为。投资银行从事投机交易获得的收益主要是风险承担和市场分析所获的补偿。

投资银行在证券市场从事投机交易至少起到了以下三个积极作用:一是有助于实现证券市场的价格发现功能及平衡作用;二是有助于活跃证券市场,提高证券流动性,引导资源在市场上实现有效配置作用;三是有助于实现证券的增值作用。

但是,证券市场中过度的投机,会造成证券市场价格的暴涨暴跌,影响证券市场,乃至整个社会经济的稳定性。

2. 投机的策略

一般说来,投资银行作为证券自营商从事投机交易,通常采用以下投机策略:

(1) 绝对价格交易。绝对价格交易是指证券自营商根据某种资产的价格与其价值的差异程度的预测,来调整其持有的证券头寸的交易行为。同时,由于认为这种分析预测是正确的,因此对其持有的证券头寸并不进行套期保值。例如某家投资银行的研究部门通过分析得出某只股票目前的价位是绝对低的,并且预测不久将上升,于是发表一份报告,而股票自营商认为分析报告是正确的,于是就在市场上买进该只股票。当然,在此过程中,股票自营商自己也会同时通过收集信息或凭信息或凭自己的直觉和预感来做出自己的分析,因此,它们有时也并不总是同意或采纳研究部门的意见。

(2) 相对价格交易。相对价格交易是指证券自营商根据对两种资产收益率的差距的相对变动预测,来调整其持有的证券头寸的交易行为。相对价格交易在债券交易操作中最为典型。例如 AAA 级的公司债券和国债之间的收益率差为 0.3,国债收益率低,如果投资银行预测到这种收益率差距还将扩大,那么投资银行就应当卖出公司债券而买进国债,而当收益率差真的扩大时,投资银行则可再卖出国债而买进公司债券。

(3) 信用等级交易。信用等级交易是指证券自营商根据某种信用等级变化的预测,而调整其持有的该证券头寸的交易行为。这种投机策略以信用等级预测作为交易的基础,主要也用在债券交易中。一般说来,某种债券的市场价格下降可能是由利率上升、信用等级下降或其他因素的变化所致。假定其他因素不变,运用这种投机交易的策略是,如果证券自营商预测某种债券的信用等级将下降,则将这些债券卖空;如果预测某种债券的信用等级将上升,则将这些债券买空。投资银行的研究部门往往从事大量的信用分析并试图预测信用等级的变化,为证券自营商从事投机交易服务。

(二) 证券自营商的套利交易

1. 套利的定义

套利(Arbitrage)是指利用资产定价的错误、价格联系的失常,以及市场缺乏有效性的其他机会,通过买进价格被低估的资产,同时卖出价格被高估的资产来获得收益的交易行为。它通常是利用证券在两个或两个以上的市场中的价格差异,同时进行买卖,从差价中获取利润。套利按有无风险来划分有两种形式:无风险套利和风险套利。

2. 无风险套利

无风险套利(Risk Less Arbitrage)是指投资银行同时在两个或两个以上不同的市场中,以不同的价格进行同一种或者同一组证券的交易,利用市场价格的差异获利。无风险套利具有两个特征:其一,没有自有资金投入,所需资金通过借款或卖空获得;其二,没有损失风险,最糟糕的情况是最终回到起点,套利者的最终结果仍旧是零。

假定有同方股份、紫光股份和科大创新三只股票,其收益如表 5.2 所示。

表 5.2 投资损益估算 单位:人民币元

经济状况 \ 证券名称	同方股份	紫光股份	科大创新
衰退	-2	-4	0
稳定	6	4	10
繁荣	10	16	6

为方便计算,假定每股都以人民币 100 元交易,以人民币计算的损失或利润也是投资的百分比。例如,100 元的投资赚取 10 元意味着收益率为 10%。从表 5.2 中可以明显看出紫光股份的收益并不总是好于同方股份的收益——紫光股份在衰退状况下和稳定状况下的收益都低于同方股份。此外,科大创新的收益也不总是高于同方股份的收益,当经济繁荣时,科大创新的收益低于同方股份的收益。虽然紫光股份和科大创新都并不总是好于同方股份,但投资银行仍可以构造一项包含紫光股份和科大创新的证券组合,以得到套利机会。

现在投资银行持有紫光股份和科大创新的证券组合,并卖空同方股份,就会产生套利利润。假定投资银行以 200 元的价格卖空 200 股同方股份,并用 200 元的实得款项以 100 元的价格分别购入 100 股紫光股份和 100 股科大创新。这一交易的收益如表 5.3 所示。

表 5.3 卖空的套利利润估算 单位:人民币元

经济状况 \ 交易现金流量	卖空同方股份	100 股紫光股份和 100 股科大创新的证券组合	套利交易总的净收益
衰退	200×2=400	100×(-4)+100×0=-400	400-400=0
稳定	200×(-6)=-1 200	100×4+100×10=1 400	-1 200+1 400=200
繁荣	200×(-10)=-2 000	100×16+100×6=2 200	-2 000+2 200=200

如果在经济衰退期,同方股份每股将损失 2 元。但是,卖空 200 股同方股份,将得到 200×2=400 元的利润。同时,购入 100 股紫光股份和 100 股科大创新将在紫光股份上发生 400 元的损失,科大创新则不发生利润或损失。同理,通过计算可知,紫光股份和科大创新证券组合在经济稳定期将获得 1 400 元的利润,在经济繁荣期将获得 2 200 元的利润。因此,这一套利交易中总的净收益在经济衰退时为 400-400=0 元。类似地,在经济稳定或经济繁荣时都可以获得 200 元的利润。

3. 风险套利

风险套利(Risk Arbitrage)一般多以证券市场上兼并与收购或其他股权重组活动为契机,通过买卖并购公司的证券来获利。在兼并与收购交易中,通常收购方的股票价格往往会在并购成功后下跌,而被收购方的股票价格则会上升。也就是说,被收购公司股票的市场价格与收购公司支付的股票市场价格之间会出现差异。于是,风险套利者(投资银行)往往在并购前买入被收购方的股票而抛售收购方的股票,待并购完成以后再作相反的交易,以期获利。

假设 A 上市公司宣布计划收购 B 上市公司,其交易条件是以 A 上市公司的 1 股股票换取 B 上市公司的 1 股股票。假设宣布消息时 A 上市公司和 B 上市公司股票的价格分别是 50 元和 42 元。如果 A 上市公司执行收购计划,那么以 42 元购得 B 上市公司股票的投资银行通过交换获得同等数量的 A 上市公司股票,利差为 8 元。

由于并购发生时,收购公司的股票价格往往会下跌,而被收购公司的股票价格会上升。这样,在本例中,当以 B 上市公司股票交换 A 上市公司股票时,利差可能会减少。为了避免这种风险,投资银行应在购买 B 上市公司股票的同时,卖空同样股数的 A 上市公司股票(因为是 1∶1 的换股交易),以锁定交易发生时 8 元的利差。例如,假设 A 上市公司股票的价格从 50 元下降至 45 元,那么用 B 上市公司股票交换 A 上市公司股票将获利 3 元;而以 50 元卖空 A 上市公司股票,现在可以用 45 元买回,获利 5 元,投资银行的全部利润仍为 8 元。

如上所述,当换股按宣布的条件进行时,风险套利就能锁定利差,这一过程包括买入被收购公司的股票和卖空收购公司的股票,买卖数量要视交换条件而定。依上例,如果交换条件是按每股 A 上市公司股票换 2 股 B 上市公司股票,那么在购买每 2 股 B 上市公司股票时就要卖空 1 股 A 上市公司股票。

当然,作为风险承担者,投资银行要承担并购不能如期进行的风险。仍以上例为例,假定由于某种原因导致 A 上市公司放弃收购计划,而投资银行又不得不售出 B 上市公司股票,则不仅没有利润可言,还可能遭受损失。显然,投资银行必须仔细分析研究每一宗并购事件获得成功的可能性,以减少这种风险。

第四节 证券做市商业务

一、证券做市商业务及做市商制度

证券做市商业务是指投资银行运用自己的账户从事证券买卖,通过维持证券交易报价的均衡性和连续性,从而为证券市场创造证券价格的稳定性和市场的流动性,并从买卖报价的差额中获取利润的一项业务。做市商是指在证券二级市场上不断向公众投资者报出某些特定证券的买卖价格(即双向报价),并在该价位上接受投资者的买卖要求,以自有资金和证券与投资者进行交易的证券自营商。做市商与自营商亦有不同。第一,前者持有证券存货(头寸)主要是为了做市的需要,其买卖证券的目的是为了维持市场均衡和连续,防止短期价格的剧烈波动,买卖证券所获得的价差收入因此可以看作是做市商提供交易服务的报酬(或价格)。决定买卖差价的一个最主要因素是做市商花费的委托单处理成本,包括营业必需的设备成本、管理人员及操作人员的费用等。这些成本越低,买卖价差就越小[①]。后者持有证券存货(头寸)是期望从证券市场价格的变动中获利,其买卖证券的主要目的是为了赚取买卖价差。第二,具有做市职能的特定股票的专营商还同时兼营代理买卖证券业务,但其代理的客户仅限于场内的经纪人和交易商,其所获得的佣金是他提供代理服务的报酬。第三,做市商虽然可以为自己的账户买卖证券,但在成交时必须保证客户委托优先于自己账户同价位的报单;而自营商在买卖证券中,可以在最好的价位买入或卖出证券。

做市商制度(Market Maker Rule)是一种市场交易制度,由具备一定实力和信誉的法人充当做市商,不断地向投资者提供某些特定证券的买卖价格,并在所报价格上接受投资者的买卖要求,以其自有资金和证券与投资者进行交易。做市商通过证券买卖报价的适当差额来补偿所提供服务的成本和费用,并实现一定的利润。这种交易制度以美国全国证券交易商协会的自动报价系统(NASDAQ)的场外市场形式最著名,也最完善。

(一)做市商制度的目的

做市商的存在某种程度上维护了二级市场证券价格的稳定,更重要的是,做市商通过证券买卖报价,使证券二级市场实现了流动性。作为做市商的投资银行必须在其做市的证券上有一定的头寸,在此基础上买进或卖出证券,从而影响证券的市场价格,以此维持二级市场证券价格的稳定。同时,还必须随时提供报价和报价的数量,为某种证券创造流动性。报价包含着一个买价和一个卖价,如果交易的是股票,报价的数量表示它在该买入价愿意购买的最多股数和在该卖出价愿意出售的最多股数。具体地说,做市商向市场提供了即时性——迅速交易的能力。订单在短期内不均衡时,做市商不仅提供了即时性,而

---

① 做市商通过买卖报价的适当价差来补偿其所提供服务的成本费用,并实现一定的营利。

且还维持了短期价格的稳定(连续或平稳)。做市商还为市场参与者提供了更好的价格信息,以及在某类市场中提供拍卖师的服务,维护市场的秩序和公正。

我们知道,证券交易机制是证券市场微观结构的核心问题。通常认为,证券市场的微观结构是指在证券市场中决定买卖指令如何处理、如何进行交易以及交易价格如何形成的系统、程序和各种各样的规则。证券交易方式或交易机制对证券市场的运作和交易行为具有重要影响。前已述及,现代证券市场中有两种最基本的交易机制:报价驱动机制和指令驱动机制。两种交易机制存在一些重要的差别,这反映了它们各自的优点和局限性:① 指令驱动机制是买卖双方通过竞价达成交易的,客户的交易费用比较低廉(即可省去支付给做市商的买卖价差)。而报价驱动机制的交易价格是由做市商的买卖报价确定的。由于做市商要赚取买卖价差,客户要支付较高的交易成本。② 指令驱动机制下存在订单执行风险,即客户在下达市价(委托)订单时不知道确切的交易价格,因此要承担价格风险;而在下达限价(委托)订单时,有可能因价格偏离而不能执行;客户还可能因缺少交易对手即买卖盘不均衡难以成交。在报价驱动机制下,做市商承诺按所报价格执行订单,客户可按做市的报价立即进行交易,而不必等待交易对手的买卖指令。因此没有订单执行风险,有利于保持市场流动性。③ 指令驱动机制下,客户会因为信息分布不均衡或信息不充分而无法报出真正反映投资价值和市场供求关系的价格,使得价格频繁波动。并且其价格的升降是任由买卖盘带动的,价格波动较大。而在报价驱动机制下,做市商拥有更多的市场订单信息,这种信息优势地位有利于做市商根据市场分析得出报价,而客户对报价的接受程度会促使报价趋近真实价格。在买卖盘不均衡时,做市商及时处理大额订单的做法可以平抑价格波动。因此,报价驱动机制下的交易价格相对稳定。

除获取价差收入外,投资银行开展证券做市商业务的另一个重要目的就是带动自身以及市场业务的发展。一家投资银行常常同时兼任证券发行公司的承销商和做市商,因为大部分的发行公司都希望自己发行的证券在上市后有较好的表现,因此希望与有关的金融机构合作,而投资银行为了拓展一级市场的证券承销业务,吸引客户,维持与发行公司的良好关系,同时维护自身承销的证券二级市场形象,往往也愿意介入做市。一般地,投资银行至少在上市初期要保持其承销证券的价格稳定,直到一定时间后有新的做市商介入才退出。另外,投资银行在做市过程中也可以积累定价经验和技巧,有利于一级市场承销业务的发展。因此,证券做市商业务能力的高低对投资银行的证券承销业务影响甚大,并关系到投资银行在业内的地位。所以,美国各大投资银行均对做市商业务给予了相当的重视。

(二) 做市商制度的特点

做市商制度有以下五个基本特点:

(1) 做市商对某只特定证券做市,就该证券给出买进和卖出报价,且随时准备在该价位上买进或卖出。

(2) 客户的买进订单和卖出订单不直接匹配,相反,所有客户均与做市商进行交易,做市商充当类似于银行的中介角色。

(3) 做市商从其买进价格和卖出价格之间的差额中赚取差价。

(4) 如果市场波动过于剧烈,做市商觉得风险过大,也可以退出做市,不进行交易。在理论上,由于存在大量的做市商,且做市商之间存在相互竞争,故个别做市商的退出不会影响市场的正常运作。

(5) 在大多数做市商市场上,做市商的报价和客户的买卖订单都是通过电子系统进行传送的。

(三) 做市商制度的形式

按照是否具备竞争性的特点,做市商制度主要存在两种类型:多元的做市商制度和特许的交易商制度。

1. 多元的做市商制度

多元的做市商制度(Multiple Dealer System)又称竞争型的做市商制度。即每只证券有多个做市商,且在一定程度上允许做市商自由进入或退出,这种制度的典型代表是伦敦股票交易所和美国全国证券交易商协会自动报价系统(NASDAQ)。美国全国证券交易商协会规定,证券商只有在该协会登记注册,遵守该协会的规定,达到最低的财务标准和清算标准,才能成为纳斯达克市场的做市商。但做市商提供做市服务完全是自愿的而不是指派的。在纳斯达克市场上市的每一种股票同时由很多个做市商来负责。通常每一种股票有 10 家做市商,活跃的股票通常有 30 多家做市商,最活跃的股票有时会有 60 家做市商。做市商之间通过价格竞争吸引客户的订单,因此多元做市商制是一种竞争性做市商制度。做市商必须拥有一定数量的自有资金和参与做市的证券存货(头寸),才能在此基础上买进或卖出证券,与客户进行交易。

美国全国证券交易商协会的自动报价系统,在柜台市场上为客户代理买卖的经纪商输入它所需要查找的股票的代码,其建立和运作的计算机网络便会即刻显示出该股票的买价和卖价。如果该股票存在着若干家做市商,那么,自动报价系统可显示出当时该股票的全部买价和卖价,并注明最高的买价和最低的卖价。经纪商可代表其客户打电话或发传真给交易商,通知交易商它已接受了即时的买价,并卖出了客户的股票,或接受了即时的卖价,并为客户买入了股票,经纪商的客户一般看不到买卖价差。在纳斯达克市场,做市商必须随时准备用自营的账户买卖它所负责的股票,并有义务持续报出对该股票的买卖价格。做市商报出的价格必须与前一交易日的市场价格(收盘价)有一定的相关性,所报的买卖价差必须保持在规定的最大幅度内。同时也必须恪守自身的报价,在其报价下执行 1 000 股以上的买卖订单。

美国全国证券交易商协会对做市商的报价作了以下主要规定:

(1) 做市商必须双向报价,所报差价须在允许范围内。差价范围由美国全国证券交易商协会规定,并时常更新。

(2) 做市商的报价要和主流市场价格合理相关,否则它必须重新报价。如果做市商没有及时重新报价,协会将取消它对一只或所有股票的报价。

(3) 做市商对属于纳斯达克全国市场的股票一个月内所报的平均买卖差价不能超过其他所有做市商所报平均差价的 150%。如果这种情况发生,做市商将被取消做市商资格,并在 20 个营业日内,不得重新注册成为做市商。

（4）在正常营业时间内，禁止做市商“锁定”或“交叉”市场，即对同一只股票，某一做市商的买方报价不能等于或高于其他做市商的卖方报价，某一做市商的卖方报价也不能等于或低于其他做市商的买方报价。

多元的做市商制度的优点是通过做市商之间的竞争，减少买卖价差，降低交易成本，也会使价格定位更准确。在价格相对稳定的前提下，竞争也会使市场比较活跃，交易量增加。但由于每只证券有几十个做市商，使各个做市商拥有的信息量相对分散，降低了市场预测的准确度，减少了交易利润，同时也降低了做市商承受风险的能力。

2. 特许的交易商制度

特许的交易商制度（Specialist System）也称为专营商制度、垄断型的做市商制度，即每只证券有且仅有一个做市商。实行特许的交易商制度是纽约证券交易所区别于世界上其他证券交易所的重要特征之一。特许交易商是每只证券唯一的提供双边报价并享受相应权利的交易商，也是证券交易所指定的特种会员（专业会员），其主要职责是为其专营的证券交易提供市场流通性并维持价格的连续和稳定。[①] 在纽约证券交易所挂牌上市的每一种证券，均由交易所指定一家投资银行负责组织市场交易，但每家投资银行可负责多只证券的专营事务（对特别大的上市公司则由一家投资银行负责），该投资银行就被称为特许交易商（Specialist）。交易所有将近 400 家特许交易商，而一家特许交易商一般负责几只或几十只证券。特许交易商是唯一可以根据市场状况用自己的账户报价的交易商。因此，特许交易商是单一做市商，特许的交易商也被视为“垄断”的做市商。

特许交易商具有多重职能和身份。它们是专家经纪人，可以与场内其他一般经纪人交易，撮合客户的买卖指令并收取一定的佣金。特许交易商又是交易商，可以自营买卖它们所专营的证券，即为自己的账户买卖证券，从而获得买卖价差，但是在成交时必须保证客户委托优先于自己账户同价位的报单。特许交易商同时还充当做市商，是合法的市场庄家。

在纽约证券交易所，交易所市场被分为若干个交易站（Trading Post），每个交易站集中交易特定的某只或某几只证券，特许交易商作为每个交易站的主持人，负责组织、协助完成或参与所有的证券交易。这主要表现在：

（1）每日开市或停市后恢复交易时，特许交易商组织集中竞价，产生其专营证券的开盘价，其后要继续组织连续竞价过程。特许交易商接受场内一般证券经纪人买卖申报，按交易所规则确定并连续报出专营证券的买价和卖价，作为市场的有效竞价范围。

（2）当一般经纪人接到客户的委托指令后，可直接与特许交易商报盘成交。如果客户的委托价格超过特许交易商确定报价范围，经纪人可将委托转交给特许交易商，当市场价格变动到限价委托的价位时，由特许交易商代为执行委托，即特许交易商代理作为其客户的经纪人买卖证券。因此，特许交易商又被称为“经纪人的经纪人”。

（3）特许交易商必须撮合买卖指令，只有当买卖比例失衡时，为了稳定市场，特许交易商才入市干预。即买卖证券的数量不平衡，特许交易商有责任充当买主或卖主进行对

① 按纽约证券交易所规定（第 104 条款），不履行这一职责就会失去特种会员的资格。特许交易商存放在自己账户的资金数量不得低于交易所规定的最低资本要求（目前为 100 万美元）。

应交易,用自己的账户买入或卖出证券,以维持市场流通性。并且,特许交易商有责任避免价格的大幅度波动。例如,当下一个可能的成交价格将大大低于上一个成交价时,特许交易商有义务充当购买者,以两个成交价之间的一个价格,用自己的账户下一个买单,以减缓价格下跌的速度;反之亦然。因此,特许交易商必须具有很强的信息综合能力,能对市场走向做出准确的预测,因其垄断性通常也可以获得高额利润。这种类型的优点在于责任明确,便于交易所的监督考核,缺点是价格的竞争性较差。

总之,纽约证券交易所实行的是指令驱动机制与做市商制的混合交易机制,特许交易商也并非完全的或纯粹的做市商,通过特许交易商提供做市服务的交易量仅占整个市场交易量的一小部分,但不能因此低估了特许交易商的重要作用。特许交易商通过上述活动,确保交易所制定的交易优先顺序得到遵循,维护了市场运行的秩序和公正。

综上所述,与纳斯达克市场相比,纽约证券市场有三个特点:

(1) 一只证券只能由一家特许交易商做市,可以被看作是“垄断”做市商制。

(2) 客户订单可以不通过特许交易商而在经纪商或代理商之间直接进行交易。特许交易商必须和经纪商或代理商进行价格竞争。所以,纽约证券交易所是做市商制和竞价制的混合。

(3) 特许交易商有责任保持“市场公平有序”。纽约证券交易所的专营商类似于做市商,即必须在交易大厅里保证其所做市的证券始终保持至少一位买家和一位卖家,以便交易客户总能以市价成交,无论是买还是卖。为此,它必须提供一个买价和一个卖价。交易大厅内的交易商和经纪商若无法从其他交易商处获得某证券的报价,找不到交易对手,那么,该证券的特许交易商就必须提供报价,以自己为交易对手,维持市场流通性。

在纽约证券交易所,特许交易商除了履行上述做市商的职责以外,还有责任保持市场公平有序。因此,特许交易商的职责还包括:① 保持价格连续性。当证券价格变化太快时,经常会使投资者(客户)做出错误的决策。作为特许交易商,有责任避免价格大幅波动。例如,下一个成交价比前一个价格有很大下跌时,作为特许交易商有义务在价格中间下一个买单,以稳定价格。② 保持市场活跃。当交易指令报到交易所时,如果在一定时间内找不到和它匹配的买单或卖单,特许交易商有义务接下这个买单或卖单。③ 保持价格稳定。如果买单暂时多于卖单,特许交易商有义务用自己的账户卖出;如果卖单暂时多于买单,特许交易商就有义务用自己的账户买入。当价格出现持续下跌时,特许交易商有义务以等于或高于前笔交易的价格卖出;当价格出现持续上涨时,特许交易商有义务以低于或等于前笔交易的价格买入。④ 其他职责,包括大额交易、散股交易和卖空交易等。

此外,根据权利义务的不同内容,一些证券交易所还将做市商制度分为指定做市商制度和一般做市商制度。

(四) 做市商买卖报价的策略

1. 决定买卖报价差额的因素

买卖报价差额是做市商最关心的问题。一般地,买卖报价差额反映了以下三种情况:

(1) 保留差额。保留差额是指做市商能够用来抵补执行下一笔交易边际成本的差额,其金额大小综合反映了委托单位处理成本和风险承担补偿。能够产生保留差额的买卖价格被认为是保留价格,适当的保留价格可以确保做市商连续不断而又非常顺利地向公众投资者报出证券买卖价格。

委托单位处理成本包括经营必需的设备成本、管理人员及操作人员的费用。这些成本费用越低,买卖差价就越小。20世纪60年代以来,随着计算成本及训练有素的职员费用的降低,这类成本已经下降。做市商还必须为承担风险而得到补偿。做市商在某一证券上维持多头或空头头寸,会产生三种风险:① 价格风险。未来证券价格具有不确定性,即持有多头头寸的做市商担心证券价格下跌,持有空头头寸的做市商担心证券价格上涨。② 时间风险。即与解开头寸预计需要的时间及其不确定性有关,这主要取决于证券买卖委托单抵达市场的速度。③ 信息不对称风险。尽管做市商有可能比一般客户获得更为充分的有关委托单流量的信息,但在某些交易中,有可能是做市商的交易对手占有更为充分的信息,结果是交易对手获得一个更好的价格,使做市商蒙受损失。

只有当市场需求条件达到允许做市商的报价超过其保留差额时,做市服务才能得以提供,也才可能从长期来看对补偿其提供服务中的固定成本及其风险有所贡献。所以,保留差额应该是做市商向市场提供买卖报价差额的最低盈亏线。

(2) 市场竞争。市场竞争是指做市商之间的竞争。竞争决定着做市商报价能够超过其保留差额的程度,即做市的报价到底多大。能否超出其保留价格是由市场竞争力量决定的。可以想象,在一个没有竞争的市场上,由一家做市商垄断交易的情况下,买卖报价差额大大高于保留差额的可能性在某种程度上是无限的,从而能够获取远远超过固定成本的垄断利润。也就是说,在一个没有竞争的市场上,做市商有机会能够连续将买进报价设定为低于保留买进价格的水平,使卖出报价高于保留卖出价格水平之上。然而,这种状况显然是市场效率原则所不允许的。因此,NASDAQ 规定,每一只证券必须至少有两家做市商做市,以限制任何做市商的垄断报价能力,确保一定程度上正当竞争的开展。当几家做市商做市一种证券时,买卖报价因做市商的不同而各异,这样为公众参与者提供了多种选择的机会,但市场竞争的结果会使特定证券的价格趋于一致,因为市场是公开和进出自由的。所以,研究者指出,对全体做市商而言,市场存在理论意义上的最高买进价格和最低卖出价格,被称作为"内部报价",内部报价的概念总是相对于至少两家做市商而言,而且竞争也是一个前提条件。

(3) 限制性委托。做市商的买卖报价还面临着来自普通公众投资者通过限制性委托而施加的竞争压力。在纽约证券交易所,尽管特许交易商们在证券交易中拥有特权,但个人投资者若发现买卖差额太大,则可以就此下达限制性委托指令;显然,这种限制性指令有缩小差额的作用。

做市商的做市行为并非完全取决于自身的利益意愿,更不是无所限制的非理性行为,竞争和交易单流向高效率做市商的趋势,能够确保不同做市商的买卖报价不至于相互偏离太多,也就是市场相互竞争的制衡力量将做市商的报价限定在一定的范围内。尽管如此,但因不同库存头寸和其他因素的影响,仍会导致做市商之间报价的差异。

2. 影响买卖报价差额的因素

对 NASDAQ 和其他市场上证券的内部报价所做出的调查表明,不同证券之间的差额相差很大。与差额的差异性有关的因素主要包括:

(1) 证券的交易量越大,差额趋向于越小。从某种程度上讲,交易量大的证券,其流动性也大,所以可以缩短做市商持有的时间,从而减少其库存风险;同时,还能够使做市商在交易时容易实现一定的规模经济,也会减少成本,差额也就没有必要太大。

(2) 证券价格的波动性越大,其差额也会越大。因为对于做市商来说,在给定的持有期间内,波动率变动较大的证券所产生的风险比那些波动率变动小的证券要来得大,作为对该风险的补偿,其价格差额自然也就越大。

(3) 证券价格越高,比例差额越小。按理来说,证券价格对买卖价差产生的影响应该不大,但事实与此相反,原因就在于证券价格能够反映一定量的其他因素的影响。所以,价格较低的证券交易额会趋于减少,以及正因为价格低,才要求有较大的比例性差额来弥补交易过程中的固定成本。

(4) 证券交易中的做市商越多,差额越小。做市商的数量越多,竞争性越强,各种约束力量就越是有力地倾向于限制任何做市商的保留差额的偏离程度。而且,拥有做市商数量越多的证券的交易,越是趋于活跃,流动性越大,其中做市商的风险也就越小,作为风险补偿的差额也就越小。

(五) 做市商的功能

做市商的功能在证券市场上主要体现在以下三个方面:

第一,做市商通过提供即时的交易机会,来增强证券市场的流动性,提高了证券市场效率。

证券市场的流动性,是指证券市场(交易者)在没有价格大幅度变动情况下迅速买卖证券的能力。它包括两个方面:即时交易(或迅速交易)和按不变动价格交易的能力。流动性大的证券市场可以吸收更多的客户,从而提高证券价格和降低筹资成本。如果证券市场缺乏流动性,客户希望买进或卖出证券的时间耗费就会增加,使得客户的机会成本及交易成本增加,就会降低证券市场效率。

从即时交易来看,交易的速度取决于两个因素:交易者数量和交易机制。对于给定的交易机制来说,交易者越多,一个交易者的订单(买卖指令)越可能与其他交易者的订单相匹配,订单就越容易迅速得到执行。但现实市场中,市场交易时间的有限性对市场流动性有直接的限制。更重要的是,交易者的买卖订单是很难完全平衡的,这将增加订单迅速配对的困难。如果在证券市场出现单边行情时,大量订单将无法成交,从而使流动性降低。在这种情况下,做市商制度的引入有明显的优势。做市商运用自己的账户在所报出的买卖价格上与客户交易,可以为客户提供暂时的流动性,在一定程度上纠正市场失衡,提高了订单的执行能力和成交速度。可以说,正是证券市场交易不平衡的存在使得做市商应运而生。

证券市场的流动性还包括按不变价格交易的能力,这称为市场深度。在有深度的证券市场上,即使是巨量的订单,也可以按接近现行价格成交。相比之下,如果市场深度不够,交易指令越多,证券价格越需要调整才能完成指令的交易。由于做市商具有以相对稳定的价格大量吞吐证券以及时处理大额订单的能力,因而可以显著增加市场深度。

以上说明,在没有做市商的证券市场,客户将面临流动性降低的可能性。做市商的重要功能是增强了市场的流动性，维持交易活动的连续性，从而提高了证券市场的运作效率。

第二，做市商能向证券市场提供更可靠的价格信息，并维持证券价格短期的平稳，将分散的场外交易在一定程度上连接集中起来，减缓证券二级市场的价格波动。

在现实的证券市场中，客户在任何时间下达的买卖订单数量可能经常发生暂时性的不平衡。这种不平衡或不匹配的流量会造成两个问题：一是即使供求没有变化，证券的价格也有可能发生急剧波动；二是如果客户想马上成交，那么，买入者有可能被迫支付高于市场清算价的价格，或者是卖出者不得不接受低于市场清算价的价格。就第一个问题看，说明希望买进或卖出的客户都必须通过大幅度变动价位的方式才能找到对手完成交易。在建立做市商制度下，做市商具有平抑证券价格过度波动的作用。一方面，做市商所处的地位使它掌握着有关市价委托或限价委托订单的信息，拥有信息优势（包括证券需求状况和价格走势），并且具有较强的专业能力，这使得做市商比一般客户更能准确判断证券的真实价格，并通过买卖报价将价格信息传递给市场，引导客户的决策行为，再通过客户对报价的反应，从而不断地将证券价格推向其真实价格水平。另一方面，做市商通过连续报价和以自己的账户买卖证券，充当客户的交易对手，既维持了市场的流通性，又防止证券价格严重偏离于最近交易所达到的价格水平。

就上述情况看，做市商提供了一个有效的信息加工、传递和价格发现机制，并维护了证券市场价格的平稳，它同时也有利于提高证券市场效率。因为，证券价格的过度波动会使价格严重脱离其真实价格或偏离均衡价格，降低了证券市场的定价效率，影响市场的有效性。

第三，做市商在某类市场结构中充当拍卖师，维护证券市场运行的秩序和公正。

正如前面有关特许交易业务所论述的，纽约证券交易所的特许交易商的职责是集合买方和卖方，组织集中竞价和连续竞价，提供了类似于拍卖师的服务。做市商通过组织交易，确保交易所制定的交易优先顺序得到遵循。

（六）做市商制度的利弊分析

1. 做市商制度的优点

（1）成交及时。客户可按做市商报价立即进行交易，而不用等待交易对手的买卖指令。特别是做市商制度在处理大额买卖指令方面上的及时性，更是竞价制度所不可比的。

（2）价格稳定性。做市商具有缓和价格波动的功能。这是因为：做市商报价受交易所规则约束；能及时处理大额指令，减缓它对证券价格变化的影响；在买卖出现不均衡时，做市商插手其间，可平抑价格波动。

（3）矫正买卖指令不均衡现象。在发生买卖不均衡的时候，做市商可以及时采取措施，通过承接买单或卖单来缓和买卖指令的不均衡，并抑制相应的价格波动。

（4）抑制证券价格操纵。做市商对某只证券持仓做市，使得证券价格操纵者会有所顾忌。证券价格操纵者既不愿意“抬轿”，又担心做市商抛压，抑制证券价格。这对我国证券市场来说尤其具有重要意义。

2. 做市商制度的缺点

（1）缺乏透明度。在报价驱动制度下，买卖盘信息集中于做市商手中，交易信息发布到整个市场的时间相对滞后。为抵消大额交易对价格的可能影响，做市商可能会要求推迟发布或豁免发布大额交易信息。

(2) 增加客户负担。做市商聘用专门操作人员,投入大量资金,承担做市义务,具有较大风险。因此,做市商会对其提供的服务和所承担的风险要求补偿,如提高交易费用及税收减免等。这将会增大运行成本,也会增加客户的负担。

(3) 可能增加监管成本。采取做市商制度,要制定详细的监管制度与做市商运作规则,并动用资源监管做市商活动。这些成本费用最终也会由客户来承担。

(4) 可能滥用特权。做市商的经纪角色与做市商功能可能存在冲突,另外做市商之间也可能会合谋串通。这都需要进行强有力的监管。

二、投资银行充当做市商的动机

投资银行出于以下三个方面原因充当做市商。

(一) 获利动机

做市商在维持市场流动性的同时,可从买卖报价中赚取价差,这就是市场对做市商提供服务的报酬。在市场价格波动较小的时候,做市商的活动很简单,它们提供买卖报价,应交易对手请求成交,只要定价准确,符合市场供需关系,那么它买后,继之以卖,卖后继之以买,如此往复,所持头寸就可保持相对稳定,同时又可赚取买卖价差。如果做市商的定价过高,则有更多的人愿意向其出售证券,从而使证券存货增加,在这种情况下,它就要降低定价;反之,如果定价过低,则会有更多的人从做市商处买进证券,于是其证券存货就将减少,甚至可能是负数(空头)。作为做市商并不希望它所持有的证券存货大起大落的,所以它必须控制头寸并相应地调整证券价格。

(二) 一级市场业务的配套需要

投资银行进入二级市场充当做市商,是为了发挥和保持良好的定价技巧,辅助其一级市场业务的顺利开展。在二级市场上积累了丰富经验的投资银行,往往拥有娴熟的定价技巧,投资银行将这种技巧运用在一级市场上的新股发行中,便能在承销和分销中为发行公司制定一个较适当的发行价,为发行公司尽可能地募集到更多的资金,而不必出售发行公司更多的股权和承担超常的风险。而投资银行在定价方面声誉鹊起,也能够有效地为自己赢得更多的发行业务。

(三) 提升自身在市场中的形象

发行公司希望自己的证券在二级市场上市后具有较高的流动性和较佳的价格走向,为此,发行公司就要寻觅一个愿意为其证券“做市”的金融机构作为其主承销商。投资银行为了争取到发行业务,维系与发行公司良好的关系,一般都会在二级市场上为其发行的证券做市,以保持证券价格的大致稳定,直到有其他自营商进入该只证券,它才考虑退出。当然投资银行在做市时,要根据市场条件向市场交易者提供报价,如果一味托市而开出偏离市场的高价,会让投资银行的做市证券的头寸大量增加。因此,投资银行能否安然承担做市商职责,在很大程度上取决于它的发行定价是否合适,而后者又需要投资银行长期涉足证券二级市场,提高其定价技巧;所以证券二级市场也是投资银行一个不容忽视的业务领域,美国的各大投资银行无一不是周旋于证券二级市场的运作高手。

第六章 企业兼并与收购

第一节　企业兼并与收购的定义及其类型

一、企业兼并与收购的定义

企业兼并与收购作为企业重组活动的重要方式,被认为代表着一种新型的产业力量,这种力量提高了企业劳动生产力、盈利率和综合竞争力,加速了优秀企业的发展,促进了资源的优化配置,推动了一国经济的增长。随着市场经济的发展和完善,以及市场竞争的加剧,企业兼并与收购这一实现社会资源优化配置的手段必将发挥着越来越大的作用。

(一) 兼并

兼并(Merger)是指一家企业吸收另外一家或几家企业的行为,被吸收企业的法人地位消失(称为被兼并企业),吸收的企业则存续(称为兼并企业)。用公式表示是:A+B=A。兼并经常发生在设立比较悬殊的企业之间,兼并企业通常是优势企业。《大不列颠百科全书》对兼并的解释是:“指两家或更多的独立企业、公司合并组成一家企业,通常是由一家占优势的公司吸收一家或更多的公司”。合并是兼并的法定含义,一些国家或地区的公司法中都使用合并一词。但兼并并非是平等的新设合并,而是一种吸收合并。通常融合或主动吸收一方的价值或重要性上要强于另一方,融合或相互吸收后,较不重要的一方不再独立存在。

(二) 合并

合并(Consolidation)是指两家或两家以上企业结合后全部不存在,而是在原来企业资产的基础上创立一家新企业,用公式表示是:A+B=C。我国《公司法》第 172 条规定,公司合并可以采取吸收合并或者新设合并。在西方公司法中,把企业合并分成吸收合并、新设合并和购受控股权益三种形式。吸收合并即兼并;新设合并又称创立合并或联合,是指两个或两个以上企业通过合并同时消亡,在新的基础上形成一个新设企业;购受控股权益即收购,是指一家企业购受另一家企业,使之达到控股一定比例股份的合并形式。在理论上,甲公司持有乙公司51%的股份,即取得绝对控股权,可直接对乙公司的经营活动行使决策权,而乙公司的法人地位并不消失。但在股份分散的情况下,甲公司只需取得30%或更少的股份,如5%,就可以达到控股的目的。

(三)收购

收购(Acquisitions)是指一家企业即收购企业(Acquiring Firm)与另一家企业即目标企业(Target Firm)进行产权交易,由收购企业通过某种方式主动购买目标企业的大部分或全部股权或资产的商业行为,其目的是获得该企业的经营控制权。收购之后,被收购企业纳入收购企业体系之中,是否将被收购企业解散,则取决于收购企业的经营战略。通常情况下,被收购企业仍保留其法人地位,作为取得控股权的收购企业的子公司而存在。收购通常发生在证券市场上。我国《证券法》第85条规定,投资者可以采取要约收购、协议收购及其他合法方式收购上市公司。收购企业用现金、债券或股票购买目标公司的股票或资产,以获得该公司的经营控制权。

此外,同属企业扩张行为的还有合营或称为联营(Joint Ventures)。它是指两家或更多的企业为了谋求共同利益和整合互补的资源,同意为一个特定项目或经营活动进行经营合作。它涉及的只是相关企业的小部分业务的交叉合并,并且通常是在有限的期限内进行的(如10~15年或更短的期限)。合营企业通常是一个单独的实体,由合营各方以现金或其他资产等方式进行投资,并按投资比例持有股份。合营各方之间并不相互交换或购买股份。

(四)兼并、合并与收购的区别

一般来说,合并、兼并与收购依其产权组合的有偿性和竞争性,是一个逐级递进的过程。通常所称企业并购之所以是指企业兼并与收购(Merger and Acquisition,M&A)而不是合并与收购,其深层次的意义强调产权交易是有偿的、竞争的,甚至是不情愿的。兼并、合并与收购通常有如下区别。

(1)兼并和合并是两家或多家企业结合为一家企业,即兼并和合并是兼并或合并企业获得被兼并或合并企业的全部资产和业务,并承担全部债务和责任,一般只有一个法人,被兼并或合并企业作为经济实体已不复存在;而收购则是一家企业通过收购资产或股权以实现对其他企业的控制,收购后通常只进行业务整合而非企业重组,对被收购企业的原有债务不负连带责任,只以控股出资的股本金为限承担风险,收购后两家企业仍为两个法人,只发生控制权转移,即被收购企业的经济实体依然存在。

(2)兼并与合并是以现金购买、债务转移为主要交易条件的;而收购则是以所占有企业股份额达到控股或控制为依据,进而实现其对被收购企业的产权占有。

(3)兼并与合并范围较广,任何企业都可以自愿进入兼并与合并交易市场;而收购则一般只发生在股票市场中,被收购的目标企业通常是上市公司。

(4)兼并与合并发生后,其资产和业务一般需要重新组合、调整;而收购是以股票市场为中介进行的,收购后的企业变化形式比较平和。

(5)兼并一般是善意的,而收购则多数是恶意的。

兼并与收购的共同点都是将若干企业体的资源整合成一个整体来运营，且企业的（资本）结构发生了重大变化。尽管人们对兼并与收购做出了区分，但这两个术语却常常被互换使用，并把两者简称为并购（M&A）。并购一词有时也被人们当作对企业重组等相关活动的统称而加以使用。

二、企业并购的类型

企业并购根据不同的标准可以划分多种类型。

（一）根据企业成长方式分为横向并购、纵向并购和混合并购

1. 横向并购

横向并购（Horizontal Merger）是指具有竞争关系的、同属于一个产业或行业、生产或销售同类产品或提供相同服务的企业之间发生的并购行为。例如，两家钢铁企业合为一体，两家或三家石油企业组成为一家企业。这种并购的目的在于扩大企业生产规模，降低生产成本，实现规模经济；减少竞争对手，提高行业的集中程度，增强产品在同行业中的竞争能力，控制或影响同类产品市场；消除重复设施，提供系列产品，有效地实现节约。横向并购的缺点是，易于出现行业垄断，限制市场竞争。

2. 纵向并购

纵向并购（Vertical Merger）是指从事相关行业或某一项生产活动但处于生产经营不同阶段的企业之间的并购行为，即生产和经营上互为上下游关系的企业之间的并购行为。例如，一家钢铁企业并购一个诸如煤矿之类的能源供应者的行为。再如，一家汽车制造企业并购一个零部件制造商。纵向并购又分前向并购和后向并购两种形式。前向并购是向其最终用户的并购，如一家纺织企业与使用其产品的印染企业的结合；后向并购是向某供应商的并购，前述钢铁企业与煤矿企业的联盟就属于这一种。纵向并购的目的在于控制某行业、某部门生产与销售的全过程，加速生产流程，缩短生产周期，减少交易费用，获得纵向一体化的综合效益。同时，纵向并购还可以避开横向并购中经常遇到的反托拉斯法的限制。与横向并购不同，纵向并购可以产生更高的质量和效率，避免产品和生产的重复。其缺点是企业生存与发展受到市场因素的影响较大。

3. 混合并购

混合并购（Conglomerate Merger）是指从事不相关业务类型经营活动的企业之间的并购行为，即生产和经营没有直接联系的产品或服务的企业之间的并购行为。混合并购也称复合并购，即横向并购与纵向并购相结合的企业并购。它又可以分为三种具体并购方式：一是产品扩张型并购（Product-extension Merger），是指一家企业以原有产品和市场为基础，通过并购其他企业进入相关产业的经营领域，达到扩大经营范围、增强企业实力的目的，也称为“同心圆式并购”；二是地域市场扩张型并购（Geographic Market-extension Merger），是指生产同种产品，但产品在不同地区（或区域）的市场上销售的企业之间的并购，以此扩大市场份额，提高市场占有率；三是纯粹混合型并购（Pure Conglomerate Merger），是指生产和职能上没有任何联系的两家或多家企业的并购，这种并购又称为集团扩张，目的是规避经济气候变化的风险，进入更具潜力和利润率较高的领域，实现投资

多元化和经营多元化。这种膨胀的集团将大量不相关行业整合后收罗于它的旗帜下,以多样化来分散商业风险。如果一部分企业经营不良,而另一些企业则可能呈现相反情况,这样可以使收益保持平稳,同时,通过先进的财务管理和集中化的行政管理来取得规模经济。

(二)根据委托方式分为直接并购和间接并购

1. 直接并购

直接并购(Direct Merger)是指由并购方直接向目标企业提出所有权要求,双方通过一定的程序进行磋商,共同商定完成并购的各项条件,在协议的条件下达到并购的目标。直接并购分为向前和反向两种方式。向前并购是指目标企业被买方收购后,买方为存续企业,目标企业的独立法人地位不复存在,目标企业的资产和负债均由买方企业承担;反向并购是指目标企业为存续企业,买方企业的法人地位消失,买方企业的所有资产和负债由目标企业承担。并购双方究竟谁存续,谁消失,主要取决于会计处理、企业商誉、税负水平等相关因素。

2. 间接并购

间接并购(Indirect Merger)具体又有三角并购和反三角并购两种方式。三角并购是指并购企业首先设立一个子公司或控股公司,然后,再用子公司或控股公司来并购目标企业。此时,目标企业的股东不是并购企业,因此并购企业对目标企业的债务不必承担责任,而由其子公司或控股公司负责。并购企业对子公司的投资是象征性的,资本可以很小。设立子公司完全是为了并购目标企业而不是经营。并购企业通常是股份有限公司,其股票和债券是适销的。采取三角并购,可以避免股东表决的繁杂手续,而母公司的董事会则有权决定子公司的并购事宜,简便易行、决策迅速。反三角并购比较复杂,并购企业首先设立一个全资子公司或控股公司,然后,该子公司被目标企业并购,并购企业用其拥有其子公司的股票或股份交换目标企业新发行的股票,同时,目标企业的股东获得现金或并购企业的股票,以交换目标企业的股票,其结果是目标企业成为并购企业的全资子公司或控股公司。

(三)根据并购动机分为善意并购和敌意并购

1. 善意并购

善意并购(Friendly Acquisition)又称友好并购,并购者也被形象地称为"白衣骑士"(White Knight)。善意并购通常表现为,并购者事先与目标企业所有者或经营者商议,征得同意后,目标企业主动向并购企业提供必要的资料等,并且目标企业经营者还劝其股东接受公开并购要约,出售股票或股份,从而完成并购行动的公开并购。善意并购一般先由并购企业确定目标企业,然后设法使双方高层管理者进行接触,商讨并购事宜,诸如购买条件、价格、支付方式和并购后企业地位以及目标企业人员的安置等问题。通过讨价还价,在双方都接受的条件下,签订并购协议,最后经双方董事会批准并由股东大会 2/3 以上赞成票通过。由于并购企业与目标企业双方在自愿、合作、公开的前提下进行合并,善意并购成本较高。

善意并购的一个重要特征是,并购企业为表示友好诚意,一般不会在提出并购建议前一段时期购买目标企业的股票。此外,在并购完成后,目标企业的管理人员的职位基本不变或能得到相应的安排。

善意并购通常需要投资银行出具公证意见(Fairness Opinion)。公证意见仅代表投资银行作为独立的第三方对并购价格的看法,它是以投资银行的专门知识和声誉为基础做出的,其目的是论证并购价格在财务上的合理性,以有助于保护全体股东的利益。使用善意并购方式有许多优点:首先,不会损害并购双方的财务健康。并购企业不仅可以获得目标企业更多的非公开信息,重要的是能够避免敌意并购方式下因遭受目标企业的抵御而承担过高的并购成本;目标企业的资源也不会因采取反并购防御措施而造成损失浪费。其次,并购后的企业管理层能建立协调融洽的工作关系,更有利于企业资源整合和提高经营管理效率。最后,善意并购使得并购企业有机会与目标企业管理层和重要的核心职员当面洽谈,签订雇用合约,以免人才流失和挫伤目标企业员工的士气。

2. 敌意并购

敌意并购(Hostile Acquisition)又称为恶意并购,并购者也常常被称为"黑衣骑士"(Black Knight)。在敌意并购方式下,并购企业致函给目标企业的董事会,向他们表达并购的意愿,并要求目标企业对并购报价迅速做出决定。并购企业也可能在目标企业尚未对并购报价做出反应的情况下,向目标企业发出溢价并购的要约。虽然该并购活动可能遭到目标企业经营者的抗拒,但并购企业仍要强行并购,或者并购企业事先未与目标企业经营者协商,而突然提出公开出价并购要约者,均为敌意并购。在企业并购中,善意并购往往很少,而且许多善意并购往往会因并购条件的讨价还价导致不欢而散又转化成敌意并购。在敌意并购过程中,如果目标企业经营者反对公开并购,而且劝告本企业股东不要接受并购要约,公开并购者不仅不能对被并购公司即目标企业经营内容有充分、详细的调查了解,而且被并购的目标企业还会设置各种障碍,采取与并购企业相对立的立场,力争使此项公开并购行动失败。也就是说,目标企业一旦遭受并购企业的袭击,通常会进行防御,采取各种反并购手段,以提高并购企业的并购成本。因此,敌意并购开出的并购价格一般要比股票的市价高出20%~40%,以此吸引股东不顾经营者的反对而出售股票。只有股东们不顾经营者的劝告而出售股票或股份时,并购企业才能达到收购股权,控制目标企业经营决策权的目的。从理论上说,只要并购企业能够收购到目标企业51%的股权,就可以重组董事会,从而最终达到并购目的。

敌意并购中的并购方往往经过长期精心策划设计了周密的并购方案,因而能出其不意地一举成功,而目标企业则在不知情或反并购失败的情况下不得不接受被并购的现实。但有时,并购方案也会因为目标企业采取了有效的反并购措施而夭折。

敌意并购的主要优点是,在某些情况下由于代理问题的存在,当企业的多数管理人员反对任何并购建议,而大多数股东乐于接受合理价格的并购时,敌意并购者就可以利用管理层与股东之间的分歧,避开管理层的反对而实施敌意并购。敌意并购的明显缺点有:第一,不能得到非公开的信息;第二,可能会激起目标企业高级管理人员和其他雇员的强烈反感,甚至愤怒和拼死抵抗;第三,目标企业可能会采取任何可能的措施来避免被并购;第四,敌意并购者的声誉在同行中将受到损害。

(四) 根据并购方式分为协议收购和要约收购

1. 协议收购

协议收购(Takeover by Agreement),一般是指由收购企业与目标企业的董事会或管理层进行磋商、谈判,达成协议,经过股东大会同意后,并按照协议所规定的收购条件、收购价格、期限以及其他规定事项,收购目标企业股份的收购方式。协议收购的法定形式是协议,一旦达成协议,双方均应接受。达成协议后,须向证券交易所及证券主管部门报告并公告。目前,在我国证券市场尚欠成熟、欠规范的情况下,协议收购是一种比较好的并购方式。我国《证券法》所规范的协议收购,是指收购人通过与目标企业的管理层或者目标企业的股东反复磋商,并在征得公司董事会和经理层同意的情况下,达成书面转让股权的协议,按照协议所规定的收购条件、价格、期限以及其他规定事项,收购目标公司股份的收购方式。

协议收购通常在善意并购时使用,其过程短、法律手续简便、不易产生纠纷,并且协议收购所涉及的股份多为场外转让,交易成本低廉且不易造成股价剧烈波动。不过协议收购在信息公开、交易公正等方面存在不足,亟待司法完善加以控制。

2. 要约收购

要约收购(Tender Offer)是指收购方向目标企业的管理层和股东发出收购该企业股份要约,并按照依法公告的收购要约中所规定的收购条件、收购价格、收购期限以及其他规定事项,收购目标企业股份的收购方式。要约收购不需要事先征得目标企业董事会、经理层的同意。这里的"要约"是指收购方向目标企业的管理层和股东发出购买其持有的该企业股票的书面文件。要约收购多用于敌意并购中。

(五) 根据并购的出资方式分为购买式并购、承担债务式并购、吸收股权式并购和控股式并购

1. 购买式并购

购买式并购(Cash-for-asset)是指并购方出资购买目标企业资产的并购方式。一般情况下,并购方用现金方式一次性买断,这需要并购方有相当雄厚的资金实力,所以目标企业一般属于前景堪忧,但目前处于资产大于负债的中小型企业。

2. 承担债务式并购

承担债务式并购(Assuming Debts)是指并购方以承担目标企业全部债务为条件接受其资产的并购方式。这种方式不需要估价,简单易行。并购完成后,并购企业需要承担目标企业全部的债务,目标企业法人主体消失,并购企业接纳原目标企业所有的人员并加以安置,以这种方式替代企业破产机制。这种方式在我国实际工作中运用得最为广泛,但存在的问题也很多。

3. 吸收股份式并购

吸收股份式并购实际上是以股换股(Stock-for-stock)并购方式的结果。并购方通过与目标企业交换股票达到控股目的,同时目标企业也成为自己公司的股东,两者"一荣俱荣,一损俱损",实际上也达到了并购的目的。

4. 控股式并购

控股有两种含义:一是绝对控股,即掌握目标企业 50%以上的股权;另一种是相对控

股，即掌握的股份比例最大，俗称“第一大股东”，对公司经营决策能实施决定性的影响，往往只要持股 20%～30%即可达到控制目的。目标企业在被并购后仍具有法人地位，并购方只是目标企业的最大股东，不承担原有公司的债务，其风险责任也仅以出资额为限，并且其股份在二级市场上可以转让。所以控股式并购（Holding）方式操作灵活，在企业并购中采用的最为广泛。

（六）根据并购支付的对价方式或采用的工具分为现金购买、股权购买和混合购买

1. 现金购买

现金购买（Cash Tender Offer）是指并购方用现金购买目标企业部分或全部资产或股份以获得目标企业控制权的并购行为。

2. 股权购买

股权购买（Exchange Tender Offer）是指并购方用股票收购全部或部分目标企业或并购企业股票按一定比例交换目标企业股票以达到控制目的的并购行为。

3. 混合购买

混合购买（Conglomerate Tender Offer）是指并购方以现金、股票、债券等多种支付工具购买或交换目标企业的资产或股份以达到控制目的的并购行为。这种方式由于比较灵活，所以在实际企业并购中采用得比较多。

（七）根据并购的动机分为战略并购、财务并购和其他并购

1. 战略并购

战略并购（Strategic Merger）是指出于企业发展战略利益的考虑，以获取经营协同效应为目标的并购。即这类并购涉及协同效应和发展战略目标，也意味着并购后企业的全部收益超过了并购前单独存在时两家企业的收益之和，可以表示为 1+1>2。按照这种解释，企业的横向并购、纵向并购，为实现产品或市场占有率等发生的并购活动，均属于战略并购。在西方发达国家，战略并购是 20 世纪 80 年代以来占主导地位的并购形式。

2. 财务并购

财务并购（Financial Merger）也称为金融并购，一般是指主要受到筹资动机的驱动而发生的并购。进一步说，这类并购的主要动机在于并购方相信目标企业的价格低于其资产的内在价值。或者可能是出于与并购有关的税收所得。财务并购被认为不包含或不存在经营协同效应，它通常是一种机会交易，因此并不符合企业的发展计划。这类并购多以杠杆收购（LBO）的形式实现。

3. 其他并购

这里的其他并购是指对除战略、财务并购动机之外的并购综合归类，但它更可能是出于财务协同效应的目的，或者是受减少税负的驱动，以及出于企业主要管理人员的利益（动机）。其他并购也没有明显的经营协同效应，这与财务并购有某些相似之处。

（八）杠杆收购与管理层收购

1. 杠杆收购

杠杆收购（Leveraged Buyout）是指收购企业以目标企业的资产作为担保进行融资，并通过收购成功后出售目标企业的资产或依赖目标企业的收益来偿还债务。杠杆收购是融

资收购的一种方式,即收购企业通过将目标企业作为融资的重要责任体,一旦融资成功,则完全由目标企业承担本金和利息,通过收购后的经营产生效益或者出售企业资产来偿还。而如果收购失败,收购企业可能会面临灭顶之灾,风险是非常大的。杠杆收购的资金来源一般包括三个方面:银行信贷、发行垃圾债券和收购企业自有资金。而银行信贷的资金一般要占到总资金的 2/3,这部分债权人主要关心本金的安全性和利息能否偿还,而由于这部分债权在所有债权中具有优先地位,相对于其他债权人其承担较低风险;收购企业因为杠杆收购所发行的垃圾债券在市场上属于最低级别的债券,因此需要支付比较高的利息,这种债券的购买人主要关心利息,但同时承担了较高的风险,即在收购失败时获得偿还的顺序要低于前者。有些企业在发行垃圾债券的同时也制定一些转股的条件,借以给予垃圾债券持有人一些利益保证。

2. 管理层收购

管理层收购(Management Buyout)是指企业管理人员在投资银行的帮助下,出资收购所经营或管理的企业或者他们的子公司。在这种收购过程中,管理人员通常只需要出一部分资金,而其他资金则由投资银行设法垫付。管理层收购具有以下特点:① 企业管理人员对目标企业或者其子公司的生产经营情况非常熟悉,因此收购成功对企业的生产经营不会产生太大影响;② 收购过程中投资银行发挥重要作用,并且是收购行为的重要发起人;③ 收购行为通常和杠杆收购结合进行,有利于充分发挥管理人员熟悉目标企业的优势,减少收购成本;④ 收购成功后投资银行通常不干预企业的正常经营。

第二节　企业并购的动因及其作用

一、企业并购的动因

企业并购是能导致企业规模及经营范围扩大的企业扩张行为中的主要方式。在不同时期和不同的市场条件下,企业并购的动因是不同的。当代经济学家给出了企业并购行为产生及发展的种种解释。总的说来,其根本的动因在于通过取得目标企业的经营控制权而最终获取利润。从企业的内在和外在方面看,追求高利润是其内在的动力,市场竞争则是其外在的压力。具体地说,企业并购的动因主要包括以下几个方面。

(一) 追求经营协同效应

经营协同效应是指通过企业并购使企业生产经营活动效率提高所产生的效应。并购后企业的价值将大于并购前单个企业价值之和,整个经济的效率将由于这样的企业并购活动而得到提高。经营协同效应的产生主要来自以下四个方面。

1. 经营达到规模经济

企业并购使几个规模小的企业组合成大型企业,分摊在单位产品上的管理费用、销售费用和研发费用等大大降低,从而可以有效地通过大规模生产来降低单位产品的成本,给企业带来更加可观的收益。规模经济还体现在通过企业并购从而扩大规模使其市场控制能力提高,包括对价格、生产技术、资金筹集、顾客行为等各方面的控制能力提高以及同政府部门关系的改善。追求规模经济在横向并购中体现得最为充分。

2. 实现经营优势互补

通过企业并购能够把企业的优势融合在一起,这些优势既包括原来各企业在技术、市场、专利、产品管理等方面的特长,也包括它们中较为优秀的企业文化。例如,如果甲企业的管理者比乙企业的管理者更有效率,则在甲企业收购了乙企业之后,乙企业的效率将会被提高到甲企业的水平。这不仅会给企业带来利益,也会带来社会效益。

3. 实现纵向一体化

将同一行业中处于不同发展阶段的企业合并在一起,可以获得各种不同发展水平的更有效的协同——纵向一体化。其原因是通过纵向联合可以避免联络费用、各种形式的讨价还价和机会主义行为。

4. 提高管理集中度

企业在并购后,必定要对新企业的整体资源进行整合,提高资源的利用效率,并建立新的组织结构和管理体系,加强管理的现代化和信息化,提高管理的能力,为企业带来规模效益。

(二) 获得财务协同效应

财务协同效应是指企业并购后,由于税法、会计处理惯例、证券市场投资理念和证券分析人士偏好等作用而产生的一种纯金钱方面的效应。这种效应主要表现如下。

1. 实现合理避税的目的

这主要通过两条途径实现:一是可以通过调整内部转移价格控制利润水平,从而少缴企业所得税。所谓转移价格是指同一跨国集团内的两家企业发生交易时所支付的价格。二是可以利用税法中的亏损递延条款来达到避税目的,减少纳税义务。所谓亏损递延条款指的是,如果某企业在一年中出现了亏损,该企业不但可以免去当年的所得税,它的亏损还可以向后递延若干年,以抵消以后几年的盈余,企业根据抵消后的盈余缴纳所得税。因此,如果某企业在一年中严重亏损,或该企业连续几年亏损,企业拥有相当数量的累积亏损但前景较好时,这家企业往往会被其他企业选为并购对象,同时该企业也会希望出售给一个盈利企业来充分利用它在纳税方面的优势。因为通过亏损企业和盈利企业之间的并购,盈利企业的利润就可以在两个企业之间分享,这样就可以大量减少纳税义务。

2. 达到提高证券价格的目的

如果甲企业规模较大且市盈率较高,乙企业的市盈率较低,则甲企业并购乙企业以后,证券投资者通常会以甲企业的市盈率来确定并购后的新企业的市盈率。通过不断并购市盈率比自己低的企业,并购以后企业的证券价格就会上涨。

3. 提高企业的知名度

企业的并购行为能更好地吸引证券分析界和新闻界对它的关注、分析和报道,从而提高企业的知名度和影响力。同时,并购之后企业规模的扩大也更容易引起市场的关注。

(三) 实现企业战略目标

战略目标应是企业并购的主要考虑因素。只有当企业确立一定的战略目标时,并购才能给企业带来深远的影响。目标企业可能符合收购方的长远战略发展需要,或者对收购方的发展起着关键性的作用。战略性并购通常使并购方的整体盈利能力在短期内下降,具有较高的财务风险,可能承受来自证券市场的压力。但从长远看,其意义是深远的。进行战略性并购一般要考虑下列因素:① 实现分散化经营,平抑收益的波动。通过混合并购,吸纳行业周期不同、相关性不高的各类企业,以实现分散化经营,有助于平抑企业年度业绩的剧烈波动;② 进行多元化经营,实现主导产品和关键产业的战略转移。在混合并购的情况下,企业可以实现多角化经营。在自己原先行业陷于不景气境地时,通过并购来撤离原行业,向新的行业发展,从而实现战略转移,寻找新的发展契机;③ 获取关键的尖端技术。购买许可证或者通过国外技术转让途径得到的技术往往不是最先进的,同时,技术的转让涉及很多问题,如技术的评估定价、技术的保密、交易费用等。而通过并购拥有专有技术的企业,可以获得该企业最尖端的技术,增强企业技术上的竞争力。

(四) 降低企业进入壁垒

企业在经营过程中不仅要面临着本行业市场萎缩和竞争加剧的困境,而且要不断寻找新的发展机遇,将投资投向其他行业或新的市场。企业在进入新行业寻求发展的时候往往会面临很多障碍,如达到有效经营规模所需要的足额资金、技术、信息、专利,以及有效占领消费市场所需要的销售网络和销售渠道等。这些障碍很难由直接投资在短期内克服,而企业并购是实现行业扩张的有效途径,降低进入壁垒,并且成本相对较低,可以成功地进入一个新的行业或市场。通过企业并购,并购方可以利用现成的原材料供应渠道、产品销售渠道,以及被并购企业的设备、厂房、人员和技术,能在较短的时间内使经营走向正轨。通过企业并购方式进入新行业或市场,还能避免直接投资带来的因市场能力增加而引起的行业内部供求关系失衡,从而减少了价格战的可能性。

(五) 利用经验曲线效应

经验曲线效应是指企业的单位生产成本随着生产经验的增多而有不断下降的趋势。由于经验是在企业的长期生产过程中形成和积累下来的,因此在企业与经验之间就形成了一种固有联系,而且这种经验也是其他企业通过复制、聘请其他企业雇员、购置新技术和新设备等手段所无法取得的。但若企业通过并购方式来进行扩张,就不仅可以获得原有企业的生产能力,还将获得原有企业的经验。因此,在企业需要发展壮大时,许多企业都采取了兼并与收购其他企业的扩张形式。

(六) 降低企业经营风险

企业生存在多变的市场环境中,其经营状况可能因为行业的兴衰、市场的变化以及企业自身的事件而面临诸多风险。企业通过并购可以降低这些风险,主要体现在:① 通过横向并购或纵向并购可以增强企业在行业内的竞争力,并随着规模扩大、市场占有率的提高和市场控制力的增强而降低经营风险;② 通过混合并购可以实现多元化经营,同时进军多个行业,降低行业兴衰对企业的影响。企业并购后,以前多个企业之间的外部市场交易转变成一个企业的内部交易,可以大大降低交易费用,减少不确定性。同时,这也大大缩短了投入产出的时间差。

(七) 降低交易费用和代理费用

在经济生活中存在着大量的交易费用(如寻求交易伙伴的费用、契约费用、讨价还价的费用等)，而这部分费用开支往往占很大的比重。交易费用的大小与交易过程涉及的资产专用性、交易不确定性和交易发生的效率有关。在企业并购尤其是纵向一体化的并购中，处于生产链中的上、下游企业并购在一定程度上可免除利用市场的成本，将企业一定的外部性内部化，从而大大节约了市场交易费用，这也是推动美国第二次并购浪潮的主要动因。

在现代企业制度下，由于所有权与经营权的分离，企业所有者为激励和监督经营者按照其目标行动而形成了一定的代理费用，构成现代企业中普遍存在的代理问题。由于拥有绝大多数股份的所有者将承担大部分的成本，因此部分所有权可能会导致管理者的工作缺乏动力并且(或者)进行额外的消费(如奢华的办公室、公司汽车、俱乐部的会员资格等)。他们还认为在有广泛分散所有权的大公司中，个别所有者没有足够的动力为了监控管理者的行为而花费大量的财力和物力。现实生活中，通过报酬协议和管理者市场可能会使代理问题得到缓解。解决代理问题的另一种市场机制是被收购的危险，被收购的危险可能会代替个别股东的努力来对管理者进行监控。通过要约收购或代理权之争，可以使外部管理者战胜现有的管理者和董事会，从而取得对目标企业的经营控制权。

（八）满足企业家的价值追求

在现代市场经济中，企业股东、经理及企业本身的目标往往是不一致的，股东的目标是股本收益或利润最大化，企业的目标是其价值的最大化，而经理追求的往往不是股东财富最大化或利润最大化，而是更注重谋求企业的快速扩张。因为只有企业的快速扩张，经理才可以得到更高的收入、地位、在职消费和社会声誉。通过并购可以迅速扩大企业的规模，获得更高的增长率，并使经理获得更高的效用，所以，企业董事会、经理层热衷于并购活动。

（九）实现跨国经营

在经济全球化的进程中，企业不仅要面向国内市场，更要考虑国际市场，不仅要利用国内资源，更要借助国际资源，所以进行跨国经营是必然的趋势和最明智的选择。然而有些国家为了保护民族经济和国内市场，对外资企业进行各种各样的限制，对企业走向世界、跨国经营造成不利的影响。通过并购行为可以绕开各种政策壁垒，直接进入国际市场，节省成本和缩短时间。

（十）有效占有市场

市场占有理论认为，企业并购的主要原因是提高企业产品的市场占有率，从而提高企业对市场的控制能力。因为企业对市场控制能力的提高，可以提高其产品对市场的垄断程度，从而获得更多的垄断利润。就企业并购的形式来说，不论是横向并购还是纵向并购都会增强企业对市场的控制能力，从而获得更多的垄断利润。在横向并购中，因为是同行业的两个企业之间的并购，所以必然会导致竞争对手的减少，从而扩大市场占有率。而纵向并购则因控制了原料供应和(或)产品销售渠道，所以能够有力地控制竞争对手的活动。

（十一）从并购低价资产中谋利

并购者常常选择一些净资产较高、有发展潜力，但目前价格被低估的企业实施并购，并购后或者将企业进行重组,使其具有魅力后分割出售,或者卸掉原有的“包袱”,留下精干、效益好的部分进行整合后自己经营,以从中谋利。

以上十一个方面的动因都是从并购方或买方考虑的。除此之外,了解被并购企业或卖方的动因同样也是重要的。作为被并购方或卖方一般有如下动因。

第一,寻找可依赖的对象,减少风险。譬如大企业资金雄厚,被其并购可以克服原来企业资金短缺的问题。

第二,改善管理。一家企业之所以要出售,往往是因为它管理不善。由于管理不善,所以企业资产得不到充分利用,利润率很低,甚至亏损。这种企业的股票价格低,很容易被别的企业并购。别的企业并购接管这种企业后,就可以更换管理团队,进行整顿,扭亏为盈。这样做,无论对并购企业还是被并购企业都是有利的。

第三,继承权问题。当企业的创办者和其他个人所有者无亲友继续经营或将其作为退休安排和房地产安排的一部分,而又有机会实现大量资本收益时,这种动因尤为强烈。

第四,变成公开上市公司。通过被并购变成公开上市公司,可以得到税收优惠或企业在需要扩充资本时可以从资本市场上筹集到资金。

第五,通过被并购提高股票价格。在证券市场上,一般实力雄厚、经营规范的大企业股票价格高,经营较差的小企业股票价格低。通过并购把小企业的股票换成大企业股票后,这部分股票的价格就会上升,被并购企业股东因此得利。

第六,清除个人的担保和债务。对于一家私营企业来说,出售企业的一个重要原因是消除诸如个人对公司债务的担保之类的个人债务。此类担保可能会威胁家庭整个财产的安全。

第七,大企业经常将那些与其发展战略不匹配的部门分离出去。有些出售企业的决定是风险投资家在要退出时做出的,还有一些则是因为来自财务方面的压力。

第八,避免破产。一个发展不健康的企业如果拖延并购,情况继续恶化,就有可能导致破产,造成更大的损失。如果并购后企业全部财产,特别是其中的成套设备,可以整体出售,造成的社会震动就相对小一些。

二、企业并购的作用

企业并购在企业发展中越来越具有战略性意义,而这种重要性也被企业所普遍认识。对于并购双方来说,企业并购往往是一种双赢:并购方可能获得了经营、财务的协同效应,扩大了市场份额,减少了交易成本,分散了投资风险,取得了税负收益等;而被并购方则实现了价值的回归、潜力的挖掘,甚至是从并购方获得了财富的转移。[①] 不仅如此,这种微观层面上的“帕累托改进”[②]在大量的重复实践下实现了宏观层面的“帕累托改进”。总的来说,企业并购的宏观作用主要体现在规模经济、资源配置、结构调整和科技进步四个方

① 罗尔(R.Roll,1986)指出,企业合并使财富从并购方的股东向被并购方股东转移。参见 Roll R., The Hypothesis of Corporate Takeovers, Journal of Business, Vol.59, 1986

② “帕累托改进”意指并购各方以及整个经济状况,均因并购行为而得到改善,且无任何一方受损。这种“双赢”局面在现实中并不常见。

面。而从企业的整体发展上看,企业并购的积极作用主要体现在以下几方面。

第一,有利于企业通过外部发展战略实现自身的迅速扩张。对于从事生产或贸易的企业来说,仅仅依靠自身生产或贸易规模的扩张很难在短期内发生规模上的飞跃。要进入新的领域更是有许多障碍。企业如果借助并购的方法,以资本经营的形式达到上述目的,就可以加快企业的发展速度。

第二,市场经济环境中竞争出现优胜劣汰的局面是司空见惯的,而企业并购正是企业竞争发展的结果。企业并购有助于市场环境中企业整体经营效率的提高。经营好的企业,效益好,发展快,而经营较差的企业就会在竞争中被收购或者被兼并,这样新的市场环境中企业的经济效益和效率都会得到提升。另一方面,企业在被兼并和被收购的压力下,也会千方百计去改善经营和提高效益,这样对于促使企业内部主动变化也是有积极作用的。

第三,通过规模的迅速扩张,可以提高企业资源的使用效益。资源的合理配置对规模效益提出更高的要求,而这一问题也越来越被现代企业提上议事日程。中小企业很难有资源投入到诸如研究开发等方面上,而现代技术的发展,对这类投入的要求越来越高。因此,通过规模的迅速扩张,可以提高企业资源的使用效益,而企业并购是实现这一目的的最好手段。

第四,有利于产生财务方面的协同性。从企业自身发展来看,经过并购产生的新企业在财务方面将具有更好的协同性,这样更有利于企业的发展。

因此,在企业的发展过程中,为达到快速扩大规模,实现产业转移,越来越多的企业选择了通过并购途径来实现自身的战略目标。

三、投资银行在企业并购中的作用

企业并购是一项复杂的、专业性很强的工作,它涉及许多资产、财务、政策、法律等方面的问题,如目标企业搜寻及尽职调查,对目标企业的资产评估、财务审计、价格的确定、融资的安排、法律事宜的处理等。同时并购还涉及并购双方股东、债权人、员工及各级政府等方面的利益,处理好各方面的利益关系,也是并购成功的保障。此外,企业并购活动一般需要筹备相当长的时间,中间要撰写多种材料,这就需要工程技术、财务会计、法律等专业人员参加,尤其是涉及国有资产时还要经过各级管理机关层层审批。这一过程庞杂多变,需要有统一的规划设计、控制、协调、指导、操作。因此,在企业并购实践中,投资银行可能担任并购企业的财务顾问或代理,也可能担任被并购企业的财务顾问或代理。在这两种不同的情况下,由于委托人不同,投资银行的立场不同,因而其具体的业务(工作)内容也会有所差异。

(一) 筹划并购——对并购方的角色

投资银行在企业并购业务中的一项重要业务就是充当并购方也就是常说的猎手公司的并购顾问,代理办理一系列企业并购事宜,如参与并购企业战略结构设计、协助并购方确定并购基本原则并评估并购方自身的并购能力和并购战略计划的合理性,为客户寻找合适的目标企业即猎物公司;对目标企业进行分析并提出并购的可行性报告,协助客户策划并购方案;与目标企业经理层或者大股东进行联系,参与交易协议的谈判,为并购定价和并购对价等提供咨询和公正意见;编制公告并详述并购事宜;为并购方提供融资安排,以及协助并购后的企业进行企业重组等方面的金融服务。

(二) 选择并购方与反并购——对目标企业的角色

在企业并购活动中,目标企业(被并购方)总是希望自己被买方企业(并购方)并购后能够有一个良好的经营状况,比如改善经营管理、提高生产效率、扩大市场占有率等。所以,选择买方企业是极为关键的一环。此时,目标企业往往会聘请投资银行帮助自己选择买主。在买方企业确定以后,作为卖方顾问的投资银行就可以协助其完成并购过程,即代表目标企业与买方的投资银行进行洽谈,协商最优的并购条件,并最大限度地保证各利益集团的利益不受损失。以上是投资银行在善意并购条件中为卖方企业所做的服务。但是大多数并购往往以敌意接管的形式展开,此时猎物公司就会聘请投资银行进行反并购操作:一方面监控可能发生的并购事件,另一方面制定一系列反并购策略,使得潜在的并购者丧失兴趣或者对目标企业望而却步。如果并购方实施敌意接管时,投资银行则启动其先前设置好的种种反并购策略,造成并购方的并购失败或者至少不顺利。

(三) 制定并购价格——投资银行对买卖双方的共同角色

在企业并购中,最重要和最为关键的问题是并购价格的制定。目标企业价值多少,无论是对于买方企业还是对于卖方企业来说都是十分重要的。一般说来,卖方总是希望并购价格越高越好,而买方则希望并购价格越低越好,这就产生了交易中的矛盾。所以,在大多数特别是大额并购交易中双方都要聘请投资银行来对目标企业进行估价,帮助制定公平价格,尤其是在双方对价格的估测差别很大时,投资银行的作用就显得更为明显了。其中投资银行和交易双方的谈判能力的大小,往往成为影响成交价格的主要因素。

第三节 企业并购的操作程序

并购是实现企业成长的一种战略发展方式和资本运营方式,事实上又是一种金融交易。一个企业要实现对目标企业的并购,首先必须对企业并购的程序有一个系统、全面的了解,否则,是很难取得并购成功的。企业并购涉及许多问题,要经过许多环节。一般说来,一个完整的企业并购过程,要经过企业的自我分析阶段、发起阶段、定义阶段、评估阶段、定位阶段、估价阶段、战略设计阶段、实施阶段和整合阶段等。因此,对于如此复杂的企业并购过程,需要认真地进行策划,以制定一个合理、可行、具体、高效的企业并购程序。

一、企业并购的一般流程

在企业并购过程中,并购方往往会聘请投资银行、会计师事务所和律师事务所等专业的中介机构协助它完成并购活动。其中投资银行常常扮演着并购方顾问的角色,与并购方一道按照下述操作流程进行。

(一) 收集信息,寻找潜在的并购目标

并购方在做出并购决策后,就应该通过多种渠道收集潜在的目标企业的信息。一般的做法是:先聘请中介机构并与之签订合作协议;然后由中介机构根据并购方的并购动机进行潜在并购目标的搜寻。

1. 并购方聘请中介机构及签订合作协议

企业并购的手续复杂性及专业技术性,使得中介机构成为其中不可缺少的角色,尤其是投资银行的积极参与,更是为企业并购提供了高质量的专业服务。除投资银行外,企业并购的中介机构还包括经纪行和其他中介机构。经纪行通常是地区性或者面向特定行业的小型机构。其他中介机构包括商业银行的投资银行部、管理咨询公司以及会计师事务所、律师事务所等。

还有一类中介我们称之为搜寻者,它们除了为买卖双方牵线搭桥,做些介绍之外,提供不了什么服务。但是,如果介绍的对象是买卖双方的最高管理者,并且方式恰当,则它可以绕开许多大企业中存在的官僚主义暗礁。这样,搜寻者就推动了交易的顺利进行。

在企业并购实际操作之前,并购方应该与聘请的投资银行等中介机构就合作事项签订一份协议。协议主要明确中介机构与客户(并购方)双方的责、权、利,应包括服务内容、费用安排、负责事项、终止和保密条款等。

2. 进行潜在收购目标的搜寻

进行潜在收购目标的搜寻是投资银行等中介机构基于对并购方并购意图的判断,按照并购方的要求和条件,开展市场调查,以获取潜在目标企业详细信息的过程。这包括了潜在并购目标的业务经营范围、财务状况、经营业绩、管理水平、股票交易,以及税收、法律等方面的情况。信息资料的来源渠道主要有:行业协会的企业目录、商业出版物、某些咨询机构建立的专业数据库、行业期刊、目标企业的产品宣传手册和它们的网站等。在收集上市企业的资料时,还可以通过企业发布的信息、股票市场分析报告、公布的财务报告等来获得相关信息。信息资料的收集应力求真实、全面、准确。

(二) 选择和筛选目标企业

并不是每一个潜在的并购目标都能成为最终的并购对象。在信息收集的基础上,投资银行等中介机构还要协助并购方对可供选择的并购目标进行分析比较和初步评价,并根据预定的并购战略要求和筛选标准,对候选对象进行排序,选择和筛选出符合要求的并购对象。

1. 选择目标企业

目标企业的选择也称物色并购对象,这是进行并购活动的重要一步,一般要考虑目标企业的业务、财务、规模等方面的因素。

(1) 业务因素。业务因素的考虑主要服从于并购方的并购动机。目标企业的业务要与并购方的并购动机相协调。如果并购企业的用意在于获得经营上的协同效应,则应主要关注目标企业的业务范围、竞争优势和被并购后的整合难度;如果并购企业的目的在于扩大市场份额,那么目标企业的业务必须与并购企业密切相关,并能增加并购企业的市场占有率;如果并购企业想借助并购实行战略转移,则可以寻找景气行业中的不景气企业或商业周期中尚处于成长期行业中的企业为并购对象;如果并购企业希望通过多样化来降低风险,就可以选择与其业务不相关的企业作为并购对象。

（2）财务因素。财务因素在企业并购的过程中往往处于核心地位。企业的并购活动必定伴随着财务上的整合，其中目标企业的销售额特别是主营业务收入反映了企业的规模和市场份额；成本指标（包括与竞争对手相比较的成本结构）可据以分析目标企业的成本控制能力；现金流量反映了目标企业的盈利能力和潜在风险；资本结构可据以评价目标企业的抵御风险能力和融资能力。因此，作为并购企业顾问的投资银行首先要分析并购方的资金实力、融资能力和渠道、资金成本等因素。当并购方想借助垃圾债券来融资时，应考虑债券的发行对象即投资者和承销商对债券的接受程度，以及证券市场的活跃程度和供需情况等。如果证券市场萎缩，只有当被并购企业拥有价值较高的固定资产、预期的现金流较多、财务状况良好时，并购方才可能顺利向外举债以完成并购。其次，还要考虑目标企业的资产负债表和财务指标情况，并对拟定的目标企业进行深入的财务分析，包括并购后的现金流量、利润水平、资本结构和盈利潜力等。如果并购方并购的目的之一在于改善其财务结构，那么财务杠杆较高的企业就不是合适的并购对象。

（3）规模因素。尽管垃圾债券的出现和杠杆收购的兴起使并购活动中"小鱼吃大鱼"的现象不断出现，但这种做法的高风险和高难度决定了并购方一般不会贸然选择规模比它大得多的企业作为并购对象。同时，基于规模经济的考虑，并购方在选择和评估目标企业时，需要投入大量的时间和一定费用，如果选择目标企业的规模较小，并购方所付出的单位成本就较高，所以并购方一般会设定目标企业的规模下限。衡量企业规模大小主要考虑以下六个指标：① 并购价格；② 目标企业的主营收入或销售毛利；③ 目标企业资产、负债和资本金；④ 目标企业产品或服务的市场份额；⑤ 目标企业的盈利能力；⑥ 目标企业的职工数量、市场的分散化程度和经营的多元化程度。

在选择潜在目标企业时，还应该考虑拟选企业的产业类别、地理位置、市场地位和技术水平等。

2. 筛选目标企业

对潜在目标企业的筛选是目标企业搜寻的重要步骤。在这一步骤中，要在根据目标企业的所在行业、并购价格、企业规模及其他特殊要求筛选出来的若干候选对象中，通过进一步分析、论证，筛选出目标企业。

（1）确定目标企业的筛选原则。在企业并购中，不同的并购企业在选择目标企业时，由于各自所处的环境和条件不同，其目标企业的筛选原则有所不同。但从总体上分析，主要有以下基本原则：① 服从于整体发展战略的原则，即并购的目标企业应符合并购企业的长期发展规划和发展战略；② 追求规模经济的原则，即并购最终都会形成并购企业生产经营规模的扩大，使得并购企业单位产品生产成本得以降低；③ 报价有限的原则，即并购企业在选择目标企业时，如果其他条件相同，应首先考虑目标企业的出价；④ 讲求并购效果和效率的原则，即并购投入与产出的比较关系。

（2）经营筛选的主要事项。经营筛选要求并购方对很多内容进行调查，但大多数目标企业在并购方给出一个有诚意的报价之前，多半会拒绝提供详细的经营数据，同时如果没有获得足够的经营数据，并购方也不可能报出一个有诚意的价格。这个矛盾的解决无疑需要艺术性，而投资银行等中介机构在这个时候的作用也是最大的。表 6.1 列出了主要的经营筛选事项。

表 6.1　主要的经营筛选事项

目标企业行业的长期趋势	协同
目标企业的商业计划与现实	并购企业能否在不减少销售额的情况下削减目标企业的成本
主要产品及其被淘汰的可能性	并购企业在并购后是否能真正提高销售额
现实及潜在的竞争程度	技术
进入壁垒	营销与分销
目前的竞争程度	雇员报酬与福利
主要客户	反垄断法
在并购后继续维持现有客户关系的可能性	目标企业及其管理层的声望
主要客户对特定销售人员的忠诚度	政府监管、环境问题以及法律事项

在对上述各项进行了调查和筛选之后，并购方已经从财务和经营两个方面对潜在并购对象进行了考察。尽管并购方还有很多问题未得到回答，但管理层已获得了足够的信息来判断它是否应该把企业的并购行为继续进行下去。如果目标企业的财务和经营都符合并购方的要求，那么就应该进入对目标企业估价的阶段。

（三）评估企业并购的风险及选择合适的交易规模

企业并购是一种特殊的投资活动，必然伴有一定的风险。并购方应正确评估和面对风险，根据自身的经济实力和承担风险的能力实施对目标企业的并购计划，以最大限度地降低并购风险。投资银行作为企业并购的财务顾问，常通过“折现率”的测算帮助企业把握风险。从理论上讲，投资者在从事风险较大的投资时，应该在无风险收益率上再加一个风险溢价，若利用资本资产定价模型，则主要是计算资产的 β 值。投资银行在协助并购企业评估并购风险后，还必须帮助其选择合适的交易规模。

1. 评估企业并购的风险

在制定企业的并购目标时，并购方会对其自身的三类主要风险进行评估，并考虑处理相应问题的潜力。这三类主要企业并购风险包括：经营风险（即被并购企业在并购完成后业绩并没有预期的那样好）、多付风险（即尽管被并购企业运作良好，但高并购价格使并购方无法获得一个满意的投资回报）以及财务风险（即通过借债为并购融资，制约了并购方为经营融资并同时偿债的能力）。只有那些落入风险合适范围的并购目标，并购方才会做进一步考虑。

2. 选择合适的交易规模

从最低标准来看，交易规模的大小至少应该能与经理们在评估、达成交易并完成在转轨过程中所付出的努力相称。相当于买方价值的1%或2%的这种小的交易通常也会像大宗交易一样耗时和令人头痛。除非小的交易是为了购买一项特殊的技术或其他某些特殊原因，否则就不值得去耗费管理层的交易成本。由于大多数交易评估的结果只是不了了之的谈判和被拒绝的“求婚”，这些失败的努力所耗费的时间和费用就增加了成功交易的总成本。这些因素综合起来就使小交易的处理费用相对于其购买价格来说变得很高。经验数据表明，最小的交易规模至少达到并购方市值的5%～10%。

那么交易规模的上限应该为多少呢？这应该考虑以下三个主要指标：① 支付能力。它是指在不影响股票价格和资本结构的情况下，并购方的支付能力有多大；② 管理层经验。它是指整合一家大的被并购的目标企业时所需要的相关管理层经验；③ 企业风险承受意愿。它是指大的交易意味着大的风险，企业是否为高风险做好了准备。

一般来说，在上述三个指标的限制下，交易规模的上限应该定在并购方市值的40%左右。

由上可知，并购方通常将交易规模设定在并购方自身市值的5%～40%，但如果存在一个更大的机会，也可以对交易规模做灵活性的调整。

(四) 设计并购方案

确定了目标企业后，并购方就可以在投资银行等中介机构的帮助下，基于已掌握的信息资料，开始设计具体的并购方案，初步对并购标的、并购方式、支付工具的选择，以及相应的融资方案和会计、税收、法律等方面的事务做出安排。并购方案是对并购交易结构策略的总体安排，它同时也为下一步并购方与目标企业的接洽、谈判提供准备。

并购标的包括资产和股权。前已述及，并购方选择购买目标企业股权，还是购买其全部资产或特定的部分资产，需要根据并购意图和与并购相关的税收、债务负担等因素的影响做出决定。并购方式主要涉及善意并购还是恶意并购，或者是协议收购还是要约收购。不同并购方式对并购成本和并购后的企业整合影响不同，其法律程序也有差别。一般说来，并购方式的选择要考虑目标企业董事会对并购的合作态度。当目标企业为非上市企业时，或者是企业集团的子公司时，应采取协议收购的方式。稍后将详细讨论并购支付工具的选择。与之相关的融资安排，则需要根据并购方可支配的现金数量、举债能力、股本扩张能力，以及金融市场供给状况、利率等诸多因素综合考虑。融资方案应拟订的内容主要包括：为完成该项并购交易所需要的融资规模、融资结构、以何种方式和金融工具筹措资金，以及融资条件等。

(五) 对目标企业进行估价与首次报价

在企业并购过程中，投资银行所做的一项重要的工作就是帮助并购双方确定交易价格。企业并购交易价格的确定是企业并购中的核心环节之一。这个价格实际上是在并购方愿意支付的最高价和目标企业所能接受的最低价之间的一个交集，而要找到这个交集就需要从并购双方的角度来考虑，这是一个既需要创造性而又烦琐的过程，也正是一个投资银行体现其魅力与作用的过程。

在企业并购中，定价既是一门科学，也是一门艺术。说其科学是指其基于金融理论和模型，说其艺术是指其基于个人的洞察力和经验。专门从事企业并购业务的投资银行家在提高专业技术的同时，必须保持他们敏锐的商业感觉。

定价的方法有很多，且各有利弊，没有一套体系或方法能适用所有的情况。每个方法和模型在企业并购中都有其特定的适用范围，而且其本身在特定情况下有其特定的应用。

1. 影响企业并购交易价格的因素

企业并购的交易价格是对企业价值的直接反映，在很大程度上取决于对所并购企业的资产供求状况。当目标企业的资产有较多的需求者时，其交易的价格就会被抬高；当目标企业的资产或同类企业资产在产权交易市场上过剩时,其价格就会下跌。影响企业并购的交易价格的因素,除了目标企业本身的价值、市场供求状况外,还有供需双方在市场和并购中的地位、并购双方对资产收益的预期和对机会成本的比较,以及并购双方对未来经营风险的估计等因素。此外,目标企业人员的安排、债权债务情况,以及目标企业提出的附加条款等,都可能影响到交易价格的确定。

2. 评估目标企业价值的方法

企业并购交易价格的确定,是以目标企业的评估价值为基础的。企业是市场经济中体现综合要素的特殊商品,其价值由多种可变要素组成。评估企业价值的方法非常多,常见的评估方法有贴现现金流法、市场行业比率倍数定价法、市场价值法、杠杆收购法和资产分析法。我国目前对目标企业的价值评估以实物资产和无形资产的评估为基础,采用未来收益贴现的方法确定目标企业的内在价值,以内在价值作为目标企业的评估价值。

(1) 贴现现金流法。贴现现金流法亦称为未来获利还原法或现金流折现(Discounted Cash Flow,DCF)法。DCF 法是收入法的一种具体形式,着眼于目标企业未来的财务表现,对预测的企业未来现金流进行折现以得到企业的价值。在运用 DCF 法时,首先预测目标企业未来各年的净现金流,然后计算经过分析调整后的加权平均资本成本,最后用加权平均资本成本作为折现率计算出未来各年净现金流的现值,并加总得到企业的价值。DCF 法的难点在于目标企业未来现金流的预计和资本成本的估算。该方法常被用来评估具有稳定经济环境以及市场经济发达国家的上市和非上市企业,因为这些要素便于更好地预测。作为一种估价方法,尤其是在与其他方法联合使用时,DCF 法有着很大的优点——其结果对于判断用其他方法得出的价值是否合理很有说服力。如果通过其他方法取得的价值与 DCF 产生的价值相差悬殊,并且不能找出一个有说服力的理由,那么就需要重新仔细分析该种方法的合理性了。

尽管 DCF 法在理论上是可行的,但在实际应用中却有重要缺陷,其主要问题是估计和预测的不确定性。无论是现金流量还是折现率的预测,都必须根据市场、产品、竞争和利息率等假定,所以其可信度会大打折扣。由于这种不确定性,其本身数值上的完美形式往往会使人产生迷惑。

(2) 市场行业比率倍数定价法。该方法借助于市场上形成的共识,利用目标企业的某一方面财务数据乘以某一行业比率倍数来得到交易价格。也就是说,交易价格作为收益、现金流量、收入、账面价值以及特殊情况下资产的倍数或百分数加以确定。市场行业比率倍数定价法是对比估价法的应用。这个方法在对私营企业和上市公司的子公司进行估价时特别有用。

市场行业比率倍数定价法假定相同行业的企业存在相似之处,但完美的比较几乎是不存在的,特别是在对一个多样化的企业进行定价时就更是如此。当然,可以精心挑选一组可比企业,其中每一个与目标企业都有可比性。可比企业的经营历史、财务和股票表现以及业务前景可以用于分析并确定一个适当的价值,以便应用于目标企业。

虽然市场行业比率倍数定价法在理论上没有 DCF 法那样完善,但它有其特殊的优点。首先是可靠性,它是基于市场对可比的财务前景所做的综合分析,而不是某个人的预测。其次,该方法在理解和应用上比较简单,这有助于获得被并购方股东的支持。该方法的主要缺点是,目标企业的价值是通过与类似企业的比较取得的,而这些企业的特殊情况与目标企业可能会有很大的差异。

(3) 市场价值法。市场价值法又可具体分为三种:股票市场价值法、并购市场价值法和账面净值法。

① 股票市场价值法。股票市场每天都会给上市公司一个价值评估,上市公司的股票价格反映了市场对公司未来业绩的预期。严格地说,一家公司的市场价值同它的现金流折现价值在理论上是一致的,即运用了净现值原理。股票市场价格显然是确定一家上市公司价格的必要因素,因为以低于市场价格购买一个公司几乎是不可能的。上市公司的并购定价可以依据其当前股票市场的价格,并考虑适当的溢价。股票市场价值法适用于上市公司,当然也能通过类比用来对非上市公司进行定价,即将潜在并购对象的价值与具有相似特点的上市公司的市场价值进行比较。

② 并购市场价值法。该方法是在类似的目标企业之间进行价格比较的一种方法。投资银行把并购市场上所有进行的类似并购的价格列出来,并使用这些价格来判断此次并购中目标企业的相关价值。投资银行非常喜欢这种技术,并编制了可比交易的一长串清单以便向客户提供建议。从理论上来讲,并购市场是愿意买卖的双方相互作用的真实反映,但实际上每宗并购交易都需要做特别的考虑,而且并购市场常常会出现偏差:当遇到不利情况时,企业以较低价格出售;当并购方急于并购时,企业以较高价格出售。

③ 账面净值法。该方法使用目标企业财务报表上的账面净值来确定目标企业的价值。这种方法可以作为所有企业价值评估的基本依据。在估算目标企业价值时,仍然要对财务报表的项目进行调整。实际上账面净值法就是并购双方针对各项资产负债,逐项进行评估,最终确定双方接受的交易价格。该方法适用于有形资产庞大的企业。在对有形资产中的流动资产进行估价时应注意按市价调整,因为价值的实现可能遇到风险。对固定资产进行估价时应注意选用适当的折旧方法来反映真实的价值。对无形资产的估价,一方面要根据并购方将来使用时所能带来的收益来确定价值,另一方面则要根据目标企业原始投入来确定价值。最终的交易价格由双方协商确定。

(4) 杠杆收购法。杠杆收购是指完全用债务来提供资金支持的企业并购行为。其典型情况是:收购方希望能保持对目标企业 3~7 年的私人所有权,在此期间,收购过程中所产生的债务主要通过资产售卖和企业经营所产生的现金流来偿还。之后,收购方要么卖掉企业,要么获取现金红利。

在杠杆收购中决定价格的因素主要有:目标企业的预期财务结构、投资者要求的权益资本回报率、利息率和预期信贷额度。因为杠杆收购不产生两个企业的联合,结果并没有协同作用。除此之外,交易主要是自我筹资。鉴于这些原因,从理论上讲,杠杆收购的价格应该代表售卖一家国内企业的最低价格。

杠杆收购法的主要缺点是,它要求做长期预测,因此潜在的收购者首先必须确定短期资本支出的削减将对目标企业的长期经营结果的现金流量产生什么样的冲击。

(5) 资产分析法。资产分析法又可具体分为三种:分散加总定价法、实物资产价值法和清算价值法。

① 分散加总定价法。该方法主要评估来自目标企业所有部门的有形财产总价值减

去所有债务后的净收入。一些企业事实上根本没有生存价值,单个部分的价值比目前企业的总价值还要高。这类情况主要发生在企业很少有部门间的协同作用的时候,或者是在企业所产生的收入很差的时候,很多大企业都可被归入此类。当不同的子公司或下属部门单独作为有活力的企业被卖掉时,可以用分散加总定价法来估计其预期价格。

② 实物资产价值法。实物资产价值决定了企业所有"有形资产"的市场价值,它是从购买的工厂、设备、自然资源等中得到的价值。实物资产价值法为估计清算价值模型提供了一个基准。

③ 清算价值法。其主要方法是按照下述程序判定企业的可变现净资产价值:以可能得到的最大价格逐一出售全部资产,按债务到期偿还的条款归还全部债务。

此外,在企业并购的实践中,市场比较法也是常用的评估方法之一。这种方法是指以在二级市场上交易的同类股票作为参照来对目标企业进行估价的方法。市场比较法的评估步骤是:第一,选择合适的参照企业;第二,计算相关的市场/价格乘数①;第三,运用被选择的市场/价格乘数计算被评估企业的多种价值;第四,对企业价值的各个估计数进行加权平均。

3. 确定交易价格的方法

因为影响交易价格的因素很多,除上述能够定量的因素外还有许多定性的因素。所以,确定合适的交易价格是非常复杂的。并购双方应根据并购程序中的不同阶段来确定不同的交易价格。

第一步,确定基本的交易价格。基本的交易价格又称为底价,是在资产评估的基础上确定的价格,也是企业并购前的基本定价。

对于经营状况较差的非连续经营的企业,其基本价格可按下列公式计算:

被并购企业的基价=资产×清算价格-负债

对经营情况尚好,但实力不强的连续经营的企业,其基本价格可按下列公式计算:

被并购企业的基价=资产×重置价格-负债

第二步,确定并购方出价的上限和下限。出价的上限为目标企业的预计价值,而出价的下限通常为目标企业的现行估价。一般来说,并购产生的协同效应越大,价格上下限的落差越大,谈判的余地越大,并购成交的可能性越高。

最后一步,确定谈判价格。谈判价格是并购双方围绕基本价格所进行的判断。它根据被并购企业的资产状况、经营状况、稀缺程度、发展潜力以及并购方的需求程度、市场竞争程度来确定浮动价格和浮动范围。确定谈判价格的具体方法有市场定价法和招投标定价法。

(1) 市场定价法。该方法是以同类或相似资产在交易市场上的平均价格作为被并购企业的资产定价参考来确定并购价格。利用这种方法可以准确地反映出企业资产的价值

① 企业价值与业绩之间的关系称为"市场/价格乘数",市场/价格乘数按照其分子是企业股权的市场价值还是股权市场价值与债权的账面价值之和的不同,可分为股权乘数和总资本乘数。常见的股权乘数有市盈率、价格对净现金流比率和价格对有形资产账面价值的比率。常见的总资本乘数有总资本对经营利润(EBIT)的比率和总资本对包括债务的有形资产账面价值的比率。

和供求状况,保证收益的合理性。

(2)招投标定价法。该方法是通过招投标的方式确定谈判价格的一种方法。招标方可以是并购企业,也可以是目标企业。目标企业作为招标方可以自行或委托中介机构以及产权交易市场发布招标公告,吸引多方投标,根据投标内容和价格进行比较,然后形成价格。

4. 价格协商和价格的修正

企业并购交易价格的形成和确定是并购双方不断洽谈的结果,在确定最终并购价格时,不但要考虑评估的结果,而且要考虑影响价格的其他因素。并购方在谈判期内,应充分利用其他因素,加强谈判的力量,形成一个有利于并购方的交易价格。并购方在进行价格洽商中,除了要关注交易价格的高低外,还应该关注有关的并购条件。因此,在谈判过程中,并购企业不仅要争取尽可能低的价格,而且要争取有利的付款条件和交易上的诸多保护等并购条件。

由于到目前为止,并购企业尚未对目标企业进行详细的调查,因此所确定的价格只是一个范围区间,而如何在这个范围区间内选择一个合适的点作为报出的价格就成了一个微妙的过程。一方面,并购企业希望支付的价格越低越好,然而报价太低又会使并购方处于不利的地位,目标企业很容易就会认为与这个并购企业打交道会浪费它的时间,这样报价太低就可能会适得其反;另一方面,并购企业也应避免报价太高,以至于高出了目标企业本身的价格期望。尽管较高的报价能有助于赢得交易,但它减少了并购企业从交易中获得的收益,并会损害并购企业自身的利益,且它对并购企业收益所造成的负面影响还将会持续多年。

在认识到上面的因素之后,并购方就会希望首次报价能以一个合适的价格,而不是一个过高的价格来吸引目标企业进行谈判,同时也不希望因一个过低的价格而失去一个交易。

(六)与目标企业接洽及签订并购意向书

在拟订并购方案和对目标企业价值初步评估后,并购方就可直接或委托中介机构与目标企业管理层接触,向对方提出并购建议。当双方经过初步洽谈,愿意在当前条件满足的情况下继续进行并购事宜的合作时,就可以签订并购意向书。

在企业并购活动中,如何接触目标企业的管理层和股东是件颇具艺术性的事情。不同的并购方式有不同的接洽方式,妥善的接洽方式能够促使并购的顺利进行和最终成功。

1. 善意并购的接洽方式

善意并购的接洽方式是指并购企业私下秘密地向目标企业提出诸如资产评估、并购价格、支付方式等内容的并购建议,并通过协商决定双方的并购事项的方式。为表示友好和诚意,并购方通常不会在提出并购建议前购买目标企业的普通股票,并且会做出明确表示,如果对方无意促成并购,它将不会采取强行并购行动。在这种接洽方式下,并购双方往往关系融洽,意见一致。目标企业因经营困难或战略调整,同时由于并购方提出的条件也易于接受,从而希望并购成功。有时,目标企业还会主动配合并购企业开展行动并提供一些必要的信息和技术支持。

如果目标企业和并购方达成并购意向,两家企业的管理层向各自的股东发表同意并购的声明和建议。为了表示公正,作为企业并购顾问的投资银行要出具公平意见书,分析论证并购价格的公平性。出价被接受后,并购方的投资银行便开始接受目标企业的股东前来出售其股票并做出支付,从而达成善意并购。

2. 敌意并购的接洽方式

敌意并购的接洽方式是指在敌意并购行动中,并购方根本不考虑目标企业的意愿,采取非协商性的并购手段,向目标企业发动突然袭击,直接在市场上展开标购,诱引目标企业的股东出让股份。一般而言,在敌意并购方式下,由于并购方往往经过长期精心策划和周密的准备,因而能出其不意地一举成功,使目标企业管理层在不知情或反并购失败的情况下不得不接受被并购的现实。同时也应看到,敌意并购的对抗性很强,目标企业的管理层出于其自身的考虑会采取反并购的各种行动,迫使并购企业放弃并购。

并购方在采取敌意并购时应预料到目标企业不愿被并购,所以事先已在暗中大量积累了目标企业的股票。如果目标企业的绝大多数股东,尤其是中小股东不满意目标企业的低迷股价或存在的代理问题等,就会增加并购成功的可能性。

3. 狗熊拥抱并购的接洽方式

狗熊拥抱并购的接洽方式兼有善意并购接洽方式和敌意并购接洽方式的某些特征。与善意并购接洽方式相似的是,在接洽目标企业管理层之前,并购方不会收购或在公开市场上购入目标企业的一定量的普通股票,但不同的是,并购方把其所提供的目标企业并购建议公之于众;与敌意并购接洽方式相同的是,并购方向目标企业提出的并购建议最终是向市场公布的,但不同的是,并购方总是先通知目标企业管理层,然后才投标或开始公开的、实际的市场并购行为。

无疑,在狗熊拥抱并购的接洽方式下,目标企业将承受来自并购方的巨大压力,犹如被狗熊拥抱的感觉一样。

经过上述与目标企业的初步接触,若并购双方感觉很好且在基本问题上达成一致,双方就会签订并购意向书,同时还将召开新闻发布会。虽然并购意向书不具备法律约束力,但它的确代表了一种道德上的约束,因此双方对它的态度都是很认真的。

并购意向书通常包括以下内容:并购标的、并购对价形式、尽职调查范围、达成交易的先决条件(如尽职调查能获得满意的结果,并购可依法获得批准等),以及对并购双方的保护性条款、特殊安排、中介机构费用以及中断费等。

(七)尽职调查、交易谈判和融资安排

1. 尽职调查

在并购双方签订并购意向书之后签署并购协议之前,并购方必须开展尽职调查或审慎调查。尽职调查的目的是获得更全面、真实、准确的信息资料,包括目标企业可能出于各种原因而未告知的非公开信息和某些未曾预期的负面事项,以便能够证实或修改对目标企业的价值评估所采用的数据和基本假定,为修改并购报价和并购条件提供可靠依据。当然,尽职调查中也可能发现有重大负面影响的事项,并购方必须做出是否继续进行并购的决定。

尽职调查通常由作为财务顾问的投资银行家、会计师事务所中的注册会计师、律师事务所中的律师等拥有不同专业技能的多学科领域的专家与并购方有关人员组成综合性团队共同开展工作。一般来说,尽职调查中应特别关注的内容包括:目标企业对固定资产折旧计提、坏账准备计提和存货折价等方面的会计政策;对专利权、商标、商誉等无形资产的估价及会计处理;利润及现金流量等财务数据的预测及其假定条件;资产的所有权归属及其价值减损情况;或有负债和因未披露的法律诉讼、环境整治成本等形成的潜在债务;财务结构的预期变化;与供应商和主要客户的商业关系;内部控制的运行状况;企业章程对合并或资产出售的规定及限制等。通常情况下,尽职调查还应分析并购的预期协同效应,并且尽职调查的范围也不能仅限于目标企业方面的信息,还必须对影响并购双方的市场环境的变化趋势进行分析评估。

需要明确的是,作为财务顾问,投资银行必须严格保守尽职调查所涉及的机密信息。因为泄露重要的机密信息可能迅速改变企业的股票价格,导致利益冲突和内部交易。保守秘密是投资银行博取客户的信任和遵守其职业道德的基本要求。

2. 交易谈判

在完成尽职调查后,并购方及其财务顾问应当重新审定目标企业的价值评估,审定并购条件和并购报价,也可能需要重新计算完成并购的成本和预期财务收益,对并购后企业的整合计划做出相应的调整。在此基础上,财务顾问将协助并购方制作并购报价文件。

在正式投标前,报价文件的条款将是双方交易谈判的主要内容。报价文件一般包括了并购条件、并购价格和对价形式、并购期限等条款,它同时也表明了并购方对并购后的企业发展规划的设想,以及对目标企业雇员继续雇用或安置处理的意向。报价文件还将对这些条款等其他重要事宜做出解释。

交易双方的谈判小组将就上述重要事宜进行磋商。其中,并购价格、对价形式和目标企业管理层在并购后的地位等通常是谈判的重点和难点。谈判的过程是各方应能理解对方目的的同时,充分表达自己的意见和利益要求,以寻求达成交易的协商过程。财务顾问的参与将有助于对某些专业问题做出解释或提供咨询,以及对双方有异议的问题提出可能的解决方法。如果双方就并购报价及其他交易条件达成共识,即可在中介机构的帮助下起草并购协议书及相关法律文件。并购协议书详细规定了买卖双方的权利和义务,其中的保证条款和赔偿条款进一步明确了买方应承担的责任和对卖方的利益保护。并购协议的有关条款都要通过谈判加以确定。

3. 融资安排

在企业并购活动中,融资安排特别是融资方式的选择是十分重要的关键环节,对并购双方都有影响。所谓融资方式,就是以什么作为并购支付工具的问题,通常也把融资方式称为并购对价形式,即对被并购企业的并购价格采用的支付方式。因此,选择不同的融资方式也就是选择不同的支付工具。可供选择的支付工具非常灵活,一般包括现金、普通股票、优先股票、可转换债券、认股权证,同时还可以是多种工具的组合。其中以现金和普通股票最为流行。由于各种支付工具都有其自己的特点,投资银行作为财务顾问,要根据并购交易的具体情况和并购计划的整体框架设计来帮助客户确定合适的支付工具。当然,不同的支付工具将影响企业的股权结构,并最终决定并购能否成功。

(1) 支付工具的特点。选择不同的支付工具,对并购后的企业股权结构有决定性的影响。

① 现金。现金方式是指并购方支付给目标企业股东一定数额现金以达到并购目的的一种融资方式。从并购方的角度看,这种方式的最大优点是交易速度快,手续简便。从目标企业的角度看,以现金作为并购支付工具,通常会比有价证券更具吸引力。当然,现金作为支付方式也有缺陷。主要是:对目标企业股东而言,收到现金使他无法推迟资本利得的确认,从而提早了纳税时间,这将降低其税后收益。[①] 并且收取现金放弃股权使目标企业股东不能拥有并购后新企业的股东权益。对并购方而言,现金收购将造成企业在短期内出现大笔现金支出,若依靠自身所持有的现金进行支付,可能挤占企业的营运资金;如果通过其他途径获取现金,也可能在未来一个时期内,因现金流出量太大而影响企业的正常经营。

② 普通股票。普通股票支付方式是指并购企业以其普通股票或通过增发普通股票来替换目标企业的股票,或者目标企业的股东以其所拥有的普通股票来换取并购企业的普通股票,即换股并购或股票互换,从而达到并购目的的融资。从并购企业的角度来看,通过普通股票方式融资虽然会造成股权和每股收益的稀释,但它不需要支付大量现金,不会使企业的营运资金遭到挤占,从而减轻了其现金支付的压力。同时,如果是市盈率高的企业兼并收购市盈率低的目标企业,还可以提高并购后新公司的每股收益及股价,造成并购景气。对目标企业来说,其股东由于可以推迟收益实现时间,故能享受税收优惠。[②] 再者,换股并购还使目标企业的股东继续拥有并购后新企业的股权并分享其所实现的价值增值。然而,以发行普通股票方式进行融资同样存在缺陷:一是并购方为并购而发行普通股票要受到证券监管部门监督,完成发行的法定手续耗时较长,可能因此延误并购时机;二是股票发行的烦琐迟缓使得不愿意被并购的目标企业有时间布置反收购防御,也使竞争对手有机会组织有利的竞争;三是股票价格的波动使并购方难以固定其并购成本,目标企业的股东也难以确定他们从并购中获取的收益,从而加大了风险;四是换股并购往往会使风险套利者通过买入目标企业的股票,同时卖出并购企业的股票,以期在换股后获利,这可能造成并购企业的股票价格跌落,而如果并购企业的股票价格下滑,并购企业将不得不为并购交易支付更多的股票,或者其收购要约遭受目标企业股东拒绝的风险将增加;五是换股并购可能产生股权和每股净收益稀释的副作用。

③ 优先股票。优先股票支付方式最常见的形式是可转换优先股票。由于可转换优先股票具有普通股的大部分特征,且又有固定收益证券的性质,因此作为并购支付工具,容易为目标企业的股东所接受。同时,对并购方而言,运用优先股票作为支付工具可不挤占营运资金,且优先股票转换成普通股的转换溢价通常高达20%左右,因此这是一种成本低、效率高的融资方式。

---

① 即用现金支付的并购需要立即缴纳资本利得税,无法取得延迟纳税;而通过股票互换的并购要在股票卖出时才需要纳税。

② 根据美国内部收入署的规定,如果目标企业股东收到的支付工具有50%或50%以上是并购企业的股票(普通股或优先股均可),则股东不必为这笔并购交易中形成的资本利得纳税(即在财务上可合理避税)。

④ 可转换债券。可转换债券对目标企业股东有很大的吸引力,尤其是对不愿冒风险或风险厌恶的股东,他们可能自愿放弃股票的一些升值机会,转而换取每年的固定利息率,以及持有赎回或换取股票的权利。对并购方而言,采用可转换债券方式融资可以实现多种利益:一是可以降低并购成本,可转换债券的利率通常低于普通企业债券的利率;二是采用可转换债券,可推迟新股东的加入而使原股东的权益不被稀释;三是在税前支付利息,可以少缴所得税。

⑤ 认股权证。认股权证是指企业所发行的一种有价证券,持有人拥有在约定的有效期内,以某一固定价格向发行企业认购特定数量的普通股票的权利。在并购中,并购方可以通过向目标企业定向发行认股权证,从而抵偿一部分收购价款。与可转换债券一样,一旦到期时目标企业股东行使认股权证,就必然会影响原有股东的股权比例,形成稀释。但是,认股权证与可转换债券不同之处在于,转股时目标企业股东必须支付一定价款才能获得并购后新企业的股权,这笔股东的入股现金在转股时投入;而可转换债券的转股则只是从并购后新企业的债务资本转换为股权资本,这笔股东的入股现金在购买可转换债券时已经投入。

⑥ 综合支付方式。综合支付方式是指并购方对目标企业的出价由现金、普通股票、优先股票、可转换债券、认股权证等多种融资方式组成的一种方式,即将若干种支付工具组合在一起,为目标企业的股东提供"一揽子"收购对价。由于单一的融资方式都有其不可避免的局限性,因而把各种融资方式组合在一起可集各种融资方式之长而避其之短。然而,使用综合方式融资也具有一定的风险,有可能会由于各种融资方式搭配不当而不能扬长避短,也可能由于操作烦琐和分散而错失良机,增加了并购的不确定性和成本。因此,支付工具的组合搭配需要根据它们的特点进行安排,从而才能取长补短。

(2) 决定融资方式的因素。在企业并购操作中,融资方式的选择会受到一系列因素的影响。这些因素主要包括以下六个方面。

① 并购方的资本结构。并购方的资本结构状况在一定程度上影响到并购中融资方式的选择。因为融资方式的选择将改变并购方的资本结构,并可能带来财务方面的风险。如果并购方的资本结构中长期负债的比重过大,则应考虑以发行普通股票的方式融通资金,进而改善其资本结构;如果长期负债比重过低,则可以考虑以债券类证券作为融资方式来改善资本结构。

② 并购双方股东的利益。股东的利益首先与并购定价密切相关,但也受融资方式的影响,而任何一项并购交易都应获得股东的认可和支持。增发新股票用于现金收购或换股收购,会影响现有的股东对企业的控制权,并且按照当前市场价格的一定折扣发行新股票,往往会引起每股收益稀释和股票价格的下跌;在举债融资用于现金收购的情况下,股东的收益可能会随着财务杠杆比率的提高而更加不稳定;如果利用现有的现金资源支付并购价款,并购后企业出现资金运营困难,则可能引发企业利润下降和每股收益稀释等。上述情况关系并购企业股东的利益,将决定他们对并购支付工具选择的态度。从目标企业股东的角度看,如果预期并购后企业的投资会有较好的收益前景,那么换股并购将有较大的吸引力;如果并购企业的股票市场流动性大,他们也会倾向于换股并购,因为并购后股东容易出售股票而获得现金收益,但同时要承担股票价格下跌的风险。此外,目标企业

股东的要求及偏好也是影响融资方式选择的重要因素。如果他们愿意出让股份和控制权,则现金、债务类证券将成为选择的对象;如果他们不愿意出让控制权,发行普通股票将是一种重要的融资方式。

③ 法律法规的规定。有关并购融资的法律法规的规定,既可能影响并购方的并购融资能力,也可能影响其对具体并购支付工具的选择。例如,当法律禁止企业向银行贷款用于股权投资,或者限制将银行贷款用于收购,以及相关法规禁止被并购企业向并购方提供任何形式的财务援助时,现金不足的并购方可能因缺乏其他获得现金的渠道而难以进行现金收购。[①] 当进行跨国并购时,因为并购方的信息披露和会计处理通常与目标企业所在国的证券交易规定存在差异,其股票的发行也受到严格限制。所以选择普通股票作为融资方式成为一种不可行或高成本的融资方式。同时各国对企业并购活动都有一定的限制。在宽松的国家和地区,融资方式的选择空间较大,在管制严格的国家和地区,融资手段的选择则缺乏灵活性。

④ 税收因素。如前所述,换股并购可使目标企业股东延迟资本利得应纳税款的支付,并且保留了日后通过出售换股并购所得到的股票以取得现金的选择权。税收上的收益可能使目标企业股东具有换股并购的偏好。类似的,以可转换债券为并购对价也可能使他们减少应纳税款。在现金收购方式下,由于目标企业股东要立即缴纳资本利得税,将减少税后收益,因此他们可能要求支付较高的收购价格以获得弥补,这会增加并购方的并购成本。[②] 而并购方以举债融资进行并购会获得债务的税收利益(即省税效应)。无疑,并购双方由于税负的差异会影响融资方式的决定。在融资方式的选择上,要充分考虑税收因素为并购双方带来的成本,一般应选择低税收成本的融资方式,而避免使用高税收成本的融资方式。

⑤ 并购的会计处理方法。企业并购的会计处理有两种方法:购买法和权益合并法。同一并购事项采用不同的会计处理方法,对企业并购当期及并购后一段时期的报告收益等方面有不同的影响。当采用购买法时,被并购企业的资产和负债是按照公允市价确认入账的。由于资产的公允市价一般会高于其历史成本(即账面价值),从而实际支付的并购价格与被并购资产价值两者之间存在一个差额,这一差额将以商誉的形式在并购后的企业的资产负债表中列示。按规范的处理方法,商誉需要在随后的一段时间内分期摊销,分期摊销的费用将会冲减企业的利润。因此,采用购买法会使并购后的新企业对外报告的收益降低,相应地,每股收益和股东权益报酬率会下降。在采用权益合并法(亦称股权联合法)下,被并购企业的资产和负债仍以账面价值反映在并购后的新企业的资产负债表上,不存在商誉及其摊销问题。同时,并购后的新企业对外报告的收益也是并购双方收益的全部相加。这就是说,与购买法相比,权益合并法下的企业并购当期及并购后未来一段

---

① 我国 2014 年 10 月 23 日中国证监会修订的《上市公司收购管理办法》第八条规定:“被收购公司董事会针对收购所做出的决策及采取的措施,应当有利于维护公司及其股东的利益,不得滥用职权对收购设置不适当的障碍,不得利用公司资源向收购人提供任何形式的财务资助,不得损害公司及其股东的合法权益。”在许多国家中,企业为收购自己的股票的收购者提供财务援助被视为犯罪行为而遭禁止。

② 换股并购被视为免税交易,现金并购则为应税交易。因此,并购企业(买方)通常对应税交易支付更高的溢价,即换股并购中的溢价要比现金并购中的溢价低得多。西方学者的实证研究证明了这一现象。

时期的报告收益较高。

此外,从并购支付工具与会计处理方法的关系看,如果融资方式是采用现金支付,则并购必须被当作购买资产即以购买法进行会计处理;只有当采用换股并购,并且满足会计准则所规定的条件时,才可使用权益合并法进行会计处理。由于两种会计处理方法使并购后的企业对外报告的收益不同,不仅可能影响企业的债务合约和市场对企业每股收益变化原因的分析评价,而且会影响依据企业股票表现决定薪酬或与薪酬股票价格直接相关的管理者的报酬合约。因此,仅从会计处理方法的角度看,并购方可能更倾向于换股并购,因为这使它有可能使用权益合并法,从而在并购当期及未来一段时期保持较高的对外报告收益。

⑥ 股票市场的吸收能力。股票市场的吸收能力也是企业并购过程中一个重要的考虑因素。如果股票市场低迷不振,以现金或债券作为支付工具则是重要的选择。如果股票市场活跃,则可以选择发行普通股票作为融资方式,这样对并购双方来说都有好处。

(3) 融资结构策略。在企业并购活动中,特别是采用杠杆收购方式时,必须安排好企业的融资策略,采用适当的并购支付手段和工具。并购方的融资方案应该处理好成本、风险及收益之间的关系,分析采取何种方式融资才能做到成本低、风险小、收益高。

企业并购中的融资结构将最终演变为并购后新企业的资本结构,它对于并购后企业的价值能否在数年内迅速增加、股票能够顺利上市和转让具有决定性的影响。在采用债务方式融资来进行企业并购时,股东投入较少,在财务杠杆的作用下,投资报酬率将会提高,并迅速提高每股净值,从而在短期内提升股票价值。从另一方面看,负债比率提高,利息负担加重,将会对未来获利能力产生负面影响,所以负债率过高也不是最好的资本结构。一般来说,杠杆收购可以看作是目标企业减少股本、增加负债的一种资本结构重组,其中债务形式的调整、普通股所占比例、管理层持股比率是资本结构设计中的关键部分。

(八) 签署并购协议书

当谈判进行到一定程度,并购双方在中介机构的帮助下就要开始精心准备反映交易条件的文件。其中最基本、最关键的文件是并购协议书。并购协议书通常附有许多文件,包括各种法律要求的文件和并购协议书自身附有的文件。并购协议书中最关键的部分有四项:陈述和担保、保证条款、结盘条件以及赔偿条款。

1. 陈述和担保

陈述和担保有三个主要目的:① 提供信息,使并购方可以尽可能多地了解目标企业;② 提供保护,使并购方可以在签约和结盘期间,在发现相反事实的情况下结束自身的义务;③ 提供基础,即在结盘后目标企业向并购方进行补偿的基础。

目标企业的陈述和担保通常占协议的最大一部分,包括财务报表、资产、税收、合同、雇员情况、环境保护、产品责任、诉讼、企业组织和资本化等情况以及存在的对企业的限制。虽然有初步的调查,但在执行协议之后并购方通常还是会对目标企业进行详尽的调查。

2. 保证条款

保证条款适用于从签约到结盘这一期间,包括保证作为和保证不作为。保证不作为条款使得目标企业不能未经并购方同意就采取某些行动,目的是防止目标企业的这些行为改变企业的本质,使得并购方在结盘时的预期落空。保证作为条款要求双方在结盘之前进行某些行为。典型的保证条款包括:为了评估和调查的目的,并购方有权查看目标企业的账簿和记录;目标企业召集股东大会获得同意;目标企业在政府部门进行必要的备案并获取必要的允许。有些保证条款包括绝对的义务和进行合理努力的要求。

3. 结盘条件

结盘条件应该得到满足。所有协议中的首要条件是所有陈述和担保都是真实的,而且保证条款以及所有该协议要求在结盘时或结盘前完成的活动在所有重要方面都已经完成。结盘条件由一方向另一方送交的证书来证明。

4. 赔偿条款

赔偿条款是并购协议书中的关键条款。由于某些债务,如税收、环保问题或诉讼的潜在成本很高,因而要使用赔偿条款来保护并购方的利益。该条款包括的损失应源于下列事件:在结盘后发现目标企业违反保证或陈述不实,或在并购协议书中对并购双方责任的划分不清。

上述这些条款都是谈判的重点。目标企业一般希望在协议中达成一项"篮子"条款,即只有当并购方的损失超过一定限额才给予补偿,并可能会要求加入截止日,在截止日后并购方不能再提出索赔。赔偿条款中通常都规定有赔偿的上限。

(九)实施并购和并购后的整合

并购协议书在正式签署之前应获得并购双方董事会的许可。当该项并购交易需按照法律规定报经有关政府管理部门审批时,则必须履行相应的法律程序。在获得有关政府管理部门批准后,并购方将根据企业董事会提请股东大会批准的并购决议,向目标企业提交报价文件。报价文件是要求目标企业股东接受出售其股份的正式投标书。目标企业董事会即将报价文件和董事会对此项并购投标的建议书(或并购决议)发送给股东。在获得股东大会批准后,交易双方签署并购协议书及其他相关法律文件。随后,并购方根据并购决议和融资方案的安排,向目标企业给付并购对价。交易双方还应依法办理相应的企业变更登记手续。

实施并购交易后,在法律意义上已完成企业产权转让或控制权的转移,并形成一个新的企业体或被并购企业已纳入并购企业的控制体系。但从经济意义上讲,在结盘之后,并购过程还没有完全结束,更不意味着交易已获得了成功。为了实现并购交易的利益,减少并购双方因彼此间运作体系的差异而产生的矛盾和冲突,并购方还应该采取有力的措施使得被并购的企业与并购方的企业整合。整合的简单定义就是按照并购战略规划对并购各方的资源重新配置和调整,并使企业文化协调相容,以实现并购后的组织运作一体化。企业整合是并购交易的延续,并且将最终决定并购战略构想和交易的成败。在这个阶段,应采取包括法律、会计、税收、保险、雇员给付以及其他方式在内的各种步骤来保证并购后企业过渡的成功。

并购后的整合工作通常由并购双方企业的管理者组成的过渡小组来合作完成,当然,如果能吸收一些专家参与进来帮助解决并购后的事务则更好,因为这样可以尽快稳定整个组织并形成最初的动力。不同的并购意图和交易会有不同的整合要求。具体来说,并购后的企业整合包括如下五个方面。

第一,组织结构和管理制度整合。即并购后的企业在组织结构和管理制度上进行必要的调整或重建,以实现企业的组织协同、管理制度与运行机制的完善。组织结构整合就是根据战略目标的需要,通过重新设计并购后企业的组织结构,改变原有的经营管理模式,在有效分工的基础上取得各职位、部门和层次的协调运转。整体而言,并购后组织结构的整合内容主要包括:企业内各机构部门的增设与削减以及权责的重新分配;机构部门之间有效的纵向联系、横向沟通所涉及的调整;直接从事生产活动的车间、班组的划分及力量的合理配置。管理制度整合的内容主要包括信息流程、规章制度、技术标准与管理标准、劳动报酬、绩效考核等方面的重新调整与优化。这是落实企业控制权和治理权的关键。

第二,资产、业务和财务整合。包括资产重组与合理配置、产品生产线的调整、市场重新定位、销售服务系统的共享与重构、技术资源的整合、财务制度的协调与连通、资金管理协调一致等。

第三,人力资源整合。人力资源是决定企业核心竞争力的关键要素。世界著名人力资源公司华信惠悦在调查"什么是并购整合关键因素"中,来自世界各国的 190 名高级管理人员有 76%认为人力资源整合是最重要的因素。可见人力资源整合的有效性很大程度上决定了并购的成功率。人力资源整合是并购整合中一个比较敏感的问题,主要包括原企业管理者及员工的合理安排、人才的稳定和激励机制设计与实施、管理层与员工的信息交流和相互理解、团队建设等。

第四,企业文化整合。企业文化整合是指将不同的企业文化进行合并、分拆、增强、减弱等处理,形成一种新的、与企业发展相适应的企业文化。企业文化塑造企业的经营理念,影响企业员工的价值观、思维方式、行为准则与工作精神。企业并购是不同企业组织的一次大调整、大变革,必然会对人们固有的思维方式和价值观形成强大的冲击。因此,企业文化的整合是关系并购整合成败的重要内容,必须在并购过程中有效地创造新组织的价值理念,创立适应性企业文化,消除文化冲突与不协调导致的风险。

第五,经营和发展战略的整合。企业并购后还需要根据新的形势调整经营及发展战略,这也是实现企业并购目标的一个重要手段。

此外,企业并购后的整合还包括做好对外公关工作。企业并购会对企业客户、当地政府、行业主管部门产生实际的影响,新闻媒体和证券交易市场也会关注企业的并购行为,所以企业在处理内部整合的同时还要做好对外的公关工作。

上述企业并购的九个阶段是企业并购的一般流程,对于不同的企业(例如上市企业和非上市企业)并购的具体流程还有一些不同的规定和要求,因此,不同企业的具体并购程序并不完全相同。

二、上市企业并购的流程

上市企业并购包括两方面的含义:上市企业作为并购方的并购和上市企业作为目标企业的并购。在前者中,由于上市企业融资较为便捷,资金较为充足,已经成为我国并购方的重要主体。但上市企业作为并购方的并购可以仅仅看成上市企业的对外扩张,这在性质上与一般企业并购无多大区别,只需要上市企业就重大并购事项做出公告即可。而以上市企业作为目标企业的并购,并购方往往是看中上市企业的公众融资平台,因而这种并购往往带有“买壳上市”的性质,在并购主体资格和并购程序上受到严格的法律约束,其影响也超过前一种含义的上市企业并购。因而以下主要讨论以上市企业作为目标企业的上市企业并购。

从上市企业并购的方式来看,按照并购的公开程度和程序的不同,可分为协议收购和要约收购。在发达国家的市场上,通行的成熟做法是要约收购,而协议收购由于不符合上市企业的公开原则,因而在许多国家和地区都不鼓励协议收购。我国的并购实践恰好相反,绝大多数的上市企业并购都以协议并购的方式进行,而要约收购虽然产生也很早(始于 1993 年 9 月的“宝延风波”)①,但始终受到重重制约。

(一) 西方国家的要约收购程序

1. 聘请并购顾问

一般说来,并购一家上市企业要有一家商业银行或投资银行提供帮助,即聘请投资银行或商业银行作为并购的顾问,这样有利于处理可能产生的复杂的法律和行政管理事务。

2. 获得一定份额的股份

在并购某上市企业之前,先购买它的一小部分股份(或股票)对下一步整体报价是十分有利的。该部分股票也可以通过第三者去谨慎地购买,尽量不要影响该股票的价格。购买时要遵守证券法的规定。

3. 报价时间的确定

发达国家证券市场股东众多,持股分散,因而只要获得比例不大的股份,就可以在目标企业董事会中获得一个席位,这就使并购者能对下一步并购获得更多的信息,并为整体报价确定一个适当的时间。

4. 向目标企业董事会通告

并购者首先应将并购通告提交给目标企业的董事会,如果能得到目标企业的董事会的支持,成功的机会就会增大。因此,并购企业会陈述其未来计划,目标企业会采取一些措施,如聘请一家投资银行作为顾问,对并购进行仔细讨论,并通告自己的股东。

5. 反托拉斯检查

西方国家的企业并购可能会涉及反托拉斯的问题。与有关的权力机构如公平交易部的接触,在并购之前就可以进行。

6. 通告

目标企业的董事会在收到并购要约前,宣布通告的责任在并购方。当目标企业的董事会收到并购要约后,宣布通告的责任就落在目标企业董事会的身上。为此,他们应密切关注股票价格的变动。只有当并购企业有充分理由相信它能执行该出价时,才可以提供

① “宝延风波”是指 1993 年 9 月 30 日,深圳宝安股份(集团)公司上海分公司宣告持有延中实业 17.07% 的股份,成为延中实业(600601)的第一大股东,至 10 月 6 日又购入 2.73%,持股比例达到 19.8%,宝安集团对延中实业的并购形成了一定程度的控制,但没有实现接管,最终宝安集团选择了套利的策略。

确定的具有倾向的通告。一旦并购企业通告其报价后,就得遵守报价诺言,其并购顾问也要承担这方面的责任。

7. 并购期间的交易

在某一预定或可能的并购通告被宣布后,当事人仍可自由交易目标企业的股票,但是需要在交易日后的第二天把交易情况报告给股票交易所专门小组及新闻媒体。

8. 并购文件的发送

正式的并购文件篇幅很长,但并购内容却十分明确。其中包括并购者聘请的并购顾问、并购企业和目标企业的财务记录、资产接受和转移的形式,以及如何完成交易程序等。在并购文件发送前,并购企业的董事会成员必须在有关文件中证明其对收购要约准确性所负的责任。

9. 目标企业对并购的反应与防御

目标企业的董事会应公布它对并购的意见。这些意见应尽可能在并购文件发出之后公布,并在目标企业董事会发出的主要通知的文件中列出。目标企业应对自己的行为负责,且不以牺牲它的股东利益为代价采取攻击性的和不公平的防御策略。

10. 要约的延长与文件修改

并购者可以延长并购要约和修改并购文件。无论是否延长或修改,并购企业应该及时向股东进行通告,且同时将情况通知股票交易所。如果出价提高了,则必须发布有关细节的通告。

11. 接受的撤回

从第一个报价结束日起,在文件规定的一段时间内并购仍未被无条件接受,那么任何已接受该报价的股东可以自由撤回他的接受。

12. 股东大会

根据股票交易规则,并购行为需得到并购企业股东的同意。为此,并购企业应举行一个非常股东大会,以正式批准并购行动。这个会议通过的决议的内容应全部以正式通告形式列出,并附在并购文件中。

13. 并购支付

如果并购获得成功,那么对于并购企业来说,下一步就是选择合适的支付手段将并购对价支付给那些同意接受报价的股东。支付手段的形式可以是现金、普通股票、债券或其他回报。

14. 强制性的并购

有些国家的法律禁止股票持有者的少数派阻挠一个公平的并购,也禁止这些少数派被排斥在一个成功的报价之外。如果并购企业在并购文件寄送后的4个月内已得到90%的股票持有者同意,对并购者来说,下一步是根据法令向持有不同意见的股东发出通知,对剩下的股票采取强制性购买。

(二)我国的要约收购程序

我国法律对要约收购的规定较为严格。一般来说,要约收购的程序包括以下基本步骤。

1. 聘请投资银行作为收购顾问

在我国，通常会选择一家证券公司作为其收购顾问，以解决要约收购过程中可能出现的各种复杂的问题。收购顾问应当勤勉尽责，遵守行业规范和职业道德，保持独立性，保证其所制作、出具文件的真实性、准确性和完整性。同时，中国证监会依法对上市公司的收购及相关股份权益变动活动进行监督管理；证券交易所和证券登记结算机构依法制定业务规则，对相关证券交易活动进行实时监控，并提供收购及相关股份权益变动活动所涉及的证券登记、存管、结算等事宜提供服务。

2. 编制和报送权益变动报告书

通过证券交易所的证券交易，投资者及其一致行动人拥有权益的股份达到一个上市公司已发行股份的5%时，应当在该事实发生之日起 3 日内编制权益变动报告书，向中国证监会、证券交易所提交书面报告，通知该上市公司，并予公告；在上述期限内，不得再行买卖该上市公司的股票。

投资者及其一致行动人其拥有权益的股份达到或者超过该公司已发行股份的5%，但未达到20%的，应当编制包括下列内容的简式权益变动报告书：① 投资者及其一致行动人的姓名、住所或名称、注册地及法定代表人；② 持股目的，是否有意在未来 12 个月内继续增加其在上市公司中拥有的权益；③ 上市公司的名称、股票的种类、数量、比例；④ 在上市公司中拥有权益的股份达到或者超过上市公司已发行股份的5%或者拥有权益的股份增减变化达到5%的时间及方式；⑤ 权益变动事实发生之日前 6 个月内通过证券交易所的证券交易买卖该公司股票的简要情况；⑥ 中国证监会、证券交易所要求披露的其他内容。

投资者及其一致行动人拥有权益的股份达到或者超过一个上市公司已发行股份的20%但未超过30%的，应当编制详式权益变动报告书，除须披露简式权益变动报告书规定的信息外，还应当披露以下内容：① 投资者及其一致行动人的控股股东、实际控制人及其股权控制关系结构图；② 取得相关股份的价格、所需资金额、资金来源，或者其他支付安排；③ 投资者、一致行动人及其控股股东、实际控制人所从事的业务与上市公司的业务是否存在同业竞争或者潜在的同业竞争，是否存在持续关联交易；存在同业竞争或者持续关联交易的，是否已做出相应的安排，确保投资者、一致行动人及其关联方与上市公司之间避免同业竞争以及保持上市公司的独立性；④ 未来 12 个月内对上市公司资产、业务、人员、组织结构、公司章程等进行调整的后续计划；⑤ 前 24 个月内投资者及其一致行动人与上市公司之间的重大交易等。

3. 发出全面要约或者部分要约

通过证券交易所的证券交易，收购方持有一个上市公司的股份达到该公司已发行股份的30%时，继续增持股份的，应当采取要约方式进行，发出全面要约或者部分要约。我国《证券法》第 88 条规定，通过证券交易所的证券交易，投资者持有或者通过协议、其他安排与他人共同持有一个上市公司已发行的股份达到30%时，继续进行收购的，应当依法向该上市公司所有股东发出收购上市公司全部或者部分股份的要约，收购方必须公告上市公司收购报告书，并应载明下列事项：收购人的姓名、住所；收购人关于收购的决定；被收购的上市公司名称；收购目的；收购股份的详细名称和预定收购的股份数额；收购期限、收购价格;收购所需资金额及资金保证;公告上市公司收购报告书时持有被收购公司股份数占该公司已发行的股份总数的比例。

4. 预受与收购

在收购要约的期限内,即收购方发出收购要约并接受目标企业股东承诺的有效期限内(我国《证券法》第 90 条规定这一期限不得少于 30 日,并不得超过 60 日),收购方接受目标企业股东转让股份的承诺。预受只是目标企业的股东同意接受要约的初步意思,在要约期满前并不构成正式的承诺。在要约收购期限届满 3 个交易日前,预受股东可以委托证券公司办理撤回预受要约的手续,证券登记结算机构根据预受要约股东的撤回申请解除对预受要约股票的临时保管。在要约收购期限届满前 3 个交易日内,预受股东不得撤回其对要约的接受。在要约收购期限内,收购人应当每日在证券交易所网站上公告已预受收购要约的股份数量。

收购期限届满,发出部分要约的收购方应当按照收购要约约定的条件购买被收购公司股东预受的股份,预受要约股份的数量超过预定收购数量时,收购人应当按照同等比例收购预受要约的股份;以终止被收购公司上市地位为目的的,收购人应当按照收购要约约定的条件购买被收购公司股东预受的全部股份;未取得中国证监会豁免而发出全面要约的收购人应当购买被收购公司股东预受的全部股份。各国法律规定,收购人不得采取要约规定以外的方式和超出要约的条件收购目标企业的股票,不得对目标企业的股东差别对待,其目的是防止企业收购中出现不公平的内幕交易及关联交易。例如,我国《证券法》第 93 条规定,采取要约收购方式的,收购人在收购期限内,不得卖出被收购公司的股票,也不得采取要约规定以外的形式和超出要约的条件买入被收购公司的股票。

收购要约的期限届满,收购方持有的被收购企业的股份数达到该企业已发行股份总数的 75%以上的,被收购的上市企业的股票应当在证券交易所终止上市交易;收购要约的期限届满,收购方持有的被收购企业的股份数达到被收购企业已发行股份总数的 90%以上的,其余仍持有被收购企业股票的股东,有权要求收购人以收购要约的同等条件收购其持有的股票,收购人应当收购。

5. 报告并公告收购情况

收购行为结束后,即法定或约定的收购期限届满,收购方应当在法定报告期内(我国《证券法》第 100 条规定报告期限为收购行为完成后 15 日内),将收购情况报告中国证监会和证券交易所,并予公告。《证券法》第 97 条还规定,收购期限届满,被收购公司股权分布不符合上市条件的,该上市公司的股票应当由证券交易所依法终止上市交易;其余仍持有被收购公司股票的股东,有权向收购人以收购要约的同等条件出售其股票,收购人应当收购。收购行为完成后,被收购公司不再具备股份有限公司条件的,应当依法变更企业形式。同时,《证券法》第 98 条规定,在上市公司收购中,收购人持有的被收购的上市公司的股票,在收购行为完成后的 12 个月内不得转让。

(三) 协议收购的程序

前已述及,协议收购是指收购人通过与目标企业的股东协商,并在征得目标企业管理层同意的基础上达成协议,并按协议所规定的收购条件、收购价格、收购期限以及其他事项进行的收购。以协议方式收购上市企业股份的操作程序一般包括以下几个主要环节。

1. 提出收购意向和达成初步协议

提出收购意向和达成初步协议是指收购企业向目标企业董事会或管理层提出收购意向,双方就目标企业股权的转让进行磋商和谈判,就收购条件(如目标企业的股份、资产、债权、债务的处理)、收购价格、收购期限以及其他事项达成初步协议。这一阶段是协议收购的关键环节,一般只在协议双方之间秘密进行。

2. 报经政府有关部门批准

企业并购活动直接关系社会资源的配置、企业发展规模、企业组织结构和产业结构的调整以及产业集中和市场竞争等问题。一些特殊行业或关键行业如银行、媒体、国防、通信等领域,由并购活动引起的所有权的转换可能会妨碍或损害公共利益,因此并购活动必须按照国家的证券法、公司法,以及限制市场垄断的有关法律、法规的规定进行。

在美国,影响并购的法律包括目标企业使用的各州法规(这些法规决定企业控制权的转移和行使)、联邦法规(主要是证券法)以及反垄断的法律,比如《反托拉斯改进法》(1976)。《谢尔曼反托拉斯法案》(1890)和《克雷顿法案》(1914)严格禁止将导致垄断或减少竞争的兼并,如果拟进行上述的兼并则须经司法部的批准。根据《反托拉斯改进法》(1976),任一超过15%或1 500万美元的上市企业股票的企业并购,必须将并购事件报请专门的反托拉斯管理机构(主要是司法部和联邦贸易委员会)审查,并由这些管理机构做出裁决。

在我国,因为国有股份的转让可能改变国有资本的归属和性质,涉及国家对国民经济的宏观调控及全民的利益。因此《公司法》第64条规定,国有独资公司,是指国家单独出资、由国务院或者地方人民政府授权本级人民政府国有资产监督管理机构履行出资人职责的有限责任公司。《公司法》第66条规定,国有独资公司不设股东会,由国有资产监督管理机构行使股东会职权。国有资产监督管理机构可以授权公司董事会行使股东会的部分职权,决定公司的重大事项,但公司的合并、分立、解散、增加或者减少注册资本和发行公司债券,必须由国有资产监督管理机构决定;其中,重要的国有独资公司合并、分立、解散、申请破产的,应当由国有资产监督管理机构审核后,报本级人民政府批准。

同时,《公司法》第137和138条规定,股东持有的股份可以依法转让;股东转让其股份,应当在依法设立的证券交易场所进行或者按照国务院规定的其他方式进行。我国《证券法》第101条规定,收购上市公司中由国家授权投资的机构持有的股份,应当按照国务院的规定,经有关主管部门批准。

另外,为了防止收购任何一方中途不履行合同而导致收购的失败,《上市公司收购管理办法》第54条规定,协议收购的相关当事人应当向证券登记结算机构申请办理拟转让股份的临时保管手续,并可以将用于支付的现金存放于证券登记结算机构指定的银行。

3. 正式签订收购协议

企业的并购交易涉及广大投资者的利益,特别是协议收购在信息公开、机会均等、交易公正方面具有很大的局限性,因此企业并购应当由企业股东大会作出决议。具体操作上,在并购获得政府有关部门批准后,收购企业和目标企业向各自的股东发送同意并购的意见(报告),召开股东大会讨论董事会提交的收购决议。经批准,双方正式签订收购协议。

4. 做出书面报告并予以公告

在收购企业与目标企业正式签订收购协议后,收购企业应在法定时间内(我国《证券法》规定的法定时间为双方达成协议后3日内),向国家证券监督管理机构及证券交易所报送收购协议及上市公司收购报告书。

5. 收购协议的履行

收购协议只能在向社会公告之后方能履行。我国《证券法》第94条规定,在公告前不得履行收购协议。协议收购双方应当按照证券交易所和证券登记结算机构的业务规则和要求,申请办理股份转让和过户登记手续。收购协议的履行通常不是一次性完成的。当涉及众多股东时,为了便于协议的履行,协议双方可以临时委托证券登记结算机构保管协议转让的股票,并将资金存放于指定的银行。

6. 要约收购豁免

以协议收购方式进行上市企业收购,收购人持有、控制一个上市企业的股份达到该企业已发行股份的30%时,继续增持股份或者增加控制的,应当以要约收购方式向该企业的所有股东发出收购其所持有的全部股份的要约。符合下列情形的,收购人可以向国务院证券监督管理机构申请豁免:上市公司股份转让在受同一实际控制人控制的不同主体之间进行,股份转让完成后的上市公司实际控制人未发生变化,且受让人承诺履行发起人义务的;上市公司面临严重财务困难,收购人为挽救该公司而进行收购,且提出切实可行的重组方案的;上市公司根据股东大会决议发行新股,导致收购人持有、控制该公司股份比例超过30%的;基于法院裁决申请办理股份转让手续,导致收购人持有、控制一个上市公司已发行股份超过30%的;中国证监会为适应证券市场发展变化和保护投资者合法权益的需要而认定的其他情形。根据上述情形获得豁免的,可免予以要约收购方式进行。

7. 报告并公告收购情况

通过协议收购方式取得被收购企业股票并将该企业撤销的,属于企业合并,被撤销企业的原有股票由收购人依法更换,收购上市企业的行为结束后,收购企业应当在15日内,就收购情况向证券监督管理机构和证券交易所做出报告,并向社会公告。

第四节　企业反并购的策略及其应用

一、企业并购发生前的防御性策略

防御性策略强调事先的预防,即在并购行为发生或并购方发出收购要约前,就事先设计好一些预防性措施。如果将来遭遇敌意并购,可以发挥抵御并购行为的作用,从而使并购者望而却步。这些策略主要有以下几方面。

(一) 董事轮换制

董事轮换制(Staggered Board Election)是指在企业章程中规定,每年只能更换一定比例的董事(一般为1/3)。这意味着即使并购方已经取得了企业绝对多数的股权,也难以在短时间内获得目标企业董事会的控制权,从而可以进一步阻止其操纵目标企业的行为。与董事会有关的反并购策略还有两种变化形式:严禁无故撤换董事,固定董事人数以防董事会“拥挤”。目前,美国标准普尔指数的500家企业中的一半以上企业采取这种反并购策略。由于这种反并购策略阻止了并购方在两年内获得企业的控制权,从而使并购方不可能马上改组目标企业,为目标企业赢得宝贵的采用反并购策略的时间。这样就降低了并购方的并购意向,同时也提高了并购方获得财务支持的难度。

(二) 绝对多数条款

绝对多数条款(Super-majority Provision)是指在企业章程中规定,所有涉及控制权变动的交易都必须获得绝对多数的股东表决才能通过,这个绝对多数通常为企业股份的2/3或80%,在极端情况下,可能达到95%。同时,对这一反并购条款的修改也需要绝对多数的股东同意才能生效。这样,由于企业具有相当数量的股票,敌意并购方如果要获得绝对多数条款企业的控制权,通常需要持有企业很大比例的股权,这在一定程度上增加了并购的成本和并购的难度。同时,绝对多数条款会严格限制管理层在接管谈判中的灵活性。这种反并购策略虽然对股票价格可能有一定的负面影响,但该策略仍被认为是一种温和的反并购策略。

(三) 双重资本重组

双重资本重组(Dual Class Recapitalization)是将企业股票按投票权划分为高级和低级两等。低级股票每股拥有普通的一票的投票权,高级股票每一股拥有多票的投票权,但高级股票派发的股息较低、市场流动性较差,反之,低级股票的股息较高、市场流动性也较好。高级股票可以转换为低级股票。如果企业经过双重资本重组,企业管理层掌握了足够的高级股票,企业的投票权就会发生转移。即使敌意并购获得了大量的低级股票,也难以取得企业的控制权。与董事轮换制和绝对多数条款相比,采取双重资本重组这种反并购的企业较少。双重资本重组是一种有效的反并购策略。由于将投票权集中到企业的管理层手中,可以阻止敌意并购者通过收购发行在外的股票而控制企业。有时,即使收购了目标企业所有发行在外的股票,也可能难以获得目标企业的控制权或将其并购。但此项策略违反了“同股同权”,实施中有难度。

(四)“毒丸”计划

“毒丸”计划(Poison Pill Defense)是美国著名的并购律师马丁·利普顿(Martin Lipton)于1982年发明的。“毒丸”是指由目标企业发行的、给予持有者不同形式的特别权证券,当不受欢迎的并购方购进目标企业股份达到一定比例时,这些证券可以按不利于并购方的价格,转换成目标企业或并购方的普通股股票。这些条款对并购方极为不利,一旦并购成功,就像吞食“毒丸”一样不易处理。最初的“毒丸”仅指优先股,后来得以不断发展。“毒丸”也泛指在敌意并购中会改变目标企业现有股东的投票权利或股份持有比例以防御敌意并购者的一些措施。

在正常情况下,“毒丸”计划并没有作用,但一旦目标企业被敌意并购者控制或持有股份达到一定比例,就会触发这些毒丸,毒害敌意并购者或目标企业本身。设置“毒丸”的目的是使敌意并购成为非常昂贵的交易,迫使并购方因耗费巨大而放弃获得目标企业控制权的企图。“毒丸”计划主要有以下基本类型。

1. 优先股计划

优先股计划也称为原始计划,是最早采用的一种“毒丸”计划,它指企业向其普通股股东发放可转换优先股,当敌意并购者在购买了企业有表决权的股份达到某一特定比例(通常为30%)时,优先股票股东可以要求企业按过去一年中大股东购买普通股票或优先股票的最高价格,以现金赎回优先股票,或者赋予优先股股东在企业被并购后以溢价兑换现金或以有利价格转换为普通股的权利。这些规定增加了并购者的并购成本或被稀释股权,可以有效遏制其并购意图。

2. 人员“毒丸”计划

人员“毒丸”计划的基本方法是企业的绝大部分高级管理人员共同签署协议,在企业被以不合理价格敌意并购后,并且这些人中有一人在并购后被降职或革职时,全部管理人员将集体辞职。这一策略会使并购方慎重考虑并购后更换管理层对企业带来的巨大影响。企业管理层阵容越强大、越精干,实施这一策略的效果将越明显。当管理层的价值对并购方无足轻重时,人员“毒丸”计划也就收效甚微。

3. 负债“毒丸”计划

负债“毒丸”是指企业在发行债券或向金融机构借款时增加“毒丸”条款,这些条款约定在企业股份发生大规模转移、企业遭到并购或控制权发生变更时,债权人有权要求立刻兑付或将债券转换为股票,从而使并购企业在并购后所立即面临巨额现金支出或股权稀释,增加了并购的难度。

虽然“毒丸”计划对于敌意并购来说是一项有力的反并购策略,它能在很大程度上阻止被并购,但它对目标企业的股价和股票收益的影响并不显著。批评“毒丸”计划的意见认为:“毒丸”计划使目标企业管理层处于有恃无恐的地位,管理者会使用“毒丸”计划以确保自己的职位,因此是保护、强化管理者利益的最有力工具,从而保护了企业停滞的现状。认为“毒丸”计划只是增强目标企业董事会获得一个“公允”价格的能力,但却妨碍了股东实现股票的充分价值,减少了股东的财富。因此,在一些国家(如英国),公司法禁止采用“毒丸”计划。

(五) 刺激股价过度上涨

企业股票价格偏低,是诱发并购袭击的最重要因素。在企业股票价格低于企业资产价值或企业潜在收益价值的时候,尤其如此。提高股票价格一方面可以消除或弱化并购诱因,稳定原有股东持股的信心,另一方面则可加大并购成本,迫使并购方从成本—收益角度考虑放弃并购企图。刺激股票价格上涨的主要方法有:一是发布盈利预测,表明企业未来盈利好转;二是资产重新评估,体现评估增值;三是增加股利分配;四是发布保密状态下的开发研究成果等对股票价格有利的消息;五是促成多家并购方竞价争购哄抬股票价格。

(六) “鲨鱼监视”计划

目标企业为了赢得更多时间的一个常用方法就是利用咨询公司的一项新型服务,这种业务通常被称为“鲨鱼监视”(Shark Watching)。只要付给一定的费用,代理公司声称它可能较早地发现并确认股票的积聚，这就是“鲨鱼监视”计划（Shark Watching Defense）。因为绝大部分国家的证券监管机构并不要求并购者在购得一定比例的股份前（比如美国为5%）表明其身份，所以早期的预警显然会给予目标企业更多的时间来寻找抵御收购的方法，或者寻找更能接受的合作伙伴（白衣骑士），等等。而且，如果大量购入股票的个人或集团并不是真正意义上的并购者，其主要兴趣只是在于他们的股票是否能以更高的价格卖出，早点发现也将会极大地降低绿色邮件（Green mail）为消除这种威胁所付出的费用。

（七）“金降落伞”协议

“金降落伞”（Golden Parachute）协议是指目标企业与其核心高层管理人员签订的协议，它规定当目标企业被并购接管、其董事及高层管理人员被解雇时，可以一次性获得巨额补偿金、股票期权收入或额外津贴。“金降落伞”协议的实质是带有附加条件的解雇协议。这部分用于补偿的现金或股票可能来源于并购方或目标企业本身，但无论哪种来源，都会增加并购成本。该项补偿金数额视获得者的地位、资历和以往业绩的差异而有所不同，对于大型企业首席执行官（CEO）这一补偿可达千万美元以上。

由于高管层得到的经济补偿有时可达到一个天文数字，这种巨额补偿反而可能成为高管层急于出售企业的动机，甚至是以很低的价格出售。如果是这样，股东的利益就将遭受极大的损害。因此，这一策略在国外曾一度饱受争议。

除了“金降落伞”协议外，近年来，西方国家又出现了一种“灰色降落伞”（也称“银降落伞”）协议和“锡降落伞”协议。“银降落伞”协议是指企业被并购后企业有义务向被解雇的中层管理人员提供较“金降落伞”协议略微逊色的同类保证金。“锡降落伞”协议是指目标企业的员工若在企业被并购后的一定时间内被解雇，则根据工龄长短，领取数周至数月的遣散费。“锡降落伞”协议的单位金额不多，但聚沙成塔，有时反而能很有效地阻止敌意并购。

（八）员工持股计划

员工持股计划（ESOP）本质上是对员工的一种激励措施，目的是使员工与企业的利益关系更为密切。但鉴于人类心理因素上天然的“自我本位”和排外倾向，企业员工往往视企业为自己的集体，从而排斥外侵、反对并购。同时，一般情况下，员工要为自己的工作及前途考虑，也不会轻易出让自己手中握有的本企业股份。况且，员工股份转让优势也受到一定限制，较易被目标企业管理层控制，因而在控制权争夺战中，员工持股同样起到锁定部分筹码的作用，具有反并购的功效。如果员工持股数额庞大，则目标企业的防线就比较牢固。

二、企业并购要约发出后的积极对抗性策略

积极对抗性策略是指并购企业发出收购要约，已经开始对目标企业实施并购活动时，目标企业为了抵御，对抗并购方进行并购活动所采取的各种策略。

（一）资产重新评估

在现行的财务会计核算中，资产通常采用历史成本来估价。但是由于通货膨胀因素

的存在,使得该法估计出来的资产价格往往低于资产的实际价值。因此,多年来,许多企业都定期对其资产进行重新评估,并把结果编入资产负债表,从而提高了其净资产的账面价值。由于并购出价与账面价值有内在联系,所以提高账面价值会提高并购出价,抑制并购动机。

(二)股票回购

股票回购(Share Repurchase)是通过大规模购回本企业发行在外的股份来改变资本结构的一种反并购的对抗办法。股票一旦被大量购回,则在外流通的本企业股票减少,可以提高管理层或盟友集团的股东权益比例,从而增强对企业的控制。同时,伴随着股权的收购与回购,股价一般会上升,则并购者不得不提高其并购价格,导致其并购成本急剧增加。该策略的做法主要有两种:一是企业用自留资金以不低于市场价的价格向股东发出回购要约;二是通过发行企业债券、优先股票或其组合,以换股方式回购股票。

(三)诉诸法律

诉诸法律即与并购方打官司,这也是目标企业在并购防御中经常使用的一种策略。在美国1962—1980年的约1/3的并购案中发生了法律诉讼。诉讼可能针对并购方的某些欺骗行为,违反《反托拉斯法》或者证券法规等行为而进行。

法律诉讼的目的通常包括:逼迫并购企业提高其并购价格,或者使并购企业为了避免法律诉讼而放弃并购;避免并购企业先发制人,自己先提起诉讼可以拖延并购时间,以便另寻白衣骑士,从而鼓励其他竞争者参与并购。研究表明,在有法律诉讼的情况下,有竞争出价产生的可能性有62%,没有法律诉讼时其可能性只有11%,在心理上重振目标企业管理层的士气。

法律诉讼策略的第一步往往是目标企业请求法院禁止并购继续进行,或确认并购因违法而无效等。目标企业常运用的理由主要有:反垄断、信息披露不充分;指控并购方目的为操作股市、哄抬股价、扰乱市场或在于绿色勒索;并购资金来源不合法。目标企业求助于法律的主要目的是拖延并购进程,赢得反击的宝贵时间。

(四)焦土战术

焦土战术(Scorched Earth Policy)是一种典型的两败俱伤策略,通常有以下两种方式。

1. 售卖"冠珠"

"冠珠"(Clown Jewels)又称"皇冠宝石",是指企业所拥有的最具盈利潜力的资产或最有发展前景的业务部分或部门、子公司,也可能是一种营业许可、技术秘密、专利权或关键人才,更可能是这些项目的组合。"冠珠"富于吸引力,诱发并购行动,是并购者并购该企业的真正用意所在。将"冠珠"售卖或抵押出去,可以消除并购诱因,粉碎并购者的初衷,打消并购企图。

2. 虚胖战术

一家企业,如果财务状况良好,资产质量高,发展前景广阔,那么就具有相当的吸引力,往往诱发并购行动。在遭遇并购袭击时,此类企业往往采用虚胖战术。其做法有多种,或者是购置大量与经营无关或盈利能力差的资产,使资产质量下降;或者是大量增加企业负债,恶化财务状况,加大经营风险;或者进行一些长期才能见效的投资,使企业在短时间内资产收益率大减；或者是购入某些可能会引起《反托拉斯法》或其他法律上的麻烦的资产。运用这些方式，可使企业从精干变得臃肿，并购之后，并购方不堪重负。这种“虚胖”与“自残”的战术，使原企业的魅力顿失，并购者只好望而却步。

（五）邀请“白衣骑士”

所谓白衣骑士（White Knight）是指通常与目标企业有密切关系，当目标企业面对敌意并购时，应其要求参与对目标企业进行并购的友好人士或企业，它是目标企业为了避免被敌意并购而自己寻找的并购方。由于“白衣骑士”的参与引起了目标企业股权并购价格的轮番上涨。最后，敌意并购者要么承认失败，退出竞争，要么必须付出更高的并购价格才能达到目的。在这一过程中，目标企业常常通过“股份锁定”或“资产锁定”等方式，给予“白衣骑士”优惠购买本企业的特权。股份锁定，即同意“白衣骑士”购买本企业的库存股票或已经授权但尚未发行的股份，或者给予上述购买的选择权。资产锁定，即授予“白衣骑士”购买本企业重要资产的选择权，或签订一份当敌意并购发生时即由后者将重要资产授予“白衣骑士”的合同。

得到管理层支持和鼓励的“白衣骑士”，并购成功的可能性较大，尤其是在敌意并购者出价不是很高的情况下。当“白衣骑士”和敌意并购者属同一行业时，“白衣骑士”出于对自身利益的担忧，往往也乐于参与竞价，发起溢价并购，但此时介入往往意味着并购价较高，需要较高的成本。“白衣骑士”的一个变化是管理层杠杆收购（MBO）。目标企业的管理层就其本身来说，就是一个潜在的“白衣骑士”。大量资金充足的杠杆收购机构和主要的投资银行可以帮助和支持这些管理层，并客观地评价这种替代性的选择方案。

（六）帕克曼战略

帕克曼防御战略（Pac-man Strategy）是指企业在遭到并购威胁或袭击的时候，不是被动地防守，而是以攻为守、以进为退，它或者反过来对并购企业提出购买其普通股，并购其企业；或者以出让本企业的部分利益，包括出让部分股权为条件，策动与企业关系密切的友邦企业出面收购并购方的股份，以达到“围魏救赵”的效果。帕克曼（Pac-man）是 20 世纪 80 年代初期流行的一款电子游戏的名称，在该游戏中，电子动物相互疯狂吞噬，其间每一个没有吃掉其敌手的一方反会遭到自我毁灭。也就是说，玩者必须在对手吃掉自己之前就吞下对手，即任何没有吞下对手的一方遭到自我毁灭。帕克曼战略的运用，一般需要具备以下一些条件：第一，袭击者（敌意并购者）本身应是一家公众企业，否则谈不上收集袭击者股份；第二，袭击者存在被并购的可能性，即其财务状况、股权结构、股票市价等方面也要具备被并购的条件；第三，帕克曼防御者即反击方需要有较强的资金实力和外部融资能力。

反并购实践表明，帕克曼战略是一场非常残酷的并购战，最后的胜利者往往是那些实力雄厚、融资渠道广泛的企业。如果并购战的双方实力相当，该种战略的结果很可能是两败俱伤，没有明确的研究结果表明并购双方股东能从中受益。

（七）“绿色邮件”

“绿色邮件”或称为绿函，也称为“绿色勒索”，意指目标企业以高于市价或高于袭击者当初买入价的价格购回袭击者先期持有本企业股票，以直接的经济手段赶走外部的并购方,袭击者因此而获得溢价收益。同时,作为交换条件,袭击者签署承诺,保证它或它的关联企业在一定时期内不再并购目标企业,即所谓的“停止协议”。这种方法固然有效,但是也要求目标企业具有较为雄厚的资金实力。同时也为部分投机钻营者提供了专靠假并购来获取高价回购溢价的机会,目标企业利益因此受损。

(八) 清算

清算(Clearing)是最令人沮丧的对策了。卖掉整个企业,关闭工厂,出售设备,降低资产的账面价值。例如,1980 年 UV 工业公司抵制 Sharon 钢铁公司的收购就进行了清算。

企业采取不同的反并购策略所产生的效果并不一样,从实践中可以发现有些对策虽然可以有效地阻止敌意并购,但对企业却造成了极大的伤害,其中负面影响最大的对策可能是 20 世纪 80 年代由投资银行提出的一些创新对策,如毒丸防御计划。这些措施常常会给企业带来混乱,因为在这些措施的实施过程中非常难以控制其变化,而且无须股东表决。

第五节 股票回购、杠杆收购及管理层收购

一、股票回购

(一) 股票回购的定义及其类型

股票回购是指上市企业从证券市场上购回本企业一定数额的发行在外的股票的行为。企业在股票回购完成后将其回购的股票注销,也可以将其回购的股票作为“库藏股”保留,但不参与每股收益的计算和收益分配。“库藏股”日后可移作包括职工持股计划和发行可转换债券等,或在需要资金时将其出售。

用于股票回购的资金主要来自三个方面:借贷、待分配利润和发行股票——可采用其中任一种或综合使用几种资金来源。借贷会增加企业财务费用,影响企业效益;使用待分配利润会直接影响股东分红;发行新股相当于以流通股代替非流通股。股票回购按其目的分类,有两种基本类型。

1. 红利替代型

企业回购了部分普通股,发行在外的股数就相应减少,每股收益势必提高,从而导致企业股票市价上涨,由股价上涨所得的资本利得收益就可以代替股利收入,所以股票回购也被认为是支付股利的方式之一。与直接派发现金红利一样,股票回购所用的资金通常来源于企业的经营盈余。

2. 战略回购型

战略回购型直接服务于企业的战略目标,而不是以向股东发放股利为目的。战略回购的规模较大,在进行战略回购时,企业不仅需要动用现金储备,而且往往需要大规模举债,或出售部分资产或子公司以筹集股票回购所需的现金,从而在短期内使企业资本结构发生实质性重整。

按照回购的方式不同,股票回购又具体分为实物回购和现金回购,但大部分国家都要

求用现金回购。现金回购方式又具体可分为如下四种：① 企业以全面要约方式，向本企业同一类别的全体股东，进行全部股份或比例股份的回购；② 企业以要约方式，向在同一市场交易的本企业同一类别股份的全体股东进行全部股份或比例股份的回购；③ 企业通过证券交易所集中竞价交易的方式进行股票回购；④ 企业以协议方式向特定股东进行全部或比例股份的回购。

（二）股票回购的动因

1. 巩固既定控股权或转移企业控股权

许多企业的大股东为了保证其所代表企业的控股权不被改变，往往采取直接或间接的方式回购自己的股份，即企业直接以自身名义或通过自己的关联企业购回自己的股份。有些企业的法定代表人并非是企业最大股东的代表者，在实际中，这些法定代表人为了保证不改变其在企业中的地位，也为了能在企业中实现自己的意志，往往采取回购股票的方式分散或削弱原控股股东的控股权，以实现原控股权的转移。

2. 提高每股收益

由于财务上的每股收益指标以流通在外的股份数作为计算基础，于是便有不少股份企业基于自身形象、上市需求和投资人渴望高回报等原因而采取了股票回购并库存自身股份的方式来影响每股收益指标，减少实际应支付红利的股份数量。

3. 稳定或提高企业股价

企业回购股票可以支撑股价，有利于使投资者关心企业的运营情况，恢复消费者对企业产品的信任，企业自己也有了进一步配股融资的可能。因此，股票回购是维护企业形象的有效途径，可以稳定或提高企业股价。

4. 反收购策略

前已述及，股票回购常被用作重要的反并购策略。股票回购可提高企业股价，减少流通在外的股份，使并购方并购难度增加，从而起到反并购的作用。

（三）股票回购的原则及操作程序

1. 股票回购的原则

从回购的理论和实践效果来分析，股票回购的基本原则主要为：① 保护债权人利益。若股票回购导致企业股本减少，降低企业还债能力，加上债权人对企业经营无参与权，就会使债权人利益受到威胁。因此，股票回购必须首先保护债权人的利益；② 保护全体股东利益。股票回购时若采取定向回购，则股份出让股东和未出让股东的利益将受到不平等待遇，特别是大股东在回购价格上的主导影响，将会使其与其他股东及债权人产生利益矛盾，因此必须设定约束条件，保护全体股东的平等利益；③ 限制企业回购行为和方式。企业通过股票回购保护自身利益是自然的，但企业也可能会通过回购来操纵股票市场价格，而这样一来将会助长内幕交易和投机行为，危及其他公众股东利益。因此，一般国家都不允许用实物资产回购股份，并对现金回购行为也规定了许多法律约束条件。

2. 股票回购的操作程序

企业董事会决定进行股票回购时，应首先报证券监管部门批准同意后，公告并发布召开股东大会的通知。然后，企业聘请投资银行承担有关经纪事务，并聘请律师事务所对有关股票回购事宜出具法律意见。之后召开的企业股东大会,应对股票回购数量、回购资金来源、股票回购方式、回购价格、回购期限等事项做出决议。如果企业回购股票用来减少注册资本,则应依法通知债权人,征得其同意。

企业在进行股票回购时,应编制资产负债表和财产清算单,并聘请会计师事务所对其资产负债表进行审计。如果企业拟回购的股份中50%以上为某一股东直接、间接持有,或回购结果将导致控股股东变更,或回购对象为特定股东,则应按如下三点办理:一是企业非关联董事对股票回购方案提出独立意见并公告;二是企业董事会聘请独立财务顾问,对股票回购方案中非关联股东权益的保护和企业发展前景做出报告,并由董事会安排公告;三是企业召开股东大会时,由非关联股东对股票回购事项进行独立表决。

二、杠杆收购

(一) 杠杆收购的定义及其特点

杠杆收购(Leverage Buy-out,LBO)是指收购方以其准备收购的企业资产和将来的收益能力作抵押,利用大量的债务融资收购目标公司的资产或股权的并购方式,其本质是通过举借债务进行收购。

杠杆收购起源于美国,是20世纪80年代第四次并购浪潮中出现的一种新的最引人注目的企业并购方式。在前次并购浪潮中,美国的许多企业实行了跨行业大规模扩张,但此举非但没能形成协同效应、提高企业竞争力,反而使许多企业负担越来越重。到了20世纪80年代中期,许多企业效益不佳,经营出现困境。为了尽快摆脱困境,提高资本收益率,许多公司不得不低价出售其非主营资产或子公司,为杠杆收购的产生提供了大量机会。同时,美国20世纪80年代前的通货膨胀导致大量企业的价值被低估,企业市场价值明显低于其重置成本,也促进了杠杆收购的兴起。1982年,美国前财长威廉·赛蒙进行了一次成功的杠杆收购,以投入不超过十几万美元的自有资金在短短一年半中获得了超过5 000万美元的盈利,成为早期美国收购界的经典。但成功的杠杆收购必备的条件是不能被忽视的:有潜质的收购目标,一定的金融创新,成功的重组。

与一般收购相比,杠杆收购通常具有如下特点。

(1) 高杠杆性。收购者只为收购交易投入少量的股权资本,大量的收购资金则依靠举债筹措,具有以小博大、"四两拨千斤"的杠杆效应。因此,作为杠杆收购的一个结果,收购后的企业具有很高的负债比例和杠杆收购比率①。

(2) 特殊的资本结构。这种特殊性不仅表现在股权资本占很小的比例,还表现在多层次的债务融资结构——既有优先债务,又有无担保的次级债务。这些债务资金是通过多种融资渠道(如商业银行、保险公司、养老基金、风险投资基金、投资银行等)、运用多样化的金融工具(包括银行贷款、过桥贷款、垃圾债券等)筹措的。并且,次级债务的债权人通常被附加了特殊的权利,即它们有资格以股票期权或认股权证的形式在未来获得企业的权益股份。这意味着这些债权人将分享企业的权益。

① 杠杆收购比率是指债务与权益之比。20世纪80年代后期,在杠杆收购中,美国的杠杆收购比率高达9∶1甚至10∶1;英国为3∶1或4∶1。

(3) 高风险与高收益并存。高风险缘于高杠杆比率,收购者与债务资金提供者都面临较高的财务风险。高收益源于对承担高风险所要获得的回报。一方面,收购者在杠杆收购获得成功后,将得到超额收益;另一方面,债务资金提供者将获得比常规条件下更高的利息收益,而次级债权的债权人在此基础上还获得一种额外的报酬——分享企业的权益,这是对它们承担高风险提供的一种激励。

(4) 投资银行的作用显著。投资银行在杠杆收购中除了以其专业技能帮助并购方物色和选择目标公司,提供过渡性贷款(过桥贷款)以外,主要承担"垃圾债券"的设计与发行工作。因此有人将杠杆收购归纳为投资银行和并购企业的合作博弈,双方都从中获得巨额交易合作剩余。

(5) 以发达的资本市场为基础。首先,市场允许企业利用多种金融工具(如垃圾债券的发行)进行融资,并具备相应的市场环境和制度保障。其次,大量的投资者认同这些投资工具,对杠杆收购有正确的评价,并能充分利用资本市场分散风险。

(6) 并购后企业往往具有较好的管理效能。高比例负债与管理者持股机制,以及特殊的资本结构带来的外部投资者更为强烈的监督约束,给企业经营管理者以强大的压力和动力,促使其改善经营管理,提高经济效益。

(7) 典型的杠杆收购往往使目标企业的性质发生根本性的变化,由公众持股的上市企业转变为私人控制的私有企业,企业的所有权与控制权再度结合。

(二) 杠杆收购的价值来源

一般来说,为了取得对目标企业的控制权,杠杆收购集团必须对企业股票进行溢价收购,有时收购集团甚至会以高出企业目前价格的50%甚至更高的溢价来收购,而收购集团的预期是目标企业在杠杆收购后会带来异乎寻常的利润。这就产生了一个问题:杠杆收购的价值来源于何处?通常说来,杠杆收购的价值来源于三个方面。

1. 企业的当前价格低于企业的实际价值

从财务观点看,导致企业当前价格低于企业实际价值的原因可能有如下三个方面:① 信息效率低。在信息效率高的市场上,企业的价格与实际价值相符;而在信息效率低的市场上,企业的价格不能完全反映其实际价值。所以,企业的价格有可能会低于其实际价值;② 管理层的问题。如果企业的管理层存在问题,就会使得投资者对管理层失去信心,从而"用脚投票",导致出现股价偏低的现象;③ 宏观经济的整体不佳。如果整个经济环境都处于停滞甚至衰退,就可能会打击整个社会的信心,从而也将导致企业的价格低于企业的实际价值。

2. 企业私有化能创造价值

企业私有化行为创造的价值来源可能有以下三个方面:① 代理成本降低而产生增值。通过企业私有化,使所有权与控制权合二为一,这样代理成本会大大减少甚至消失。② 效率提高而增加企业价值。通过企业私有化,使得企业在决策效率、敏感信息公布效率和生产经营管理效率上都得到较大提高。③ 获得税收利益而产生额外现金流。特别是因杠杆收购而带来的大量债务,可以降低税收负担。

3. 从其他有关当事人那里转移的价值

这种观点认为,杠杆收购中出售股票的股东及并购集团获得的价值来源于其他有关当事人,其中最主要的是证券持有人,另外还包括企业、雇员、有限股股东、供应商等。实证研究的结果表明,有些证据支持这种观点,有些证据则不支持。

(三)杠杆收购应具备的条件

杠杆收购是一项高风险、高收益的并购活动,因此对于杠杆收购条件的考察与分析极为关键,关系到并购的成败。一般而言,杠杆收购应具备以下条件。

第一,目标企业经营稳定,业务受经济周期波动的影响较小,能实现充足而稳定的现金流,且可以对其准确预测。否则,并购后企业未来支付债务本息的能力就无法保证,财务困境风险与成本较大。

第二,企业具有良好的经营前景与升值空间,市场竞争优势较为明显。杠杆收购的主要动机是财务回报,越是价值被低估或增值空间大的企业,越适合成为杠杆收购的目标。另外,因经营管理不善而亏损的企业经并购重组后,其业绩改善的空间很大,也可作为杠杆收购的目标企业。

第三,收购后企业能够拥有一个具有丰富管理经验和良好信誉的管理团队。贷款方对于收购者的管理能力和信誉的要求往往比较苛刻,高效的管理才能保证债务本金和利息的如期偿还。

第四,管理层有一个可行的企业经营计划。这既是保证企业将来有能力偿还债务的前提,也是企业实现价值增值的必要条件。

第五,目标企业负债率特别是长期负债率较低,且资产适宜作为贷款抵押物。企业负债率的高低将影响并购资金的筹措能力(尤其是资产抵押贷款能力)及并购后的资本结构,直接关系到杠杆收购的成败。

第六,目标企业部分非核心资产易于变卖。必要时并购后企业可以通过出售目标企业拥有的部分较易出售的非核心部门或资产,迅速获得偿债资金,支付部分债务。

第七,目标企业有明显的成本缩减空间。通过杠杆收购的方式完成收购后,企业面临的还本付息压力非常大。这就要求管理层能采取行之有效的方法减少费用开支,包括裁员、减少资本性支出、减少经营管理开支等。但是,这种成本缩减行为有时有一定的负面效应,收购方必须充分考虑成本压缩计划的可操作性。

(四)杠杆收购的主要操作程序

杠杆收购交易的过程一般是先由收购方投入少量资金(约占收购资金的10%)作为权益资本,组建一个收购主体公司,这个主体公司只是一个壳公司,作为进行收购的法律实体,以便通过融资进行收购。然后,收购主体公司通过过渡性贷款等一系列的债务安排,收购目标公司的股权,收购完成后,收购公司与目标公司合并。此时,存续公司已获得目标公司的资产,可向其他金融机构办理抵押贷款或发行债券,以偿还过渡性贷款。在随后时间内,存续公司重组公司资产与债务,使债务结构趋于合理。杠杆收购一般要经历以下几个阶段。

第一阶段:杠杆收购的设计准备阶段。主要工作是由并购方及财务顾问制定收购方案、与被收购方进行谈判,进行并购的融资安排。

第二阶段:资金筹集阶段。收购资金一般有三个来源:由收购者自筹收购价约10%的资金作为壳公司的权益资本；以目标公司的资产作抵押取得银行贷款，这部分资金占收购资金的 50%～60%。这类有担保的债务被称为优先债务或银行优先债务（Senior Bank Debt）；通过向金融投资机构私募或公开募集的形式发行各种高风险高收益债券（垃圾债券），此部分占收购资金的 30%～40%。这些债务处于银行优先债务和投资者股权之间的层次上，因此常被称作“夹层债务”（Mezzanine Money）或“中间融资”（Mezzanine Finance）。

第三阶段：收购目标公司。即收购方购买目标公司所有发行在外的股票或者购买目标公司的资产。如果收购公司股权，目标公司股东将其持有的股份转让给收购公司，两个公司合并。在购买资产的形式下，收购公司购买目标公司所有资产，此时，目标公司原有股东虽然仍持有目标公司股权，但目标公司已没有任何资产，只有大量现金，要么公司解散，要么转为新的投资型公司。

第四阶段：公司重组整合。完成并购后，需对目标企业进行有效的重组整合，提高企业运行效率和经营收益。一般包括：对两个公司进行合并，将目标公司转为非上市企业，以降低财务成本、提高目标企业经营的灵活性和决策的效率；对存续公司进行整改，拆、卖部分非核心资产或未充分利用的资产以偿还债务，使资产负债结构趋向合理；大力降低库存和应收款项，加强库存控制管理和应收账款管理；重组生产流程、改善产品质量及销售管理；努力与供应商达成更有利的条款；削减各方面的开支和不必要的投资甚至部分研究开发费用；进行人事改革与调整，以适应公司发展战略需要等。

第五阶段：公司上市或公司出售、实现收入。如果调整后经过一段时间的发展，企业经营效率得到较大提高，公司逐步做大做强，收购者的目标已经达到，则可以将企业出售给其他收购公司，或在时机成熟时使其重新上市成为公众持股公司，实现所谓的“反向杠杆收购”。

三、管理层收购

管理层收购（Management Buy-outs，MBO）是指目标公司的管理层通过债务融资购买目标公司的股权或资产，从而改变目标公司的所有权结构，获得企业控制权的收购形式。它最早出现在 20 世纪 80 年代美国兴起的杠杆收购浪潮中，之后被更多的国家所效仿和采用，并具有了一些新的特点。管理层收购实际上是杠杆收购的一种特殊形式，所以其操作程序基本与一般意义上的杠杆收购相同。

（一）管理层收购的相关理论

对于管理层收购，学者们围绕着收购动机、绩效表现及其来源、企业取得绩效的关键因素等多个方面阐述了不同的观点，其中有代表性的理论包括代理成本理论、防御剥夺说、避税理论、管理机会主义和信息不对称理论以及企业家精神学说。

1. 代理成本理论

詹森（Jensen）是代理理论的典型代表人物。代理理论认为，由于所有权与控制权的分离，在现代公司中管理者往往会利用各种优势追求个人利益最大化而非股东利益最大化，这种利益冲突导致了代理成本，出现了企业高现金流和低效投资并存的现象，企业资源被低效利用。管理层收购可有效降低这种代理成本,这是因为:管理层收购后,管理者拥有了公司的股权,使所有权与控制权合二为一,降低或消除了代理成本;管理层收购作为杠杆收购的一种表现形式,一方面提高了企业负债率,债务利息支出的增加可以缩小管理层自由支配现金流量的空间,另一方面,债权比股权具有更强的约束力,负债和破产压力也会迫使管理层努力工作、提高经营效率。

2. 防御剥夺说

防御剥夺说以阿尔钦(A.Alchain)等人发展起来的企业理论为理论基础。该学说认为,在企业中,管理层对企业的投资具有"唯一性",管理层的收益强烈依赖于企业的整体绩效,因此其利益很容易被股东等其他利益主体剥夺。为防止自己的专用投资和利益被他人剥夺,管理层就有激励成为自己投资收益的完全获取者,管理层收购就成了实现这一目标的有效手段。该学说从管理层的角度对管理层收购的动机做出了解释,认为管理层收购是管理层明晰其投资收益的手段,是管理层为改变与贡献不相称的报酬体系而做出的安排,其后发生的绩效改善则是管理层得到与其贡献接近的强大股权激励的结果。

3. 避税理论

劳恩斯坦(Lowenstein)认为,管理层收购后的避税效应是管理层收购的强烈动机。由于大量使用杠杆负债,收购后的利息费用要比收购前多出很多,而利息费用是要从公司的税前利润中扣除的,因此可获得大量的避税效益。劳恩斯坦(Lowenstein)同时指出,收购后管理层往往会提取加速折旧,也可以产生避税效益。也就是说,管理层收购产生的绩效——包括利息支出和管理层的股权收益都来源于避税所得。

4. 管理机会主义和信息不对称理论

该理论认为,经理人之所以热衷于收购自己经营管理的公司,是因为他们对目标公司的内部信息了解程度更高,占有信息优势,如果他们认为企业价值在现有市场价格下被严重低估,则会产生收购企业的激励,即管理机会主义是建立在管理者和公众投资者的信息不对称的基础上。在此特性下,如果对收购所支付的费用低于购买价格与企业的内在价值之差额,则管理层就会获得收益,他们就有动力通过管理层收购获得公司所有权。

5. 企业家精神说

企业家精神说是由怀特(Mike Wright)等人在发展前人理论基础上提出的。怀特认为一些管理层具备了形成企业家精神的潜质,但这种潜在的企业家精神为管理层所隶属的大型企业所不容。在实施管理层收购及随后的持续变革过程中,风险投资机构对于促使管理层收购企业建立起企业家精神发挥了重要的作用。风险投资机构不仅多以股权融资方式为管理层收购的实施及随后的企业变革提供融资支持,更为企业的战略转变提供了强大的动力和智力支持。正是着重于对企业家精神的培育与支持,使管理层收购不再局限于成熟行业,而是进入了以技术创新、产品创新为基础的高科技行业。企业家精神说重新解释了管理层收购的收益来源,不仅强调了管理层的作用,而且强调了风险投资机构的作用,认为是二者的合力创造了管理层收购的收益。他们的理论拓展了管理层收购的适用范围,区分了管理层收购的不同类型,强调管理层风格、激励手段和治理机制之间的正确匹配是管理层收购成功的关键,大大提高了理论对管理层收购的解释力和包容性。

（二）管理层收购的特点

由于管理层收购往往是通过杠杆收购方式来完成的,管理层收购实际上是杠杆收购的一种特殊表现形式,所以管理层收购的很多特征、成功并购需要的许多条件及操作程序与杠杆收购相同。在此,我们仅对管理层收购的一些特殊属性进行说明。

1. 收购主体的特定性

管理层收购与其他企业并购方式相比最大的区别在于,其收购主体是本企业管理层团队,他们通常投入一定资本先组建一个壳公司,由其作为收购的法律实体进行融资并完成并购。

2. 收购的对象是管理层所经营的公司

企业实施管理层收购的直接结果是,管理层的法律地位发生了变化,即管理层既具有公司管理层的身份,也具有了公司股东的身份,公司则由所有权与经营权相分离的现代企业制度转变为两权合一的企业制度。

3. 收购所需资金主要通过融资来完成

在收购中,经理层自身提供的资金只能占总收购资金的很少一部分,大部分收购资金还要依靠外部融资,这就要求收购者具有较强的组织能力、资本运营能力,同时还需要中介机构、财务顾问等的协助来完成。

4. 管理层收购的整合特征明显

在管理层收购中,目标企业必须具有巨大的资产增值潜力或存在潜在的管理效率空间,这是管理层收购实施的经济基础与动力。收购完成后,管理层通过控制企业及随后的资产、业务重组与整合,达到减少代理成本、增加企业经营效率与收益、获得超额回报的目的。

第七章

投资咨询与资产管理

第一节 投资咨询业务

一、咨询业务的定义及其特征

咨询(consultation)是通过专业人士所储备的知识经验和通过对各种信息资料的综合加工而进行的综合性研究开发行为。咨询产生智力劳动的综合效益,起着为决策者充当顾问、参谋和外脑的作用。

通常来说,咨询业务包括提供信息、建议、意见并收取手续费的所有活动。具体来讲,咨询业务是一种以合同关系为基础,以知识、信息、经验、技术和技能为载体,针对客户的需要提供信息、建议或方案的综合性研究决策活动。咨询业务具有如下特征。

一是知识创新性。咨询业务是以知识创新为前提的研究决策活动,知识创新是咨询业务的核心。咨询业务在开展过程中,咨询专业人员凭借着知识、智慧和技能,针对不同的客户问题,进行科学的分析,形成解决问题的方法和建议,借助知识创新给客户增加经济或社会效益。

二是信息综合性。信息综合性是咨询业务快速发展的根本手段。客户所面临的问题需要通过与咨询专业人员的信息交流才能转化为咨询问题。咨询专业人员通过对咨询问题、相关产业或技术等信息和资源进行综合分析和开发,才能形成有效的解决方案或建议。世界上著名的咨询机构大多拥有庞大的数据库、案例库和广泛的信息网络就是一个例证。

三是独立客观性。独立客观是咨询业务的一个前提条件。咨询专业人员按照咨询方法和程序进行独立研究,向客户提供客观的解决方案或建议,不受外界干扰,也不应为迎合某个人的偏好而提供不符合实际的方案或提议。

四是方案前瞻性。立足现实,着眼未来是咨询业务的一个基本原则。咨询机构要利用当前掌握的各种信息,运用科学的分析和预测方法进行前瞻性的研究,并结合咨询问题的性质和客户的实际状况，提出适当前瞻性的解决方案。

二、投资咨询业务的定义及其功能

投资咨询业务是指投资咨询机构凭借投资经验、专业技术、信息和人才等方面的优势，接受客户的委托，以单独业务或附属于其他业务的形式，为客户提供有关投资咨询等方面的直接或间接的研究决策活动。证券投资咨询业务是指取得监管部门颁发的相关资格的机构及其咨询人员为证券投资者或客户提供证券投资的相关信息、分析、预测或建议，并直接或间接收取服务费用的活动。

投资银行开展证券投资咨询业务，一方面适应了证券市场专业化的要求，另一方面也符合证券市场的公开、公平、公正原则。其功能主要体现在以下五个方面。

一是提高证券市场效率。投资银行投资咨询业务部门通过专业手段，搜集、整理、分析和传播信息，以确保客观、公正、准确、及时地生产信息和传递信息，能够有效地增强投资者参与积极性和市场配置资源的能力，提高证券市场的效率。

二是提高资金运作效率。投资银行投资咨询业务机构可以为市场上的发行人、投资人出谋划策，帮助他们选择筹资、投资的最佳方案，从而有利于减少投资者的盲目性，提高资金运作效率。

三是提高上市公司质量。上市公司的质量是证券市场稳健发展的保证，投资银行通过开展投资咨询业务，提供专业意见，帮助企业在资本市场上通过配股及增发再筹集资金，提高资金的使用效率，增强其竞争力，推动上市公司质量的提高。

四是提高投资银行的市场竞争力。投资银行通过提供高质量的投资咨询业务，既获得手续费收入，又发展与客户的良好关系，逐步树立起良好的社会形象，创立专业品牌，为进一步开拓和创新业务打下基础，从而提高其市场竞争力。

五是利于证券市场稳定发展。一般而言，中小投资者缺乏证券投资所需要的理论知识和经验，他们的时间、精力、财力和能力有限，难以亲自搜索、处理和分析信息，而投资银行咨询机构结合宏观经济因素，运用大量的事实数据对上市公司经营情况进行分析研究，引导其理性投资，从而有利于证券市场稳定发展。

三、证券投资咨询业务的条件及资格核准

(一) 投资银行申请证券、期货投资咨询从业资格的条件

根据1998年4月1日起施行的《证券、期货投资咨询管理暂行办法》的规定，申请证券、期货投资咨询从业资格的机构，应当具备下列条件。

1. 分别从事证券或者期货投资咨询业务的机构，有5名以上取得证券、期货投资咨询从业资格的专职人员；同时从事证券和期货投资咨询业务的机构，有10名以上取得证券、期货投资咨询从业资格的专职人员；其高级管理人员中，至少有1名取得证券或者期货投资咨询从业资格。

2. 有100万元人民币以上的注册资本。

3. 有固定的业务场所和与业务相适应的通讯及其他信息传递设施。

4. 有公司章程。

5. 有健全的内部管理制度。

6. 具备中国证监会要求的其他条件。

(二) 投资银行申请证券、期货投资咨询从业资格的核准

按照《证券、期货投资咨询管理暂行办法》的规定,申请证券、期货投资咨询从业资格的机构,应当向中国证监会提交下列文件,取得中国证监会的业务许可后方可从事证券、期货投资咨询业务。其提交的文件包括:① 中国证监会统一印制的申请表;② 公司章程;③ 企业法人营业执照;④ 机构高级管理人员和从事证券、期货投资咨询业务人员名单及其学历、工作经历和从业资格证书;⑤ 开展投资咨询业务的方式和内部管理规章制度;⑥ 业务场所使用证明文件、机构通讯地址、电话和传真机号码;⑦ 由注册会计师提供的验资报告;⑧ 中国证监会要求提供的其他文件。

四、证券投资咨询业务的类型及其一般程序

(一) 证券投资咨询业务的类型

根据服务对象的不同,证券投资咨询业务可以分为:面向公众的投资咨询业务;为签订了咨询服务合同的特定对象提供的证券投资咨询业务;为本公司资产管理部门、投资银行部门的投资咨询服务。也可以按下列具体业务进行分类。

1. 充当私募顾问

私募的对象大多数是精明的机构投资者及高净值人群,投资银行提供的服务包括企业估价、股票定价和发售安排等。如果没有可供比较的交易价格,投资银行可以在充分了解和掌握那些决定公司未来发展财务状况关键因素的基础上,通过调整账面价值和预计未来的现金流量的净现值加以确定。

2. 证券、期货投资咨询

证券投资咨询是伴随着证券市场投资者队伍的扩大而产生的一项业务,包括无偿向公众提供的证券投资咨询和面向特定客户的有偿证券投资咨询。证券投资咨询主要从事证券市场趋势研究、政策效应分析及其预测,对二级市场运行机理进行有点有面的分析,把握板块互动和热点问题,对证券市场运行状况做前瞻性研究判断,向特定或不特定的投资者提供证券市场走势预测。

3. 专项投资咨询

专项投资咨询通常是就证券投资领域的某一具体环节或问题向特定投资者提供的,而且一般是有偿服务。其内容主要包括:提供投资价值分析报告和投资理财咨询。

(二) 证券投资咨询业务的一般程序

投资银行开展证券投资咨询业务要遵循一定的操作程序。

1. 明确咨询业务的长期目标

咨询业务的长期目标是建立与客户之间的长期合作关系,共同解决客户所面临的问题。投资银行通过与客户的接洽,了解咨询项目的范围、要求,建立适应客户要求的咨询目标。当投资银行发现潜在客户时,应尽量使其成为新客户,并尽最大的努力取得客户的

价值承认，争取得到后续的业务订单，从而通过所提供的最佳服务使客户与投资银行结成长期的合作关系。

2. 组建咨询业务项目组

每一个客户的需求不同，所面临问题的复杂程度也不同，投资银行需要根据客户的不同要求提供适宜的咨询方式。针对不同的咨询项目，需要配置不同的专业顾问发展业务。因此，在对工作量和难易程度进行调查的基础上，按人才和知识结构进行合理搭配，组建咨询业务项目组是一个关键步骤。

咨询业务项目组通常由三个层次的顾问人员组成：资深经理，负责指导该项目的业务，并对最终的任务完成质量承担完全责任；项目经理，负责领导操作责任；管理顾问，负有操作责任。

3. 了解客户需求，递交项目建议书

在咨询业务开展之前，投资银行首先要花时间去了解客户的需求，对高层主管人员进行一系列面对面的访谈，经过讨论与精炼咨询内容和方向后，向客户递交项目建议书，其中列明项目的研究途径与方法，以及人员配置等任务要素，以赢得客户的信任与好感。

4. 签订合同，明确双方的权利与义务

与客户签订委托书或合同，明确咨询业务的任务、责任、费用和期限。咨询业务合同应明确以下内容：明确项目任务的边界与完成方式；明确项目的阶段性；规定向客户管理层汇报项目的成果及进展的次数；明确项目的酬金及费用支付的时间和数量。

5. 形成最终的咨询报告

在调查研究的基础上，设计出最优的方案，在全面分析资料的基础上提出可行性方案，并结合整体的协调性、技术可行性和环境适应性分析，对方案进行优化选择，最后为客户提供简明扼要、措施具体的最终报告。

6. 指导客户实施咨询方案

指导客户对最终方案进行实际应用，这一过程需要投资银行专业人员进行组织培训，特别是在战略管理咨询中，这一步骤是投资银行帮助客户制定适当的战略后的另一个关键任务。

7. 信息反馈

将客户实际执行方案的效果与计划进行对比、效益评判和偏差分析，建立与客户之间的信息反馈机制，与客户建立长期合作伙伴关系，最终形成投资银行的忠诚客户。

五、证券及期货投资咨询业务

（一）证券及期货投资咨询所运用的分析依据及手段

第一，根据经济学、金融学、财务管理学及投资学的基本原理，对决定证券、期货投资价值及价格的基本要素如宏观经济指标、经济政策走势、行业发展状况、产品市场状况、公司销售策略和财务状况等进行基本面分析。

第二，依据证券、期货的市场行为来分析证券、期货价格未来变化趋势，运用各种技术指标和其他技术分析方法预测证券、期货价格走势，帮助和启发投资者寻找市场的无效区间从而获得超额投资收益。

第三,运用现代证券组合理论评估市场的系统性风险,分析整体市场的风险—收益特征,建议投资者在大势向好的时候买进、在大势向淡的时候卖出以规避风险。

第四,运用现代随机漫步理论、心理预期流派理论等向投资者揭示证券市场的无序性,告诫投资者在没有形成主流趋势的市场中要尊重市场,而不要企图完全认清和控制市场,才能更好地保护自己。

(二) 证券及期货投资咨询的内容

证券及期货投资咨询包括但不限于以下内容:① 接受投资人或者客户委托,提供证券、期货投资咨询服务;② 给投资者或者客户做当天证券及期货最新市场表现概述,描述大盘行情的开盘价、最高价、最低价、收盘价、成交量等;③ 为投资者或者客户做大盘整体走势分析(包括宏观政策面、基本面等);④ 为个别签约客户或者投资者做板块热点与行业综合分析(包括行业调研结果分析);⑤ 举办有关证券、期货投资咨询的讲座、报告会,以及具体个股或品种技术分析;⑥ 提供上市公司最新披露的财务报表、重大事项公告、营利预测等信息分析;⑦ 为机构投资者等客户提出投资组合建议;⑧ 在报刊上发表证券、期货投资咨询的文章、评论、报告,以及通过电台、电视台等公众媒体传播;⑨ 通过电话、传真、电脑网络等电信设备系统,提供证券、期货投资理念、方法和技巧等服务。

(三) 证券研究报告的发布及监管

中国证监会于 2010 年 10 月 12 日公布了《发布证券研究报告暂行规定》(2011 年 1 月 1 日施行)。这里所称发布证券研究报告,是证券投资咨询业务的一种基本形式,指证券公司、证券投资咨询机构对证券及证券相关产品的价值、市场走势或者相关影响因素进行分析,形成证券估值、投资评级等投资分析意见,制作证券研究报告,并向客户发布的行为。证券研究报告主要包括涉及证券及证券相关产品的价值分析报告、行业研究报告、投资策略报告等。

中国证监会及其派出机构依法对证券公司、证券投资咨询机构发布证券研究报告行为实行监督管理。中国证券业协会对证券公司、证券投资咨询机构发布证券研究报告行为实行自律管理,并依据有关法律、行政法规和《发布证券规定报告暂行规定》,制定相应的执业规范和行为准则。

证券公司、证券投资咨询机构发布的证券研究报告,应当载明下列事项:“证券研究报告”字样;证券公司、证券投资咨询机构名称;具备证券投资咨询业务资格的说明;署名人员的证券投资咨询执业资格证书编码;发布证券研究报告的时间;证券研究报告采用的信息和资料来源;使用证券研究报告的风险提示。

六、专项投资咨询业务

(一) 提供投资价值分析报告

在现代资本市场中,股东价值的重要性日益受到关注。企业界、投资界和分析师们都更加明确地认识到,所有公司,尤其是上市公司,应该尽其所能地为公司的股东创造尽可能多的价值。为了实现股东财富最大化的目标,就需要对公司股票的价值进行动态的评价、分析和监控。

证券价值分析是从预期收益贴现模型和资本资产定价模型(CAPM)开始的。以此为基础,再加上一定的实地调研获取的第一手信息,投资银行投资咨询部门就可以为客户撰写并提供"股票投资价值分析报告"和"债券投资价值分析报告"。

以"股票投资价值分析报告"为例,它主要包括但不限于如下内容:股份公司的设立、股票发行、募集资金使用情况、近年来重大变更事项等历史信息及其对股票投资价值的影响;当前公司所在行业竞争状况、经营环境与经营管理情况(特别是主营业务发展状况和产品竞争能力)、财务状况(包括资产负债情况、成本管理等)等方面存在哪些有利因素和哪些不利因素,它们对股票投资价值将产生怎样的影响;以未来公司预测现金流为基础,根据证券(股票)估价模型对公司价值进行评估并得出结论;列举各种不确定因素对评估结论可能发生的影响,特别是严重改变该股票投资价值的市场风险、信用(违约)风险等需要做出强调说明;判断目前该股票市场价格相对于其价值而言偏高或偏低并给出投资建议。一般可做出四种不同类型的推荐:大量购买、购买、持有和出售。

投资银行提供一份详细的投资价值分析报告,将有助于投资者做出科学的投资决策。

(二) 投资理财咨询业务

1. 投资项目筛选与评估

(1) 投资银行利用投资信息网络为客户提供特定地区的投资环境及投资机会调查评估报告,并提供相关的行业政策、法律法规的咨询意见。

(2) 投资银行为投资者寻找可供选择的投资项目,包括为跨国公司、境内外风险投资公司、基金管理公司等在国内筛选合适的投资项目,担任其国内投资事务顾问,结成跨国战略投资联盟。

(3) 投资银行对已有的投资项目进行评估,通过未来收益净现值分析、行业分析、竞争分析、风险分析等方法,判断是否值得投资。

(4) 投资银行做出投资建议。

2. 合作投资

(1) 对于某些经营管理能力有欠缺的投资者,投资银行为其寻找合适的合作伙伴,帮助其引见、谈判,直至签署合作协议。

(2) 对于从事证券投资但在资金、技术等方面实力不足的投资者,投资银行可与其签订合作投资协议,开设共同账户,互相监督投资。这种方式与委托理财有很大不同,它并不是投资者对于投资银行的一种全权委托,而是投资银行与客户合作或合伙投资的新形式,它很容易引起法律纠纷。

3. 投资风险管理顾问

投资银行可以根据客户的不同需求与风险承受能力,运用风险管理方法,对投资风险进行有效监控及评估,并为企业设计合理的风险防范架构。

第二节 资产管理业务

一、资产管理业务的定义及其种类

(一)资产管理业务的定义

资产管理(Asset Management)又称委托理财,是同一业务从委托方和管理方的不同角度形成的不同称谓,可定义为专业管理人接受资产所有者委托,代为经营和管理资产,以实现委托资产增值或其他特定目标的行为。资产管理业务是指证券、期货、基金等金融投资公司作为资产管理人,根据资产管理合同约定的方式、条件、要求及限制,对客户资产进行经营运作,为客户提供证券及其他金融产品的投资管理服务的行为。本节所指的资产管理业务,特指证券市场中的资产管理,即投资银行作为管理人,以独立账户募集和管理委托资金,投资于证券市场的股票、基金、债券等金融工具及其组合,以实现委托资金的增值或其他特定目的的中介业务。

资产管理业务是投资银行在传统业务基础上发展的新型业务,是当今世界金融服务业中规模最大、发展最快的业务之一。国外较为成熟的证券市场中,投资者大都愿意委托专业人士管理自己的财产,以取得稳定的收益。一般情况下,投资银行都通过设立资产管理业务部或成立资产管理附属公司来进行正常的资产管理业务。

我国投资银行开展资产管理业务有两个重要目的:专业化管理和降低交易成本,以实现"规模经济性"和"范围经济性"。从本质上讲,资产管理业务体现了金融资产的所有权与经营权的分离及其专业化运用。在较成熟的证券市场中,投资者大都愿意委托训练有素的专业人士管理自己的资产,以避免因专业知识和投资经验不足而可能引起的不必要风险,力求能够获得可观的投资收益。同时,对整个证券市场发展也有一定的稳定作用。

在成熟证券市场,资产管理业务已经成为投资银行业务中与证券承销与保荐、经纪与自营、并购与重组业务并列的核心业务之一。资产管理业务以其庞大的市场规模以及带动相关业务发展的能力,备受投资银行的高度重视。但在我国证券市场上,资产管理业务基本上还是一项全新的业务,2001 年,中国证监会在《关于规范证券公司受托投资管理业务的通知》中把证券公司"受托资产管理业务"定义为"证券公司作为受托投资管理人,依据有关法律、法规和投资委托人的投资意愿,与委托人签订受托投资管理合同,把委托人委托的资产在证券市场上从事股票、债券等金融工具的组合投资,以实现委托资产收益最优化的行为"。2003 年 12 月 18 日,中国证监会公布的《证券公司客户资产管理业务试行办法》将证券公司"受托投资管理业务"正名为"客户资产管理业务",并增加了业务类型。2013 年 6 月 26 日修改后的《证券公司客户资产管理业务管理办法》仍旧沿用了"客户资产管理业务"这一提法。

(二)资产管理业务的种类

1. 为单一客户办理定向资产管理业务

这是投资银行与客户签订书面定向资产管理合同,就双方的权利义务和相关事宜做出明确约定后，通过专门账户为客户提供资产管理服务的一种业务。这种业务的特点是：投资银行与客户必须是一对一的，接受单个客户的资产净值不得低于人民币100万元，由客户自行行使其所持有证券的权利，履行相应的义务。实际运作中，投资银行应当保证客户资产与其自有资产、不同客户的资产相互独立，对不同客户的资产分别设置账户、独立核算、分账管理。

2. 为多个客户办理集合资产管理业务

这是投资银行通过设立集合资产管理计划，与客户签订集合资产管理合同，将客户资产交由依法取得基金托管业务资格的资产托管机构托管，通过专门账户为客户提供资产管理服务的一种业务。集合资产管理业务的特点是：集合性，即投资银行与客户是一对多；客户资产必须进行托管；通过专门账户投资运作；较严格的信息披露。

3. 为客户特定目的办理专项资产管理业务

这是投资银行与客户签订专项资产管理合同，针对客户的特殊要求和基础资产的具体情况，设定特定投资目标，通过专门账户为客户提供资产管理服务的一种业务。该业务的特点是：综合性，即投资银行与客户可以是一对一，也可以是一对多，也就是说，既可以采取定向资产管理的方式，也可以通过设立综合性的集合资产管理计划办理该项业务；特定性，即要设定特定的投资目标；通过专门账户经营运作。

（三）资产管理业务与证券投资基金业务的不同点

投资银行资产管理业务与证券投资基金业务存在很大的相同之处，都是受人之托管理他人所有的金融资产。但两者也存在着明显的差别，主要表现在以下方面。

1. 客户群体定位不同

资产管理业务客户网络的建立主要靠的是市场信誉与合作关系，其客户一般是规模资产所有者，主要是机构投资者及富有的个人投资者，资产数量一般较大，对资金投向和资金的规模收益有特别的要求；证券投资基金面向社会公众公开发行，其客户多是不确定的散户投资者，资产数量一般不大，对资金具体投向和投资收益无特殊要求。

2. 服务方式不同

资产管理业务通常是一对一方式，每一客户有自己独立的账户，分别管理，专家理财；证券投资基金业务则采取一对多方式，所有的资产开立于一个统一的账户中，专家理财，统一管理。

3. 投资决策目标不同

资产管理业务由于以独立账户开展一对一资产管理，所以既可定位在以资产增值为管理目标，也可定位在委托资产其他特定要求目标，还可兼顾委托资产的共性和个性特征，提供客户满意的综合金融服务；证券投资基金则以集合投资方式服务于众多投资者，投资决策目标难以体现委托资产的个性要求，只能满足委托资产增值的共性要求，所以证券投资基金一般以委托资产增值为首要目标。

4. 委托方式不同

资产管理业务的客户一般是单独与管理人签订合同，当事人在法定的范围内享有较大的契约自由；证券投资基金则是客户通过购买基金股份或基金单位的方式完成委托行为,基金公司章程、契约的内容乃至形式都必须符合法律法规的要求。

5. 参与管理程度不同

资产管理业务中,投资者可将自己对资产管理的意图反映到合同中,在管理过程中投资者还可通过与资产管理经理经常性的接触,随时对资产管理的运作发表意见,因此,参与程度较高;证券投资基金的投资决策最终取决于多数基金持有人的投资偏好,投资者个人并无决定权,因而参与程度较低。

6. 及时调整具体投资组合的程度不同

资产管理业务中,投资者可以根据自身的风险承受能力选择不同的投资风格和投资组合,并与投资银行协商进行调整。但是,证券投资基金的具体投资组合则由基金经理决定,投资者无法根据市场的突然变化及时地调整资产组合。

7. 风险收益特征不同

对于投资银行来说,资产管理业务可采取定向集中投资和客户参与的方式,形成具有低风险低收益或高风险高收益的业务特征;证券投资基金由于运作透明、通过组合投资分散风险和收取固定管理费用等方式,表现出低风险和稳定收益的业务特征。对于投资者来说,证券投资基金和资产管理业务比其个人自身直接进入证券市场来说具有风险收益的比较优势,但按照风险收益对应的市场特征,对不同的管理人是存在差异的。

8. 信息披露和投资限制不同

资产管理业务中,管理人只需向投资者定期报告资产的风险、收益情况;而证券投资基金在基金管理过程中,必须履行严格的经常性信息披露义务,而且在可投资的金融品种和投资组合比例等方面受到法律的限制。

通过以上比较可以看出,证券投资基金业务虽然有管理规范、客户基础面广、控制资金量大等优点,但资产管理业务具有的灵活性、参与管理性和服务个性化等优点,是证券投资基金业务所不能替代的,一对一的资产管理方式有其特定的细分市场和合理的生存空间,成为投资银行日益重要的业务,其业务份额和利润呈现不断上升的趋势。

二、资产管理业务的基本要求及一般规定

(一)资产管理业务的资格

1. 投资银行从事资产管理业务的条件

在我国,投资银行从事客户资产管理业务,应向中国证监会申请客户资产管理业务资格。未取得客户资产管理业务资格的投资银行,不得从事客户资产管理业务。

一般来说,投资银行申请从事资产管理业务资格应符合一定条件:经中国证监会核定具有证券资产管理业务的经营范围;净资本不低于2亿元人民币,且符合中国证监会关于经营证券资产管理业务的各项风险监控指标的规定;资产管理业务人员具有证券业从业资格,无不良行为记录,其中,具有3年以上证券自营、资产管理或者证券投资基金管理从业经历的人员不少于5人;具有良好的法人治理结构、完备的内部控制和风险管理制度,并得到有效执行;最近一年未受到过行政处罚或者刑事处罚;中国证监会规定的其他条件。

2. 投资银行申请资产管理业务资格需要提交的材料

在我国，投资银行申请资产管理业务资格，应当向中国证监会提交下列材料：申请书；经营证券业务许可证和企业法人营业执照副本复印件；净资本计算表和经具有证券相关业务资格的会计师事务所审计的最近一期财务报表；负责资产管理业务的高级管理人员的情况登记表；资产管理业务人员、风险控制岗位人员的名单、简历、证券业从业资格证书和身份证明复印件；申请人出具的资产管理业务人员无不良行为记录的证明；内部控制和风险管理制度文本及由具有证券相关业务资格的会计师事务所出具的内控评审报告；资产管理业务计划书和业务操作规程；中国证监会要求提交的其他材料。

3. 投资银行办理专项资产管理业务的基本要求

取得资产管理业务资格的投资银行，可以办理定向资产管理业务。办理专项资产管理业务的，除应具备规定的条件并取得资产管理业务资格外，还须按照《证券公司客户资产管理业务管理办法》的规定向中国证监会提出逐项申请。证券公司设立集合资产管理计划，办理集合资产管理业务，还应当符合下列要求：具有健全的法人治理结构、完善的内部控制和风险管理制度，并得到有效执行；设立限定性集合资产管理计划的净资本不低于 3 亿元人民币，设立非限定性集合资产管理计划的净资本不低于 5 亿元人民币；最近一年不存在挪用客户交易结算资金等客户资产的情形；中国证监会规定的其他条件。

（二）资产管理业务的基本原则

投资银行从事资产管理业务应当遵守以下基本原则。

（1）守法合规。遵守法律、行政法规和中国证券会的规定，不得有欺诈客户的行为。

（2）公平、公正。遵循公平、公正的原则，维护客户的合法权益，诚实守信，勤勉尽责，避免利益冲突。

（3）资格管理。应当按《证券公司客户资产管理业务管理办法》的规定向中国证监会申请资产管理业务资格。未取得资产管理业务资格的投资银行，不得从事资产管理业务。

（4）约定运作。应当依照《证券公司客户资产管理业务管理办法》的规定与客户签订资产管理合同，根据资产管理合同约定的方式、条件、要求及限制，对客户资产进行经营运作，为客户提供证券及其他金融产品的投资管理服务。

（5）集中管理。应当实行集中运营管理，对外统一签订资产管理合同，并设立专门的部门负责资产管理业务。

（6）风险控制。应当建立健全风险控制制度和合规管理制度，采取有效措施，将资产管理业务与公司的其他业务严格分开管理，控制敏感信息的不当流动和使用，防范内幕交易和利益冲突。

（三）投资银行办理资产管理业务的一般规定

1. 定向资产管理业务

投资银行接受单个客户的资产净值不得低于人民币 100 万元，由客户自行行使其所持有证券的权利，履行相应的义务。

2. 集合资产管理业务

(1) 投资银行只能接受货币资金形式的资产,同时,集合计划应当符合下列条件:① 募集资金规模在50亿元人民币以下;② 单个客户参与金额不低于100万元人民币;③ 客户人数在200人以下。

(2) 将集合资产管理计划设定为均等份额,并可以根据风险收益特征划分为不同种类。同一种类的集合资产管理计划份额,享有同等权益,承担同等风险。

(3) 参与集合资产管理计划的客户不得转让其所拥有的份额,但是法律、行政法规和中国证监会另有规定的除外。

(4) 投资银行可以自有资金参与本行设立的集合资产管理计划。募集推广期投入且按照合同约定承担责任的自有资金,在约定责任解除前不得退出;存续期间自有资金参与、退出的,应当符合相关规定。同时,应当在资产管理合同中明确约定自有资金参与、退出的条件、程序、风险揭示和信息披露等事项,合同约定承担责任的自有资金,还应当对金额做出约定。投资银行投入的资金,根据其所承担的责任,在计算公司的净资本额时予以相应的扣减。

(5) 投资银行可以自行推广集合资产管理计划,也可以委托其他证券公司、商业银行或者中国证监会认可的其他机构代为推广。集合资产管理计划应当面向合格投资者推广,合格投资者累计不得超过200人。合格投资者是指具备相应风险识别能力和承担所投资集合资产管理计划风险能力且符合下列条件之一的单位和个人:① 个人或者家庭金融资产合计不低于100万元人民币;② 公司、企业等机构净资产不低于1 000万元人民币。依法设立并受监管的各类集合投资产品视为单一合格投资者。

(6) 投资银行不得向合格投资者之外的单位和个人募集资金,不得通过报刊、电台、互联网等公众传播媒体或者讲座、报告会、分析会等方式向不特定对象宣传推介。禁止通过签订保本保底补充协议等方式,或者采用虚假宣传、夸大预期收益和商业贿赂等不正当手段推广集合计划。

(7) 集合资产管理计划设立完成前,客户的参与资金只能存入集合资产管理计划份额登记机构指定的专门账户,不得动用。

(8) 投资银行进行集合资产管理业务投资运作,在证券期货等交易所进行交易的,应当通过专用交易单元进行,遵守交易所的相关规定。

(9) 集合计划募集的资金可以投资国内依法发行的股票、债券、股指期货、商品期货等证券期货交易所交易的投资品种;央行票据、短期融资券、中期票据、利率远期、利率互换等银行间市场交易的投资品种;证券投资基金、证券公司专项资产管理计划、商业银行理财计划、集合资金信托计划等金融监管部门批准或备案发行的金融产品;以及中国证监会认可的其他投资品种。可以参与融资融券交易,也可以将其持有的证券作为融券标的证券出借给证券金融公司。

(10) 投资银行将其管理的客户资产投资于本行及与本行有关联方关系的公司发行的证券或承销期内承销的证券,或者从事其他重大关联交易的,应当遵循客户利益优先原则,事先取得客户的同意,事后告知资产托管机构和客户,同时向证券交易所报告,并采取切实有效措施,防范利益冲突,保护客户合法权益。

(四) 资产管理业务中客户资产托管

1. 客户资产托管的定义

客户资产托管,指的是资产托管业务,是接收客户委托,安全保管客户资产、行使监督职责,并提供投资管理相关服务的业务。

资产托管机构应当是依法可以从事客户交易结算资金存管业务的商业银行或者中国证监会认可的其他机构。资产托管机构应当安全保管客户委托资产。资产托管机构发现投资银行的投资指令违反法律、行政法规和其他有关规定,或者违反资产管理合同约定的,应当予以制止,并及时报告客户和投资银行住所地证券监管机构;投资指令未生效的,应当拒绝执行。

投资银行办理定向资产管理业务,客户委托资产应当按照证券监管机构的规定采取托管方式进行保管。定向资产管理合同约定的投资管理期限届满或者发生合同约定的其他事由,应当终止资产管理合同的,投资银行在扣除合同约定的各项费用后,必须将客户账户内的全部资产交还客户自行管理。

投资银行办理集合资产管理业务,应当将集合资产管理计划资产交由资产托管机构进行托管。投资银行、资产托管机构应当为集合资产管理计划单独开立证券账户和资金账户。资金账户名称应当是"集合资产管理计划名称"。证券账户名称应当是"投资银行名称——资产托管机构名称——集合资产管理计划名称"。集合资产管理合同约定的投资管理期限届满或者发生合同约定的其他事由,集合计划不展期,应当终止集合资产管理计划运营的,投资银行和资产托管机构在扣除合同规定的各项费用后,必须将集合资产管理计划资产按照客户拥有份额的比例或者集合资产管理合同的约定,以货币资金的形式全部分派给客户,并注销证券账户和资金账户。

2. 资产托管机构的职责

资产托管机构应当由专门部门负责集合资产管理计划资产的托管业务,并将托管的集合资产管理计划资产与其自有资产及其管理的其他资产严格分开。资产托管机构办理集合资产管理计划资产托管业务应当履行下列职责:

(1) 安全保管集合资产管理计划资产。

(2) 执行投资银行的投资或者清算指令,并负责办理集合资产管理计划资产运营中的资金往来。

(3) 监督投资银行集合资产管理计划的经营运作,发现投资银行的投资或清算指令违反法律、行政法规、证券监管机构的规定或者集合资产管理合同约定的,应当要求改正;未能改正的,应当拒绝执行,并向证券监管机构报告。

(4) 出具资产托管报告。

(5) 集合资产管理合同约定的其他事项。

三、资产管理业务的运作与管理

(一) 定向资产管理业务的运作与管理

1. 定向资产管理业务的基本原则

投资银行开展定向资产管理业务应遵循以下基本原则。

(1) 公平公正、诚实守信。投资银行应当遵循公平、公正的原则;诚实守信,审慎尽责;坚持公平交易,避免利益冲突,禁止利益输送,保护客户合法权益。

(2) 健全内控、规范运作。投资银行应当建立健全内部控制与风险管理制度,加强业务风险的防范、控制和检查,规范运作。

(3) 收益独享、风险自担。定向资产管理业务的投资收益由客户分享,风险由客户自行承担,投资银行不得以任何方式对客户资产本金不受损失或者取得最低收益做出承诺。

(4) 分账管理、独立核算。投资银行应当保证客户资产与其自有资产、不同客户的资产相互独立,对不同客户的资产分别设置账户、独立核算、分账管理。

2. 定向资产管理业务运作的基本规范

(1) 客户准入及委托标准。定向资产管理业务客户应当是符合法律、行政法规和中国证监会规定的自然人、法人或者依法成立的其他组织;投资银行开展定向资产管理业务,接受单一客户委托资产净值的最低限额应当符合中国证监会的规定;投资银行可以在规定的最低限额的基础上,提高本公司客户委托资产净值最低标准;投资银行不得接受本公司董事、监事、从业人员及其配偶成为定向资产管理业务客户。

(2) 尽职调查及风险揭示。投资银行开展定向资产管理业务,应当按照有关规则,了解客户身份、财产与收入状况、证券投资经验、风险认知与承受能力以及投资偏好等,并获取相关信息和资料;投资银行应当以书面和电子方式对尽职调查获取的相关信息和资料,予以详细记载、妥善保存;客户应当如实披露或者提供相关信息、资料,并在合同中承诺信息和资料的真实性;投资银行应当指定专人向客户如实披露其业务资格,讲解有关业务规则和定向资产管理合同的内容。投资银行应当制作风险揭示书,充分揭示客户参与定向资产管理业务的市场风险、管理风险、流动性风险及其他风险,以及上述风险的含义、特征、可能引起的后果。风险揭示书的内容应当具有针对性,表述应当清晰、明确、易懂,符合中国证券业协会制定的标准格式。投资银行应当将风险揭示书交客户签字确认。客户签署风险揭示书,即表明已经理解并愿意承担参与定向资产管理业务的风险。

(3) 客户委托资产及来源。客户委托资产可以是客户合法持有的现金、股票、债券、证券投资基金、集合资产管理计划份额、央行票据、短期融资券、资产支持证券、金融衍生品或者中国证监会允许的其他金融资产。客户委托资产的来源、用途应当合法,定向资产管理业务客户应当在合同中对此做出明确承诺;客户未做承诺,或者投资银行明知客户身份不真实或者委托资产来源、用途不合法,或者投资银行发现客户涉嫌非法汇集他人资产参与定向资产管理业务的,投资银行不得为其提供定向资产管理服务。自然人不得用筹集的他人资金参与定向资产管理业务。法人或者依法成立的其他组织用筹集的资金参与定向资产管理业务的,应当向投资银行提供合法筹集资金证明文件;未提供证明文件的,投资银行不得为其办理定向资产管理业务。投资银行发现客户委托资产涉嫌洗钱的,应当按照《中华人民共和国反洗钱法》和相关规定履行报告义务。

(4) 客户资产托管。客户委托资产应当交由依法可以从事客户交易结算资金存管业务的商业银行或者中国证监会认可的其他资产托管机构托管;资产托管机构应当按照中国证监会的规定和定向资产管理合同的约定,履行安全保管客户委托资产、办理资金收付事项、监督投资银行投资行为等职责;资产托管机构发现投资银行违反法律、行政法规和其他有关规定,或者违反定向资产管理合同的,应当立即要求投资银行改正;未能改正或者造成客户委托资产损失的,资产托管机构应当及时通知客户,并报告投资银行住所地中国证监会派出机构。

(5) 客户资产独立核算与分账管理。投资银行开展定向资产管理业务,应当保证客户委托资产与投资银行自有资产相互独立,不同客户的委托资产相互独立,对不同客户的委托资产应当独立建账,独立核算,分账管理;投资银行、资产托管机构、第三方存管机构破产或者清算时,客户委托资产不属于其破产财产或者清算财产。

(6) 客户资产管理账户。投资银行从事定向资产管理业务,买卖证券交易所的交易品种,应当使用定向资产管理专用证券账户。专用证券账户应当以客户名义开立,客户也可以申请将其普通证券账户转换为专用证券账户。客户开立专用证券账户,或者将普通证券账户转换为专用证券账户,应当委托投资银行向证券登记结算机构申请办理。专用证券账户名称为"客户名称",证券登记结算机构应当对专用证券账户进行标识。同一客户只能办理一个上海证券交易所专用证券账户和一个深圳证券交易所专用证券账户。定向资产管理合同应当就客户授权投资银行开立、使用、注销、转换专用证券账户事宜做出明确约定。代理客户办理专用证券账户,应当由投资银行向证券登记结算机构申请办理。投资银行办理专用证券账户时,应当提交证券资产管理业务许可证明、与客户签订的定向资产管理合同以及证券登记结算机构规定的其他文件。投资银行应当自专用证券账户开立之日起 3 个交易日内,将专用证券账户报证券交易所备案;未报备前,不得使用该账户进行交易。专用证券账户仅供定向资产管理业务使用,并且只能由代理办理专用证券账户的投资银行使用,不得办理转托管或者转指定,中国证监会另有规定的除外;投资银行、客户不得将专用证券账户以出租、出借、转让或者其他方式提供给他人使用。投资银行应当在定向资产管理合同失效、被撤销、解除或者终止后 15 日内,向证券登记结算机构代为申请注销专用证券账户,或者根据客户要求,代理客户向证券登记机构申请将专用证券账户转换为普通证券账户。客户应当予以协助。专用证券账户注销后,投资银行应当在 3 个交易日内报证券交易所备案。客户将委托的证券从原有证券账户划转至专用证券账户,或者专用证券账户注销时将专用证券账户内的证券划转至该客户其他证券账户的,投资银行可以根据合同约定向证券登记结算机构代为申请。上述证券划转行为不属于所有权转移的过户行为。

(7) 定向资产管理业务的投资范围。定向资产管理合同约定的投资范围不得超出法律、行政法规和中国证监会规定允许客户投资的范围,并应当与客户的风险认知与承受能力,以及投资银行的投资经验、管理能力和风险控制水平相匹配。投资银行将委托资产投资于本公司、资产托管机构以及与本公司、资产托管机构有关联方关系的公司发行的证券,应当事先将相关信息以书面形式通知客户和资产托管机构,并要求客户按照合同约定在指定期限内答复。客户未同意的,证券公司不得进行此项投资;客户同意的,投资银行应当及时将交易结果告知客户和资产托管机构,并向证券交易所报告。投资银行与客户应当在定向资产管理合同中对前款所述投资的通知和答复程序做出明确约定。

(8) 投资管理情况报告与查询。投资银行应当依照合同约定的时间和方式,向客户提供对账单,说明报告期内客户委托资产的配置状况、价值变动、交易记录等情况;发生可能影响客户利益的重大事项时,投资银行应当及时告知客户。投资银行、资产托管机构应当保证客户能够按照合同约定的时间和方式,查询客户定向资产管理账户内资产配置状况、价值变动、交易记录等相关信息。

(9) 业务档案管理。投资银行应当建立健全档案管理制度,妥善保管定向资产管理业务的合同、客户资料、交易记录等文件、资料,保存期限不得少于20年,任何人不得隐匿、伪造、篡改或销毁。

(二) 集合资产管理业务的运作与管理

1. 集合资产管理业务运作的基本规范

(1) 内控制度。主要注意以下三点:① 对集合资产管理业务实行集中统一管理,建立严格的业务隔离制度。投资银行应当实现集合资产管理业务与证券自营业务、证券承销业务、证券经纪业务及其他证券业务之间的有效隔离,防范内幕交易,避免利益冲突。同一高级管理人员不得同时分管资产管理业务和自营业务,同一人不得兼任上述两类业务的部门负责人,同一投资主办人不得同时办理资产管理业务和自营业务;② 建立集合资产管理计划投资主办人员制度,即应当制定专门人员具体负责每一个集合资产管理计划的投资管理事宜。投资主办人员须具有3年以上证券自营、资产管理或证券投资基金从业经历,且应当具备良好的职业道德,无不良行为记录。集合资产管理计划存续期间,其投资主办人员不得管理其他定向资产管理计划;③ 严格执行相关会计制度的要求,为集合资产管理计划建立独立完整的账户、核算、报告、审计和档案管理制度。集合资产管理计划的会计核算由财务部门专人负责,集合资产管理计划的清算由结算部门负责。保证风险控制部门、监督检查部门能够对集合资产管理业务的运作和管理进行有效监控,切实防止账外经营、挪用集合资产管理计划资产及其他违法违规情况的发生。

(2) 推广安排。投资银行可以自行推广集合资产管理计划,也可以委托其客户的资金存管银行代理推广集合资产管理计划,并签订书面代理推广协议。投资银行、推广机构应当严格按照经核准的集合资产管理计划说明书、集合资产管理合同推广集合资产管理计划。投资银行、推广机构应当保证每一份集合资产管理合同的金额不得低于《证券公司客户资产管理业务管理办法》规定的最低金额,并防止客户非法汇集他人资金参与集合资产管理计划。集合资产管理计划推广期间,应当由托管银行负责托管与集合资产管理计划推广有关的全部账户和资金。投资银行和代理推广机构应当将推广期间客户的资金存入在托管银行开立的专门账户。在集合资产管理计划设立完成、开始投资运作之前,任何人不得动用集合资产管理计划的资金。集合资产管理计划推广活动结束后,投资银行应当聘请具有证券相关业务资格的会计师事务所对集合资产管理计划进行验资,并出具验资报告。投资银行、托管银行及推广机构应当明确对客户的后续服务分工,并建立健全档案管理制度,妥善保管集合资产管理计划的合同、协议、客户明细、交易记录等文件资料。

(3) 投资风险承担和投资银行资金参与。投资银行应当在集合资产管理计划说明书、集合资产管理合同等有关材料中向投资者进行明确的风险提示,说明集合资产管理计划的投资风险由投资者承担。投资银行可以自有资金参与本公司设立的集合资产管理计划。

(4) 登记、托管与结算。投资银行应当将集合资产管理计划资产交由依法可以从事客户交易结算资金存管业务的商业银行或者中国证监会认可的其他资产托管机构进行托管。投资银行应当按照证券投资基金的结算模式办理集合资产管理计划的结算业务。投资银行、托管机构应当按照证券登记结算机构的有关规定承担集合资产管理计划交易结算的最终交收责任。

(5) 投资组合。集合资产管理计划的投资范围和投资组合安排应当遵守《证券公司客户资产管理业务管理办法》和《证券公司集合资产管理业务实施细则》的规定,并符合集合资产管理计划说明书、集合资产管理合同的约定。

(6) 费用。集合资产管理计划推广期间的费用,不得从集合资产管理计划资产中列支。集合资产管理计划运作期间发生的费用,可以在集合资产管理计划资产中列支,但应当在集合资产管理合同中做出明确的约定。

2. 设立集合资产管理计划的备案与批准程序

(1) 申报。投资银行申请设立集合资产管理计划,应当按规定的内容与格式制作申请材料,并聘请律师事务所对拟设立集合资产管理计划的合规性和申报材料的真实性、准确性、完整性出具法律意见。申报材料的主要内容包括:申请书;集合资产管理计划说明书;集合资产管理合同文本;资产托管协议及与资产托管机构的联机联网测试报告;推广方案及推广代理协议;投资银行、代理推广机构与证券登记结算机构的联机联网测试报告及服务协议;投资银行负责集合资产管理业务的高级管理人员、资产管理部门负责人及投资主办人签署的承诺书;法律意见书;中国证监会要求提交的其他材料。

(2) 受理。中国证监会依照法律、行政法规、《证券公司客户资产管理业务管理办法》《证券公司集合资产管理业务实施细则》和行政许可实施程序的规定,在规定期限内受理投资银行设立集合资产管理计划的申请。

(3) 审核。经审核符合条件的,中国证监会做出批准决定;经审核不符合条件的,做出不予批准决定并说明理由。

3. 集合资产管理计划说明书

集合资产管理计划说明书应当清晰地说明集合资产管理计划的特点、投资目标、投资范围、投资组合设计、委托人参与和退出集合资产管理计划的安排、风险揭示、资产管理事务的报告和有关信息查询等内容,最大限度地披露影响委托人做出委托决定的全部事项,以充分保护委托人利益,方便委托人做出委托决定。

4. 集合资产管理合同

投资银行从事集合资产管理业务,应当依据法律、行政法规和中国证监会的规定,与客户、资产托管机构签订集合资产管理合同,约定客户、投资银行、资产托管机构的权利和义务。根据《证券公司客户资产管理业务管理办法》的规定,在集合资产管理计划中,客户主要享有如下权利:除合同另有规定外,按投入资金占集合资产管理计划资产净值的比例分享投资收益;根据集合资产管理合同的约定,参与和退出集合资产管理计划;知情的权利。在集合资产管理计划中,客户主要承担如下义务:按合同约定承担投资风险;保证委托资产来源及用途的合法性;不得非法汇集他人资金参与集合资产管理计划;不得转让有关集合资产管理合同或所持集合资产管理计划的份额;按照合同的约定支付管理费、托管费及其他费用。

四、资产管理业务的风险与控制

资产管理业务的风险包括资产的投资风险和资产的运作风险,风险的控制贯穿于资产管理业务的全过程。

(一) 资产的投资风险控制

资产的投资风险是指资产的投资组合所产生的风险,主要包括流动性风险、信用风险和市场风险,属于非系统性风险,可以通过投资组合来降低风险。投资风险的控制技术主要是风险量化技术,建立各种数学模型,应用计算机软件对投资组合的数据进行压力测试和敏感性测试,测试风险暴露值,从而达到控制风险大小的目的。目前国际上较为普遍采用的风险评估技术主要有方差风险计量方法、β 系数风险计量方法和 *VaR* 风险计量方法。

(二) 资产的运作风险控制

资产的运作风险是指由于人为因素、管理不善和法律法规不健全等导致的风险,主要包括操作风险、法律风险、决策风险和信誉风险。其中,信誉风险是指资产管理业务潜在风险暴露而引起资产的损失,从而使资产管理部门信誉受损的风险。由于资产运作风险产生的原因分为内部原因和外部原因,因此,相应的风险控制也有内部风险控制和外部风险控制。其中,内部风险控制主要通过内部组织结构的设计和风险监督机制的完善来解决,外部风险控制则主要通过制定相关法律法规,对资产管理业务的账户结构、经营主体资格、信息披露和投资组合等方面实施监督和约束来完成。

1. 客户资产的独立管理制度

投资银行办理资产管理业务,将客户资产或集合资产管理计划的资产与自有资产、其他客户或集合资产管理计划的资产相互独立,分别设置账户,独立核算分账管理。

2. 第三方托管制度

投资银行办理集合资产管理业务,必须将集合资产管理计划的资产全部交由独立的资产托管机构托管,在资产托管机构的监督下管理和运作集合管理计划的资产。办理定向资产管理业务,应当按照中国证监会的规定,对客户资产中的货币按照对客户交易结算资金的存管规定管理;客户有要求的,投资银行应当将资产交给资产托管机构进行托管。

3. 经营主体资格的要求

从事集合资产管理业务的经营主体,要有最低资本额限制、资本负债率限制、经营主体的发起人运作经验与业绩要求和从业人员资格等要求。

4. 分散投资原则

各国法律法规都对资产组合证券品种下限、单一品种占有的资金占所管理资产的比率上限和单一品种持有量占该证券品种流通量的比率上限等进行规定,以从法律的角度保证投资组合风险的足够分散。

5. 外部监管制度

主要通过对资产管理人从事关联交易、证券欺诈等危害投资者利益的行为进行监管。在我国,对资产管理业务的外部监管主要通过中国证监会、证券交易所、证券登记结算公司和证券业协会对投资银行、资产托管机构的业务活动进行监督。同时,投资银行在年度审计时应对资产管理业务及集合资产管理计划的运作情况进行专门审计。

6. 信息披露制度

各国法律都对资产管理业务的信息披露进行严格规定,以保证投资者准确、及时地了解资产管理状况,发挥投资者的监督作用。我国《证券公司客户资产管理业务管理办法》规定,投资银行应至少每 3 个月一次向客户提供准确、完整的资产管理报告。

第三节 融资融券业务

一、融资融券业务概述

(一) 融资融券业务的定义

融资融券交易,又称信用交易,分为融资交易和融券交易。通俗的说,融资交易就是投资者以资金或证券作为质押,向投资银行借入资金用于证券买入,并在约定的期限内偿还借款本金和利息;投资者向投资银行融资买进证券称为“买多”;融券交易是投资者以资金或证券作为质押,向投资银行借入证券卖出,在约定的期限内,买入相同数量和品种的证券归还券商并支付相应的融券费用;投资者向投资银行融券卖出称为“卖空”。

融资融券交易是世界股票市场广泛流行的交易方式之一,比较成熟的证券市场都允许融资融券交易。根据相关统计研究,发达国家中允许卖空的市场占 90%以上,而新兴市场中允许卖空的市场只占 31%。如美国、日本、韩国等国家的证券交易法律都有融资融券的规定。

在我国,融资融券业务是指在证券交易所或国务院批准的其他证券交易所进行的证券交易中,投资银行向客户出借资金供其买入证券或出借证券供其卖出,并由客户交存相应担保物的经营活动。由融资融券业务产生的证券交易称为融资融券交易。

(二) 融资融券业务的形式

1. 融资交易与“买多”

融资交易是投资者向投资银行交纳一定的保证金,融(借)入一定数量的资金买入证券的交易行为。投资者向投资银行提交的保证金可以是现金或者可充抵保证金的证券。实践中,投资银行向投资者进行授信,投资者可以在授信额度内买入由证券交易所和投资银行公布的融资标的名单内的证券,以后由投资者归还本金并支付利息。投资者信用账户内融资买入的证券及其他资金证券,整体作为其对投资银行所负债务的担保物。投资者这种借入资金购买证券的行为,就是我们通常所说的“买多”。投资者通过融资实现了财务杠杆,证券价格上涨,投资者将加大获利;证券价格下跌,投资者也将加重损失。

融资交易为投资者提供了一种新的交易方式。如果证券价格符合投资者预期上涨,融入资金购买证券,而后通过以较高价格卖出证券归还欠款能放大盈利;如果证券价格不符合投资者预期,股价下跌,融入资金购买证券,而后卖出证券归还欠款后亏损将被放大。因此融资交易是一种杠杆交易,能放大投资者的盈利或者亏损,参与融资融券交易要求投资者有较强的证券研究能力和风险承受能力。

2. 融券交易与"卖空"

融券交易是投资者向投资银行交纳一定的保证金,在卖出证券时,投资银行以自有、客户抵押或借入的证券为客户代垫部分或全部证券以完成交易,以后由投资者买入归还所借证券且按与证券相当的价款计付利息。投资者这种卖出自己实际并不持有的证券的行为即通常所说的"卖空"。融券交易为投资者提供了新的营利方式和规避风险的途径。假如投资者对后市看淡并预期证券价格即将下跌,可以借入证券卖出,而后通过以更低价格买入还券获利;或是通过融券卖出来对冲已持有证券的价格波动,以套期保值。然而投资者应清醒地认识到,融券交易作为卖空交易,相对买入交易蕴含着更大风险。如融券交易仅出于投机目的,当卖出的证券价格可能持续上涨,投资者将产生无限损失。同时融券交易具有杠杆特性,将进一步放大风险。

"卖空"是证券市场的一个重要机制。没有卖空机制的市场,证券的定价会因投资者的过分乐观而较高。而有了卖空机制,证券的价格会更好地实现。但卖空又是一个相当危险的机制,原因在于当价格下跌时,投资者纷纷卖空容易导致证券市场的崩溃。为了防止这一现象的发生,交易所可用所谓的波幅检验规则对卖空进行的时间给予限制,即卖空只能在以下条件下才能进行:第一,某只股票的售价高于前一次交易的价格;第二,某只股票的交易价格与前次相比没有什么变化,但前一次交易的价格必须高于再前一次的价格。

(三)融资融券业务的交易模式

在证券融资融券交易中,包括投资银行向投资者的融资、融券和投资银行获得资金、证券的转融通两个环节。这种转融通的授信有集中、分散和双轨制之分。在分散授信模式下,转融通由金融市场中有资金或证券的任何人提供;在集中授信模式下,其由专门的机构例如证券金融公司提供。

1. 分散授信模式

投资者向投资银行申请融资融券,由投资银行直接对其提供信用。当投资银行的资金或证券不足时,向银行申请贷款或者回购融资或向非银行金融机构借入短缺的证券。这种市场化模式建立在信用体系完备和货币市场与资本市场联通的基础上,投资银行能够根据客户需求,顺利、方便地从银行、非银行金融机构调剂资金和证券头寸,并迅速地将融入资金或借入的证券配置给需要的投资者。这种模式以美国为代表,香港市场也采用类似的模式。

2. 集中授信模式

投资银行对投资者提供融资融券,同时设立半官方性质的、带有一定垄断性质的证券金融公司为投资银行提供资金和证券的转融通,以此来调控流入和流出证券市场的信用资金和证券量,对证券市场信用交易活动进行机动灵活的管理。这种模式以日本、韩国为代表。在日本的集中授信模式下,证券金融公司而不是投资银行自身,联通货币市场和其他非银行金融机构,作为融资融券的中介,证券金融公司控制着整个融资融券业务的规模和节奏。

3. 双轨制授信模式

在投资银行中,只有一部分拥有直接融资融券的许可证的投资银行可以给客户提供融资融券服务,然后再从证券金融公司转融通。而没有许可的投资银行只能接受客户的委托,代理客户的融资融券申请,由证券金融公司来完成直接融资融券的服务。这种模式以中国台湾地区为代表。这种模式下,没有许可证的投资银行,由于投资者可以直接向证券金融公司融资融券而比较被动,融资融券业务为投资银行带来的收入有限。

上述各具特色的三种模式,在各国(地区)的信用交易中发挥了重要作用。选择哪种信用交易模式很大程度上取决于金融市场的发育程度、金融机构的风险意识和内部控制水平等因素。

在我国,融资融券业务的交易模式采取了证券金融公司主导的集中信用模式,专门向投资银行提供融资融券服务,加强对信用交易的监管与控制。

（四）融资融券业务的主要规则

融资融券业务中存在很多交易规则,我们这里主要强调以下三种投资者比较常见的规则:裸卖空、报升规则及保证金规则。

1. 裸卖空

裸卖空(Naked Short Selling)是指卖空者本身不持有证券,也没有借入证券,只需缴纳一定的保证金并在规定的 T+3 时间内借入证券并交付给买入者的卖空方式。如果在结算日卖空者未能按时借入证券并交付给买入者,那么这被称为交付失败,但交付失败并非违法,即使交付失败,此项交易依然会被继续下去,直至交付完成。

起初,裸卖空在美国并不是违法的,仅仅当滥用裸卖空并对股价进行操纵时才是不合法的。2008 年 7 月 15 日,美国证券交易委员会紧急下令禁止对房利美和房地美及花旗、高盛、雷曼兄弟等 19 家金融类上市公司股票的裸卖空,以减少金融类股票价格的波动。同年 9 月 17 日,美国证券交易委员会实行了更加严格的禁止裸卖空措施,并指出对裸卖空滥用行为已经达到了零容忍的程度。

《深圳证券交易所融资融券交易试点会员业务指南》中指出,客户不得卖出超过其信用证券账户证券数量的证券,表明了卖空者必须在借入证券之后才能进行卖出,而且卖出量不得超过信用证券账户中的标的证券的数量;投资银行只能以自有证券借给卖空者,这非常有利于对融券来源、交付和结算进行监管。实际上,裸卖空的借券、交付、结算都比普通融券更为复杂得多,其投资风险也更为复杂,因此,我们认为裸卖空在我国中短期几乎不可能实行。

2. 报升规则

报升规则(Uptick Rule),又称为上涨抛空,即卖空的价格必须高于最新的成交价。该项规则起初是为了防止金融危机中的空头打压导致暴跌。

报升规则起源于美国,不过美国从 2005 年开始逐步取消报升规则,2007 年彻底废除了报升规则,在此次金融市场动荡中也未对报升规则进行恢复。而我国香港地区在 1996 年取消了报升规则,在 1998 年亚洲金融危机后,1998 年 9 月 7 日再度实施报升规则,此后香港证监局也曾于 2007 年考虑取消该限制,但至今未执行。欧洲地区一般不在卖空交易中设置该规则。

我国证券市场在推行融资融券初期严格执行报升规则来规范卖空者的行为。《上海证券交易所融资融券交易试点实施细则》和《深圳证券交易所融资融券交易试点实施细则》规定了融券卖空中的报升规则:“融券卖出的申报价格不得低于该证券的最近成交价;当天还没有产生成交的,其申报价格不得低于前收盘价。低于上述价格的申报为无效申报。”

3. 保证金规则

保证金规则包括融资融券保证金比例和维持担保比例的规定。

(1) 融资融券保证金比例用于控制每笔融资融券交易中融资金额或融券数量与客户所交付保证金的放大倍数,计算公式是:融资保证金比例=保证金/(融资买入证券数量×买入价格)×100%;融券保证金比例=保证金/(融券卖出证券数量×卖出价格)×100%。在上交所和深交所公布的融资融券实施细则中清楚地规定了融资融券保证金比例不得低于50%。

(2) 维持担保比例。投资银行向客户收取的保证金以及客户融资买入的全部证券和融券卖出所得的全部价款,全部作为客户对投资银行融资融券所生债务的担保物。上交所和深交所公布的融资融券实施细则中规定客户维持担保比例(客户的总资产/总负债比)不得低于130%。当客户维持担保比例低于130%时,投资银行应当通知客户在2个交易日的期限内追加担保物,且客户追加担保物后的维持担保比例不得低于150%。维持担保比例超过300%时,投资银行可以允许客户提取保证金可用余额中的现金或充抵保证金的证券。

(五) 融资融券业务的基本功能

1. 套期保值

套期保值工具是机构长期投资证券市场的基础条件。在缺乏套期保值工具的情况下,长期收益与短期收益最大化不可能同时实现,这就是我国证券投资基金经常面临着“申购风”与“赎回风”的根本原因,其结果加剧了市场波动。因此,套期保值工具是长期投资所必需的。

在证券市场上存在非系统风险与系统风险两类风险,对于前者往往可以采用资产组合等方法来规避,而对于后一种风险只有通过套期保值来规避。套期保值工具为投资活动提供了更多保障。

利用卖空机制进行套期保值是著名的布莱克—斯科尔斯(Black-Scholes)期权公式的基本前提,也就是说卖空交易是套期保值中重要的一环。我国香港证券市场在卖空机制方面的反面教训值得我们借鉴。香港证券现货市场卖空机制的缺乏,给整个证券市场的发展带来了很多问题,这一缺陷成为1987年10月19日香港股市发生股灾重要原因。

2. 稳定市场

在缺乏长期投资条件的情况下,市场稳定无从谈起。在缺乏卖空机制条件下,短期化投资是所有机构的必然选择,从而导致市场暴涨暴跌。证券市场的稳定与投资的长期化互为因果。一方面,如果证券市场的波动性很小,则有利于促进投资的长期化;另一方面,投资的长期化也会使得市场更稳定。

在证券现货市场中引入卖空交易机制,可以增加相关证券的供给弹性,当市场上某些证券价格因为投资者过度追捧或是恶意炒作而变得虚高时，投机性卖空者会及时地察觉这种现象，于是他们会通过借入证券来卖空，从而证券供给量明显增加，缓解了市场上对这些证券供不应求的紧张局面，抑制了证券价格泡沫的继续生成和膨胀。而当这些价格被高估证券因泡沫破灭而使价格下跌时，先前卖空这些证券的投资者因到期交割的需要会重新买入这些证券，这样会增加市场对这些证券的需求，在某种程度上起到“托市”的作用，从而达到稳定证券市场的效果。融资融券的市场稳定功能，有助于市场内在的价格稳定机制的形成。

3. 价格发现

卖空机制的存在使得那些不拥有证券的投资者有机会表达自己对这些证券实际投资价值的预期，从而使得整个市场上的证券供给和需求力量得到匹配，这些大规模的证券供给和需求力量、大规模的交易量及由此衍生的价格竞争将会大大提高证券定价的有效性。有效市场要求价格能够完全充分地反映买方和卖方的信息，但是缺乏卖空机制使得预期证券价格即将下跌而本身没有证券的投资者无法表达自己对证券的预期，限制了证券市场上的供给数量，造成了证券市场上的供求力量失衡。融资融券的价格发现功能，使证券价格能更充分地反映证券的内在价值。

4. 提供流动性

流动性本质上是一种价格分歧，在缺乏卖空机制的情况下，市场不反映价格分歧，反映的只不过是参与者的持有成本。在卖空机制存在的情况下，价格分歧才会真正产生，从而避免了当前诸如基金重仓股缺乏流动性的情况。卖空交易创造了更多的交易对手，增强了证券的流动性。而在没有卖空的情况下，证券交易经常处在缺乏交易对手的状态下，极大地损害了证券市场的流动性。流动性功能的增强，有利于活跃相关证券的交易。

（六）融资融券业务对投资者的影响

1. 给投资者带来机遇

首先，融资融券为投资者带来了新的获利途径。在缺乏这种机制的市场中，投资者只能在股价上涨时通过低买高卖获得差价收入。引入融资融券后，投资者可以利用融券功能实行卖空，在下跌市场中也可获得收益或规避市场风险。其次，融资融券的杠杆效应为资金量不足的中小投资者带来了以小博大获取收益的机会。最后，融资融券交易能够促进机构投资者的发展。融资融券业务的引入，能够拓展机构投资者的业务范围，增加其收入，并且利用融资融券业务，相关机构可以设计出各类创新产品，丰富理财产品的品种。

2. 给投资者带来的挑战

在融资融券过程中，投资者会承担更大的风险。一方面，由于融资融券的杠杆性，会放大投资者的交易量，在给投资者带来以小博大机会的同时，当投资者对行情判断失误时，也会带来数倍于现金交易的损失。同时，投资者还要偿还融入资金、证券和支付融资的利息，这也会给投资者带来更大的损失。另一方面，当投资者的保证金不足时，如果不能及时追加，就存在强行平仓，甚至关闭投资者信用账户的风险，这样投资者就会丧失股价重新上涨时挽回损失的可能性。

（七）融资融券业务对证券市场的影响

1. 发挥价格稳定器的作用

在完善的市场体系下,融资融券制度能发挥价格稳定器的作用,即当市场过度投机或者做庄导致某一证券价格暴涨时,投资者可通过融券卖出方式沽出证券,从而促使价格下跌;反之,当某一证券价值低估时,投资者可通过融资买进方式购入证券,从而促使其价格上涨。

2. 构成多层次证券市场的基础

融资融券制度是现代多层次证券市场的基础,海外成熟的证券市场已经广泛使用了融资融券交易。在我国,引入融资融券交易,使投资者在证券价格下跌时也能获益,规避市场风险。目前,我国的融资融券业务的开展在一定程度上弥补了我国缺乏做空机制的缺陷。从证券市场的发展历史来看,运用各种金融创新工具进行交易都需要做空机制,如股指期货、股票期货期权等。与这些金融创新工具相比,融资融券的杠杆放大作用和信用扩张度都比较小,因此风险也会相对较小一些。从适用对象上来看,融资融券交易对所有类型的投资者均适合,因此其适用性也是比较强的。

3. 融资融券业务会助长市场投机,加大市场风险

这是融资融券交易普遍意义上的影响,即当证券价格上涨时,投资者利用保证金的交易量也上涨,进一步推动证券价格继续上涨。而当证券价格下跌时,投资者利用保证金的交易量也随之下跌,投资者出于避免损失的考虑或受到交易商或经纪人增加保证金的要求,越跌越卖,进一步推动证券价格继续下跌。

（八）融资融券业务对投资银行的影响

融资融券交易业务的开展必然会增加投资银行业务的手续费收入,同时融资交易完成后,投资者除了要归还本金外还要支付一定的利息,因此,融资融券交易拓宽了投资银行的收入来源。从海外经验看,投资者采用融资杠杆进行交易的比例往往显著高于利用融券进行做空交易的比例,同时融资融券交易占市场交易总量的比重也是很大的,由此融资业务会给投资银行带来不菲的利息收入和手续费收入。

二、融资融券交易风险识别与风险防范

（一）融资融券交易风险识别

融资融券交易风险属于金融风险的范畴,是指因种种主观原因或客观原因导致的金融领域一系列矛盾显露、激化,进而对金融体系安全与稳定造成破坏与损失的可能性。具体而言,融资融券交易风险主要包括以下五种。

1. 体制风险

体制风险属于系统性风险,是指一国金融体系由于缺陷所存在的风险。由于证券信用交易的"助长杀跌"功能,体制风险所导致的危机变本加厉,危害更深。

2. 信用风险

信用风险属于非系统性风险,是指交易对手违约给已方所造成损失的风险。从根源上分析,引发信用风险是由于交易双方拥有信息的不对称性,容易导致"逆向选择"和"道

德风险”。信用风险是金融机构（或证券交易商、经纪人）在证券信用交易中必须解决的风险。

3. 市场风险

市场风险属于非系统风险，是指由于市场变动引起的风险。市场风险是投资银行和投资者面临的主要风险。市场风险可能导致投资银行倒闭，甚至引起连锁反应。20 世纪 90 年代以来，市场风险可以通过量化、定价、交易进行转移，极大地提高了投资银行和投资者对市场风险的管理水平。

4. 业务规模风险

业务规模风险也属于非系统风险，是指投资银行对单个客户融资融券规模过大、期限过长，从而造成投资银行资产流动性不足、净资本规模和比例不符合监管规定的可能性。投资银行在融资融券业务中可以获得佣金收入，受利润动机的驱使，投资银行会盲目扩大规模，如客户到期不能偿还融资款项，而投资银行在自有资金有限又不能及时获得新的资金来源时，就会产生业务规模风险。

5. 业务管理风险

业务管理风险同样属于非系统风险，是指投资银行在开展融资融券业务时，由于制度不健全、管理不善、控制不力、操作失误等原因导致其发生亏损的可能性。如开展融资融券业务时，如果投资银行缺乏相应的内控制度或制度不健全、必要的信息技术系统或其功能不健全等，就可能造成券商经营管理上的风险。而对技术系统的操作不当或发生平仓错误等，还会产生业务操作风险。

（二）融资融券交易风险防范

融资融券交易虽然具有很多优势，但这一制度的弊端——较大的风险性和投机性也是不容忽视的。如果融资融券过度，会形成股市上虚假的繁荣，人为地促使股价巨幅波动。因此应该加强融资融券交易风险的防范与控制。

1. 加强对客户资质的审查力度

应制定融资融券业务客户选择的标准和开户审查制度，并建立客户信用评估制度，从而加强对客户信用风险的控制。投资者进行融资融券时，投资银行要对投资者的财产和收入情况、信用状况、过去的交易记录进行严格审查，筛选出可以进行融资融券业务的客户，建立一道有效的防火墙。与此同时，还应加强对客户授信额度的管理，根据客户的操作情况和资信变化等因素，调整其授信额度，防止信用额度过度膨胀，如规定最低保证金限额和单个客户融资融券的最高限额等指标来控制客户的信用风险。

2. 建立单只证券的信用额度管理制度

市场风险可能会导致市场波动、交易异常等问题，一般证券交易所通过对单只证券的信用额度管理，限制单个证券的信用交易量占公司所有流通证券的比例来控制市场风险。参照海外市场的经验，当一只股票的融资融券额达到其流通股本 25%时，交易所可在次一个交易日停止其进行融资买进或融券卖出，当比率下降到 18%以下时，交易所在次一个交易日再恢复交易；当融券额超过融资额时，应停止融券交易，直到恢复平衡后再重新开始交易。

3. 对融资融券业务进行集中监控

投资银行应根据自身自有资金和证券状况,合理确定融资融券的总规模,规模一旦确定不得随意扩大,并且投资银行应通过技术手段进行集中监控和风险动态管理。通过集中监控及时查询各项风险控制指标、客户信用资金账户和信用交易账户的资金余额及变动情况、证券市值及其变动情况,随时监控客户账户的质押比例、警戒线和平仓线等。

4. 制定完善的业务操作流程

融资融券基本业务流程包括评估融资融券额度、进行融资融券、实时风险监控、归还资金证券、补足担保品或平仓等环节。券商应该严格按照监管部门的规定,制定融资融券业务每一个环节的详细业务操作制度和业务流程。同时加强内部控制,对重要的业务流程环节采用双人双岗制,加强监督与制约。加强对相关业务部门人员进行管理制度和业务知识的培训教育,同时设立专门机构对融资融券管理部门的业务操作进行定期检查和不定期抽查。

三、我国融资融券业务的实践

(一)我国融资融券业务的发展

融资融券交易是发达资本市场上重要的金融工具之一。在我国由于理论研究的滞后,加上管理机构一直担心融资融券交易会加剧市场波动,导致严重的投机和操纵市场行为,因此最初这种交易方式在我国是被严格禁止的。如1998年颁布的《证券法》明文规定,禁止证券公司"从事从客户融资或者融券的交易活动"。

随着我国资本市场的迅速发展和证券市场法律法规的不断完善,人们也认识到,由于缺乏有效的避险工具,当时的交易方式一直停留在现货交易上,缺乏卖空机制,这种现状严重制约着我国证券市场金融工具的丰富和金融市场的发展。要改变这种状况,必须加快步伐推出融资融券交易。2005年修订的《证券法》第142条规定:"证券公司为客户买卖证券提供融资融券服务,应当按照国务院的规定并经国务院证券监督管理机构批准。"这一条规定的修改为开展融资融券交易扫清了法律上的障碍。为了尽快开展融资融券业务,改变证券交易"单边市"的状况,监管部门发布了一系列融资融券的相关办法,在严格的监管下,逐步在我国推进融资融券交易。2006年6月30日,证监会发布《证券公司融资融券业务试点管理办法》,并于8月1日起实施。之后又发布了一系列相关的交易细则和自律规范文本,如沪深交易所发布《融资融券交易试点实施细则》、中国证券登记结算公司发布《中国证券登记结算有限责任公司融资融券试点登记结算业务实施细则》、证券业协会制定并公布《融资融券合同必备条款》和《融资融券交易风险揭示书必备条款》,进一步规定了我国证券融资融券交易制度的基本模式、交易结算规则和风险控制制度。2008年6月1日实施的《证券公司监督管理条例》对融资融券业务做了明确的规定,融资融券业务正式列入投资银行业务中。

2008年10月5日,中国证监会宣布启动融资融券试点,融资融券业务将按照试点先行、逐步推开的原则进行。根据证券公司的净资本规模、合规状况、净资本风险控制指标和试点方案的准备情况择优批准首批符合条件的试点证券公司,之后将根据试点的情况,在总结经验完善办法的基础上逐步扩大试点范围。据此,2008 年 10 月 25 日和 11 月 8 日期间,共有 11 家证券公司进行了融资融券业务全网测试,测试的主要内容包括为各类融资融券交易和证券划转、客户信用证券账户配号和销号、融资融券相关权益处理、融资融券交易的清算交收、行情和闭市后数据接口测试、证券融资融券权限实时调整功能测试等,根据各参与券商的回馈,测试顺利完成,达到了预期效果。

(二) 融资融券业务的模式选择

融资融券在海外主要有两种模式:一种是全能银行体制下的"市场化"融资融券模式,另一种是以证券公司为主体的"集中授信"模式。

市场化模式以美国为代表。在这种模式中,市场上不存在证券金融公司,证券交易经纪公司(投资银行)用自有资金或证券向投资者提供融资融券;投资银行资金证券不足时向银行或非银行机构进行转融通。

集中授信模式又分为"单轨制"和"双轨制"。前一种以日本为代表,通过设立半官方性质的、带有一定垄断性质的证券公司为投资银行提供资金和证券的转融通,其他任何金融机构都无权直接办理。如果证券公司需要资金支持,可以向别的金融机构提出借贷要求。"双轨制"模式以我国台湾地区为代表,是指获得融资融券营业许可的证券公司可以为客户提供融资融券服务,然后再从证券公司转融通,而没有获得许可的证券公司只能接受客户的委托,代理客户的融资融券申请,由获得许可的证券公司来完成直接融资融券的服务。

通常在金融市场发达的国家由于其市场机制健全、法律法规和各项制度健全、信用基础好,因此普遍采用第一种模式。而在一些欠发达的国家和地区,由于市场发育时间短、监管手段滞后、信用环境薄弱等因素的存在,实施全能"市场化"模式的监管风险很大,因而大多采用了"集中授信"模式。至于最终选择何种模式,将取决于试点阶段对风险控制难度的判断以及金融体制的变化。

四、融资融券业务运作与管理

(一) 融资融券业务资格管理

1. 投资银行开展融资融券业务应具备的条件

根据国务院《证券公司监督管理条例》规定,证券公司经营融资融券业务应具备如下条件:证券公司治理结构健全,内部控制有效;风险控制指标符合规定,财务状况、合规状况良好;有经营融资融券业务所需的专业人员、技术条件、资金和证券;有完善的融资融券业务管理制度和实施方案;国务院证券监督管理机构规定的其他条件。

中国证监会《证券公司融资融券业务管理办法》规定,证券公司开展融资融券业务试点,必须经中国证监会批准。未经证监会批准,任何证券公司不得向客户融资、融券,也不得为客户与客户、客户与他人之间的融资融券活动提供任何便利和服务。

2. 投资银行申请融资融券业务试点应当具备的条件

中国证监会根据审慎监管的原则,批准符合规定条件的证券公司开展融资融券业务试点。证券公司申请融资融券业务资格,应当具备下列条件:经营证券经纪业务已满 3

年;公司治理健全,内部控制有效,能有效识别、控制和防范业务经营风险和内部管理风险;公司及其董事、监事、高级管理人员最近2年内未因违法违规经营受到行政处罚和刑事处罚,且不存在因涉嫌违法违规正被证监会立案调查或者正处于整改期间的情形;财务状况良好,最近2年各项风险控制指标持续符合规定,注册资本和净资本符合增加融资融券业务后的规定;客户资产安全、完整,客户交易结算资金第三方存管有效实施,客户资料完整真实;已建立完善的客户投诉处理机制,能够及时、妥善处理与客户之间的纠纷;信息系统安全稳定运行,最近一年未发生因公司管理问题导致的重大事故,融资融券业务技术系统已通过证券交易所、证券登记结算机构组织的测试;有拟负责融资融券业务的高级管理人员和适当数量的专业人员,融资融券业务方案和内部管理制度已通过中国证券业协会组织的专业评价;以及证监会规定的其他条件。

3. 投资银行申请融资融券业务资格应提交相应的材料

投资银行申请融资融券业务资格,应当向证监会提交下列材料,同时抄报注册地证监会派出机构:融资融券业务资格申请书;股东会(股东大会)关于经营融资融券业务的决议;融资融券业务方案、内部管理制度文本和按照《证券公司融资融券业务管理办法》制定的选择客户的标准;负责融资融券业务的高级管理人员与业务人员的名册及资格证明文件;中国证券业协会出具的关于融资融券业务方案和内部管理制度已通过专业评价的证明文件;证券交易所、证券登记结算机构出具的关于融资融券业务技术系统已通过测试的证明文件;证监会要求提交的其他文件。

投资银行的法定代表人和经营管理的主要负责人应当在融资融券业务资格申请书上签字,承诺申请材料的内容真实、准确、完整,并对申请材料中存在的虚假记载、误导性陈述和重大遗漏承担相应的法律责任。

4. 取得融资融券业务资格的投资银行应该向交易所申请融资融券专用交易单元

投资银行在开展融资融券业务前还应向交易所申请融资融券专用交易单元并提交相应材料。深交所融资融券交易试点会员业务指南规定,会员通过本所“会员网上业务专区”申请新增融资融券专用交易单元,应同时在线提交以下材料:证监会批准开展融资融券业务的《经营证券业务许可证》或其他有关批准文件;融资融券业务试点实施方案、内部管理制度等相关文件;负责融资融券业务的高级管理人员、融资融券业务部门负责人、技术部门负责人以及指定的数据报送人员名单及其联络方式;本所及结算公司、通信公司要求提交的其他材料。

其中,融资融券业务试点实施方案应至少包含以下内容:融资融券业务开展的模式、规模控制、组织机构及分工;客户选择标准和授信制度,包括融资融券合同标准文本,融资融券交易风险揭示书标准文本;融资融券账户、标的证券、可充抵保证金证券和折算率的管理,包括标的证券选择标准及名单、可充抵保证金证券范围及其折算率,融资保证金比例、融券保证金比例及维持担保比例的最低标准,强制平仓的业务规则和程序等;权益处理;所需资金和证券的安排;融资融券业务技术系统准备就绪情况;客户交易结算资金第三方存管方案实施情况说明;融资融券业务突发或异常情况应急预案;利益冲突防范、客户纠纷处理机制、投资者教育和风险控制的说明。

内部管理制度应至少包含以下内容:融资融券业务规则与操作流程;融资融券业务风

险控制制度、业务隔离制度、交易实时监控制度及操作流程；融资融券业务数据和信息报送制度、异常数据核查制度及操作流程，数据及信息报送的技术准备，数据及信息报送的应急机制；投资者教育工作制度、客户档案管理制度、合规稽核制度和突发事件应急处置制度等融资融券业务内部控制制度。此文件还应当同时以书面方式提交。

同时，在融资融券专用交易单元开通之前，会员应先向本所报备融券专用证券账户、客户信用交易担保证券账户、融资专用资金账户及客户信用交易担保资金账户。其具体报备流程如下：① 会员登录本所“会员网上业务专区”：通过“业务办理—会籍业务—会员证券账户报备”菜单进入账户报备页面；② 在线填写账户编码、账户名称、账户类别等内容并提交。

（二）融资融券业务交易管理

1. 融资融券业务交易管理的基本原则

投资银行从事融资融券业务交易应遵守以下原则。

（1）合法合规。投资银行开展融资融券业务交易应遵守法律、行政法规和有关管理办法的规定，加强内部控制，严格防范和控制风险，切实维护客户资产的安全。投资银行向客户融资，应当使用自有资金或者依法筹集的资金；向客户融券，应当使用自有证券或者依法取得处分权的证券。

（2）集中管理。投资银行对融资融券业务交易要实行集中统一管理。投资银行融资融券业务的决策和主要管理职责应集中于投资银行总部。投资银行应建立完备的融资融券业务交易管理制度、决策与授权体系、操作流程和风险识别、评估与控制体系。融资融券业务交易的决策与授权体系原则上按照“董事会—业务决策机构—业务执行部门—分支机构”的架构设立和运行。

（3）独立运行。投资银行应当健全业务隔离制度，确保融资融券业务与客户资产管理、证券自营、证券承销等业务在机构、人员、信息、账户等方面相互分离、独立运行。

（4）岗位分离。投资银行融资融券业务的前、中、后台应当相互分离、相互制约。各主要环节应当分别由不同的部门和岗位负责，负责风险监控和业务稽核的部门和岗位应当独立于其他部门和岗位，分管融资融券业务的高级管理人员不得兼管风险监控部门和业务稽核部门。

2. 融资融券业务的客户征信及合同签订

（1）客户征信。投资银行在向客户融资、融券前，应当办理客户征信，了解客户的身份、财产与收入状况、证券投资经验和风险偏好，并以书面和电子方式予以记载、保存。对未按照要求提供有关情况、在本公司及与本公司具有控制关系的其他证券公司从事证券交易的时间连续计算不足半年、交易结算资金未纳入第三方存管、证券投资经验不足、缺乏风险承担能力或者有重大违约记录的客户，以及本公司的股东（不包括上市证券公司仅持有 5%以下上市流通股份的股东）、关联人，证券公司不得向其融资、融券。

（2）签订合同。投资银行在向客户融资、融券前，应当与其签订载入中国证券业协会规定的必备条款的融资融券合同，明确约定下列事项：① 融资、融券的额度、期限、利率（费率）、利息（费用）的计算方式；② 保证金比例、维持担保比例、可充抵保证金的证券的种类及折算率、担保债权范围;③ 追加保证金的通知方式、追加保证金的期限;④ 客户清偿债务的方式及证券公司对担保物的处分权利;⑤ 融资买入证券和融券卖出证券的权益处理;⑥ 其他有关事项。同时,客户只能与一家投资银行签订融资融券合同,向一家投资银行融入资金和证券;投资银行与客户签订融资融券合同前,应当指定专人向客户讲解业务规则和合同内容,并将融资融券交易风险揭示书交由客户签字确认。

3. 融资融券业务的账户体系

(1) 投资银行的账户体系。投资银行经营融资融券业务,应当以自己的名义,在证券登记结算机构分别开立融券专用证券账户、客户信用交易担保证券账户、信用交易证券交收账户和信用交易资金交收账户;在商业银行分别开立融资专用资金账户和客户信用交易担保资金账户。① 融券专用证券账户用于记录投资银行持有的拟向客户融出的证券和客户归还的证券,不得用于证券买卖;② 客户信用交易担保证券账户用于记录客户委托投资银行持有、担保投资银行因向客户融资融券所生债权的证券;③ 信用交易证券交收账户用于客户融资融券交易的证券结算;④ 信用交易资金交收账户用于客户融资融券交易的资金结算;⑤ 融资专用资金账户用于存放投资银行拟向客户融出的资金及客户归还的资金;⑥ 客户信用交易担保资金账户用于存放客户交存的、担保投资银行因向客户融资融券所生债权的资金。在以投资银行名义开立的客户信用交易担保证券账户和客户信用交易担保资金账户内,应当为每一客户单独开立授信账户。

(2) 客户的账户体系。投资银行与客户签订融资融券合同后,应当根据客户的申请,按照证券登记结算机构的规定,为其开立实名信用证券账户,以及通知商业银行根据客户的申请,为其开立实名信用资金账户。① 客户信用证券账户是投资银行客户信用交易担保证券账户的二级账户,用于记载客户委托投资银行持有的担保证券的明细数据。该账户与其普通证券账户的开户人的姓名或者名称应当一致;② 客户信用资金账户是投资银行客户信用交易担保资金账户的二级账户,用于记载客户交存的担保资金的明细数据,与客户信用证券账户一样,客户只能开立一个信用资金账户。

4. 保证金及担保物管理

根据《深圳证券交易所融资融券交易试点会员业务指南》的相关规定,会员向客户融资、融券,应当向客户收取一定比例的保证金。保证金可以标的证券及本所认可的其他证券充抵。本所可充抵保证金的证券种类包括在本所上市的 A 股、证券投资基金和债券等,但 B 股、协议平台单边挂牌债券、专项资产管理计划及一级托管债券除外。

(1) 有价证券充抵保证金的计算。在计算保证金金额时应当以证券市值按下列折算率进行折算:① A 股深证 100 指数成分股不超过 70%,非深证 100 指数成分股不超过 65%,被实行特别处理和暂停上市的 A 股为 0;② 交易所交易型开放式指数基金不超过 90%,其他上市基金不超过 80%;③ 国债不超过 95%,其他上市债券不超过 80%;④ 交易所可根据市场情况调整可冲抵保证金证券的名单和折算率。

(2) 融资融券保证金比例及计算。客户融资买入证券时,融资保证金比例不得低于 50%;客户融券卖出时,融资保证金比例不得低于 50%。

(3) 客户担保物的监控。投资银行向客户收取的保证金以及客户融资买入的全部证券和融券卖出所得全部资金,全部作为客户对投资银行融资融券所生债务的担保物。投资银行应当对客户提交的担保物进行整体实时监控，计算其维持担保比例。维持担保比例是指客户担保物与其融资融券债务之间的比例，计算公式为：

$$维持担保比例=\frac{现金+信用证券账户内证券市值}{融资买入金额+融资卖出证券数量\times市价+利息及费用}$$

客户维持担保比例不得低于130%。当该比例低于130%时，投资银行应当通知客户在2个交易日的期限内追加担保物，且客户追加担保物后的维持担保比例不得低于150%。

维持担保比例超过300%时，投资银行可以允许客户提取保证金可用余额中的现金或充抵保证金的证券，但提取后维持担保比例不得低于300%。交易所另有规定的除外。客户已了结全部融资融券关系的，投资银行应当允许客户提取其信用账户中的所有资金和证券。

第八章
财务顾问与项目融资

第一节　财务顾问业务

一、财务顾问业务的定义

国内理论界和具体从事财务顾问业务的机构对财务顾问并没有一个统一的定义。有人认为，财务顾问是管理顾问的一个分支，因为财务系统是企业管理系统的子系统，财务活动是管理活动的一部分；有人认为，财务顾问是金融顾问的一个分支，因为财务顾问的工作范围涉及企业的上市、发行债券、融资租赁等金融活动；有人认为财务顾问等同于会计顾问；有人认为财务顾问等同于金融顾问；等等。

究竟如何定义财务顾问呢？中文的财务顾问源于英文的 Financial Advisor。Finance 翻译成中文，有"财政、金融、财务、理财、融资"等含义。宏观层面，Finance 是指各级政府部门管理和调控资金或财物的业务之一，也即 Public Finance（财政）。财政包括国库、国债、税收、政府采购、会计制度等，我国经济体制是以国有经济为主体，政府财政还应该包括政府投资。中观层面，Finance 是指金融，包括证券、银行、保险、信托等。微观层面，Finance 是指 Corporate Finance、Project Finance 和 Personal Finance。Corporate Finance 被翻译为"公司金融""公司财务""公司理财""公司融资"等，Project Finance 被翻译为"项目融资"，Personal Finance 被翻译为"个人金融""个人理财"。可见财务顾问的服务对象包括政府、机构、企业、项目与个人等，服务内容包括财政、金融、理财、投融资、财务等。

"顾问"是指有某方面的专门知识、备以咨询的人员。顾问的工作是为雇主提供建议或制定方案，而不是越俎代庖。企业聘请财务顾问大致可以分成四种类型：企业确实需要一个完善的财务咨询报告来解决企业经营发展中的问题；企业管理者已经有了基本的解决方案，需要财务顾问协助实施，来弥补方案的不足或减少推行的阻力；企业管理者需要一个能够交流经验和探讨问题的专业人士来提升自己；借用财务顾问的名气提升企业管理者和企业本身的知名度。财务顾问业务需求不外乎这四种类型，或者是四种类型的需求组合。

财务顾问由合格的独立人员或者专家小组担任，他们向各种组织客观、独立地提供以合同为基础的财务顾问服务，帮助客户在企业改制、资产重组、兼并收购、投资融资等业务中分析和探讨有关财务问题，推荐处理解决这些问题的方案，并在必要时为这些解决方案的实施提供帮助。投资银行的财务顾问业务是指投资银行凭借其投资经验、专业技术、信息和人才等方面的优势，接受客户的委托，以单独业务或附属于其他业务的形式，为政府、企业团体等客户提供各类投融资、财务安排、兼并收购、资产重组及资产管理等方面的分析、咨询、策划等有偿收费性顾问服务的业务。金融市场上提供财务顾问服务的机构有专业性咨询公司、投资银行、商业银行、保险公司、信托投资公司以及其他一些金融机构，其中，投资银行及其下设的专业性财务顾问机构或研究机构是从事该类业务最活跃、也最擅长的一员，因此世界上很多大型跨国公司都主动聘用著名的投资银行作为其财务顾问。

二、财务顾问业务的特点

对于投资银行来讲，财务顾问业务属于新兴业务，投资银行只收取顾问费，不为客户垫付资金，只承担协议约定的义务和责任，不承担其他任何风险。也就是说，投资银行的财务顾问业务没有投入本金的风险，除非违规操作被处罚，否则就毛收入而言一般是稳赚不赔的（这里未考虑经营成本开支）。即便是采用直接出任股东参与企业经营管理的“零距离顾问”模式，投资银行也通常不会自掏腰包投入现金，而是以自己的部分服务直接交换客户企业的股份。

投资银行财务顾问业务的收费一般有两种情况：如果财务顾问业务包含在其他业务中，如证券承销中的融资方案设计、并购中的方案设计、对价及融资安排等，其报酬常常包含在整笔业务的报酬中，不作单独计算；如果投资银行受托单独提供某类财务顾问业务，其收费常常由投资银行根据特定项目耗费的人力和时间等经营成本为基础进行单独报价，与其他业务没有关系。目前，财务顾问业务作为现代投资银行的一项新兴的重要业务，正在从其他相关业务中分离出来，朝单独收费的方向发展。

三、财务顾问业务的基本功能及作用

（一）财务顾问业务基本功能

1. 普通财务顾问

以面向企业的财务顾问业务为例，普通财务顾问主要是指投资银行及其专业人员以下列形式为上市公司、拟上市公司或有关企业集团提供有偿或无偿咨询服务的活动：

（1）为各类企业申请证券发行上市提供股份制改制、资产重组、前期辅导等方面的咨询服务。

（2）为各类非上市企业收购上市公司及开展的相关资产重组、债务重组等活动提供咨询服务。

（3）为上市公司、拟上市公司或有关企业重大投资、兼并收购、关联交易等活动提供咨询服务。

(4) 为上市公司、拟上市公司或有关企业完善法人治理结构、设计经理层股票期权、职工持股计划以及信息披露等规范运作活动提供咨询服务。

(5) 为上市公司、拟上市公司或有关企业资产重组、债务重组等资本运营和再融资活动提供融资策划、方案设计、推介路演安排、企业公共关系等方面的咨询服务。

(6) 为企业债务人对企业进行债务重组及相关的股权重组、资产重组等活动提供咨询服务。

2. 独立财务顾问

以面向企业的财务顾问业务为例,独立财务顾问是指以独立第三人的身份就上市公司或其他有关企业的关联交易、资产或债务重组以及公司收购、兼并等涉及公司控制权变化的交易对所有股东(特别是中小股东)是否公平出具专业性意见的业务。具体形式主要包括以下三方面。

(1) 受上市公司或其他有关企业聘请,为公司重大资产重组、债务重组等活动担任财务顾问,出具并向社会披露独立财务顾问报告。

(2) 受上市公司或其他有关企业聘请,为上市公司重大关联交易活动担任财务顾问,出具并向社会披露独立财务顾问报告。

(3) 受上市公司或其他有关企业聘请,就要约收购的公允性、可行性及对中小股东的影响,出具并向社会披露独立财务顾问意见。

(二) 财务顾问业务重要作用

1. 投资银行开展财务顾问业务对企业(机构)客户的重要作用

(1) 科学地制定发展战略规划和进行投资决策。投资银行通过开展财务顾问业务可以帮助客户,尤其是大的企业集团科学地制定发展战略规划和进行投资决策。具体来说,其作用主要体现在以下方面:帮助各类企业集团、上市公司就重大投资项目选择投资方向和投资时机,以及预测和分析投资项目的收益和风险,为投资决策者提供决策的依据;协助各类企业集团、上市公司寻求或拓展融资渠道,分析并选择筹资成本最低、资本结构最佳的筹资方式;协助各类企业集团、上市公司制定发展战略,包括对战略定位、战略目标、战略规划、战略实施等提供咨询建议;协助各类企业集团、上市公司进行资产重组、资本运作、产业整合;对企业的中长期发展规划和日常运作提供咨询建议;对集团下属企业股份制改造、上市和重大资产交易行为提供指导性建议;为公司资产管理、负债管理和风险管理提供咨询;对集团财务结构、财务管理提供咨询建议。

(2) 强化法人治理结构和拓宽信息渠道。投资银行通过开展财务顾问业务可以为企业集团、上市公司提供诸如涉及市场最新动态和金融工具、可能的投融资机会和商业伙伴、有关集团战略和资本运作的案例、财政金融相关政策及法律法规等专业化信息服务。同时根据各类企业集团、上市公司人力资源部门的要求,组织安排人员对各类企业集团、上市公司的中层以上人员进行有关股份制改造和公司设立、资本运作、集团管理、投融资创新、法人治理结构的完善、上市公司的规范以及其他感兴趣的相关内容和热门话题进行培训或者组织交流。

(3) 提供日常经验管理和财务状况诊断。投资银行通过开展财务顾问业务可以从外部市场环境和内部经营条件两个方面对各类企业集团、上市公司在日常经验和管理中存在的问题进行诊断工作，如同保健医生一样进行“询疑问诊”，提出现代企业管理的观点和建议，尤其是改进财务状况的咨询，提高各类企业集团、上市公司财务决策水平，并以此为中心推动集团整体业务活动。财务顾问可以承担各类企业集团、上市公司内部的科研课题，也可协助各类企业集团、上市公司争取重大软科学研究项目。

(4) 推动股东价值的创造。投资银行开展的财务顾问业务有利于推动股东价值的创造。一方面，财务顾问设计的资产净值和负债的最佳组合结构将会使资本成本降低到最低限度，另一方面，财务顾问提供的融资方案有助于满足公司的资金需求，并保持适当的财务灵活性。好的财务策略还可以兼容股息红利和股票回购政策，使股东获得最大利益；帮助企业优化资源、实现战略性成长，达到经济规模，防止企业被市场淘汰，提高企业的生存能力；帮助企业实现价值最大化，保障债权人利益。

2. 投资银行开展财务顾问业务在其他方面的重要作用

(1) 提高市场效率。投资银行财务顾问服务部门通过专业手段，收集、整理、分析和传播信息，以确保客观、公正、准确及时地生产信息和传递信息，能够有效增强投资者参与的积极性和市场配置资源的能力，提高市场的效率。

(2) 提高上市企业的质量。上市企业的质量是证券市场稳健发展的保证，投资银行通过开展财务顾问业务，提供专业意见，帮助企业和政府在资本市场上筹集资金，提高资金的使用效率，增强其竞争力，推动上市企业质量的提高。

(3) 提高投资银行的市场竞争力。投资银行通过提供高质量的财务顾问业务服务，既获得顾问费收入，又发展与客户的良好关系，逐步树立起良好的社会形象，创立专业品牌，为进一步开拓和创新业务打下基础，从而提高其市场的竞争力。随着客户金融意识和投资理念的逐步成熟，越来越多的客户要求投资银行提供包括财务顾问业务在内的综合金融服务。据调查，我国在长江三角洲、珠江三角洲、闽南三角洲、环渤海经济圈，越来越多的客户特别是优质客户和上市公司，将企业投融资活动转向资本市场，要求投资银行提供更多的财务顾问服务。

(4) 引导投资者理性投资。一般而言，中小投资者缺乏证券投资所需要的理论知识和经验，他们的时间、精力、财力和能力有限，难以亲自收集、处理和分析信息，而投资银行通过开展财务顾问业务为这些客户提供服务，可以提高他们的投资水平，引导其理性投资。

四、政府财务顾问业务

政府财务顾问业务是投资银行为各级政府及其所属部门的投资环境分析、投融资政策设计、税收政策设计以及为政府主导的招商引资等各种经济活动提供的顾问业务。开展政府财务顾问业务，不仅是投资银行在业务和客户群体方面的“新创”，同时也反映了投资银行职能的转变。政府财务顾问业务的延展不仅可以使企业的招商引资由“政府主导”转向“委托中介”，同时也实现了国内投资银行由“融资”型向“融智”型的功能转变。而投资银行的“融智”型业务在使基础设施建设、企业并购重组、资产管理、公司理财、项目融资等方面顺畅运转的同时，也必将成为投资银行新的利润增长点。

政府财务顾问业务发展潜力巨大。针对政府财务顾问业务，业内专家分析指出，我国10万亿元的国有资产中就有3万亿元需要进行重组，其中属于政府财务顾问的市场份额非常巨大。随着未来投资环境的改善以及投资银行与商业银行合作范围的扩大，其相互支持的力度也会加大，投资银行服务水平也会进一步提高。例如，中信建投证券为某地方政府提供的财务顾问业务如下：① 协助委托方（指该地方政府，下同）对区域经济产业结构与行业分布特点进行分析，以形成产业结构调整与行业重组的具体操作方案；② 协助委托方对区域资本市场的发育状况进行分析与总结，并提供相关的主体培育、环境塑造、监督管理等政策咨询或建议；③ 立足于资本市场，对区域内企业发展提出合理化建议，协助区域内企业进行产权整合、股权设计、公司改制、资本运作、战略投资等方面的策划；④ 对委托方区域内的企业上市前和上市后的重组提出政策建议，并对区域内资产重组、特别是政府主导型资产重组提供决策咨询和操作思路；⑤ 为委托方区域内的国有企业改制、民营企业成长、区域内基础设施及重点项目建设中的直接融资提供策划服务；⑥ 为委托方提供宏观经济动态及政策趋向（包括金融政策、财政政策、产业政策等）的研究报告；⑦ 为委托方提供上市企业行业板块、地区板块的追踪性咨询服务及相关的研究报告；⑧ 为委托方提供资本市场运作及金融产品、金融制度创新的研究报告；⑨ 为委托方地方政府各级官员、相关企业的中高层管理人员开设有关专题讲座，如宏观政策、行业规划、资本市场、金融工程、公司改造、资产重组、资本经营等；⑩ 为委托方通过相关媒体进行宣传服务，多方位报道区域经济发展进程与业绩。

五、企业财务顾问业务

企业财务顾问业务包括企业理财、改制、股票上市、发行债券顾问业务和企业投融资顾问业务等。它是指投资银行利用自身在客户、网络、资金、信息和人才等方面的优势，根据企业客户的需求，为企业客户的投融资、资本运作、财务管理等活动提供的咨询、分析和方案设计等业务。投资银行开展的企业财务顾问业务范围包括：投融资顾问、改制上市顾问、并购顾问、债券及票据发行顾问、资产重组顾问、资产管理顾问、企业诊断等。在企业融资的财务顾问业务中，投资银行最主要的任务是利用专业知识，帮助企业进行全面的融资方案比较、分析和评价，做出正确的融资决策。

（一）主板市场发行股票并上市的财务顾问

在主板市场上发行股票并上市是信用状况优秀的大中型企业融资的重要渠道，财务顾问在企业上市过程中将协助企业完成如下的工作。

（1）制订股份制改制方案，对股份公司的发起设立、募集设立、股本总额和股权结构、招股筹资、配售新股和股票上市等制订方案，并进行操作指导和业务服务。

（2）推荐具有执业资格的会计师事务所、资产评估事务所、律师事务所等中介机构。

（3）协调各方业务关系、工作步骤和工作结果（即充当企业上市工作的总协调人）。

（4）为境内外机构投资认股提供中介，推荐证券承销或保荐机构、登记机构和上市地点及交易所。

（5）按照法定程序，协助编制必要的文件，协助企业申请公司设立和股票发行。

(6) 就股票的发行种类、发行数量、发行价格、发行方式、发行费用、发行时机等事项提供咨询意见。

(7) 为客户申请股票发行与上市。

(8) 协助客户开展以争取股票公开发行及上市为目的的公关工作。

(9) 就客户募集资金投向及项目选择提供咨询意见。

(10) 评估股份公司的资信等级和证券发行资格。

(11) 提供有关法规信息,组织公司高管业务培训和辅导。

(二) 创业板市场发行股票并上市的财务顾问

在创业板市场发行股票并上市是中小企业特别是高科技企业融资的重要渠道。从上市条件来看,主板市场更注重硬性的财务指标,特别看重企业盈利多少,而创业板市场则有更大的可塑性和不确定因素,对盈利不做特别要求。因而,充当主板市场上市财务顾问的难度往往会小于创业板上市的难度。在现阶段,担任创业板市场融资顾问的多数是中小投资银行或者投资银行下设、分设的财务顾问公司。这类专业机构运作成本低,贴近市场,操作融资能力强,收费合理,具有充当融资顾问的各种条件,它们在创业企业上市的运作过程中最适合充当财务顾问。此类投资银行或相关机构在企业创业板上市过程中的主要作用如下。

(1) 在大量的企业群体中发掘出适宜在创业板上市的企业。

(2) 通过科学优化和资源合理配置,充分利用上市条件,进行改制、重组、并购,整合出创业板上市的资源。

(3) 帮助企业设计改制与重组方案,进行深层次改制、重组,使企业全面具备上市条件。

(4) 帮助企业实施并购及增资扩股,引进战略投资者。

(5) 制作招股说明书。招股说明书是企业能否在创业板市场成功上市的重要文件。由于创业板市场上市条件的硬性指标较少,弹性空间很大,发行成功与否、发行价格高低完全由市场决定,而市场反应又与招股说明书的说服力和影响力密切相关。相同的企业在不同的投资银行家手里往往会出现风格差别很大的招股说明书。

(6) 作为总协调人帮助企业与保荐人、审计机构、律师事务所、评估机构进行谈判,以挑选最合适的中介机构为企业上市提供服务。

(三) 私募融资的财务顾问

企业之所以选择私募融资,一般来说主要是基于降低融资成本、减少公开信息披露、简化操作流程等方面的一些考虑,因此决定做私募融资的企业通常都是精明的民营企业和机构投资者。此时投资银行作为财务顾问主要提供以下服务:

(1) 对拟融资的公司进行估价。

(2) 按照可比的交易价格对拟私募发行的证券进行定价。如果没有可比价格,就需要通过财务分析,调整账面价值以确保合理定价。

(3) 制作私募计划书。私募计划书的内容包括:公司的详细情况,私募的目的,拟发售证券的详情,目前证券的持有情况,未来的新业务计划、资本支出和财务预测,信息披露方式等。

(4) 安排私募证券的发售。可能接受私募理念的往往是一些养老基金、保险公司和有特定投资目标的高净值个人。作为财务顾问,投资银行应与拟融资的企业就私募证券的购买者群体进行充分讨论以确保私募成功。

此外,投资银行还为企业提供企业资本运营、并购与重组咨询等其他财务顾问服务。

第二节 项目融资业务

一、项目融资业务概述

(一) 项目融资的定义

项目融资(Project Financing)是首先在美国继而在欧洲国家,近三十年又在发展中国家被广泛采用的一种独特的融资方法。项目融资一词起源于20世纪30年代,是在西方国家遭受石油危机以后,因为担忧资源不足而大规模开发资源的热潮中产生的。但是直到目前为止,项目融资作为一个术语还没有一个公认的定义。广义地说,所有为了建设一个新项目、收购一个现有项目或者对已有项目进行债务重组所进行的融资活动都可以被称为项目融资。

按照内维特(Nevitt)和法博齐(Fabozzi)所著的《项目融资》一书中的定义,项目融资是"为一个特定经济实体所安排的融资,其贷款人在最初考虑安排贷款时,满足于以该经济实体的现金流量和收益作为偿还贷款的资金来源,并且满足于使用该经济实体的资产作为贷款的安全保障。"具体来说,项目融资是指这样一种情况:项目发起人为该项目筹资和经营而成立一家项目公司,项目公司承担贷款,以项目公司的现金流量和收益作为还款来源,以项目公司的资产作为贷款安全的保障。该融资方式过去常常应用于现金流量稳定的发电、高速公路、铁路、机场、桥梁等大规模的基本建设项目,而目前其应用领域已经在逐渐扩大。"项目融资"和"为项目融资"是两个不同的概念。"为项目融资"是指为项目筹措资金这样一项活动,而"项目融资"是一种特定的融资方式。为项目融资的方式多种多样,比如发行股票或直接贷款,项目融资只是众多融资方式中的一种。项目融资的实质就是在向一个经济实体提供贷款时,以该经济实体的现金流量和收益作为偿还债务的资金来源,并将该经济实体的资产作为贷款的担保物。也就是说,归还贷款的资金来自于项目本身,而不是其他。

根据追索权限的不同,项目融资可分为无追索权和有限追索权两类。无追索权项目融资是以项目的名义在资本市场上筹措资金,借款人仅以项目自身的预期收入和资产对外承担债务偿还责任,而不以项目之外的任何资产、权益或收入进行抵押、质押或者偿债,即债权人对项目以外的资产和收入没有追索权。所以,无追索权的项目融资也称为纯粹的项目融资。

多数情况下,债权人会要求项目公司以外的第三方包括项目发起人、项目产品的未来购买者、东道国政府或其他保证人提供担保。当项目不能完工或经营失败,而项目本身的资产或收益又不足以清偿债务时，债权人有权向上述各担保人追偿。各担保人对项目债务所负的责任，仅以它们各自所提供的担保金额或按有关协议所承担的义务为限，这种项目融资方式被称为有限追索权项目融资。

现在关于项目融资的定义比较一致的看法是：项目融资是为项目公司融资，它是一种利用项目未来的现金流量作为担保条件的无追索权或有限追索权的融资方式。

（二）项目融资的特点

1. 项目导向性

项目导向性即以项目为主体安排融资，也就是主要依赖于项目的现金流量和资产而不依赖于项目的投资者或发起人的资信来安排融资，这是项目融资的第一个特点，也是项目融资与一般银行贷款的最大区别。因此，项目融资结构的设计、融资额度的确定以及融资成本的高低都是与项目的预期现金流量和资产价值直接联系在一起的。由于项目导向性，有些投资者很难借到的资金可以利用项目来安排，有些投资者很难得到的担保条件则可以通过组织项目融资来实现。进一步，由于项目导向性，项目融资的贷款期限可以根据项目的具体需要和项目的经济生命周期合理安排设计，可以做到比一般商业贷款期限长。近几年的实例表明，有的项目贷款期限可以长达20年之久。

2. 债权人对借款人的有限追索权

在某种意义上，贷款人对项目借款人的追索形式和程度，是区分融资是属于项目融资还是传统形式项目信贷的重要标志。追索权是指在借款人未按期偿还债务时贷款人要求以抵押资产以外的其他资产偿还债务的权利。无追索权的项目融资完全依赖项目的经济强度，在融资的任何阶段，债权人对项目资产和收益以外的借款人财产没有追索权。当然，在实际工作中很难获得这样的融资安排。有限追索权的项目融资中，债权人可在贷款的某个特定阶段对项目借款人实行追索，或者在一个规定的范围内对项目借款人实行追索，除此之外，无论项目出现任何问题，贷款人均不能追索到项目借款人除该项目资产、现金流量以及所承担的义务之外的任何形式的财产。而传统项目信贷的贷款人为项目借款人提供的是完全追索形式的贷款，即贷款人更主要依赖的是自身的资信情况，而不是项目本身。因此，债权人对借款人的有限追索权是项目融资的第二个特点。

3. 项目各当事人共同分担项目风险

为了实现项目融资中的有限追索，对于与项目有关的各种风险要素，均需要以某种形式在项目投资者（借款人）、债权人及与项目开发有直接或间接利益关系的其他参与者之间进行分担。一个成功的项目融资应该是在项目中没有任何一方单独承担起全部项目债务的风险责任，这一点构成了项目融资的第三个特点。一般来说，风险分担是通过出具各种保证书或做出承诺来实现的。保证书是项目融资的生命线，因为项目公司的负债率都很高，保证书可以把财务风险转移到一个或多个对项目有兴趣但又不想直接参与经营或直接提供资金的第三方。

4. 融资成本较高，所需时间长

与传统的融资方式相比较，项目融资存在的一个主要问题，也是其第四个特点，就是相对融资成本较高，组织融资所需要的时间较长。项目融资涉及面广、结构复杂，需要做

好大量有关风险分担、税收结构、资产抵押等一系列技术性的工作,融资文件比一般公司融资要多出几倍,需要几十个甚至上百个法律文件解决问题,这就使得组织项目融资花费的时间要长一些。而项目融资的大量前期工作和有限追索性质,则导致融资的成本要比传统融资方式高。其融资成本包括融资的前期费用和利息两个主要组成部分。

(三) 项目融资顾问业务的范围

1. 进行资金用途的可行性评价

资金用途的可行性评价是前期准备工作,在此阶段,融资顾问着重从财务、风险、技术等方面判断投资的可行性。财务评价工作包括:根据大量数据,衡量本次投资的预测效益以及对企业整体的影响程度;根据国民经济发展战略要求,衡量本次投资与所在国家的各项政策、发展计划衔接的程度;对潜在市场进行充分详尽的分析;根据市场信息与条件,预测市场走势及产品竞争力。另外,财务评价工作还包括盈亏平衡分析、灵敏性分析、敏感性分析及投资回报率分析,并从回收期、年收益率、净现值、内部收益率几方面来衡量投资的经济效益。风险分析工作包括:对信用风险、完工风险、生产风险、金融风险、政治风险、环境保护风险等进行分析。技术论证工作包括:从生产技术、原材料供应、市场分布、管理经验等方面判断投资在技术上的可行性。

2. 承担投资结构设计

所谓投资结构设计,是指在考虑所在国家法律法规、会计税收等外在客观因素的情况下,寻求一种能够最大限度地实现客户投资目标的资产所有权结构。融资顾问需要根据客户和资金运用的特点、各投资方的发展战略、利益追求、融资方式、资金来源以及其他限制条件决定选择何种投资结构,以最大限度地满足各投资方的要求。有时融资顾问还要发挥想象力,为某一项目设定一种特定的灵活的投资结构。

3. 帮助制定融资担保结构

多数情况下,为了规避风险,资金提供方希望借款人能提供担保,因此担保是否合理有效,能否得到资金提供方的认可在很大程度上也决定融资能否成功。融资顾问在设计融资方案时,就要考虑担保的问题,通过与客户协商确定拟采用的担保形式和担保范围。

4. 参与融资谈判

在初步确定了融资方案后,如果采用间接融资的方式筹集资金,融资顾问将有选择地向商业银行或其他一些金融机构发出参加融资的建议书,组织贷款银团;如果决定采取直接融资,融资顾问将协助客户联系有资质的投资银行,协助客户与投资银行就拟发行证券的价格、发行方式、发行对象等问题进行协商。在与商业银行或投资银行的谈判中,融资顾问可以帮助加强客户的谈判地位,保护投资方的利益,并在谈判陷入僵局时,及时、灵活地找出适当的变通办法,绕过难点解决问题。

二、项目融资业务的运作

(一) 项目融资的主要当事人

项目融资与传统融资方式相比,它的操作程序和金融技巧要复杂得多,其涉及的当事人也往往相当广泛。具体而言,项目融资主要有以下九类当事人。

1. 项目发起人

项目发起人是项目公司的投资者(股东),通常是项目公司的母公司。项目发起人通过组织项目融资,实现投资目标的综合要求。项目的发起人可以是一家公司,也可以是许多与项目有关的公司(如承建商、供应商、项目产品的购买方或使用方)构成的多边联合体或企业集团,还可以是与项目没有直接利益关系的实体(如交通设施项目中的土地所有者和房地产商等)。项目发起人除了为项目注入股本金外,还可为项目提供可享受利息和税收方面优惠的从属贷款,以提高项目主要贷款者的信心,促使他们出资或放松贷款条件。在有限追索的融资结构中,项目发起人还须以直接或间接担保的形式,为项目公司提供一定的信用支持。

2. 项目公司

项目公司是经营项目的实体。项目融资中一般不由母公司或控股公司作为项目直接主办人,而是成立一个项目公司作为项目主办人。除去项目发起人投入的股本金之外,项目公司主要靠借款来进行融资。项目公司本身承担着项目的财务风险和经营风险,同时还可以避免将有限追索的融资安排作为债务列入项目的实际投资者的资产负债表上。

3. 项目投资者

项目投资者是项目融资中真正的借贷人。在有限追索的融资结构中,项目投资者除了拥有项目公司的全部股权或部分股权,以及提供部分股本资金外,还需要直接担保或间接担保为项目公司提供一定的支持。

4. 项目融资顾问

项目公司要在金融市场上筹措资金,必须获得熟悉金融市场运作规则的金融机构的帮助。项目主办人应聘请投资银行等金融机构作为融资顾问,提供金融和财务服务。融资顾问在项目融资中扮演着一个重要的角色,在某种程度上可以说是决定项目融资能否成功的关键。

5. 贷款银行

贷款银行可以是一家或数家商业银行,也可以是由十几家商业银行组成的国际银团。参与行的数目主要由贷款规模和项目风险两个因素决定。商业银行是项目融资最主要的资金提供者,此外,世界银行及其下属的国际金融公司、亚洲开发银行、非洲开发银行、美洲开发银行、亚洲投资银行、欧洲投资银行等地区性开发投资银行也是项目融资的重要贷款来源。

6. 项目承建商

很多项目承建商都热心于项目融资,它们通常与项目公司签订固定价格的总价承包合同,负责项目工程的施工和建设。对于大项目,承建商也可以另签合同,把自己的工作分包给分包商。项目承包商接受固定价格合同相当于为项目建设提供担保。有时,它们还愿意将其应得的部分酬金投入项目作为股本。一般情况下,项目承建商要承担延期误工和工程质量不合格的风险。项目承建商的实力和经营历史记录,可在很大程度上影响项目融资的贷款银行对项目建设期风险的判断。

7. 供应商

项目的供应商包括项目设备供应商和原料供应商。为保证长期稳定的市场,它们愿意以长期优惠条件如延期付款或者优惠出口信贷等方式,为项目提供融资。这些安排有助于减少项目筹建期及项目经营期间的许多不确定因素,为安排项目融资提供了有利条件。

8. 承购商

项目产品或服务购买者通过与项目公司签订长期购买合同(特别是具有“无论提货与否均需付款”“提货与付款”和“照付不议”性质的合同),保证了项目的市场和现金流量,为投资者对项目的贷款提供了重要的信用保证。

9. 其他当事人

其他当事人包括有关的政府机构、保险公司、法律税务顾问等,它们在项目融资中都发挥着各自不同的作用。

(二) 项目融资运作流程

1. 投资决策分析

对于任何一个投资项目,在投资者下决心上马之前都需要经过相当周密的投资决策分析。投资决策分析包括宏观经济形势预测与判断、行业分析、产业的发展以及项目在产业中的竞争性分析、项目的可行性研究等标准内容。一旦做出投资决策,接下来的一项重要的工作就是确定项目的投资结构(股本金结构)。项目的投资结构与将要选择的融资结构和资金来源有着密切的关系。同时,项目投资决策也是与项目能否融资以及如何融资紧密联系在一起的。投资者在制定项目投资结构(股本金结构)时需要考虑的因素有很多,其中主要包括项目的产权形式、产品分配形式、决策程序、债务责任、现金流量控制、税务结构和会计处理等方面的内容。项目投资决策的前瞻性、股本金结构方案的正确性直接决定了项目融资的成败及未来项目盈利与否。

2. 融资决策分析

在这个阶段,项目投资者将决定采用何种融资方式为项目筹集资金。是否采用项目融资,取决于项目的经济生命和经济强度等特点,以及投资者对债务责任分担、贷款资金数量与时间、融资费用及债务会计处理等方面的要求。如果决定选择采用项目融资作为筹资手段,投资者就需要选择和聘请融资顾问,开始研究和设计项目的融资结构。

3. 融资结构分析

设计项目融资结构的一个重要步骤是完成对项目风险的分析和评估。项目融资结构的基础,是由项目本身的经济强度以及与之有关的各个利益主体与项目的契约关系和信用保证等构成的。能否采用以及如何设计项目融资结构的关键点之一就是要求项目融资顾问和项目投资者一起对与项目有关的风险因素进行全面梳理、分析和判断,确定项目的债务承受能力和风险,设计出切实可行的融资方案。项目融资结构以及相应的资金结构的设计和选择,必须全面反映投资者的融资战略考虑和要求。

4. 融资谈判

在初步确定了项目融资方案以后,融资顾问将着手起草有关文件、有选择地向商业银行或其他资金提供者或投资机构发出参与项目融资的建议书、组织贷款银团或策划债券发行等融资事宜。其间,融资顾问与银行等金融机构的谈判会经过很多次的反复,这些反复可能是对相关法律文件进行修改,也可能是涉及融资结构或资金来源的调整,甚至可能是对项目的投资结构及相应的法律文件做出修改,以满足债权人的要求。在谈判过程中,强有力的融资顾问可以加强投资者的谈判地位,有效地保护其利益,并能够灵活、及时地找出解决问题的方法,打破谈判僵局。因此,在融资谈判阶段融资顾问的作用是非常重要的。

5. 项目融资的执行

在正式签署项目融资的法律文件之后,融资的组织安排工作就结束了,项目融资进入执行阶段。在项目的建设期、试生产期和正常运行期间,贷款人可通过融资顾问对项目的进展情况进行经常性的监督,根据融资文件的规定,参与部分项目的决策、管理并监控贷款资金投入及部分现金流量。

(三) 项目融资结构模式

项目融资结构模式按照融资主体可分为:投资者直接安排的融资模式和投资者通过项目公司安排的融资模式;按融资基础则可分为:以"设施使用协议"为基础的融资模式、以"生产支付"为基础的融资模式、以"杠杆租赁"为基础的融资模式、BOT 项目融资模式等。以下主要介绍按融资基础分类的融资结构模式。

1. 以"设施使用协议"为基础的融资模式

设施使用协议是指在某种工业设施或服务性设施的提供者和这种设施的使用者之间达成的一种具有"无论提货与否均需付款"性质的协议,这种协议在工业项目中也被称为委托加工协议。以"设施使用协议"为基础的融资模式主要应用于一些带有服务性质的项目,如石油、天然气管道、发电设施、某种专门产品的运输系统及港口、铁路设施等项目。在以"设施使用协议"为基础安排的融资模式中,先由项目(设施)开发者(投资者)与项目使用者谈判达成协议,由项目使用者出具"无论提货与否均需付款"(在这里可称为"无论使用与否均需付款")性质的承诺,并且这一承诺为贷款人所接受,然后,以该承诺和承建商的完工担保作为贷款信用保证,向贷款人贷款。

2. 以"生产支付"为基础的融资模式

以"生产支付"为基础的融资模式是建立在由贷款人购买某一特定份额生产量的基础上的。在这一模式中,贷款人从项目中购买到一个特定份额的生产量,这部分生产量的收益成为偿债资金的来源。因此,这种融资模式是通过直接拥有项目的产品和销售收入,而不是通过抵押或权益转让的方式来实现融资的信用保证。

3. 以"杠杆租赁"为基础的融资模式

杠杆租赁即融资租赁。以"杠杆租赁"为基础的融资模式,是指在项目投资者的要求和安排下,杠杆租赁机构作为资产出租人融资购买项目所需设备,然后租赁给承租人(项目公司)的一种融资模式。这种融资模式的一个重要特点是:上述几种融资模式主要侧重于资金的安排、流向、有限追索的形式、风险分担等问题上,而将项目的税务结构和会计处理等问题放在项目的投资结构(项目公司)中加以考虑和解决。与此不同,以"杠杆租赁"为基础的融资模式在结构设计时不仅需要以项目本身经济强度特别是现金流量状况作为主要的参考依据,而且也需要将项目的税务结构作为一个重要的因素加以考虑。

4. BOT项目融资模式

BOT是Build(建设)、Operate(经营)和Transfer(转让)三个英文单词第一个字母的缩写,代表着一个完整的项目融资的概念。BOT项目融资模式有时也称为BOOT模式,即Build(建设)、Own(拥有)、Operate(经营)、Transfer(转让)四个英文单词第一个字母的缩写。这种模式主要用于发展中国家的公共基础设施建设的项目融资,是国际项目融资发展趋势中的一种新型结构。这种模式的基本思路是,由项目所在国政府或所属机构为项目的建设和经营提供一种特许权协议(Concession Agreement)作为项目融资的基础,由本国公司或者外国公司作为项目的投资者和经营者安排融资,承担风险,开发建设项目并在有限的时间内经营项目获取商业利润,最后根据协议将该项目转让给相应的政府机构。BOT的优点在于解决了政府在基础设施建设中资金不足的问题,而且项目公司以“特许权协议”为基础安排融资并不增加东道国的外债总额和财政负担;由公司承担项目建设与运营,避免了公共部门投资运营效率低下的问题;项目公司追逐利润和规避风险,会不断地进行技术和管理上的创新,从而在为当地引进资金的同时引进了技术和管理。

三、投资银行在项目融资业务中的作用

投资银行在项目融资业务中的作用主要表现为:项目的可行性与风险的全面评估;确定项目的资金来源、承担的风险、筹措成本;估计项目投产后的成本超支及项目完工后的投产风险和经营风险;通过贷款人或从第三方获得承诺,转移或减少项目风险;以项目融资专家的身份充当领头谈判人,在设计项目融资方案中起关键作用。

(一)评估项目的可行性与风险性

项目的可行性评估是项目开发的前期准备工作,详细的可行性研究报告一般由项目发起人完成。作为项目融资顾问,投资银行将从财务、技术和风险三个方面对可行性研究报告进行详细的评估。其中项目风险性分析主要包括:① 技术和建设风险分析。主要指建设阶段的成本超支和时间超期,如设计不周、工程设备不善、材料设备供应不上、物价上涨、劳工问题等;② 经营和销售风险分析。主要指由于储存欠缺、能源及原材料成本上升、市场物价波动、销售协议违约等原因从而损害项目的营利性;③ 管理风险分析。主要是指由于主办人开发和经营能力的缺乏以及合伙人的分歧等原因,导致项目的可靠性风险。

(二)设计项目股本金结构

在项目东道国的法律、法规、会计、税收等框架内,充分考虑项目的特点和投资各方的发展战略、利益目标、融资方式、资金来源及其他因素,寻求能最大限度地实现投资者目标的项目资产所有权结构。

(三)设计项目融资的担保方案

项目融资中的许多风险是项目本身无法控制的,对超出项目自身承受能力的风险因素,债权人会要求项目投资者或与项目利益有关的第三方提供担保。作为项目融资顾问,投资银行的核心任务之一就是协助制订各方尤其是债权人可接受的担保方案,从而分散项目的风险及财务负担,达到融资成功的目的。

（四）设计项目融资模式

项目融资顾问最核心的职能在于接受项目发起人或投资者的委托，进行融资结构的创新设计。项目融资顾问（投资银行）在这一阶段的主要工作包括根据项目特点决定融资总额及资金构成、制定资金到位时间表并负责落实。具体包括以下工作。

（1）在 BOT 融资模式中，接受项目发起人委托，进行特许权协议的谈判；根据项目发起人的要求起草招标文件，参与评标和决标，协助选择对项目进行融资、建设和经营的项目公司。对以提供进口信贷或出口信贷为基础的融资安排，还可参与招标文件相关条款的编写。

（2）协助客户选择关键用户并与之就融资额、利率、担保等问题进行深入谈判，并据此起草“照付不议协定”或“货款预付及偿还合同”。

（3）可牵头筹组银团，直接为项目公司提供融资。

（4）采用融资租赁方式时，协助项目公司安排“融资租赁协议”的谈判及起草，必要时提供融资支持。

（5）在用 ABS 方式为项目安排融资时，为资产证券化（包括企业债券）设计信用增级计划，并协助企业证券的发行和销售。

（6）参与项目投资基金、信托计划的发起和管理。

（7）在资产盘活融资过程中，接受发起人或投资者的委托起草出售协议。

（8）运用重组、并购、QFII 等手段，为项目公司寻找战略投资者，增强其抗风险能力，最大限度地保障项目投融资各方的利益。

（9）在项目建设期和运行期，根据现代企业制度，协助项目公司制定发展战略、设计合理的机构设置框架、不断完善财务管理体系，有效降低融资成本，提高投资效益。

第九章

基金与基金管理

第一节　基金与基金管理概述

一、基金及投资基金的定义与性质

(一) 基金的定义及其种类

基金(Fund)通常分为两种:专项基金和投资基金。专项基金(Special Fund)指用于指定用途的资金,这种传统意义上的基金是通过国民收入的分配和再分配形成的具有指定用途的基金,如各类福利基金、发展基金、保险基金、养老基金、救济基金、见义勇为基金、奖励基金、互助基金等,种类名目繁多。专项基金大体上可以分为三类:一是社会福利基金,主要是由企业、职工自行积累或国家财政拨款的资金,用于保障职工的生活福利;二是保险基金,主要是投保人缴纳的保费,用于因受到不可抗力的自然灾害或意外事故的赔偿;三是基金会基金,主要来源于捐赠,用于科教文体、社会治安等。

投资基金(Investment Fund)是专门为众多的中小投资者设计的一种金融信托性质的间接投资工具,是指根据预定投资方向,通过发售基金份额(基金单位),汇集各种投资者的零散资金形成独立财产,由基金管理人管理、基金托管人托管、基金持有人按其份额享受收益和承担风险的集合投资方式或投资制度。根据基金投资对象不同的流动性,投资基金又可分为证券投资基金和产业投资基金。证券投资基金是指以各类证券为主要投资对象的投资基金,而产业投资基金则是指以非上市股权为主要投资对象的投资基金。有时候,证券投资基金也被简称为投资基金甚至基金。对投资基金的认识也因不同国家(或地区)投资基金发展状况的不同而有所不同。

广义的基金不仅包括以投资增值为目的的证券投资基金,还包括以社会保障为目的的社会保障基金、以资助科学研究为目的的国家自然科学基金、以社会公益和慈善事业为目的的青少年发展基金等。本章所说的基金专指证券投资基金,简称投资基金。

（二）基金管理的定义

基金管理(Fund Management)是指有关基金的设立、投资、经营和风险控制,以及实现基金价值增值的各种活动的总称。基金管理是资本市场业务中的一个重要组成部分,它扩大了投资银行可以向客户提供的服务和产品,并越来越成为投资银行业务中新的利润增长点和竞争最激烈的领域之一。由于投资银行拥有高水平的金融专业人才、迅捷的信息渠道、先进的技术、丰富的经验和广泛的金融业务网络,从而具有在开展基金业务方面的能力和优势。投资银行既可以兼任基金的发起人和管理人,也可以接受基金发起人的委托进行基金管理,有时还可担任基金发行的承销商。此外,与证券承销、交易和企业并购业务的收入流相比,基金管理业务收入流的波动要小。

（三）投资基金的性质

1. 投资基金是一种金融市场的投资工具

投资基金存在于投资者与投资对象之间,起着把投资者的资金转换成金融资产,通过专门机构在金融市场上再投资,从而使货币资产得到增值的作用。投资基金的管理者对投资者所投入的资金进行有效的管理和运作,而且必须按照基金合同(或契约)的要求确定资金的投向,保证投资者的资金安全和收益最大化。

2. 投资基金是一种金融信托形式

投资基金与一般金融信托关系一样,主要有委托人、受托人、受益人三个关系人。其中受托人与委托人之间订有信托契约。但投资基金作为金融信托业务的一种形式,又有自己的特点,如:主要从事有价证券投资;主要当事人中还有一个不可缺少的托管机构,它不能与受托人(基金管理公司)由同一机构担任,而且基金托管人一般是法人;基金管理人并不对每个投资者的资金都分别加以运用,而是将其集中起来,形成一笔巨额资金再加以运用。

3. 投资基金本身属于有价证券的范畴

投资基金发行的凭证即基金券(或基金份额)与股票、债券一起构成有价证券的三大品种。但投资基金与股票、债券所反映的关系是不同的,由此带来的收益和风险也是不同的。股票反映的是一种产权关系,其收益取决于多种因素的影响,因此其投资收益是不固定的,风险性较大。投资基金则反映的是一种信托关系,除公司型基金外,购买基金券并不是取得所购基金券发行公司的经营权,也不参加基金公司的具体工作。同时,投资基金是由专业的投资机构进行操作,按照投资组合理论进行分散投资,因而能在降低风险的同时使收益得到提高。从债券方面来说,债券反映的是债权人和债务人之间的一种借贷关系,双方通常事先确定利率,债务人到期必须还本付息于债权人。而投资基金可以通过赎买方式抽回基金,为投资者进退提供了便利。所以,投资基金的投资风险虽然小于股票但大于债券,因而其收益一般也大于债券投资。

特别应当说明的是公司型投资基金,由于其设立等同于股份公司,投资者投资于该类公司,作为其股东,是一种所有关系。这一点与契约型基金在本质上不同。

二、投资基金的产生与发展

投资基金起源于19世纪的欧洲,英国是投资基金的发源地。1868年,英国成立"海外及殖民地政府信托基金”,在英国《泰晤士报》刊登招募说明书,公开向社会公众发售认股凭证,投资于美国、俄国、埃及等国的 17 种政府债券。该基金与股票类似,不能退股,亦不能将基金份额兑现,认购者的权益仅限于分红和派息两项。因其在许多方面为现代基金的产生奠定了基础,金融史学家将之视为证券投资基金的雏形。

20 世纪初,投资基金传入美国后,在美国得到极大的普及和发展。1924 年 3 月 21 日,马萨诸塞投资信托基金在美国波士顿成立,成为世界上第一只公司型开放式基金。美国在法律上以“投资公司”的形式规范共同基金,美国共同基金白皮书(Mutual Fund Fact Book)对共同基金的解释为:“一个为满足特定金融目的而购买由专业投资顾问选择的证券组合的投资公司;投资者购买代表基金券所有权的基金单位;共同基金随时准备以基金当前的资产净值买回(赎回)它的股份。”所以,投资基金在美国被称为“共同基金”(Mutual Fund),定义是指一种制度,在该种制度下,汇集了具有共同投资目标的投资人的资金,委托专业投资机构进行分散投资,借以分散风险并由投资人享受投资成果。根据 ICI① 最新的报告(2017 factbook) ,2016 年,全球投资于开放式基金的资产规模达到 40.4 万亿美元,相比 2015 年的 37.2 万亿美元,增长了 8.6%。规模占比最大的仍然是美洲市场,资产规模达 21.1 万亿美元(其中美国共同基金管理规模超过了 19.2 万亿美元,相比 2015 年增长了 1.1 万亿美元),其次是欧洲市场,规模为 14.1 万亿美元。亚非地区的规模则只有 5.2 万亿美元。证券投资基金已经成为一种大众化的投资工具。

日本也是投资基金较为发达的国家,它将投资基金纳入信托的范畴,并且特别限定为证券投资信托(Securities Investment Trust),其定义是:为了使投资者能够达到证券投资的目的,集中不特定多数的投资者的资金,设定共同财产,由证券投资专家运用于有价证券投资,最后将所得利润分配给投资者。

我国基金业的发展可以分为三个历史阶段:20 世纪 80 年代末至 1997 年 11 月 14 日《证券投资基金管理暂行办法》(简称《暂行办法》)颁布之前的早期探索阶段、《暂行办法》颁布实施以后至 2004 年 6 月 1 日《中华人民共和国证券投资基金法》(简称《证券投资基金法》)实施前的试点发展阶段与《证券投资基金法》实施以来的快速发展阶段。

1987 年,中国新技术创业投资公司与汇丰集团、渣打集团在中国香港联合设立了中国置业基金,首期筹资 3 900 万元人民币,直接投资于以珠江三角洲为中心的周边乡镇企业,并随即在香港联交所上市。这标志着中国企业开始正式涉足投资基金业务。1991 年 10 月,中国人民银行武汉分行和深圳南山区政府分别批准“武汉证券投资基金”和“深圳南山风险投资基金”。1992 年 11 月经中国人民银行总行批准正式设立“淄博乡镇企业投资基金”,随后建业、金龙、宝鼎等 37 只投资基金相继设立,并在沪、深两地证券交易所或地方证券交易中心联网交易。截至 1997 年 10 月,全国共有投资基金 73 只,募集资金 66 亿元。

---

① ICI(Investment Company Institute)是一家全球领先的基金业协会组织,主要包括美国的共同基金,ETFs,封闭式基金和单位投资信托(UITs)以及全球其他类似基金。ICI 一直致力于为基金及基金受益人提高职业道德水准,ICI 的会员在美国大约管理着 19.3 万亿美元的资产,全球其他地区大约 1.6 万亿美元的资产。除了美国之外,在伦敦,香港均有办公室。

《暂行办法》颁布，标志着中国投资基金规范发展的开始。1998 年 3 月 27 日，南方基金管理公司和国泰基金管理公司成立，其后两年内，鹏华、长盛、大成、博时、国泰、华夏、华安、嘉实、富国基金管理公司相继成立。《暂行办法》颁布前的绝大多数老基金通过清理规范重组，并得以上市扩募。改制基金相继回到流通市场，进一步壮大了基金市场规模；在改制过程中，还催生了易方达、银华、融通、宝盈、中融、长城基金管理公司。2001 年 9 月首只开放式基金——华安创新诞生，更为基金公司实现资产管理规模的扩张奠定了坚实基础。

1999 年是基金业大发展的一年，基金管理公司的数量增加到 10 家，证券投资基金迅速增加到 22 只，资产规模跃升为 574 亿元；2000 年继续快速发展，证券投资基金增至 33 只，总资产 846 亿元；2001 年开始开放式基金试点，诞生了 3 只开放式基金，基金总数增加到 51 只。这一阶段具有代表性的基金创新品种有：2002 年 8 月推出的第一只以债券投资为主的债券基金——南方宝元债券基金，2003 年 3 月推出的我国第一只系列基金——招商安泰系列基金，2003 年 5 月推出的我国第一只具有保本特色的基金——南方避险增值基金，2003 年 12 月推出的我国第一只货币型基金——华安现金富利基金等。

2004 年 6 月 1 日开始实施的《证券投资基金法》，为我国基金业的发展奠定了重要的法律基础，标志着我国基金业的发展进入了一个新的发展阶段。这期间，我国基金市场产品创新活动日趋活跃，具有代表性的基金创新产品包括：2004 年 10 月成立的国内第一只上市开放式基金（LOF）——南方积极配置基金，2004 年年底推出的国内首只交易型开放式指数基金（ETF）——华夏上证 50ETF，2006 年 5 月推出的国内首只生命周期基金——汇丰晋信 2016 基金，2007 年 7 月推出的国内首只结构化基金——国投瑞银瑞福基金，2007 年 9 月推出的首只 QDII 基金——南方全球精选基金 QDII 基金，2008 年 4 月推出的国内首只社会责任基金——兴业社会责任基金等。经过 30 年的发展，截至 2017 年 12 月 31 日，我国境内共有基金管理公司 113 家，其中中外合资公司 45 家，内资公司 68 家；取得公募基金管理资格的证券公司或证券公司资管子公司共 12 家，保险资管公司 2 家。以上机构管理的公募基金资产合计 11.6 万亿元。管理的基金数量达到了 4 841 只。其中，封闭式基金 480 只，开放式基金的数量达到了 4 361 只（其中股票基金 791 只、债券基金 989 只、货币基金 348 只、混合基金 2 096 只、QDII 基金 137 只），开放式基金数量占基金全部数量的比例达到了 90.08%。证券投资基金已成为我国证券市场中重要的机构投资者，也正在为我国证券市场的发展做出重要贡献。

三、投资基金的特征与优缺点

（一）投资基金的特征

1. 集合理财、专业管理

投资基金将众多投资者的资金集中起来，委托基金管理人进行共同投资，表现出一种集合理财的特点。通过汇集众多投资者的资金，形成具有一定规模的投资主体，有利于发挥资金的规模优势，降低投资成本。投资基金由基金管理人进行投资管理和运作。基金管理人在研究分析和市场网络方面拥有中小投资者无法企及的优势，因此能够更好地对证券市场进行全方位的动态跟踪和全面综合深入的分析。同时,中小投资者将资金交给基金管理人管理,也能够享受到基金管理人提供的专业化的投资管理服务。

2. 组合投资、分散风险

基金投资与股票、债券投资一样都具有风险性。为降低基金投资风险,保护中小投资者的利益,一些国家通过立法的形式规定基金必须以组合投资的方式进行投资运作。基金管理人可以通过构建投资组合对基金资产进行分散化投资,降低非系统性风险。而一般的中小投资者由于资金有限,无法通过购买足够多的股票分散投资风险。基金通常会购买多达上百种股票或者其他证券,这样形成的多样化资产组合可以有效降低投资单一证券带来的风险。投资者购买基金就相当于用很少的资金购买了一揽子股票,在多数情况下,某些股票下跌造成的损失可以用其他股票上涨的盈利来弥补,因此可以充分享受到组合投资、分散风险的好处。

3. 收益共享、风险共担

基金投资者是基金的所有者。基金投资收益在扣除应由基金承担的相关费用之后的全部盈余归投资者所有,并依据各投资者所持有的基金份额比例进行基金收益的分配。基金管理人和基金托管人等只能按照基金合同的约定,提取一定比例的管理费、托管费,并不参与基金收益的分配。当然,基金本身的投资损失风险也要由投资者自行承担,基金管理人并不承担相应的经营风险。

4. 监管严格、信息透明

为了切实保障投资者尤其是中小投资者的利益,增强投资者对基金投资的信心,各国(地区)基金监管机构都制定配套了法律、部门规章等对基金业实行严格的监管,对各种有损于投资者利益的行为进行严厉打击。各国的法律还强制要求基金必须进行真实、准确、充分、及时的信息披露。这就从严格监管和信息披露两方面保护了投资者的利益。

5. 独立托管、保障安全

基金管理人负责基金的投资运作,本身并不参与基金财产的保管。基金托管人作为独立的第三方具体承担基金财产的保管义务。这样在基金管理人和基金托管人之间就形成了相互制约、相互监督的制衡机制,切实保障了基金投资者的利益。

(二)投资基金的优缺点

1. 投资基金的优点

投资基金之所以在许多国家受到投资者的广泛欢迎,发展如此迅速,都与投资基金本身的优点有关。作为一种成效卓越的现代化投资工具,投资基金所具有的优点如下。

(1) 为中小投资者拓展了投资渠道。对于中小投资者来说,由于手中资金有限、投资经验不足,因此其在投资于证券市场和其他项目时会受到很多制约。而投资基金作为一种新型的投资工具,把众多投资者的小额资金汇集起来,由专家来管理和运作,经营稳定,收益可观,可以说投资基金是专门为中小投资者设计的间接投资工具。

(2) 发挥专家理财作用。投资基金实行专家管理制度,这些专业管理人员都经过专门训练,具有丰富的证券投资和其他项目投资方面的经验。他们善于利用投资基金与市场的密切联系,运用先进的技术手段来分析各种信息资料,对市场上各种投资项目收益率的变动趋势做出比较正确的预测,从而能够最大限度地避免投资决策的失误,提高投资成功率,并能够把握最佳的投资机会,获得较好的投资回报。因此,投资者通过投资基金可以享受到投资基金专家理财的好处。

(3)分散投资风险。通过科学的投资组合来降低风险、提高收益,是投资基金的另一大优点。在投资活动中,风险和收益总是并存的,而通过投资的多样化或分散化就能够降低投资风险。但是,要实现投资的多样化或分散化需要有一定的资金实力,而投资基金就可以凭借其雄厚的资金在法律规定的投资范围内通过科学的投资组合进行分散投资来实现资产组合的多样化,从而也就降低了投资风险。

(4)实现投资规模效益。投资基金通过汇集众多中小投资者的资金形成一定规模的大额资金,从而在参与证券投资时能享有规模效益。首先在信息资料的搜集和处理方面,这部分成本可以说是相对固定的,与投资金额关系不大,因此通过投资基金的大规模投资,能降低单位资金量的研究成本,获得规模经济。同时,国外一些市场买卖证券的佣金是可变佣金制,交易量越大,交易佣金费率越低,因而通过投资基金买卖证券时的佣金支出比投资者直接买卖证券所付出的要少,从而也就减少了投资成本。

2. 投资基金的缺点

(1)承担基金管理人的代理风险。由于投资基金资产是由基金管理人来进行管理,所以基金管理人的专业素质尤其是职业道德对投资基金的业绩影响较大。当基金管理人利用投资基金资产为自身或第三人谋取利益,而不是为基金投资者寻求最佳投资机会时,基金投资者的利益将会受到损害。

(2)投资时的诸多限制。投资基金在进行投资时会受到诸如投资范围、投资比例等方面的限制,不如普通投资者自行投资来得灵活。

(3)费用开支。投资者通过购买投资基金进行投资,在购买投资基金时须支付投资基金的销售费用,在投资基金的日常运作中须支付诸如管理费、托管费等费用,这些费用会对投资基金业绩起到侵蚀作用。

四、投资基金的分类

(一)根据运作方式不同,分为封闭式基金和开放式基金

1. 封闭式基金

封闭式基金(Closed-end Fund)是指基金份额在基金合同期限内固定不变(法定情形除外),基金份额可以在依法设立的证券交易所交易,基金份额持有人不得申请赎回的一种基金。

封闭式基金的期限是指基金的存续期,即基金从成立起到终止之间的时间。基金期限届满即为基金终止,管理人应组织清算小组对基金资产进行清产核资,并将清产核资后的基金净资产按照投资者的出资比例进行公正合理的分配。如果基金在运行过程中,因为某些特殊的情况,使得基金的运作无法进行,报经主管部门批准,可以提前终止。

2. 开放式基金

开放式基金(Open-end Fund)是指基金份额不固定,可以在基金合同约定的时间和场

所进行申购和赎回的一种基金。这里所指的是传统的开放式基金,不包括交易型开放式指数基金(ETF)和上市开放基金(LOF)等新型开放式基金。为了满足投资者中途抽回资金实现变现的要求,开放式基金一般在基金资产中保持一定比例的现金。这虽然会影响基金的盈利水平,但作为开放式基金来说却是必需的。开放式基金具有很强的变现能力,其投资的市场多为开放程度高、规模巨大、灵活性强的金融市场。

3. 封闭式基金与开放式基金的主要区别

(1) 发展历史不同。封闭式基金的产生早于开放式基金,这已为各国基金发展历史所证明。在证券投资基金初创阶段,基金运作缺乏经验,加上金融市场开放程度较低、市场发育不成熟,因此稳定性较好的封闭式基金最先出现。开放式基金则是金融市场发展到较成熟阶段的产物,它对基金管理人的管理能力、投资者的投资意识和风险能力,以及市场监管和金融基础设施的要求较高。在金融市场发展较成熟的国家和地区,开放式基金逐渐取得主流地位。

(2) 期限不同。封闭式基金一般有固定的存续期,而开放式基金一般是无期限的。我国《证券投资基金法》规定,封闭式基金的存续期在5年以上,期满后可以通过一定的法律程序延期。目前,我国的封闭式基金存续期多在15年左右。

(3) 份额限制不同。封闭式基金的份额是固定的,在存续期限内未经法定程序认可,不能增减;而开放式基金份额不固定,投资者可在基金合同规定的时间内随时提出申购或者赎回申请,从而基金份额会相应地增加或者减少。

(4) 交易场所不同。封闭式基金募集完成后可以在证券交易所上市交易。投资者可以委托证券公司在证券交易所按照市价代理买卖,交易在投资者之间完成;而开放式基金份额不固定,投资者可以按照基金管理人确定的时间和地点向基金管理人或其销售代理机构申购或者赎回,交易在投资者与基金管理人之间进行。

(5) 价格形成机制不同。封闭式基金的交易价格主要受二级市场供求关系的影响,与股票类似,在需求和供给不匹配时会出现溢价或者折价交易的现象(即交易价格和基金份额净值不相等);开放式基金的交易价格则取决于基金份额净值的大小,其申购价一般是基金份额净值加一定的申购费,赎回价是基金份额净值扣除一定的赎回费,均不受市场供求关系的影响。

(6) 激励约束机制不同。由于封闭式基金份额固定,即使基金表现出色,其扩展能力也要受到较大限制。即使基金表现不尽如人意,基金经理也不会在经营与流动性管理上面临直接的压力。而开放式基金一旦业绩良好,就会得到投资者的认可,容易吸引新的资金加入,基金管理人的收入(主要是管理费)也会相应增加。如果基金表现较差,会遭到投资者的大规模赎回,这会给基金经理带来直接压力。因此,相比而言,开放式基金的激励约束机制更为健全。

(7) 运作管理方式不同。由于封闭式基金份额固定,不会面临赎回压力,基金经理可以按照预先确定的投资计划作长期投资,对基金投资的流动性要求相对较低,有利于基金长期经营绩效的提高;而开放式基金由于份额不固定,则必须保留一部分现金资产以备投资者的赎回申请,对基金资产的流动性要求较高,基金管理人的投资操作会受到不可预测的资金流入、流出的影响,这在一定程度上会影响基金的长期经营业绩。

（二）根据组织形式不同，划分为契约型基金和公司型基金

1. 契约型基金

契约型基金（Contractual Type Fund）是指依据一定的信托契约原则，由委托人、受托人和受益人三方订立信托投资契约而组建的基金。基金不具有法人资格，委托人即基金管理人，作为基金的发起设立者，负责设计基金种类、筹集资金并管理运用资金。受托人即基金托管人，主要负责基金财产的保管，执行管理人的有关指令，办理基金名下的资金往来并进行会计复核。投资者即受益人，通过购买基金单位，享有基金投资收益。所以契约型基金又称为单位信托基金或信托型基金。英国、日本、新加坡和我国香港、台湾地区的基金多是契约型基金。

2. 公司型基金

公司型基金（Corporate Type Fund）是指依据基金公司章程设立、以盈利为目的的股份有限公司形式的基金。基金投资者是基金公司的股东，享有股东权，按照持有的股份承担有限责任，分享投资收益。公司型基金在法律上是具有独立法人地位的股份有限公司。公司型基金设有董事会，代表投资者的利益行使职权。虽然公司型基金在形式上类似于一般的股份公司，但不同于一般股份公司的地方在于它委托基金管理公司作为专业的财务顾问，管理和运营基金资产。

3. 契约型基金和公司型基金的主要区别

（1）法律依据不同。契约型基金不具有法人资格，契约型基金当事人之间的权利与义务以及基金的运作遵守信托法的规定；而公司型基金具有法人资格，基金公司及其股东之间的权利与义务以及基金的运作必须遵守公司法的要求：如果基金公司本身不是管理公司，则基金公司与基金管理公司之间的关系也需要通过信托契约——委托管理协议来进行规范。

（2）资本结构不同。契约型基金的基金财产是通过发行基金份额（受益凭证）的方式筹集的，不能发行债券和股票；而公司型基金的财产是通过发行基金股份或股票筹集的。基金份额（受益凭证）反映的仅仅是一种信托关系，即契约型基金的资金是信托资产；公司型基金股份既是一种所有权凭证，又反映了一种信托关系，即公司型基金的资金为公司法人的资本。

（3）融资渠道不同。契约型基金一般无法向银行借款，不做负债经营；公司型基金在运作情况良好、业务开展顺利时可以向银行借款，以便扩大基金资产规模，为获得更多投资收益提供资本保证。

（4）投资者的地位不同。契约型基金的投资者购买受益凭证后，即成为信托契约关系的受益人，通过持有受益凭证（基金份额）获取投资收益，不具备股东权利，对基金日常管理和投资决策通常不具有发言权；公司型基金的投资者作为公司的股东可以参加股东大会，拥有一定的投票表决权，公司的重大决策如基金投资目标和基本政策的改变等，需要经股东的批准，股东以股息或红利的形式收取投资收益。

（5）营运依据不同。在经营基金资产的过程中，契约型基金以信托契约（基金合同）为依据；而公司型基金依据的则是基金公司章程、委托管理协议和委托保管协议等文件。

(6) 运作方式不同。在基金运作中,契约型基金依据信托契约建立和运作,契约期满,基金运营相应终止;公司型基金类似于一般股份公司,除非依据公司法规定到了破产、清算阶段,否则基金公司不随意终止,这有利于公司长期发展和稳定经营,也有利于一个国家证券市场的稳定发展。

不同的国家(地区)具有不同的法律环境,基金能够采用的法律形式也会有所不同。目前我国的基金全部是契约型基金,而美国的绝大多数基金则是公司型基金。组织形式的不同赋予了基金不同的法律地位,基金投资者所受到的法律保护也因此有所不同。

(三) 根据投资对象的不同,划分为股票基金、债券基金、货币市场基金、混合基金、期货基金、期权基金、指数基金和认股权证基金

1. 股票基金

股票基金(Equity Fund)是指以股票(包括优先股票和普通股票)为投资对象的投资基金。这是投资基金中最基本、最原始的品种之一。根据中国证监会对基金类别的分类标准,基金资产60%以上投资于股票的基金为股票基金。股票基金的主要功能是将大众投资者的小额资金集中起来,投资于不同的股票组合。股票基金可以按照股票种类的不同分为优先股基金和普通股基金。优先股基金是一种可以获得稳定收益、风险较小的股票基金,其投资对象以公司发行的优先股为主,收益主要来自股利收入。而普通股基金以追求资本利得和长期资本增值为投资目标,主要投资于普通股票,只有少部分投资于政府债券、商业票据,以方便资本周转或适应投资机会的变化。它的风险较优先股基金高。

2. 债券基金

债券基金(Bond Fund)是指以债券(包括政府债券、市政债券和国际债券)为投资对象、以稳定的投资收益和较小的风险为目标的投资基金,其规模仅次于股票基金。根据中国证监会对基金类别的分类标准,基金资产80%以上投资于债券的基金为债券基金。由于债券是一种收益稳定、风险较小的有价证券,所以债券基金基本上是属于收入型投资基金,具有低风险且收益稳定的特点。债券基金适合于稳健型的投资者。

3. 货币市场基金

货币市场基金(Money Market Fund)最早出现于美国。它是指以短期金融工具(包括存款凭证、国库券、大额可转让定期存单、银行承兑票据、商业票据、银行同业拆借、回购协议、短期票据等)为投资对象的投资基金,属于货币市场范畴。货币市场基金具有流动性强、信用风险和市场风险小、收益较为稳定的特点。此外,货币市场基金均为开放式基金,投资者可随时申购或赎回,且对基金的认购、申购和赎回均不必交纳手续费,因此投资成本较低。与其他基金相比较的另一个特点在于,货币市场基金单位的资产净值是固定不变的,通常每个基金单位具有固定为1元的价值。按此"确定价"原则,申购、赎回和转换基金单位的单位价格以1元为基准进行计算。投资此类基金后,投资者获得的收益将表现为增加其所拥有的基金份额(即红利转基金份额)。此外,一般货币市场基金的收益与市场利率水平正相关,这一点与国债基金相反,但都属于低风险基金。

4. 混合基金

混合基金(Commingled Fund)以股票、债券等为投资对象,以期通过在不同资产类别

上的投资实现收益与风险之间的平衡。根据中国证监会对基金类别的分类标准,投资于股票、债券和货币市场工具,但股票投资和债券投资的比例不符合股票基金、债券基金规定的为混合基金。混合基金尽管会同时投资于股票、债券等,但常常会根据基金投资目标的不同而进行股票与债券投资的不同配比。因此,通常可以根据资产配置的不同将混合基金分为偏股型基金、偏债型基金、股债平衡型基金、灵活配置型基金等。

(1) 偏股型基金。这类基金中股票的配置比例较高,债券的配置比例相对较低。通常,股票的配置比例在50%~70%,债券的配置比例在20%~40%。

(2) 偏债型基金。这类基金与偏股型基金正好相反,债券的配置比例较高,股票的配置比例则相对较低。

(3) 股债平衡型基金。这类基金中股票与债券的配置比例较为均衡,比例在40%~60%。

(4) 灵活配置型基金。这类基金在股票、债券上的配置比例会根据市场状况进行调整,有时股票的比例较高,有时债券的比例较高。

5. 期货基金

期货基金(Futures Fund)是指以各种期货品种为主要投资对象的投资基金。期货是一种合约,只需一定的保证金(一般为5%~10%)即可买进合约。期货可以用来套期保值,也可以进行投机,如果预测准确,短期能够获得很大的投资回报;如果预测不准,遭受的损失也很大,具有高风险高收益的特点,因而期货基金是一种高风险的投资基金。

6. 期权基金

期权基金(Option Fund)是指以能分配股利的股票期权为投资对象的投资基金。期权也是一种合约,是指在一定时间内按约定的价格买入或卖出一定数量的某种投资标的的权利。如果市场价格变动对期权购买者履约有利,他就会行使这种买入或卖出的权利,即行使期权;反之,他亦可放弃期权而听任合同过期作废。作为对这种权利占有的代价,期权购买者需要向期权出售者支付一笔期权费(期权的价格)。期权基金利用所持有的普通股做选择权交易,其投资目的是为获取最大的当期收入。当期收入主要来自于股利分配、出售期权的收入、买卖组合证券的期权中净短期利得及从结束购买交易中所得的任何利润。期权基金的风险较小,适合于收入稳定的投资者。其投资目的是为了获取最大的当期收入。

7. 指数基金

指数基金(Index Fund)是指以某种证券市场的价格指数为投资对象的投资基金。指数基金设置的组合基本等同于市场价格指数的权重比例,特点是随着市场价格指数的权重比例的变动而改变其投资组合,即基金价值始终与指数保持基本同步的运动。该类基金的收益随当期的某种价格指数涨跌而波动,当某价格指数上升时,基金收益也增加,反之,基金收益减少。由于其选股原则简单,因而管理费较低。同时,其投资分散程度高,可以回避投资组合的非系统性风险。指数基金还可以作为避险套利的工具。

8. 认股权证基金

认股权证基金(Warrant Fund)是指以认股权证为投资对象的投资基金。认股权证即股票认购授权证,实质上是一种买入期权,持有者有权在指定的时间按预定的价格购买发行公司一定数量的股份。这类基金以买卖认股权证的方式获得资本成长。

（四）根据投资目标的不同，划分为成长型投资基金、收入型投资基金和平衡性投资基金

1. 成长型投资基金

成长型投资基金（Growth Fund）又称为长期成长基金（Long-term Growth Fund），是指以追求资本的长期增值为基本目标，较少考虑当期收入的投资基金。其投资对象多为股票价格长期稳定增值的绩优股，即投资于信誉好、长期有盈利的公司。其特点是风险较大，但可以获得的收益也较大，适合风险承受能力较大的投资者。成长型投资基金又可细分为三种类型。

（1）积极成长型投资基金（Aggressive Growth Fund）①这类基金通常把追求最大资本利得作为其投资目标。它一般投资于有高成长潜力的股票，有的也投资于冷门行业、新兴行业以及运营状况暂时困难、价值被低估的公司股票。积极成长型投资基金的投资目标决定其投机性很强，是基金中投资风险很大的一类。

（2）新兴成长型投资基金（Newly Arisen Growth Fund），是指以新兴的高科技企业为目标的一种基金。这类基金通常投资于新兴行业中具有成长潜力或高成长潜力的小公司股票。

（3）成长及收入型投资基金（Growth & Income Fund），是指以既能提高当期收入又能实现资本成长作为投资目标的一种基金。这类基金通常投资于股票价值有上升趋势且公司能长期稳定支付股利的普通股股票。一般这种基金的投资目标成长稍重于收入，投资策略也不像平衡型投资基金那样保守。

2. 收入型投资基金

收入型投资基金（Income Fund）是指以追求稳定的经常性收入为基本目标的投资基金。其投资对象主要是大盘蓝筹股、公司债券、政府债券等稳定收益证券。其特点是损失本金的风险小，但与成长型投资基金相比，其收益要低，资本成长潜力也小，适合较保守的投资者。收入型投资基金又可分为固定收入型和收益收入型两种，前者主要投资于债券、优先股股票和可转让大额定期存单等收入比较稳定的有价证券，而后者则主要投资于那些绩优的普通股股票。

3. 平衡型投资基金

平衡型投资基金（Balanced Fund）是指以资产的安全稳定、可观的收入及适度的成长为基本目标，即以追求当期收入和长期的资本成长为目的的投资基金。其特点是具有双重投资目标，谋求收入和成长的平衡。这类基金主要分散投资于债券、优先股和部分普通股。这些有价证券在投资组合中有比较稳定的组合比例，一般是把资产总额的25%~50%用于优先股和债券，其余的用于普通股投资。其风险适中，成长潜力也不是很大。

以上三类投资基金的特点比较如表9.1所示。

---

① 积极成长型投资基金又称为高成长投资基金（High Growth Fund）、资本增值投资基金（Capital Appreciation Fund）或最大成长投资基金（Maximum Growth Fund）或高投资基金（Go-Go Fund）。

表 9.1　三类投资基金特点比较

基金类型	目标	优点	缺点
成长型投资基金	追求资金的长期增长	获利能力高,资本利得增加快	当期收益很小甚至没有收益,损失本金的风险较高
收入型投资基金	为投资者带来高水平的当期收入	损失本金风险很低	资本成长的潜力较小
平衡型投资基金	获取当期收入兼顾追求资金的长期增长	具有双重投资目标,损失本金风险很低	资本成长的潜力不高

（五）根据投资理念的不同,划分为主动型基金和被动型基金（指数型基金）

1. 主动型基金

主动型基金是一类力图取得超越基准组合表现的基金。

2. 被动型基金

被动型基金并不主动寻求取得超越市场的表现,而是试图复制指数的表现。被动型基金一般选取特定的指数作为跟踪的对象,因此通常又被称为“指数型基金”。

（六）根据募集方式的不同,划分为公募基金和私募基金

1. 公募基金

公募基金是指可以面向社会公众公开发售的一类基金。其主要特征是:可以面向社会公众公开发售基金份额和宣传推广,基金募集对象即投资者不固定;投资金额要求低,适宜中小投资者参与;必须遵守基金法律和法规的约束,并接受监管部门的严格监管。

2. 私募基金

私募基金是指以非公开方式向特定投资者募集资金并投资于证券等资产的基金。私募基金不能进行公开的发售和宣传推广,投资金额较高,投资者的资格和人数常常受到严格的限制。如美国相关法律要求,私募基金的投资者人数不得超过 100 人,每个投资者的净资产必须在 100 万美元以上。但私募基金与公募基金相比,在运作上具有较大的灵活性,受到的限制和约束较少。它既可以投资于衍生金融产品,进行买空卖空交易,也可以进行汇率、商品期货投机交易等投资风险较高的投资。私募基金的主要客户是具有较强风险承受能力的富裕阶层。

（七）根据资本来源和投资地域的不同,划分为国际基金、在岸基金、离岸基金和国家基金

1. 国际基金

国际基金（International Fund）,又称为环球基金（Global Fund）,是指以全球投资市场为基金运作空间的投资基金。这种基金有可能在最大程度上利用不同投资市场的差异来分散其投资风险。当然,也可能因某些市场收益率不佳而导致基金总的投资收益率水平降低。

2. 在岸基金

在岸基金亦称为国内基金（Domestic Fund）,是指注册地在本国,面向资本市场筹集资

金并投资于本国证券市场的基金。由于在岸基金的投资者、基金组织、基金管理人、基金托管人以及当事人和投资市场均在本国境内,所以监管部门对基金监管更为容易一些。

3. 离岸基金

离岸基金(Off-shore Fund)是指在境外注册,面向外国投资者销售并投资于国外证券市场的投资基金。这类基金的注册地和投资者的投资区域分属于不同的国家,通常是本国的基金管理人在另一国募集资金组建投资基金,并将基金资产投资于第三国或资产注册地以外的区域。它利用了各国投资的优势,最大限度地降低投资成本,分散投资风险。由于该基金是面向外国投资者筹资并投资于海外证券市场,因此亦称海外基金。

4. 国家基金

国家基金(Country Fund)是指面向境外投资者销售并以本国证券市场为特定投资对象的投资基金。该种基金在境外发行基金股份,再将所筹集的资金在本国证券市场上通过组合投资来获取收益。

(八) 根据投资货币种类的不同,划分为美元基金、日元基金和欧元基金

1. 美元基金

美元基金(Dollar Fund)是指投资于美元市场的投资基金。

2. 日元基金

日元基金(Yen Fund)是指投资于日元市场的投资基金。

3. 欧元基金

欧元基金(Euro Fund)是指投资于欧元市场的投资基金。

(九) 特殊类型基金

1. 系列基金

系列基金又称为伞型基金(Umbrella Fund),严格地说,不是具体的一种基金类型,而是基金的经营方式之一。它通常是分别设立若干种“成分基金”,或以某个基金作为“母基金”,在一组“母基金”之下,再选择若干种基金设立“子基金”;伞型基金的各“成分基金”或“子基金”之间是相互独立的,分别进行投资决策,管理工作和投资活动互不干涉。其最大特点是在基金内部可以为投资者提供多种投资选择以及低成本转换。由于市场处于不断的变化之中,投资者的需求也在不断变化,如果投资者在不同的基金之间进行重新选择,就需要支付很多销售费用。而伞型基金的投资者可以随时根据自己的需要转换基金类型,而不需要支付转换费。

2. 基金中的基金

基金中的基金(Funds of Fund),是以本身或其他基金单位为投资对象的投资基金,其投资组合由各种各样的基金组成。基金投资者的投资是两个层次的专家经营和两个层次的风险分散,其特点是具有双重保护功能,可以进一步分散和降低风险。但相应地也在两个层次上对基金投资者收取管理费和销售费用,从而加大了投资者的投资成本。

3. 对冲基金

对冲基金(Hedge Fund)是以各种金融衍生产品以及相关联的有价证券为投资对象,运用各种对冲交易实现避险套利的投资基金,实际上是一种由富有的投资者投资的私人

投资基金，又称套期保值基金。对冲基金以私募方式筹集资金，其组织结构为有限合伙人制，投资者提供大部分资金但不参与投资决策和日常管理；基金主办人则以资金和技能入股，负责基金的投资运作和管理，双方受他们之间签订的投资协议的约束。对冲基金的投资组合一般不会受到限制，不必披露其持仓情况和业绩方面的信息，受官方监管的程度低。对冲基金在金融市场上进行套期保值交易，利用现货市场和衍生市场对冲运作，从而最大限度地降低风险。

4. 套利基金

套利基金（Arbitrage Fund）是指在不同的金融市场上利用其价格差额，低买高卖，进行套利的投资基金，也属于低风险稳定回报的投资基金。

5. 风险投资基金

风险投资基金（Venture Fund）是一种以私募方式募集资金，以公司等组织形式设立并处于创业期，但是具有较大发展潜力的新兴中小型企业，特别是未上市的新兴高科技企业为主要投资对象的一种承担高风险、谋求高回报的基金。风险投资基金是风险投资的一种形式，也是风险资本组织的一种类型。

6. 保本基金

保本基金（Guaranteed Fund）是指在一定期间内，对所投资的本金提供一定比例的保证保本基金，基金利用孳息或是极小比例的资产从事高风险投资，而将大部分的资产从事固定收益投资，使得基金投资的市场不论如何下跌，绝对不会低于其所担保的价格，而达到所谓的“保本”作用。在国外，保本基金可分为保证基金和护本基金两种类型，其中护本基金不需要第三方提供担保。一般来说，保本基金的投资目标是在锁定下跌风险的同时力争有机会获得潜在的高回报。目前，我国已有多只保本基金。

7. 交易型开放式指数基金

交易型开放式指数基金通常又称为交易所交易基金（Exchange Traded Funds，ETF），是一种在交易所上市交易的、基金份额可变的开放式基金。ETF 最早产生于加拿大，但其发展与成熟主要是在美国。一般 ETF 采用被动式投资策略跟踪某一标的市场指数，因此具有指数基金的特点。

ETF 结合了封闭式基金与开放式基金的运作特点。投资者既可以像封闭式基金那样在交易所二级市场买卖，又可以像开放式基金那样申购、赎回。所不同的是 ETF 申购是用一揽子股票换取 ETF 份额，赎回时换回的是一揽子股票而不是现金。因此，ETF 是存在于一级和二级市场之间的套利机制，可有效防止类似封闭式基金的大幅折价。

1990 年，加拿大多伦多证券交易所（TSE）推出了世界上第一只 ETF——指数参与份额（TIP）。1993 年，美国的第一只 ETF——标准普尔存托凭证（SPDR）诞生，其后 ETF 在美国开始获得迅速发展。我国第一只 ETF 是成立于 2004 年年底的上证 50ETF。截止到 2010 年 10 月末，我国共有 20 只 ETF。

8. 上市开放式基金

上市开放式基金（Listed Open-ended Funds，LOF）是一种既可以在场外市场进行基金份额申购或赎回，又可以在交易所（场内市场）进行基金份额交易和基金份额申购或赎回的开放式基金。它是我国对证券投资基金的一种本土化创新。LOF 结合了银行等代销机构和交易所交易网络二者的销售优势,为开放式基金销售开辟了新的渠道。LOF 通过场外市场与场内市场获得的基金份额分别被注册登记在场外系统与场内系统,但基金份额可以通过跨系统转托管(即跨系统转登记)实现在场外市场与场内市场的转换。LOF 获准交易后,投资者既可以通过银行等场外销售渠道申购和赎回基金份额,也可以在挂牌的交易所买卖该基金或进行基金份额的申购与赎回。LOF 所具有的转托管机制与可以在交易所进行申购赎回的制度安排,使 LOF 不会出现封闭式基金的大幅折价交易现象。

虽然 LOF 与 ETF 都具备开放式基金可以申购、赎回和场内交易的特点,但两者存在本质区别,主要表现在以下几方面。

(1) 申购、赎回的标的不同。ETF 与投资者交换的是基金份额与一揽子股票,而 LOF 的申购、赎回是基金份额与现金的对价。

(2) 申购、赎回的场所不同。ETF 的申购、赎回通过交易所进行;LOF 的申购、赎回既可以在代销网点进行,也可以在交易所进行。

(3) 对申购、赎回限制不同。只有大投资者(基金份额通常要求在 50 万份以上)才能参与 ETF 一级市场的申购、赎回交易;而 LOF 在申购、赎回上没有特别要求。

(4) 基金投资策略不同。ETF 通常采用完全被动式管理方法,以拟合某一指数为目标;而 LOF 则是普通的开放式基金增加了交易所的交易方式,它可以是指数型基金,也可以是主动管理型基金。

(5) 在二级市场的净值报价上,ETF 每 15 秒提供一个基金净值报价;而 LOF 的净值报价频率要比 ETF 低,通常一天只提供一次或几次基金净值报价。

截止到 2010 年 10 月末,我国共有 51 只 LOF。

第二节　投资基金的发起与设立

一、投资基金发起与设立的当事人

在投资基金的发起、设立及运作中,涉及多个当事人,具体包括:基金份额持有人(基金投资人或受益人)、基金管理人、基金托管人以及基金销售机构、注册登记机构、律师事务所、会计师事务所、基金投资咨询公司、基金评级公司等中介服务机构,同时还有基金监管机构和基金自律组织等。其中主要当事人为前三者。图 9.1 是基金当事人之间的关系图。

(一) 基金份额持有人

基金份额持有人即基金投资者,是基金的出资人、基金资产的所有者和基金投资回报的受益人。按照《证券投资基金法》的规定,我国基金份额持有人享有以下权利:分享基金财产收益;参与分配清算后的剩余基金财产;依法转让或者申请赎回其持有的基金份额;按照规定要求召开基金份额持有人大会或者召集基金份额持有人大会;对基金份额持有人大会审议事项行使表决权;对基金管理人、基金托管人、基金服务机构损害其合法权益的行为依法提起诉讼;公开募集基金的基金份额持有人有权查阅或者复制公开披露的

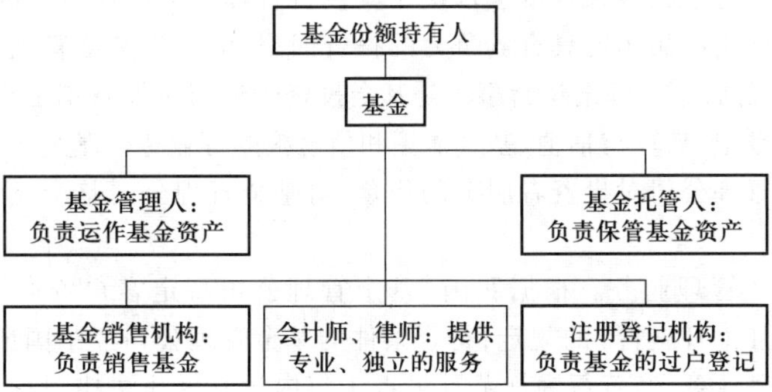

图 9.1 基金当事人之间的关系图

基金信息资料；非公开募集基金的基金份额持有人对涉及自身利益的情况，有权查阅基金的财务会计账簿等财务资料，以及基金合同约定的其他权利。

（二）基金管理人

基金管理人是基金产品的募集者和管理者，由依法设立的基金管理公司或者合伙企业担任。其最主要职责就是按照基金合同的约定，负责基金资产的投资运作，在有效控制风险的基础上为基金投资者争取最大的投资收益。基金管理人在基金运作中处于核心地位，基金产品的设计、基金份额的销售与注册登记、基金资产的管理等重要职能多半由基金管理人承担。

1. 基金管理人的职责

依据《证券投资基金法》的规定，基金管理人的具体职责主要有：依法募集资金，办理基金份额的发售和登记事宜；办理基金备案手续；对所管理的不同基金财产分别管理、分别记账，进行证券投资；按照基金合同的约定确定基金收益分配方案，及时向基金份额持有人分配收益；进行基金会计核算并编制基金财务会计报告；编制中期和年度基金报告；计算并公告基金资产净值，确定基金份额申购、赎回价格；办理与基金财产管理业务活动有关的信息披露事项；按照规定召集基金份额持有人大会；保存基金财产管理业务活动的记录、账册、报表和其他相关资料；以基金管理人名义，代表基金份额持有人利益行使诉讼权利或者实施其他法律行为；以及国务院证券监督管理机构规定的其他职责。

由此可见，在整个基金的运作中，基金管埋人实际上处于中心地位，起着核心作用。

2. 基金管理公司的主要业务活动

投资基金的募集与管理是基金管理公司的主要业务活动。但随着市场的发展，我国基金管理公司已被允许从事其他资产管理业务和提供投资咨询服务。

（1）证券投资基金业务。证券投资基金业务主要包括三项业务：① 基金募集与销售。依照《证券投资基金法》的规定，依法募集基金是基金管理公司的一项法定权利，其他任何机构不得从事基金的募集活动。能否将基金成功地推向市场并不断扩大基金财产规模，对基金管理公司的经营有着重要的意义。为成功进行基金的募集与销售，基金管理公司必须在市场调查的基础上进行基金产品的开发，设计出能够满足不同投资者需要的基金产品。② 基金的投资管理。投资管理业务是基金管理公司最核心的一项业务。基金管理公司之间的竞争在很大程度上取决于其投资管理能力的高低。因此,努力为投资者提供与市场上同类产品相比具有竞争力的投资回报,就成为基金管理公司工作的重中之重。③ 基金运营服务。基金运营事务是基金投资管理与市场营销工作的后台保障,通常包括基金注册登记、核算与估值、基金清算和信息披露等业务。基金运营业务在很大程度上反映了基金管理公司对投资者服务的质量,对基金管理公司整个业务的发展起着重要的支持作用。

(2) 受托资产管理业务。根据我国《基金管理公司特定客户资产管理业务试点办法》(2012 年 11 月 1 日施行)的规定,符合条件的基金管理公司经中国证监会批准,可以开展特定资产管理业务:经营行为规范且最近 1 年内没有因违法违规行为受到行政处罚或被监管机构责令整改,没有因违法违规行为正在被监管机构调查;已经配备了适当的专业人员从事特定资产管理业务;已经就防范利益输送、违规承诺收益或者承担损失、不正当竞争等行为制定了有效的业务规则和措施;已经建立公平交易管理制度,明确了公平交易的原则、内容以及实现公平交易的具体措施;已经建立有效的投资监控制度和报告制度,能够及时发现异常交易行为;中国证监会根据审慎监管原则确定的其他条件。实践中,基金管理公司都设有专门的子公司,通过设立专项资产管理计划开展专项资产管理业务。既可以为单一客户办理特定资产管理业务,也可以为特定的多个客户办理特定资产管理业务。基金管理公司为单一客户办理特定资产管理业务的,客户委托的初始资产不得低于 3 000 万元人民币;为多个客户办理特定资产管理业务的,资产管理人应当向符合条件的特定客户(即委托投资单个资产管理计划初始金额不低于 100 万元人民币,且能够识别、判断和承担相应投资风险的自然人、法人、依法成立的组织或中国证监会认可的其他特定客户)销售资产管理计划。资产管理人为多个客户办理特定资产管理业务的,单个资产管理计划的委托人不得超过 200 人,但单笔委托金额在 300 万元人民币以上的投资者数量不受限制;客户委托的初始资产合计不得低于 3 000 万元人民币,但不得超过 50 亿元人民币;中国证监会另有规定的除外。

(3) 投资咨询服务。2006 年 2 月,中国证监会基金部《关于基金管理公司向特定对象提供投资咨询服务有关问题的通知》规定,基金管理公司不需报经中国证监会审批,可以直接向合格境外机构投资者、境内保险公司及其他依法设立运作的机构等特定对象提供投资咨询服务。

(4) 社保基金管理及企业年金管理业务。根据《全国社保基金投资管理暂行办法》和《企业年金基金管理办法》的规定,基金管理公司可以作为投资管理人管理社保基金和企业年金。目前,部分取得投资管理人资格的基金管理公司已经开展了管理社保基金和企业年金的业务。

(5) QDII 业务。根据《合格境内机构投资者境外证券投资管理试行办法》的规定,符合条件的基金管理公司可以申请境内机构投资者资格,开展境外证券投资业务。基金管理公司申请境内机构投资者资格应当具备下列条件:① 申请人的财务稳健,资信良好。净资产不少于 2 亿元人民币;经营证券投资基金管理业务达 2 年以上;在最近一个季度末资产管理规模不少于 200 亿元人民币或等值外汇资产;② 具有 5 年以上境外证券市场投资管理经验和相关专业资质的中级以上管理人员不少于 1 名,具有 3 年以上境外证券市场投资管理相关经验的人员不少于 3 名;③ 具有健全的治理结构和完善的内控制度,经营行为规范;④ 最近 3 年没有受到监管机构的重大处罚,没有重大事项正在接受司法部门、监管机构的立案调查;⑤ 中国证监会根据审慎监管原则规定的其他条件。

对基金管理人所需具备的条件,各个国家和地区有不同的规定。鉴于基金管理公司在证券投资基金运作中的特殊地位和作用,我国对基金管理公司实行较为严格的市场准入管理。

(三) 基金托管人

基金托管人是根据法律法规的要求,在证券投资基金运作中承担资产保管、交易监督、信息披露、资金清算与会计核算等相应职责的当事人。基金托管人是依据基金运行中“管理与保管分开”的原则来对基金管理人进行监督和保管基金资产的机构,是基金持有人权益的代表,通常由有实力的商业银行或者其他金融机构担任。

1. 基金托管人的职责

根据我国法律法规的要求,基金托管人承担的职责主要包括资产保管、资金清算、资产核算、投资运作监督等方面。

(1) 资产保管,即基金托管人按规定为基金资产设立独立的账户,保证基金全部财产的安全完整。

(2) 资金清算,即执行基金管理人的投资指令,办理基金名下的资金往来。

(3) 资产核算,即建立基金账册并进行会计核算,复核审查管理人计算的基金资产净值和份额净值。

(4) 投资运作监督,即监督基金管理人的投资运作行为是否符合法律法规及基金合同的规定。

基金托管人的具体职责或业务内容,因各个国家和地区法律法规的不同而存在差异。

2. 基金托管人的作用

基金托管人在基金运作中具有非常重要的作用,主要体现在以下三个方面。

(1) 基金资产由独立于基金管理人的基金托管人保管,可以防止基金财产挪作他用,有利于保障基金资产的安全。

(2) 基金托管人对基金管理人的投资运作(包括投资对象、投资范围、投资比例、禁止投资行为等)进行监督,可以促使基金管理人按照有关法律法规和基金合同的要求运作基金财产,有利于保护基金份额持有人的权益。

(3) 基金托管人对基金资产所进行的会计复核和净值计算,有利于防范、减少基金会计核算中的差错,保证基金份额净值和会计核算的真实性和准确性。

(四) 其他当事人

投资基金除了以上三个主要当事人外,投资基金在设立、运行过程中还涉及许多其他服务机构,包括基金销售机构、注册登记机构、会计师和律师事务所等。

1. 基金销售机构

基金销售机构是受基金管理公司委托从事基金代理销售的机构。通常,只有机构客户或资金规模较大的投资者才直接通过基金管理公司进行基金份额的直接买卖,一般资金规模较小的普通投资者通常通过基金销售机构进行基金的申(认)购与赎回或买卖。在我国,只有中国证监会认定的机构才能从事基金的代理销售。目前,商业银行、证券公司、证券投资咨询机构、专业基金销售机构以及中国证监会规定的其他机构,均可以向中国证监会申请基金代销业务资格,从事基金的代销业务。

2. 注册登记机构

基金注册登记机构是指负责基金登记、存管、清算和交收业务的机构,其具体业务包括投资者基金账户管理、基金份额注册登记、清算及基金交易确认、红利发放、基金份额持有人名册的建立与保管等。目前,在我国承担基金份额注册登记工作的主要是基金管理公司自身和中国证券登记结算有限责任公司。

3. 会计师和律师事务所

作为专业、独立的市场中介,会计师和律师事务所为基金提供专业、独立的会计、法律服务,为基金管理人提供内部控制审计报告。

(五)基金的基本结构

前已述及,基金的投资者多为高度分散的中小投资者。他们对不同类型的基金有自由选择投资的权利,但对基金的投资要以交付财产为前提条件,并不直接参与基金的运作和管理。由此决定了基金需要具有独特的组织结构,以保障基金的安全运作和投资者的利益。基金的组织结构是由基金主要当事人之间依据基金合同,行使各自的权利并履行相应的义务,以及由此形成的分工协作、相互监督、相互制衡的关系。基金的基本结构如图 9.2 所示。

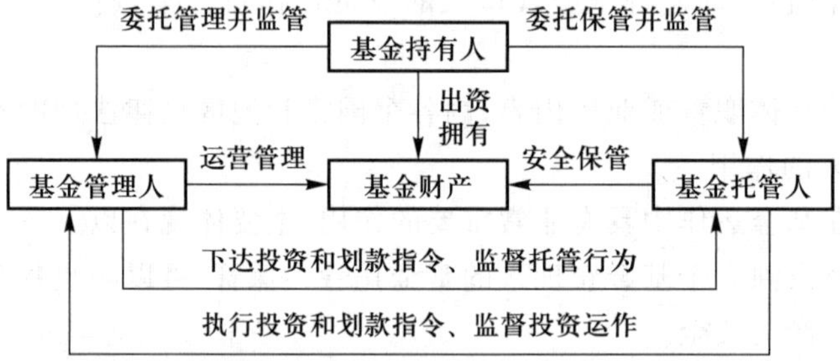

图 9.2　基金基本结构

基金持有人、基金管理人和基金托管人是基金的主要当事人。基金的运作遵循基金财产管理与基金财产保管完全分开(分离)原则。基金持有人是基金财产的实际所有者和委托人,他们通过买卖基金份额来表达对基金管理人为其提供投资管理服务的选择意愿,通过参加基金份额持有人大会对基金的重要事项行使表决权。基金财产的管理和保管则分别由基金管理人和基金托管人担任,他们根据基金合同(或委托管理协议和委托保管协议)履行受托职责,并须依法披露基金信息,接受投资者对基金运作的监督。基金管理人和基金托管人必须分属不同的法人,双方不得相互出资或持有股份(即法律地位和财产完全独立),其从业人员也不能在对方机构任职(即人员关系完全独立)。作为受托人,基金管理人和基金托管人必须确保基金财产独立于各自的固有财产,即使受托人因依法解散、被依法撤销或者依法宣告破产等原因进行清算,基金财产不属于其清算财产。基金管理人和基金托管人受托为基金持有人的利益管理运用基金财产,它们均不得将其固有财产或他人财产混同于基金财产从事证券投资;对其管理的不同基金财产必须公平对待;不能利用基金财产为基金持有人以外的第三人牟取利益;也不能向投资者违规承诺收益或承担损失。正如前面所谈到的,基金管理人负责基金财产的投资决策及日常管理,并向基金托管人发出买进或卖出证券及相关指令,其本身并不实际接触基金财产;基金托管人负责基金财产的保管,根据基金管理人的指令办理证券的清算交割和现金的收付。双方各司其职,既有严格分工,又有密切合作,且任何一方都要受到对方的监督,违反基金合同的行为将被制止。这种分工协作、相互监督、相互制衡的运行机制,为基金财产的安全和有效运用提供了制度保障,体现了保护投资者利益的内在要求。

二、投资基金发起与设立的程序

(一)投资基金发起人及其主要工作

投资基金由投资基金发起人发起设立。投资基金的设立是指依据法律的规定组建投资基金的行为和过程。它一般要经历三个阶段:一是基金发起人设计基金的具体运作方案,并确定基金的性质和类型,制作申请设立基金的法律文件;二是向证券监督管理机构提交基金募集申请文件,并取得监管机构的核准;三是公告招募说明书和发行公告。

投资基金发起人是指以设立投资基金为目的,采取必要的行为和措施并完成发起设立投资基金的法定程序的机构。发起人在发起设立基金过程中的行为被称为发起人行为。发起人是完成筹办基金法定程序的执行者和代表者,其行为构成基金的设立行为。如果基金设立成功,因为基金发起人行为而产生的权利和义务转由基金持有人承担;如果基金未设立成功,基金发起人行为所引起的权利和义务则由发起人自己承担。一般来说,契约型基金的发起人若是基金管理公司,那么基金设立之后通常就作为该基金的管理人;若发起人不是基金管理公司,则要成立一家基金管理公司作为基金管理人,发起人成为基金管理公司的主要股东。对公司型基金而言,因为基金的设立就表明投资公司或基金管理公司的成立,发起人是通过组建投资公司或基金公司的形式发起设立基金的,基金发起人应当由基金管理人担任。

各个国家都对基金发起人的资格条件都做出了专门规定,即必须具备一定的条件才能够成为基金的发起人。例如在英国,要发起设立基金,必须首先成为基金行业协会的会员,而能否获得会员资格,要看是否符合"适当会员资格与要求"。一般说来,设立基金的发起人应当具备下列条件:有明确的组织形式和运作方式;有合法的投资方向和明确的投资策略;有合格的基金管理人和基金托管人;法律、行政法规和监管机构规定的其他条件。

发起人作为完成基金设立法定程序的执行人,其主要工作有订立发起人协议、成立发起人组织或者基金筹备组织;设计基金的具体方案;制作或准备申请设立基金的法律文件;与拟委托的基金管理人、基金托管人、基金销售代理机构等洽谈相关事宜并签订委托协议。基金发起人必须就基金设立的重要事项做出决定,这些事项主要涉及基金申请报告、基金合同以及基金招募说明书等法律文件的内容。基金合同是规范基金运作、约定基金当事人的权利和义务的法律文件,其主要内容应当包括:募集基金的目的和基金名称;基金管理人和基金托管人的名称和住所;基金运作方式;封闭式基金的基金份额总额和基金合同期限,或者开放式基金的最低募集份额总额;确定基金份额发售日期、价格和费用的原则;基金份额持有人、基金管理人和基金托管人的权利、义务;基金份额持有人大会召集、议事及表决的程序和规则;基金份额发售、交易、申购、赎回的程序、时间、地点、费用计算方式以及给付赎回款项的时间和方式;基金收益的分配原则、执行方式;作为基金管理人、基金托管人报酬的管理费、托管费的提取、支付方式与比例;与基金财产管理、运用有关的其他费用的提取、支付方式;基金财产的投资方向和投资限制;基金资产净值的计算方法和公告方式;基金募集未达到法定要求的处理方式;基金合同解除和终止的事由、程序以及基金财产清算方式;争议解决方式。

(二)申请设立投资基金应向证券监管机构提交的主要文件

投资基金发起人在申请设立基金时应当向证券监管机构提交的文件有:① 申请报告。主要内容包括基金名称、拟申请设立基金的必要性和可行性、基金类型、基金规模、存续时间、发行价格、发行对象、基金的交易或申购和赎回安排、拟委托的托管人和管理人以及重要发起人签字、盖章。② 发起人情况。主要内容包括发起人的基本情况、法人资格与业务资格证明文件。③ 发起人协议。主要内容包括拟设立基金名称、类型、规模、募集方式和存续时间;基金发起人的权利和义务,并具体说明基金未成立时各发起人的责任、义务;发起人认购基金单位的出资方式、期限以及首次认购和在存续期间持有的基金单位份额;拟聘任的基金托管人和基金管理人;发起人对主要发起人的授权等。④ 基金契约与托管协议。⑤ 招募说明书。⑥ 发起人财务报告。包括主要发起人经具有从事证券相关业务资格的会计师事务所及其注册会计师审计的最近 3 年的财务报表和审计报告,以及其他发起人实收资本的验资证明。⑦ 法律意见书。具有从事证券法律业务资格的律师事务所及其律师对发起人资格、发起人协议、基金契约、托管协议、招募说明书、基金管理公司章程、拟委任的基金托管人和管理人的资格,本次发行的实质条件、发起人的重要财务状况等问题出具法律意见;⑧募集方案。包括基金发行的基本情况及发行公告。

申请设立开放式基金时,除应报送上述材料外,基金管理人还应向证券监管机构报送开放式基金实施方案及相关文件。

(三)基金招募说明书和发行公告

基金招募说明书是基金管理人为发售基金份额而依法制作的,供投资者了解基金管理人基本情况,说明基金募集有关事宜、指导投资者认购基金份额的规范性文件。其编制的最基本原则是基金管理人应该将所有对投资者做出投资决策有重大影响的信息予以充分披露,以便投资者做出投资决策。

基金招募说明书的主要内容有:招募说明书摘要;基金募集申请的核准文件和核准日期;基金管理人、基金托管人的基本情况;基金份额的发售日期、价格、费用和期限;基金份额的发售方式、发售机构及登记机构名称;基金份额申购、赎回的场所、时间、程序、数额与价格,拒绝或暂停接受申购、暂停赎回或延缓支付、巨额赎回的安排等;基金的投资目标、投资方向、投资策略、业绩比较基准、投资限制;基金资产的估值;基金管理人、基金托管人报酬及其他基金运作费用的费率水平、收取方式；基金认购费、申购费、赎回费、转换费的费率水平、计算公式、收取方式；出具法律意见书的律师事务所和审计基金财产的会计师事务所的名称和住所；风险警示内容；基金合同和基金托管协议的内容摘要。

第三节　投资基金的运营与管理

一、投资基金的运营

投资基金的运营是基金设立之后的一切工作的总称，具体包括：基金的募集、基金的认购、基金的变更和终止、基金的交易和赎回、基金的费用、基金的利润和利润分配、基金税收。其每个运营过程都有其独有的特征。

（一）基金的募集

基金的募集亦称为基金的发行，它是指基金发起人向投资者销售基金份额或受益凭证的行为和过程。基金的募集不得超过证券监管机构核准的期限，在此期限内募集的资金只能存入专门账户，在募集行为结束前，任何人不得动用。目前我国规定基金募集期限自基金份额发售之日起不得超过 3 个月。

基金的募集，由基金管理人负责办理。基金管理人一般会选择商业银行、证券公司组成的承销团代理基金份额的募集。基金管理人应当在基金份额发售的 3 日前公布招募说明书、基金合同以及其他有关文件。基金的发行价格一般由基金份额面值加一定的发行费用来确定。在发行方式上主要有网上发行和网下发行两种。网上发行是指通过与证券交易所的交易系统联网的证券营业部，向社会公众投资者发行基金份额的方式。网下发行是指通过基金管理人指定的营业网点和其代理承销商的指定账户，向投资者发行基金份额的方式。

基金的募集并不表示基金成立。只有在基金募集期限届满，封闭式基金份额总额达到准予注册规模的 80%以上，开放式基金募集的基金份额总额超过准予注册的最低募集份额总额（我国目前规定为募集份额总额不少于 2 亿份，募集金额总额不低于 2 亿元），并且基金份额持有人数符合国务院证券监督管理机构规定的要求（我国目前封闭式基金与开放式基金均要求不低于 200 人）。基金管理人应当自募集期限届满之日起 10 日内聘请法定验资机构验资，自收到验资报告之日起 10 日内，向国务院证券监督管理机构提交验资报告，办理基金备案手续，基金合同生效，并予以公告。募集期限届满，基金不满足相关规定的，基金募集失败，基金管理人应当以其固有财产承担因募集行为而产生的债务和费用，同时在基金募集期限届满后 30 日内返还投资人已交纳的款项并加计银行同期存款利息。

（二）基金的认购

基金的认购与基金的募集，实际上是一个事物的两个方面。基金的募集是基金发起人的行为，基金的认购则是投资者的行为，即投资者在基金募集期内申请购买基金份额的行为。对契约型基金的认购以购买基金份额实现，而对公司型基金的认购则是通过购买基金公司的股票实现。在一般情况下,对投资者首次认购基金份额都规定了最低认购投资额。若追加认购,则必须为某一数额的整数倍。封闭式基金的认购程序、交易规则、交易费用等与股票投资相类似,投资者须先申请开立基金账户,办理认购手续。

开放式基金的认购采取金额认购的方式,即投资者在办理认购申请时,不是直接以认购数量提出申请,而是以金额申请。在扣除相关费用后,再以基金面值为基准换算成认购数量。开放式基金的认购费用通常有两种收费方式,即前端收费和后端收费。前端收费是指投资者在认购基金份额时即收取认购费用(称为前端认购费用),后端收费则是指投资者在认购基金份额时不收费,在赎回基金份额时再交纳认购费用(称为后端认购费用)。为了鼓励投资者长期持有基金,基金管理人通常对后端收费的费率按每年降低一定比率的方式递减,直至最后免除。当投资者选择后端收费方式并长期持有基金时,则可降低其基金投资成本。

(三)基金的变更和终止

如基金合同或基金章程有规定,并经基金份额持有人大会决议通过,经证券监管机构核准,封闭式基金可变更为开放式基金。如封闭式基金扩募或者续期,除具备上述条件外,还应具备年收益率高于全国平均收益率,基金托管人、基金管理人近3年无重大违法、违规行为等条件。

封闭式基金封闭期满、未经批准续期,或经批准提前终止,或因重大违法、违规行为被证券监管机构责令终止的,应成立清算小组,对基金资产进行清算;清算结果报证券监管机构批准并予以公告。

基金清算小组负责基金资产的保管、清理、估价、变现和分配,并依据分配方案,将基金清算后的全部剩余资产扣除基金清算费用后,按基金持有人的基金份额比例进行分配。基金清算账册和文件由基金托管人保存不得少于20年。

(四)基金的交易和赎回

通常说来,基金的交易是指基金成立后,在基金存续期间买卖基金份额的行为。但因各种类型的基金性质不同,这里的交易是专门针对封闭式基金而言的,指基金份额的上市买卖活动;对开放式基金来说,则表现为投资者向基金管理人提出申购和赎回基金份额的行为。

1. 封闭式基金的交易

封闭式基金设立之后即进入封闭期。在封闭期内,基金份额总额是固定的,不再售出或赎回基金份额。因此,投资者买卖基金是在证券交易所进行。一般而言,封闭式基金在发起设立后的1~3个月内即可申请挂牌上市。基金上市是指符合证券交易所上市条件的基金经批准在证券交易所内挂牌交易,以增强基金的流动性。这些条件主要包括:基金合同期限为5年以上;基金募集金额不低于2亿元人民币;基金持有人不少于1 000人等。根据《证券投资基金法》的有关规定,基金管理人应当依法披露基金信息,并保证所披露信息的真实性、准确性和完整性。上述规定对投资者来说,有利于获取基金运营的信息,了解基金运营的状况,及时调整自己的投资。

封闭式基金上市后,其交易价格主要受基金单位资产净值和基金的供求关系等因素影响。一般说来,基金单位资产净值既受基金管理人的管理水平的影响,也受证券市场走势及交易活跃程度等因素的影响。而基金投资者的风险偏好、投资心理、基金交易成本、基金产品种类和规模等也会影响基金市场供求关系。在市场需求变化时,交易的价格将有可能出现相对于基金份额而言的溢价、折价或平价的情况。封闭式基金份额的交易要通过证券经纪商进入证券交易所交易,投资者在买入和卖出基金份额时,需要支付交易手续费。

2. 开放式基金的申购和赎回

开放式基金在宣告成立后,经过一个合同约定的短暂封闭期(如30个工作日),投资者便可以向基金管理人申购或赎回基金份额。开放式基金的基金份额的申购、赎回、登记,由基金管理人或者其委托的基金服务机构办理。申购是指自基金开放日起投资者在基金存续期间向基金管理人提出申请购买基金份额的行为。赎回则是指投资者在基金存续期间向基金管理人提出申请卖出基金份额的行为。基金管理人应按法律规定在每个工作日(即证券交易所的正常交易日)或依基金合同的约定为投资者办理基金份额的申购或赎回业务。基金合同对基金申购或赎回的最低数额作了约定,基金管理人可根据市场情况,调整申购、赎回基金份额的数量限制。基金管理人对投资者的赎回申请不能拒绝,对赎回价款的支付也不得迟延,除非因不可抗力导致基金管理人不能支付赎回款项,或证券交易所依法决定临时停市导致基金管理人无法计算当日基金资产净值,或基金合同约定的其他特殊情形。

由于开放式基金的投资者可以随时向基金管理人赎回或申购基金份额,这类基金通常不挂牌上市。投资者欲申购或赎回基金份额,应该在各基金管理公司专门开设的柜台或在其委托代理销售基金的机构网点办理相关手续。基金份额的申购或赎回价格,是按申购或赎回申请日当天每一单位基金份额资产净值加上申购费或减去赎回费计算的。这里的单位基金份额资产净值(Net Asset Value,NAV),是某一时点上该投资基金每一单位实际代表的价值,是基金单位的内在价值。用公式表示为:

$$单位基金份额资产净值=(基金资产总额-基金负债总额)\div基金份额总数$$

与封闭式基金的交易价格在买卖行为发生时即已确知不同,开放式基金的投资者在提出申购申请或赎回申请时并不知道当天的交易价格,基金份额的买卖采取的是“未知价”法。这是因为,基金所投资的各项资产(包括上市交易的股票、债券和其他有价证券)的市场价格是不断变化的,只有在每日收市后才能计算基金的资产总额,进而才能确定当天的单位基金份额资产净值。这样,在基金申购或赎回申请行为发生时,当天的单位基金份额资产净值尚未确知,以此净值为基准的买卖价格同样是未知的。由于这一特点,开放式基金的买卖通常实行“金额申购,份额赎回”的原则,即申购以金额申请,赎回以份额申请。相对应的计算公式分别为:

$$基金单位申购价格=基金单位份额资产净值\times(1+申购费率)$$

$$申购份额=申购金额\div基金单位申购价格$$

$$基金单位赎回价格=基金单位份额资产净值\times(1-赎回费率)$$

$$赎回金额=赎回份额\times基金单位赎回价格$$

3. 开放式基金的转换

开放式基金的转换是指开放式基金持有人将其所持有的某一只基金的全部或部分基金份额转换为同一基金管理人管理的另一只开放式基金的基金份额的行为。基金管理人开办基金转换业务,为投资者根据其理财需求在两只开放式基金之间进行转换提供了便利。

投资者办理基金转换业务,转出方的基金必须处于可赎回状态,转入方的基金应处于可申购状态。基金合同对每次或单笔转换的最低份额做出了约定。基金转换以份额为单位进行申请,即采用"份额转换"原则。基金转换同样采取"未知价"法,即基金的转换价格以转换申请日的单位基金份额资产净值为基础计算。基金转换的计算公式为:

$$转出金额=转出基金份额\times转出基金单位份额资产净值$$

$$基金转换费=转出金额\times基金转换费率$$

$$转入金额=转出金额-基金转换费$$

$$转入基金份额=转入金额\div转入基金单位份额资产净值$$

基金持有人可利用基金转换功能以有效降低风险。例如,当股票市场低迷、债券市场行情看好时,持有股票基金的投资者可以将其所持有的股票基金份额转换为债券基金,从而获得稳定收益,降低投资风险;相反,当股票市场行情看好时,持有债券基金的投资者可以将其所持有的债券基金份额转换为股票基金,可以获得超额收益。基金转换的效果相当于赎回并申购一次,但费用通常低于申购和赎回费用的总和。有些基金则规定,基金之间的转换不收取赎回费用。

(五)基金的费用

基金的运作会带来一定的投资收益,同时也会发生各种费用支出。基金的费用可分为两大类:一类是基金销售过程中发生的由基金投资者本身承担的费用,主要包括申购费、赎回费及基金转换费。这些费用直接从投资者申购、赎回或转换的金额中收取。另一类是基金管理过程中发生的费用,主要包括基金管理人的管理费、基金托管人的托管费、基金合同生效后的信息披露费用、基金合同生效后的会计师费和律师费、基金份额持有人大会费用、基金的证券交易费用,以及按照国家规定和基金合同约定,可以在基金财产中列支的其他费用等。这些费用由基金资产承担。

上述两大类费用的性质是截然不同的,第一类费用并不参与基金的会计核算,而第二类费用则需直接从基金资产中列支。按照规定,基金管理人和基金托管人因未履行或未完全履行义务导致的费用支出或基金资产的损失,以及处理与基金运作无关的事项发生的费用不列入基金费用。基金的各项费用支出有一定的支付标准,具体规定如下。

1. 基金管理人的管理费和基金托管人的托管费

基金管理人的管理费是指基金管理人管理基金资产而向基金收取的费用,其数额一般按照基金净资产的一定比例(年率)逐日计算累积,从基金资产中提取,按月支付。基金管理费是基金管理人的主要收入来源,基金管理人自己的各项开支不能另外向基金或基金公司摊销,更不能另外向投资人收取。基金管理费率通常与基金规模成反比,与基金投资的风险成正比。不同类别及不同国家、地区的基金,管理费率不完全相同。但从基金类型看,证券衍生工具基金管理费率最高。如,认购权证的基金管理费率为 1.5%~2.5%;股票基金居中,为 1%~1.5%;债券基金为 0.5%~1.5%;货币市场基金最低,为 0.25%~1%,我国香港基金公会公布的几种基金的管理年费率为:债券基金年费率为 0.5%~1.5%,股票基金年费率为 1%~2%。在美国等基金业发达的国家和地区,基金的管理年费率通常为 1%左右。但在一些发展中国家或地区则较高,有的发展中国家或地区的基金管理年费率甚至超过 3%。目前,我国股票基金大部分按照 1.5%的比例计提基金管理费,债券基金的管理费一般低于 1%,货币市场基金的管理费为 0.33%。

基金托管人的托管费是基金托管人为基金提供托管服务而向基金收取的费用。基金托管费通常按照基金资产净值的一定比例提取,逐日计算累积,定期支付给托管人。基金托管费收取的比例与基金规模、基金类型和所在地区有一定关系。通常基金规模越大,基金托管费率越低。新兴市场国家和地区的托管费收取比例相对要高。基金托管费率国际上通常为 0.2%左右,美国一般为 0.2%,我国大陆及台湾、香港地区则为 0.25%。目前,我国封闭式基金按照 0.25%的比例计提基金托管费;开放式基金根据基金合同的规定比例计提,通常低于 0.25%;股票基金的托管费率要高于债券基金及货币市场基金的托管费率。

此外,我国目前货币市场基金和一些债券型基金则需要收取基金销售服务费,其费率大约为 0.25%。收取销售服务费的基金通常不收申购费。

目前,我国的基金管理费、基金托管费和基金销售服务费均是按照前一日基金资产净值的一定比例逐日计提,按月支付。其计算公式如下:

$$每日计提的费用=(前一日的基金资产净值\times费率)\div365$$

2. 基金交易费

基金交易费指基金在进行证券买卖交易时所发生的相关交易费用。目前,我国证券投资基金的交易费用主要包括印花税、交易佣金、过户费、经手费、证管费。交易佣金由证券公司按成交金额的一定比例向基金收取,印花税、过户费、经手费、证管费等则由登记公司或交易所按有关规定收取。参与银行间债券交易的,还需向中央国债登记结算有限责任公司支付银行间账户服务费,向全国银行间同业拆借中心支付交易手续费等服务费用。

3. 基金运作费

基金运作费指为保证基金正常运作而发生的应由基金承担的费用,包括审计费、律师费、上市年费、信息披露费、分红手续费、持有人大会费、开户费、银行汇划手续费等。按照有关规定,发生的这些费用如果影响基金份额净值小数点后第 5 位的,即发生的费用大于基金净值十万分之一,应采用预提或待摊的方法计入基金损益。发生的费用如果不影响基金份额净值小数点后第 5 位的,即发生的费用小于基金净值十万分之一,应于发生时直接计入基金损益。

需要特别注意的是,下列费用不得从基金财产中列支:基金管理人和基金托管人因未履行或未完全履行义务导致的费用支出或基金财产的损失;基金管理人和基金托管人处理与基金运作无关的事项发生的费用;基金募集期间的相关费用,包括但不限于验资费、会计师费、律师费、信息披露费等费用。

(六) 基金利润与利润分配

1. 基金利润的构成

基金利润是指基金在一定会计期间的经营成果。利润包括收入减去费用后的净额、直接计入当期利润的利得和损失等。基金收入是基金资产在运作过程中所产生的各种收入。其来源主要包括利息收入、投资收益以及其他收入。基金资产估值引起的资产价值变动作为公允价值变动损益计入当期损益。而基金的费用是指基金在日常投资经营活动中发生的、会导致所有者权益减少的、与向基金持有人分配利润无关的经济利益的总流出,具体包括管理人报酬、托管费、销售服务费、交易费用、利息支出和其他费用等。

(1) 利息收入。是指基金经营活动中因债券投资、资产支持证券投资、银行存款、结算备付金、存出保证金、按买入返售协议融出资金等而实现的利息收入。具体包括债券利息收入、资产支持证券利息收入、存款利息收入、买入返售金融资产收入等。

(2) 投资收益。是指基金经营活动中因买卖股票、债券、资产支持证券、基金等实现的差价收益,因股票、基金投资等获得的股利收益,以及衍生工具投资产生的相关损益,如卖出或放弃权证、权证行权等实现的损益。具体包括股票投资收益、债券投资收益、资产支持证券投资收益、基金投资收益、衍生工具收益、股利收益等。

(3) 其他收入。是指除上述收入以外的其他各项收入,包括赎回费扣除基本手续费后的余额、手续费返还、ETF 替代损益,以及基金管理人等机构为弥补基金财产损失而支付给基金的赔偿款项等。这些收入项目一般根据发生的实际金额确认。

(4) 公允价值变动损益。是指基金持有的采用公允价值模式计量的交易性金融资产、交易性金融负债等公允价值变动形成的应计入当期损益的利得或损失,并于估值日对基金资产按公允价值估值时予以确认。

2. 基金利润分配

基金经营活动所产生的利润是基金利润分配的基础,基金利润分配是基金投资者取得投资收益的基本方式。基金管理人要根据基金合同的约定,确定基金收益分配方案。其主要内容包括:基金收益的范围、基金净收益、基金收益分配对象、收益分配原则、分配时间、分配数额及比例、分配方式和支付方式等。

基金净收益是基金的收益扣除按照国家有关规定可以在基金收益中扣除基金的各项费用后的余额。基金净收益扣除基金应交纳的税款,即为基金可分配收益。分别用公式表示为:

$$\text{基金净收益}=\text{基金收益}-\text{各项费用支出}$$

$$\text{基金可分配收益}=\text{基金净收益}-\text{应纳税额}$$

在国家对证券投资基金免征增值税和所得税的情况下,基金可分配收益等于基金净收益。

基金投资并不保证获得正值的净收益。基金当年收益应先弥补以前年度亏损后,才可进行当年收益分配。在基金收益分配的特定时日,持有基金份额的投资者即为基金收益分配的对象,每一基金份额享有同等分配权。按照我国《证券投资基金运作管理办法》有关规定,封闭式基金的收益分配,每年不得少于一次,年度收益分配比例不得低于基金年度已实现收益的90%。开放式基金的基金合同应当约定每年基金收益分配的最多次数和基金收益分配的最低比例,通常以现金方式分红。

(七)基金税收

1. 基金的税收

(1)增值税。对基金管理人运用基金买卖股票、债券的差价收入,免征增值税。

(2)印花税。根据财政部、国家税务总局的规定,从2008年9月19日起,基金卖出股票时按照1‰的税率征收证券(股票)交易印花税,而对买入交易不再征收印花税。

(3)所得税。对证券投资基金从证券市场中取得的收入,包括买卖股票、债券的差价收入,股权的股息、红利收入,债券的利息收入及其他收入,暂不征收企业所得税。对基金取得的股利收入、债券的利息收入、储蓄存款利息收入,由上市公司、发行债券的企业和银行在向基金支付上述收入时代扣代缴20%的个人所得税。根据财政部、国家税务总局《关于股息红利个人所得税有关政策的通知》(财税〔2005〕102号)、《关于股息红利有关个人所得税政策的补充通知》(财税〔2005〕107号),对证券投资基金从上市公司分配取得的股息红利所得,扣缴义务人在代扣代缴个人所得税时按50%计算应纳税所得额。

2. 基金管理人和基金托管人的税收

基金管理人、基金托管人从事基金管理活动取得的收入,依照税法的规定征收增值税和企业所得税。

3. 机构投资者买卖基金的税收

(1)增值税。金融机构(包括银行和非银行金融机构)买卖基金的差价收入征收增值税,非金融机构买卖基金份额的差价收入不征收增值税。

(2)印花税。企业投资者买卖基金份额暂免征收印花税。

(3)所得税。企业投资者买卖基金份额获得的差价收入,应并入企业的应纳税所得额,征收企业所得税;企业投资者从基金分配中获得的收入,暂不征收企业所得税。

4. 个人投资者投资基金的税收

(1)印花税。个人投资者买卖基金份额暂免征收印花税。

(2)所得税。第一,个人投资者买卖基金份额获得的差价收入,在对个人买卖股票的差价收入未恢复征收个人所得税以前,暂不征收个人所得税。第二,个人投资者从基金分配中获得的股票的股利收入、企业债券的利息收入、储蓄存款利息收入,由上市公司发行债券的企业和银行在向基金支付上述收入时,代扣代缴20%的个人所得税。证券投资基金从上市公司分配取得的股息红利所得,扣缴义务人在代扣代缴个人所得税时,按50%计算应纳税所得额。基金向个人投资者分配股息、红利、利息时,不再代扣代缴个人所得税。个人投资者从基金分配中取得的收入,暂不征收个人所得税。第三,投资者从基金分配中获得的国债利息、买卖股票差价收入,在国债利息收入、个人买卖股票差价收入未恢复征收所得税以前,暂不征收所得税。第四,个人投资者从封闭式基金分配中获得的企业债券差价收入,按现行税法规定,征收个人所得税,税款由封闭式基金在分配时依法代扣代缴。第五,个人投资者申购和赎回基金份额取得的差价收入,在对个人买卖股票的差价收入未恢复征收个人所得税以前,暂不征收个人所得税。

从税收情况看,在所得税方面,各国一般不对基金的收益实行双重征税,只对基金投资者征税,而不对基金或基金公司本身征税。投资者在取得基金分配的收益后所需缴纳的所得税,可由基金公司或基金管理人代扣代缴,也可纳入投资者所得由投资者自己缴纳。

二、基金资产的投资管理

基金资产的投资管理即投资组合管理,是投资基金管理中的主要内容,各国在这方面均有比较严格的限制。基金资产投资管理的核心问题是投资目标、投资组合、投资政策和投资限制事项。投资目标是指基金所追求的收益类型;投资组合是为了分散投资的非系统性风险,将资金分散投资于多种有价证券或者资产的行为;投资政策则是基金实现投资目标和优化投资组合的手段;而投资限制表明投资基金不可从事的活动及超越的界限,包括投资操作的限制和投资规模的限制。

(一)基金的投资目标

基金的投资目标是基金设立的宗旨,是对基金财产投资运作的风险控制和预期收益的基本要求,反映了基金所追求的投资收益与风险偏好。基金投资目标是影响基金投资运作和管理的核心因素之一,基金的投资政策和投资计划的制定都将围绕投资目标展开。

对基金投资目标的设定,是一项确定基金的盈利目标并兼顾投资的安全性和流动性的工作。因为,基金也是一种金融资产,同样要遵守流动性、安全性和营利性三原则。对基金来讲,营利性是指基金的运作必须获得投资收益,流动性指的是基金资产低成本地转变为现金的能力,安全性则是指基金规避投资风险、保全资本的能力。"三性"之间是相互制约、相互影响的。营利性通常与流动性、安全性呈反方向变动,追求盈利的提高往往会降低安全性和流动性;而欲提高流动性和安全性,则往往需要以牺牲盈利为代价。流动性和安全性几乎是同向变化的,提高了基金资产的流动性,往往也增强了安全性。这意味着基金在设定投资目标时,必须处理好"三性"之间的关系。各类基金的共同点之一是通过资产组合分散投资来降低基金资产整体风险,通过长短期投资的搭配以保证基金资产的流动性,从而实现投资收益与风险相匹配。一般来说,任何基金的主要投资目标都是下列三个目标之一。

第一,当期收入的最大化,避免承受高的投资风险。这一目标所设定的收益水平往往不高,但收益来源很稳定。具体来说,这种投资目标强调稳定的股息、利息支付,如债券基金、股票收入基金、货币市场基金等属于收入型基金。

第二,资本长期增值即资本利得最大化,主动承受较高的投资风险。这一目标所设定的获利能力较强,但同时损失本金的可能性也比较大。具体来说,这种投资目标侧重于通过基金所持有股票的增值而增加基金的总资产,如积极成长型基金、成长型基金等。

第三,当期收入和资本利得兼顾。这一目标是上述两个目标的综合即兼顾长期资本增值和当期收入的最大化,如成长收入型基金、平衡型基金等。在实际的操作过程中,基金管理人往往不会把当期收入或资本利得作为唯一的收入来源,而是在上述两种典型的投资目标之间作某种选择,或者将两种投资目标不同程度地结合在一起,设计出各类不同投资收益与风险目标的基金产品，以满足投资者的需求。

（二）基金的投资组合

基金的投资组合按照不同的投资目标可以分为避税型、收入型、增长型、收入和增长混合型、货币市场型、国际型及指数化型等。

避税型投资组合以避税为首要目的，主要服务于处于高税率档次的富人。通常投资于市政债券，这种债券在美国可以免交联邦税，也经常免交州税和地方税。

收入型投资组合追求低风险和基本收益的稳定，能够带来基本收益的证券有付息债券、优先股等。年龄较大的投资者、需要负担家庭生活及子女教育费用的投资者和有定期支出的机构投资者偏好这种组合。

增长型投资组合以实现资本增值为投资目标。投资者愿意通过延迟获得基本收益来追求未来收益的增长。

收入和增长混合型投资组合试图在基本收入和资本增值之间、风险与收益之间达到某种均衡，又称均衡组合。

货币市场型投资组合由各种货币市场工具组成，如国库券、高信用等级的商业票据等，安全性较高。

国际型投资组合投资于国际市场，是时代发展的潮流。实证研究表明，国际型投资组合总体上强于只投资国内市场的投资组合。

指数化型投资组合则是模拟某种市场指数，以追求获得市场平均水平的收益率为目标。信奉有效市场理论的投资者会倾向于投资这种组合。根据模拟的指数不同，指数化型投资组合可以分为两类：一类是模拟内涵广大的市场指数；另一类是模拟某种专业化的指数，如道-琼斯公用事业指数。

（三）基金的投资政策

基金的投资政策是指基金为指导其证券投资活动而制定和实施的原则性、方针性措施，也就是为了实现基金的投资目标，基金所选择的投资资产类型和所采取的投资策略。其中最为重要的是对各类证券投资进行选择的原则和方针。每只基金都需要在招募说明书中陈述它的投资政策，以使现有的和潜在的投资者了解基金的投资资产类型和投资策略。具体来说，基金的投资政策涉及以下一些内容。

1. 投资资产类别和组合

不同的基金由于投资目标的不同，其投资资产类别和组合也不同。这方面的具体内容有：投资组合中应该包括哪些类型的资产；确定每一类型资产的投资比重；确定每一类资产投资的变动范围和幅度；确定投资组合应该购买哪一种特定证券。

2. 证券分散化的程度和证券组合质量的高低

分散化投资是基金的一个基本特征。投资基金分散化的程度由该基金所持证券的种类数以及基金总值中不同类型证券的比重决定。各只基金分散化政策是不相同的。而证券组合能否保证投资基金实现投资目标是确定证券组合质量高低的依据。

3. 基金充分投资的程度

如果基金注重取得当期固定收入或追求较高的资本增值，往往会把全部资产投资于有价证券,而有些基金则可能根据对证券市场前景的判断,经常在货币市场、债券和股票市场之间进行资本转移。

4. 侧重于经常收入的稳定性还是获取资本利得

侧重于经常收入的稳定性还是获取资本利得,也就是着重于经常收入的稳定性,还是着重于买卖利润或资本增值的相对程度,即投资基金的投资政策是注重证券的收入还是证券的增值。前者注重选择防守型证券,取得稳定的利息和股利;后者注重选择进攻型证券,取得买卖利润和长期资本增值。

5. 投资策略的选择

投资策略是投资政策的重要内容,它是基金实现投资目标的重要手段。投资策略明确了基金资产配置管理的指导思想,体现了基金的投资理念和投资风格。基金投资策略包含了投资组合管理策略、不同资产类型的配置策略和具体投资对象(如个股、债券品种)的选择策略等多层次的内容。

积极投资策略和消极(或被动)投资策略是两种典型的投资组合管理策略。积极投资策略是指在基金资产配置上追求充分投资,基于对宏观经济和市场状况的研究分析,积极构建投资组合,并选择有利的投资时机,在合适的投资品种间转换投资,动态调整资产配置,以期达到优化配置的效果。也就是说,积极投资策略就是试图通过对股票进行挑选,选择一些价值被低估的公司股票,或者有良好增长前景的股票构成投资组合。消极(或被动)投资策略是指以某一具体的证券指数为标的,按指数权重复制指数证券(或以抽样方法,选择投资其中具有代表性的证券)而组成投资组合,并不时根据对行业发展动态及市场时机的研究分析而主动调整投资品种及其仓位(数量)。两种投资策略都试图获得(或实现超过)基金设定的业绩比较基准的收益。

不同资产类型的配置策略涉及各种资产的组合搭配及投资比例的调整,一般分别从长远和近期的角度,提出战略资产配置和战术资产配置的基本依据和要求。资产配置策略通常还明确对证券的行业结构、期限配置、单只证券持有比例及其潜在风险和流动性进行控制的方法和措施。

投资对象的选择策略是对单只股票(或债券品种)的具体选择标准(或依据)和采取的方法。例如,对个股的选择,往往依据对企业的价值、竞争能力、价值增长等要素的比较分析,采取价值性策略或成长性策略,或两种策略的综合运用。对债券品种的选择,一般依据发行人的信用等级、债券的收益水平、市场流动性、期限结构、税收政策等因素,结合未来利率变动的影响,采取利率预期策略、期限管理策略等。

(四) 基金的投资限制

基金的投资决策和投资方案等都是由基金管理人做出的。基金管理人的投资操作行为,将直接影响基金所面临的风险,直接关系着投资者的切身利益。为了保护基金持有人的利益,各国的基金监管部门对基金投资的范围及活动实施了一些限制。主要表现在以下几方面。

1. 对投资数量的限制

为分散投资风险以及避免股价大幅波动,破坏证券市场的“公开、公平、公正”原则,通常对基金的投资数量加以限制。一是规定基金投资于任何一家公司股票的股份总额不得超过一定比例;二是要求基金对单一证券的投资总额不得超过基金资产净值的一定比例。

根据我国《证券投资基金运作管理办法》及有关规定,基金投资应符合以下有关方面的规定:股票基金应当有60%及以上的资产投资于股票,债券基金应有80%及以上的资产投资于债券;货币市场基金仅投资于货币市场工具,不得投资于股票、可转债、剩余期限超过397天的债券、信用等级在AAA级以下的资产支持证券、以定期存款利率为基准利率的浮动利率债券;基金不得投资于有锁定期但锁定期不明确的证券。货币市场基金、中短期债券基金不得投资于流通受限制的证券。封闭式基金投资于流通受限制证券的锁定期不超过封闭式基金的存续期;基金投资的资产支持证券必须在全国银行间债券交易市场或证券交易所交易。此外,基金管理人运用基金资产进行证券投资,不得有以下情形:一只基金持有一家上市公司的股票,其市值超过基金资产净值的10%;同一基金管理人管理的全部基金持有一家公司发行的证券,超过该证券的10%;基金财产参与股票发行申购,单只基金所申报的金额超过该基金的总资产,单只基金所申报的股票数量超过拟发行股票公司本次发行股票总量;违反基金合同关于投资范围、投资策略和投资比例等约定;中国证监会规定禁止的其他情形。

2. 投资对象及行为的限制

基金的投资对象主要是有价证券,而有价证券的种类很多,风险级别各不相同。基金是证券市场的主要机构投资者,基金投资行为规范与否影响着证券市场的正常运作。因此,包括我国在内的一些国家和地区的法律规定了基金不能投资的有价证券,同时明文禁止某些投资行为。例如,规定基金财产不得用于承销证券;不能买卖其基金管理人和基金托管人发行的证券;不得投资于与基金托管人或基金管理人有重大利害关系的公司发行的证券;不得从事可能使基金财产承担无限责任的投资;不得向他人贷款或提供借款保证;不能买卖其他基金份额;不能从事内幕交易、操纵证券价格及其他不正当的证券交易活动等。

三、信息披露

信息披露是法律规定的保护投资者利益的重要手段。由于涉及众多的投资者利益,而且在基金运营中投资者和基金经理人之间存在委托代理关系,因而信息不对称问题也就表现得非常明显。投资者和基金管理人之间的信息不对称可能会导致基金管理人利用信息优势损害投资人利益,这个问题如果不加以有效解决,必然会对基金业产生不利影响。因此,为了保护投资者利益,充分的信息披露是非常重要的。从各国基金业运作的实际情况来看,信息披露大致包括以下内容。

(一)定期报告

基金的定期报告包括年度报告、中期报告、投资组合公告、基金资产净值公告和公开说明书。年度报告和中期报告主要涉及基金在一个会计年度或半个会计年度内的投资、运作业绩;投资组合公告涉及基金投资于不同行业的股票分类比例以及基金投资按市值计算的持仓情况;基金资产净值公告主要公告截止日基金的净值和单位净值;公开说明书仅针对开放式基金而言,内容与基金招募说明书相似,同时要对基金成立以来的运作业绩进行说明,一般每6个月发布一次。

(二) 不定期报告

不定期报告包括临时报告和澄清报告与说明两类。基金及其管理人或委托人发生有可能影响基金运作的重大事件时,有关当事人应当公告临时报告;基金运作过程中出现可能会对基金价格产生误导性影响或引起较大波动的消息时,有关当事人应及时向投资者作澄清与说明,并对外公告。

第十章 金融创新与资产证券化

第一节 金融创新业务

一、金融创新概述

（一）金融创新的定义

金融创新（Financial Innovation）是经济发展到一定水平的产物，是金融业为适应经济发展的要求，在外部环境条件下，变更现有的金融体制和增加新的金融工具，以获取现有的金融体制和金融工具所无法取得的潜在的利润的创新活动，它是一个为盈利动机推动、缓慢进行、持续不断的发展过程。金融创新是现代金融业发展的动力，是提升国家金融业服务水平的关键，是增强一国金融业竞争力的根本。

关于金融创新的定义，目前国内外尚无统一的解释，大多是根据熊彼特对创新所下的定义："创新是指新的生产函数的建立，也就是企业家对企业要素实行新的组合"衍生而来，总括起来对于金融创新的理解无外乎有宏观、中观和微观三个层面。宏观层面的金融创新将金融创新与金融史上的重大历史变革等同起来，认为整个金融业的发展史就是一部不断创新的历史，金融业的每项重大发展都离不开金融创新；中观层面的金融创新是指20世纪50年代末，60年代初以后，是政府或金融当局和金融机构为适应经济环境的变化和金融过程中的内部矛盾运动，防止或转移经营风险和降低成本，为更好地实现流动性、安全性和营利性目标而逐步改变金融中介功能，创造和组合一个新的高效率的资金营运方式或营运体系的过程；微观层面的金融创新仅指金融工具的创新。

投资银行的金融创新是指投资银行通过各种要素的重新组合和创造性变革所创造或引进的新事物，包括开发新型产品、提供新型服务，并据以创造、实现价值的过程。大致可分为四种类型：信用创新型，如用短期信用来实现中期信用，以及分散承销商独家承担证券发行风险的承销团销售行为等；风险转移创新型，它包括能在各经济机构之间相互转移金融工具内在风险的各种新工具，如货币互换和利率互换等；增加流动创新型，它包括能使原有的金融工具提高变现能力和可转换性的新金融工具,如长期贷款的证券化等;股权创造创新型,它包括使债权变为股权的各种新金融工具,如附有股权认购书的债券等。

通过对金融制度、金融市场、金融产品、金融机构、金融资源、金融科技和金融管理的创新,投资银行可以进一步拓展业务空间、增加经济效益和规避经营风险。就金融产品的创新而言,首先,投资银行作为经纪商代理客户买卖这类金融产品并收取佣金;其次,投资银行也可以作为做市商获得一定的价差收入,因为投资银行往往首先作为客户的对方进行金融产品的买卖,然后寻找另一客户作相反的对冲交易;最后,这些金融产品还可以帮助投资银行进行自营业务风险控制,免受损失。与此同时,金融产品也打破了原有金融机构中商业银行和投资银行之间的界限和传统的市场划分,加剧了金融市场的竞争。在金融市场不断向前发展过程中出现的全新机遇和挑战面前,投资银行必然选择大力发展金融创新业务。

金融活动的永恒主题是流动、获利和避险,而这三个目标往往是矛盾的,特别是获利与避险,但它们又不是互相绝对排斥的。投资银行所提供的金融创新活动主要就是围绕这三个目标进行优化组合。

(二)投资银行金融创新的动机

1. 追逐利润

追逐利润是投资银行金融创新的根本动力。在激烈的市场竞争中,投资银行传统业务的利润率很快就会平均化并呈递减的趋势,这就迫使投资银行开拓新市场、创造新业务,借以形成新的利润增长点。

2. 规避风险

规避风险是投资银行金融创新的内在动因。资本市场和投资银行业务具有高风险性,投资银行在风口浪尖上生存发展的现状使得风险的转嫁或规避成为投资银行开拓业务的基本动力。

3. 规避管制

无论在哪个国家,投资银行一般要较其他部门受到更为严格的管理,当政府的金融管制妨碍了投资银行业务活动的进一步发展,造成其利润下降和经营困难时,投资银行为了自身的生存和发展且出于提高盈利能力的目的,会千方百计地通过金融创新,绕过金融管理当局的法规限制,努力把约束以及由此造成的损失减少到最低限度,以便赢得竞争优势。

4. 高科技的应用

高科技的应用也是投资银行金融创新的另一个重要的动因,尤其是现代通信技术和计算机技术在投资银行业务中得到广泛的应用,并引发证券领域内一场改变历史的“技术革命”,使得以往无法实现的交融服务得以实现,并大幅度降低了成本费用,使得投资银行提高了扩张区域性业务的功能。

(三)投资银行金融创新的内容

投资银行通过远期、期货、互换和期权四种基础金融衍生工具的组合与创新,为客户提供量身定做的金融工具和方案,满足客户个性化的金融需求。金融创新是投资银行家的创造性在实践中的成功表现。

投资银行家之间为了满足筹资者和投资者的需要而进行的激烈竞争——如风险对冲或套期保值、套利增加收益以及避税活动等促进了结构市场和衍生品市场的爆炸性发展。垃圾债券市场和以资产支持证券市场的发展为筹资者提供了新的成本低廉的筹资渠道；结构化票据为筹资者和投资者提供了新的内容；回购协议的交易为筹资者提供了资金成本更低的选择，使筹资者拥有对抵押品的法律所有权；通过互换交易，筹资者和投资者可以以更好的方式在资产—负债管理中实现更高的流动性；信用衍生工具是一个新的发展趋势，并已经被广泛运用。

二、固定收益证券及其创新

（一）固定收益证券的定义

从字面上来看，固定收益证券是收益固定的证券，但是随着金融创新的发展，已有大量收益不固定的证券被创造出来，而这些证券也依然被称为固定收益证券，其重要原因就是为了与股票这种传统的收益不固定的金融工具相区别。

一般来说，凡是符合如下标准之一的证券就是固定收益证券：每期支付固定的数额；每期支付的数额可以由公式确定；到期保证支付固定数额或按公式计算出的数额。第一个标准适用于传统的固定利率债券和优先股，第二个标准适用于浮动利率债券，第三个标准则适用于零息证券。固定收益证券是金融工程师们最喜爱研究的领域之一，因而在过去十几年中这一市场出现了巨大的创新。本节我们将对这些创新进行一些简单介绍。

（二）固定收益证券创新的类别

风险回避是固定收益证券创新的根本原因，因而根据固定收益证券所面临的风险我们可以把这些创新分为四个类别：价格风险转移型、信用风险转移型、流动性提高型和税收风险回避型。

1. 价格风险转移型

固定收益证券的价格风险回避有多种途径，每一种途径都需要有各自的金融工具。例如，发行浮动利率证券替代固定利率证券，将固定收益证券的价格风险由发行者自己承担。另外，由于固定收益证券的价格风险因偿还期和票面利率的不同而不同，因此在不同的利率环境中发行不同期限、不同票面利率的证券也就成为市场所需，这也说明了为什么在固定收益证券市场中存在着各种期限和各种票面利率的证券。

2. 信用风险转移型

为了降低固定收益证券投资的信用风险，需要增加对固定收益证券偿还的保证条件，因此抵押证券、质押证券和保证证券也就应运而生。为了确定一个证券、特别是公司债券的信用风险，投资者可以利用信用评级机构对固定收益证券评定的级别。因此，投资级证券、非投资级证券以及垃圾证券等不同类别的固定收益证券也就出现了。

3. 流动性提高型

由于投资者对固定收益证券流动性的要求不同，所以证券发行者也就创造出不同流动性的固定收益证券。例如,有些证券是公开发行的,发行规模巨大,可以在证券交易所集中交易;有些证券是私募的,只能在柜台进行交易,或者只能在投资者之间进行转让。

4. 税收风险回避型

由于证券投资有税收风险,而且不同的投资者的边际税率不同,因此便有不同票面利率的证券被创造出来,以适应不同类别的投资者。例如,高税率的投资者购买低收益免税证券,低税率的投资者购买高收益但不免税的证券。而有时国家对资本利得和利息的税收待遇也会有所不同,因此公司为了吸引投资者,就发行溢价证券、平价证券、折价证券甚至是零息证券。

(三)固定收益证券创新的方式

为了降低各种风险,适应投资者的需求,固定收益证券的发行者想方设法创造出新颖的固定收益证券品种。概括地讲,其创新方式包括以下几方面。

1. 在期限上创新

固定收益证券除了包括人们比较熟悉的短期证券、中期证券、长期证券之外,还有永久性证券、可展期证券、分期付款和延期付款证券等创新形式。永久性证券是没有偿还期的证券(其实永久性并不是绝对的,因为当政府认为有必要偿还时可以提前3个月通知投资者,该证券被偿还后,自然也就不是永久性的了);可展期证券是指证券到期后投资者可以按事先规定的条件将证券展期的证券;而分期付款和延期付款证券则允许投资者在购买固定收益证券时可以只支付部分款项,其余的价款可以在日后分期或延期支付。

2. 在利息支付方式上创新

利息的支付方式与投资者所承受的风险以及发行者现金流量的大小都直接相关,于是投资银行家便通过设计证券的利息支付方式创造了固定利率证券、浮动利率证券、逆浮动利率证券、指数化证券、纯粹证券、零息证券、低利率高收益证券等。

3. 在附加认购权利上创新

在认购权上创新的固定收益证券,是指在一般固定收益证券的基础上附加一种认购选择权,而认购的选择权包括股票认购权和固定收益证券认购权。附股票认购权的固定收益证券,是指固定收益证券的购买者在一定条件下可以按事先约定的价格将公司的固定收益证券转换成公司的股票。附固定收益证券认购权的固定收益证券,是指投资者有权在有效期内按约定的价格和利率购买发行者下一次发行的固定收益证券。

4. 在交易方式上创新

如果固定收益证券的交易方式有多种,那么证券的流动性就会提高,投资者购买这种证券的流动性风险就会降低。固定收益证券交易方式,包括证券在证券交易所交易、在柜台交易、在投资者之间的相互转让等。而具体的交易种类又包括证券的现货交易、期货交易、期权交易、信用交易、回购交易、互换交易等。固定收益证券交易市场的发展,为投资者购买各类固定收益证券提供了支持,也为发行者根据自己的比较优势发行证券提供了方便。

总之,固定收益证券的创新是以回避风险为主线的。金融创新的结果是:固定收益证券的品种大大丰富，投资者的选择余地增大，而发行者通过金融创新也更容易在资本市场上获得资金。

三、远期合约及其运用

（一）远期合约的定义

远期合约（Forward Contracts）是指双方约定在未来某一确定时间，按确定的价格购买或出售一定数量的某项金融资产的合约。它通常是在两个金融机构之间或金融机构与其公司客户之间签署的，且不在规范的交易所内交易。下面是关于远期合约的一些重要概念。

1. 多头和空头

当远期合约的一方同意在将来某个确定的日期以某个确定的价格购买标的资产时，我们称这一方为多头（Long Position）；另一方同意在同样的日期以同样的价格出售该标的资产，这一方就称为空头（Short Position）。

2. 交割价格

在远期合约中规定的合约双方交易标的资产的价格被称为交割价格（Delivery Price）。

3. 远期价格

某个远期合约的远期价格（Forward Price）被定义为使得该合约价值为零的交割价格。交割价格是实际交易中形成的实际价格，而远期价格是理论价格，两个价格一旦不相等就出现了套利机会。如果交割价格高于远期价格，投资银行就可以通过买入标的资产现货，卖出远期并等待交割以获取无风险利润。而这也会使现货价格上升，交割价格下降，直至套利机会消失。反之，如果交割价格低于远期价格，投资银行就可以通过卖空标的资产现货，买入远期并等待交割以获取无风险利润。同样地，这也会使现货价格下降，交割价格上升，直至套利机会消失。

4. 远期的损益

我们以 K 代表交割价格，S_t 代表标的资产的即期价格，则一单位标的资产的远期合约，多头的收益是（S_t-K），对应地，空头的收益是（$K-S_t$）。由于 K 和 S_t 的大小关系是不确定的，因此这些损益的正负也是不确定的。图 10.1 表示了远期的损益（Payoff）。

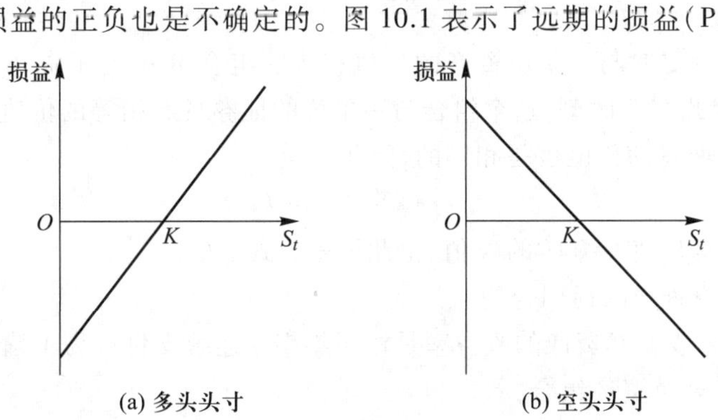

图 10.1 远期损益的表示

(二) 远期合约的价格

1. 无收益资产的远期合约

最简单的远期合约是基于无收益资产的远期合约。

由于没有套利机会,对无收益资产而言,该远期价格 F 与资产现价 S 之间的关系是:

$$F=Se^{r(T-t)} \tag{10.1}$$

其中:F 代表时刻 t 时的远期价格;S 代表远期合约标的资产在时间 t 时的价格;T 代表远期合约到期的时间(年);t 代表现在的时间(年)。

为了证明上面这个公式,我们可以考虑如下两个资产组合:

组合 A:一个远期合约多头加上一笔数额为 $Ke^{-r(T-t)}$ 的现金。

组合 B:一单位的无收益资产。

在组合 A 中,假设现金以无风险利率投资,则到时刻 T 时,现金数额将达到 K。在远期合约到期时,这笔资金刚好可被用来购买该标的资产。在时刻 T,两个组合都将包含一个单位的标的资产。根据无套利原则可得,在 T 时刻之前,例如时刻 t 时,两个组合的价值也应该相等,因此有:

$$f+Ke^{-r(T-t)}=S \tag{10.2}$$

其中:f 代表时刻 t 时远期合约多头的价值。

当一个新的远期合约生效时,远期价格等于合约规定的交割价格,且使该合约本身的价值为 0。因此,远期价格 F 就是公式(10.2)中令 $f=0$ 的 K 值,由此可推导出公式(10.1),即

$$F=Se^{r(T-t)}$$

2. 已知现金收益资产的远期合约

我们规定 I 为资产在远期合约的有效期内所得收益的现值,贴现率为无风险利率。根据无套利原则,该远期价格 F 与资产现价 S 之间的关系是:

$$F=(S-I)e^{r(T-t)} \tag{10.3}$$

为了证明这个公式,我们可以考虑如下两个资产组合:

组合 A:一个远期合约多头加上一笔数额为 $Ke^{-r(T-t)}$ 的现金。

组合 B:一个单位的已知现金收益的资产加上以无风险利率借入的数额为 I 的现金。

组合 A 在时刻 T 时与一单位资产的价值相等。组合 B 中由于资产的收益刚好可被用来偿还借款,因此在 T 时刻,这个组合与一单位的证券具有相等的价值。根据无套利原则,在时刻 t 时这两者的价值也是相等的,因此

$$f+Ke^{-r(T-t)}=S-I \tag{10.4}$$

远期价格 F 就是使 $f=0$ 时的 K 值,由此可得公式(10.3)。

3. 已知收益率资产的远期合约

我们假设已知收益率资产的收益率是按照年率 q 连续支付。为了确定远期合约的价值,我们考虑如下两个资产组合:

组合 A:一个远期合约多头加上一笔数额为 $Ke^{-r(T-t)}$ 的现金。

组合 B：$e^{-q(T-t)}$ 个收益率为 q 的资产并且所有的收入都再投资于该资产。

组合 A 在时刻 T 时与一单位资产的价值相等。组合 B 到时刻 T 时拥有资产的数量刚好是一单位，因此在时刻 T 时，组合 A 和组合 B 的价值相等。根据无套利原则，在时刻 t 时两者的价值也是相等的，因此

$$f+Ke^{-r(T-t)}=Se^{-q(T-t)} \tag{10.5}$$

远期价格 F 就是使 $f=0$ 时的 K 值，因此：

$$F=Se^{(r-q)(T-t)} \tag{10.6}$$

注意，如果在远期合约有效期间收益是变化的，公式(10.6)仍然是正确的，此时 q 等于平均收益率。

4. 一般结论

对所有的资产，以下公式都是正确的：

$$f=(F-K)e^{-r(T-t)} \tag{10.7}$$

其中：f 代表时刻 t 时远期合约多头的价值；F 代表时刻 t 时的远期价格；K 代表远期合约中的交割价格。

为了证明公式(10.7)，我们来比较两个除了交割价格不同的远期合约 A、B，合约 A 的交割价格为 F，合约 B 的交割价格为 K。这也就是说在时刻 T 合约 A 和 B 现金流出量的差为 $(F-K)$，则其在时刻 t 时的差为 $(F-K)e^{-r(T-t)}$。因此，合约 A 的价值比合约 B 的价值小 $(F-K)e^{-r(T-t)}$。我们规定合约时刻 t 时的远期价格为 F，则合约 A 的价值为 0，于是合约 B 的价值就为 $(F-K)e^{-r(T-t)}$。这样就证明了公式(10.7)。

（三）远期利率协议

1. 远期利率协议的定义

远期利率协议(Forward Rate Agreement，FRA)是指交易双方为了规避未来的利率波动风险，或者为了实现在未来的利率波动上进行投机的目的而在订立协议时预先商定，在将来的某一特定日期，按规定的币种、数额、期限和利率进行交割的一种协议。这种交易的一个重要特点是并不涉及协议本金的收付，而只是在某一特定的日期，即清算日，由一方向另一方支付利息差额。支付的利息差额由协议本金、合约利率和参考利率三者共同确定，先得出合约结算日的参考利率与合约利率之间的差，然后将这个差与协议本金相乘。

参考利率是交易双方选择的在合约到期时的市场利率，如伦敦银行间同业放贷利率(LIBOR)。合约利率是合约到期日名义利率的隐含远期利率的期望值，如 $m\times n$ 的合约利率表示的是在 m 个月后，期限为 n 个月的利率的期望值。

2. 实际交割额(利息差额)的计算

对于合约买方，实际交割额(利息差额)的计算公式是：

$$\text{交割额(利息差额)}=\frac{(R_t-R_f)\times A\times\dfrac{D}{B}}{1+\left(R_t\times\dfrac{D}{B}\right)} \tag{10.8}$$

其中：A 代表协议本金数额；R_t 代表合约利率；R_f 代表参考利率；D 代表协议期限的天

数;B 代表计算天数的基础(如美元是 360 天,英镑是 365 天)。

对于合约卖方,实际交割额(利息差额)的计算公式是:

$$交割额(利息差额)=\frac{(R_f-R_t)\times A\times\frac{D}{B}}{1+\left(R_t\times\frac{D}{B}\right)} \tag{10.9}$$

注意:公式(10.8)和(10.9)计算出的值可能是正数或负数。也就是说,如果协议参考利率低于合约利率,合约买方要向卖方支付补偿;而如果参考利率高于合约利率,合约买方将得到补偿。

(四)远期外汇合约与远期股票合约

远期外汇合约是指双方约定在未来某一确定时间,按约定的远期汇率购买或出售一定数量的某种外汇的合约。交割时也不涉及本金的收付,而只交割合约中所约定的远期汇率与当时的即期汇率的差额。而远期股票合约是指在未来某一特定时间,按特定价格交付一定数量单个股票或一揽子股票的协议。

四、期货合约及其价格

(一)期货合约的定义

像远期合约一样,期货合约(Futures Contract)是指双方同意在将来确定的时间按约定的条件(包括价格、交割地点和交割方式等)购买或出售一定标准数量的某项金融资产的标准化合约。与远期合约不同,期货合约通常在规范的交易所内进行交易,交易双方并不直接接触,而是各自和交易所的清算公司进行结算。为了使交易能够进行,交易所详细规定了期货合约的标准化条款,由于期货合约的双方不一定相识,交易所同时也向双方提供该期货合约的承兑保证。期货交易采取每日盯市(Mark to Market)结算,经纪公司通常要求买卖双方在交易之前开立专门的保证金账户并存入一定数额的初始保证金。每日交易结束,保证金账户都要根据期货价格的涨跌进行调整,以反映交易者的浮动盈亏。如果当日结算价格高于昨天的结算价格(或当日的开仓价),高出部分即为期货多头的浮动盈利和期货空头的浮动亏损,并相应地分别加入多头的保证金账户和从空头的保证金账户扣除。保证金账户余额超过初始保证金的部分,交易者可以随时提现;如果保证金账户余额低于交易所规定的维持保证金,经纪公司就会通知交易者补足差额,否则将强行平仓。

期货合约与远期合约的另一个不同点是期货合约并不总是指定确切的交割日期。期货合约是按交割月划分,由交易所指定交割月中必须进行交割的交割期限。对商品来说,交割期限通常为整个交割月。合约空头方有权在交割期限中选定他或她将要进行交割的时间。此外,期货合约的买者或卖者可以在交割日之前采取对冲交易结束期货头寸,一般不用进行最后的实物交割。根据标的资产不同,期货合约可以分为利率期货合约、外汇期货合约和股指期货合约三种。世界上主要股指期货合约及其上市交易所如表 10.1 所示。

表 10.1 世界主要股票指数期货合约及其上市交易所

股票指数期货合约	上市交易所
道·琼斯工业平均指数(Dow Jones Industrial Averages)	芝加哥期货交易所(CBOT)
标准·普尔 500 指数(S&P500)	芝加哥商品交易所(CME)
NYSE 综合股价指数	纽约证券交易所(NYSE)
主要市场指数(Major Market Index)	芝加哥商品交易所(CME)
金融时报指数期货(FT-SE100)	伦敦国际金融期货期权交易所(LIFFE)
日经 225 指数期货(NK225)	新加坡国际金融交易所(SIMEX) 芝加哥商品交易所(CME)
东京证券交易所股价指数(TOPIX)	东京证券交易所(TSE)
恒生指数(Hang Seng Index)	香港期货交易所(HKFE)

资料来源:王益,刘波.资本市场[M].北京:经济科学出版社,2000.

期货合约实际上是标准化的远期合约,因此其套利原理与远期合约基本相同。投资银行可以通过期货的多头或空头将利率、汇率和股票价格等风险转移出去,也可以通过期货的价格发现功能对市场趋势进行判断,提高自己适应市场的能力。

例如,某企业 9 月份计划在 3 个月内发行 8 年期企业债券,当时的长期利率为5.18%,为该企业提供金融服务并承销此债券的投资银行预测长期利率趋于上扬,该企业到时发行将会增加发行成本,因此建议该企业运用长期利率期货进行套期保值。具体操作过程如表 10.2 所示。

表 10.2 利率期货的套期保值

项目	现货市场	期货市场
9 月 10 日	预计发行 8 年期收益率 5.20% 的企业债券	卖出长期利率期货合约,收益率为 5.18%
12 月 15 日	以收益率 5.35%发行企业债券	买进长期利率期货合约平仓,收益率为 5.28%
盈亏	亏损:5.35%-5.20%=0.10%	盈利:5.28%-5.18%=0.10%

(二) 期货合约的价格

1. 无风险利率确定的情形

当无风险利率为常数,且所有到期日都不变时,两个交割日相同的远期合约和期货合约有相同的价格。对此我们可以证明如下。

假设一个持续 n 天的期货合约,F_i 为第 i 天末($0<i<n$)的期货价格,定义 σ 为每天的无风险利率(常数)。考虑如下策略:

(1) 在第 0 天末,买入期货合约 e^{σ}(即在合约开始生效时买入)。

(2) 在第 1 天末,增加多头头寸至 $e^{2\sigma}$。

(3) 在第 2 天末,增加多头头寸至 $e^{3\sigma}$。

以此类推。表 10.3 即为上述策略的总结。

表 10.3 用以体现期货价格与远期价格相等的投资策略

日期	0	1	2	…	$n-1$	n
期货价格	F_0	F_1	F_2	…	F_{n-1}	F_n
期货头寸	e^{σ}	$e^{2\sigma}$	$e^{3\sigma}$	…	$e^{n\sigma}$	0
利润/损失	0	$(F_1-F_0)e^{\sigma}$	$(F_2-F_1)e^{2\sigma}$	…	…	$(F_n-F_{n-1})e^{n\sigma}$
计复利至第 n 天的利润损失	0	$(F_1-F_0)e^{n\sigma}$	$(F_2-F_1)e^{n\sigma}$	…	…	$(F_n-F_{n-1})e^{n\sigma}$

在第 i 天的开始,投资者拥有多头头寸 $e^{i\sigma}$。第 i 天的利润(可能为负)为:

$$(F_i-F_{i-1})e^{i\sigma} \tag{10.10}$$

假设从第 i 天开始投资,这个盈利以无风险利率计算复利至第 n 天末,则它在第 n 天末的价值为:

$$(F_i-F_{i-1})e^{i\sigma}e^{(n-i)\sigma}=(F_i-F_{i-1})e^{n\sigma} \tag{10.11}$$

从而整个投资策略的第 n 天末的价值为:

$$\sum_{i=1}^{n}(F_i-F_{i-1})e^{n\sigma} \tag{10.12}$$

即有

$$[(F_n-F_{n-1})+(F_{n-1}-F_{n-2})+\cdots+(F_1-F_0)]e^{n\sigma}=(F_n-F_0)e^{n\sigma} \tag{10.13}$$

由于 F_n 与最终的资产价格 S_t 相等,由此整个投资策略的最终价值就可写为:

$$(S_t-F_0)e^{n\sigma} \tag{10.14}$$

将 F_0 投资于无风险债券中,将这项投资与上述策略混合可得到其在第 i 天的收益为:

$$F_0e^{i\sigma}+(S_t-F_0)e^{i\sigma}=S_te^{i\sigma} \tag{10.15}$$

由于上述所有的多头期货头寸并不需要任何资金,由此可见,投资 F_0 能够在 i 天得到收益为 $S_ie^{i\sigma}$。

下面假设第 0 天末的远期价格为 G_0。通过将 G_0 投资于无风险债券并购买 $e^{n\sigma}$ 个远期合约,在第 i 天仍然保证具有 $S_ie^{i\sigma}$ 的资产。因此就有两种投资策略:一个要求初始投资 F_0,另一个要求初始投资 G_0。两个投资在第 i 天都得到 $S_ie^{i\sigma}$。从而在无套利机会的情况下:

$$F_0=G_0 \tag{10.16}$$

由此便证明了期货价格与远期价格是相等的。

2. 无风险利率不确定的情形

当利率变化无法预测时(现实世界也正是如此),远期合约价格和期货合约价格从理论上来讲就不一样了。两者之间关系的证明已经超出本书的范围,但是我们对两者之间的关系要有一个感性认识。

考虑如下情形：标的资产价格 S 与利率高度正相关。当 S 上升时，一个持有期货多头头寸的投资者会因每日结算而立即获利。由于 S 的上升几乎与利率的上升同时出现，所以获得的利润也将会以高于平均利率的利率进行投资。同样当 S 下跌时，投资者立即亏损，亏损将以低于平均利率水平的利率融资。而持有远期多头头寸的投资者则不会因利率变动而受到与上面期货合约同样的影响，因此，期货多头比远期多头更具有吸引力。

所以，我们可以得到下述结论：当 S 与利率正相关时，期货合约价格要比远期合约价格高；当 S 与利率负相关时，由类似上面的讨论可知远期合约价格比期货合约价格要高。

3. 小结

有效期仅为几个月的远期合约价格与期货合约价格之间的理论差异在大多数情况下小得可以忽略不计。但是随着合约有效期的增加，这个差异就会开始变大。实际上，有许多没有反映在理论模型中的因素都会使得远期合约价格和期货合约价格不一样，这些因素包括税收、交易费用、保证金的处理方式等。同时，在某些情况下，期货合约比远期合约流动性更强、更易于交易。

但是，尽管有以上这些因素，在大多数情况下假定远期合约价格和期货合约价格相等仍是合情合理的。

五、互换及其交易的创造

（一）互换的定义

互换（Swap）是协议双方基于相同的本金数将付款交换的协议，即协议双方按照事先约定的公式在将来交换现金流。它们可以被当作一系列远期合约的组合，因此对互换的研究也就很自然地成为对远期和期货合约研究的扩展。互换是一种常见的金融交易方式，并已成为使用最广泛的衍生工具。互换的有效性和灵活性使其成为管理金融风险和在利率、汇率、商品价格或股权回报率波动的环境下进行套利的最好办法。

直接在两个最终用户之间安排互换是很困难的，一般都有一个互换交易商作为中介。互换交易商从加在互换息票上的买卖差价中来赚取利润。1981 年，美国著名的投资银行所罗门兄弟成功地为国际商用机器公司（IBM）与世界银行进行美元与马克及瑞士法郎的互换，这标志着互换的诞生。互换是在平行贷款和背对背贷款基础上发展起来的，是比较优势理论在金融领域最生动的运用。[①] 事实上，比较优势理论不仅适用于国际贸易，也适用于其他的经济活动。只要存在比较优势，双方就可以通过适当的分工和交换使双方共同获利。根据比较优势理论，只要满足以下条件就可以进行互换：一是双方对对方的资产或负债均有需求，二是双方在两种资产或负债上存在着比较优势。

（二）交易的基本结构

典型的互换结构如图 10.2 所示，其中，图 10.2（a）表示初始的名义本金交换，这个交

① 所谓平行贷款是指不同国家的两个母公司分别在国内向对方公司在本国境内的子公司提供金额相当的本币贷款，并承诺在到期日各自归还所借的货币；而背对背贷款是指两个国家的公司相互直接贷款，贷款货币不同但币值相等，贷款到期日也相同。

换并不是必需的,可以有也可以没有;图 10.2(b)表示周期性的支付;图 10.2(c)表示了名义本金的换回,这个交换也并不是必需的。

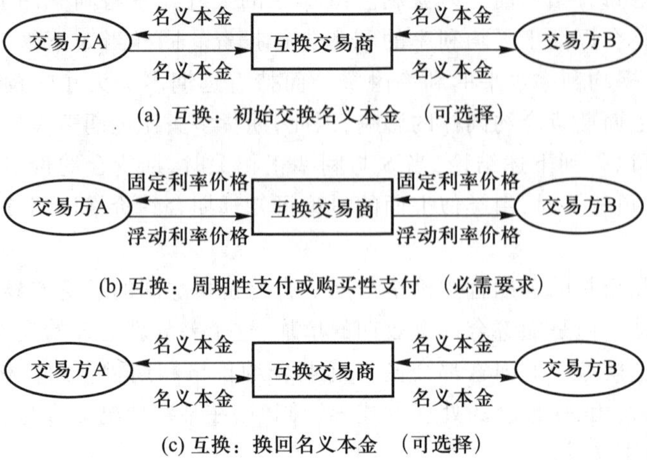

图 10.2 互换的基本结构

一般来说,单个的互换本身意义不大,事实上互换也并不是孤立存在的,它们总是与相应的现货市场头寸或交易结合起来使用的。有三种基本的交易:

(1) 从现货市场获得"实物"。

(2) 支付给现货市场(或从现货市场接收)。

(3) 提供"实物"给现货市场。

将现货市场交易和适当结构的互换相结合,可以构造出许多不同的结果。接下来我们将对利率互换、货币互换和股权互换做一介绍,其中主要对利率互换和货币互换各自的机制和定价进行研究。

(三) 利率互换的创造

1. 利率互换的机制

利率互换是一种双方合同。在合同中,一方同意在未来的某些特定日期向另外一方进行一系列利息的偿付。利率互换常常是由减少融资成本的愿望所推动的。在这种情况下,交易分为两个部分:一方有以相对便宜的固定利率筹集资金的机会,但希望以浮动利率筹集资金,例如伦敦银行同业拆借利率(LIBOR);而另一方有以相对便宜的浮动利率筹集资金的机会,但希望以固定利率筹集资金。通过与互换交易商的交易,双方可获得它们所希望的融资形式,同时发挥它们各自相对的融资的优势。

我们通过一个具体例子来进行说明。假设 A 公司和 B 公司都希望筹集期限为 10 年的债务资金 1 000 万美元。且 A 公司希望按浮动利率筹集资金,B 公司希望按固定利率筹集资金。A 公司和 B 公司面临的利率如下:

	固定利率	浮动利率
A	10.00%	6 个月期 LIBOR+0.30%
B	11.20%	6 个月期 LIBOR+1.00%

显然,B公司面临的固定利率和浮动利率都比A公司高,这说明B公司的信用等级低于A公司。但A公司和B公司面临的利率报价的关键点是:两个固定利率的差值大于浮动利率的差值。在固定利率市场B公司比A公司多付1.20%,但在浮动利率市场只比A公司多付0.70%。B公司看起来在浮动利率市场有比较优势,而A公司则在固定利率市场有比较优势。这种明显的差异将产生可获得利润的互换,于是互换交易商开始加入。如图10.3所示。

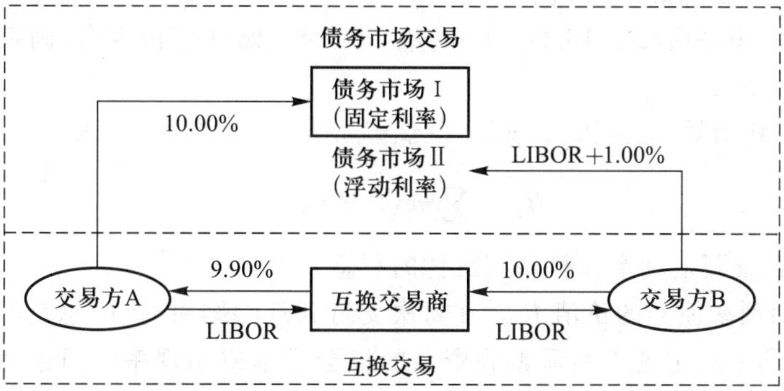

图10.3　利率互换

这时,A公司有三项现金流:① 支付给外部贷款人年利率为10.00%的利息;② 从互换交易商处得到年利率为9.90%的利息;③ 向互换交易商支付利率为LIBOR的利息。这三项现金流的净效果为A公司支付年利率为LIBOR+0.10%的利息,比直接在浮动利率市场筹资利率减少了0.20%。

B公司也有三项现金流:① 支付给外部贷款人利率为LIBOR+1.00%的利息;② 从互换交易商处得到利率为LIBOR的利息;③ 向互换交易商支付年利率为10.00%的利息。这三项现金流的净效果为B公司支付年率为11.00%的利息,比直接在固定利率市场筹资利率减少了0.20%。

互换交易商有四项现金流:① 向A公司支付年利率为9.90%的利息;② 从A公司处得到利率为LIBOR的利息;③ 向B公司支付利率为LIBOR的利息;④ 从B公司处得到年利率为10.00%的利息。这四项现金流动的净效果为互换交易商得到年利率为1.00%的利息收入,这也是互换交易商进行交易的报酬。

注意:互换交易商分别签署了两份互换合约,一份与A公司,一份与B公司,如果其中某个客户(A公司或B公司)违约,互换交易商仍要履行与另一个客户的协议。在大多数情况下,A公司和B公司都不知道对方与互换交易商签署了互换合约。

2. 利率互换的定价

在上例中,我们可以把B公司和互换交易商之间的交换看作如下的债券买卖:互换交易商发行1 000万美元的浮动利率(6个月LIBOR)债券,B公司买入;B公司发行1 000万美元的固定利率(10.00%)债券,由互换交易商买入。这样,互换某部位(多头或空头)的价值就可以看作是两张债券的价值之差。通常假设互换的初期价值为0,并假设在互换条件下,互换交易商在时间t_i,得到固定收入k,同时以浮动利率支付。定义:V代表互换的价值;B_1代表互换中固定债券的价值;B_2代表互换中浮动债券的价值;Q 代表互换协议中的名义本金价值。于是:

$$V=B_1-B_2 \tag{10.17}$$

下面我们来计算 B_1和 B_2。

先看 B_2。债券的价值应等于今后一系列还本付息的货币流量的现值之和,关键在于贴现率如何计算。在估计债券价值时所使用的贴现率应反映现金流的风险性。这里,我们使用与以互换为基础的浮动利率相对应的风险水平作为贴现率,因此,有 $B_2=Q$。由于互换初期价值 $V=0$,由公式(10.17)可知,$B_1=Q$,即经贴现率折现后,固定利率债券现值 B_1就等于名义本金价值。

定义 r_i为与到期间 t_i相应的贴现率,既然 B_1是固定利率债券未来现金流的现值,也即

$$B_1 = \sum_{i=1}^{n} ke^{-r_i t_i} + Qe^{-r_n t_n} \tag{10.18}$$

其中:k 代表按固定利率计算每期支付的利息。

再考虑浮动利率债券的价值 B_2。在每次支付利息刚结束时,B_2总是等于互换本金价值 Q,因为浮动利率经市场重新调整到资金的机会成本或贴现率。但浮动利率并非追随市场利率随时调整,6 个月的 LIBOR 只是每 6 个月调整一次,在两个利息支付日之间,B_2未必等于 Q。假定下一次利息支付日为 t_1,支付的浮动利率利息额为 k^*,那么,B_2可用上述同样的折现原则计算出来:

$$B_2=Qe^{-r_1 t_1}+k^* e^{-r_1 t_1} \tag{10.19}$$

计算出 B_1和 B_2后,通过 $V=B_1-B_2$,即可计算出某一时期金融机构对 B 的互换合约部位价值(金融机构对 A 公司的部位价值同理)。互换初期价值为 0,随后的时间价值可正可负。

在互换交易商支付固定利率利息并收取浮动利率利息的情况下,B_1和 B_2按同样方式计算,并且

$$V=B_1-B_2 \tag{10.20}$$

在互换开始签订时互换的价值为零,在随后的时间,互换价格可能为正也可能为负。

互换也可以用于规避某种特定的资产或债务头寸。

资产互换(Asset Swap)就是将一笔资产,例如债券,与利率互换相结合形成一种新的收益结构。投资者可以用固定利率的息票来交换浮动利率的收入,或进行相反的操作。如果这种资产是抵押支持的证券,就可以采用指数摊销互换(Index Amortizing Swaps)来反映该资产的剩余本金数。有些互换附带有提前结清赎回条款,这样,当名义的本金数降到原始数据的 5%以下时,就可以结束互换交易。抵押互换就是这种类型的互换交易。在互换期间将名义本金进行摊销,互换的期限短于抵押的期限。

在利率互换中加入期权或加入在未来取消某一项互换的选择权而形成的结构称为互换期权(Swap Option)。

(四) 货币互换的创造

1. 货币互换的机制

另一种普通的互换类型是货币互换。在其最简单的形式里,它将一种货币贷款的本

金和固定利息与几乎等价的另一种货币的本金和固定利息进行交换。也就是说，在直接的货币互换中，借款人以一种外币（如欧元）发行债券，而后立即将这种外币转换为他想要的货币（如美元）。交易的另外一方通常是一位互换交易商。借款人定期以美元向交易商支付息票利息，交易商则以欧元向债券持有人支付利息。当债券到期时，借款人与交易商进行反向交易，借款人用美元换回支付欧元债务所需要的欧元。在贷款的初期，借款人收到美元，在进行贷款偿付时，借款人有美元的流出。货币互换使得借款人可以以较低的成本在外国市场上筹集美元资金而不用面临货币风险。

具体说来，货币互换交易一般有以下三个步骤。

第一步，本金的初期互换。互换交易之初，双方按协定的汇率交换两种不同货币的本金，以便将来计算应支付的利息再换回本金。

第二步，利率的互换。交易双方按协定的利率，以未偿还本金为基础，进行互换交易的利率支付。

第三步，到期日本金的再次互换。在合约到期日，交易双方通过互换，换回期初交换的本金。

上述三个步骤，能够通过把一种货币的债务有效地转变为另一种货币而得到充足保值。图 10.4 以美国公司与德国公司之间美元与欧元的互换交易为例，说明了货币互换的机制。

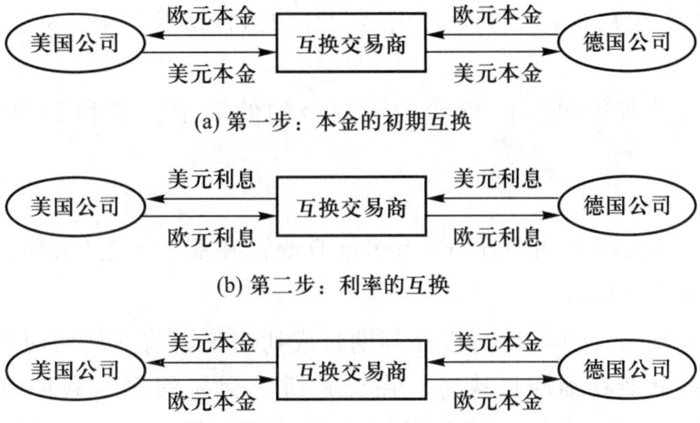

(a) 第一步：本金的初期互换

(b) 第二步：利率的互换

(c) 第三步：到期日本金的再次互换

图 10.4 货币互换

2. 货币互换的定价

与利率互换一样，货币互换也可以分散成两份债务。因此，互换的价值 V 可以通过下式来计算：

$$V=SB_f-B_d \tag{10.21}$$

其中：B_f代表互换中以外币衡量的债券价值；B_d代表互换中以本币衡量的债券价值；S代表即期汇率。

（五）股权互换的创造

在股权互换中，投资者以某种市场指数的形式得到收入，以 LIBOR（或固定利率或其他市场指数)向互换交易商进行支付。这种交易形式最初是用来解决跨国投资中的问题的。例如,一个美国的投资管理人员想将投资组合中的30%投资于中国市场,他就会以相当于投资组合价值的30%的本金向互换交易商支付标准普尔500指数的收益,互换交易商则向他支付诸如上证指数的收益。

股权互换也是进入新兴市场的最有效途径之一。这一结构使得投资者节约了佣金、印花税、清算费用和差价。对于那些由于法律或法规的原因无法直接进入某个市场进行投资而又想在该市场上进行交易的投资者而言,这种互换形式尤其有用。

股权互换有许多种结构形式。名义的本金可以是固定的也可以是变化的。通过安排,协议的双方都可以吸收或规避货币风险。

六、期权合约及其定价

(一) 期权合约的定义

期权(Option)又称选择权,是指其持有人在规定时间内有权按约定的价格购买或出售一定数量的某种资产的权利。期权是一种独特的金融合约,因为它赋予持有者的是做某事的权利而不是义务。为此,投资者购买期权合约必须交付期权费。下面是关于期权的一些重要概念。

1. 执行期权

通过期权合约购进或售出标的资产的行为称为执行期权(Exercising the Option)。

2. 执行价格

持有人据以购进或售出标的资产的期权合约的固定价格称为执行价格(Exercise Price)。

3. 到期日

期权到期的那一天称为到期日(Expiration Date),在那一天之后,期权失效。

4. 美式期权和欧式期权

美式期权(American Options)可以在到期日或到期日之前的任何时间执行;欧式期权(European Options)只能在到期日执行。在交易所中交易的大多数期权为美式期权,但是,欧式期权通常比美式期权要容易分析,而且美式期权的一些性质总是可由欧式期权的性质推导出来。

5. 看涨期权和看跌期权

看涨期权(Call Option)的持有人有权在某一确定时间以某一确定的价格购买标的资产;看跌期权(Put Option)的持有者有权在某一确定时间以某一确定价格出售标的资产。每一期权合约都有两方:一方是持有期权多头头寸的投资者(即购买期权的一方),另一方是持有期权空头头寸的投资者(即出售期权的一方)。因此,也就有了4种基本的期权头寸:

(1) 看涨期权多头(Long Call):持有或买进看涨期权。

(2) 看跌期权多头(Long Put):持有或买进看跌期权。

(3) 看涨期权空头(Short Call):卖出看涨期权。

(4) 看跌期权空头(Short Put):卖出看跌期权。

同时,按照期权的标的资产,期权合约还可以分为利率期权、货币期权、股票期权和股指期权等现货期权。此外,利率期货、外汇期货和股指期货等衍生产品也可以成为期权的标的资产。与期货合约不同,期权合约不仅在交易所进行交易,还存在着一个庞大的场外交易市场。一般来说,在交易所交易的是标准化期权合约,而场外市场交易的是非标准化期权合约。

1973 年,芝加哥期权交易所(Chicago Board Option Exchange,CBOE)开始运作,同年 Black-Scholes 期权定价模型(简称 BS 期权定价模型)也正式发表。

(二) 期权损益的表示

经济学中经常使用到期日期权损益状态来描绘欧式期权投资者的头寸情况。在计算时,并不包括初始的购买期权所费的成本。我们以 X 代表执行价格,F_t代表标的资产的到期日价格。

对于欧式看涨期权多头来说,如果标的资产的到期日价格低于或等于期权的执行价格($F_t \leqslant X$),则期权持有人按市场价格购买资产更为有利,即不执行期权,此时期权的损益为 0。相反,如果标的资产的到期日价格高于期权的执行价格($F_t > X$),则期权持有人按执行价格购买资产更为有利,即执行期权,这时期权的损益正好等于标的资产的到期日价格与执行价格之差($F_t - X$)。我们可以用下面的公式来表示欧式看涨期权多头的损益:$\max(F_t - X, 0)$。对于欧式看跌期权多头来说,如果标的资产的到期日价格高于或等于期权的执行价格($F_t \geqslant X$),则期权持有人按市场价格出售资产更为有利,即不执行期权,此时期权的损益为 0。相反,如果标的资产的到期日价格低于期权的执行价格($F_t < X$),则期权持有人按执行价格出售资产更为有利,即执行期权,这时期权的损益正好等于执行价格与标的资产的到期日价格之差($X - F_t$)。我们可以用下面的公式来表示欧式看跌期权多头的损益:$\max(X - F_t, 0)$。

当然,期权只是一种转移风险的安排,而不是消除风险。如果说期权多头持有者是持有一种权利而不附有相应的义务,那么期权空头持有者则是持有一种义务而不附有相应的权利。换句话说,价格波动的风险从期权多头持有者转移到期权空头持有者。因此,期权空头的损益正好与期权多头的损益相反。

因此,欧式看涨期权空头的损益为$-\max(F_t - X, 0)$或 $\min(X - F_t, 0)$,欧式看跌期权空头的损益为$-\max(X - F_t, 0)$或 $\min(F_t - X, 0)$。图 10.5 表示了上述期权的损益。

(三) 期货价格的决定因素

期权的价格由与标的资产、期权合约和金融市场相关的一些因素决定。

1. 与标的资产相关的因素

(1) 标的资产的当前价格。标的资产当前价格的变化会影响该资产期权的价格。由于看跌期权提供了以固定价格购买标的资产的权利,因此标的资产当前价格的上升能够增加看涨期权的价格;而看跌期权则恰好相反,随着标的资产当前价格的上升,期权价格将减少。

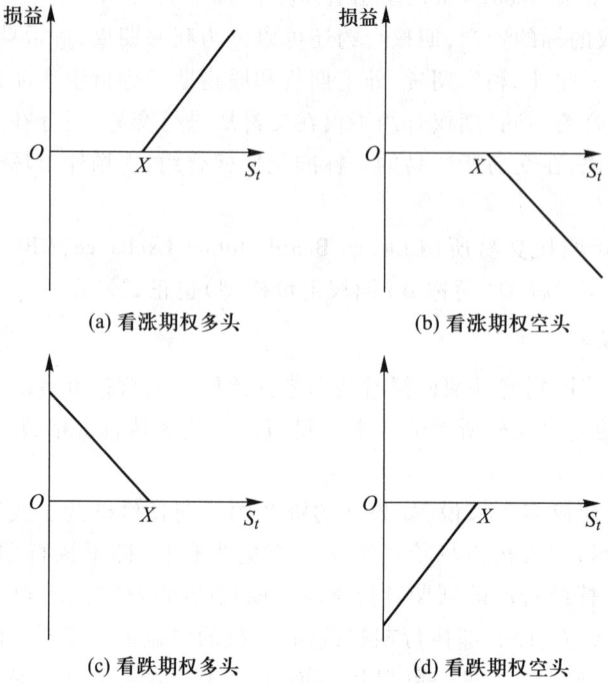

图 10.5 欧式期权的损益

（2）标的资产价格变化。标的资产价格变动的幅度越大，期权的价格越高，这一点对看涨和看跌期权都是成立的。虽然风险（方差）增加导致期权价格上升这一点在直观上不易理解，但是我们应当注意到，期权与其他证券不同，期权购买者的损失最多不会超过其购买期权所支付的价格，但却能从标的资产剧烈的价格波动中获得相当显著的利益。

（3）标的资产支付的红利。在期权有效期内，如果标的资产支付红利，则标的资产的价格就可能下跌。所以，该资产看涨期权的价格是预期红利支付额的递减函数，而看跌期权的价格则是预期红利支付额的递增函数。

2. 与期权合约相关的因素

（1）期权的执行价格。对于看涨期权而言，持有者获得了以固定价格购买标的资产的权利，期权的价格随着执行价格上升而降低。而对于看跌期权，因为持有者可以以固定价格出售标的资产，所以期权的价格随着执行价格上升而上升。

（2）距离期权到期日的时间。随着距离期权到期日时间的增加，看涨和看跌期权都将变得更有价值。距离到期日时间越长，标的资产价格可以变动的时间越长，因此两种类型的期权价格都会上涨。到期时间对期权的价格还存在附加的影响，对于看涨期权，购买者需要在到期日支付一个固定的价格，随着期权有效期的延长，这个固定价格的现值是递减的，从而使看涨期权的价格上升；对于看跌期权，在到期日以执行价格卖出标的资产所获得收益的现值随着期权有效期的延长而减少，从而使看跌期权的价格上升。

3. 与金融市场相关的因素

与金融市场相关的影响期权价格的因素主要是期权有效期内的无风险利率。期权购买者预先需要支付期权费,而期权费是存在机会成本的,该机会成本的大小取决于利率水平和距离期权到期的时间。因为期权的执行价格只有在执行期权时才需要支付,所以要计算执行价格的现值,进而导致利率在另一方面影响期权的价格:利率的升高将使看涨期权的价格上涨,使看跌期权的价格下降。

表 10.4 总结了影响看涨期权和看跌期权价格的因素及影响效果:

表 10.4　期权价格的决定因素总结

因素	看涨期权价格	看跌期权价格
标的资产价格上涨	上升	下跌
执行价格上升	下跌	上升
标的资产价格变动方差	上升	上升
距期权到期日的时间增加	上升	上升
利率上升	上升	下跌
红利支付额增加	下跌	上升

4. 期权的定价

自从期权交易出现以来,尤其是标准期权交易出现以来,学者们就一直致力于期权定价问题的探讨。在这方面做出里程碑式贡献的是布莱克-斯科尔斯(Black-Scholes)模型,它于 1973 年由芝加哥大学教授费雪·布莱克与斯坦福大学教授梅隆·斯科尔斯提出。布莱克-斯科尔斯模型为期权定价奠定了一个总体性的框架,但在实际运用中,还需要对模型做进一步的修正。期权定价的另一模型:二项式期权定价模型,其理论要点主要取自考克斯、罗斯和鲁宾斯坦等学者的研究成果。期权定价的具体内容在此从略。

第二节　资产证券化业务

一、资产证券化概述

(一)资产证券化的定义

资产证券化(Asset-backed Securitization,ABS)是指发起人(Originator)通过结构性重组,将其持有的不能随时变现的、流动性较差的资产,分类整理为一批批资产组合转移给特殊目的载体(Special Purpose Vehicle,SPV),再由特殊目的载体以该资产作为担保发行资产支持证券,收回购买资产的一个技术和过程。资产证券化是近 50 年来国际金融领域最重大和发展最迅速的金融创新之一,极大地促进了证券市场的发展。但自 2006 年美国次贷危机爆发以来,也为国际金融市场带来了巨大的动荡。

资产证券化的定义有广义和狭义之分。广义的资产证券化是指第二次世界大战后世界金融领域里的资本市场代替金融中介、直接融资代替间接融资的趋势,具体指某一资产或资产组合采取证券资产这一价值形态的过程和技术,即资产运营方式,包括实体资产证券化、信贷资产证券化、证券资产证券化和现金资产证券化。实体资产证券化即实体资产向证券资产的转换,是以实物资产和无形资产为基础发行证券并上市的过程;信贷资产证券化,就是把缺乏流动性但具有未来现金收入流的信贷资产经过重组形成资产池,并以此为基础发行证券的过程;证券资产证券化即证券资产的再证券化过程,就是将证券或证券组合作为基础资产,再以其产生的现金流或与现金流相关的变量为基础发行证券的过程;现金资产证券化是指现金的持有者通过证券投资将现金转换成证券的过程。其中,信贷资产证券化就是狭义的资产证券化,它是资产证券化最初也是最基本的表现形式之一。按照被证券化资产种类的不同,信贷资产证券化可分为住房抵押贷款支持的证券化(Mortgage-Backed Securitization, MBS)和资产支持的证券化(Asset-Backed Securitization, ABS)。

作为一项金融创新,资产证券化最初主要是为了搞活住宅抵押贷款二级市场而推出的一项措施,但目前人们已将其作为沟通传统的直接融资和间接融资的一条有效通道,其本身正处在不断完善和深化的过程中。同时,资产证券化的范围、载体和方式也正在日益扩大化、多样化和复杂化。

(二)资产证券化的特征

资产证券化是金融市场上的一种新型融资方式,它既不同于传统的以银行为主的间接融资方式,也不同于单纯的依赖发行企业股票或债券的直接融资方式。它是有效融合了间接融资方式与直接融资方式的创新金融工具。资产证券化的特征概括如下。

1. 资产证券化是一种结构型的融资方式

与传统的融资方式不同,资产证券化的核心是设计一种严谨有效的交易结构。资产证券化是以传统的银行贷款等资产为基础发行资产证券,通过资产证券化降低银行等金融机构的风险,提高资产流动性。资产证券化的重要环节是按照资产的期限、利率等特点,对资产进行分解、组合和定价,并重新分配风险与收益。这相当于对金融中介机构金融产品的二次加工,以实现提高金融产品质量、分散金融风险的目的。资产证券化不仅对银行的资产进行分解,也对银行的中介功能进行分解。它将过去由银行一家承担发放贷款、持有贷款、监督贷款使用和回收贷款本息等业务转化为多家机构共同参与的活动。通过对银行功能的分解,资产证券化把传统的由贷款人和借款人组成的单纯的信用关系带入了证券市场,在融入更多参与者的同时,既为贷款人带来了利益,又为证券市场投资者提供了丰富的投资工具。

综上所述,资产证券化作为一种结构型融资方式的特征主要表现两点:发行人需要构造一个交易结构才能实现融资目的;资产池中的现金流需要经过加工、转换和重新组合,经过必要的信用增级,才能创造出适合不同投资者需求,具有不同风险、收益和期限特征的收入凭证。由于经过了资产重组、风险隔离和信用增级三个基本环节,资产担保证券的信用水平得到提高。因此,资产证券化又是一种成本更低的结构型融资方式。

2. 资产证券化是一种流动性风险管理方式

用于资产证券化的资产通常都是不能随时出售变现,但根据合同或事先约定而具有可预见、稳定的未来现金收入的资产。通过资产证券化,发起人能将流动性低但有可预见且稳定现金流的资产转换为流动性高的、标准化的证券工具。因此,资产证券化最重要的目的之一就是增加资产的流动性。

3. 资产证券化是一种表外融资方式

传统的融资行为必然最终反映到融资主体的资产负债表中,而资产证券化融资一般则要求将证券化的资产从持有者的资产负债表中剔除。例如,美国1997年生效的美国财务会计准则第125号《转让和经营金融资产及债务清理的会计处理》规定:鉴于被证券化的资产已经以真实出售方式过户给特殊目的载体,原始权益人将证券化资产从资产负债表上剔除并确定收益和损失。即用于资产证券化的资产只要达到真实出售标准,利用资产证券化所进行的融资就不会增加发行人的负债。这就从法律上确认了以表外方式处理资产证券化交易的原则。从而使资产证券化融资有别于传统的融资方式。

4. 资产证券化是一种只依赖于资产信用的融资方式

传统的融资方式(无论是贷款还是发债)是凭借债务人的资信能力进行融资活动,而资产证券化的融资方式则是凭借进行证券化的基础资产的未来收益来融资。投资者在决定是否购买资产担保证券时,主要依据的是这些资产的质量、未来现金流的可靠性和稳定性,而原始权益人本身的资信能力则居于相对次要的地位。资产证券化中的真实销售使证券化基础资产的信用状况与原始权益人的信用状况分离开来,从而使本身资信不高的证券化基础资产的债权人通过信用增级,也可能在证券市场上通过资产证券化满足新的融资需要。

5. 资产证券化是一种低风险的融资方式

资产证券的投资者或持有人在证券到期时,可以获得本金和利息的偿付。偿付资金来源于证券化基础资产所创造的现金流量,即资产债务人偿还的到期本金和利息。如果证券化基础资产的债务人违约拒付,资产证券的清偿也仅限于被证券化资产的数额,而金融资产的发起人或购买人没有超过该资产限额的清偿义务。因此,资产证券化是一种与企业发行股票、债券等筹集资金不同的新型的低风险融资方式。

6. 资产证券化是一种资产融资与分散借贷相结合的双种信用工具

传统的证券融资方式是企业以自身的产权为清偿基础,企业对债券本息及股票权益的偿付以企业全部法定财产为限。资产证券化虽然也采取证券形式,但证券的发行依据不是企业全部法定财产,而是企业资产负债表中的某项特定资产;证券权益的偿付也不是以企业产权为基础,而仅仅以被证券化的资产为限。通过资产证券化,发起人持有的金融资产转化为证券在证券市场上交易,实际是发起人最初贷出去的款项在证券市场上交易,这样就把原来由发起人独家承担的资产风险分散给众多投资者承担,从而起到了降低借贷风险的作用。因此,资产证券化的主要功能还不单纯是为了融资,它是一种有别于产权融资的资产融资与分散借贷相结合的双种信用工具。

(三) 资产证券化的本质

资产证券化是将资产原始权益人或发起人(卖方)不流通的存量资产或可预见的未来现金流量,构造和转变成为资本市场可销售和流通的金融产品的过程。资产证券化是一项以提高流动性和实现融资为目的的金融创新,是对一组原本流动性较差的金融资产进行组合,使其产生在长期上较为稳定的现金流收益,再配以相应的信用担保,把这种未来现金流的收益权转变为可在金融市场上流动、信用等级较高的证券。可以看出,资产证券化的实质就是将金融资产的未来现金流收益权进行转让和交易。

(四)资产证券化的类型

资产证券化是通过构建一个严谨、有效的交易结构来保证证券发行和融资的成功。随着被证券化金融资产种类的增多,资产证券化交易的组织结构也越来越复杂。按照不同的标准,资产证券化可被划分为不同类型。表10.5列出了到目前为止在资产证券化市场上可以见到的主要的资产证券化类型及其划分依据。

表10.5　资产证券化的类型

分类依据	类　型
基础资产	住房抵押贷款证券化与资产支持证券化
现金流处理与偿付结构	过手型证券化与转付型证券化
借款人数	单一借款人型证券化与多借款人型证券化
金融资产的销售结构	单宗销售证券化与多宗销售证券化
发起人与特殊目的载体的关系以及由此引起的资产销售次数	单层销售证券化与双层销售证券化
贷款发起人与交易发起人的关系	发起型证券化与载体型证券化
证券化载体的性质	政府信用型证券化与私人信用型证券化
证券构成层次	基础证券与衍生证券
基础资产是否从发起人资产负债表中剥离	表内证券化与表外证券化

二、资产证券化的核心内容

被证券化的资产可以采取多种形式,但这些资产必须具备一个先决条件——能产生可预见的未来现金流。所以,表面上资产证券化似乎是以资产为支持,但实际上却是以资产所产生的现金流为支持的,这是资产证券化的本质和精髓。换句话说就是,资产证券化所"证券化"的不是资产本身,而是资产所产生的现金流。因此,基础资产的现金流分析也就构成资产证券化理论的核心内容。

基础资产的现金流分析主要包括两方面的内容:资产的估价和资产的风险/收益分析。

资产的价值都是由它所产生的现金流所决定的,因此资产的价值问题也就可以通过资产的现金流分析来解决,或者说资产的价值分析也就成为现金流分析的一项重要内容。由此,我们就可以得出资产估价的基本观点——资产的价值就是它在未来所产生的现金流的现值。在这个基本观点的基础上,对不同的资产可以采取不同的估价方法。总的来说,资产的估价方法可被分为三类。

(1)现金流贴现估价法。这种方法认为一项资产的价值应等于该资产预期在未来所产生的全部现金流的现值总和。

（2）对比估价法。这种方法根据某一变量，如收益、现金流、账面价值或销售额等，考察同类“可比”资产的价值，借以对一项新资产进行估价。

（3）期权估价法。它使用期权定价模型来估计有期权特性的资产的价值。

使用的估价方法不同，得出的结果可能会有显著差异，所以如何选择合适的方式对资产进行估价也就成了一个关键的问题。一般来说，信贷资产证券化和部分的证券资产证券化（尤其是稳健型的证券投资基金）可以采取现金流贴现估价法；实体资产证券化更多地运用对比估价法；而对证券资产证券化中很多衍生品的估价则常常运用期权估价法。当然，上面这三种方法不应该被看作是相互排斥的，它们可以互相补充。应该说，每种估价方法都有其用武之地，而且在很多情况下，对某一资产进行估价时，几种方法可能同时都会用到。

而资产的风险/收益分析则是从资产的风险需要得到补偿的角度出发，来计算一种资产或资产组合的收益率，而这个收益率，从资产估价的角度来说，就是资产未来现金流量的贴现率。因此可以说，资产的风险/收益分析在证券化中的作用就是确定证券化资产未来现金流的贴现率。

在资产估价时，资产的风险/收益分析主要是用在现金流贴现估价法之中，同时，在对比估价法和期权估价法中也可以起到一定的参考作用。在使用现金流贴现估价法时，如果不能进行正确的资产风险/收益分析，就不可能对证券进行正确的定价。换句话说，如果不能对资产的风险/收益进行分析，就无法用现金流贴现法来进行估价。

三、资产证券化的基本环节

资产证券化的基本环节分别是“资产重组环节”“风险隔离环节”和“信用增级环节”。这三个基本环节其实是对基础资产现金流的进一步分析，是资产证券化核心内容的深入。资产重组环节的核心思想是通过资产的重新组合来实现资产收益的重新分割和重组，它着重从资产收益的角度来进一步分析现金流；而风险隔离环节着重从资产风险的角度来进一步分析现金流，是关于对资产风险进行重新分割和重组的环节；而信用增级环节则是从信用的角度来考察现金流，即如何通过各种信用增级方式来保证和提高整个证券资产的信用级别。

任何一项成功的资产证券化都必须对基础资产进行成功的重组以组成资产池，并实现资产池和其他资产的风险隔离，同时还必须对资产池进行信用增级。随着资产证券化形式的不断发展，这三个环节的重要性和基础性越发明显，尤其是在狭义资产证券化——信贷资产证券化中得到了最充分的体现。

（一）资产重组环节

资产重组环节是资产的所有者或支配者为实现发行证券的目标，根据资产重组的机理，运用一定的方式与手段，对其资产进行重新配置与组合的行为。在资产证券化中，资产重组环节的核心思想是通过资产的重新组合来实现资产收益的重新分割和重组，它是从资产收益的角度来进一步对现金流进行分析。

资产重组环节一般包括如下操作原则:

(1) 最佳化原则。是指通过资产重组使基础资产的收益达到最佳水平,从而使以资产为基础发行的证券价值达到最佳化。

(2) 均衡原则。是指资产重组应将资产的原始所有人、策略投资者以及将来的证券持有人的利益进行协调,以有利于证券的发行和未来的表现,并至少应该保持原有的均衡不被破坏。

(3) 成本最低原则。是指在资产重组过程中,必须坚持"低成本"战略,也就是必须降低资产重组的操作成本。

(4) 优化配置原则。按照"边际收益递减"理论,在某种资产连续追加投入的过程中,边际投入所能带来的边际收益总是递减的,当边际收益与边际成本趋于一致时,资产投入的效益就达到了最优化状态。在产出不变的情况下,各种资产相互组合或转换已经不能导致成本进一步降低的状态就是最优的资产组合状态。因此,资产重组的目的不仅是要提高资产的利用效率,更重要的是要通过不断调整与再组合来实现社会资源配置最优化,促进经济的协调、稳定和可持续发展。

当然,资产的收益和风险总是"捆绑"在一起的,当资产的收益通过资产运营转移时,资产风险也必定会随之转移,收益的转移过程同时也就是风险的转移过程。例如,当银行的住房抵押贷款实行证券化后,资产的收益转移给了证券的投资者,而风险也同时转移给了证券的投资者。因此,在一项资产运营的具体业务中,既可以以收益的转移为主要出发点,同时考虑风险的转移,例如投资业务;也可以以风险的转移为主要出发点,同时考虑收益的转移,比如风险管理。

(二) 风险隔离环节

如果说资产重组环节是以资产的收益为出发点来考察资产证券化的话,那么风险隔离环节就是以资产的风险为出发点来考察资产证券化业务,即着重从风险的角度来进一步分析现金流。因此,风险隔离环节也可以说是关于资产风险重新分割和组合的环节。

风险隔离环节的核心内容是在资产证券化中,如何通过隔离基础资产风险和其他资产(主要是基础资产原始所有人的其他资产)的风险来提高资产运营的效率,从而使资产证券化参与各方的收益最大化。风险隔离从以下两方面提高了资产运营的效率。

(1) 通过风险隔离,把基础资产原始所有人不愿或不能承担的风险转移给愿意承担而且能够承担的人。

(2) 证券的投资者能够只承担他们所愿意承担的风险,而不必承担资产原始所有人所面临的所有风险。

正是通过这种资产收益和风险的重新分割和组合,使得资产证券化中的资产池具有的风险和预期收益组合更富吸引力,并以此为基础发行证券。

(三) 信用增级环节

一项成功的资产证券化业务,在发行证券前往往还有一个重要的步骤——运用信用增级手段对将要发行的证券进行整体的信用增级。从直观上来讲,信用增级会增加金融资产组合的市场价值。在资产证券化的实际运作中,几乎所有的资产证券化都包括某种形式的信用增级。如果资产证券化不进行信用增级,证券投资者就可能要承担一种流动性的风险,即由于基础资产的收益流没有达到目标金额和时间而使得证券的收益流也没有达到目标金额和时间。证券投资者会要求对此风险进行补偿,这无疑将提高证券发行者的成本。如果这个时候通过信用增级来获得信用和流动性的支持,就能降低成本。同时,通过各种信用增级方式也能保证和提高基础资产的信用级别。从某种意义上来说,上面提到的资产组合和风险隔离也包含了信用增级的内容。

四、资产证券化的基本流程

概括地讲,一次完整的资产证券化融资的基本流程是:发起人将证券化的资产出售给一家特殊目的载体(SPV),或者由特殊目的载体主动购买可证券化的资产,然后特殊目的载体将这些资产汇集成资产池(Asset Pool),再以该资产池所产生的现金流为支持在金融市场上发行有价证券融资,最后用资产池产生的现金流来清偿所发行的有价证券的本息。资产证券化融资的基本流程,如图 10.6 所示。

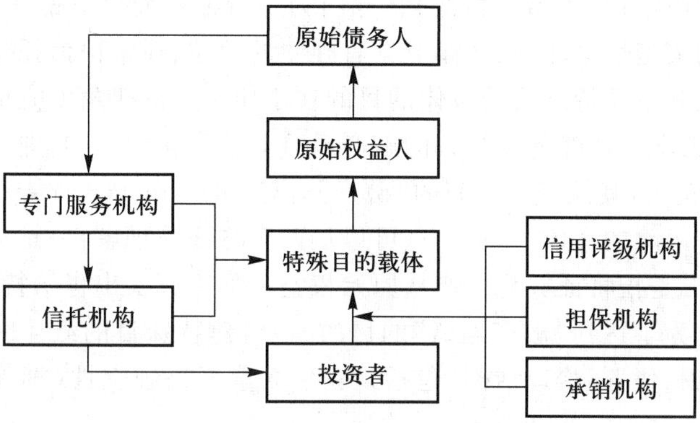

图 10.6 资产证券化融资的基本流程

(一) 确定证券化资产并组建资产池

资产证券化的发起人(即资产的原始权益人)在分析自身融资需求的基础上,通过发起程序确定用来进行证券化的资产。尽管证券化是以资产所产生的现金流为基础,但并不是所有能产生现金流的资产都可以证券化。总结多年来资产证券化融资的经验可以发现,具有下列特征的资产比较容易实现证券化。

(1) 能够在未来产生可预见的、稳定的现金流收入。

(2) 原始权益人持有该资产已有一段时间,且信用表现记录良好。

(3) 具有标准化、高质量的合约文件,即资产具有很高的同质性。

(4) 资产抵押物有较高的变现价值。

(5) 金融资产的债务人有着广泛的地域和人口统计分布。

(6) 持续一定时期的低违约率和损失率的历史记录。

(7) 本息的偿还可以分摊于整个资产的存活期间。

(8) 相关数据容易获得。

一般来说,那些现金流不稳定、同质性低、信用质量较差且很难获得相关统计数据的资产不宜于被直接证券化。也就是说,不利于证券化的资产属性一般包括以下几个方面:服务商缺乏经验或者财力单薄;资产组合中资产的数量较少或者金额最大的资产所占的比重过高;本金到期一次偿还;付款时间不确定或者付款间隔期限过长;金融资产的债务人有修改合同条款的权利。

发起人通常需要对这类资产进行筛选,将那些可以根据历史资料预计出其现金流量的资产从资产负债表中剥离出来。如果其规模较小,还需要组合其他相似资产,构成一个证券化资产池,然后将其出售。

资产出售是发起人把经组合的资产卖给一个中介机构的行为。资产出售须以买卖双方已签订的金融资产书面担保协议为依据。出售时卖方拥有对标的资产的全部权利,买方要对标的资产支付价款,即资产出售为法律关系上的“真实出售”,以防止资产发起人的违约、破产风险。

(二)设立特殊目的载体

特殊目的载体(或称特别目的机构)是专门为发行证券而设立的一个特殊实体,它是资产证券化运作的关键性主体,在法律上具有独立的地位,通常由信托公司或专门成立的资产管理公司担任。设立特殊目的载体的目的在于使它从法律角度完全独立于基础资产的原始权益人,最大限度地降低发行人的破产风险对证券化的影响,即实现被证券化资产与原始权益人(发起人)其他资产之间的“破产隔离”(Bankruptcy-remote)。特殊目的载体被称为是没有破产风险的实体,对这一点可以从两个方面来理解:一是指特殊目的载体本身的不易破产性;二是指将证券化资产从原始权益人那里真实出售给特殊目的载体,从而实现了破产隔离。为了达到“破产隔离”的目的,在组建特殊目的载体时法律上通常做出如下限制:经营范围;债务;治理结构(包括设立独立董事);独立性(即保持分离性);权益明确。

特殊目的载体设立的形式共有三种,即信托模式、公司模式和有限合伙模式。

1. 信托模式

在信托模式下,SPV 通常是由原始权益人(发起人)设立的,同时发起人与信托机构(受托人)达成一个协议。通过该协议,发起人将需要证券化的资产转移给受托人从而获得信托证书,而该发起人通过承销将信托证书出售给投资者。信托证书表明证书的持有人即受益人对信托财产享有不可分割的权益,并且可以自由转让该证书。

从信托的角度来看,发起人就是委托人,特殊目的载体是受托人,而投资者(信托证书持有人)是受益人。由于信托财产所具有的所有权与受益权分离的特点,发起人将资产委托给特殊目的载体以后,资产所有权就属于信托,而且资产与发起人和特殊目的载体的自有财产是独立的,从而达到了资产证券化风险隔离的目的。另外,按照有关国家的法律规定,信托可以免税,从而避免了双重纳税,减小了资产证券化的成本。

由此说来,信托模式的特殊目的载体又叫作特殊目的信托(SPT),它是比较适合资产证券化的特殊目的载体的一种形式。

2. 公司模式

公司模式的 SPV 又叫作特殊目的公司(SPC),是按照公司法的规定成立的一家公司。

作为一家公司，首先，特殊目的载体必须满足相关公司法的规定；其次，在资产证券化过程中，评级机构会对作为特殊目的载体的公司提出一些额外的要求。例如，在美国，公司的模式包括普通公司（即C公司）、特殊公司（即S公司）、有限责任公司（LLC），评级机构对于不同形式的公司的额外要求不同，其中普通公司要求设立至少一名独立董事，要求特殊目的公司不能被合并等。

SPC在税收方面的优势可能没有特殊目的信托明显，但是它受到的限制也少，例如可以有多种类型的所有者权益，也可以将偿还的本金用于再投资等。

3. 有限合伙模式

有限合伙由一个以上的普通合伙人与一个以上的有限合伙人组成。普通合伙人承担无限连带责任，而有限合伙人不参与合伙事务的经营管理，只根据出资额分享利润并承担债务，即承担有限责任。评级机构也会对有限合伙提出额外的要求，例如至少有一个普通合伙人为破产隔离的实体，通常是特殊目的公司。有限合伙不是法人，可以避免双重征税。

此外，有时特殊目的载体由投资银行设立。投资银行设立的特殊目的载体一般被称为"孤儿附属公司"。

至于具体如何设立特殊目的载体则要考虑一个国家或地区的法律制度和现实需要。从已有的资产证券化实践来看，为了逃避法律制度的制约，有很多特殊目的载体都是在有"避税天堂"之称的百慕大群岛、开曼群岛等地方注册的。

与一般实体不同，特殊目的载体基本上是一个"空壳公司"，它只从事单一业务：从许多不同的发起人那里购买资产，组合这些应收权益，并以此为担保发行证券。但它并不参与实际的业务操作，具体工作委托他人进行：资产一般委托给发起人进行管理；权益委托给受托管理机构，然后发行资产支持债券，受托管理机构代表投资者持有证券的全部权益，收取债券本息并分配给投资者；证券的发行和承销委托给投资银行；信用增级工作委托给担保机构；信用评级委托给信用评级机构。在法律上，它完全独立于资产原始持有人，不受发起人破产与否的影响。特殊目的载体购买有两种形式：整批买进一个特定的资产组合，或者买进资产组合中一项不可分割的权利。

虽然特殊目的载体"形同虚设"，但是却起到了实质性的作用，它在资产证券化过程中处于核心地位。具体表现为：特殊目的载体是资产证券化过程中的中介机构；特殊目的载体是资产证券化过程能够顺利进行的保证。

（三）发起人将证券化资产转移给特殊目的载体

证券化资产从原始权益人（如住房抵押贷款的发放银行）向特殊目的载体的转移是证券化运作流程中非常重要的一个环节。这个环节会涉及众多法律、税收和会计处理问题。其中的一个关键问题是：一般都要求这种转移在性质上是"真实出售"。真实出售是指资产从发起人转移到特殊目的载体的过程不能受到干预。其目的是为了实现证券化资产与原始权益人之间的破产隔离，即原始权益人的其他债权人在其破产时对已证券化资产没有追索权。这种转移方式对应着表外融资方式。破产隔离针对的是特殊目的载体与发起人的关系，真实出售针对的是在特殊目的载体与发起人之间转移的基础资产。真实出售和破产隔离之间存在密切的关系。要达到破产隔离的目的,不仅要真实出售基础资产,而且还要设立远离破产风险的特殊目的载体,这两个条件结合在一起才构成破产隔离的充分条件。

以真实出售的方式转移证券化资产要求做到以下两个方面:一方面,证券化资产必须完全转移到特殊目的载体手中,这既保证了原始权益人的债权人对已转移的证券化资产没有追索权,也保证了特殊目的载体的债权人(即投资者)对原始权益人的其他资产没有追索权;另一方面,由于资产控制权已经从原始权益人转移到了特殊目的载体,因此应将这些资产从原始权益人的资产负债表上剔出,使资产证券化成为一种表外融资方式。也就是说,真实出售,意味着特殊目的载体将证券化资产从发起人处买断,已出售的资产不再属于发起人,在会计处理上允许原始权益人将证券化的资产从资产负债表上剔除并确认收益的损失。因此,证券化资产和由其产生的现金流就不受发起人经营状况的影响,从而达到破产隔离的保护作用。破产隔离要求发起人破产清算时,证券化资产将不作为清算资产,所产生的现金流仍按证券化交易契约规定支付给投资者,实现保护投资者利益的目的。

实际工作中,发起人要确认资产是否通过证券化实现了真实出售,必须满足各国会计准则的具体规定。一般而言,真实出售必须满足如下条件:所转让资产的法律控制权已改变,即所转让资产和卖方隔离(即是在卖方破产或被接管时,资产不受卖方及其债权人的控制);买方可以将所转让资产进行质押或交易,或者如果买方是特殊目的载体,载体受益权持有人有权将受益权进行质押或交易;卖方并不通过某些协议(使卖方有权且有责任在到期日对转移资产进行回购,或使卖方有权回购那些在市场中不可轻易获得的转移资产)对转移资产保留有效控制。

若只是一种担保融资行为,转移给特殊目的载体的证券化资产仍然属于发起人,要在发起人的资产负债表上反映,这种形式对应着表内融资方式。因此,当发起人遇到破产清算时,已证券化的资产就有遭受牵连的风险,影响其正常支付。

(四) 信用增级

资产证券化流程中,最重要的两个过程是资产转移和信用增级,它们分别对应着破产隔离技术和信用增级技术两大资产证券化的核心技术。

证券化资产的信用状况在很大程度上决定了资产支持证券的投资收益能否得到有效的保护和实现。由于资产支持证券的偿付依赖于被证券化的资产所产生的未来现金流能否顺利实现,而证券化的资产大多流动性较差,信用程度也难以评价,因此对投资者而言存在一定的风险。这种风险具体表现在:资产债务人的违约、拖欠,或债务偿付期与特殊目的载体安排的偿付期不相匹配等。通过对证券化资产信用增级(Credit Enhancement)的方式,提高资产证券的信用级别,是吸引投资者,降低融资成本,改善发行条件,顺利实现证券化过程中的关键环节。

信用增级顾名思义就是增加信用级别,这里的信用级别是指发行人所发行的资产支持证券的信用级别。信用增级是对各种用于提供信用保护的技术的全称,信用增级的程度、方法和数量反映了资产池在交易期内的预期损失大小。

信用增级可以提高所发行证券的信用级别,使证券在信用质量、偿付的时间性与确定性等方面能更好地满足投资者的需要,同时满足发行人在会计、监管和融资目标方面的需求,降低融资成本以及对证券化交易提供一定的约束,促进信用担保市场的发展。信用增级方式主要有两种:第一种为卖方信用支持(或称内部信用增级),包括超额抵押或超额担保(即建立一个金额比资产支持证券金额大的资金库)、现金储备账户(事先设立用于弥补投资者损失的现金账户)、优先与次级结构(发行优先类证券和从属类证券)以及全部或部分对出售者的追索权、替换条款、预付机制、溢价保证和利差账户等;第二种为第三方信用支持(或称外部信用增级),包括其他金融机构开出的担保函、信用证、保险单、履行保证书和抵押投资账户等。为了获得有效率的结构安排,一般证券化交易通常都会同时运用几种内部信用增级和外部信用增级方式。

本质上,信用增级就是通过保险、担保等形式将资产支持证券的本息不能按照合约进行偿付的可能性降低到一定程度,从而缩小发起人与投资者需求之间的差异。经过信用增级的证券化项目的资信级别甚至高于国家主权级,这与公司债券等传统融资工具受国家主权级限制的特性相比,具有明显的优势。

(五) 信用评级

信用提升后,一般还需要对资产证券进行评级。聘请信用评级机构对证券进行信用评级是与资本市场接轨的重要环节。信用评级机构设立了一个明确的、为投资者所理解和接受的信用标准,这一标准以及严格的评级程序,为资产支持证券投资者提供了最佳的保护。

资产支持证券的评级由专门评级机构并应资产支持证券发起人或承销人的请求进行。评级考虑因素不包括由利率变动等因素导致的市场风险,或基础资产提前支付所引起的风险,而主要考虑资产的信用风险。

信用评级机构只对资产组合未来产生现金流量的能力进行评估,给出资产支持证券的级别。由于出售的资产项目都经过了一定的信用增级措施,因此,资产支持证券的信用级别通常会高于资产发起人的信用级别。

在资产证券化交易中,信用评级机构通常要进行两次评级:初评与发行评级。初评的目的是确定为了达到所需要的信用级别必须进行的信用增级水平。在按评级机构的要求进行完信用增级之后,信用评级机构将进行正式的发行评级,并向投资者公布最终评级结果。通过公募方式发行的证券,其资信等级一般都在投资级以上。评级机构通过审查各种合同和文件的合法性及有效性,给出评级结果。信用等级越高,表明证券的风险越低,从而使得发行证券筹集资金的成本也就越低。

(六) 证券设计与销售

投资银行作为融资顾问在证券设计前必须充分了解贷款的质量特性、贷款的违约率、抵押资产的流动性、提前偿还比例等情况。设计时要根据实际情况对现金流进行重组,选择适当的交易品种,发行并上市流通。投资银行要准确地了解发起人的目标和具体要求,熟悉项目所在国的政治经济结构、投资环境、法律和税务,掌握金融市场的变化动向和各种融资手段,与金融监管部门和其他金融机构建立良好的关系,并具备丰富的谈判经验和技巧。在此基础上,特殊目的载体将经过信用评级的并经投资银行设计的证券交给证券承销商承销。证券销售可以采取公开发售或私募的方式来进行。由于这些证券一般具有高收益、低风险的特征,所以主要由机构投资者(如保险公司、投资基金、社保基金、货币市场基金和商业银行等)来购买。这也从一个角度说明,一个健全发达的资产证券化市场必须要有一支成熟的、达到相当规模的机构投资者队伍。

(七)向发起人支付资产购买价款

特殊目的载体从证券承销商那里获得发行现金收入,然后按事先约定价格向发起人支付购买证券化资产的价款,此时要优先向其聘请的各专业机构支付相关费用。

(八)管理资产池

特殊目的载体或委托聘请专门的服务商对资产池进行管理。

服务商的作用主要包括:收取、记录资产池所产生的现金收入(即债务人每月偿还的本息);将收集的现金存入特殊目的载体在受托管理人处设立的托收账户;对债务人履行债权债务协议的情况进行监督;管理相关的税务和保险事宜;在债务人违约的情况下实施有关补救措施。

一般地,发起人会担任服务商。这种安排有很重要的实践意义。因为发起人已经比较熟悉基础资产的情况,并与每个债务人建立了联系。而且,发起人一般都有管理基础资产的专门技术和充足人力。当然,服务商也可以是独立于发起人的第三方。这时,发起人必须把与基础资产相关的全部文件移交给新服务商,以便新服务商能够掌握资产池的全部资料。

(九)清偿证券

按照证券发行时说明书的约定,在证券偿付日,特殊目的载体将委托受托管理人按时、足额地向投资者偿付本息。利息通常是定期支付的,而本金的偿还日期及顺序则要根据基础资产和所发行证券的偿还安排的不同而有所不同。当证券全部被偿付完毕后,如果资产池所产生的现金流还有剩余,那么这些剩余的现金流将被返还给交易发起人——资产证券化交易的全部过程也随之而宣告结束。

上述资产证券化交易结构与一般的融资方式相比,具有以下特点。

第一,破产隔离。特殊目的载体购买的资产是一种真实出售,在法律上不再与发起人的信用相联系,是一种有限或无追索权的交易活动。实现了“破产隔离”,即证券化资产在发起人破产时不作为清算财产,从而有效地保护了投资者的利益。

第二,规避风险。从技术和成本的角度考虑,证券化需要汇集大量的、其权益分散于不同债务人的资产,从而降低了资产组合中的系统性风险;通过资产的真实出售,证券化将集中于卖方的信用和流动性等风险转移和分散到资本市场;通过划分风险档次,将不同信用级别的资产支级证券匹配给不同风险偏好的投资人。

第三,信用分离。真实出售也使资产证券的信用状况与资产原始持有人的信用状况分离开来,从而使本身资信不高的经济组织通过信用增级,也有可能在资本市场上获得融资。

由上可见,整个资产证券化的运作流程都是围绕着特殊目的载体这个核心来展开的。

特殊目的载体进行证券化运作的目标是:在风险最小化、利润最大化的约束下,使基础资产所产生的现金流与投资者的需求最恰当地匹配。

需要特别说明的是,这里只是阐述了资产证券化运作的最一般或者说最规范的流程,而在实践中每次运作都会不同。尤其是在制度框架不同的国家或地区,这种不同会表现得更明显。因此,在设计和运作一个具体的资产证券化的过程时,应以既存的制度框架为基础。

五、资产证券化的一般风险

(一) 交易结构风险

资产证券化的运作是通过建立一个严谨、有效的交易结构来进行的,其融资的成功与否及其效率高低与其交易结构有着密切的关系。其基本交易结构由原始权益人、特殊目的载体和投资者三类主体构成。从理论上说,只要参与各方遵守所确立的合约,该结构将是一种完善的风险分担的融资方式。但是,由于不同国家对资产出售有着不同的法律和会计规定,这一方式将面临结构风险,具体包括:① 交易定性风险。即根据相关法律,有关部门可能认为发起人与特殊目的载体之间的交易由于不符合"真实出售"的要求,而将发起人在破产前与特殊目的载体所进行的交易行为确定为无效交易,使破产隔离安排失效,从而给证券化投资者带来损失。② 收益混合风险。即资产产生的现金流与发起人兼服务商的自有现金流相混合,导致特殊目的载体在发起人破产时处于一般无担保债权人的地位,从而给证券投资人带来损失。③ 实体合并风险。即特殊目的载体被视为发起人的从属机构,其资产、负债与发起人的资产、负债视同一个企业的资产、负债,在发起人破产时被归为发起人的资产、负债一并处理,从而给证券投资者带来损失。

(二) 信用风险

信用风险也称为违约风险。信用风险产生于资产证券化这一融资方式的信用链结构。从简单意义上讲,信用风险表现为证券化资产所产生的现金流不能支持本金和利息的及时支付而给投资者带来损失。在资产证券化的整个交易过程中,投资者最依赖的是资产支持证券的承销商、投资银行和代表投资者管理和控制交易的受托人。在合约到期之前或在可接受的替代方接任之前,任何一方对合约规定职责的放弃都会给投资者带来风险,具体包括承销商风险和受托人风险。

(三) 提前偿还条款风险

提前偿还条款风险指发行人和持有者在合同中规定了发行人有权在债券到期前提前偿还全部或部分债券的条款,从而可能给投资者带来损失。如果在未来某个时间市场利率低于发行债券的息票利率时,发行人可以收回这种债券,并以按较低利率发行的新债券来替代它。短期赎回等于是由发行人在行使一种期权,以便按更为有利的条件对债务进行再融资。从投资者的角度看,提前偿还条款有三个不利之处:可提前偿还债券的现金流量的格局难以确定;当利率下降时,发行人要提前偿还债券,投资者面临再投资风险;债券的资本增值潜力减少。以住房抵押担保证券为例,它属于固定收入证券的一种,但是却包含一个提前偿还条款。住宅所有者难以预料的提前偿还风险使投资者面临再投资风险,并使其原本的资产负债管理计划落空。实际上,抵押担保证券的现金流动时间安排上的不确定性比公司债券和市政债券要大,原因在于行使提前偿还一笔抵押贷款的期权不单纯依赖于现行市场利率,它还依赖于每个房产主面临的特定经济和非经济因素。例如,房产主遇到迁移或房屋转手时,可能会提前偿还贷款,或者当房产主发现了对自己更有利的二次融资可能性时,提前偿付也会发生。一般用存续期这一指标来衡量提前偿还。存续期是以各支付期的支付现值为权数对支付期加权平均,存续期如果缩短了,则说明发生了提前偿还。

(四)利率风险

证券化产品作为固定收益证券的一种,具有和其他固定收益证券类似的各种风险,利率风险就是其中一种。具体而言,证券化产品的价格与利率呈反向变动,即利率上升或下降时,证券化产品的价格就会下跌或上涨。如果投资者将证券化产品持有至到期日,那么证券到期前价格的变化不会对投资者产生影响;如果投资者可以在到期日前出售证券,那么利率的上升会导致资本损失,这就是通常所说的市场风险,也称为利率风险。利率风险是证券化产品市场上投资者面临的主要风险之一。证券价格对市场利率变化的敏感程度取决于证券的特征,如证券的息票利率、利息支付的频率、本金分期摊还的速度、债务工具当前的收益率、证券中含有的选择权等。在其他条件相同的情况下,证券化产品的息票利率越高,其价格对利率的变化就越敏感;证券化产品的到期期限越长,其价格相对于利率的变化就越敏感;利率水平越低,证券化产品的价格相对于利率的变化就越敏感。

(五)资产池的质量与价格风险

一般认为,银行具有低估甚至忽略以小概率发生的重大损失事件的倾向。其实,忽视低概率、高损失事件,源于人的非理性。人们的长期预测能力非但不能随证券化进程而提高,反倒有进一步短视的倾向,结果使金融市场存在更大的波动和不确定性。因此,在资产池的构建方面,要严格评估资产池的质量,警惕发起人将不良资产充作良好资产出售,以防人们仅依据对市场短期的看法对风险资产定价,由此产生低定价的可能,导致实际利润率曲线低于市场要求的利润率曲线,形成缺口。如果缺口不断增大,不仅可能给投资者带来损失,最终还可能引起金融危机。

同时,资产证券化如果定价不合理,就会产生价格差。这种价格差的大小取决于市场正确识别证券化工具价格水平的能力,也就是说,市场需要时间来评价它的价值和风险。应该意识到,新工具、新市场中的低定价问题是有代价的,因为新金融工具或市场通常由于存在为合理定价积累经验的成本而比成熟市场效率低下,这种学习成本导致低定价交易,会引起近期或未来的亏损。因此,证券化等新兴市场上存在实际利润率曲线低于市场要求利润率曲线的情况。总之,经验不足导致新产品在初始阶段定价偏低,该阶段大量积累起来的风险可能引发危机。

此外,证券化的风险还包括发起人回购资产的道德风险、发起人弱化对出售资产管理的道德风险、信用增级和流动性支持的风险等,对这些风险处理不当,将会危及整个金融体系。

六、投资银行在资产证券化中的作用

在资产证券化业务中，投资银行可以自始至终参与其中，也可以仅仅参与其中的某些环节。投资银行的作用主要表现在以下几方面。

（一）优化资产

缺乏流动性的资产种类很多，但它们并非都能证券化。为保证证券化的成功实现，投资银行必须对发起人拟出售的资产进行详细的分析、评价，选择出适合的资产，并进行优化组合。评判用于证券化的资产，主要是看它们是否具有以下几个特征。

首先，被剥离的资产未来能否产生可靠的、可预测的现金流，并且这种资产权益是否相对独立，是否可以同其他资产所形成的现金流相分离。

其次，资产的现金流收入在资产存续期内能否分期实现，且资产存续期是否在一年以上，资产获取偿付的拖欠率和违约率能否维持在一个较低的水平。

再次，资产的债务人是否有广泛的地域和人口分布，能否使意外事件发生的概率降低，能否保证资产的现金流收入。

最后，证券化的资产是否有较高的变现价值。

（二）创立证券化载体

如果资产证券化业务主要由投资银行来实施，则通常情况下，投资银行会创建特殊目的载体，以特殊目的载体为载体来收购资产并构建资产池，再以该资产池的未来现金流收入为担保发行证券。

（三）重新包装现金流

在有些情况下，特殊目的载体会重新包装来自基础资产的现金流，包装者通常是一家投资银行。投资银行将特殊目的载体购买来的资产划分为不同期限，分次发行债券。例如，一个快速还本档、一个中期还本档以及一个长期还本档，每个档反映了预期基础抵押贷款的还本模式。当贷款被借款人归还时，本金首先流入第一档，直到第一档全部还本结束为止；然后第二档被还本，以后依此类推。

将现金流包装成具有不同期限、不同提前偿还风险特征的档次，满足了不同投资者的需要。例如，一个储蓄机构可以购买一个短期档债券，而一个长期投资者如养老基金可能购买一个更长期的档，因而现金流量再包装创造了价值增值。

（四）承销证券

发行证券是资产证券化的关键环节。特殊目的载体以发行证券所募集的资金购买证券化资产，基础资产的原始持有人因此而获得高流动性的货币资金。

特殊目的载体发行的证券一般由投资银行来承销。投资银行承销工作的质量直接关系到资产证券化的进程以及证券化活动的成功与否。由于证券承销是投资银行的传统业务，在正常情况下，投资银行均能圆满完成承销任务。

（五）资金管理

投资银行可以作为受托管理人，即当被证券化资产的债务人向特殊目的载体支付本金和利息时,特殊目的载体将其存入信托账户,由投资银行(受托管理人)负责支付给投资者,如果存入资金不必立即支付给投资者,投资银行(受托管理人)要负责对其进行再投资。投资银行作为受托管理人还应判断特殊目的载体提交的各种报告是否充分地披露了相关信息,并将符合要求的报告转交给投资者。最后,当特殊目的载体因各种原因不能履行其义务时,投资银行应能够承担特殊目的载体的全部义务。从这个意义上来看,投资银行(受托管理人)是证券化交易中特殊目的载体和投资者、信用担保人和投资者联系的桥梁。

第十一章

私募股权投资与风险投资

第一节　私募股权投资

一、私募股权投资概述

(一) 私募股权投资的定义

私募股权投资(Private Equity,PE),是指投资于非上市公司股权,或者上市公司非公开交易股权的一种投资方式。由于私募股权投资通常以私募基金作为投资运作的载体,所以私募股权投资又常被称为私募股权基金。这里需要注意的是,私募股权基金与国内所流行的私募基金有很大的区别,虽然同称为“私募”,但后者所称的“私募”指的是资金的募集方式为非公开募集,其投资对象仍然为证券市场上的股票债券等有价证券,严格地讲,称其为私募证券投资基金更为合适。显然它不属于私募股权基金(PE)的范畴。

私募基金的首创者是美国投资家本杰明·格雷厄姆(Benjamin Graham,1894—1976),而私募股权投资起源于1976年美国华尔街,由三名贝尔斯登的投资银行家合伙成立了最早的私募股权投资公司,取名K.K.R.,专门从事并购业务。私募股权投资在20世纪90年代发展相当迅速,但到了2001年由于受到网络泡沫和纳斯达克资本市场下挫的影响,进入近十年的调整期。最近几年,私募股权投资又开始活跃起来。目前世界上较著名的私募股权投资机构有黑石集团(Black Stone Group)、K.K.R.、凯雷(Carlyle Group)、德州太平洋(TPG Capital)、贝恩资本(Bain Capital)等。

私募股权投资有广义和狭义之分,广义的私募股权投资是指涵盖企业首次公开发行前各阶段的权益投资,即对处于种子期、初创期、发展期、扩展期、成熟期和Pre-IPO各个时期企业所进行的股权投资。而狭义的私募股权投资是指对已经形成一定规模的、并产生稳定现金流的成熟企业的股权投资,主要是指创业投资后期的股权投资部分,实践中也可称为产业投资或产业投资基金。本节主要讨论狭义的私募股权投资。

(二) 私募股权投资的特点

一般来说,私募股权投资具有以下一些特点。

1. 私幕股权投资主要通过非公开方式进行资金募集,以私募形式进行投资

私募股权投资在资金募集上,主要通过非公开方式面向少数机构投资者或个人募集,它的销售和赎回都是基金管理人通过私下与投资者协商进行的。另外,在投资方式上也是以私募形式进行,绝少涉及公开市场的操作,一般无须披露交易细节。

2. 私募股权投资通常以私募股权基金作为运作的载体

一家私募股权投资公司每年可以募集几只基金,募集的基金规模和时间间隔与资本市场资金的供应量、私募股权投资家的融资能力、股票市场的活跃程度和宏观经济形势有关。每只基金都形成一个有限合伙人关系并签订合同,主要的普通合伙人(即基金管理者)保持不变,而有限合伙人(即投资人)会因为投资方向的变动而相应变化。

3. 私募股权投资多采取权益型投资方式,绝少涉及债权投资

私募股权基金通常选择非上市的私有企业进行股权投资,其投资工具多采用普通股或者可转让优先股,以及可转债的形式,绝少涉及债务投资。因此对被投资企业的决策管理享有一定的表决权。一般情况下,私募股权基金很少投资已公开发行股票的上市公司,也不会涉及要约收购义务。

4. 私募股权投资的投资期限较长,属于中长期投资

私募股权投资比较偏向于已形成一定规模和产生稳定现金流的成熟企业,投资期限较长,一般可达3~5年或更长,这是与风险投资的明显区别。由于私募股权投资属于中长期投资,其投资的流动性差,没有现成的市场供非上市公司的股权出让方与购买方直接达成交易,所以特别注重投资前的尽职调查。

5. 私募股权投资机构多采取有限合伙制,且资金来源广泛

由于有限合伙这种企业组织形式有很好的投资管理效率,并避免了双重征税的弊端,所以成了私募股权投资机构首选的组织形式。同时作为有限合伙人的资金来源广泛,如富有的个人、风险基金、并购基金、战略投资者、财务投资者、养老基金、保险资金等。

6. 私募股权投资机构会派出专家介入被投资公司的决策管理

私募股权投资进入被投资企业后,通常会派员参与企业的重大决策,其主要形式有主导企业的董事会,策划追加投资,制定企业发展规划,制定产品销售策略及营销计划,监控财务业绩和经营状况,物色挑选和更换管理层,处理企业的危机事件等。私募股权投资公司通过参与管理,可以提升所投资企业的经营管理水平,有效利用私募股权投资经理的专长、经验和网络关系,帮助企业克服各种困难而顺利发展。

7. 私募股权投资有多样化的退出渠道

私募股权投资可以通过如首次公开上市(IPO)、出售、兼并与收购(M&A)、被投资公司管理层回购,以及破产清算等方式收回投资。

(三) 私募股权投资的功能

1. 从融资功能的角度来看

私募股权投资为成熟企业、陷入财务困境的企业以及寻求收购的企业等提供融资需

求。通过对成熟企业的投资推动其快速的发展，早日实现上市或被收购的目标；同时，为陷入财务困境的企业提供中长期资金支持，优化财务结构及降低负债率，早日走出困境；参与企业并购业务，促使其获得目标企业控制权，完成战略布局；协助管理层收购，实现资源的优化配置，有利于那些真正有市场潜力的企业实现其经营目标。

2. 从转移和分散风险的角度来看

私募股权投资通过其运作载体——私募股权基金，对拟投资的企业（项目）进行分析、筛选、调查评估以及应用多种金融工具（如优先股、可转换优先股、可转债和期权等）和设计复杂的融资契约及对赌协议以降低风险，并通过“基金的基金”、投资组合、分段投资等工具和手段进行风险管理，保证整个私募股权投资系统的稳定，较好地实现私募股权投资内部风险转移和分散的目的。

3. 从发现价格和资产定价的角度来看

私募股权投资通过私募股权基金的投资运作，实现了对那些流动性极差的非上市公司的债权、股权以及企业整体资产估价，进而对其经营控制权合理定价的可能性，使得企业的产权定价可以在更大的范围内实现。

4. 从提供流动性和降低金融交易成本的角度来看

私募股权投资通过募资、投资、管理和退出等一系列运作流程，不仅可以实现合格投资者（主要包括养老基金、社保基金、捐赠基金、保险资金等机构投资者，以及富裕家族、个人等个人投资者）的资金流动，为其提供了投资的渠道，而且也为融资方的产权提供了流动性。融资企业通过接受私募股权投资，转让部分或者全部控制权，从而实现了股权从原有股东到私募股权基金的转让，从而增强了经济资源的流动性，促进了经济活动的效率提高。同时，由于私募股权基金的加盟，不仅使得市场中供需双方更好地实现自己的交易愿望，而且企业增加了资本实力，进而降低了金融交易的成本。

5. 从投资手段和后续服务的角度来看

现代金融经济学认为，投资组合能够减少经济活动的非系统性风险，从而成为风险管理的重要手段。但对于单个投资者来说，分散化投资会给投资者带来额外的成本。例如，投资者可能不得不减少在某个企业中的投资比例，从而使得投资者对该企业的控制减弱，或者投资者将不得不花费更多的精力和成本对不同的投资项目进行监督和管理。而私募股权投资基金采取的是集合投资方式，它可以通过对不同阶段的项目、不同产业项目的投资来分散风险，同时，私募股权投资基金还派员对被投资企业进行管理、扶持、引导和控制监督等增值活动，既可以极大地改善被投企业的股权结构和治理结构，也可以提升企业价值。

二、私募股权投资的运作

（一）私募股权投资的资金来源及募集方式

私募股权投资对募集对象或投资者的范围和资格有一定要求，其中最关键的要求是其具有较强的风险识别能力和风险承受力的“合格投资者”。其资金来源渠道主要有社保资金、养老基金、捐赠基金、保险公司、商业银行、高资本净值的个人或家族企业等。近年来,欧美的私募股权投资资金来源呈现日益多元化的趋势,以机构投资者为主,个人所占比例一般不超过10%。公司养老基金和公共养老基金是私募股权基金最大的投资者,占资金来源的40%~50%。美国、英国和法国的养老基金在私募股权资本市场的投资增长速度很快,其势头已经超过了私有资本对私募股权基金的投资。德国和瑞典的增长速度稍慢。私募股权投资的主要募集方式是私募,募集对象为大型机构投资者。美国、英国和法国等都采取私募方式,这主要是由它们较高的经济发展水平和发达的资本市场及良好的金融市场秩序所决定的。但有些私募股权基金发展到一定规模时,也会公开上市募集。例如,全球第二大私募股权基金公司——美国黑石集团在2007年完成了首次公开发行并在纽约交易所上市。此外,私募股权投资在资金筹集上通常采用资金承诺方式,即在设立时并不一定要求所有投资者投入预定的资本额,而是要求投资者给予承诺,当基金管理者发现合适的投资机会时,只需提前一定的时间通知投资者认缴承诺的资金。

(二)私募股权投资的组织形式

1. 公司制

公司制是由两个或两个以上的投资者(股东)共同出资组成具有独立主体资格的私募股权投资公司,包括有限责任公司或股份有限公司两种形式,它是各国私募股权投资初期所采用的运作模式。公司制私募股权投资基金以公司形式注册登记,有完整的公司架构,运作比较正式和规范。目前在市场上一般以投资公司、投资顾问公司等形式出现。有如下特点:业务范围包括有价证券投资;股东数目不多,但出资额比较大;管理人收取管理费和与效益挂钩的激励费;注册资本可根据经营结果变更。公司制优势在于经营管理规范,缺陷是存在双重征税,即要以公司名义缴纳增值税、所得税和以个人名义缴纳个人所得税。

在我国,对这类公司制的私募股权投资公司的运作有明确规定。例如,《证券法》《公司法》《创业投资企业管理暂行办法》和《外商投资创业投资企业管理规定》都对其有进行约束监督的相关内容。根据修订后的《公司法》,公司制私募股权投资公司的经营范围可由公司章程规定,可以向其他企业投资,没有对外投资比例的限制。有限责任公司注册资本最低是3万元人民币,人数限制为50人以下;股份有限公司为500万元人民币,发起人人数限制为2人以上200人以内。实行介于许可资本制和承诺资本制之间的折中资本制,公司股东首次出资额不得低于注册资本的20%,2年内缴足,投资公司资本金可在5年内逐步缴足,同时授权公司董事会,在认为适当的情况下,逐步增加公司的实有资本,较低的注册资本降低了私募股权投资的具体运作需求。有限责任公司的股东可以约定不按出资比例分取红利或者不按照出资比例优先认缴增资,表决权的行使可以不按出资比例而由公司章程另行规定,股东之间或对外可以转让全部或者部分股权,对外转让需经过半数股东同意,其他股东有优先购买权。上述规定给公司的灵活经营和激励机制的设置留下了空间。股份有限公司可以募集设立,发起人认购公司应发行股份的一部分,其余股份可以向特定对象募集而设立,《证券法》规定对累计不超过200人的特定对象发行证券为非公开发行。股东出席股东大会会议,所持每一股份有一表决权,表决权的行使方式限制了管理层的经营自由,并不是很适合私募股权投资的运行。所以,目前国内、国际的公司型私募股权投资主要是有限责任公司制。

2. 契约制

契约制私募股权投资基金本质上是一种基于信托关系而设立的集合投资制度，投资者、受托人和管理人三方之间通过订立契约，形成一种信托关系的基金。基金本身仅仅是一个虚拟的财产集合体，投资者无权参与基金运作的重大决策。信托契约一经签订后，基金财产的所有权和经营权随即全部转移给受托人，受托人可以自己的名义或亲自或委托其他管理人管理基金财产，投资成果的分配依信托契约的约定。由于组织结构比较简单，通过契约型信托基金进行私募股权投资目前在美国比较受青睐，其治理结构的合理性及经营效率也高于公司制。

契约型私募股权投资基金，在我国是指通过口头协议、委托合同或信托合同等契约组建的代客理财形式。其优势在于避免了双重征税，缺点是设立和运作不灵活。目前以此形式存在的私募股权投资基金主要有以下几种：个人委托、经纪人、“工作室”。契约型私募股权投资基金蕴涵的是一种“信托—受托关系”，形成的是基金管理人、基金受益人、基金托管人三方当事人的制衡关系；基金本身为一财产集合体，由基金管理人以自己的名义对其进行经营管理；投资者仅作为受益人分享利益，无权参与基金运作的重大决策。契约型私募股权投资基金的运作主要由《信托公司集合资金信托计划管理办法》以及《证券公司客户资产管理业务试行办法》加以规范。

3. 有限合伙制

有限合伙制的私募股权投资基金又被称为合伙型私募基金。合伙型私募基金是指投资者和管理者共同出资组建基金，管理者负责日常运作，投资者不干预基金的日常运作，共同获取投资收益。具体来说就是一个对私募股权投资享有全面管理权并对合伙企业的债务承担无限责任的普通合伙人，与一个或几个不享有管理权但对合伙企业的债务仅以出资额为限承担责任的有限合伙人共同出资组成的有限合伙企业。在该企业中，投资者扮演有限合伙人的角色，普通合伙人通常用一个管理公司扮演普通合伙人的角色。有限合伙通常有固定的存续期间（通常为 10 年），到期后，除非全体投资人一致同意延长期限外，合伙企业必须进行清算，并将获利分配给投资人。有限合伙人在将资金交给普通合伙人后，除了在合同上所订立的条件外，完全无法干涉普通合伙人的行为，普通合伙人享有充分的管理权。在收益分配上，有限合伙人获得其中的较大部分。如果投资失败，一般合伙人的出资将首先受到损失，这就形成了以下局面：一方面，丰厚的投资收益分配机制是激励普通合伙人的巨大动力；另一方面，对普通合伙人而言，首先承担损失的责任可约束其道德风险。

（三）私募股权投资的业务流程

私募股权投资的业务流程总的来说可分为四个阶段：项目寻找与项目评估，投资决策，投资管理和投资退出。每个阶段又细化到许多操作实务，比如项目寻找与项目评估阶段具体又细分：① 项目来源；② 项目初步筛选；③ 尽职调查；④ 价值评估等内容。不同于大多数其他形式的资本，也不同于借贷或上市公司股票投资，私募股权投资基金经理或管理人为企业带来资本投资的同时，还提供管理技术、企业发展战略以及其他的增值服务，是一项带着战略投资初衷的长期投资,当然其运作流程也会是一个长期持久的过程。

1. 寻找项目

私募股权投资成功的重要基础是如何获得好的项目,这也是对基金管理人能力的最直接的考验,每个经理人均有其专业研究的行业,而对行业企业的更为细致的调查是发现好项目的一种方式。另外,与各公司高层管理人员的联系以及广大的社会人际网络也是优秀项目的来源之一,如投资银行、会计师事务所和律师事务所等各类专业的服务机构,都可能提供很多有价值的信息。当然,通常最直接的方式是获得由项目方直接递交上来的商业计划书。在获得相关的信息之后,私募股权投资公司会联系目标企业表达投资兴趣,如果对方也有兴趣,就可进行初步评估。

2. 初步评估

项目经理认领到项目后,正常情况下应在较短期内完成项目的初步判断工作。项目经理在初步判断阶段会重点了解以下方面:注册资本及大致股权结构、所处行业发展情况、主要产品竞争力或盈利模式特点、前一年度大致经营情况、初步融资意向和其他有助于项目经理判断项目投资价值的企业情况。初步判断是进一步开展与公司管理层商谈以及尽职调查的基础。在初步评估过程中,需要与目标企业的客户、供货商甚至竞争对手进行沟通,并且要尽可能地参考其他公司的研究报告。通过这些工作,私募股权投资公司会对行业趋势、投资对象所在的业务增长点等主要关注点有一个更深入的认识。

3. 尽职调查

通过初步评估之后,投资经理会提交《立项建议书》,项目流程也进入了尽职调查阶段。因为投资活动的成败会直接影响投资和融资双方公司未来的发展,故投资方在决策时一定要清晰地了解目标公司的详细情况,包括目标公司的营运状况、法律状况及财务状况。尽职调查的目的主要有三个:发现问题;发现价值;核实目标公司提供的信息。

在这一阶段,投资经理除聘请会计师事务所来验证目标公司的财务数据、检查公司的管理信息系统以及开展审计工作外,还会对目标公司的技术、市场潜力和规模以及管理团队进行仔细的评估,这一阶段包括与潜在的客户接触,向业内专家咨询并与管理团队举行会谈,对资产进行审计评估。它还可能包括与公司债权人、客户、相关人员如以前的雇员进行交流,这些人的意见会有助于投资机构做出关于公司风险的结论。

4. 设计投资方案

尽职调查后,项目经理应形成调研报告及投资方案建议书,提供财务意见及审计报告。投资方案建议书包括估值定价、董事会席位、否决权和其他公司治理问题、退出策略、确定合同条款清单等内容。由于私募股权投资基金和项目公司的出发点和利益不同,双方经常在公司估值和合同条款清单的谈判中产生分歧,解决分歧的技术要求很高,需要谈判技巧以及会计师和律师的协助。

5. 交易构造和管理

私募股权投资者一般不会一次性注入所有投资,而是采取分期投资方式,每次投资以公司达到事先设定的目标为前提,这就构成了对公司的一种协议方式的监管。这是降低风险的必要手段,但也会增加投资者的成本。在此过程中不同私募股权投资者选择不同的监管方式,包括采取报告制度、监控制度、参与重大决策和进行战略指导等。另外,私募股权投资者还会利用其网络和渠道帮助公司进入新市场、寻找战略伙伴以发挥协同效应和降低成本等方式来提高收益。

6. 投资退出

私募股权投资的退出,是指私募股权基金管理人将其持有的所投资公司的股权在市场上出售以收回投资并实现投资的收益。私募股权投资基金的退出是私募股权投资环节中的最后一环,该环节关系到其投资的收回以及增值的实现。私募股权投资的目的是为了获取高额收益,而退出渠道是否畅通是关系到私募股权投资是否成功的重要问题。因此,退出策略是私募股权投资基金者在开始筛选企业时就需要注意的因素。

一般来说,私募股权投资的退出渠道有五种:公开上市、企业并购、股权回购、管理层收购和资产清算。其中首次公开上市、产权出售与资产清算是目前最为流行的三种退出方式。

(1) 首次公开上市(IPO)。被投资公司成长到一定程度时,通过在证券市场 IPO,将私人权益转换成公共股权,实现资本回收和增值。从上市市场划分,主要分为主板市场和创业板市场。以上市地点划分,又可分为国内上市和境外上市。实证研究发现,在私募股权投资的退出方式中,以 IPO 方式的价值最大,其投资回报率往往大幅度超出预期。又因为企业家重视企业的控制权,如果企业 IPO 成功,企业的全部控制权就会归还给企业家,这无疑会给企业家带来动力,避免投资者和企业家之间的道德风险,因此内部激励效应最优。但是其缺点也很明显,IPO 前期准备工作繁多,上市手续又比较烦琐。最主要的是私募股权投资公司不能在 IPO 后立即退出变现,因此资金链循环周期长。同时外部宏观环境,尤其是上市前股市的走势对投资回报率的高低和投资能否退出影响甚大。

(2) 产权出售。以出售对象划分,产权出售可分为财务性股权转让、管理层收购和企业并购三种。财务性股权转让是指私募股权投资者将股份转让给财务投资者的行为。财务投资者的目的只是简单地持有增值。管理层收购是指私募股权基金投资的公司的管理层或者其他合伙人通过现金、票据等有价证券向私募股权投资基金回购公司股份,从而使投资资本顺利退出的行为。企业并购一般出于企业长期发展战略的目的,第三方企业如是其他私募股权投资公司,收购后称之为二期投资。

产权出售的优点是支付方式灵活,变现快,操作简单,退出成本较低,可让私募股权投资基金一次性全部退出,债务约束效应明显,适合各种规模的投资企业。缺点是收益率显著低于 IPO 退出方式,但考虑到时间价值因素,其与 IPO 的相对收益率差距会缩小。但企业并购中公司有可能失去独立性,在股权激励效应上不如 IPO 方式,且会受到企业家个人的排斥。例如,英联、高盛和摩根士丹利三大投资银行对太子奶的私募股权投资案例中,太子奶有限公司因为资金流出现断裂,随后被一家香港私募股权投资公司接手,注资条件是获取部分股权,并因签订过对赌协议,原太子奶董事长同时也是创始人的李途纯不得不交出近 70%的股权,失去了企业控制权。

(3) 资产清算。资产清算是私募股权投资各方最不愿采用的一种退出方式,但却是投资失败后最好的结束方式。当投资企业成长缓慢或者市场出现较大波动,使得项目成功的因素不再成立时,破产清算可以保证收回一定比例的投资额,减少继续经营的损失,使得私募股权投资基金损失最小化,并及时为下一个项目做好资金准备。不过破产清算耗时较长,要通过烦琐的法律程序,因此退出成本较高。

第二节 风险投资

一、风险投资概述

(一) 风险投资的定义

风险投资(Venture Capital,VC),亦称为创业投资,是指投资人将风险资本投资于新兴的、具有高速成长潜力的、蕴藏着巨大收益的、未上市的中小高科技企业,并通过退出获得收益的一种投资行为。

根据美国风险投资协会(National Venture Capital Association,NVCA)的定义,风险投资是指由职业金融家对新兴的、迅速发展的、蕴藏着巨大竞争潜力的企业的权益性投资。欧洲风险投资协会(National European Venture Capital Association,NEVCA)对风险投资的定义,是指一种由专门的投资公司向具有巨大发展潜力的成长型、扩张型或重组型的未上市企业提供资金支持并辅以管理参与的投资行为。相比之下,经济合作和发展组织(Organization of Economic Cooperation & Development,OECD)对风险投资的定义则更为宽泛,即风险投资是以高科技和知识为基础,生产与经营技术密集型的创新产品或服务的投资;风险投资是专门购买在新思想和新技术方面独具特色的中小企业的股份,并促进这些中小企业的形成和创立的投资。该组织科技政策委员会1996年发表了一份题为《风险投资与创新》的研究报告,该报告对风险投资所下的定义是:风险投资是一种向极具发展潜力的新建企业或中小企业提供股权资本的投资行为。由此可见,风险投资的本质内涵是“以资本支持与经营管理服务培育和辅导企业创业与发展”。风险投资的实质是通过投资于一个高风险、高回报的项目群,将其中成功的项目进行出售或上市,实现所有者权益的变现(蜕资),这时不仅能弥补失败项目的损失,而且还可以使投资人获得高额回报。

从投资银行的角度来讲,风险投资是由职业金融家把资本投向蕴藏着失败风险的高新技术及其产品的研究开发领域,旨在促使高新技术成果尽快商业化、产业化,以取得高资本收益的一种投资过程。

从风险投资运作方式来看,风险投资是指由专业化人才管理下的投资中介向特别具有潜能的高新技术企业(特别是中小型企业)投入风险资本的过程,也是协调风险资本家、技术专家、投资者的关系,追求利益共享、风险共担的一种投资方式。

(二) 风险投资的特征

1. 风险投资是一种无担保、高风险的投资活动,以权益资本的形式为主

创业企业拥有的宝贵财产通常是智慧与技术,往往没有足够可供担保的实物资产。由于借贷融资需要偿还本利,且需要提供资产抵押或担保,上市筹资创业企业又过于年轻,因此,难以用传统筹资方式进行融资,而风险投资正好弥补了这一资金缺口。同时,风险投资是一种权益资本,其着眼点不在于投资对象当前的盈亏,而在于投资项目的未来和资产的增值,目的是通过上市或出售股权实现退出,并取得高额回报。

风险投资的高风险体现在,它选择的主要投资对象是处于发展早期阶段的中小型科

技企业(包括企业的种子期、导入期、成长期),这些企业存在较多风险因素。处于种子期的企业,从技术酝酿到实验室设计,再铸造模具生产出粗糙样品,再进一步投资以形成产品。此时技术上还存在许多不确定因素,产品还没有推向市场,企业也刚刚创建,因而投资的技术风险、市场风险、管理风险都很突出。处于导入期的企业,一方面需要解决技术上的问题,尤其是通过中试(小批量试制)排除技术风险,另一方面还要制造一些产品进行市场试销,投资的技术风险、市场风险、管理风险也同时存在。处于成长期的企业,一方面需要扩大生产,另一方面需要增加营销投入开拓产品市场。此时,虽然技术风险已经解决,但市场风险、管理风险仍然很大。尽管此时企业已经有一定资金回笼,但由于对资金需求量大,加上公司原有资产规模有限,因而投资风险仍旧较大。

2. 风险投资的单项成功率低,单项回报率高

风险投资项目的成功率非常低,一般来说,每 10 项投资中有 2 项是彻底失败的,投资全部损失,有 3 项是部分损失,有 3 项是不盈不亏的,只有 2 项是能够成功的。不过一旦成功的话,其投资就会为风险资本家带来丰厚的回报。它不但足以弥补其他失败项目的亏损,还能有丰厚的综合投资回报率。这也正好体现了风险投资最本质的特点:高风险、高收益。风险投资的单项投资回报率高,这主要是因为:风险投资选择的投资对象大都是一些潜在市场规模大、高风险、高成长、高收益的新技术领域,如新材料、信息技术、生物工程、人工智能等,这些企业一旦成功,就会为投资者带来少则几倍,多则几百倍甚至上千倍的投资收益。

3. 风险投资是一种流动性较小的中长线投资,具有过渡性和定期性的特点

风险投资往往是在创业企业初创阶段就投入资金,一般需经 3~8 年才可能退出取得收益,而且在此期间还要不断地对有成功希望的企业进行增资。由于其流动性较小,因此也有人称之为“呆滞资金”。

从国际上发达国家的经验来看,风险投资将一项科学研究成果转化为新技术产品,要经历研究开发、产品试制、正式生产、扩大生产到盈利规模、进一步扩大生产和销售等阶段,到企业股票上市,股价上升时投资者才能收回风险投资并获得投资利润。这一过程少则需要 3~5 年,多则要 7~10 年。因此风险投资的中长线是相对而言的,即指风险资本家并不要求风险企业在短期内(如两三年内)有任何的偿还或分红,如此得以使创业企业采取长期行为,这是风险投资与借贷等融资方式的重要区别。过渡性与定期性指的是风险资本只是辅助创业企业成长的资本。通常来说,风险投资在投入企业之初就已计划好了撤出时间,一般为 3~7 年。尽管企业成功上市或被并购之后持有其有价证券的风险较小,但风险资本家一般并不眷留于此。在撤出资金后,他们会将套现所得的本利投入到新一轮的风险投资活动中去。

4. 与传统投资显著不同的是,风险投资具有分阶段投资特性

风险投资家较多地采用分期进行多轮的投资形式,之所以如此是为了降低投资风险。当一期投资结束后,如果企业的经营没有达到投资公司的预期(须在投资协议中注明),风险投资公司可以拒绝进行下一期的投资。研究表明,对于成功的风险投资项目,平均获得 3~5 轮的风险资金投入,而且行业的风险越高,投资的阶段性越强。在分阶段投资中,每一轮投资都要对公司当前价值进行重新评估,上一发展阶段目标的实现成为下一阶段

资金投入的前提。如果创业者对企业的发展抱有充分信心的话,分阶段投资也是创业者可以接受的最佳投资形式,因为这样可以减少股权损失。例如,美国苹果电脑公司在发展过程中共得到过三轮风险投资。在三次投资中公司资产的估值都有不同程度的上升,说明苹果公司经营业绩的进步,同时也避免了公司在初期投资中大规模丧失股权而造成的损失。

(三)风险投资的功能作用

1. 风险投资推动技术创新与进步,增强国际竞争力

从西方发达国家和新兴工业化国家高新技术产业发展的经验来看,高新技术产业和风险投资如一对孪生兄弟,在风险投资贫瘠的土地上不可能出现高新技术产业的绿洲。风险资本对20世纪三个重要的科学发现——可编程序计算机、晶体管、DNA的最终商业发展起了至关重要的作用。正是科学发现、企业家的才能与风险投资三个关键因素促进了新兴产业的出现,并导致社会变革。

以美国为例,20世纪50年代的半导体硅材料、70年代微型计算机、80年代的生物工程、90年代的信息技术以及脱颖而出的高科技企业绝大多数是依托风险投资起家的,这些技术开发和企业创业之初就是依靠风险投资的支持才获得了它们的“第一推动力”。在IT产业中,美国数据设备公司(DEC)是在波士顿的美国研究与开发公司(ARD)的支持下成长起来的;著名的半导体公司英特尔(Intel)就是在风险资本家罗克的支持下发展成世界电子工业的巨人;此外,康柏(Compaq)、戴尔(Dell)、苹果电脑(Apple)、微软(Microsoft)、思科(Cisco Systems)、联邦快递(Federal Express)等公司,同样是在风险资本的支持下成长起来的;在生物技术领域,美国基因工程技术有限公司(Genentech,Inc)在创业期也得到了风险资本家斯旺森的支持。得到风险资本支持的不只是技术公司,像联邦捷运和家庭仓库等许多传统产业公司在起家时也都得到了风险资本的支持。联邦捷运总部所在地田纳西州在风险资本创造的就业岗位总数方面位居全美第四,甚至排在号称技术中心的弗吉尼亚、纽约和马萨诸塞州之前。在中国,阿里巴巴、腾讯、京东、百度、携程等也是靠风险投资成长起来的。

2. 风险投资催生新经济,有力地促进一国经济的快速增长

以微软、英特尔、苹果、戴尔、雅虎、IBM、康柏等为核心的高技术产业对美国20世纪90年代中后期经济出现历史上第一次连续9年的“低通货膨胀、高就业和高增长”做出了重要贡献。统计数据表明,风险投资在促进一国的经济快速增长、提高就业等方面起到了重要的作用。美国高新技术产业对美国经济增长的贡献率是30%,而新兴产业的发展,风险投资又是第一功臣。可以说,风险投资对美国20世纪90年代以来的经济持续高增长功不可没。接受调查的欧洲创业企业在1991—1995年,经济增长率明显高于同期欧洲500强公司,它们的销售收入年增长率达35%,一般为欧洲500强的两倍。

风险投资是推动一国经济成长的强劲动力。美国著名经济咨询机构DRI-WEFA对全球16 000多家风险投资机构进行了调查分析,他们在以此调查数据为基础的研究报告中指出,逾千家接受过风险资本支持的公司的运作实践证明,风险资本是推动美国经济成长的最强劲动力之一。风险投资不仅是高新技术发展的源泉,还是美国经济众多传统行

业改革创新的动力,风险投资的贡献在对决定国家经济活力诸因素的影响上表现得尤为突出,如研究与开发支出、新行业的诞生、就业的增长等。

3. 风险投资是推进高新技术产业化进程的“发动机”

高新技术对社会经济的巨大推动作用是以其实现产业化为前提的。以美国为例,科学研究的早期成果由于有风险投资的参与,而使科研成果转化为商品的周期已由20年缩短到10年。从国际上看,日本在科学技术上至今不能与美国相比,但在经济竞争优势上却几乎与美国“平分秋色”。这里,日本得益于高技术的产业化和产业的高技术化。俄罗斯在某些高技术领域并不亚于许多发达国家,但综合实力对比却存在明显差距,问题在于高技术优势未能及时转化为经济优势。因此,加速高技术产业发展,无疑成了增强综合国力和国际竞争力的决定性因素。

高新技术产业发展具有两个特点:一是技术创新快,产品与工艺老化快,技术周期短,资本投入风险大,以及知识资产的无形性等。这就使得继续沿用传统的依靠创业者自有资本缓慢积累的模式来发展高技术产业不再具有现实性。在高技术企业发展初期,银行信贷资本也不敢轻易介入,公开证券市场的“门槛”设置又使新兴的高技术企业难以进入。因此,从常规的融资渠道看,高技术企业在创业发展初期必然存在着投资缺口问题。风险投资作为一种专门投资于高技术风险企业的投资方式,则能有效促进资本与技术的结合,并以此促使高技术转变为现实生产力;二是高技术企业的创业过程是一项复杂的系统工程。风险投资在为创业型高技术企业提供股权资本支持的同时,还往往提供重要的企业管理服务,以培育创业型高技术企业快速发展。

4. 风险投资与新创企业的结合,带入了管理机制和激励机制的创新

风险资本介入创业企业,一般不希望控股,因为一旦控股,势必就要介入高层管理,去掌管自己不一定熟悉的行业,而一个风险投资基金又往往要投资多个或几十个项目,并且可能涉及多个领域,很显然不可能都参与管理。那么,如何才能降低投资风险、如何才能对创业者放心呢?风险资本投资的首先是人,是创业团队,必须让创业者、技术核心人、企业经营管理者持有股份或期权,只有这样,他们才能全心全意来做好企业,这是创业企业和风险投资成功的关键所在。

5. 风险投资弥补了传统金融体系的缺陷

风险投资这种运动形式的历史作用,就是弥补传统金融体系固有的服务缺陷,就是要在传统的间接融资和直接融资渠道之外创造一个为新兴、高速成长且高风险企业提供融资服务的机制。风险投资以专家投资、参与管理、长期持股和整体变现的方式,弥补了传统投融资体系的空白,创造了一种极有生命力的金融服务方式。风险投资这一富有制度创新的新兴金融体系,对于健全我国资本市场体系、促进新兴产业的发展必将起到不可或缺的作用。在传统体制下,银行资本是不大可能流到新兴产业中去的。我国之所以需要在传统的银行体系和传统的资本市场体系之外建立一个独立运作的服务于高新中小企业的投融资体系,根本的原因在于,中小高新企业的发展,需要在金融上有一种不同于常规的制度安排。对于创新型高成长中小企业,由于存在着高风险且不能提供有效的抵押品和担保支持,以谨慎为主要原则的商业银行不可能提供资金,而其他面向大众的大规模直接融资渠道,例如公开发行股票和企业债券等,也会因企业规模很小,市场前景极不确定,

常常还没有产生利润,甚至没有稳定的现金流,最终难以提供支持。

二、风险投资的运作流程

一般来说,风险投资的运作流程包括以下几个基本阶段:创立风险投资基金、选择风险投资的对象、开展尽职调查、进行项目评估、构造交易结构、参与管理和监控、实施投资退出。

(一)创立风险投资基金

风险投资运作的第一步当然是创立风险投资基金,即风险投资家凭借自己的声誉和能力从资深投资者那里融资,富有个人、银行、保险公司、养老基金等都是风险投资家的融资对象。风险投资基金的生存期限一般是10~20年。

1. 风险投资基金的资金来源

风险投资基金经过几十年的发展,已经形成了比较完善的资本生成机制。在发达国家,风险投资基金的资金来源主要有以下几个渠道。

(1)养老基金。养老基金是发达国家最重要的风险投资基金来源,约占风险投资基金的一半左右。养老基金或称退休基金,主要包括公司养老基金与公共养老基金。公司养老基金是由大公司按照国家法律规定为本公司退休人员设立的养老基金,并由公司自行经营管理。公共养老基金则交托公共基金管理人进行管理。一般来说,养老基金的投资经营理念较为保守,这一方面是因为养老基金的特点决定了基金经营者追求投资安全的低风险偏好,另一方面也是受政府法规的制约。但是,在20世纪60年代,风险投资显示出的较高获利能力,增强了对资本市场各投资主体的吸引力,也推动了政府放宽相关限制。在此背景下,养老基金开始进入风险资本市场,并成为风险投资基金的主要来源。虽然养老基金大规模涉足风险投资基金,但是,风险投资基金在养老基金的全部投资活动中只占有很小的份额(通常在5%以下)。这反映了养老基金保守的经营、投资理念,同时也是为了遵守有关法律的规定。

(2)企业。来自企业的资金目前在美国的风险投资基金构成中仅次于养老基金,而且发展很快。从事风险投资的企业大多是成功的高科技企业,如IBM、GE等。这些企业都设立了专门的机构进行风险投资的决策和运行,它们的风险投资专业性比较强,投资方向多集中在与本企业的业务范围紧密联系的领域,如IBM的风险资本全部流向信息技术行业。企业进行风险投资的主要目的,不在于某一项具体的风险投资项目本身带来的高额利润(当然,企业成功的风险投资确实为投资者带来了丰厚的利润),而在于介入和控制更多的高技术企业,获取和控制更多本行业的最新技术。

在投资方式上,企业通常采取两种方式,一是利用企业的风险资本直接投资于与企业业务有关的具体项目,二是投资于风险投资基金。此外,一家企业牵头,联合其他大企业组建产业战略基金,对某一主要的战略领域进行投资,是企业风险资本重要而有特色的投资方式。

(3)个人及家庭。个人及家庭目前是美国居第三位的风险投资者,它在风险资本中的构成比重从20世纪90年代以来一直比较稳定,属于稳定的投资者群体。富裕的个人及其家庭是资格最老的风险投资者。传统的从事风险投资的个人及家庭主要是那些资本雄厚的家族,这些家庭进行风险投资时,多采取直接注资创业企业或投资于私募基金或合伙公司等方式。由于风险资本市场及相关条件的变化,如家庭财团本身的发展状况、家庭财力满足不了风险投资基金的最低投资要求等,这些传统的家族投资者在风险投资中的地位逐渐下降。但是,在经济持续高速增长的条件下,美国股市高潮迭起,以“技术精英”为代表的中产阶级成为收入增长最快的群体,它们是风险资本市场新的和潜在的投资者,同时也是对风险投资认识较为深刻、较为偏好的群体。与传统的家族投资者不同,它们的投资方式主要以购买公开上市的风险投资基金为主,是风险投资基金最重要的来源。在风险投资活动中,创业者最初在企业中的投资也是重要的个人资本。

(4) 金融机构。在风险投资发展的历史上,金融机构曾是非常重要的风险投资基金参与者。金融机构参与风险投资主要是通过风险投资基金或者由金融机构附属的风险投资公司进行。随着形势的发展,特别是养老基金等机构大举进入风险资本市场,金融机构在风险资本构成中的重要性有所降低,风险资本市场上的金融机构也发生了变化,商业银行逐渐退出风险资本市场,保险公司、投资银行等非银行金融机构的风险投资有所扩大。从发展趋势来看,金融机构仍将是风险资本的重要来源。其中,投资银行的作用将会进一步增强。

(5) 国家资本。对于风险投资事业处于起步发展阶段而且风险资本严重不足的发展中国家和地区来说,国家资本在风险资本形成中的作用是非常重要的。政府直接出资,提供风险资本,启动本地风险投资活动,这也是发展中经济体与发达国家在风险资本形成方面的重要差别。在风险资本市场发育的早期,政府直接参与风险资本市场有利于风险投资活动的发展。风险资本市场上的政府,不仅直接提供风险资本,更充当了“最后贷款者”和“最后风险承担者”的角色,对于维持市场信心,推动风险投资发展有很多帮助。

(6) 外国资本。风险投资是在第二次世界大战后发达国家经济国际化背景下发展起来的。从发展之初,风险投资就显现出国际化的态势,表现在风险资本来源上,外国资本是风险投资基金的重要来源。不过由于发达国家在外资流入方面的优势,发达国家向外资提供国民待遇,将外来投资与本国投资一样当作一般私营部门投资看待,没有什么特别针对外资的政策。发展中国家和地区在风险投资领域利用外资的主要渠道为:利用外国投资者的投资,即利用发达国家的风险投资公司或风险投资基金的资金;利用国际金融机构的风险资本。在我国,外资风险投资已经成为风险投资资本的主要来源之一。

2. 风险投资基金的组织形式

(1) 合伙制形式。合伙制风险投资基金通常有两种合伙人——有限合伙人和普通合伙人。有限合伙人是风险投资的真正投资者,它们提供了风险投资基金总额中99%的资金,不参与管理,其所承担的责任也仅以其在基金中的出资额为限。有限合伙人主要是上面提到的富有个人、银行、保险公司、养老基金等。普通合伙人是风险投资家,它们既是基金的资金供给者,也是基金的管理人。普通合伙人的出资额至少占基金总额的1%,它们主要投入的是专业知识、管理经验和风险投资专长。另外,如果风险投资基金资不抵债,它们得负无限责任。

合伙制风险投资基金的利润分配方式是在基金创立时就预先商定好的,一般存在如下三种方式:净利润的20%作为附带权益(Carried Interest)分配给普通合伙人,其余的80%按照出资比例在有限合伙人之间分配,这是基金利润分配最常用的方式;在基金达到规定的收益率——分割收益率(Hurdle Rate)之前,合伙人按照各自的出资比例分配所有的利润,超过分割收益率的利润则按20%作为附带权益,80%根据出资比例分配的方法来进行分配。这是一种不太常用的利润分配方式;超过规定收益的全部都作为附带权益分配给普通合伙人,直到达到普通合伙人的规定出资为止,其后则按上述20/80的比例来进行分配。

风险投资基金管理人要收取一定数额的管理费。管理费的当前行业标准是每年合同承诺资本额的1.5%~2.5%,一般每季度向基金的管理人支付一次。有时投资协议中要求在某一规定时期后停收管理费或支付的管理费逐渐按预定计划减少。

一般来说,风险投资基金采取合伙制形式具有如下两个优点:其一,由于管理人员和普通合伙人合一,有利于解决委托代理问题,因此增强了其他投资者的信心。其二,风险投资基金以合伙制的形式建立,还具有税收上的优惠。因此,目前美国的风险投资基金80%左右采取合伙制形式。①

(2) 公司制形式。美国第一家现代的风险投资公司——美国研究与开发公司(ARD)和随后建立的小企业投资公司(SBIC)采用的就是公司制组织形式,但目前美国采取这种组织形式的风险投资基金已不常见,其原因是尽管公司制形式能使合伙人免于承担基金的无限责任,从而受到保护,但是由于税收的原因,使得这种形式很少见。而在我国台湾,风险投资机构均以公司制形式存在,其原因在于只有这种形式才能享受“促进创业升级条例”所给予的税收优惠。日本的风险投资机构则主要是大银行和大证券公司的附属风险投资机构,故其多以子公司的形式存在。

(二) 选择风险投资的对象

选择高质量的投资对象(也称为项目筛选)对于保证风险投资的成功非常重要。一般来说,风险投资基金收到的商业计划书(Business Plan)比它能够或愿意接受的多得多,因此风险投资机构要对它们先进行一次迅速而粗略的筛选(Screening),以便选出值得做进一步详细考察的投资项目。虽然对风险投资对象的筛选有一定的标准,但这种选择不仅是一门科学,更是一门艺术,它在很大程度上取决于风险投资家们的直觉,以及他们在风险投资方面的经验。这里介绍风险投资对象选择科学的一面,至于其艺术的一面则需要在实践中培养。一般来说,大多数风险投资基金都将投资规模、发展阶段、管理团队和产品市场等作为筛选标准。

1. 投资规模

考虑到管理每个风险投资对象要花费的时间和成本,风险投资基金一般不愿意把投资分配到大量的小额交易中去,但是也很少有风险投资基金敢于将所有投资孤注一掷,即使是分散在少数几个项目的情况也很少见。因此,大多数风险投资基金都规定了对创业

① 有一种观点认为,美国的风险投资基金大量以合伙制形式存在,一个很大的原因是由于美国很多州不承认有限责任公司的合法地位。如果这个现象转变,那么风险投资基金也就可能会以有限责任公司的形式成立或将现存的合伙制转变为有限责任公司。见K.托马斯·利奥.投资银行业务指南[M].北京:经济科学出版社,2000.21。

项目的最高和最低投资额。一般来说,最小投资规模的确定取决于风险投资家的管理成本,即由项目筛选、项目评估和对所投资风险企业进行监控的管理成本。而最大投资规模则主要取决于所募集风险投资基金的总量以及分散风险的要求。显然,投资集中于少数创业企业不利于投资风险的分散。在实践中,风险投资家一般把对单个创业企业的投资规模限制在资本总额的10%左右,也就是说,平均每只风险投资基金投资于10个创业企业。对于超出限额而又值得投资的对象,风险投资基金将会选择与其他风险投资基金联合投资。

2. 发展阶段

对于风险投资发展阶段的划分尚没有统一的标准。目前为多数人熟知和接受的划分是根据一项高新技术产业化过程或企业的发展周期,创业企业发展可分为种子阶段(Seed Stage)、初创阶段或创建阶段(Startup Stage)、成长阶段(Growing Stage)、扩张阶段(Expansion Stage)和获利阶段(Accrual Stage)。每一个阶段的完成以及向后一阶段的发展都需要资本和管理的配合。相应地,风险投资也可以分为种子期投资、初创期投资、成长期投资、扩张期投资和获利期投资等阶段。

(1) 种子阶段。在这一阶段,公司尚未成立,只是创业者有一个创意,这个创意可能是一项技术,也可能是一种新的营销方式。因此,风险投资家多根据创业者所拥有的技术上的发明、设想以及对未来企业所勾画的"蓝图"来提供种子资金,主要是用于证明某种想法或概念是否值得进一步开发和研究,帮助创业者研究其创意、编写经营计划、组建管理团队、进行市场调研等。由于此阶段仅有产品构想,未见产品原形,所以难以确定产品在技术上、商业上的可行性,企业的前景始终笼罩在巨大的风险之中。据统计,创业企业在种子期的失败率超过了70%,而一旦获得成功,则可以给风险投资带来丰厚的回报。正是这一充满诱惑的灿烂前景,使风险投资家甘愿冒巨大的风险,一次次涉足种子期投资。种子期的主要任务是研究开发,将新发明、新设想转化为样品、样机或者较为完整的生产工艺和工艺生产方案。一般而言,风险投资基金则较少对处于这一阶段的企业进行投资,这一阶段的投资主要是由天使投资者(Angel Capitalist)[①]来完成。

(2) 初创阶段或创建阶段。初创阶段或创建阶段是在种子阶段研究开发的基础上,将技术进一步完善,使新产品成为市场乐于接受的定型产品,为工业化生产和应用做好准备。这一阶段,企业通常只有一份很粗略的商业计划书、一个处于初级阶段的产品、一个不完整的管理团队,没有任何收入,但开销也很低。这一阶段的投资主要用于产品开发、产品原型测试和市场检验(即试销),另外也用于企业进一步研究市场潜力、组建管理团队和修改商业计划书等。此阶段由于资金需求量大——约是种子期所需资金的10倍以上,而且创业企业没有以往的经营记录,投资风险仍然比较大。据测算,约有30%的创业企业在初创阶段败下阵来。因此,创业企业从以稳健经营著称的商业银行那里取得贷款的可能性很小,更不可能从资本市场上直接融资,而此时正是风险投资发挥作用的时期。

① 天使投资者是指这样一些投资者,他们在事业上曾经取得过辉煌成就,不仅家财万贯,而且具有丰富的经营管理经验;但由于年龄或社会地位等因素的制约,不大可能从零开始进行创业。但是对过去的怀念以及对新挑战的渴望,使他们希望找到志同道合的有为青年,通过后者来进一步实现自己的梦想。

在初创期,创业企业要解决两个问题,一是产品与市场的关系,尽可能使产品符合消费者的口味;二是产品与生产的关系,通过调整生产方法和生产工艺,提高产品的生产效率和质量。

(3) 成长阶段。经受了初创阶段的考验后,创业企业在生产、销售、服务等方面基本上有了成功的经验,风险随之降低。即这一阶段,产品或服务进入开发阶段,并有数量有限的客户试用,营业费用在增加,但仍没有销售收入。企业为了增加设备、拓展产品市场,以求在竞争中脱颖而出,需要大量的资金支持,所需资金约是初创期的 10 倍以上,因此,此时会有大量的风险投资涌入。据调查,美国风险投资公司及风险投资基金的资金约有 50%投向处于成长期的创业企业,以从创业企业的高成长中分享一部分利润。

(4) 扩张阶段。这一阶段,创业企业开始出售产品和提供服务,但支出仍大于收入。企业的生产、销售、服务已具备成功的把握,企业要求风险投资的目的是希望组建自己的销售队伍,扩大生产线,增强其研发的后劲,进一步开拓市场,或拓展其生产能力和服务能力。

(5) 获利阶段。创业企业进入获利阶段后,经营管理趋于完善,产品有较大的市场份额,企业的销售收入已高于支出,产生净收入。尽管仍然将继续保持增长,但增长速度会逐渐放慢,与普通企业已经相差无几,风险投资基金开始考虑退出。此时,风险投资家、风险投资机构往往会继续向创业企业投入一些资金,但这些资金是为“包装、美化”企业,为风险投资退出做准备。

风险投资基金选择处于哪个阶段的企业进行投资,体现了风险投资家不同的风险偏好和对收益与风险的平衡。一般来讲,对创业企业的早期发展阶段进行投资,资本退出时间较长,风险较大,但收益较高;而对创业企业的中晚期发展阶段进行投资则资本退出时间较短,风险较小,但收益相应也较小。近年来,随着风险投资市场竞争的加剧,更多的风险投资家倾向于在创业企业的早期发展阶段就进行风险投资,以获得高额风险收益。表 11.1 归纳了风险投资不同阶段的特征。

表 11.1 风险投资不同阶段的特征

阶段	主要任务	风险规律	一般最低收益率(%)
种子阶段	研究开发	风险极高	50~70
初创阶段	中试	风险很高	35~50
成长阶段	市场开拓	风险适中	35~50
成熟阶段	稳定市场	风险低或高	30~40

3. 管理团队

在评估投资前景时,管理团队的素质是一个主要的因素,在一定意义上它甚至超过了技术与产品。只有在一家企业拥有优秀的管理团队时,风险投资家才会对这家企业感兴趣。在一支优秀的管理团队中,各成员之间的相互合作,将极大地推动企业的快速成长和发展。正如风险投资家所说的:我们投资的是人(People),而不是证券(Paper)。“一流团队”加上“二流产品”将比“二流团队”加上“一流产品”更有可能获得风险投资基金的青睐。

4. 产品市场

任何一项高新技术或产品都需要市场做基础，市场是高新技术和产品成长的保证，也是企业利润的保证。理想的市场应该是能够迅速成长并且发展潜力巨大的市场，风险投资基金认为如下行业拥有理想的市场：生物技术、通信、计算机、人工智能等——它们也由此而受到风险投资基金的青睐。

（三）开展尽职调查

通过筛选的投资项目将会进入尽职调查过程，即风险投资基金对该项目的所有特点和细节进行详细的考察和分析。这一阶段的主要目的是决定是否投资，如果分析结果是肯定的，在这个过程中还将考虑以何种方式投资和投资多少等问题。

尽职调查是一项复杂而又费时的工作，风险投资基金的注意力主要集中在如下几个领域：管理能力，包括创业家素质、企业管理能力、市场拓展能力和财务技能；市场吸引力，包括市场规模、市场需求、市场增长潜力和市场堡垒；产品差异度，包括产品独特性、使用的技术水平及其弱点、产品盈利能力和专业化程度；抵御环境威胁能力，包括产品老化的能力、防止竞争者进入的能力、应付环境变化的能力；变现能力，包括变现难易程度和变现的方式。这里应当特别指出的是，尽管尽职调查与投资对象筛选标准有重复之处，但其侧重点及重要程度是完全不同的。

一般情况下，风险投资基金会同会计师和律师一起组成调查小组，通过与风险企业家及其主要管理人员的多次交流来收集各种信息。有时，调查小组还将与其他雇员、相关利益者、信用机构和行业协会进行接触。调查小组通过深入取证，仔细分析企业的商业计划和实际及预测的财务报表，并实地视察企业。尽职调查的主要内容，如表 11.2 所示。

表 11.2　尽职调查的主要内容

经营计划书	产品和技术
明显的竞争优势和投资利益	技术来源
经营计划书的整体逻辑合理程度	技术人才与开发能力
经营机构	专利与知识产权
创业者和经营者的经历和背景	产品的附加值与独特性
创业者的性格特点	生产制造计划可行性与周边产业配套情况
经营团体的专长和管理能力	财务计划和投资报酬
经营团体的经营理念	创业公司的投资状况
经营团体对商业计划的掌握程度	创业公司的股东结构
市场营销	创业公司财务计划的合理性
市场规模	预期投资报酬率
市场潜力	资金回收年限、方式与风险
市场竞争力	
有效策略规划	

(四)进行项目评估

经过尽职调查的企业将进入项目评估阶段,即风险投资家对该项目的所有特点和细节进行详细审慎的考察和分析,以决定是否进行投资阶段。在项目评估时,风险投资家依次分析的要素是:人、市场和技术。"人"即创业企业家及其管理团队的素质。风险投资家需要从各个角度考察创业企业家是否在其所从事的领域具有敏锐的洞察力,是否掌握市场全貌并懂得如何开拓市场,是否具备将自己的技术设想转化为现实的能力,是否能够组建一支由具备各方专长的人才组成的优势互补的管理团队。这也是风险投资区别于其他金融投资的又一显著特点。风险投资家其次分析的是市场。任何一项高新技术如果没有广阔的市场潜力,就无法实现企业发展,更谈不上投资增值。理想的市场应该是能够迅速成长并且潜力巨大的市场。网络、通信、生物技术和环保等行业受到风险投资青睐的原因,并不只在于它们的技术先进,更重要的是它们广阔的市场前景。当然,对技术的考察和论证也必不可少,风险投资家需要判断所投资项目的技术是否具有超前意识和突破性,需要克服多少困难才能将技术设想变为现实,原材料供应是否有保证,产品的生产是否会依赖于某个厂商等。

风险投资家对风险项目的评估可以简单地概括为一个公式:

$$V=P\times S\times E$$

式中:V 代表风险投资家对风险项目的评价;

P 代表市场前景;

S 代表商业模式;

E 代表创业企业家的素质。

如果某项技术或服务创新能够解决社会或市场存在的重大缺陷,而解决的方法又具有不易被模仿的进入壁垒,并有较好的盈利前景,同时创业企业家具备将这一技术优势转化为商业利润的素质,那么该风险项目就可以获得较高的评价。

不同的风险投资家所采用的评估标准和评估方式不尽相同,但大同小异。下面给出 Tybjee 和 Bruno(1984)通过因素分析归纳的评估标准和 Fired 及 Hisrichz(1994)所总结的评估方式,如表 11.3 所示。项目评估是对风险投资实施有效风险管理的关键步骤。

表 11.3 风险投资的项目评估标准及方式

评估标准		评估方式及其采用频率(%)	
管理能力	创业企业家素质	与管理层面谈	100
	企业管理能力	参观企业	100
	市场拓展能力	访问创业者以前的商业合作伙伴	96
	财务技能	访问风险企业当前的投资者	96
市场吸引力	市场规模	询问风险企业当前的用户或客户	93
	市场需求	询问风险企业潜在的用户或客户	90
	市场增长潜力	调查其竞争对手的市场价值	86
	市场壁垒	与有关专家对产品性能进行非正式讨论	84

续表

评估标准		评估方式及其采用频率(%)	
产品差异度	产品独特性	深入调查风险企业前期的财务报表	84
	技术水平	访问风险企业的竞争对手	71
	产品盈利能力	询问与风险企业合作过的银行家	62
	专业化程度	征求本公司其他风险投资家的意见	56
抵御环境威胁能力	防止产品老化的能力	询问风险企业的供货商	53
	防止竞争者进入的能力	征求其他风险投资机构的意见	52
	应付环境变化的能力	询问会计师或律师	47
变现能力	变现难易	进行深入的文献调研	40
	变现方式	利用正式的市场调研	31

（五）构造交易结构

构造交易结构(Deal Structuring)是指风险投资家与创业企业之间经过协商达成的一系列协议,其目的是为了协调投融资双方在特定风险投资交易中的不同需求。在与创业企业就交易结构进行磋商时,风险投资家应至少把握以下原则:相对项目的风险水平获取合适的风险收益,对创业企业有足够的控制权,确保风险投资基金在任何情况下都能够退出,未来现金流的纳税最小化。当然,在磋商过程中,风险投资家也应考虑创业企业的合理要求,如创业者通常要求控制自己所创建的企业等。

构造交易结构是风险投资家实现对创业企业进行风险管理的前提,同时科学的交易构造设计还有利于引进其他投资者。一般说来,在构造交易结构时要解决的问题是:金融工具的选择、交易价格的确定和投资协议的签订。

1. 金融工具的选择

风险投资基金在构造交易结构时对金融工具的选择取决于被投资企业的类型、风险投资基金的资金来源、风险投资家的经营哲学等。其中最常用的金融工具有:普通股、普通债券、优先股、可转换债券和附认股权债券。

（1）普通股与普通债券。普通股的优点在于能够充分享受企业价值上升的收益,但当企业破产时,普通股对企业财产只有最低级别的剩余求偿权,无法实现对投资者的保护。并且,掌握创业企业的多数股权并非风险投资家的目标,但少数股权又无法实现对企业的有效控制。而纯粹的债务融资尽管在企业破产清算时具有优先求偿权,但它无法分享创业企业未来的增长潜力,不能满足风险投资家对高收益的追求。并且,创业企业的初创阶段也没有稳定的现金流,无法满足债务融资对固定利息的要求。而高的资产负债率也会限制创业企业将来再发债的能力,限制其他金融机构的参与。显然,普通股与普通债券都无法满足风险投资家对风险控制和企业控制权的要求。在风险投资中,风险投资家经常采用的是混合金融工具,它们综合了股票和债券的特性,并隐含了某种选择权在内。

（2）优先股。优先股显然也是权益性金融工具的一种,它同时具备普通股和债券的特点。与债券一样,它可以按期获得定额股利,能在企业破产时给股东以更多的保护,因为优先股的偿还次序先于普通股。一般的优先股不具有表决权,不能参与企业的经营管理,但在设计风险投资的交易构造时,风险投资家往往要求所持有的优先股具有表决权以满足对创业企业的控制。常见的优先股有可转换优先股、累积优先股和可赎回优先股等。其中,可转换优先股还具有在合适的时候(包括首次公开上市)按特定条件转换成普通股的权利。在美国,多数的风险投资家选择可转换优先股作为金融工具进行投资。

(3) 可转换债券。可转换债券是持有人有权在一定时期内按照约定条件(如转换期限、转换价格和转换比率等)转换成一定数量普通股的债券。与可转换优先股一样,可转换债券也是一种同时具有普通股和普通债券双重特征的复合式金融工具,能够较好地平衡风险投资家和创业企业双方的利益。对风险投资家而言,如果没有行使转股的权利,可按期获得利息并在到期日收回本金,具有较高的安全性;如果创业企业发展良好,则可按照约定将所持有的债券转换成普通股,实现对创业企业的控制并分享企业成长的利益。对创业企业来说,可转换债券具有利息成本低和期限长等优势,还可以为创业企业提供债权向股权转化的途径,有利于创业企业资本结构的优化。

(4) 附认股权债券。附认股权债券在本质上是债券和股票期权的结合,是指风险投资家在以债权形式向创业企业投资的同时,获得了创业企业赋予的认股权,即风险投资家可以在将来某一规定时间内按照某一确定的价格购买一定数量的股票。对风险投资家来讲,它可以像债券一样定期获得固定利息,如果创业企业发展良好,风险投资家有权按照约定的条款认购创业企业一定数量的股票,通过股权的形式参与创业企业的管理,并分享企业高成长的利益。而创业企业之所以也愿意采用附认股权债券进行融资,在于其具有相对较低的融资成本,并且当风险投资家行使认股权时,创业企业即可获得股权融资的机会。

2. 交易价格的确定

风险投资的价格通常表示为创业者为获得风险资本而愿意出让的股权份额,或风险投资家对创业企业进行融资时要求的股权份额。交易价格的确定是风险投资协商过程中最容易引起争议的一个方面。创业者对自己所创立的企业的估价往往过于乐观,他们总是希望能获得更高的价格;而风险投资家则出于控制风险和保证收益的目的,一般会提出一个较低的价格。交易价格决定于风险投资基金在投资期内期望的收益水平,只有当期望收益水平能够补偿所预见的风险时,风险投资家才会接受这一价格。风险投资家对每个投资阶段所要求的最低收益率水平是不同的。风险投资的交易价格应该是创业者与风险投资家反复协商决定并彼此都可以接受的价格。需要指出的是,创业企业的价值与其创业者的才华密不可分,割裂它们之间的联系就会导致创业企业的价值一落千丈。因此,交易价格的确定,应充分考虑风险投资家和创业者在共同合作过程中的所承担的风险和责任。

3. 投资协议的签订

当风险投资基金与创业企业就金融工具类型与交易价格达成一致意见之后,就开始讨论投资协议的全部条款。风险投资协议的条款包括以下几方面主要内容:投资额;作为融资工具使用的金融工具类型和构成;管理层的声明和保证,即创业企业需要为商业计划中包含的财务报告提供证据;肯定誓约,即创业企业同意在风险投资期内不从事的活动。

（六）参与管理和监控

风险投资是一种主动参与管理型的专业投资，它与传统金融投资的一个重要区别，就在于完成投资后还积极参与被投资企业的经营和管理。通常说来，创业者往往对自己的产品和服务有比较全面的了解，但缺乏必要的市场推广能力以及创业企业初创和成长阶段的管理专长。相反，风险投资家在该领域积累了丰富的经验，具有市场推广和企业管理方面的比较优势，能够帮助创业企业更好地发展壮大，实现投资增值。同时，风险投资家对创业企业的积极介入和有效管理，也有利于克服他们之间的信息不对称的矛盾，使风险投资的损失减少到最小。而风险投资家派员对被投资企业进行监督也是为了通过预测可能出现的问题和提供及时的决策信息来使自己的损失最小化和收益最大化。在实践中，风险投资家管理和监控被投资企业的模式可以分为积极干预型、间接参与型和放任自由型三种。积极干预是指风险投资家的意见直接影响创业企业的决策；间接参与是指风险投资家只提供咨询建议，但不要求创业企业完全接受；如果创业企业投资规模较小，项目相对成熟和管理团队能力较强，风险投资家就可以采取放任自由型的管理监控模式。

不同的风险投资介入被投资企业的程度各有不同，有的偏好依赖于管理层报告和定期视察，有的则愿意发挥更积极的作用。

（七）实施投资退出

一般来说，风险投资在开始投资前就已经筹划好了退出策略和渠道，并在进行投资时就要与被投资的企业及其股东签署一项协议，希望通过此项协议获得有关退出的控制权。具体来说，风险投资主要有以下三种退出方式可供选择：首次公开上市、被并购、破产与清算。

1. 首次公开上市

首次公开上市（IPO）是风险投资最引人注目的也是最佳的退出方式。第一，IPO 可以增加创业企业的市场价值，提高风险投资家和创业者所持股份的流动性，也为创业企业的未来发展筹集更多的资金。这种退出方式使创业者有很强的动力去提高企业的业绩，争取早日上市。第二，随着创业企业的发展壮大，风险投资家在企业管理、商业网络和信息中介等方面的比较优势不再明显，创业企业也不再需要风险投资家的“积极参与管理”。这时，保持距离型的融资方式如银行贷款和债券融资可能更适合企业发展。第三，准备 IPO 的创业企业也已经发展得相对成熟，经营稳定，风险较小。如果风险投资家继续持有创业企业的股票，只能获得相对较低的投资收益，不符合风险投资基金管理高风险、追求高收益的本质特点。第四，风险资本的适时退出也为新的创业企业或项目提供资金，促使风险投资家重新寻找新的创业项目，开始风险资本的再一次循环。这样，风险投资家的知识资本和声誉资本也能重新获得较高的比较收益。第五，IPO 也是风险投资家和投资者之间的信号传递机制，成功的资本退出使得风险投资家能够建立良好的声誉，这对于其后续的风险投资基金融资和投资都具有重要意义。此外，IPO 代表了资本市场对该企业业绩的一种确认，而且企业管理层的独立性也可得以保持不变。在过去的 25 年中，大约有 3 000 家接受过风险投资基金支持的企业在美国上市。但是，企业 IPO 并不等于风险投资就能马上退出，按有关规定一般要在 IPO 后的若干时间后才能出售。

2. 被并购

这里的被并购包含一般并购、二级出售和股票回购。一般并购是指一般意义上的企业之间的兼并与收购,主要是指将创业企业出售给相关行业的企业。二级出售是指风险投资基金单方面将其所持有的企业股份出售给另一家风险投资机构(在美国称为二级合伙人,即 Secondary Partnerships),这种方式能使风险投资基金迅速获得现金,完全退出,因此,对风险投资有一定的吸引力。但是创业者一般不欢迎这种做法,因为通常意味着企业被他人收购而失去独立性。而股票回购是指当被投资企业进入稳定发展期时,创业者希望直接由自己控制企业,会要求风险投资基金把股份卖给自己。虽然风险投资的获利通常不如上市,但时间短、费用少、操作简便,所以也是一种经常被采用的退出方式。

3. 破产与清算

当企业经营状况不好且难以扭转时,破产并进行清算可能是最好的减少损失的办法。这是一种“不情愿地退出”,事实上相当于一部分风险投资并不成功。一个风险投资基金投资于糟糕的项目并不可怕,可怕的是知道糟糕后仍执迷不悟,越陷越深。

三、风险投资的风险管理

风险投资具有高收益性与高风险性相伴随、高成长性与高竞争性相并存的显著特征。其高收益性与高成长性使风险投资家心驰神往、纷纷涉足,其高风险性与高竞争性又使风险投资家顾虑重重、望而却步。如何认识风险,防范风险,变风险为机遇,在风险中求效益,始终是风险投资家和创业企业十分关心的复杂课题。风险投资作为一种投资方式创新,适合于高度不确定性和信息不对称的投资环境。而风险投资机构之所以能在上述投资市场中存在并将其他市场竞争者(其他金融中介机构)和融资方式逐出风险投资市场,主要在于它具有风险管理的比较优势。简单地讲,整个风险投资运作需要面临技术风险、市场风险和代理风险。技术风险是指由于技术本身存在许多不确定性,如技术成功、技术完善、技术效果、技术寿命和配套技术等的不确定性,从而导致风险投资存在巨大风险。创业企业特别是高新技术企业通常会面临一项或者多项技术风险。市场风险是指由于环境因素导致的能否赢得竞争优势的不确定性,即新技术、新产品的开发与市场需求不适应而发生的风险。而代理风险则缘于委托人和代理人之间的信息不对称,它通常表现为代理人的“逆向选择”(Adverse Selection)与“道德风险”(Moral Hazard)。如何有效地控制风险投资运作的“高风险”,实现“高收益”是风险投资的关键所在。前已述及,整个风险投资运作涉及投资者、风险投资机构与创业企业三个主体和融资与投资两个过程。因此,可以将整个风险投资运作的风险管理分为两个层次:首先是融资过程中投资者对风险投资家的风险控制,风险投资家的代理风险是需要解决的主要问题;其次是投资过程中风险投资家对创业企业的风险管理,技术风险、市场风险和代理风险都需要得到有效控制,风险投资的高风险所对应的高收益才能实现。

(一)融资过程的风险管理:投资者对风险投资家的风险控制机制

在风险投资基金的融资过程中,投资者对风险投资家的能力和资本运营情况存在着信息不对称。风险投资家作为投资者的代理人管理风险投资基金,他们往往积极介入风险企业的经营管理。由于风险投资的专业性很强,投资者(即委托人)不可能也没有能力严密监控风险投资家的行为,投资者面临着风险投资家可能的逆向选择和道德风险。与公司制和子公司型等其他风险投资组织形式相比，有限合伙制能够更好地控制风险投资家的代理风险，解决融资过程的激励和监督问题。

1. 有限合伙制的报酬体系设计能给风险投资家以最优激励

风险投资家的报酬由固定报酬和业绩报酬两部分构成。所谓固定报酬是按照风险投资基金总额或已投资金额的1.5%~2.5%提取管理费，一般一季度提取一次，并随风险投资基金的续存年限递减。业绩报酬是指允许风险投资家参与投资收益的分配，风险投资家虽然只投入1%的风险资本，却享有10%~30%的投资收益提成。由于这种报酬结构采用期权的形式支付，能够给风险投资家以较大的激励作用。

2. 风险投资基金的期限固定能激励风险投资家有所建树

风险投资基金的期限一般为7~10年。期满后，投资者拥有不再向风险投资家管理的风险投资基金以及创业企业继续投资的权利。风险投资家为了获得后续资本，必须在前一个合伙期限内有所成效。这实际上是多期博弈情况下声誉模型的实际运用。出于建立声誉以便获得后续融资的考虑，风险投资家就必须努力工作，运营好风险投资基金。

3. 风险投资基金的分期注入能避免风险投资家的短期行为

有限合伙制下，风险投资基金的募集并非一步到位，通常采取“承诺制”，即有限合伙人只承诺一定数量的资金，但资金却是分期注入的。与此同时，有限合伙人设计“无过离婚(No-fault Divorce)条款”——即使风险投资家没有重大过错，只要投资者丧失信心，就可以停止追加投资。保留撤销后续资金的权利可能造成投资前期注入资金的部分损失，但却可以有效地控制普通合伙人即风险投资家的道德风险行为。

4. 有限合伙制的强制性分配政策有利于投资收益的实现

有限合伙制实行强制性分配政策，要求出售投资组合的所得必须返还投资者，允许有限合伙人在普通合伙人获得附加权益(业绩报酬)之前收回他们的投资和管理费，并要求普通合伙人归还他们早期的利润分配。此外，有限合伙人契约还对普通合伙人和有限合伙人可能的利益冲突做出明确的规定，禁止风险投资家从事私下交易，要求风险投资家尽职管理风险投资基金。尽管这一要求难以有效监督，但如果风险投资基金业绩太差，投资者可以就风险投资家的严重违约行为提起诉讼。

(二) 投资过程的风险管理：风险投资家对创业企业的风险控制机制

从本质上讲，风险投资属于买方金融的范畴，其融资和投资两个市场基本上都属于买方市场，但风险投资家在其中的地位和角色却完全不同。在融资过程中，风险投资家作为代理人；而在投资过程中，风险投资家则为委托人。与投资者和风险投资家之间一样，风险投资家和创业企业之间也存在着由于信息不对称所导致的代理风险。

在多数情况下，创业者往往是某一领域的科研人员。在风险投资过程中容易出现创业者即使知道该项目已经前景暗淡或濒临失败，但出于自身利益或学术声誉的考虑，他们往往有积极性去隐瞒真实信息，以牺牲投资者的利益来追求自己的较大效用。从经济学的角度分析，随着创业企业的发展，代理风险也会随着资产专用性的增强而增加。这就要求风险投资家应设计一种风险控制机制，使得他能够随着项目进度持续地对创业企业进行监督管理，以避免投资风险的不断增加。

1. 分段投资可以控制信息不对称风险

风险投资家通过分段投资来控制投资过程中的信息不对称风险。风险投资家一般很少将一个创业企业所需的所有资金一次性全部投入,而是按照创业企业发展的明显阶段分期投入。通过分段投资,风险投资家保留放弃继续投资的权利,这也就是所谓的中断机制。这实际上是一种“隐性激励机制”,可以有效地减少创业者的道德风险行为,因为一个被风险投资家所放弃的创业企业将很难在金融市场得到其他金融机构和投资者的资金支持。

2. 参与创业企业的管理可以控制经营风险

风险投资家通过积极参与创业企业的经营管理来控制风险。通过主动介入,风险投资家既可以减缓与创业企业之间的信息不对称,避免递增投资(即为无效率的项目一再融资)的发生,还可以利用自己在商业网络、管理经验、人力资源和金融财务等方面的比较优势,帮助风险企业进行市场风险、管理风险和财务风险的管理,增加风险企业的价值。

3. 设置额外控制权可以控制管理风险

风险投资家通过设置额外的控制权来控制投资过程中的风险。风险投资家对创业企业的控制权往往超过其持股份额。在很多情况下,风险投资家所持有的优先股具有和普通股一样的表决权,这使得他能够更为有效地控制创业企业。在实践中,风险投资家往往要求能够主导创业企业的董事会,拥有足够的控制权来更换创业企业的管理层,从而构成可置信威胁,减少创业企业管理层的代理风险。

4. 给予创业家一定的期权可以控制风险企业的短期行为

风险投资家往往要求将创业者的薪酬分为两个部分:少许的工资和一定数额的企业期权。其中期权主要表现为购买普通股的权利。创业者所持有的普通股只有在创业企业发展壮大创造价值时才能实现,并产生回报。这可以将风险投资家和创业者的利益和目标统一起来,减少后者的代理风险。此外,风险投资家还将所持有的优先股的转换比率和创业企业的业绩联系起来。如果创业企业发展良好,转股价格会相对提高,对管理层的股权稀释作用会相对小一些,这可以对创业企业的管理层起到较好的激励作用。

第三节　投资银行在私募股权投资和风险投资中的作用

投资银行涉及不同层次的私募股权投资和风险投资活动,包括为私募股权投资基金和风险投资基金筹集资金,为私募股权投资机构和风险投资机构以及受资企业提供服务,以及单独成立全资或合资的资本管理公司直接从事私募基金与风险投资业务等。

一、为私募股权基金和风险投资基金筹集资金

私募股权投资和风险投资体系中处于核心地位的是私募股权基金和风险投资基金,它们是连接资金来源与资金运用的金融中介。资金从投资者流入私募股权基金和风险投资基金,再通过私募股权基金和风险投资基金流入受资企业。

多数的私募股权投资和风险投资机构依靠自身力量完成筹资任务,不需要中介机构的介入。但是,当筹资规模较大时,或者私募股权投资和风险投资机构缺乏筹资经验以及对机构投资者不熟悉时,则会求助于投资银行的帮助。

由于投资银行在平时的业务开展过程中建立起了广泛的客户关系网络，这些客户中有许多是私募股权投资及风险投资资金的提供者，它们也愿意为私募股权投资机构或风险投资机构提供资金，关键是如何寻找一个理想的私募股权投资机构或风险投资机构。此时，投资银行从求助的私募股权投资或风险投资机构中谨慎地选择高质量的筹资客户（如社保基金），并将其推荐给潜在的投资者，然后，投资银行就组织一个项目展示会，并与潜在的投资者进行直接会谈。

在这样的中介服务中，投资银行会获得高额的代理业务佣金，比如，一般基金公司要花 9 个月左右的时间来筹集资金，投资银行在该阶段的代理佣金通常是筹资额的 2%，这样，一笔 50 亿元资金的筹资代理费就高达 1 亿元。

二、发起和管理私募股权基金或风险投资基金

该项业务主要是指投资银行作为普通合伙人参与组建并管理私募股权基金或风险投资基金。由于投资银行从事各类融资业务，与主要的金融机构和富有的个人有长期的多层次的联系，因此它们在组织和发起私募股权基金或风险投资基金方面有特殊的优势。即使那些不是由投资银行发起的私募股权基金或风险投资基金，发起人也会经常邀请一家或几家投资银行以特殊身份参与私募股权基金或风险投资基金。这样做，有助于发起人筹集所需的资金，同时也使投资银行参与分享特有利益。

投资银行作为普通合伙人在对私募股权基金或风险投资基金进行管理运作时，一般是按下面流程来进行。

（一）审阅受资企业的商务计划书

投资银行审阅受资企业商务计划书时，最看重的是受资企业的商务计划所反映出来的创业者和经理层的素质，判断它们是否具有强烈的敬业精神，是否具备产品研究与开发、生产与销售、财务与管理等全面的才智。就受资企业本身而言，投资银行重点考察它的市场规模、前景和业务的独特性，判断受资企业是否了解市场及其发展趋势，是否有足够的独特性来击败竞争对手从而脱颖而出。

（二）实地考察

只有实地调查后，投资银行才能发现受资企业商务计划书内容的真实性和预测的可靠性。在实际调查中，投资银行不仅要考察受资企业的设备和资产实力，更重要的是与各式人物进行会谈。为了全面了解受资企业及其管理层，投资银行不仅要与企业的管理层进行频繁的接触，还要与企业的客户、供应商、开户银行、债权人进行会晤，甚至从政府部门获取信息。

（三）评估受资企业成活率和收益率

投资银行私募股权投资部或风险资本部的专业人员在完成实地调查后，下一步的工作就是从风险性、技术性、业务规划、市场营销、后续资金、股东与管理层的素质等各方面来评估受资企业的成活率和收益率，并根据成活率和收益率的大小来决定是否投资。

（四）谈判和选择投资形式

谈判的具体内容包括：投资形式、投资回报、控制权的分配与确立、注资和撤资的方式

与时间表等。投资形式也就是选择何种私募股权投资或风险投资的金融工具。投资银行从控制风险角度出发,对早期的受资企业多考虑优先股和可转换债券形式,对处于成长晚期的受资企业则偏好于普通股这一金融工具。

(五) 注资和撤资

投资银行注资可选择一次性注入或分批注入的方式,分批注入可减少风险。投资银行撤出受资企业有几条途径:一是当受资企业再度融资时,比如再次私募,投资银行可将股份转售给新加入的私募股权或风险投资者;二是受资企业管理层要求回购股份时,投资银行可将股份返售给公司管理层;三是当受资企业被其他公司兼并收购时,投资银行可将股份卖给收购公司;四是通过受资企业首次公开上市,将股份在二级市场变现。

(六) 推介上市

投资银行会根据市场行情,选择合适的时机,推荐介绍受资企业首次公开上市,为投资银行私募股权基金或风险投资基金的退出创造条件。

三、为受资企业提供中介服务

从受资企业的发展过程来看,每一阶段都有投资银行的参与。在初始发展阶段,很多中小企业都面临资金不足的困境,中小型高科技企业由于规模小、资信差以及它的高风险性,很难从银行、企业及证券市场等传统渠道获得必要的创业资金,因此主要从私人权益资本市场通过私募的方式筹集私募股权资金。但是私人权益资本市场存在着严重的信息不对称和信息流转慢的制度缺陷。这些企业为处理其业务所需的信息和交易成本远远超出其自身的能力,它们既缺乏必要的人力和信息,也缺乏必要的经验,因此这些中小企业迫切需要一个第三方能够为它们提供必要的咨询服务。投资银行凭借其人力资源和信息优势,承担了这一融资顾问的角色。投资银行通常都有一个企业融资部,其主要功能是给企业做融资顾问,帮助企业分析市场、选择融资方式,帮助企业设计公司结构。投资银行也可以以独立第三方的身份包装企业,用最好的方法将企业向投资人介绍。

在受资企业成熟阶段,私募股权投资或风险投资谋求退出时,投资银行主要提供上市推荐、证券承销和企业并购服务。

随着受资企业的逐步发展,新产品的市场认同度、企业的经营业绩、经营规模都已达到一定的水平,具备了一定的上市进行直接融资的可能。这时,私募股权投资者或风险投资者就要考虑退出受资企业,退出的方式主要有首次公开发行和并购。为实现成功的退出,私募股权投资或风险投资在首次公开发行或者并购过程中都需要有投资银行的参与,由它提供相应的上市推荐、证券承销或企业并购服务。投资银行是受资企业首次公开发行成功的关键。

受资企业上市后,企业的资产规模、人力资源和企业管理方面都上了一个台阶,企业的需求也从最初简单的融资转向资本运营。此时投资银行也相应地对上市公司提供资产管理和财务顾问等服务,为企业进行一系列资产重组、并购等方面的策划,吸引能支持其未来发展的兼并者或收购伙伴;或者协助公司加强管理,建立最佳的财务系统,通过管理创造价值。

第十二章 投资银行的监管与风险防范

第一节 投资银行监管

一、投资银行监管的目的及原则

（一）投资银行监管的目的

投资银行监管是指有关监管机构依法对投资银行及其各项活动进行监督和管理的一系列措施的总称。从理论上讲，投资银行监管是为了防止投资银行业危机和金融市场失灵的必备措施，其监管目的由于时代背景和国情的不同呈现多样性和复杂性。然而，投资银行监管的目的还是有一些共同之处，主要表现在以下几方面。

1. 维护金融体系的安全与稳定

由于投资银行业属于高风险行业，投资银行业产生的问题可能会导致资本市场乃至整个市场经济发生危机，甚至崩溃。因此，监管者的任务在于确保投资银行在法定范围内稳健经营，防范和降低风险，以确保投资银行业乃至整个金融体系的安全和稳定，为一国的经济建设和发展服务。

2. 保护投资者的合法权益

投资者是资本市场的参与者，是投资银行的服务对象。投资者的信任和信心是资本市场与投资银行业生存和发展的前提条件，只有尊重投资者，保护其合法权益，才能使其树立信心，增强信任。因此，监管者需要通过各种措施，达到维护资本市场安全与稳定及促进公平竞争的目的，使投资者的信心得以维持和巩固。只有这样，投资银行业才能发展，投资者的利益才有保障。

3. 促进投资银行业的公平竞争

在保证金融体系安全和稳定的基础上，监管者还应当努力促进投资银行业的公平竞争，保证所有投资银行在开展业务时享有均等机会和平等地位，促使投资银行不断提高服务质量和经营效率，实现优胜劣汰，维护金融体系正常的运行秩序。

只有当监管者通过各种措施维护了金融体系的安全与稳定,充分保护了投资者的合法权益,促进了投资银行业效率的提高,投资银行业才能健康地发展壮大。

(二) 投资银行监管的原则

1. 依法监管原则

依法监管原则是指对投资银行进行外部监管必须依据现行的法律及金融规定,保持监管的严肃性、权威性、强制性和一贯性,而不能随心所欲,凭个人好恶,甚至知法犯法、执法犯法、有法不依。坚持这一原则,具体要做到两个方面:其一是投资银行外部监管者在执行监管公务时,应坚持依法办事,严肃执法;其二是投资银行外部监管者自身遵守各种法规,学法、知法、懂法,坚持执法的连续性、一贯性和不可例外性。

2. 合理性原则

面对千变万化的金融世界,在具备合法性的前提下,投资银行业监管机构拥有行使职权的自由性。但如果这一权力缺乏法律的严格约束,往往会出现滥用的情况。合理性的基本要求是:监管行为的动因应符合监管目的,监管行为应建立在正当考虑的基础上,监管行为的内容应合乎情理。合理性原则实质上是要求监管主体行使职权时要符合常理。

3. 协调性原则

协调性原则要求监管行为具有协调性。这种协调性主要包括:第一,不同监管主体之间的协调性。不同监管主体要统一监管标准和口径,合理划分职责范围,既不能互相冲突、重复监管,又不能各自为政,留有监管死角和空白。第二,同一监管主体不同职能部门之间及上下级机构之间职责划分要明确合理,相互协调。第三,外部监管与宏观调控之间的协调和统一。

4. 效率原则

效率原则有两个含义,一是投资银行业的监管本身也要讲求效率,必须降低投资银行业的监管成本;二是投资银行业监管不得妨碍投资银行间的正常竞争,要鼓励、倡导和规范竞争,创造适合金融竞争的外部环境,防止垄断,以此来促进金融体系的整体效率的提高。

5. 国家监管与行业自律相结合的原则

这一原则要求在加强政府、监管者对投资银行监管的同时,也要加强投资银行业的自我约束、自我教育和自我管理。国家集中监督是对投资银行业进行有效监管的保证,而投资银行业的自律是对其进行良好监管的基础。

二、市场准入监管及经营业务监管

(一) 市场准入监管

投资银行业是一个高风险行业,在其业务经营过程中,将面临市场风险、信用风险、流动性风险、操作风险等。因此,对投资银行进行监管极为重要。从监管体系的角度来看,对市场准入监管是保证整个投资银行业平稳发展的预防性措施。所谓市场准入监管,也就是对投资银行资格的监管。为了保障金融体系的安全,世界上任何一个存在资本市场的国家都对投资银行设立了最低的资格要求，各国的监管机构都会参与投资银行设立的审批过程；但由于各国对资本市场竞争的认识有所不同，所以在参与的程度和方式上存在着一定的国别差异。

纵观世界各国情况，投资银行市场准入监管制度可以分为两种：一种是以美国为代表的注册制[①]，另一种是以日本为代表的特许制。

1. 注册制

在注册制条件下，监管部门的权力仅限于保证投资银行所提供的资料无任何虚假的事实，投资银行只要符合法律规定的设立条件和有关资格规定，并在相应的证券监管部门及证券交易部门注册并提供全面、真实、可靠的资料，便可以设立并经营投资银行业务。美国《证券交易法》(1934)规定，投资银行必须取得证券交易委员会(SEC)的注册批准，并成为证券交易所或证券业协会的会员，才能开展经营业务活动。首先，在 SEC 登记注册。投资银行必须填写注册申请表，内容包括投资银行的注册资本及构成、经营活动区域、经营的业务种类、组织管理机构等。接到投资银行的注册申请后，SEC 对投资银行进行考察，主要有以下几个方面：投资银行的交易设施是否具备，自有资金是否充足，来源是否可靠；投资银行管理人员的资格是否具备，尤其是要考虑其是否曾违反证券法规和其他法律；投资银行是否具备从事其申请的业务的能力。根据考察情况，SEC 在 45 天内(必要时可以延长至 90 天)予以答复。同时，投资银行还要向 SEC 缴纳一定的注册费。其次，在证券交易所登记注册。申请注册的程序与在 SEC 的注册程序基本相同。投资银行必须经过 SEC 的注册批准之后，才能在证券交易所注册。同时证券交易所还要考察其是否能够遵守证券交易所的规章制度。投资银行被批准成为交易所的会员后，要按规定交纳会员费。

从上述美国的投资银行注册程序可以看出，注册制更多地强调市场机制的作用，通过市场机制和交易所席位的限额来控制投资银行的数量。其理论依据是“太阳是最有效的防腐剂，灯光是最有效的警察”[②]。如果市场机制不完善，或交易所限额失控，将会使进入金融市场的投资银行数量失控，进而造成金融体系的混乱。因此，实行注册制的前提是要有一个成熟、有效和完善的证券市场乃至金融市场。

2. 特许制

在特许制条件下，投资银行在设立之前必须向有关监管机构提出申请，经监管机构核准之后才能设立，即设立的审批权掌握在监管机构手中。同时，监管机构还将从市场竞争状况、证券业发展目标、该投资银行的实力等方面来考虑批准其经营何种业务，一般都有对投资银行的最低资格要求。比如，要有足够的、来源可靠的资本金和比较完备、良好的硬件设施，管理人员必须具有良好的信誉、素质和证券业务水平，业务人员接受过良好教育且具有经营证券业务的相关知识和经验。

---

① 美国《证券交易法》(1934)虽然规定对投资银行的设立采取注册制，但在 1964 年的修正案中就投资银行的资本及其成员的资历作了规定，并于 1975 年修正案中将注册者的适用范围由店头市场(OTC)拓展到所有证券业。

② Louis D Brandeis. Other People's Money and How the Bankers Use It.Bedford/St.Martin's Reprint Edition,1995。

在日本[①]，根据《证券交易法》(1965 年)规定，任何从事证券业的投资银行在进入证券业之前，必须向大藏省提出申请，大藏省在考察其资本金、业务水平、未来的营利性以及市场竞争状况和证券业发展目标等因素之后，根据不同的业务种类来发放不同的许可证。如对从事证券经纪、自营、承销等业务者授予综合类业务的许可证，对从事证券经纪业务者授予经纪业务的许可证等。日本对投资银行的最低资格要求主要有以下几个方面：拥有足够的资本金，而且资本金的来源是稳定可靠的；投资银行的管理人员要具有良好的信誉，有良好的素质和证券业务水平；投资银行的业务人员也必须受到良好的教育，并且与管理人员一样必须具有相当的证券业务知识和实践经验；要求投资银行具有比较完备、良好的硬件设施。因受美国的影响，1998 年 12 月 1 日，通过新的《证券交易法》，将特许制改为注册制。

除日本外，法国、意大利、丹麦、韩国、我国的大陆和台湾地区也实行证券公司特许制管理。与注册制相比，特许制对投资银行的市场准入要求更为严格，行政色彩较为浓厚。特许制要求投资银行的设立不仅自身要具备一定的经营实力，而且还考虑到整个证券市场的情况。这种制度下，政府起着主导作用。

此外，对于既从事证券经纪业务，又经营证券自营业务的投资银行，各国的监管机构一般都设置了更高的要求。除了一般的资格要求之外，监管机构对从事自营业务的投资银行往往规定要拥有更高的资本金，其管理人员和从业人员要具备更高的证券业务水平，要通过严格的考核。

我国对证券公司的设立采用特许制。根据《证券法》规定，设立证券公司，必须经国务院证券监督管理机构审查批准。未经国务院证券监督管理机构批准，任何单位和个人不得经营证券业务。同时，设立证券公司，应当具备下列条件：有符合法律、行政法规规定的公司章程；主要股东具有持续盈利能力，信誉良好，最近 3 年无重大违法违规记录，净资产不低于人民币 2 亿元；有符合《证券法》规定的注册资本；董事、监事、高级管理人员具备任职资格，从业人员具有证券从业资格；有完善的风险管理与内部控制制度；有合格的经营场所和业务设施；法律、行政法规规定的和经国务院批准的国务院证券监督管理机构规定的其他条件。

(二) 主要业务活动监管

1. 对证券承销业务的监管

投资银行在证券发行者和证券投资者之间发挥着桥梁的作用。由于其在证券承销时很容易通过掌握大量的证券来操纵证券市场的价格，从而获取不正当的收益，所以监管一般都着重于禁止其利用承销活动获取不合理利润以及利用热门股票发行或稳定价格时操纵市场等方面。

具体来说，对投资银行承销业务方面的监管有如下几个方面：① 严禁投资银行和证

---

① 日本在 1965 年以前对证券公司的设立实行注册制。许多证券公司纷纷设立，结果约有 40%左右的证券公司或因违反证券法规或因财务支付危机，被责令停业，致使许多投资者蒙受了巨大损失，也在一定程度上动摇了投资者的信心。因此，日本在 1965 年修改《证券交易法》时，在第 28 条第一项规定“非取得大藏大臣许可的股份有限公司，不得经营证券业务”，并就许可的种类、许可的条件、许可申请手续、许可标准、许可拒绝条件做了非常缜密的规定。

券发行者制造、散布虚假或使人迷惑的消息，严禁通过合资或者集中资金来影响证券的发行及发行价格，严禁内幕人员利用内幕信息买卖证券或者根据内幕信息建议他人买卖证券。② 禁止投资银行参与（或不制止）证券发行企业在发行公告中从事弄虚作假的、欺骗公众的行为。如果投资银行和发行企业之间存在着某种特殊关系，必须在公告书中加以说明，以便投资者有充分的心理准备和正确的认识。③ 禁止投资银行承销超过自己所能承受范围的证券，避免其过度投机。禁止投资银行对发行企业征收过高的费用，从而造成企业的筹资成本过高，侵害发行企业的利益。④ 投资银行在股票发行承销业务中，既要合理规范地帮助企业进行股份制改制，科学、合理、合法地充当企业财务顾问，协助其进行资产重组、调整资本结构，使企业符合股票发行和上市条件，确保企业股票发行和筹资的成功，同时又要严格遵守国家的有关法律和政策，不弄虚作假，不搞伪装，以科学的态度进行合理的上市包装，不侵害投资者利益。⑤ 建立证券评级制度。证券评级制度是对资产质量进行评价的一种制度。对证券发行者来说，只有经过评级，所发行的证券才容易被公众所接受，才能顺利地销售出去。而投资者也需要它来比较各种证券的级别及其变动，以保证投资和交易质量，争取最大的收益，从而质量差的证券将被驱除出证券市场。证券评级制度决定着证券的市场价格和销路，也决定着证券发行者的筹资成本和能否筹集到足够的资金，以此作为一种外部约束来督促证券发行者提高发行质量。

2. 对证券经纪业务的监管

监管的具体内容为：① 职业道德方面的约束。投资银行在经营证券经纪业务时必须坚持诚信的原则，禁止任何欺诈、违法和私自牟利的行为。向投资者提供相关信息时，必须保证所提供信息的真实性和合法性，同时保证语义清楚，不得含有易使投资者混淆的内容。② 资本金方面的约束。投资银行向客户提供的贷款不得超过证券市价的一定百分比，而且还得满足初始保证金和维持保证金的要求。③ 在接受客户委托方面，有些国家禁止投资银行全权接受客户委托，替客户选择证券种类、买卖数量、买卖价格和时机等，以防止投资银行侵犯客户利益的事情发生。另一些国家虽然允许设立“全权委托账户”，但是也做了一些规定，禁止投资银行做出不必要的买进卖出，以多牟取佣金。未经委托，投资银行不得自主替客户买卖证券；接受委托，从事证券买卖之后，必须将交易记录交付委托人。④ 在从事经纪业务中，要遵守一些道德约束。不得向客户提供证券价格即将上涨或下跌的肯定性意见，不得劝诱客户参与买卖证券，不得利用其作为经纪商的优势地位违规限制某一客户的交易行为，不得从事可能对保护投资者利益和公平交易有害的活动，也不得从事有损于整个行业信誉的活动。⑤ 应严格按规定收取佣金，不得私自决定收费标准和佣金比例。很多国家都对投资银行向客户收取佣金的比例作了规定。如果政府监管机构没有规定的话，可以自行决定，但决策时必须坚持诚信原则，不得故意欺诈客户。⑥ 除了接受金融监管机构和国家执法机关等行政机关的调查外，投资银行负有对客户证券交易信息等资料保密的义务，不得以任何方式向第三人公开和泄露。

3. 对证券自营业务的监管

各国的监管机构都在如下几方面对投资银行的证券自营业务进行严格监管：① 禁止投资银行操纵证券的价格。在这方面一般规定某一投资银行所能购买的证券数量，不得超过该证券发行企业所发行的证券总量的一定百分比，或者不得超过该发行企业资产总额的一定百分比。② 限制投资银行所承担的风险。要求投资银行在进行证券交易时按一定比例提取准备金;严格限制投资银行对外负债的总额不超过其资本净值的倍数以及流动性负债的规模不超过流动资产的一定比例,限制其通过借款来购买证券;限制投资银行大量购买“有问题”的证券。③ 要求投资银行开展证券自营业务时遵循公平、公开交易的原则。投资银行不得利用其在资金、信息和技术等多方面的优势来从事不公平交易,必须遵守证券市场规则,公平参与竞争。必须标明其自营业务的内容,坚持交易程序、交易价格、交易数量公开,不搞内幕交易和暗箱操作。④ 投资银行的自营业务和经纪业务必须严格分开,防止投资银行通过兼营自营业务和经纪业务侵犯客户的利益。规定实行委托优先和客户优先的原则,即当客户和自营部门同时递交相同的委托时,即使投资银行叫价在先,也要按客户的委托优先成交;在同一交易时间,不得同时对一种证券既接受委托买卖又自行买卖。⑤ 规定投资银行必须实名经营。投资银行的证券自营业务必须以自己的名义进行,不得假借他人名义或者以个人名义进行,证券自营业务必须使用自有资金和依法筹集的资金,不得将其自营账户借给他人使用。⑥ 在经营自营业务时,应该尽力维持市场稳定、维护市场秩序。投资银行是依托资本市场而生存的,维护市场秩序是投资银行的天职。同时,投资银行是拥有巨资的机构投资者,也有能力来维护市场的交易秩序和安全。不得出现侵犯客户利益和过度投机的行为。

4. 对基金管理业务的监管

投资银行基金管理业务的监管内容主要有以下几方面:① 基金资格的监管。基金的设立有两种方式,即注册制和核准制。在注册制下,只要符合规定的条件即可获准成立,属于一种形式管理,大多数国家和地区都是采用这一方式,如美国、日本、我国香港等。核准制属于一种实质管理,我国就采取这一方式。② 基金信息披露的监管。监管是建立在信息充分披露的基础上的,要求披露的主要内容有注册登记表、招募说明书、中期报告、年度报告、股东大会报告及股东账户与记录等。招募说明书必须能给投资者提供充分和准确的信息,监管部门鼓励投资者在做出投资决策之前询问和阅读投资基金的招募说明书,招募说明书必须分发到每一位该基金投资者的手中。要充分、公正地对投资者披露信息,以便让投资者——而不是政府——去判断每个基金投资的优劣。投资者的利益也就是基金的利益,因此基金必须将投资者的利益放在首位,要为他们提供优质的服务。③ 对基金运作的监管。基金操作需要规范化,各国法律都对投资基金运作的有关方面作了明确的规定,如发行与认购、投资策略和范围、收益的分配及信息的公开等。监管通过定期检查和临时检查来确保这些规定得到严格遵守。定期检查在时间间隔上,对于规模较大的投资基金一般是每两年检查一次,对于规模较小的投资基金一般是每五年检查一次。临时检查主要是在以下两种情况下进行:一是接到投诉信,二是新闻媒体刊登的信息。监管机构对基金分散组合投资做出规定,以便降低基金的投资风险,并使基金获得享受税收优惠的价格。④ 对行业组织与基金组织本身进行监管。对行业组织的监管,包括检查这些行业组织的监管系统、调查工作的手法和程序以及违法行为的处分惩罚制度是否得到有效施行。此外,通过证券交易所、清算机构等组织来保证基金交易的合法性。对投资基金本身进行监管包括监管部门应对投资企业和投资顾问的有关文件进行选择性的审查,并对其中规模和社会影响较大的基金公司的文件和报告做详细检查。

5. 对企业并购业务的监管

具体的监管内容为:① 主要信息披露制度。上市公司重大的购买或出售资产行为、董事会决议、中介机构报告、监事会意见、是否产生关联交易和同业竞争等问题,均须及时披露。持续时间较长的并购必须定期连续公告。美国《威廉姆斯法案》还规定,在收购的信息公开中,下列行为是违法的:对重要事实作任何不实陈述,在公开信息中省略那些为了不引起人们误解而必须公开的事实,在企业收购中的任何欺诈、使人误解的行为和任何操纵行为。这些均属于虚假陈述,投资者可以对此提出起诉。② 股东持股披露义务。股东获得某一企业有投票权的股份达到一定数量时,必须公开一定的信息,以此防止大股东暗中操纵市场。大股东持股信息披露的关键内容是披露持股的比例要求、披露的期限与股份变动数额。要求开始披露的持股比例越低,越有利于保护中小股东的利益。③ 禁止内幕交易。这里的内幕人员主要是指投资银行的相关工作人员。内幕交易主要包括利用内幕信息买卖证券或者根据内幕信息建议他人买卖证券的行为,向他人泄露内幕信息,使他人利用该信息获利的行为。投资银行的部分职员由于帮助公司实施并购方案,能比公众多掌握一些内部信息,出于保护公平交易的考虑,应该禁止他们从事内幕交易。我国《证券法》规定,禁止证券交易内幕信息的知情人和非法获取内幕信息的人利用内幕信息从事证券交易活动。《证券法》所界定的证券交易内幕信息的知情人包括:发行人的董事、监事、高级管理人员;持有公司5%以上股份的股东及其董事、监事、高级管理人员,公司的实际控制人及其董事、监事、高级管理人员,发行人控股的公司及其董事、监事、高级管理人员,由于所任公司职务可以获取公司有关内幕信息的人员;证券监督管理机构工作人员以及由于法定职责对证券的发行、交易进行管理的其他人员,保荐人、承销的证券公司、证券交易所、证券登记结算机构、证券服务机构的有关人员,国务院证券监督管理机构规定的其他人。

6. 对金融衍生产品业务的监管

具体的监管内容为:① 增加市场透明度。要求投资银行制定出一套完善的风险管理、咨询收集制度,密切注意资本市场的变化,定期地向监管机构和投资者公布信息。同时还规定投资银行公开的资料会计口径必须标准化,以便于评估市场风险。② 加强协调合作。这一方面指的是大户投资者或机构投资者必须与投资银行合作,遵从相关的交易法令,另一方面指的是投资银行之间要加强协调与合作,共同抵御风险,以维护金融体系的安全。③ 重视对电子信息系统的安全性管理,要在技术上加强安全,以避免重大损失。

7. 对财务顾问业务的监管

就我国来说,具体的监管内容为:① 实行业务许可制。投资银行从事证券、期货咨询业务必须取得中国证监会的许可,否则,不得从事各种形式的证券、期货投资咨询业务。② 对咨询机构和咨询人员有相应条件和资格要求。申请从事证券、期货投资咨询业务的机构,必须在资本、设施及从业人员等方面符合法定条件,由地方证管局初审后报中国证监会审批,方可从业。证券、期货投资咨询人员必须参加某个证券、期货投资咨询机构方可执业,且不得同时在两个以上的证券、期货投资咨询机构执业。③ 在业务管理上,投资银行从事咨询业务时,不得代理从事证券、期货的买卖,不得向投资人承诺投资收益,不得与他人合谋操纵市场或进行内幕交易。④ 向投资人提供的投资分析、预测和建议所应用的有关信息资料,应当是真实、合法的,且完整、客观和准确。⑤ 向投资人就同一问题提供的投资分析、预测和建议应当一致,不得对客户区别对待。

8. 对金融创新的监管

对投资银行金融创新监管的主要内容包括:① 调整监管。当投资银行创新的许多工具和做法被越来越多地效仿时,金融监管机构需要进行金融监管的调整来面对这种创新,可以是放松某些管制,也可以是加强立法和监督,以杜绝某些有危害的创新。② 扩大监管范围。不仅对投资银行的基本业务进行监管,其衍生业务(包括各种创新业务)也应纳入监管范围。③ 采用新的会计制度。用代表市场价值的会计核算制度来代替原有的只反映资产账面价值的核算方式,对投资银行的财务报告进行更准确的评估。④ 加强电子信息系统的安全管制。由于金融市场的国际化和电子化,交易的规模和成交速度发生了根本的变化,要从技术上采取安全措施,防止出现危害甚大的“机器故障”。⑤ 加强监管的国际合作。由于现在的投资银行业务呈现出国际化的趋势,因而有必要在全球范围内加强证券监管部门的合作,以确保金融交易的高效安全以及投资银行的规范运作。

三、日常经营活动监管及市场退出监管

(一)日常经营活动监管

纵观各国对投资银行业日常经营活动的监管,主要包括以下几个方面的内容。

1. 经营报告制度

投资银行必须定期将其经营活动按统一的格式和内容向证券监管机构报告。有些国家还规定,经营报告分为年报、季报和月报三种,经营状况好的投资银行只需要上交年报,而那些被认为需要重点监管的投资银行则必须上交季报甚至是月报。这样可以让金融监管机构随时了解投资银行的经营管理状况,以便更好地实施监督和管理,防止金融危机的爆发。上报的这些情况将成为决定是否对那些经营不好的投资银行采取相应措施的重要依据。我国《证券公司监督管理条例》第 63 条规定,证券公司应当自每一会计年度结束之日起 4 个月内,向国务院证券监督管理机构报送年度报告,自每月结束之日起 7 个工作日内报送月度报告。

2. 收费限制

为了防止投资银行在证券承销、经纪服务中收费过高,人为抬高社会筹资成本,证券监督机构对投资银行经营证券承销、经纪以及咨询服务等业务的收费标准一般实行最高限制。例如,美国投资银行经纪业务的佣金比例不得超过交易额的 5%,其他业务的佣金比例不得高于 10%,否则将按违反刑法论处。

3. 资本比例限制

为了防范投资银行过度地追求风险,很多国家都对投资银行的资本充足率指标做了要求,规定了投资银行持有净资本的最低限度。例如,在美国,SEC 规定,投资银行的净资本(由现金和可以随时变现的自有资本组成)与其负债之比最低不得低于 1 ∶ 15。该原则实际上是要求投资银行在经营中保持足够的现金资产,以便把投资银行的经营风险控制在一定的范围内。由于准备金与资本充足性之间有内在的联系,也成为投资银行监管不

可忽视的重要内容。准备金包括普通准备金和专项准备金，其中普通准备金用于弥补潜在的风险损失，具有资本的某些特征，因此《巴塞尔资本协议》将其归入补充资本的构成中，而专项准备金是弥补已经发现的风险损失。监管机构要求投资银行在谨慎经营和真实评价业务质量的基础上提取准备金，并保证准备金水平与投资银行盈利、风险水平之间的平衡。

4. 经营管理制度

考虑到证券市场应该建立在非垄断、非欺诈的平等基础上，证券监管机构应建立严格的经营管理制度，制定“反垄断条款”“反欺诈、假冒条款”和“反内部沟通条款”等。投资银行可以在不违反这些条款的前提下，开展合理的证券投机活动。“反垄断条款”的核心是禁止证券交易市场上垄断证券价格的行为，制止哄抬或哄压证券价格，制止一切人为造成证券价格波动的证券买卖；“反欺诈、假冒条款”的核心是禁止证券交易过程中的欺诈、假冒和其他蓄意损害交易对手的行为；“反内部沟通条款”的核心是禁止投资银行内幕交易行为，以及公司的内部人员或关系户利用公职之便在交易中牟取私利。

5. 交纳管理费制度

除了投资银行注册费外，投资银行必须按经营额的一定比例向证券监管机构和证券交易所交纳管理费，证券监管机构和证券交易所将这些管理费集中起来，主要用于对投资银行经营活动进行检查、监督等方面的行政开支。我国政府规定自 2003 年 1 月 1 日起，对在我国境内登记注册的证券公司、基金管理公司、期货经纪公司均收取机构监管费。对证券公司和基金管理公司每年按注册资本金的 0.5‰收取，最高收费额为 30 万元；对期货经纪公司每年按注册资本金的 0.5‰收取，最高收费额为 5 万元；期货市场监管费标准为年交易额的 0.002‰，由上海、郑州、大连期货交易所收取。

（二）市场退出的监管

投资银行的经营活动面临各种各样的风险，如果经营不善、风险控制不当，当风险积累到一定程度时就很可能会发生危机，而一旦危机出现，无论投资者的利益还是投资银行股东的利益都会遭受损失，甚至整个金融体系的稳定和安全也会受到严重威胁。因此，针对经营不良的投资银行令其退出就显得尤其重要。

投资银行的市场退出监管是指投资银行在业务活动中，发生或可能发生清偿危机时，监管机构出于保护投资者利益和维持市场秩序的考虑而关闭该投资银行，或者投资银行因其他事由而退出市场时，监管机构依据现行法律法规对退出全过程进行监管，并指导其清盘过程，收回其经营证券业务许可证，以保护投资者和股东的利益、恢复市场正常秩序的行为。

在投资银行退出市场的过程中，监管机构会采取干预措施，并会努力将这种干预对市场机制的负面影响控制在最小的范围内。事实证明，投资银行危机事件拖得时间越长，最后遭受的损失也越大。这就要求投资银行监管机构随时准备干预。当危机发展到一定程度，投资银行走到破产的境地时，监管机构只能促成其他投资银行与该行合并或者对当事投资银行进行破产清算。一般情况下，监管机构会尽量选择前一种处理方式，因为这样可以保全原来的运营基础，投资者利益损失较小，对金融体系冲击较小。

四、资本市场监管原则及投资者保护性监管

(一) 资本市场监管原则

1. 关于监管机构的原则

(1) 明确的职责。监管机构公正、尽职、高效的监管有赖于以下因素的支持:对于职责的明确界定,最好以法律形式颁布;与有关当局之间通过适当渠道的有力合作;对监管机构及工作人员履行职能和权力给予充分的法律保护。

(2) 独立性和责任。在行使职能权力时,监管机构应不受外界政治和商业因素的干预,保持运作上的独立性,并对权力和资源的使用负责任。

(3) 充分的权力和适当的资源。监管机构应当拥有充分的权力、适当的资源以及发挥功能和运用权力的能力。

(4) 清楚、有连续性的监管程序。在行使权力和发挥职能时,监管机构应该采取这样的程序;有连续性、易于理解、对公众公开、公平和公正。

(5) 工作人员的行为。监管机构的工作人员必须遵守最高的职业道德标准,并在以下具体事项上得到明确的指引;避免利益冲突(包括工作人员可能买卖证券的情形)、合理使用在行使权力或履行职责时获得的信息、遵守保密规定和保护个人数据资料、保持工作程序的公平性。

2. 关于自律的原则

(1) 自律组织的角色。自律组织是监管机构实现监管目标的一个重要补充。自律的模式多种多样,自律功能应用的程度也千差万别。多数国家自律组织的共同特征是独立于政府监管机构,有工商企业参与管理,如合适也有投资者参与管理。

(2) 核准与监督。监管机构赋予自律组织权力之前,应当要求自律组织达到一定的标准;同时要不断地对自律组织进行监管。一旦自律组织开始运作,监管机构还应保证其权力的运用符合公众利益,并有助于现行证券法律、法规、自律组织条例等得到公正、连续的贯彻。

3. 关于证券监管实施的原则

(1) 检查与执行程序。运用检查和监督手段对市场中介机构进行的监督有助于保持其服务的高标准和加强投资者保护,这些预防措施是调查和执行程序必要的组成部分,只要它认为必要,监管机构就有权获取所需信息和对中介机构实施检查。

(2) 综合实施权力。证券交易与欺诈阴谋的复杂性要求严格有力的执法行为,证券市场的投资者特别容易受到中介机构或其他人的违法行为侵害,因此监管机构或其他主管当局应当具有调查和执法的综合权力。

(3) 国际实施。证券市场的国际化及证券业务活动跨越多个司法管辖区的事实,带来了一些特殊的问题。立法及监管机构的执法能力应足以对付跨国界的违法活动,因此监管机构应努力保证其自身或者管辖区内的其他机构获取必要信息的权力,这些信息对于调查和起诉违反法律及相关证券法规的行为非常必要。同时还要保证这些信息可以通过直接或间接的方式与其他监管者共享。

(4) 洗钱。洗钱这一术语包含了各种为掩盖黑钱的非法来源、制造合法取得假象的行为和过程。证券监管机构应该考虑国内法律在对付风险方面是否完备。监管机构应要求市场中介机构制定相应的政策和程序,以最大限度地降低利用证券中介业务洗钱的风险。

4. 关于监管合作的原则

(1) 国内监管合作的必要性。当存在以部门为基础的监管职责分工或当证券法和相关的基本法律有交叉时,国内各部门的信息共享就显得非常重要。国内监管合作的必要性不仅表现在执法问题上,当证券、银行和其他金融部门存在职责分工时,有关某一领域活动授权和降低系统风险的信息沟通也同样需要国内合作。

(2) 国际合作的必要性。对国内市场的有效监管也需要国际合作,不能提供监管协助,将会严重危及证券市场的有效监管。金融活动国际化和金融市场全球化程度的提高,意味着监管国际合作的重要性。

(3) 监管合作的范围。合作的形式和内容依情况而定。重要的是,援助不只是在调查时提供,而是应该成为制止不法行为的执法程序的一部分。另外,对于监管的一般信息的交流也是必要的,包括财务和其他检查信息、专业技术、监督和实施的技术、投资者教育等。

(4) 针对大型金融集团的合作。经营涉及多个金融分支甚至涵盖金融和非金融领域的综合性大型金融集团越来越多,由此通过国际合作不断完善证券监管方法和手段也就显得非常重要。

5. 关于发行公司的原则

(1) 信息披露应该清楚、及时、相对具体。投资者应该持续不断地获得有关信息以据此做出投资决策,对影响投资决策的信息进行充分、及时、准确的披露直接关系到保护投资者和提高市场公平、效率和透明度的监管目标。

(2) 必须披露信息的情况。信息披露原则上至少应该包括以下内容:公开募股的条件;招股说明书和其他发行文件的内容;有关发行的补充性文件;有关证券发行的广告宣传;上市公司重要关联人的信息;谋求公司控制权的人的信息;对上市证券价格和价值产生重要影响的信息;定期报告;股东投票结果。

(3) 关于公司控制权的信息。为保证所有股东享有公正平等的待遇,应该要求披露管理层和大股东的持股情况。

(4) 会计和审计标准。财务信息的可比性和客观性是进行投资决策的关键,会计准则与审计准则为财务信息的客观性提供了保障。会计标准应确保财务报表使用者获得最基本的财务信息,应该有符合高的国际标准而且清晰、定义准确的会计原则,同时还应保证财务信息的正确性和相关性。

6. 关于投资基金的原则

(1) 对管理人的资格要求。对基金管理人的资格要求应当有明确的标准。监管者还应考虑这样一些因素:管理者的诚实与正直,管理者履行其职责的胜任程度,融资能力,管理者的特定能力与责任,内部管理程序。

(2) 对经营、利益冲突和授权的监管。监管体系应当在整个存续期间对组织进行监督。对基金管理者的监管旨在促进高水平的操作、正直和公平交易。投资基金在操作过程中可能会出现投资者与基金管理人或关联人之间的利益冲突,监管制度应当使这种潜在冲突发生的可能性降低至最小,同时确保冲突真的发生时能得到正确披露。

(3) 法律形式和组织结构。监管体系应当规定投资基金的法定形式和组织结构,以便投资者评价他们的权力和利益,并使投资者的集合资产能够与其他实体的资产有效区分和隔离。

(4) 对投资者的信息披露。应该规定对投资者和潜在投资者的信息披露以对基金资产价值有重大影响的事项为主要内容。

(5) 对客户资产的保护。监管者应当意识到保护投资者的好处,而且通过有效机制保护客户资产免受投资公司破产或其他风险损失将有助于增强人们对金融市场的信心。

(6) 资产评估和定价。监管制度应力求确保一个投资基金的全部财产能得到公平和准确的估价,净资产值也能得到正确计算。

(7) 基金单位的赎回。投资基金监管的法律和法规应当确保投资者可以按照基金文件中明确规定的条件赎回自己的份额,并确保赎回权的暂停是保护投资者利益的。监管者应该随时被告知各种赎回权暂停的情况。

(8) 国际监管合作。越来越多的共同投资基金在国际上销售,而且基金发起人、管理人、托管人与基金的投资者分属不同国家的现象也很普遍,因此对基金的审批应该考虑到国际合作的需要。

7. 关于市场中介的原则

(1) 审批和监督。对市场中介机构实施审批和监督,应当制定市场参与者的最低标准,并对所有情况相似的机构采取前后一贯的处理方法。这些审批和监督还应努力减少因中介机构失职、违法和资本不足而可能给投资者造成的损失。

(2) 资本充足性。对经营资本充足的适当监管进一步加强了对投资者的保护和金融体系的稳定。

(3) 业务行为准则和其他谨慎性要求。市场中介机构的行为应以保护客户利益和保证市场公正为基础。

(4) 对中介机构破产事件的措施。由于发生金融破产的不可预见性,处理计划应当比较灵活,监管者应努力减少中介机构破产对投资者造成的伤害和损失。采取限制经营、确保资产正常管理、披露有关信息等一系列行动措施可能是必要的。

(5) 对中介机构的监督。监管制度应当确保对市场中介机构的适当和持续的监督。

(6) 投资顾问。投资顾问的监管制度方案应包含以下要素:审批制度应足以确定从事投资顾问业务的资格并确保能够得到最新的投资顾问名单;禁止向违反证券法、其他金融法或刑法未满一定期限的申请人办理执照;保存有关记录的要求;关于投资顾问向潜在客户进行信息披露的清楚和详细的要求,包括:投资顾问的学历、相关的行业经验、受处罚的记录(如有)、投资策略、费用结构和其他客户费用、潜在利益冲突和过去的投资业绩;应规定信息披露要定期更新,发生重大变化时要及时修正;设计一定的规则和程序以防止事先保证投资业绩、滥用客户资产和潜在利益冲突的发生;检查和执行的能力。

8. 关于二级市场的原则

(1) 证券交易所和交易系统。监管程度的高低取决于市场特性，包括市场结构、市场使用者的成熟度、市场进入的权利和交易产品类型。在有些情况下，交易系统在较大程度上免受直接监督是适宜的，但应得到有关监管当局的批准，在这之前，监管当局应认真考虑给予批准(或豁免)的类型。

(2) 对市场运行系统和信息的持续监管。监管机构必须确保作为批准前提的相关条件在系统运行过程中依然保持，交易系统规则的修改方案应提交监管机构或由其批准，当交易系统被认定不符合批准条件或证券法规时，监管部门应重新审核或撤销原来的批准。

(3) 交易透明度。透明度可定义为交易信息能够及时为公众所获取的程度。确保即时获得信息是二级市场交易监管的关键，即时获得有关交易信息使投资者能更好地保护自己的利益，降低市场操纵或其他不公平交易发生的风险。

(4) 禁止操纵市场和其他不公平交易行为。对二级市场交易的监管应禁止操纵市场、误导、内幕交易以及其他可能扭曲价格发生系统、扭曲价格、造成某些投资者处于不利地位的欺诈、欺骗行为。

(5) 重大风险、违约诉讼程序和市场混乱。重大风险是指一个大到足以引致市场或清算公司风险的建仓，市场当局应对此密切监控并保证信息共享，以便对风险进行正确评估。市场当局应使市场参与者了解关于市场违约诉讼程序的相关信息，监管机构应确保与违约有关的诉讼程序的有效性和透明度。相关产品(现货或衍生品种)的市场当局应当尽可能彼此沟通，以期将市场混乱的负面影响降低到最低限度。

(6) 清算和结算。清算和结算系统是指计算市场参与者的义务并对各方义务进行结算的系统，它包括数据或文件的提供、交换过程，以及资金和证券的转移过程。应使市场的参与者了解清算和结算系统的操作规则和程序，应该对清算和结算系统及其运作人员实施直接监督。

(7) 清算和结算系统的标准和监督。清算和结算机构的监管部门应要求一个使其能够确保系统可靠性的监管框架，使其能够监控或在可能的情况下预测并防止清算和结算问题的发生。

(8) 清算和结算系统交易的确认。清算和结算体系安排应能提供对交易的及时确认，其标准应尽可能地接近即时确认。

(9) 清算和结算系统中的风险问题。应该设置在连续的基础上辨别和控制风险的程序。证券市场的监管者不仅应努力降低风险，同时还应致力于风险的认定及其在参与者之间的转移。

(二) 投资者保护性监管

1. 建立和健全信息披露制度

投资银行有义务让客户了解自身真实的经营能力、目前的经营状况、相关业务所承担的风险等方面的信息，从而保证客户的决策是在完全知情的情况下做出的。因此，所有国家或地区都不约而同地在法律中严格规定投资银行必须以特定的形式保存和公开特定的信息。其中“特定的形式保存信息”指的是投资银行有义务按照适用的会计准则和财务通则,以及监管机构专门设计的表格或指标的要求保存有关信息;“公开特定的信息”指的是并非所有的信息都必须披露,如客户的有关资料就属于严格的保密范畴,而凡是应公开的信息都必须按要求进行披露。

2. 对投资银行不正当交易行为的监管

投资银行不正当交易行为主要包括市场操纵、关联交易和内幕交易等行为,必须运用法律手段加以惩罚。① 市场操纵行为,是指某人或某一组织以获取不正当利益或转嫁风险为目的,利用其资金、信息等优势滥用职权影响证券交易价格,诱使他人买卖证券,扰乱证券交易秩序的行为。操纵行为多为机构所为,它扭曲了证券交易市场的价格关系,扰乱了证券市场正常秩序,影响了证券市场正常运转,侵害了投资者的合法权益。对于市场操纵行为,各国一般都采取事前监督和事后救济的方式进行监管。② 关联交易行为,是指某一公司或其附属公司在与该公司直接或间接拥有权益、存在利益关系的关联方之间所进行的交易。关联交易是在跨国公司、母子公司等制度广泛运用时出现的。关联交易是公司和证券制度中的一项重要内容,是投资银行在证券交易操作中可能出现的一种情形,由于关联交易往往损害部分股东的利益,因此必须加强对关联交易的监管,确保全体股东的正当利益不受侵害,以此来维护股东与投资者对投资银行和证券市场的信心。③ 内幕交易行为,是指掌握内幕信息的人,利用其信息优势进行的证券交易,目的是获取利益或减少损失。其中“内幕信息”是指发行人、证券经营机构、有收购意图的法人、证券监管机构、证券行业自律组织及与其有密切联系的人员所了解的、但尚未公开的、可能会影响有价证券价格的信息。由于内幕交易违反了证券市场的“三公”原则,损害了证券交易的公平性和投资者的利益,因此许多国家禁止这种交易。

五、投资银行业的监管体制及其模式

(一) 投资银行业的监管体制

从世界范围来看,各国对投资银行业的监管体制大体上可以分为:集中型监管体制、自律型监管体制和综合型监管体制。之所以采取不同的监管体制,是因为各国之间的历史文化传统、经济制度、市场发育完善程度等都是不尽相同的,而这种不同的选择也势必会影响到资本市场的发展。投资银行业的监管体制并不是一成不变的,随着国家经济模式、政治模式等条件的改变,投资银行业的监管体制也应该随之发展、完善,这样才能够促进证券市场乃至资本市场的更好发展。

1. 集中型监管体制

集中型监管体制,是指政府(国家)通过制定专门的法律,并设立隶属于政府(国家)或直接隶属于立法机关的全国性证券监管机构对投资银行业进行集中统一监管,而各种自律性组织,如证券业协会、证券交易所等只起协助性作用。这种监管体制以美国、日本、加拿大、韩国等国家为代表。我国目前投资银行业的监管体制也属于这种类型。

集中型监管体制有三个显著特点:① 有一套系统的对投资银行业进行监管的专门性法律。如美国,经过 20 世纪 30 年代初的“大危机”后,政府加强了对投资银行业的法律干预和监管,陆续出台了一系列专门性法律来规范投资银行业的业务活动,包括《证券法》

(1933),《证券交易法》(1934)、《玛隆尼法案》(1938)、《投资公司法》(1940)、《投资者咨询法》(1940)、《证券投资保护法》(1970)等。同时,各州还订立了本州的证券管理法规,比如人们比较熟悉的蓝天法;② 有权力高度集中统一的全国性的专门监管机构,其中以独立监管机构为主体。如美国,投资银行业由专门的证券管理机构——SEC 管理。作为全国统一管理证券活动的最高管理机构,它直接隶属于国会,独立于政府(不受联邦储备委员会和财政部的管理)。SEC 具有某种立法权和司法权,主要任务是执行美国的证券法规,负责对全国的证券交易、证券商、投资公司等依法实施全面监管。同时成立"联邦交易所"的"全国证券交易协会",分别对证券交易所和场外证券业进行管理,从而形成了以集中统一管理为主,辅以市场自律的较为完整的证券管理模式;③ 对市场违规行为依照有关法律进行处罚。如我国《证券法》第 188 条规定,未经法定机关核准,擅自公开或者变相公开发行证券的,责令停止发行,退还所募资金并加算银行同期存款利息,处以非法所募资金金额 1%以上 5%以下的罚款,等等。

集中型监管体制有如下三个方面的优点:具有统一的证券法律和专门的法规,使证券市场行为和投资银行业务活动有法可依,所有活动(包括监管本身)均纳入法治的轨道,提高了监管的权威性;有一个超脱于市场参与者的统一的监管机构,能公正、公平、严格地发挥监管作用,防范市场失灵情况出现;监管者的地位超脱,有足够的权威来维护证券市场乃至资本市场的正常运行,有利于保护投资者的权益。与此同时,集中型监管体制的缺点也可以归纳为如下三点:监管机构超脱于市场,可能造成监管脱离实际,缺乏效率;由于其监管机构的超脱地位,可能产生对证券市场的过多干预;监管机构与自律组织相比较,距离市场较远,掌握的信息相对有限,有时可能会出现监管机构对证券市场的意外事件或行为反应较慢,处理危机不及时,从而降低监管的效率。监管机构的超脱地位,使其往往以严厉的执法者或救助者面目出现,容易引发道德风险和逆向选择,进而增加监管机构的间接成本。

2. 自律型监管体制

自律型监管体制是指国家除了某些必要的立法之外,较少干预投资银行业,主要是通过证券交易所、投资银行业自律组织和投资银行自身进行自我监管。实行这种监管体制的国家或地区有英国、荷兰、爱尔兰、新加坡、我国香港特别行政区等。

自律型监管体制有两个显著特点:第一,通常没有专门规范投资银行业和证券市场管理的法律、法规,而是通过一些间接的法律法规来调整和制约投资银行业的业务行为和证券市场的各项活动。以英国为例,英国没有专门的《证券法》和《证券交易法》。在其《1986 年金融服务法》出台以前,有关证券市场的法规有 1948 年和 1967 年的《公司法》、《1958 年防欺诈(投资)法》、《1973 年公平交易法》、《1984 年证券交易所上市条例》等。这些法律对证券交易行为、股份公司行为、内幕交易行为等方面做了规定,是一些间接的、分散的法律和法规。第二,没有设立专门的全国性的政府证券监管机构,而是依靠证券市场的参与者,如证券交易所、证券商协会等自律组织进行监管。例如,英国一贯强调金融机构的自律管理。它没有相关的政府部门对投资银行业和证券市场进行监管,但下列政府部门与投资银行业和证券市场监管关系比较密切:英格兰银行负责商业银行证券部的监管、证券投资委员会(SIB)[①]负责证券公司的注册和监管。英国的投资银行业和证券市场自律管理系统主要由“证券交易所协会”“股权转让与合并专业小组”和“证券业理事会”组成,其中,“证券交易所协会”是英国证券市场的最高管理机构,主要依据该协会制定的《证券交易所管理条例和规则》来运作。

自律型监管体制的优点有如下三个方面:在提供投资者合法权益保护的同时,能发挥市场的创新和竞争意识,有利于活跃证券市场;由于投资银行在从事业务活动中更贴近市场,在信息资源方面具有更大的优势,因此允许投资银行参与制定证券市场的监管规则,能使监管更符合实际,也使制定的监管规则(条例)具有更大的灵活性和更高的效率;自律组织直接置身于证券市场之中,能对证券市场现场发生的违规行为做出迅速而有效的反应,对突发事件可以更妥善地解决。自律型监管体制的缺点则在于:监管重点通常放在保证市场的有效运转和保护自律性组织成员的利益上,对投资者的利益往往难以提供充分的保障;由于缺乏专门的监管立法,对违法行为的约束缺乏强有力的法律效力,影响了监管的权威性,监管手段较弱,监管力度不够;没有统一的监管机构,难以实现全国证券市场的协调发展,而监管机构的非超脱性难以保证监管的公正。

3. 综合型监管体制

综合型监管体制,又称为中间型监管体制,是政府主导型监管体制和自律型监管体制相互渗透、相互结合的产物。这种体制既设有专门性的立法和政府监管机构来进行集中管理,又设有自律性组织来进行自律监管。这种监管体制又称为分级监管体制,包括二级管理和三级管理两种模式。前者指的是政府监管机构与自律性组织互相结合的管理;而后者指的是中央政府、地方政府和自律组织三者相结合的管理。采用综合型监管体制的国家有德国、意大利、泰国等。

以德国为例,在对证券市场的管理上,由联邦政府制定和颁布证券法规、由各州政府负责实施监管;同时,与交易所委员会、证券审批委员会和公职经纪人协会等自律管理相结合,进行自律管理。该体制比较强调行政立法监管,非常重视证券业者的自律管理。德国对证券业的监管,主要是通过地方政府来组织实施的。但是州政府尽可能不采取直接的控制和干预手段,而是在很大程度上依靠证券市场参与者的自我约束和自律管理。这也就是说,尽管德国有一个比较完整的监管体制,但它却比较强调自律和自愿。

证券市场中存在多个利益主体,筹资者与投资者、证券机构与客户之间有着各自不同的利益,存在着种种矛盾和冲突,客观上需要一个协调不同利益主体之间矛盾并超脱于这些利益主体的机构。同时,证券市场是高风险的市场,影响深度大,波及的范围广,需要通过集中统一型监管,规范各市场主体的行为,维护市场的秩序。因此,在注重法制和国家监管的同时,证券市场必须强调自律,发挥证券市场组织者、参与者自我管理、相互监督的作用。一方面,证券市场参与者众多,运作程序复杂,相关因素广泛,仅靠国家监管机构的监管是不够的,必须要求证券市场所有的利益主体进行相互监督和自我约束;另一方面,进行自律也是市场组织者和参与者自身利益的需要。所以,从这个意义上说,政府主导型监管体制与自律型监管体制的结合是相当重要的。

---

① 证券投资委员会(SIB),依据法律享有很大的监管权力,但它既不属于立法机关,也不属于政府机构。

目前，世界上大多数实行集中型监管体制或自律型监管体制的国家都逐渐向综合型的体制过渡或靠拢。如美国也开始重视政府监管与证券交易所和证券机构等自律性组织的监管相结合。又如，英国通过《1986 年金融服务法》，标志着首次以立法形式对证券业进行直接管理，并于 1997 年设立了单一金融监管机构——金融管理局，并提出了“立足业者、依靠法律”的口号。只是由于国情的不同，在实行综合型监管体制时，有的倾向于集中监管，有的侧重于自律监管，以便同时发挥集中监管和自律监管各自的优势。

（二）投资银行业的监管模式

投资银行业的监管模式可以分为分离模式和混合模式两种。我国以及 20 世纪 90 年代以前的美国和日本是分离模式的代表，而德国以及 20 世纪 90 年代后的美日两国是混合模式的典范。

分离模式，就是严格限制投资银行、商业银行的业务，投资银行不能吸收存款，而商业银行也不能从事有价证券的买卖、中介、承销等业务，两者之间存在着严格的业务界限。其优点主要在于能有效地降低整个金融体系运行中的风险，业务分离弱化了金融机构之间的竞争，客观上降低了金融机构因竞争被淘汰的概率，从而有利于金融体系的稳定。

混合模式则对两者的业务没有任何的限制，一个金融机构可以同时经营银行业务和证券业务，至于具体选择经营什么业务，则由各个金融机构根据自身优势、发展目标和各种主客观条件自行决定，金融市场监管机构一般不予干预。其优点在于全能银行可以充分利用其有限资源，实现金融的规模效应，降低成本，提高盈利，一种业务的收益下降，可以用另一种业务的收益来弥补，这样就保障了利润的稳定性。而且银行业之间的竞争也加强了，而竞争在经济学意义上则会有利于优胜劣汰，提高效益，促进社会总效用的上升。

分离模式有益于金融市场的安全和稳定，混合模式则更注重提高市场的效率，大多数情况下两者不可兼得。分离模式在长期的运作过程中，越来越限制银行的业务活动，从而制约了本国银行的发展壮大。由于各国保护主义的兴起，为了加强本国金融机构的国际竞争力，20 世纪 90 年代在世界范围内出现了混合化（或全能化）的趋势。

第二节　投资银行风险防范

一、投资银行风险概述

（一）投资银行风险的定义

投资银行的风险是指投资银行在经营管理和自身发展过程中，由于某些事件的发生对其预期收益率产生不利影响的可能性，不利影响的程度越大，其风险越大。具体地说，投资银行风险是指投资银行在从事以证券承销、证券交易、企业并购、企业重组、资产管理和资产证券化等为主营业务的各项业务活动中，以及在创新业务过程中，由于各种经济变量，尤其是与证券市场密切相关的各种变量存在的不确定性，从而导致投资银行蒙受损失的可能性。

风险防范对一切金融机构的经营管理而言，都是一个非常重要的课题，对投资银行业的经营管理体制而言,则更是一个永恒的主题。投资银行业务,无论是传统业务,还是创新业务,都伴随着风险。而且收益越高的业务所伴随的风险也越高。与商业银行不同,投资银行没有存贷款业务,没有相对稳定的收益和利润来源,因此为了获取较高的收益,它就必须勇于开拓具有较高风险的各项业务。但是,高风险并不能确保高收益,这样,投资银行业务管理的轴心就不是资产负债比例管理,而是风险与收益的对应管理:在收益性、安全性、流动性三者协调统一的基础上,合理开展低、中、高不同风险程度(从而不同收益程度)的业务,尽可能以最小的综合风险来获取最大的收益。

投资银行的风险因素多,关系复杂,要有力地控制投资银行的风险,必须首先弄清投资银行的各种风险关系以及各种风险的特点。投资银行的风险是分层次、相互影响的风险系统。

(二) 投资银行风险的层次

从总体上来看,投资银行的风险分三个层次。

1. 第一层次风险

第一层次风险是导致投资银行产生风险最直接的因素,包括投资银行的流动性风险和资本风险。

(1) 流动性风险。对投资银行而言,流动性风险(Fluid Risk)又称变现能力风险,是指其持有的资产流动性差和外部融资能力枯竭而造成的损失或破产的可能性。由于投资银行属于高负债经营的金融机构,因而要求资产结构向高流动性、易于变现的资产倾斜,而不宜过多参与长期投资以免陷入兑付危机。

(2) 资本风险。资本风险(Capital Risk)是指资本充足性风险。资本是每个从事经营活动实体存在的基础,资本的缺乏会影响投资银行的正常经营。资本充足不仅有利于投资银行筹集扩展业务所需的资金,提高在同行中的竞争实力,还可以抵御其经营中的风险。由于资本风险对于投资银行的重要性,世界各国证券监管当局非常重视投资银行资本充足性管理。

2. 第二层次风险

第二层次风险包括经营业务风险和其他风险,其中经营业务风险又包括合法业务经营风险和非法业务经营风险。

(1) 经营业务风险。投资银行经营业务风险由证券承销风险、证券经纪风险、证券自营风险、基金管理风险、兼并收购风险、资产证券化风险、私募股权投资风险和风险投资风险所构成。

(2) 其他风险。投资银行面临的其他风险包括市场风险、信用风险、法律风险、政策风险、社会风险、体系风险和操作风险。① 市场风险(Market Risk)是金融体系中最常见的风险之一。通常是指一个或多个市场的价格(如利率、汇率)、波动率、相关性或其他市场因素水平的变化,导致投资银行某一头寸或组合发生损失或不能获得预期收益的可能性。在有关市场风险的模型中,往往把市场风险定义为金融工具及其组合的价值对市场变量变化的敏感程度。根据这些市场变量的不同,市场风险又可以细分为:利率风险、汇率风险、市场发育程度风险和资本市场容量风险。② 信用风险(Credit Risk)是指交易对手不能正常履行合约所规定义务的可能性,包括贷款、掉期、期权以及在结算过程中的交易对手违约带来损失的风险,因而它又被称为违约风险(Default Risk)。③ 法律风险(Legal Risk)来自交易一方不能对另一方履行合约的可能性。引起法律风险,可能是因为合约根本无从执行,或是因为合约一方超越法定权限的非法行为。所以,法律风险包括合约潜在的非法性以及交易对手无权签订合同的可能性。而且,法律风险随着投资银行越来越多地进入新的、不熟悉的业务领域正变得日益突出。④ 政策风险(Policy Risk)主要包括反向性政策风险和突发性政策风险,前者是由于政策的导向与资本市场内在发展在方向上不一致而产生的风险,后者是由于管理层政策口径发生突然变化而对资本市场造成的风险。⑤ 社会风险(Social Risk)是指由于社会因素而引起的资本运营风险。其中社会因素包括文化、宗教、道德、心理因素、就业与失业等。⑥ 体系风险(System Risk)包括单个投资银行或证券市场的崩溃触发连累整个金融市场崩溃的风险:一是因单个投资银行倒闭、单个市场或结算系统混乱而在整个金融市场产生"多米诺骨牌效应",导致金融机构相继倒闭的情形;二是引发整个金融市场运转困难的投资者"信心危机"。⑦ 操作风险(Operational Risk)指由于内部控制机制或者信息系统失灵而造成意外损失的风险。这种风险主要是由人为的错误、系统的失灵、操作程序的设计或应用发生错误、控制不当等原因引起的,它主要由财务风险、决策风险、人事管理风险以及信息系统风险构成。

3. 第三层次风险

第三层次风险是投资银行各种经营业务的直接反映——利润风险。投资银行的其他风险对利润风险有间接的影响,利润风险是各种风险发生后的集中体现。盈利说明风险控制较佳,利润可以抵御预期的风险损失。亏损则表明公司风险控制欠佳,其损失公司要由自有资本承担,下期或下年抵御风险的能力有所削弱。利润风险来源于其他风险,又对其他风险有深刻影响。

二、投资银行风险防范与管理

(一) 投资银行风险管理的基本思路

投资银行风险管理的基本思路包括风险管理目标、风险管理层次、风险和收益的平衡及三类业务组合发展四个方面的内容。

1. 投资银行风险管理目标

投资银行风险管理的目标不是要消除经营活动中的风险,而是要了解风险的来源及性质,分析风险的大小,预测风险发生的概率,制定相应的对策,做出风险管理决策,并控制和监督风险决策的执行。投资银行风险管理应该达到以下目标:保护投资银行经营管理顺畅进行、保护金融体系的安全与稳定,以及保护客户的投资利益。

2. 投资银行风险管理层次

投资银行的风险管理可以分为战略、管理和技术三个层次进行:① 战略层次是指根据投资银行的战略发展目标制定相应的风险管理策略,使风险管理策略与发展目标相一致;② 管理层次是在风险管理策略实施过程中制定的一整套管理制度和机制;③ 技术层次就是有关对风险进行分析、测定、预警、控制的一系列方法和手段。

3. 投资银行风险和收益的平衡

根据风险程度,可将投资银行的业务划分以下类别:低风险业务,如证券经纪业务;中等风险业务,如证券承销业务、资金运营中的证券回购、票据贴现以及拆借业务;高风险业务,主要指证券自营业务。对投资银行而言,应该寻求三类业务风险和收益的最佳平衡。

4. 投资银行三类业务组合发展

风险与收益的均衡性客观上要求投资银行把收益性、安全性、流动性三者的协调和统一作为经营管理的整体目标。从收益性来讲,投资银行应积极开展证券经纪业务、证券承销业务、资金运营业务以及自营投资业务等,扩大收益来源;从安全性来讲,投资银行应该多开展低风险业务,慎重对待中等风险和高风险业务;从流动性来讲,投资银行应保留一定量的货币资金,保持合理的流动比例和速动比例。要实现收益性、安全性与流动性三个目标的动态平衡和协调统一,投资银行必须根据不同阶段的不同外部经营环境和不同经营要求,有所侧重,从而实现资产结构与流动性相对应以及投资组合与风险分散相对应,在积极进取与稳健经营之间取得平衡。

(二) 投资银行风险管理的组织机构

国外通行的做法是采取一种由上到下的程序,如图 12.1 所示。

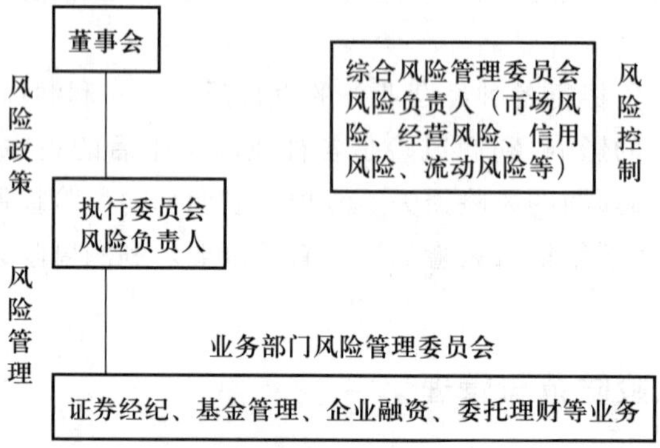

图 12.1　风险管理组织机构模式

风险管理程序必须得到投资银行董事会和高级管理层的完全批准和积极支持,将其作为整个管理工作不可分割的一部分。这意味着董事会要明确整个机构对风险的态度、对风险的偏好,以及承担和控制风险的责任分配。另外,董事会要批准投资银行风险政策和风险限额控制系统,并在系统基础上对这些工作进行有效的监督和检查。

(三) 投资银行风险管理体系

1. 投资银行风险管理程序

有效的风险管理以功能完善和协调运行的风险管理体系为支撑,这一体系包括实现风险管理目标的政策和程序、进行风险分析、做出风险决策、执行风险管理决策、对决策的执行进行监控、做出风险管理报告,以及对战略、政策和程序的有效性进行动态评估和改进等各项内容。风险管理体系各要素之间的关系,如图 12.2 所示。

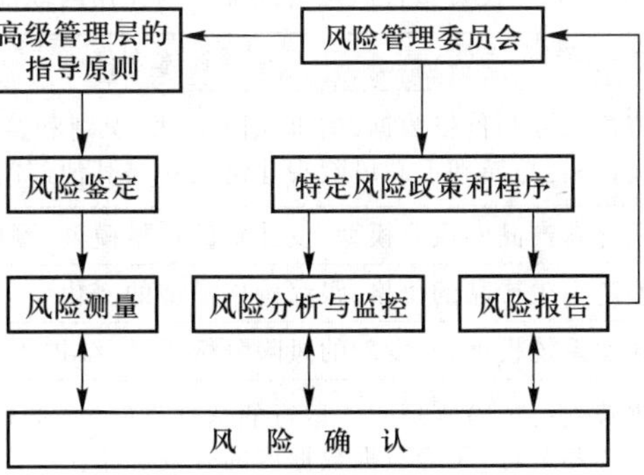

图 12.2 风险管理机构程序

2. 投资银行风险分析

投资银行风险分析就是风险管理专业人员对投资银行的各项业务可能存在的风险种类、风险性质、风险的大小、风险发生的概率以及风险的数量额度进行分析和研究。

3. 投资银行风险管理方案设计

投资银行风险管理部门根据不同的风险—收益对应关系,设计出控制和应对这些风险的多种对策,并形成报告,供高级管理层裁决,同时根据证券市场环境的变化对风险方案进行动态的跟踪和调整。

4. 投资银行风险管理决策

根据投资银行的经营风格或领导人的偏好,投资银行的决策层在不同风险和收益的对应关系中做出选择。投资银行的业务是围绕着风险和收益的对称性展开的。理论上讲,投资银行的风险管理是在给定预期收益目标下将风险控制在最低水平,或者使经过风险修正的收益最大化。风险偏好高的投资银行追求的是高风险和高收益,风险偏好低的投资银行关注的是既定风险约束下的资产安全性。因此,投资银行的风险偏好不同,相应采取的风险管理策略也不同。

5. 投资银行风险管理决策执行

在高级管理层做出决策之后,投资银行专门的部门负责实施风险管理决策,具体包括:核定投资银行各部门和业务的风险大小,确定风险限额,明确各部门、各环节的权利和责任。

6. 投资银行风险管理监督和控制

投资银行风险管理的有效性很大程度上取决于对投资银行风险管理对象的监督和对风险进行跟踪控制的效果。从国外投资银行风险管理的经验看,进行风险管理有效监督的一个切实可行的办法是实行定期报告制度。

(四) 投资银行风险管理部门的职能作用

投资银行风险管理部门由高级管理层发起和支持,由富有经验的风险管理专家组成,必须保持很大的独立性,才能更好地进行工作。投资银行风险管理部门需要配备具有各方面技能的人员,如具有投资产品风险定量分析、交易和估价工作的实践经验,具有进行风险管理模型开发和从多种信息源输入数据的系统开发能力等。投资银行风险管理部门工作人员的作用和职能,如表 12.1 所示。

表 12.1　投资银行风险管理部门的作用与职能

职能作用	具体责任
风险监控和分析	监控头寸和价格数据,估价风险头寸,识别和监控额度的超越,分析潜在的情况,综合总结和汇总风险头寸情况并与其他部门核对,进行事后检测
定量分析	设计新产品的风险模型,设计新的定量模型,测试新模型
价格鉴定	鉴定衍生产品的价格,跟踪价格模型的变化
模型开发	开发系统模型,开发新的风险分析工具,维护历史的报告数据
系统开发	改善支持风险管理职能运行的基础设施,接受其他系统的信息,自动进行数据筛选和解释,风险数据数据库的开发和维护

当然,有的投资银行可能不需要建立一个大的风险管理部门,他们将部分系统风险通过外部渠道解决。有一个核心的独立部门负责分析业务和管理运行的结果并掌握投资银行风险的整体情况,这对于投资银行来说都是很有必要的。

(五)投资银行风险额度的确定

在投资银行风险管理工作中,根据风险价值分配风险额度有很多优越性,风险额度以货币度量,可以在相同或不同部门之间进行比较,而且在事后检测中也十分有用,同时有助于在系统内形成一种统一的风险语言。为了确定风险额度,高级管理层可根据经营目标和风险偏好确定一个合适的风险额度结构。同时,还必须认识到额度设定是一个动态性的工作,要立足于来自各个业务领域的信息,以保证额度确定的适度和额度分配的公正、公平与合理。

(六)投资银行风险管理部门和其他部门的关系

虽然投资银行风险管理部门需要保持高度的独立性,但也离不开同其他部门的沟通和协作,这些部门主要有前台、财务控制、运营部门和法律审计监管。同时,风险管理部门还需要经常与风险管理委员会、管理者、会计师事务所、审计事务所、律师事务所、信用评级机构以及客户保持及时联系和有效沟通。此外,还需要大量的技术支持。投资银行风险管理部门的内外关系,如图 12.3 所示。

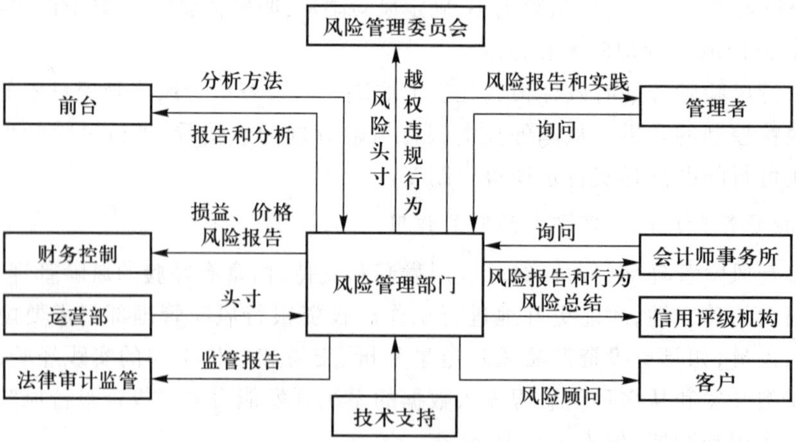

图 12.3　投资银行风险管理部门的内外关系

（七）投资银行市场风险管理

目前，我国投资银行的业务特点决定了市场风险是每一家投资银行面临的最主要的风险。市场风险管理部门作为风险管理委员会下属的一个执行部门，全面负责整个投资银行的市场风险管理和控制，并直接向执行总裁报告工作。由于市场风险主要来自于证券投资和证券承销，因此有关部门如证券投资部、客户资产管理部、证券承销部、债券部等相关业务部门都应该置于市场风险管理部门的监督之下。

市场风险管理部门应首先制定投资银行的市场风险管理大纲，风险管理大纲向各业务部门发布经风险管理委员会审批的风险限额，并以此为参照对风险额度的执行状况进行评价和监督。这一风险大纲能够为投资银行的风险决策提供一个清晰的框架。为此，市场风险管理部门要定期对各业务部门进行风险评估。整个风险评估的过程是在投资银行风险经理领导下由市场风险管理部、各业务单位的高级交易员和风险经理共同合作完成的。由于其他高级交易员的参与，风险评估本身为投资银行的风险管理模式和方法提供了指导方向。

为了正确评估各种市场风险，市场风险管理部门需要确认和计量各种市场风险暴露的大小。投资银行的市场风险测量是从确认相关市场风险因素开始的，这些风险因素随地区和市场的不同而有区别。例如，在固定收入证券市场，风险因素包括利率、利率波动和收益率曲线；在股票市场，风险因素包括股价波动和股价指数差；在外汇市场，风险因素包括汇率和汇率波动；对于商品市场，风险因素则包括价格水平、价格波动和价格差。投资银行既需要确认某一具体交易的风险因素，也要确认其作为一个整体的有关风险因素。市场风险管理部门不仅要负责对各种市场风险暴露进行计量和评估，而且要负责制定风险确认、风险评估的标准和方法。

市场风险是我国投资银行众多风险中最为突出的一种，测定市场风险并控制市场风险对我国的投资银行而言，意义重大。总的来说，对市场风险进行测定和管理的作用主要体现在以下几方面。

1. 提供管理信息

市场风险管理能为高层管理者提供各业务部门、业务单元乃至交易员各项交易中的风险暴露信息，高层管理者将风险暴露情况与机构的资本情况进行对比，确定风险暴露是否超出安全界限，并做出及时调整，保持稳健经营。

2. 确定头寸限额

通过对各部门单项或投资组合市场风险的测定，可以确定各业务部门、业务单元以及交易员合理的交易头寸限额。

3. 有效分配资源

通过分析各业务部门、业务单元以及交易员在交易中收益与风险的对比情况，判断各业务部门、业务单元和交易员在既定风险下的最大潜在收益，便于更加高效地配置资金和其他资源。

4. 进行业绩评估

一般情况下，业务部门、业务单元或交易员在一项交易中的高收益有可能是在冒着极大风险情况下获得的,因此综合权衡风险和收益对比情况来评价经营业绩才更为合理。

5. 提供监管依据

无论是对投资银行的内部还是外部监管者而言,市场风险的测定为监管者提供了指标。基于这一指标,并根据最低资本要求,从风险防范的角度加强对投资银行的监管力度。可保持投资银行稳健经营,维护金融市场安全。

三、VaR 模型的风险度量方法

(一) VaR 模型的经济功能

VaR 即 Value at Risk,中文译为“风险价值”,是指在正常的市场条件和给定的置信水平(Confidence Interval,通常是 95%或 99%)下,在给定的持有期间内,用于评估和计量任何一种金融资产或证券投资组合所面临的市场风险大小和可能遭受的潜在最大价值损失。或者说,在正常的市场条件下和给定的时间段内,该金融资产或证券投资组合发生 VaR 值损失的概率仅仅是给定的概率水平(置信水平)。

从统计的角度来看,VaR 实际上是投资组合回报分布的一个百分位数(Percentile)。从这个意义上来理解,则它和回报的期望值在原理上是一致的。正如投资组合回报的期望值实际上是对投资回报分布的第 50 个百分位数的预测值一样,在 99%的置信水平上,VaR 实际上就是对投资回报分布的第 99 个百分位数(较低一侧)的预测值。也就是说,VaR 模型一般考虑线性和非线性价格暴露头寸、利率风险及隐含的线性波动率风险暴露头寸。借助该模型,对历史数据进行模拟运算,可求出在不同的置信水平(比如 99%)下的 VaR 值,如图 12.4 所示。

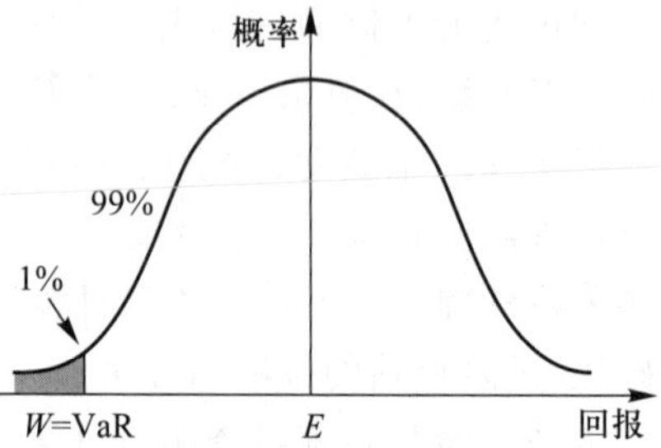

图 12.4 VaR 的本质

对历史数据的模拟运算,需要建立一个假设交易组合值每日变化的分布,该假设是以每日观察到的市场重要指标或其他对组合有影响的市场因素(“市场风险因素”)的变化率为基础的。据此算出来的投资银行某日 VaR 值与当日投资银行证券投资组合可能的损失值相对应。如果某一投资银行或资产组合以日为单位的回报率分布由图 12.4 给出,其中 E 点表示回报的期望值,也就是回报分布的第 50 个百分位数,W 表示回报分布在较低一侧的第 99 个百分位数,则 W 就是该组合在 99%置信水平上的 VaR 值,它表示该组合在一日之内损失到 W 水平的可能性为 1%,或者说 100 个交易日内出现损失状况 W 的日数为一天。例如,某投资银行 2009 年 5 月 12 日 99%VaR 值平均为 5 500 万元人民币,这表明该投资银行可以以 99%的概率做出保证,其该日投资组合在未来 24 小时内的平均损失不会超过 5 500 万元人民币。通过这一 VaR 值与该投资银行 2008 年的利润额及资本额对照,则该投资银行的风险状况一目了然。另外,值得注意的是,有时 VaR 会被定义为期望值 E 与临界值 W 的差额,即 $\text{VaR}=W-E$。但这并不妨碍对 VaR 本质的理解。

要确定一个投资银行或资产组合的 VaR 值或建立 VaR 模型,必须首先确定以下三个系数。

1. 持有期限或目标期限

持有期限(Holding Period)或目标期限(Target Horizon)是指衡量回报波动性和关联性的时间单位,也是取得观察数据的频率,如所观察数据是日收益率、周收益率、月收益率还是年收益率等。持有期限应该根据组合调整的速度来具体确定。调整速度快的组合,如有些投资银行所拥有的交易频繁的头寸,应选用较短的期限,如一天;调整相对较慢的组合,如某些基金较长时期拥有的头寸,可以选用一个月,甚至更长的期限。在既定的观察期间内(如一年),选定的持有期限越长,在观察期间内所得的数据越少(只有 12 个),进而就会影响到 VaR 模型对投资组合风险反映的质量。

2. 观察期间

观察期间(Observation Period)是对给定持有期限的回报的波动性和关联性考察整体时间长度。观察期间的选择要在历史数据的可能性和市场发生结构性变化的危险之间进行权衡。为了克服商业循环等周期性变化的影响,历史数据越长越好,但是时间越长,收购兼并等市场结构性变化的可能性也就越大,而这会使得历史数据越来越难以反映现实和未来的情况。

3. 置信水平

置信水平过低,损失超过 VaR 值的极端事件发生的概率过高,就会使 VaR 值失去意义。置信水平过高,超过了 VaR 的极端事件发生的概率可以得到降低,但统计样本中反映极端事件的数据也越来越少,这会使得 VaR 值估计的准确性下降。VaR 的准确性和模型的有效性可以通过返回测试(Back Testing)来检验。置信水平决定了返回检验的频率。例如,对于日回报率的 VaR 值,95%的置信水平意味着每 20 个营业日进行一次返回测试,而采用 99%的置信水平,返回测试的频率只有 100 个营业日一次。

除了要确定 VaR 模型的三个关键系数外,另一个关键问题就是确定投资银行或资产组合在既定的持有期限内的回报的概率分布,即概率密度函数(Probability Density Function,PDF)。如果能够拥有或根据历史数据直接估算出投资组合中所有金融工具的收益的概率分布和整个组合收益的概率分布,那么作为该分布的一个百分位数的 VaR 值也就能相当容易地推算出来。但要取得所有金融工具的收益分布是不容易的,所以投资组合收益分布的推算就成为整个 VaR 法中最重要也是最难解决的一个问题。目前解决的办法是将这些金融工具的收益转化为若干风险因子(Risk Factors)的收益,这些风险因子是能够影响金融工具收益的市场因素,如利率、汇率、股票指数等,然后把投资组合转化为风险因子的函数,再通过各种统计方法得到这些风险因子收益的概率分布,再在此基础上得到整个组合收益的概率分布,最终求解出 VaR 的估计值。

目前,推算组合风险因子收益分布的方法主要有三种:一是历史模拟法(Historical Simulation Method),二是方差—协方差法(Variance Covariance Approach),三是蒙特卡罗模拟法(Monte Carlo Simulation)。

由于采用推算组合风险因子收益分布的方法不同,从而也就决定了三种不同类型的 VaR。

VaR 把对预期的未来损失的大小和该损失发生的可能性结合起来,所以比起 β 值(只适用于股票价格风险)、持续期、凸性(只适用于债务的利率风险)、Delta(只适用于衍生金融工具)等指标而言,它的适用范围非常广泛;作为一种规范的统计和风险管理技术,VaR是对市场风险的总括性评估,它考虑了金融资产对某种风险来源(例如利率、汇率、商品价格、股票价格等基础性金融变量)的敞口和市场逆向变化的可能性。VaR模型加入大量的可能影响投资银行交易组合公允价值的因素,比如证券和商品价格、利率、汇率、有关的波动率以及这些变量之间的相关值。因此,VaR模型能够更客观、全面、准确地反映投资银行所处的风险状况,从而大大增加了风险管理系统的科学性。

但是,它也是有局限性的。这主要表现在:VaR主要适用于正常条件下对于市场风险的衡量,在市场出现极端情况的时候则无能为力,所以压力测试被作为VaR方法在这个方面的重要补充手段;由于VaR对数据的要求比较严格,所以对于交易频繁、市场价格数据容易获得的金融工具的风险衡量效用比较显著,但对于缺乏流动性的资产,由于缺乏每日市场交易的价格数据,有时需要将流动性差的金融产品分解(Mapping)为流动性较强的金融产品的组合,然后才能使用VaR模型来进行分析;使用VaR方法来衡量市场风险还存在模型风险,这是因为有三种可供选择的模拟法,对同一资产组合采用不同的模拟法的时候,会得到不同的VaR值,这就使得其可靠性难以把握;总的来说,VaR模型对历史数据有很强的依赖性,但未来却并不一定总能重复历史,所以这是一个固有的缺陷;按照最新发展的总体风险管理理论——3P理论,风险的价格(Price)、投资者对风险的心理偏好(Preference)、概率(Probability)三个因素共同决定了现代金融风险管理的框架,但是在VaR管理体系下受到重视的只是概率因素。

(二) VaR模型的构造

1. 风险的表示

风险作为预期结果的不确定性,一般用标准差 σ 衡量。在风险管理实务中,对基础性风险变量变动的线性变量的度量无处不在,只是形式不同。在固定收入债券市场,对利率变动的揭示称为存续期(Duration);在股票市场,称为系统风险 β;在衍生工具市场,对基础性资产价值变动的揭示称为 δ。

定义 x 为收益的随机变量,它可能取值 $x_i, i=1,2,\cdots,n$;期望值或均值 $E(X)$ 可通过对所有可能数值加权求和来估计,权数分别为可能值出现的概率 p_i,则:

$$E(X) = \sum_{i=1}^{n} p_i x_i, 0 \leqslant p_i \leqslant 1, \sum_{i=1}^{n} p_i = 1$$

定义方差 $V(X)$ 为均值离差平方和的加权平均,它揭示的是可能值对 $E(X)$ 的偏离程度,则有:

$$V(X) = \sum_{i=1}^{n} p_i [x_i - E(X)]^2$$

把标准差或变动性 $SD(X)$ 定义为方差的平方根,记为 σ,则有:

$$SD(X) = \sigma = \sqrt{V(X)}$$

定义连续变量的概率分布函数为:$\int_{-\infty}^{+\infty} f(x)\mathrm{d}x = 1$,则有:

$$E(X) = \int_{-\infty}^{+\infty} x f(x)\mathrm{d}x$$

$$V(X)=\int_{-\infty}^{+\infty}[x-E(X)]^2 f(x)\,\mathrm{d}x$$

考虑随机变量的线性组合，如包含两只股票的资产组合的收益时，不确定性由两个变量的概率分布函数$f(x_1,x_2)$表示，若抽出一个变量，则所剩变量的分布称为边缘分布，那么有：

$$\int_{-\infty}^{+\infty} f(x_1,x_2)\,\mathrm{d}x_2=f_1(x_1)$$

$$\begin{aligned}V(X_1+X_2)&=\int_1\int_2[x_1+x_2-E(X_1+X_2)]^2 f(x_1+x_2)\,\mathrm{d}x_1\mathrm{d}x_2\\&=\int_1[x_1-E(X_1)]^2 f(x_1)\,\mathrm{d}x_1+\int_2[x_2-E(X_2)]^2 f(x_2)\,\mathrm{d}x_2+\\&\quad 2\int_1\int_2[x_1-E(X_1)][x_2-E(X_2)]f(x_1+x_2)\,\mathrm{d}x_1\mathrm{d}x_2\\&=V(X_1)+V(X_2)+2\mathrm{cov}(X_1,X_2)\end{aligned}$$

协方差的运算是非线性的，通常，随机变量之和的协方差不等于协方差的和，它包含交叉项，这对掌握资产组合的分散化特征非常重要。在特殊情况下，如果两个变量是独立的，则可正式表述为：

$$f(x_1,x_2)=f(x_1)\times f(x_1)$$

此时，协方差$\mathrm{cov}(X_1,X_2)=0$，那么就有和的方差等于方差的和，即：

$$V(X_1+X_2)=V(X_1)+V(X_2)$$

2. 正态分布

"正态分布"是一种最普遍的分布形式，在统计研究中起着核心作用。正态分布具有许多很便利的特征，特别是可用均值和方差来表示整个分布的特征，即$N(\mu,\sigma^2)$。正态分布函数的表达式为：

$$f(x)=\phi(x)=\frac{1}{\sqrt{2\pi\sigma^2}}e^{-\frac{1}{2\sigma^2}(x-\mu)^2}$$

对于一般正态分布函数可以通过标准化转化为均值为0，方差为1的标准正态分布函数，从而使问题得到简化。

定义ε为标准正态变量，即：$\varepsilon\sim N(0,1)$

标准正态分布函数是完全对称的，其均值等于众数（可能性最大的值）和中位数（发生概率为50%的点）。

3. 资产收益

在度量市场风险时，随机变量取金融资产的收益率，证券可能的回报区间也可用概率分布函数来描述。如果将变量的时段定义为一个月，收益的度量从上月月末到当月月末，分别用下标$t-1$和t表示。

定义P_{t-1}为上期期末金融资产价格，P_t为当期期末金融资产价格，D_t为上期期末到当期期末金融资产获得的股息或债息，r_t为期末资产收益率。则算术的或离散的收益率：

$$r_t=(P_t+D_t-P_{t-1})/P_{t-1}$$

这个定义隐含了任何收入只有在期末才用于投资。

为了考察长期收益,可以用价格比的对数定义几何收益率,即:

$$R_t = \mathrm{Ln}[(P_t + D_t)/P_{t-1}]$$

为了简单起见,我们假设收入D_t支付为0,此时:

$$R_t = \mathrm{Ln}(P_t/P_{t-1})$$

几何收益率比算术收益率更具有经济意义,也更容易在多个期限上展开。但应该承认的是,在许多情况下,两个收益的差别很小,实际上只要收益较小,连续和离散收益就几乎没有区别。

4. 样本估计

在实际中,收益率的分布通常要通过较长时间的历史数据来估计。假定所有观察的分布都是相同和独立的,如果T是观察的数目,预期收益$P=E(X)$可通过下式计算:

$$\hat{\mu} = \frac{1}{T}\sum_{i=1}^{T} x_i$$

方差$\sigma^2 = E(X-\mu)^2$可通过样本的方差来估计:

$$\hat{\sigma}^2 = \frac{1}{T-1}\sum_{i=1}^{T}(x_i - \hat{\mu})^2$$

σ^2的平方根是X的标准差,通常用于表示变动率,它度量证券的风险,表示观察结果对预期收益的偏离程度。上式可以进一步表示为:

$$\hat{\sigma}^2 = \frac{1}{T-1}\sum_{i=1}^{T} x_i^2 - \frac{T}{T-1}\hat{\mu}^2$$

这表明方差由两项组成,第一项是收益平方的平均数,第二项是平均数的平方。对大多数每天都要取观测样本的金融序列来说,第二项相对于第一项可以忽略不计。

另外,还有两个指标,它们分别是偏斜度和峰态。其中,偏斜度描述对对称状态的偏离,偏斜度的表达式为:

$$S = \frac{1}{T-1}\sum_{i=1}^{T}(x_i - \hat{\mu})^3/\hat{\sigma}^3$$

峰态描述分布的平滑程度,其表达式为:

$$K = \frac{1}{T-1}\sum_{i=1}^{T}(x_i - \hat{\mu})^4/\hat{\sigma}^4$$

这两个指标可用于判别样本的分布是否接近正态分布。对于正态分布而言,它的偏斜度为n,峰态为3。偏斜度出现较大的负值,或峰态系数较大,都说明用于计算VaR的经验分布的左尾部与正态分布不相似。

5. 时间因素

计算VaR首先需要定义不利结果的期限,这一期限可用小时、日、周和月来表示。对投资管理者来说,该期限可能与通常的报告期,如每周或每季度相对应,目前,人们大多以两周为一个期限。为比较不同期限的风险,可以借助一种转换方法,这在计量经济学中称为时间加总。为了进行时间加总,引入一个重要假设:连续时间区间的收益不相关。这一假设与有效市场的假设是一致的,在这种市场上,某种资产的当期价格包含了所有相关的信息。基于这种假设,所有价格变动是由未预料到的消息引起的,因此在时间上不相关,亦即价格变动是随机漫步的模式，协方差 $\operatorname{cov}(X_1, X_2)$ 必为 0。此外，还假设收益在时间上遵循同样的分布，即 $E(R_{t-1})=E(R_t)=E(R)$，$V(R_{t-1})=V(R_t)=V(R)$。根据这一假定，设两个时期的收益率（从 $t-2$ 到 t）$R_{t,2}$ 等于 $R_{t-1}+R_t$，两时期的预期收益和方差分别为：

$$E(R_{t,2})=E(R_{t-1})+E(R_t)=2E(R)$$

$$V(R_{t,2})=V(R_{t-1})+V(R_t)=2V(R)$$

总之，无论是用每天、每周、每季还是每年的数据都有：

$$\mu=\mu_a T$$

$$\sigma=\sigma_a\sqrt{T}$$

其中，下标 a 表示年份，T 为年数（对月度的数据为 1/12；证券投资一年的交易日为 252 天，则对日数的数据为 1/252）。因此，当头寸固定时，可根据时间的平方根对变动率进行不同时段的调整。

（三）VaR 的估算和验证

风险价值 VaR 模型的最大特点是以数字表明了投资银行在市场上所面临的风险，正因为如此，VaR 成为商业银行及投资银行等金融机构用来测量交易风险的主要工具。

通常情况下可以使用以下两种方法从概率分布中估算 VaR：一是从实际经验得来的分布中求 VaR 值；二是以正态曲线逼近分布求值，在这种情况下，VaR 的值由标准离差求得。这些过程有时又称“现实检验”，对于监管者来说非常重要，因为必须确保商业银行及投资银行等金融机构内部的 VaR 模型不会系统地偏向一方。

衡量 VaR 的第一步是对两个数量因素的选取：一是基本时间间隔长度，二是置信水平。这两个因素的选取带有某种程度上的随意性。例如，巴塞尔委员会的内部模型选择了间隔为 10 天，置信区间为 99%，这样计算出来的 VaR 再乘以一个安全因素（其值一般取 3），就得到了保证监管需要的最小资本要求。对于置信水平的选择几乎没有什么规律可循。大通—曼哈顿使用 97.5%的置信水平，而美洲银行和 J.P.摩根银行使用 95%的置信水平。置信水平越高，意味着 VaR 的数值也越大。

1. 一般分布中的 VaR

为计算一项投资组合中的 VaR，我们定义 W_0 为初始投资额，R 为投资回报率，这样目标期间末的投资组合价值将为 $W=W_0(1+R)$。与前面一样，这里预期收益以及收益率的波动率分别为 μ 和 σ。

定义在给定置信水平 c 下的投资组合最小价值为：

$$W^*=W_0(1+R^*)$$

定义 VaR 为投资组合的损失与均值有关，那么：

$$\text{VaR}(\text{平均})=E(W)-W^*=-W_0(R^*-\mu)$$

有时，VaR 定义为绝对损失，即与零有关，与期望值无关，则：

$$\text{VaR}(\text{零值})=W_0-W^*=-W_0R^*$$

在这两种情况下，找到最小价值或最低投资回报率，即等同于找到了 VaR。

VaR 最普通的形式可以从未来投资组合价值 $f(w)$ 的概率分布中获得。在给定的置信水平 c 下，可以找到可能性最小的 W^*，这样超出该值的概率为 c，即：

$$c = \int_{W^*}^{\infty} f(w)\,\mathrm{d}w$$

或者表述为低于 W^* 的概率 $p=P(w \leqslant W^*)$，为 $1-c$：

$$1 - c = \int_{-\infty}^{W^*} f(w)\,\mathrm{d}w = P(w \leqslant W^*) = p$$

这里没有用标准离差求 VaR，这种情况对任何连续或间隔分布都有效。

2. 参数分布中的 VaR

在正态分布中，VaR 的计算可以大大简化，即直接由投资组合的标准离差得到，同时考虑一个取决于置信水平的乘数。这一方法是因其包含对标准离差和参数的估计，而不是从经验得到的分布中求分位数，因此称为参数法。

首先将一般分布 $f(w)$ 转化为标准正态分布 $\Phi(\varepsilon)$，ε 有零和单位标准离差的含义。将 W^* 用最低收益率 R^* 表示，得到 $W^*=W_0(1+R^*)$。R^* 通常为负值，可被写作 $-|R^*|$，进一步用 R^* 表示标准正态偏离 $\alpha>0$：

$$-\alpha = \frac{-|R^*|-\mu}{\sigma}\text{等同于设：}$$

$$1 - c = \int_{-\infty}^{W^*} f(w)\,\mathrm{d}w = \int_{-\infty}^{-|R^*|} f(r)\,\mathrm{d}r = \int_{-\infty}^{-\alpha} \Phi(\varepsilon)\,\mathrm{d}\varepsilon$$

这样，求风险价值 VaR 的问题就转化成为求偏离 α，使其左边区域面积等于 $1-c$。这就可以使用累计标准正态分布函数表，表中的数值表示为 d 的标准正态变量左边的区域面积：

$$\mathrm{N}(\mathrm{d}) = \int_{-\infty}^{d} \Phi(\varepsilon)\,\mathrm{d}\varepsilon$$

要找到标准正态变量的 VaR，需选取期望的置信水平，如 5%的置信水平对应的 α 值为 1.65，这样可以计算最低回报率 $R^*=-\alpha\sigma+\mu$。为更具有一般性，假设参数 σ 和 α，以年为基础，时间间隔为 Δt(单位是年)，可以得到：

$$\mathrm{VaR} = -W_0(R^*-\mu) = W_0\alpha\sigma\sqrt{\Delta t}$$

换言之，VaR 之值只是一定分布下的标准方差与一个与置信水平直接有关的调整因素的乘积。当 VaR 被定义为绝对损失时，公式为：

$$\mathrm{VaR}_{(0)} = -W_0R^* = W_0(\alpha\sigma\sqrt{\Delta t}-\mu\Delta t)$$

这一方法适用于正态及其他累计概率分布函数，只要 α 中包含了所有不确定性因素。其他分布限定了不同的 α 值，正态分布由于代表了许多经验的分布而最易处理。这一方法尤其适用于样本容量大、多样化程度高的投资组合，但不适用于期权所占比重大的投资组合及只有较少金融风险的投资组合。

3. VaR 参数的转换

使用正态分布，VaR 的度量取决于两个参数：一是选定的时间间隔(定义为 $\sigma\sqrt{\Delta t}$)，二是置信水平(定义为 a)，二者都可根据需要调整。

例如：将 J.P.摩根"风险度量制"(Risk Metrics)的风险度量转换为巴塞尔委员会内部模型的风险度量，前者选定了间隔一天和置信水平为 95%(1.65σ)；后者选取了间隔 10 天和置信水平 99%（2.33σ），采用的修正形式如下：

$$\text{VaR}_{BC} = \text{VaR}_{RM} \times \frac{2.33}{1.65}\sqrt{10} = 4.5\text{VaR}_{RM}$$

其中：VaR_{BC} 为巴塞尔委员会的 VaR 值，VaR_{RM} 为风险度量制的 VaR 值。

VaR 的度量只是从概率意义上定义的，本例中它给出了在 99%的置信水平下的最大损失，换言之，一年 252 个交易日中大于 VaR 的损失发生的概率为 1%，也就是只有 2～3 天。为了提供防止破产风险的近乎绝对的保障，金融机构在风险管理实际操作过程中，在巴塞尔体系所得的 VaR 中加入了一个乘数 $k=3$，这主要是为了避免在正常市场条件下发生损失的可能性，很有可能会因为一些额外风险未被 VaR 通常使用的方法所包含，而使得测定的风险值显得过于保守的情况的发生。这也说明了置信水平的选择只是一种惯例。

4. 验证 VaR

从实际数据中估计 VaR 的关键参数如均值、标准差及分位数时，会受到因样本容量有限产生的抽样误差的影响，因此，为确保测量的风险值的有效，风险管理过程中还必须充分考虑到估计误差的影响。

（1）建立在失败率基础上的检验模型。最简单的验证模型准确性的方法是记录失败率，这一比率给出了既定样本中损失值超过 VaR 的次数。假定投资银行给出了总和为 T 天内，左尾概率为 5%的 VaR。监管者可以计算出在 $p=0.05$ 概率下，实际损失超过当天 VaR 值的次数（N）的置信区间，来判定出现偏差的次数是否正常。当 p 取很小的值时，其相应的事件发生的概率也很小，那么发现系统偏差就变得更加困难，因此，商业银行和投资银行乐意选取较高的 p 值以便观察到足够多的偏差来验证模型是否有效，或用一个乘数把 VaR 的值转换成一个安全的资本垫底数。但是如何选取置信水平可以得到最佳验证结果仍有待于研究。

（2）测算误差的问题。从 VaR 使用者的角度来看，评估报告中的 VaR 的精确度非常重要。假设 VaR 用历史模拟方法（Historical-Simulation）获得，这一方法是用一个阶段 T 去测度风险。问题在于公布的 VaR 仅是对实际值的估计值，而且会受到抽样不确定性的影响，也就是说，选择不同的时间段 T 会导致不同的风险价值。

一种可能的解释认为，$\hat{\mu}$ 及 $\hat{\sigma}$ 是在参数 μ 和 σ 未知的情况下，从基本分布中得到的样本值，随着观察值 T 趋于无穷以及在完全稳定情况下，估计值与 $\hat{\mu}$、$\hat{\sigma}$ 将收敛于真实值。

但在实际中，样本容量非常有限，尤其是像我国的证券市场，各种资料都是相对比较短期的，或者由于结构性变化使追溯太早的资料没有意义。

由于存在估计误差，所得值本身的分散性可通过参数 $\hat{\mu}$ 和 $\hat{\sigma}$ 的样本分布来衡量。

（3）均值及方差中的均值估计。$\hat{\mu} = N\left(\mu, \frac{\sigma^2}{T}\right)$，其中：$T$ 为样本独立的观测值的个数，估计值的标准误差以 $\sigma\sqrt{\frac{1}{T}}$ 的速度随 T 增加而趋于零，估计方差 $\hat{\sigma}^2$ 服从自由度为 $T-1$ 的卡方分布，如果样本容量足够大（$T \geqslant 20$），卡方分布可转化为比较易处理的正态分布。

当基本的偏差为正态分布时，样本的均值和方差的分布均为已知，估计值在真值 μ 周围成正态分布。

随着观察区间的增加或样本容量的增大,估计值的精确度也增大,可无限接近真实值。

另外,还可以用 $\hat{\sigma}$ 估计任何分位数。由于正态分布仅以两个参数标识,标准差就包含了所有衡量分散性的必要因素,任何以 σ 为基础的分位数均可被写作:$\hat{q}(\sigma)=\alpha\hat{\sigma}$。例如:在 95%的置信水平下,我们以 1.65 乘以 $\hat{\sigma}$ 的估计值,从而得到左尾为 5%的分位数。

当然,这一方法只有在基本分布非常接近正态分布的情况下才有效。当分布为非正态时,其他方法,如 Kernel 估计法给出了以完全分布(Hull Distribution)为基础的分位数估计法。

(4) 样本分位数中的估计误差。对于随机分布而言,c 值下的分位数可以从历史分布中根据经验获得,记 $\hat{q}(c)$,并且存在着与统计相连的抽样误差。肯德尔(Kendall,1994)公布的渐近线标准误差为:

$$se(\hat{q})=\sqrt{c(1-c)/Tf(q)^2}$$

式中,T 为样本容量,$f(q)$ 为分位数 q 估计的概率分布,估计误差的结果由正态分布的分位数决定。对正态分布而言,在给定显著水平下,样本容量越大,置信区间长度越短;在样本容量一定情况下,显著水平越小,样本分位数越不可靠。

(四) 投资组合中 VaR 的度量

1. 基本定义

投资组合就是对一定数量的风险因素持有量的组合。当把它进行分解后,投资组合的收益就是各种基础资产收益的线性组合,每种资产的权重由最初对该种资产的投资比例决定。于是投资组合的 VaR 可以由其包含的各种有价证券的风险组合得出。

从时间 t 到 $t+1$ 期间投资组合的收益为:

$$R_{p,t+1}=\sum_{i=1}^{N} w_{i,t}R_{i,t+1}$$

这里权重系数 $w_{i,t}$,在最初就得以确定,且其和为 1。用矩阵形式将表达式简化:

$$R_p=[w_1w_2\cdots w_N]\begin{bmatrix}R_1\\R_2\\\vdots\\R_N\end{bmatrix}=W'R$$

其中:W'代表权重系数向量的转置;R 代表单个资产收益纵向量。

投资组合的收益期望值:

$$E(R_P)=\mu_p=\sum_{i=1}^{N} w_i\mu_i$$

方差为:

$$V(R_P)=\sigma_p^2=\sum_{i=1}^{N} w_i^2\sigma_i^2+\sum_{i=1}^{N}\sum_{j=1,j\neq i}^{N} w_iw_j\sigma_{ij}=\sum_{i=1}^{N} w_i^2\sigma_i^2+2\sum_{i=1}^{N}\sum_{j<i}^{N} w_iw_j\sigma_{ij}$$

这个结果不仅说明了个别证券的风险 σ_i^2,而且也说明了任何两个不同资产即交叉项

的风险,总共有 $N(N-1)/2$ 个不同的协方差,用矩阵表示为

$$\sigma_p^2=[w_1\cdots w_N]\begin{bmatrix}\sigma^{11} & \cdots & \sigma^{1N}\\ \vdots & \vdots & \vdots\\ \sigma^{N1} & \cdots & \sigma^{NN}\end{bmatrix}\begin{bmatrix}w_1\\ \vdots\\ w^N\end{bmatrix}$$

用Σ代表协方差矩阵,投资组合方差可以简写为:

$$\sigma_p^2=W'\Sigma W$$

采用正态分布可得,*VaR* 的值是初始投资的 $a\sigma_p$倍。

要降低投资组合的风险可以通过两种途径:

(1) 用相关性低的资产进行组合;

(2) 增加资产种类的数量。

如果把投资组合方差用 *VaR* 表示出来,需要了解投资组合的收益分布。在“德尔塔-正态”模型中假定各资产的收益是正态分布的。由于投资组合是随机变量线性组合的结果,那么假定投资组合收益也是正态分布的就是很自然的。在给定可信度的情况下,

$$\text{投资组合的 } VaR=a\sigma_p W$$

2. 增量的 VaR

计算 VaR 十分重要的问题,就是了解哪种投资组合带来的风险最大。掌握了这个方法,就能通过调整各资产的份额进而有效地修正 VaR 值。要实现这个目标,仅有单个资产的 VaR 是不够的,就单个资产而言,波动率衡量该种资产收益的不确定性,当该资产成为组合中的一部分时,它将对投资组合的风险产生影响。

假定某投资组合是由 $N-1$ 个有价证券组成的,分别标为 $j=1,2,\cdots,N-1$。在该组合中,增加一种证券 i,得到一个新组合,增加一种资产引起的边际风险可以通过方差方程 $V(R_p)$ 对 w_i 求微分得到:

$$\frac{\partial\sigma_p^2}{\partial w_i}=2w_i\sigma_i^2+2\sum_{j=1,j\neq i}^{N}w_j\sigma_{ij}=2\mathrm{cov}\Big(R_i,w_iR_i+\sum_{j\neq i}^{N}w_jR_j\Big)=2\mathrm{cov}(R_{i,Rp})$$

由 $\partial\sigma_p^2/\partial w_i=2\sigma_p\partial\sigma_p/\partial w_i$ 可以得到投资组合变动性的相对变化对各资产权重变化的敏感度为:$\dfrac{\partial\sigma_p}{\partial w_i}=cov(R_i,R_p)/\sigma_p^2=\beta_i$,其中 β 为衡量一种资产对投资组合整体风险的影响程度,也称为投资组合 p 中资产 i 的系统风险。

用矩阵形式表示为:$\beta=\dfrac{\Sigma w}{w'\Sigma w}$

β 风险是夏普(Sharpe)的资本资产定价模型(CAPM)的基础。根据 CAPM 理论,资产分布良好的投资者只需承受系统的风险,也就是说,所有资产的风险收益只取决于 β。尽管对这种提法争议很多,但系统风险仍然是衡量投资组合风险的一个有效方法。

在将投资组合 VaR 分解成各种风险来源时,β 方法非常有效。投资组合方差可以扩展为:

$$\sigma_p^2=w_1\Big(\sigma_1^2+\sum_{j=1,j\neq 1}^{N}w_j\sigma_{1j}\Big)+w_2\Big(\sigma_2^2+\sum_{j=1,j\neq 2}^{N}w_j\sigma_{2j}\Big)+\cdots$$

即：

$$\begin{aligned}\sigma_p^2 &= w_1\text{cov}(R_1,R_p)+w_2\text{cov}(R_2,R_p)+\cdots\\ &= w_1(\beta_1\sigma_p^2)+w_2(\beta_2\sigma_p^2)+\cdots\\ &= \sigma_p^2\left(\sum_{i=1}^{N} w_i\beta_i\right)\end{aligned}$$

这说明投资组合的方差可以被分解为对每种资产 i 的组合，用同样的分解方法，可以得到：

$$VaR = VaR\left(\sum_{i=1}^{N} w_i\beta_i\right) = VaR_1 + VaR_2 + \cdots$$

这里，我们把总体 VaR 分解成增量的测度，这是必要的。风险应该放在投资组合中去考虑，而不是作为单个个体去考虑。

(五) VaR 的度量方法

作为在给定的置信区间内，在一个目标时段的最大损失度量指标的 VaR 值，它有多种不同的度量方法，大体上可以划分为两类：第一类以局部估值为基础，典型代表为德尔塔—正态方法；第二类以整体估值为基础，包括历史模拟法(Historical-Simulation)、压力测试法(Stress-Testing)以及结构蒙特卡罗法(Structure Monte Carlo)。这一分类反映相关关系和非线性关系之间的一种基本权衡，其中相关关系在德尔塔—正态方法中更易处理。

1. 德尔塔—正态方法

当 VaR 只用于测量单一资产的风险时，相对来说比较简单。但若度量大而复杂的投资组合随时间变化的风险时，就比较麻烦。投资组合的收益表示如下：

$$V(R_{p.t+1}) = \sum_{i=1}^{N} w_{i,t}R_{i,t+1}$$

其中：权数 $w_{i,t}$ 用时间作下标，以反映交易中投资组合的动态特征。

德尔塔—正态方法假定所有的资产收益是正态分布，由于有价证券组合收益是正态变量的线性组合，因此，也是正态分布的，其方差可用矩阵法表示：

$$V(R_{p.t+1}) = w_t'\sum w_t$$

这样，风险可由假定服从正态分布的诸多因子的线性组合以及预测的协方差矩阵获得。这个方法包含了对价格变动的局部近似，它适用于数量较大的资产组合而且运行简单。在这类模型中，有两种方法可用来度量方差—协方差矩阵：一种是完全基于历史的方法，考虑时间变动的风险模型，另一种则包括从期权中测量的隐含风险，这两种方法可结合使用。

但德尔塔—正态分布方法也有一些缺点：它不能很好地预测突发事件的风险。突发事件作为一些不寻常或极端情况，如股市崩溃或汇率暴跌，用最近历史数据的概率分布难以充分揭示，这也是利用历史序列的所有方法的通病；许多金融资产的收益分布尾部较粗，由于 VaR 试图在左尾处捕捉投资组合的收益情况，尾部粗大会使基于正态分布近似的模型低估异常值比例和风险价值；这种方法不适合度量诸如期权或抵押等非线性金融工具的风险。

尽管有许多缺陷，德尔塔-正态方法在操作上是十分容易的，它仅需要市价及当前头寸所暴露出的风险与风险数据相结合。在许多情况下，德尔塔-正态方法能充分度量市场风险。

2. 德尔塔与完全估值

正态分布的假设使事情变得特别方便。因为正态变量具有不变性,即由正态变量组成的投资组合本身也服从正态分布。由于投资组合是由单个资产线性组合而成的,因此,德尔塔-正态方法基本上可看作是线性的,这样做的优点在于简便性。V值的潜在损失可由下式计算得到:

$$\Delta V=\beta_0\times\Delta S$$

其中,β_0是投资组合价格变动的敏感系数,由当前的V_0计算得到,ΔS是潜在的价格变化。正态分布的假设使我们可以简单地用个别β值的平均值来计算投资组合的β。

这个方法的根本好处在于只需根据当前部位的V_0计算一次投资组合值,V_0取决于当前价格S_0。因此,德尔塔-正态方法对数量大、风险因素多的投资组合十分适用。德尔塔-正态方法最大的缺陷是除了Δ风险外,忽略了所有其他风险类型。为捕获伽马和Vega① 风险,原则上可以泰勒表达式中增加一些附加项得到:

$$\mathrm{d}c=\Delta \mathrm{d}s+\frac{1}{2}\tau \mathrm{d}s^2+\Lambda \mathrm{d}\sigma+\cdots$$

其中:Δ、τ和Λ代表总的期权投资组合的净值。

事实上,1995年巴塞尔委员会就建议:"内部风险变量系统至少应通过一个非线性的近似方法将期权价格因素包括进去,这个非线性近似方法包括更多的风险因素敏感度(如伽马)"。

理论上$\Delta+\tau$的方法可以综合许多风险因素来源,在多变量结构中,泰勒表达式可以扩展为:

$$\mathrm{d}p(S)=\Delta'\mathrm{d}s+\frac{1}{2}(\mathrm{d}s)'\tau(\mathrm{d}s)+\cdots$$

其中:ds是一个N维市价变化向量,Δ是一个N维状态向量,τ,和N是关于各种风险因素的N维伽马矩阵。

求投资组合VaR的一种方法是模拟市价ds的变动。例如,可从分布中抽取出大量的收益实现值:$\mathrm{d}s\sim N(0,\Sigma)$,其中$\Sigma$是价格变化的协方差矩阵。

一般来说,分布不需要是正态的,对于每一个收益实现值可根据公式d$p(S)$计算出投资组合的值。需要注意的是,这也是一种局部估值方法,因为投资组合仅在初始点被完全估值。由此,VaR可以从投资组合的经验分布中求得。

总之,对于规模不大且期权不占主导地位的投资组合,德尔塔—正态方法是一个快捷有效的VaR度量方法,对于风险来源较少而期权成分较多的投资组合,德尔塔-伽马近似法是一个计算成本较低,而计算精度较高的方法。

3. 历史模拟

历史模拟提供了一种简单的完全估值的实施工具,这个方法包括回溯过去的时间,如

① Vega是指期权费(P)变化与标的汇率波动性(Volatility)变化的敏感性。其计算公式为:Vega=期权价格变化/波动率的变化。

最近的 90 天,并将当前的权数应用到历史资产收益的时间序列中:

$$R_{P,\tau}=\sum_{i=1}^{N}w_{i,\tau}R_{i,\tau}\quad 其中:\tau=1,2,\cdots,t$$

在这里,权重 w_τ 应保持它们的当前值,收益也不是指实际投资组合的收益,而是指利用当前头寸构造的投资组合历史收益。

一般来说,完全估值可能需要一组完整的价格,如报酬曲线,而不仅是收益。使用到当前水平为止的价格的历史变化,可以得到 τ 时的假定期价:

$$P_{i,\tau}^{*}=P_{i,0}+\Delta P_{i,\tau}\quad 其中:i=1,2,\cdots,N$$

从一系列完整的价格假定中可以计算得到一个新的投资组合值 $P_{i,\tau}^{*}$,其中可能包含了非线性关系。需要注意的是,为了抓住 Vega 风险,这组价格包含了隐含的波动度量,这产生了与观察值 τ 相对应的假设的收益:

$$R_{p,\tau}=(P_{p,\tau}^{*}-P_{p,0})/P_{p,0}$$

从假定收益的整个分布中,可以得到 VaR 值,或者可以假定其正态性,并依靠方差来计算 VaR。利用正态分布近似使得分布趋于光滑,这就减少了抽样变化造成的分布不规则的影响。当实际分布与正态分布相差不大时,这种方法可以更精确地估计 VaR 值。

如果历史数据能按即时行情收集的话,实施这个方法非常简单。同样的数据可以保存下来,以便以后估计 VaR 时使用。通常,抽样时段的选择反映了运用较长或较短时段的一种权衡,长的时段增加了估计的精度,但可能会掺入不相关的因素,从而错过基本过程中的重要变化。

4. 压力测试

如前文所述,VaR 对金融机构或资产组合市场风险的衡量的有效性是以市场正常运行为前提条件的,如果市场发生异常波动或出现极端情况,VaR 的缺陷就需要压力测试来弥补。

所谓压力测试,是指将整个金融机构或资产组合置于某一特定的(主观想象的)极端市场情况之下,例如,假设利率骤升 100 个基点、某一货币突然贬值 30%、股价暴跌 20% 等异常的市场变化,然后测试该金融机构或资产组合在这些关键市场变量突变的压力下的表现状况,看看是否能经受得起这种市场的突变。正是鉴于压力测试在衡量金融机构或资产组合在异常市场条件下风险状况时的重要作用和 VaR 相应的局限性,金融监管部门在同意金融机构使用以 VaR 为基础的内部模型的同时,除了要求使用返回检验来衡量 VaR 模型的有效性外,还要求使用压力测试来衡量金融机构在遇到意外风险时的承受能力,以弥补 VaR 模型的不足。压力测试的基本原理是设定未来面临的经济情景,将投资组合中的所有资产在新的环境下重新评价,投资组合收益在新的情景下,从假设的成分 $R_{i,s}$ 推导得出:

$$R_{p,s}=\sum_{i=1}^{N}w_{i,t}R_{i,s}$$

这样,多次运用产生了许多不同的 $R_{p,s}$,对每一情景 s,确定一个概率 P_s,然后产生了投资组合的收益分布,由此度量出 VaR 的值。

压力测试的实施可以分两步:第一步,将所有风险因素变量值单独增加或减少一定比例,如 1.65 个标准差,并计算投资组合的变化;第二步,估计最坏的情景,即所有变量都有可能发生最大损失的方向变动。如变量 1 上升 $a\sigma_1$、$a\sigma_2$等等,这导致可能出现的最差情况,但完全忽略了相关性。如果变量 1 与变量 2 高度相关,那么考虑相反方向变化的情况是没有意义的。

压力测试在实际中被看作是其他 VaR 测量方法的一个补充而不是替代,对估计金融变量很大变动情况下的最坏影响时,压力测试是有用的,这类似于当分布已被详细说明后,在极端尾部再添加一些信息。

由于压力测试在很大程度上是一种主观测试,由测试者主观决定其测试的市场变量(风险因素)及其变动幅度,而且测试变量一旦确定,就假设了测试变量与市场其他变量的相关性为零;同时,在压力测试下,引起资产组合价值发生变化的风险因素也非常清楚,再加上压力测试并不负责提供事件发生的可能性,因而也没有必要对每一种变化确定一个概率,这样免除了模拟整个事件概率分布的麻烦,也使得这种风险衡量方式较少地涉及高深的数学和统计知识,显得简单明了。

不过,使用这一方法在实践中也存在着几个需要注意的问题:合理的测试变量的选择要考虑它是否与市场中其他变量的相关性为零;进行压力测试的时候,某一或某些市场因素的异常或极端的变化可能会使得风险分析的前提条件发生变化,所以对分析的前提条件要重新确认;对众多的风险因素进行不同幅度的压力测试,所带来的工作量是巨大的,而且,由于每次压力测试只能说明事件的影响程度,即不能说明事件发生的可能性,这使得管理者对众多的压力测试难以分清主次,因而仅仅有压力测试对管理者的决策作用并不大,它应该与其他风险衡量的方法尤其是 VaR 相结合,而不是替代 VaR。

这种方法的优点是它涵盖了历史数据缺失的那些情况,但这种方法是完全主观的,坏的或难以置信的情景将导致 VaR 的错误度量,一些实际经验已经表明人们对极端情景的预测非常不准确。

5. 情景分析

情景分析(Scenario Analysis)与压力测试有许多相似之处,其不同之处是:压力测试只是对市场中的一个或相关的一组变量在短期内的异常变化进行假设分析,而情景分析假设的则是更广泛的情况,包括政治、经济、军事和自然灾害在内的投资环境,在这种假设的环境变化中,例如投资国出现政治动荡、战争或经济危机,首先分析出主要市场变量的可能变化,进而分析对资产组合的影响。如果说压力测试是一个自下而上的过程,那么情景分析就是一个自上而下的过程,因为前者直接假设了一个或一组相关市场变量的异常取值,然后测试投资组合的变化,而情景分析则是首先假设一个整体环境的变化,再推断在这种特定情景下市场变量的可能变化,最后再考察这些市场变量对投资组合的影响。

显然,情景分析从更广泛的视野、更长远的时间范围来考虑金融机构或投资组合的风险问题,这种具有战略高度的分析,无疑弥补了 VaR 和压力测试只注重短期情况分析的不足,因此情景分析应与 VaR 和压力测试结合起来,使得风险管理更加完善。

进行情景分析的关键首先在于对情景的合理设定。为此,投资者应该从两方面入手:一方面是充分认识自己的投资组合的性质和特点,了解可能发生的相关事件,包括战争冲突、政治选举、重要经济改革措施的出台、重大的公司合并与改组、政府经济管理部门关键的人事变动等,并充分理解这些事件可能对市场进而对自己的投资组合产生重大影响;另一方面,则要对设定情景进行深入细致的分析以及由此对事态在给定时间内可能发展的严重程度和投资组合因此而可能遭受的损失进行合理的预测。

6. 结构蒙特卡罗模拟

与情景分析相比,结构蒙特卡罗模拟包含了金融变量更广泛的可能值,并且可以完全解释相关性。简单地说,这种方法可以分两步进行:首先,风险管理者设定了金融变量的一个随机过程和其随机参数,其中风险和相关系数等参数可以从历史数据或期权数据中得到;其次,针对所有利率变量,模拟虚拟价格走势。对每一个时段,可以从一天到几个月,利用完全估值方法根据具体行情变化确定投资组合的价格走势。然后,用每一个虚拟的收益实现值编制收益分布,由此度量出 VaR 的大小。

在蒙特卡罗法中,除了资产假定的价格变化 ΔP 是从一个随机过程中随机获得的以外,蒙特卡罗方法类似于历史模拟方法。

蒙特卡罗方法是一种计算 VaR 最有效的方法,它能说明广泛的风险,包括非线性价格风险、波动风险、甚至模型风险等,它也考虑了波动的时间变化、较粗的尾部以及极端情景等因素。但是蒙特卡罗方法最大的缺陷是成本太高,同时这种方法不仅依赖于基础风险因素下特定的随机模型,而且也依赖于诸如期权或抵押担保之类的证券定价模型,因此面临着来源于模型的风险,这需要对模拟结果补充一些灵敏性分析。

在以上测定 VaR 的各种方法中,每种方法各有优劣,方法的选择很大程度上依赖于投资组合的结构。对没有期权(或嵌入期权)的投资组合,德尔塔-正态方法可能是最好的选择,VaR 计算相对简单,并且对模型风险(归因于不完全的假设或估算)没有太多的偏向,VaR 结果易于解释。但对于具有期权的投资组合,这种方法不适当,应该用历史模拟或蒙特卡罗模拟。历史模拟使用所有证券实际的完全估值,也相对容易实施,然而不能说明风险的时间变化,并且像德尔塔-正态模型一样,难以把握极端事件。压力测试允许估计极端事件的影响,可以说明非线性头寸,也易于实施和传达,但压力测试常常仅集中于一个变量并且忽视相关性,同时也过于主观,结论直接依赖于输入,如果情景设定错了,度量出来的风险值也是错误的。理论上,蒙特卡罗方法能够体现非线性头寸、非正态分布、隐含参数甚至使用者定义的情景等,然而这种方法使用成本和模型风险都很大。在风险管理实际操作中,选择哪种方法需要使用者在可行性、使用成本和使用效果之间做出综合权衡。

参考文献

[1] 威斯通,等.兼并、重组与公司控制[M].唐旭,译.北京:经济科学出版社,1998.
[2] 董小君.投资银行与企业并购[M].北京:中国经济出版社,1998.
[3] 胡定东,谢安峰.投资银行的金融创新[M].成都:西南财经大学出版社,1998.
[4] 黄亚钧,林利军.投资银行实务[M].上海:立信会计出版社,1998.
[5] 曹凤岐.如何进行企业重组与并购[M].北京:北京大学出版社,1999.
[6] 黄亚钧,谢联胜.投资银行理论与实务[M].北京:高等教育出版社,2000.
[7] 吴晓求.证券投资分析[M].北京:中国人民大学出版社,2001.
[8] 周爱民,刘乃岳.金融风险的实时监测[M].北京:经济管理出版社,2001.
[9] 约翰·伊特韦尔,艾斯·泰勒.全球金融风险监管[M].成家军,郑薇,译. 北京:经济科学出版社,2001.
[10] 王洪波,宋国良.风险预警机制[M].北京:经济管理出版社,2002.
[11] 朱宝宪.投资学[M].北京:清华大学出版社,2002.
[12] 任映国,徐洪才.投资银行学[M].北京:经济科学出版社,2002.
[13] 谢百三.证券市场的国际比较[M].北京:清华大学出版社,2003.
[14] 曹洪军.资本运营新论[M].北京:经济管理出版社,2004.
[15] 史福厚.金融监管导论[M].北京:中国商务出版社,2004.
[16] 阎庆民.中国银行业风险评估及预警系统研究[M].北京:中国金融出版社,2004.
[17] 陈永生.投资学[M].成都:西南财经大学出版社,2004.
[18] 戴天柱.投资银行运作理论与实务[M].北京:经济管理出版社,2004.
[19] 瞿灿鑫.证券公司会计[M].上海:复旦大学出版社,2005.
[20] 蔡昌,黄克立.资本运营[M].西安:西安交通大学出版社,2005.
[21] 李子白.投资银行学[M].北京:清华大学出版社,2005.
[22] 庞介民.证券公司风险监控研究[M].北京:中国财政经济出版社,2005.
[23] 甘子玉,厉以宁.中国企业投资分析报告[M].北京:经济科学出版社,2005.
[24] 陈文君,徐媛.投资银行实务[M].上海:上海财经大学出版社,2005.
[25] 栾华.投资银行理论与实务[M].上海:立信会计出版社,2006.
[26] 何小锋,韩广智.新编投资银行学教程[M].北京:北京师范大学出版社,2007.
[27] 栾华.投资银行业务[M].北京:电子工业出版社,2008.
[28] 张志元.投资银行学[M].北京:机械工业出版社,2009.
[29] 韩复龄.投资银行学[M].北京:对外经济贸易大学出版社,2009.
[30] 中国证监会网站 http://www.csrc.gov.cn
[31] 中国银监会网站 http://www.cbrc.gov.cn
[32] 香港交易所网站 http://hkex.com.hk

参考文献